Jan W. van Deth (Hrsg.)

Deutschland in Europa

Jan W. van Deth (Hrsg.)

# Deutschland in Europa

Ergebnisse des *European Social Survey* 2002-2003

VS VERLAG FÜR SOZIALWISSENSCHAFTEN

VS Verlag für Sozialwissenschaften
Entstanden mit Beginn des Jahres 2004 aus den beiden Häusern
Leske+Budrich und Westdeutscher Verlag.
Die breite Basis für sozialwissenschaftliches Publizieren

Bibliografische Information Der Deutschen Bibliothek
Die Deutsche Bibliothek verzeichnet diese Publikation in der Deutschen Nationalbibliografie;
detaillierte bibliografische Daten sind im Internet über <http://dnb.ddb.de> abrufbar.

Die deutsche Teilstudie des European Social Survey 2002 wurde von der Deutschen Forschungsgemeinschaft DFG (Sachbeihilfe DE 630/8-1) gefördert.

1. Auflage Dezember 2004

Alle Rechte vorbehalten
© VS Verlag für Sozialwissenschaften/GWV Fachverlage GmbH, Wiesbaden 2004

Der VS Verlag für Sozialwissenschaften ist ein Unternehmen von Springer Science+Business Media.
www.vs-verlag.de

Das Werk einschließlich aller seiner Teile ist urheberrechtlich geschützt. Jede Verwertung außerhalb der engen Grenzen des Urheberrechtsgesetzes ist ohne Zustimmung des Verlags unzulässig und strafbar. Das gilt insbesondere für Vervielfältigungen, Übersetzungen, Mikroverfilmungen und die Einspeicherung und Verarbeitung in elektronischen Systemen.

Die Wiedergabe von Gebrauchsnamen, Handelsnamen, Warenbezeichnungen usw. in diesem Werk berechtigt auch ohne besondere Kennzeichnung nicht zu der Annahme, dass solche Namen im Sinne der Warenzeichen- und Markenschutz-Gesetzgebung als frei zu betrachten wären und daher von jedermann benutzt werden dürften.

Umschlaggestaltung: KünkelLopka Medienentwicklung, Heidelberg
Satz: Beate Glaubitz, Satz und Redaktion, Leverkusen
Druck und buchbinderische Verarbeitung: MercedesDruck, Berlin
Gedruckt auf säurefreiem und chlorfrei gebleichtem Papier
Printed in Germany

ISBN 3-531-14345-X

# Inhalt

| | | |
|---|---|---|
| *Max Kaase:* | Vorwort | 6 |
| *Jan W. van Deth:* | Deutschland in Europa: Eine Republik zweier Kulturen? | 9 |

**I. Soziale und politische Einstellungen**

| | | |
|---|---|---|
| *Katja Neller:* | Politik und Lebenszufriedenheit | 27 |
| *Heiner Meulemann:* | Religiosität: Die Persistenz eines Sonderfalls | 55 |
| *Ulrich Rosar:* | Ethnozentrismus und Immigration | 77 |
| *Tilo Beckers:* | Weltanschaulicher und ökonomischer Liberalismus | 103 |
| *Heiner Meulemann:* | Bildung als Wettlauf der Nationen? | 131 |
| *Heiner Meulemann:* | Gleichheit und Leistung: Eine ‚innere Mauer' in Ostdeutschland | 151 |

**II. Staatsbürgerliche Orientierungen**

| | | |
|---|---|---|
| *Sigrid Roßteutscher:* | Die Rückkehr der Tugend? | 175 |
| *Volker Kunz:* | Soziales Vertrauen | 201 |
| *Sonja Zmerli:* | Politisches Vertrauen und Unterstützung | 229 |
| *Bernhard Weßels:* | Staatsaufgaben: gewünschte Entscheidungsebene für acht Politikbereiche | 257 |
| *Jan W. van Deth:* | Politisches Interesse | 275 |

**III. Soziales und politisches Engagement**

| | | |
|---|---|---|
| *Jan W. van Deth:* | Soziale Partizipation | 295 |
| *Oscar W. Gabriel:* | Politische Partizipation | 317 |
| *Katja Neller:* | Mediennutzung und interpersonale politische Kommunikation | 339 |

**Anhang: European Social Survey 2002-2003**

| | | |
|---|---|---|
| *Katja Neller:* | Der European Social Survey (ESS) 2002-2003 | 373 |

**Autoren** 383

# Vorwort

*Max Kaase*

1988 begann ein von der European Science Foundation (ESF) gefördertes vergleichendes Forschungsvorhaben unter dem Titel *Beliefs in Government*. Dabei ging es um den Versuch, mit Umfragedaten die Entwicklung der politischen Orientierungen der Bevölkerung im demokratischen Europa zwischen 1970 und 1990 komparativ zu analysieren. Natürlich hätte die Forschergruppe ihre Arbeiten gerne mit Ende der Zweiten Weltkriegs beginnen lassen; das erwies sich jedoch wegen fehlender Daten als nicht möglich. Die Ergebnisse dieses großen Vorhabens, an dem mehr als 60 europäische Sozialwissenschaftler unter der Projektleitung von Kenneth Newton und Max Kaase beteiligt waren, sind 1995 in fünf Bänden im Verlag Oxford University Press veröffentlicht worden (für eine Übersicht siehe Kaase und Newton 1995).

Idealiter hätten die Analysen einer dreidimensionalen Matrix mit den Dimensionen Staaten mal Zeit mal Themenschwerpunkte folgen sollen. Eine konsequente Umsetzung dieses Ansatzes erwies sich jedoch wegen der unzureichenden Datenlage als unmöglich. Weder waren für alle einbezogenen Länder die nötigen Zeitreihen verfügbar, noch waren viele der Daten innerhalb und zwischen den Ländern hinreichend vergleichbar; schließlich fehlten oder waren unvollständig Angaben zu wichtigen Themenbereichen, welche die Gruppe gerne bearbeitet hätte.

Konzepte zu – zunächst national ausgerichteten wissenschaftsgesteuerten – Langzeitstudien mit Umfragen datieren auf die frühen 1960er Jahre. Den Startpunkt stellen die im Survey Research Center des Institute for Social Research an der University of Michigan 1960 begonnen Wahlstudien dar, die später als *National Election Study* (NES) institutionalisiert und deren Konzept über enge Kooperationsprojekte der amerikanischen Wahlsoziologen mit europäischen Kollegen und Kolleginnen nach Europa exportiert worden ist. Eine weiterer wichtiger Schritt in die Richtung von empirischen Langzeitstudien waren die zu Beginn der 1970er Jahre in den USA begonnenen *General Social Surveys*, die in der Bundesrepublik seit 1980 alle zwei Jahre gemeinsam vom Mannheimer Zentrum für Umfragen, Methoden und Analysen (ZUMA) sowie dem Kölner Zentralarchiv für Empirische Sozialforschung (ZA) als Allgemeine Bevölkerungsumfrage der Sozialwissenschaften (ALLBUS) durchgeführt und den Sozialwissenschaftlern kostenlos zur Verfügung gestellt werden. Nicht zufällig war es schließlich der an der University of Michigan beheimatete Politikwissenschaftler Ronald Inglehart, dem es gelang, die Europäische Kommission davon zu überzeugen, ab 1972 in den Länder der Gemeinschaft zweimal im Jahr repräsentative Bevölkerungsumfragen, die *Eurobarometer*, durchzuführen und deren Daten über die europäischen akademischen Datenarchive der Gemeinschaft der Sozialwissenschaftler kostenlos zur Verfügung zu stellen.

Auf diese drei Datenbasen vermochte das *Beliefs in Government* Projekt seine Arbeiten wesentlich zu stützen. Dennoch legten die obengenannte Unzulänglichkeiten der europäischen Datenbestände die Frage nahe, ob es nicht möglich sei, beruhend auf bereits etablierten Konzepten der Längsschnittforschung mit Umfragedaten ein auf die Bedürfnisse der akademischen komparativen Forschung in Europa zugeschnittenes Projektkonzept zu entwickeln und zu implementieren. Das Ergebnis dieser Überlegungen ist der *European Social Survey* (ESS). Die Geschichte der schwierigen Entwicklung zum ESS, die wiederum unter den Fittichen der ESF 1995 begann, muss hier nicht im Einzelnen dokumentiert werden (siehe dazu ESF 1999). Lediglich drei Punkte sollen hervorgehoben werden.

Zum ersten wurden die Kosten der ersten Erhebungsrunde 2002, über die in diesem Buch mit deutschen Schwerpunkt berichtet wird, in einer ganz außerordentlichen Kraftanstrengung gemeinsam von der Europäischen Kommission, den nationalen Forschungsförderungseinrichtungen der teilnehmenden Länder (in Deutschland die Deutsche Forschungsgemeinschaft DFG) und der ESF aufgebracht (das gleiche gilt für die Erhebung 2004). Zum zweiten folgt das Konzept des ESS im wesentlichen dem Bewährten der *General Social Surveys*: bezogen auf eine durchschnittliche Interviewzeit von einer Stunde entfallen ca. 50% auf einen in allen Erhebungen im wesentlichen gleichbleibenden Kern; hinzu kommen dann zwei thematisch über Zeit variable Module, die für jede Erhebungsrunde in einem europaweiten Ausschreibungsverfahren im Wettbewerb jeweils an zwei übernational zusammengesetzte Wissenschaftlergruppen vergeben werden. Zum dritten erfolgen die Erhebungen sowie die Dokumentation nach durchgängig hohen und kontrollierten Qualitätsgesichtspunkten im europäischen Verbund über ein in London ansässiges steuerndes Projektteam unter Leitung von Professor Roger Jowell, City University London. Die wissenschaftliche Begleitung obliegt einen Scientific Advisory Board unter der Leitung des Verfassers dieses Vorworts, in dem alle teilnehmenden Länder durch hochrangige Sozialwissenschaftler vertreten sind und das sich in der Regel zweimal im Jahr trifft.

Die Daten des ESS sind für die weltweite Gemeinschaft der Sozialwissenschaftler gedacht, die auf diese Daten kostenlos und auf höchstmöglichem Dokumentationsstandard über das Internet zugreifen können. Den Qualitätsansprüchen des ESS, seiner Langzeitperspektive und den Erwartungen an die Phantasie, Kreativität und Kompetenz der die Daten analysierenden Wissenschaftler entspricht, dass neben den Umfragen selber für alle teilnehmenden Länder auch Ereignisdaten sowie Kontextmerkmale mit dem Ziel zur Verfügung gestellt werden, Mehrebenenanalysen mit dem Ziel zu ermöglichen, den Einfluss zeitbezogener, institutioneller und struktureller Variablen auf die individuellen Orientierungen systematisch zu untersuchen.

Der ESS, das wird nach dem bisher Gesagten nicht überraschen, ist eine außerordentlich teure Untersuchung. Insofern wird die Bereitschaft der Finanziers, diese auf lange Zeitreihen hin angelegte Untersuchung auch in Zukunft zu unterstützen, entscheidend von dem Ausmaß abhängen, in dem Sozialwissenschafter diese Daten für ihre wissenschaftlichen Arbeiten verwenden. Der vorliegende Band stellt vor diesem Hintergrund ein ausgezeichnetes Beispiel für eine innovative und kluge Nutzung der ESS-Daten aus deutschem Blickwinkel dar, das hoffentlich national und international Schule machen wird.

Die Charakterisierung der und Hinführung zu den Themenschwerpunkten sowie die Erklärung der Logik des gewählten Vergleichsansatzes in den einzelnen Kapiteln bleibt Jan van Deth als Herausgeber vorbehalten. Dennoch sei zumindest eine inhaltliche Anmerkung gestattet. Nach der samtenen Revolution 1989/90 in den Ländern des früheren Ostblocks hat das Times-Mirror-Center bereits 1991 eine spannende komparative Befragung in diesen Ländern unter Einschluss von Westeuropa und den USA durchgeführt, die bemerkenswerte Unterschiede zwischen, aber auch innerhalb der ‚Blöcke' zu erkennen gegeben hat (Times-Mirror 1991). Dabei fiel u.a. die sehr ausgeprägte Sozialstaatsorientierung der DDR-

Bevölkerung ins Auge, die sich seither in zahlreichen anderen Untersuchungen immer wieder bestätigt hat. Auch 14 Jahre nach der deutschen Vereinigung ist daher die Frage nach wie vor von Interesse, wie sich die innere Einheit Deutschlands entwickelt hat. Elisabeth Noelle hat dazu im Sommer 2004 in der Frankfurter Allgemeinen Zeitung eine sehr skeptischen Diagnose vorgelegt (Noelle 2004). Entsprechend interessant sind daher sowohl die deutsch-deutsch vergleichenden als auch die Ost- und Westeuropa einbeziehenden Analysen in diesem Band.

Abschließend soll der Freude Ausdruck gegeben werden, dass schon bald nach der Verfügbarkeit der Daten ein set von ausgezeichneten komparativen Analysen des ESS vorgelegt wird. Das gibt zu der Hoffnung Anlass, dass mit dem *European Social Survey* ein neues und erfreuliches Kapitel der vergleichenden Umfrageforschung in Europa aufgeschlagen worden ist.

Bremen, im August 2004                                                                                     Max Kaase

International University Bremen

Vorsitzender des ESS Scientific Advisory Board

**Literatur**

Kaase, Max/Newton, Kenneth (1995): Beliefs in Government. Oxford: Oxford University Press.
Noelle, Elisabeth (2004): Mehr miteinander sprechen. In Deutschland will nicht zusammenwachsen, was zusammengehört. In: Frankfurter Allgemeine Zeitung, Ausgabe Nr. 167 vom 21. Juli 2004, S. 5.
European Science Foundation (1999): The European Social Survey (ESS) – a Research Instrument for the Social Sciences in Europe. Strasburg: ESF.
Times-Mirror (1991): The Pulse of Europe: A Survey of Political and Social Values and Attitudes. Washington DC: Center for The People & The Press.

# Deutschland in Europa: Eine Republik zweier Kulturen?

*Jan W. van Deth*[1]

## 1 Einführung und Fragestellung

Wer in Leipzig, Stuttgart, Magdeburg oder Bremen den ICE verlässt und einen Spaziergang macht, bemerkt kaum Unterschiede. Die Einkaufsstraßen sehen ähnlich aus, mit ähnlichen Geschäften, ähnlichen Blumenkübeln und ähnlichen Wasserkünsten, ähnlichen Bettlern und ähnlichen Motiven in ähnlichen Pflastersteinen in ähnlichen Fußgängerzonen. C&A, Karstadt, McDonald's, H&M und Aldi bieten überall die gleichen Produkte an. In Rostock beschäftigen sich die Menschen genau so wenig mit der Reform der Krankenversicherung wie in Freiburg und eine Niederlage der Nationalmannschaft wird von Saarbrücken bis Frankfurt/Oder bedauert. In all diesen Kommunen sinkt die Wahlbeteiligung, leben immer weniger Personen in konventionellen Familien und man macht sich Sorgen über Kriminalität und Einwanderung. Mehr als ein Jahrzehnt nach der deutschen Vereinigung sind die Unterschiede zwischen den alten und neuen Bundesländern offensichtlich fast verschwunden. Das durchschnittliche Haushaltseinkommen ist in Ostdeutschland sehr schnell gestiegen und beträgt mittlerweile mehr als 80% des westlichen Einkommens. Andere Indikatoren wie das Sozialbudget, die Investitionen oder die Wissenschaftsausgaben je Einwohner, zeigen eine fast komplette Annäherung der beiden Teile Deutschlands (IDWK 2004: 124). Beim Vergleich der alten und neuen Bundesländer fallen zunächst die Ähnlichkeiten ins Auge und die umfangreichen Aufbauprogramme für die ehemalige DDR waren offensichtlich erfolgreich.

Mögliche Annäherungen der beiden Teile Deutschlands sind allerdings nicht ausschließlich von gezielten Anstrengungen oder Aufbauprogrammen abhängig. Nicht nur in Leipzig und Saarbrücken sehen Fußgängerzonen, Geschäfte und Bettler mittlerweile ziemlich ähnlich aus. Wer in Granville, Arnheim oder Aberdeen spazieren geht, trifft auf die gleichen Produkte und Angebote. Und auch in diesen Kommunen sinkt die Wahlbeteiligung, leben immer weniger Menschen in Familien, werden die Sozialleistungen reformiert und man macht sich Sorgen über Kriminalität und Migration. Langfristige soziale und wirtschaftliche Entwicklungen führen offensichtlich überall zu weitergehender gesellschaftlicher Differenzierung und Pluralisierung sowie zu Säkularisierung und Rationalisierung. Die Aufhebung nationaler Grenzen und Abgrenzungen in der Europäischen Union beschleunigt die äußerliche Angleichung von traditionell sehr unterschiedlichen Städten und Regionen noch. Mit anderen Worten: Sowohl die deutsche Vereinigung als auch die langfristigen sozialen und wirtschaftlichen Entwicklungen in Europa führen dazu, dass die Unterschiede

---

[1] Ganz herzlich möchte ich allen danken, die zum Zustandekommen dieses Bandes beigetragen haben. Den Mitgliedern des deutschen ESS-Teams – Oscar Gabriel, Heiner Meulemann, Edeltraud Roller und Katja Neller – verdanke ich wertvolle Anregungen zur Konzeptualisierung des Bandes. Besonderer Dank gilt Jana Jughard, die die Kontrolle und Vereinheitlichung der Manuskripte mit viel Geduld und Kompetenz durchgeführt hat. Für die redaktionelle Abfassung dieses Kapitels bin ich Julia Schäfer zu Dank verpflichtet.

zwischen Ost- und Westdeutschland allmählich verschwinden oder bereits verschwunden sind.

Aber der Schein trügt und große Differenzen sind genauso einfach nachzuweisen wie Ähnlichkeiten und Annäherungen. Zwar finden die Einkäufer in Leipzig und Magdeburg in ihren Geschäften die gleichen Produkte wie in Stuttgart oder Bremen, aber die Wirtschaftslage bleibt im Osten weit hinter der im Westen zurück. Trotz milliardenschwerer westdeutscher Finanztransfers ist die Arbeitslosenquote im Osten mehr als doppelt so hoch wie im Westen und erreicht das Niveau der Arbeitsproduktivität im Osten nur wenig mehr als 70% der westlichen Leistungsfähigkeit. Auch in anderen Bereichen sind die Differenzen auffällig. Während in Sachsen oder Brandenburg fast ein Viertel der Wähler die PDS bevorzugt, ist von einer PDS-Wählerschaft im Saarland oder in Baden-Württemberg kaum etwas zu spüren. Das Spiegelbild bilden die Grünen-Wähler, die im Westen, aber kaum im Osten zu finden sind.

Nach der Aufbruchstimmung und dem Optimismus der frühen 1990er Jahre, stagniert der Prozess der deutschen Vereinigung. Der westliche Finanztransfer und die wirtschaftlichen Entwicklungen der neuen Bundesländer führten zwar zu einem rasanten Anstieg von Löhnen, Renten und sonstigen Auszahlungen, aber eine Angleichung oder eine weitere Integration der beiden Landesteile scheint immer problematischer geworden. Unzufriedenheit über diesen andauernden ‚Zwei-Klassenstaat' ist sowohl im Osten als im Westen spürbar. Und obwohl 2001 fast 140.000 Westdeutsche in die neuen Ländern zogen, wanderten im selben Jahr 230.000 Menschen vom Osten in den Westen ab (IDWK 2004: 10). 40 Jahre Trennung haben ihre Spuren hinterlassen und sind offensichtlich auch mit großen Anstrengungen nicht schnell zu beseitigen.

Die verschiedenen Beiträge zu diesem Band bieten eine Beschreibung und Analyse der sozialen und politischen Einstellungen der Bevölkerung in Ost- und Westdeutschland 2002. Dabei werden neben allgemeinen sozialen und politischen Orientierungen (wie z. B. Religiosität oder Zufriedenheit) auch staatsbürgerliche Orientierungen (wie z. B. Vertrauen und Unterstützung) sowie das soziale und politische Engagement der Bevölkerung betrachtet. Für jeden Aspekt dieser Einstellungen liegt der Schwerpunkt der Präsentation auf den möglichen Unterschieden und Ähnlichkeiten zwischen den beiden Teilen Deutschlands. Sind mehr als zehn Jahre nach der Vereinigung die Unterschiede allmählich verschwunden und hat sich eine mehr oder weniger homogene deutsche Kultur gebildet? Oder herrschen auch heute noch Unterschiede und Differenzen zwischen den alten und den neuen Bundesländern vor?

Damit sowohl die Charakterisierung der Einstellungen der deutschen Bevölkerung als auch die möglichen Unterschiede und Ähnlichkeiten zwischen West- und Ostdeutschland deutlicher herausgestellt werden können, sind die Darstellungen und Analysen nicht auf Deutschland beschränkt. Im Hinblick auf die historischen Entwicklungen in Deutschland und Europa stellt sich die Frage, wie außergewöhnlich die Einstellungen der deutschen Bevölkerung im europäischen Vergleich heutzutage noch sind. Dabei sind Konzepte wie ‚Deutschland' und ‚Europa' wahrscheinlich immer noch zu heterogen und es ist sinnvoller, die Frage auf die Unterschiede und Ähnlichkeiten zwischen West- und Ostdeutschland bzw. West- und Osteuropa zu fokussieren. Sind die sozialen und politischen Orientierungen in Deutschland insgesamt als eine eigenständige Kultur in Europa zu betrachten oder gibt es in Europa einen Unterschied zwischen West- und Osteuropa (die ‚alten' und ‚neuen' Demokratien), wobei die Orientierungen in Westdeutschland auch heutzutage noch eher den Einstellungsverteilungen in den westeuropäischen Ländern entsprechen und die Orientierungen in Ostdeutschland eher den osteuropäischen?

Die Beiträge in diesem Band beschäftigen sich alle mit diesem doppelten Vergleich: Deutschland in Europa bzw. West- und Ostdeutschland in West- und Osteuropa. Der Schwerpunkt liegt deswegen auch nicht auf einem Vergleich aller europäischen Länder, sondern auf den Analysen der sozialen und politischen Orientierungen in Deutschland in europäischer Perspektive. Für diese Analysen werden wir insbesondere die Daten der ersten Welle des *European Social Survey* (ESS) benutzen. Diese 2002 durchgeführte Studie umfasst umfangreiche Befragungen der Einwohner von mehr als 20 europäischen Ländern und bietet ausgezeichnete Möglichkeiten, die Situation in beiden Teilen Deutschlands aus europäischer Perspektive zu betrachten.

## 2 Vereinigung und Integration

Deutschland ist kein Land wie andere Länder. Die Erblasten der deutschen Geschichte – Kaiserreich, Versailles, Weimar, aber insbesondere die ‚braune Vergangenheit' – machen es zu einem ‚schwierigen Vaterland', in dem man immer wieder mit den Folgen der Katastrophen des 20. Jahrhunderts konfrontiert wird. Die Vereinigung hat diese Situation kaum verändert. Im Gegenteil: Mit der Zusammenlegung zweier sehr unterschiedlicher Landesteile ist Deutschland eindeutig zum mächtigsten Land in Europa aufgestiegen, aber seine internen Probleme sind kaum zu übersehen. Diese Probleme betreffen insbesondere die stagnierende Integration der alten und neuen Bundesländer. 40 Jahre getrennte Erfahrungen mit dem ‚real existierenden Sozialismus' bzw. mit der ‚wehrbaren Demokratie' haben in Ost- und Westdeutschland offensichtlich zu ganz verschiedenen sozialen und politischen Kulturen geführt.[2] Diese Differenzen verdrängen manchmal sogar die gemeinsamen älteren historischen Erblasten.

### 2.1 Die deutsche Vereinigung

Mit der deutschen Vereinigung 1990 wurde das Gebiet der ehemaligen Deutschen Demokratischen Republik und das der Bundesrepublik Deutschland zusammengelegt. Auf diese Weise entstand ein neuer Staat mit insgesamt etwa 80 Millionen Einwohnern: fast 64 Millionen aus dem Westen und 16 Millionen aus dem Osten. Obwohl die neuen Bundesländer weniger als ein Fünftel der gesamtdeutschen Bevölkerung stellen, umfasst das Gebiet der ehemaligen DDR etwa 30% der gesamtdeutschen Fläche von gut 357.000 qkm.

Die deutsche Vereinigung ist sowohl historisch-politisch als auch völkerrechtlich als eine Vereinigung der beiden deutschen Staaten zu betrachten. Allerdings kann von einer Zusammenfassung oder Synthese nicht gesprochen werden. Der sogenannte *Einigungsvertrag* vom 31. August 1990 spricht eindeutig von einem „Beitritt der Deutschen Demokratischen Republik zur Bundesrepublik Deutschland" (Art. 1) und verordnet das Inkrafttreten des westdeutschen Grundgesetzes für das gesamte Staatsgebiet (Art. 3) sowie die umfas-

---

[2] Die Literatur über den Prozess der deutschen Vereinigung und seine Konsequenzen ist mittlerweile kaum zu überschauen. Siehe für Überblicke dieser Veröffentlichungen u.a. Gellner und Robertson (2003); Weidenfeld und Korte (1999).

sende Einführung des „Bundesrechts" in den neuen Ländern (Art. 8). Grundsatz des *Einigungsvertrags* ist die Erstreckung des westdeutschen Rechts als Regel und die Fortgeltung des DDR-Rechts als Ausnahme (Wollmann 1996: 56). Dieses Prinzip lag auch dem *Vertrag über die Schaffung einer Währungs-, Wirtschafts- und Sozialunion* vom 18. Mai 1990 zu Grunde. In diesem Dokument wurde die Einführung der westdeutschen Währung für das Gesamtgebiet festgelegt (Art. 1-2) und die Vertragspartner bekannten sich zur „Sozialen Marktwirtschaft als gemeinsame Wirtschaftsordnung" (Art. 1-3) und zur „freiheitlichen, demokratischen, föderativen, rechtsstaatlichen und sozialen Grundordnung" (Art. 2-1). Die planwirtschaftlichen Strukturen der DDR waren somit ausgelöscht und wurden von den marktwirtschaftlichen Regelungen der Bundesrepublik ersetzt.

Sowohl der *Vertrag* vom 18. Mai 1990 als auch der *Einigungsvertrag* vom 31. August 1990 bedeuten, dass die DDR-Regelungen und Institutionen einfach durch westdeutsche Regelungen und Institutionen beseitigt werden. Die Auflösung der DDR kann man deswegen auch als Ausdehnung der Bundesrepublik in östlicher Richtung verstehen. Dieser Prozess war am 3. Oktober 1990 mit dem offiziellen Beitritt der DDR zur Bundesrepublik abgeschlossen und wurde durch die erste gesamtdeutsche Bundestagswahl vom 2. Dezember 1990 legitimiert.

Die Eingliederung der DDR in die Bundesrepublik beschleunigte die Transformation des sozialen und politischen Systems im Osten Deutschlands erheblich. Anders als in anderen postsozialistischen Gesellschaften waren die neuen Regelungen und Institutionen in den neuen Bundesländern vorgegeben und man konnte auf langwierige Verhandlungen und Konflikte über eine neue Verfassung verzichten. Außerdem wurden die gravierenden Probleme bei der Umstellung von plan- auf marktwirtschaftliche Strukturen und die Vermögens- und Einkommensverluste unter Teilen der ostdeutschen Bevölkerung durch massive westdeutsche Finanztransfers und einen raschen Aufbau der ostdeutschen Wirtschaft abgeschwächt.[3] Im Vergleich zu den Erfahrungen in anderen ost- und zentraleuropäischen Ländern während der Umbruchsphase 1989-1993, war die wirtschaftliche Not in Ostdeutschland weniger deutlich zu spüren (Ekiert und Kubrik 1998; Wiesenthal 1996). Somit schienen Anfang der 1990er Jahre alle Bedingungen für eine weitergehende Integration der alten und neuen Bundesländer erfüllt: Die Planwirtschaft war von der sozialen Marktwirtschaft abgelöst worden, das repressive SED-Regime war in einen demokratischen Rechtsstaat übergegangen und die westdeutsche Wirtschaft leistete umfangreiche Erste Hilfe bei der Bekämpfung der durch den Abschied von DDR-Privilegien entstandenen Schmerzen. Dem *Institutionentransfer* war ein *Finanztransfer* sowie ein *Elitentransfer* von West nach Ost gefolgt.

Aber auch hier trügt der Schein. Trotz der guten Ausgangsbedingungen folgte auf die rasche Transformation des ostdeutschen Systems keine rasche Integration der beiden Teile Deutschlands. Für die Entwicklung einer demokratischen Kultur und einer florierenden Wirtschaft in den neuen Bundesländern ist offensichtlich viel Zeit erforderlich und die westdeutschen Regelungen und Institutionen sind selbstverständlich nicht kritiklos übernommen worden.[4] Die eindeutige bundesrepublikanische Dominanz hat in den neuen Bun-

---

[3] Siehe für die „Finanzierung der Einheit" Andersen (1999) oder Münter und Sturm (2003). Einen knappen Überblick der wirtschaftlichen Entwicklung Ostdeutschlands bieten Pohl (2002) oder Sturm (2001).
[4] Siehe für eine ausführliche Diskussion der politikwissenschaftlichen Ansätze, Begriffe und Theorien bei den Analysen des Prozesses der Vereinigung: Eisen, Kaase und Berg (1996). Allgemeiner zu Transitionen in Osteuropa: Dobry (2000); Wollmann, Wiesenthal und Bönker (1995) und Wiesenthal (1996).

desländern durchaus Anlass gegeben, die Transformation des sozialen und politischen Systems als fremdbestimmt zu empfinden (Gensicke 2002: 291). Mit dem Ausbleiben des wirtschaftlichen Aufschwungs in Ostdeutschland hat sich der Integrationsprozess noch erheblich erschwert. Der Marktwirtschaft und dem demokratischen Rechtsstaat wird immer kritischer begegnet und an die Stelle der ursprünglichen Euphorie sind Enttäuschung sowie eine retrospektive Romantisierung der früheren Mangelwirtschaft des repressiven Regimes („Ostalgie') getreten. Auch mehr als ein Jahrzehnt nach der Vereinigung können Analysen der derzeitigen Situation in Deutschland deswegen nicht von der These ausgehen, dass auf eine rasche und erfolgreiche Transformation eine mehr oder weniger gelungene Integration gefolgt ist. Mit einer mehr als doppelt so hohen Arbeitslosenquote im Osten, sind die sozialen Unterschiede noch immer enorm. Außerdem sind die Differenzen der zwei verschiedenen Parteiensysteme, die großen Unterschiede bezüglich des Vertrauens in die Problemlösungskompetenz der politischen Institutionen oder die weit auseinander liegenden Demokratieverständnisse nur schwer zu übersehen.[5] Von einer allmählichen „Verblassung der Sozialisation in der DDR" und „einer Annäherung der Landesteile" ist auch lange nach der Vereinigung wenig oder nichts bemerkbar (Meulemann 2002: 22; siehe auch Fuchs, Roller und Weßels 1997). Außerdem stabilisieren sich die deutlichen Zufriedenheitsdifferenzen zwischen Ost- und Westdeutschland in mehreren Bereichen (Christoph 2002). Die Frage nach der Integration – d. h. die Frage nach den Ähnlichkeiten und Differenzen zwischen den alten und den neuen Bundesländern – sollte zuallererst empirisch beantwortet werden, damit Spekulationen und Vorurteile von vernünftigen Erklärungen getrennt werden können. Erst dann kann auch beurteilt werden, inwieweit der politisch-kulturelle Integrationsprozess abgeschlossen ist.

Die Frage nach der Integration beider Teile Deutschlands impliziert danach auch eine Problemwahrnehmung, welche nicht auf die Ereignisse und Entwicklungen in den neuen Bundesländern fokussiert ist. Obwohl die Vereinigung formell als die Ausdehnung westdeutscher Regelungen und Institutionen auf das Gebiet der ehemaligen DDR zu verstehen ist, hat die Erweiterung auch die Bundesrepublik gravierend verändert. Die etablierte demokratische Kultur der alten Bundesrepublik hat im vereinigten Deutschland für eine Mischung aus kritischer Akzeptanz, Zufriedenheit und Verdrossenheit einerseits und den autoritären und anti-demokratischen Hinterlassenschaften des SED-Regimes andererseits Platz gemacht. Die föderalistische Machtbalance der alten Bundesländer ist endgültig in eine neue, viel unüberschaubarere Situation aufgegangen, wobei nicht nur große und kleine oder arme und reiche Länder, sondern auch ost- und westdeutsche Bundesländer unterschiedliche Interessen vertreten. Als letztes Beispiel kann die wirtschaftliche Lage erwähnt werden, denn die enormen innerdeutschen Finanztransfers belasten die Gesamtwirtschaft in Deutschland seit Jahren. Der ausbleibende Aufschwung im Osten führt dazu, dass die Wirtschaft insgesamt schlechter dasteht als die Indikatoren für die alten Bundesländer suggerieren. Die Vereinigung hat also nicht einfach zu einer Vergrößerung oder Erweiterung der Bundesrepublik geführt. Die Amalgamierung der beiden grundverschiedenen sozialen und politischen Systeme findet zwar in einem gemeinsamen (westlichen) institutionellen Rahmenwerk statt, wird aber maßgeblich von der nachhaltigen Wirkung endogener Faktoren der Transition beeinflusst (Eisen, Kaase und Berg 1996: 43). Dementsprechend sollten

---

[5] Siehe die empirischen Ergebnisse des Statistischen Bundesamts (2002: 607ff.) oder die Überblicke früherer Studien von Gabriel (1996); Häder und Häder (1998); Gensicke (1998 und 2001); Ritter (1996) oder Falter, Gabriel und Rattinger (2000).

Bestandsaufnahmen des Integrationsprozesses sowohl die Unterschiede und Differenzen zwischen den alten und neuen Bundesländern als auch die gesamtdeutsche Situation ins Auge fassen.

Abbildung 1 sind einige wichtige Entwicklungen in den alten und neuen Bundesländern sowie in Gesamtdeutschland 1990-2002 zu entnehmen. Zunächst ist völlig klar, dass der wirtschaftliche Aufschwung in Ostdeutschland nach den ersten Jahren seit der Vereinigung stagniert und sich die Unterschiede zwischen beiden Teilen Deutschlands stabilisieren. Das Bruttoinlandsprodukt pro Kopf wächst zwar kontinuierlich, bleibt im Osten allerdings weit hinter dem im Westen zurück. Eine Vergrößerung des Unterschieds zeigen die Arbeitslosenzahlen, wo in den letzten Jahren eine Differenz von etwa zehn Prozentpunkten wahrnehmbar ist. Damit ist die Arbeitslosigkeit im Osten – wie bereits erwähnt – mehr als doppelt so hoch wie im Westen. Außerdem ist klar, dass sich der Rückgang der Arbeitslosigkeit 1997-2001 in Gesamtdeutschland ausschließlich auf die alten Bundesländer konzentriert, während die neuen Länder von einem Anstieg der Arbeitslosenzahlen im gleichen Zeitraum gekennzeichnet sind. Hoffnung auf eine langfristige Verbesserung dieser Situation bieten nur die Zahlen für den Anteil der Studierenden unter der Bevölkerung. Wie in Abbildung 1 zu sehen ist, verschwindet der ostdeutsche Rückstand hier allmählich, obwohl auch 2002 die Studierendenquote im Westen etwa fünf Prozentpunkte höher ist als im Osten. Die Entwicklungen des politischen Engagements – ausgedrückt in Wahlbeteiligung – zeigen kontinuierlich Unterschiede zwischen den alten und neuen Bundesländern. So lag die Beteiligung an der Bundestagswahl 2002 im Osten fast 10% unter der im Westen, womit die Differenz deutlich größer als bei allen anderen Wahlen seit 1990 ist. Der gewerkschaftliche Organisationsgrad geht in ganz Deutschland kontinuierlich zurück. Schließlich ist klar, dass die Lebenszufriedenheit in den neuen Bundesländern kontinuierlich niedriger ist als in den alten Ländern. Angesichts der Tatsache, dass die Lebenszufriedenheit im Westen leicht zurückgegangen ist, im Osten aber, nach einem starken Rückgang kurz nach der Vereinigung, langsam steigt, ist dieser Unterschied besonders bemerkenswert.

*2.2 Deutschland in Europa*

Mit mehr als 82 Millionen Einwohnern und etwa 40 Millionen Erwerbstätigen bildet das vereinigte Deutschland das bevölkerungsstärkste Land in West- und Mitteleuropa. Im Jahr 2002 trug Deutschland außerdem 25% zum gesamten Bruttoinlandsprodukt der Europäischen Union bei und ist damit eine der exportstärksten Wirtschaftsnationen der Welt. Deutschland steht an zweiter Stelle – hinter den USA – wenn man die Anteile am globalen Warenhandel und globalen Dienstleistungshandel berücksichtigt und an dritter Stelle – hinter den USA und Frankreich – nimmt man die globalen Direktinvestitionen als Maßstab (IDWK 2004: 125). Ende der 1990er Jahre bringt Deutschland mehr als ein Viertel der Einnahmen der EU auf und auch nach der EU-Erweiterung 2004 ist Deutschland der größte Zahler unter den Mitgliedstaaten (Statistisches Bundesamt 2002: 409). Außerdem stellt Deutschland die größte Zahl der Mitglieder des Europäischen Parlaments. Somit ist das vereinigte Deutschland eines der bedeutendsten und wichtigsten Länder nicht nur Europas, sondern auch der Welt. Das wird sich voraussichtlich nicht ändern:

Deutschland in Europa: Eine Republik zweier Kulturen?

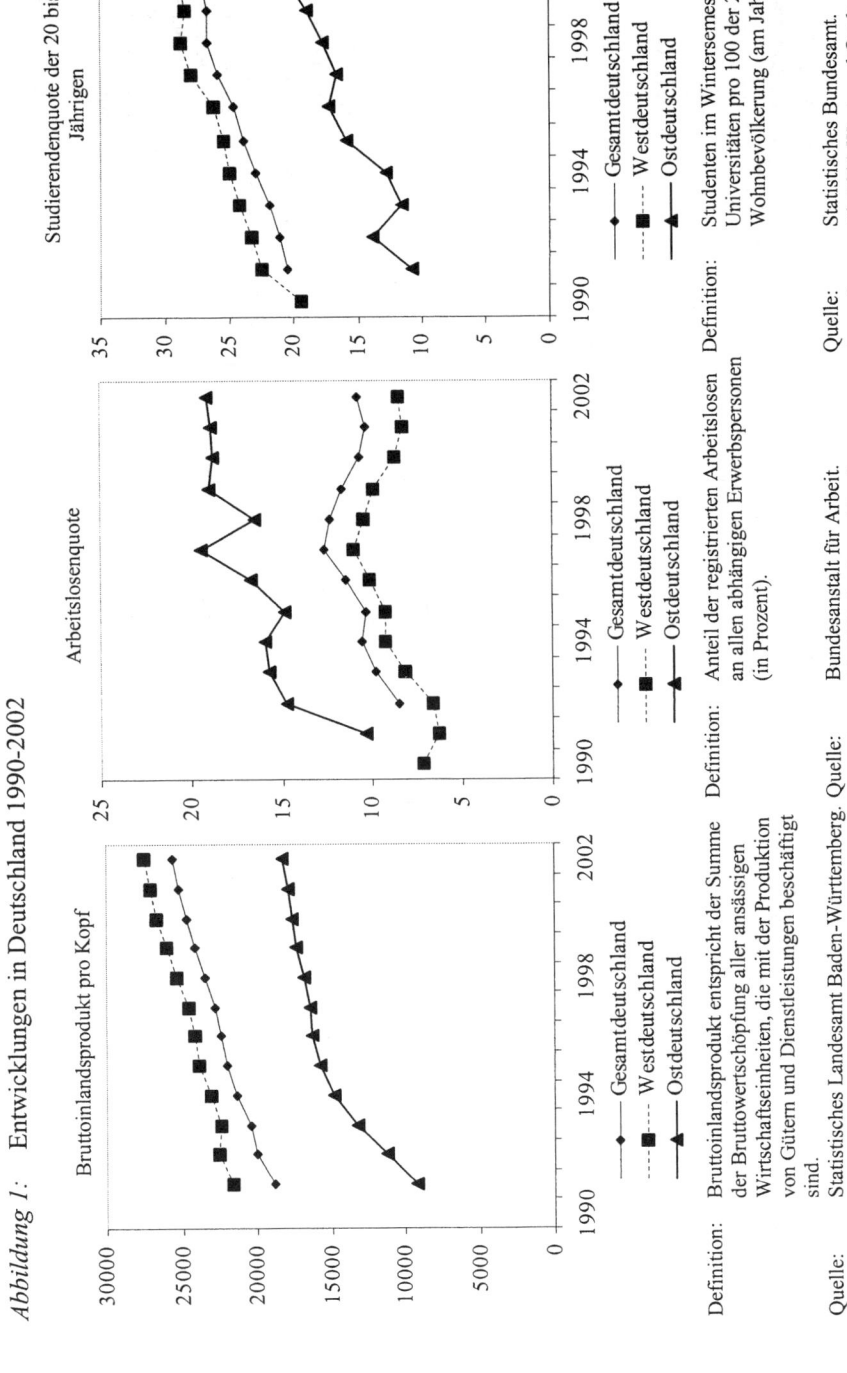

Abbildung 1: Entwicklungen in Deutschland 1990-2002

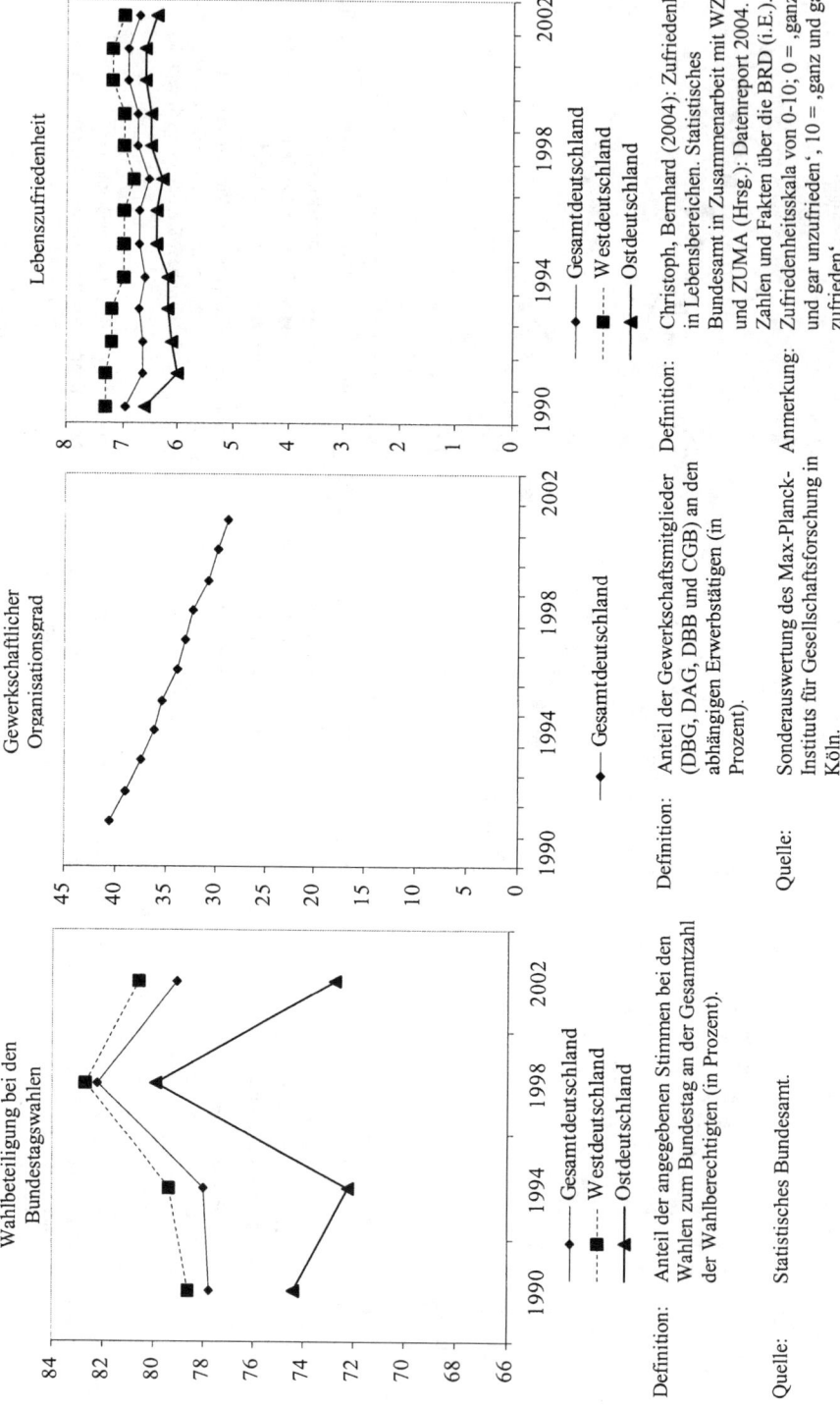

„Wenn nicht Zentralmacht Europas, so wird Deutschland in der Perspektive des kommenden Jahrzehnts doch zumindest eine zentrale Macht des westlich vom russischen Einflußraum gelegenen Europas sein." (Janning 1999: 349)

Wie bereits mehrmals erwähnt, verstecken sich hinter den Zahlen für die gesamtdeutsche „zentrale Macht" Europas große Unterschiede zwischen den neuen und alten Bundesländern. Für das vereinigte Deutschland bedeutet dies, dass die umfangreichen Transferleistungen mit höheren Steuerlasten und Defiziten finanziert werden. Insbesondere der Arbeitsmarkt ist von sehr großen Unterschieden gekennzeichnet. Die unflexiblen Arbeitsmarktbedingungen in Deutschland verhinderten insbesondere in Ostdeutschland eine marktkonformere Anpassung von Löhnen und Preisen (Schirm 2003; Münter und Sturm 2003). Anders als z. B. in Dänemark oder den Niederlanden gelang es dem vereinigten Deutschland nicht, den Wohlfahrtsstaat zu reformieren, die Wettbewerbsfähigkeit zu stärken, die Arbeitslosigkeit zu reduzieren und die Defizite der öffentlichen Kassen in den Griff zu bekommen (Cox 2001). Mit der Vereinigung Deutschlands war ein demographischer „Koloss" in Europa entstanden, welcher sich jedoch immer deutlicher als ein durch Stagnation und Reformstau „gelähmter Gulliver" entpuppte (Bruck 1999: 214f.).

In Tabelle 1 ist die Position von Deutschland in Europa in einigen Kennzahlen zusammengefasst. Dazu enthält die Tabelle nicht nur Informationen für Deutschland und die neuen und alten Bundesländer, sondern auch für ausgewählte westeuropäische Länder (linker Teil der Tabelle) und für einige mittel- oder osteuropäischen Länder (rechter Teil der Tabelle).[6] Die beiden ersten Zeilen dieser Tabelle unterstreichen nochmals die geographische und demographische Spitzenposition, welche Deutschland in Europa einnimmt. Die Lebenserwartung für die im Jahr 2002 Geborenen ist insbesondere in der Schweiz, Italien und Schweden höher als in Deutschland, aber in den alten Bundesländern ist die Lebenserwartung sicherlich nicht niedriger als in den meisten europäischen Länder. Bemerkenswert ist, dass die im Vergleich zu Westdeutschland etwas geringere Lebenserwartung in Ostdeutschland noch immer höher ist als die Lebenserwartungen in den ausgewählten osteuropäischen Länder. Die demographischen Indikatoren zeigen außerdem, dass die deutsche Bevölkerung relativ viele Alte umfasst.

Die Charakterisierung von Deutschland als ein „gelähmter Gulliver" wird nachvollziehbar, wenn wir die wirtschaftlichen Daten in Tabelle 1 anschauen. Das Bruttoinlandsprodukt pro Kopf bleibt 2002 in Deutschland weit hinter der Produktion in Ländern wie der Schweiz, Dänemark, Irland, Norwegen oder dem Vereinigten Königreich zurück. Die Zahlen für die neuen Bundesländer sind jedoch deutlich höher als in Osteuropa. Dies trifft allerdings nicht für das wirtschaftliche Wachstum zu, welches 2002 in beiden Teilen Deutschlands viel niedriger war als in den meisten anderen Ländern. Ein ähnliches Bild der wirtschaftlichen Stagnation bietet die Arbeitslosenquote, welche in nur wenigen europäischen Ländern höher ist als in Deutschland. Die Aufbauleistung und die Transfers von West- nach Ostdeutschland haben den öffentlichen Sektor insgesamt nicht außergewöhnlich belastet: Mit einer Staatsquote von etwa 49% befindet sich Deutschland im oberen europäischen Mittelfeld hinter den skandinavischen Ländern und Österreich.

---

[6] Siehe für die Auswahl der Länder Abschnitt 3.2 dieses Einführungskapitels.

*Tabelle 1:* Deutschland in Europa (2002)

| | A | B | CH | DK | E | FIN | GR | IRL | I |
|---|---|---|---|---|---|---|---|---|---|
| Grundgebiet (km² in 1000)[7] | 84 | 31 | 41 | 43 | 505 | 305 | 132 | 70 | 301 |
| Einwohner (Mill)[8] | 8 | 10,3 | 7,2 | 5,3 | 40,8 | 5,1 | 10,9 | 3,8 | 56,9 |
| Lebenserwartung[9] | | | | | | | | | |
| Männer (Jhr) | 75,8 | 75,1 | 77,8 | 74,8 | 75,7 | 74,9 | 75,4 | 75,2 | 76,8 |
| Frauen (Jhr) | 81,7 | 81,6 | 83 | 79,5 | 83,1 | 81,5 | 80,7 | 80,3 | 82,9 |
| Altenanteil (%)[10] | 15,5 | 16,9 | 15,5 | 14,8 | 17,1 | 15,2 | 18,1[10a] | 11,1 | 18,6[10a] |
| BIP pro Kopf (Tsd €)[11] | 28,2 | 26,6 | 41,2 | 35,9 | 18,1 | 28,4 | 13,6 | 34,4 | 22,9 |
| Wachstum (%BIP)[12] | 1,4 | 0,7 | -0,5 | 1,0 | 2,0 | 2,3 | 3,9 | 6,9 | 0,4 |
| Arbeitslosen (%)[13] | 4,2 | 7,3 | 2,5[14a] | 4,6 | 11,3 | 9,1 | 10 | 4,3 | 9 |
| Staatsquote[14] | 51,6 | 49,7 | - | 56,6 | 39,3 | 51,0 | 46,7 | 35,2 | 48,5 |
| Wahlbeteiligung (%)[15] | 80,4 | (90,6) | 43,2 | 87,2 | 68,7 | 65,3 | 75,0 | 62,6 | 81,4 |
| Gewerkschaftsmitglieder(%)[16] | 35,2 | 69,6 | 9,4[17a] | 75,5 | 11,4 | 80,7 | 14,6 | - | - |
| Arbeitskämpfe[17] | 3 | 47[19a] | 6 | 79 | 379 | 36 | - | 15 | 311 |

Schließlich präsentiert Tabelle 1 einige Zahlen über die politische und soziale Beteiligung in Deutschland und Europa. Mit fast 80% Wahlbeteiligung entspricht Deutschland dem Niveau, das auch in Ländern wie den Niederlanden oder Schweden erreicht wird. Die Wahlbeteiligung ist in Ostdeutschland niedriger als in Westdeutschland, aber höher als in den meisten osteuropäischen Länder. Dagegen ist klar, dass der Klassenkampf in Deutschland einen relativ bescheidenen Platz einnimmt: Sowohl der gewerkschaftliche Organisationsgrad als auch die durch Streiks und Aussperrungen verloren gegangenen Ausfalltage sind in Deutschland außergewöhnlich niedrig.

---

[7] Statistisches Bundesamt 2003.

[8] EU 2002; [8a] Statistisches Bundesamt 2002.

[9] Lebenserwartung bei Geburt 2002 in Jahren (EU 2002); [9a] Daten für 2000 (Statistisches Bundesamt).

[10] Anteil der Einwohner älter als 65 Jahre (EU 2002); [10a] CIA World Fact Book 2002.

[11] OECD 2002; [11a] Statistisches Landesamt Baden-Württemberg.

[12] Reale Veränderung des BIP gegenüber Vorjahr (EU 2002).

[13] In Prozent der abhängigen Erwerbspersonen (EU 2002), [13a] (Bundesamt für Statistik, Schweiz).

[14] Gesamtausgaben des Staates in Prozent des BIP (OECD; IDWK 2004: 132). Daten für 2003.

[15] Wahlbeteiligung in Prozenten der Wahlberechtigten bei der letzten, nationalen Wahlen (vor Ende 2002; International Institute for Democracy and Electoral Assistance).

[16] Netto Organisationsgrad der Gewerkschaften 2003, außer für Belgien: 2000; Slowenien: 2001; Österreich, Dänemark, Italien, Schweden: 2002 (European Foundation for the Improvement of Living and Working Condition, Beschäftigtenanzahl: ILO 2002 ); [16a] (Schweizer Gewerkschaftsbund 2002).

[17] Ausfalltage je 1000 abhängige Beschäftigte durch Streiks und Aussperrungen (ILO, OECD, EU; IDWK 2004: 139); [17a] Daten für 2001.

| L | NL | NO | P | S | UK | D-W | D | D-O | CZ | H | PL | SLO |
|---|---|---|---|---|---|---|---|---|---|---|---|---|
| 3 | 34 | 385 | 92 | 411 | 244 | 249 | 357 | 108 | 79 | 93 | 313 | 20 |
| 0,4 | 16,1 | 4,5 | 10,3 | 8,9 | 59,8 | 65,5[8a] | 82,5 | 17,0[8a] | 10,2 | 10,1 | 3,8 | 1,9 |
| 74,9 | 76 | 76,4 | 73,8 | 77,7 | 75,9 | 75,1[9a] | 74,3[9a] | 73,5[9a] | 72,1 | 68,4 | 70,4 | 72,7 |
| 81,5 | 80,7 | 81,5 | 80,5 | 82,1 | 80,4 | 80,9[9a] | 80,7[9a] | 80,4[9a] | 78,7 | 76,7 | 78,7 | 77,8 |
| 13,9 | 13,7 | 14,9 | 16,5 | 17,2 | 16,0 | 16,9 | 17,1 | 17,8 | 16,9 | 15,3 | 12,5 | 14,5 |
| 52,8 | 29,1 | 47,0 | 13,1 | 30,2 | 29,7 | 27,5[11a] | 25,6[11a] | 18,2[11a] | 7,6 | 7,3 | 5,3 | - |
| 1,7 | 0,2 | 1,4 | 0,5 | 2,1 | 1,8 | - | 0,2 | - | 2,0 | 3,5 | 1,4 | 3,4 |
| 2,8 | 2,7 | 3,9 | 5,1 | 4,9 | 5,1 | 8,5 | 8,7 | 19,2 | 7,3 | 5,6 | 19,8 | 6,1 |
| 46,6 | 48,6 | 48,4 | 46,8 | 59,0 | 42,8 | - | 49,4 | - | 47,1 | 48,4 | 46,8 | - |
| 86,5 | 80,0 | 75,0 | 62,8 | 80,1 | 59,4 | 80,6 | 79,1 | 72,8 | 58,0 | 73,5 | 61,1 | 65,2 |
| 71,6 | - | 63,0 | 21,6 | 77,9 | 25,9 | - | 22,2 | - | - | 22,7 | 11,0 | 36,7 |
| 0[17a] | 35 | 72 | 29 | 0 | 51 | - | 10 | - | - | - | 0 | - |

Dieser kurze Exkurs über die Position von Deutschland in Europa kann einfach mit nichtquantitativen Ergebnissen ergänzt werden. Im Frühjahr 1999 beteiligten sich deutsche Kampfflugzeuge an den NATO-Kampagnen gegen die ehemalige Föderale Republik Jugoslawien und beendeten auf diese Weise die deutsche Zurückhaltung in der internationalen Sicherheitspolitik. Seitdem beteiligen sich deutsche Soldaten an militärischen Eingriffen unter UN-Führung auf dem Balkan und in Afghanistan. Mit der Vereinigung ist das deutsche Selbstbewusstsein gewachsen und seine internationalen Interessen sind nicht länger zweitrangig.[18] In manchen Fällen ist die neue Außen- und Sicherheitspolitik eine klare Weiterführung der Politik der alten Bundesrepublik mit ihrem eindeutigen Bekenntnis zur europäischen Integration und zur Zusammenarbeit im Rahmen multilateraler Organisationen wie UN, NATO oder EU. Dazu gehört auch eine eher zurückhaltende Einstellung in Fragen, welche klare militärische Aspekte umfassen. Der „gelähmte Gulliver" wird international sicherlich nicht als eine eher schwache „zentrale Macht" betrachtet. Im Gegenteil: Die wichtigste Aufgabe des vereinigten Deutschlands ist offensichtlich, die neue Stärke auf vernünftige Weise anzuwenden:

> „Germany faces the double task of assuring its neighbours that it is not tempted to take advantage of its position and power to establish a hegemonic role in Europe and that it does accept its new international responsibilities." (Meiers 2003: 214)

---

[18] Beobachter sprachen schon kurz nach 1990 von Deutschland als „die Zentralmacht Europas" sowie von „Deutschlands Rückkehr auf die Weltbühne" (Schwarz 1994).

## 3 Konzept und Gliederung des Bandes

### 3.1 Anforderungen und Vorgehensweise

Konzept und Gliederung des vorliegenden Bandes basieren auf den im vorherigen Abschnitt abgeleiteten Anforderungen für die Analyse der Entwicklungen in Deutschland. Zunächst sollten sich solche Analysen auf eine klare empirische Grundlage stützen. Dazu werden alle Autorinnen und Autoren die Daten des 2002 durchgeführten *European Social Survey* für ihre Beiträge nutzen. Auf diese Weise wird nicht nur der empirische Charakter der Analysen unterstrichen, sondern liegt den verschiedenen Beiträgen eine einheitliche und durchaus gut zu vergleichende Datenbasis zu Grunde.

Eine zweite Anforderung betrifft die besondere Situation in Deutschland seit der Vereinigung. Für die Analyse dieser Situation ist sowohl ein Vergleich der alten und neuen Bundesländer als auch die Betrachtung der gesamtdeutschen Ergebnisse erforderlich. Dementsprechend werden wir in diesem Band – wie bereits in Tabelle 1 – vergleichende Informationen für Westdeutschland (D-W), für Ostdeutschland (D-O) und für Gesamtdeutschland (D) präsentieren.

Die Berücksichtigung der europäischen Perspektive bildet die dritte Anforderung an die hier aufgenommenen Beiträge. Die Entwicklungen in Deutschland sind nicht nur eine Folge der innerdeutschen Beschäftigung mit Aufbau und Integration, sie sind auch Teil der gesellschaftlichen Wandlungsprozesse, welche in manch anderen Ländern wahrnehmbar sind:

„Die Rückwirkungen der ostdeutschen Transition auf Westdeutschland und mögliche Veränderungen des politischen und administrativen Systems, der governance structures, in der Bundesrepublik insgesamt dürfen allerdings, das wurde bereits ausgeführt, nicht nur aus der Perspektive der Transitionsforschung analysiert werden, sondern müssen sich in die Untersuchung des derzeitigen sozio-politischen Wandels in Westeuropa einordnen." (Eisen, Kaase und Berg 1996: 44)

Für die Analyse der Entwicklungen in Westdeutschland wäre eine derartige ‚westeuropäische Einordnung' sicherlich sehr hilfreich. Das gleiche trifft – trotz aller Eigentümlichkeiten der neuen Bundesländer – auch für das vereinigte Deutschland zu. Aber wenn wir an der Notwendigkeit eines Vergleichs der beiden Teile Deutschlands festhalten, dann ist es nicht selbstverständlich, dass eine ‚westeuropäische Einordnung' den Entwicklungen in Ostdeutschland gerecht wird. Diese Entwicklungen werden eher Ähnlichkeiten mit Entwicklungen in anderen postsozialistischen Gesellschaften zeigen. Eine ‚osteuropäische Einordnung' scheint für die neuen Bundesländer deswegen sinnvoller zu sein. Nur aus der sehr langfristigen Perspektive einer kontinuierlichen ‚Modernisierung' aller Gesellschaften, könnte man eine ‚westeuropäische Einordnung' für Ostdeutschland akzeptieren. Die Frage nach den Ähnlichkeiten und Differenzen zwischen West- und Ostdeutschland bzw. Westund Osteuropa lässt sich nur empirisch klären. Die Autoren und Autorinnen dieses Bandes werden deshalb die Ergebnisse für die alten und neuen Bundesländer konsequent mit Ergebnissen für west- bzw. osteuropäische Länder vergleichen. Dazu werden die Informationen für insgesamt 15 westeuropäische Länder des ESS zu einem Indikator für Westeuropa (E-W) zusammengefügt und für vier osteuropäische Länder zu einem weiteren für Osteuropa (E-O). Auf diese Weise kann die Frage nach Annäherung, Divergenz oder ‚Einordnung' der beiden Teile Deutschlands empirisch beantwortet werden.

*3.2 Der European Social Survey*

Das generelle Ziel des ESS ist die Entwicklung, inhaltliche Konzeptualisierung und Durchführung repräsentativer Bevölkerungsbefragungen zum Einstellungs- und Wertewandel in europäischen Ländern. Dazu wird ein einheitlicher Fragebogen zu verschiedenen Aspekten des politischen und gesellschaftlichen Zusammenlebens verwendet, der durch länderspezifische Fragen ergänzt wird. Der Fragebogen der ersten Welle des ESS bestand aus insgesamt vier Modulen, von denen zwei den festen Kern ausmachen. Um eine optimale Vergleichbarkeit der Erhebungsresultate zu erreichen, wurden alle Teilschritte des Projektes, von der Stichprobenziehung über die Übersetzung des englischen Ausgangsfragebogens in die Sprachen der Teilnehmerländer bis zur konkreten Durchführung der Erhebungen im Feld, soweit möglich, standardisiert und umfassend dokumentiert.[19]

An der ersten Welle des ESS, deren meiste Befragungen im Zeitraum September 2002 bis Dezember 2003 stattfanden, nahmen 22 Länder teil. Neben Deutschland waren dies Belgien, Dänemark, Finnland, Frankreich, Griechenland, Vereinigtes Königreich, Irland, Israel, Italien, Luxemburg, die Niederlande, Norwegen, Österreich, Polen, Portugal, Schweden, die Schweiz, Slowenien, Spanien, die Tschechische Republik und Ungarn. Mit Ausnahme Frankreichs waren im Sommer 2004 für alle Teilnehmerländer die Daten verfügbar.[20]

Wegen der Bundestagswahlen im September 2002 startete die deutsche Datenerhebung erst Ende November 2002. Feldende war der 16. Mai 2003. Das Untersuchungsgebiet umfasste die gesamte Bundesrepublik Deutschland. Befragt wurde eine repräsentative Stichprobe aller Personen ab 15 Jahren (ohne Altersobergrenze), die in einem privaten Haushalt in Deutschland leben, ungeachtet ihrer Nationalität, Staatsbürgerschaft, Sprache oder Rechtsstellung. Die Stichproben für Westdeutschland (inkl. Westberlin) und Ostdeutschland (inkl. Ostberlin) sind disproportional zusammengestellt, damit auch für die neuen Bundesländer ausreichende Fallzahlen zur Verfügung stehen. Insgesamt sind im Datensatz der deutschen Teilstudie 2919 Fälle enthalten: 1821 Interviews wurden in Westdeutschland geführt, 1098 in Ostdeutschland. Die Ausschöpfungsquote beträgt bei Berechnung auf der Basis der insgesamt realisierten Interviews 59,6%, auf der Basis der gültigen Interviews 58,1%.

Für die Analysen der Situation in Deutschland aus europäischer Perspektive, werden die deutschen Ergebnisse mit den Befunden für die anderen Länder des ESS verglichen. Dazu wird in zwei Schritten vorgegangen. Zunächst werden für zentrale Indikatoren der sozialen und politischen Entwicklungen Vergleiche mit allen europäischen Ländern durchgeführt. Aus der oben präsentierten Liste der teilnehmenden Länder ist Israel entfernt worden, da es sich hier nicht um ein europäisches Land handelt. Außerdem konnten die Autorinnen und Autoren dieses Bandes leider die zu spät gelieferten französischen Daten nicht

---

[19] Siehe für allgemeine Informationen über den ESS: www.europeansocialsurvey.org und für die deutsche Teilstudie: www.europeansocialsurvey.de. Die wichtigsten Spezifikationen der erste Welle des ESS sind im Anhang am Ende dieses Bandes zusammengefasst.
[20] Daten, Kodebücher, Dokumentation usw. sind verfügbar über: http://ess.nsd.uib.no.

in ihre Analysen miteinbeziehen. Somit werden wir neben Deutschland die ESS-Daten von insgesamt 19 anderen europäischen Ländern berücksichtigen.

Ein zweiter Schritt betrifft die Reduzierung der Datenmenge und die Fokussierung auf Vergleiche zwischen Westdeutschland und Westeuropa bzw. Ostdeutschland und Osteuropa. Für diese Analysen werden die Daten für die westeuropäischen Länder (ohne Westdeutschland) und für die osteuropäischen Länder (ohne Ostdeutschland) zusammen genommen. Die Beiträge dieses Bandes enthalten deswegen meistens eine oder mehrere Tabellen mit vier Spalten, welche die Ergebnisse für Westeuropa (E-W), Westdeutschland (D-W), Ostdeutschland (D-O) und Osteuropa (E-O) enthalten und eine direkte Beurteilung der Ost-West-Unterschiede und -Ähnlichkeiten ermöglichen. Die Einteilung der Länder in west- bzw. osteuropäische Systeme sowie die genutzten Bezeichnungen sind Tabelle 2 zu entnehmen.

*Tabelle 2:* Ausgewählte Länder und benutzte Abkürzungen

| Westeuropäische Länder | | Deutschland | | Osteuropäische Länder | |
|---|---|---|---|---|---|
| A | Österreich | D | Deutschland gesamt | CZ | Tschechische Republik |
| B | Belgien | | | H | Ungarn |
| CH | Schweiz | D-W | Westdeutschland | PL | Polen |
| DK | Dänemark | D-O | Ostdeutschland | SLO | Slowenien |
| E | Spanien | | | | |
| FIN | Finnland | | | | |
| GR | Griechenland | | | | |
| IRL | Irland | | | | |
| I | Italien | | | | |
| L | Luxemburg | | | | |
| NL | Niederlande | | | | |
| NO | Norwegen | | | | |
| P | Portugal | | | | |
| S | Schweden | | | | |
| UK | Vereinigtes Königreich | | | | |
| E-W | Gesamtwert für alle westeuropäische Länder ohne Deutschland | | | O-W | Gesamtwert für alle osteuropäische Länder ohne Deutschland |

### 3.3 Gliederung des Bandes

Die verschiedenen Beiträge zu diesem Band beschäftigen sich alle mit den sozialen und politischen Einstellungen der deutschen Bevölkerung in europäischer Perspektive Ende 2002/Anfang 2003. Der Schwerpunkt der Analysen liegt auf den möglichen Unterschieden und Ähnlichkeiten zwischen den beiden Teilen Deutschlands. Der Band ist in drei Teile gegliedert: (1) allgemeine soziale und politische Orientierungen, (2) staatsbürgerliche Orientierung und (3) soziales und politisches Engagement.

Die Autorinnen und Autoren des ersten Teils des Bandes präsentieren Ergebnisse bezüglich verschiedener sozialer und politischer Orientierungen. Dazu gehören zunächst Einstellungen, welche mit der Zufriedenheit mit verschiedenen Lebensbereichen zu tun haben. Weitere Themen in diesem Teil sind Religiosität und Wertorientierungen, welche unter anderem durch die Beurteilung des Verhältnisses von Leistung und Gleichheit sowie durch liberale Einstellungen der Bürger zum Ausdruck kommen. Der Frage nach der Verbreitung und dem Charakter ethnozentristischer Orientierungen ist ein eigenes Kapitel gewidmet. Schließlich umfasst dieser Teil eine Analyse der Zufriedenheit mit der Bildung als wichtige Determinante der gesellschaftlichen Integration der Bürger.

Staatsbürgerliche Orientierungen bilden das Thema der Beiträge des zweiten Teils des Bandes. Zu diesen Orientierungen gehören die erwünschten Einstellungen von Bürgern demokratischer Gesellschaften (,Tugenden') sowie verschiedene Varianten des politischen und sozialen Vertrauens. Außerdem werden in diesem Teil die Ergebnisse der Analysen des politischen Interesses der Bürger präsentiert. Einen wichtigen Aspekt der staatsbürgerlichen Orientierungen bilden zudem die Urteile der Bürger über die verschiedenen Aufgaben des Staates.

Die Frage nach der tatsächlichen Beteiligung der Bürger steht im letzten Teil des Bandes im Vordergrund. Dazu werden neben sehr unterschiedlichen Formen sozialer Beteiligung (Vereinsaktivitäten) auch die mittlerweile sehr verschiedenen Formen politischer Partizipation betrachtet. Die Nutzung der Medien in demokratischen Gesellschaften wird im letzten Kapitel analysiert.

**Literatur**

Andersen, Uwe (1999): Finanzierung der Einheit. In: Weidenfeld, Werner/Korte, Karl-Rudolf (Hrsg.): Handbuch zur deutschen Einheit 1949 – 1989 – 1999. Bonn: Bundeszentrale für politische Bildung, S. 368-383.
Bruck, Elke (1999): Deutschland von außen. In: Weidenfeld, Werner/Korte, Karl-Rudolf (Hrsg.): Handbuch zur deutschen Einheit 1949 – 1989 – 1999. Bonn: Bundeszentrale für politische Bildung, S. 202-216.
Christoph, Bernhard (2002): Weiter deutliche Zufriedenheitsdifferenzen zwischen Ost und West trotz Annäherung in manchen Bereichen. In: Informationsdienst soziale Indikatoren 28, S. 11-14.
Cox, Robert H. (2001): The Social Construction of an Imperative. Why Welfare Reform Happened in Denmark and the Netherlands but Not in Germany. In: World Politics 53, S. 463-488.
Dobry, Michel (Hrsg.) (2000): Democratic and Capitalist Transitions in Eastern Europe. Dordrecht: Kluwer.
Eisen, Andreas/Kaase, Max/Berg, Frank (1996): Transformation und Transition: Zur politikwissenschaftlichen Analyse des Prozesses der deutschen Vereinigung. In: Kaase, Max/Eisen, Andreas/Gabriel, Oscar W./Niedermayer, Oskar/Wollmann, Hellmut (Hrsg.): Politisches System. Opladen: Leske + Budrich (Berichte zum sozialen und politischen Wandel in Ostdeutschland, Band 3), S. 5-46.
Ekiert, Grzegorz/Kubik, Jan (1998): Contentions Politics in New Democracies. East Germany, Hungary, Poland, and Slovakia 1989-93. World Politics 50, S. 547-581.
Falter, Jürgen W./Gabriel, Oscar W./Rattinger, Hans (Hrsg.) (2000): Wirklich ein Volk?. Opladen: Leske + Budrich.
Fuchs, Dieter/Roller, Edeltraud/Weßels, Bernhard (1997): Die Akzeptanz der Demokratie des vereinigten Deutschlands. In: Aus Politik und Zeitgeschichte B 51, S. 3-12.
Gabriel, Oscar W. (1996): Politische Orientierungen und Verhaltensweisen. In: Kaase, Max/Eisen, Andreas/Gabriel, Oscar W./Niedermayer, Oskar/Wollmann, Hellmut (Hrsg.): Politisches System. Opladen: Leske + Budrich (Berichte zum sozialen und politischen Wandel in Ostdeutschland, Band 3), S. 231-319.

Gellner, Winand/Robertson, John D. (Hrsg.) (2003): The Berlin Republic. German Unification and a Decade of Changes. London: Cass.
Gensicke, Thomas (1998): Die neuen Bundesbürger. Eine Transformation ohne Integration. Opladen/Wiesbaden: Westdeutscher Verlag.
Gensicke, Thomas (2001): Auf dem Weg der Integration. Die neuen Bundesbürger nach der Einheit. In: Deutschland Archiv 34, S. 398-410.
Gensicke, Thomas (2002): Neue Bundesländer. In: Greiffenhagen, Martin/Greiffenhagen, Sylvia (Hrsg.): Handwörterbuch zur politischen Kultur der Bundesrepublik Deutschland. Wiesbaden: Westdeutscher Verlag, S. 290-296.
Häder, Michael/Häder, Sabine (Hrsg.) (1998): Sozialer Wandel in Ostdeutschland. Opladen/Wiesbaden: Westdeutscher Verlag.
Institut der deutschen Wirtschaft Köln (IDWK) (2004): Deutschland in Zahlen. Köln: Deutscher Instituts-Verlag.
Janning, Josef (1999): Europäische Integration. In: Weidenfeld, Werner/Korte, Karl-Rudolf (Hrsg.): Handbuch zur deutschen Einheit 1949 – 1989 – 1999. Bonn: Bundeszentrale für politische Bildung, S. 342-353.
Meiers, Franz-Josef (2003): A Chance of Course? German Foreign and Security Policy after Unification. In: Gellner, Winand/Robertson, John D. (Hrsg.): The Berlin Republic. German Unification and a Decade of Changes. London: Cass, S. 195-216.
Meulemann, Heiner (2002): Werte und Wertewandel im vereinten Deutschland. In: Aus Politik und Zeitgeschichte B 37-38, S. 13-22.
Münter, Michael/Sturm, Roland (2003): Economic Consequences of German Unification. In: Gellner, Winand/Robertson, John D. (Hrsg.): The Berlin Republic. German Unification and a Decade of Changes. London: Cass, S. 179-194.
Pohl, Rüdiger (2002): Ostdeutschland im 12. Jahr nach der Vereinigung. In: Aus Politik und Zeitgeschichte B 37-38, S. 30-38.
Ritter, Claudia (1996): Politische Identitäten in den neuen Bundesländern. Distinktionsbedarf und kulturelle Differenzen nach der Vereinigung. In: Wiesenthal, Helmut (Hrsg.): Einheit als Privileg. Vergleichende Perspektiven auf die Transformation Ostdeutschlands. Frankfurt a.M.: Campus, S. 141-187.
Schirm, Stefan A. (2003): The Power of Institutions and Norms in Shaping National Answers to Globalisation: German Economic Policy after Unification. In: Gellner, Winand/Robertson, John D. (Hrsg.): The Berlin Republic. German Unification and a Decade of Changes. London: Cass, S. 217-236.
Schwarz, Hans-Peter (1994): Die Zentralmacht Europas. Deutschlands Rückkehr auf die Weltbühne. Berlin: Siedler.
Statistisches Bundesamt (2002): Datenreport 2002. Bonn: Bundeszentrale für politische Bildung.
Sturm, Roland (2001): Wirtschaftsförderung und Industriepolitik in Ostdeutschland – Eine Zwischenbilanz nach zehn Jahren. In: Löw, Konrad (Hrsg.): Zehn Jahre deutsche Einheit. Berlin: Duncker + Humblot, S. 147-163.
Weidenfeld, Werner/Korte, Karl-Rudolf (Hrsg.) (1999): Handbuch zur deutschen Einheit 1949 – 1989 – 1999. Bonn: Bundeszentrale für politische Bildung.
Wiesenthal, Helmut (1996): Einheit als Privileg. Vergleichende Perspektiven auf die Transformation Ostdeutschlands. Frankfurt a.M.: Campus.
Wollmann, Hellmut/Wiesenthal, Helmut/Bönker, Frank (Hrsg.) (1995): Transformation sozialistischer Gesellschaften: Am Ende des Anfangs. Opladen/Wiesbaden: Westdeutscher Verlag.
Wollmann, Hellmut (1996): Institutionsbildung in Ostdeutschland: Neubau, Umbau und ‚schöpferische Zerstörung'. In: Kaase, Max/Eisen, Andreas/Gabriel, Oscar W./Niedermayer, Oskar/Wollmann, Hellmut (Hrsg.): Politisches System. Opladen: Leske + Budrich (Berichte zum sozialen und politischen Wandel in Ostdeutschland, Band 3), S. 47-154.

# I. Soziale und politische Einstellungen

# Politik und Lebenszufriedenheit

*Katja Neller*

## 1 Einleitung

Während die Lebenszufriedenheiten *innerhalb* einzelner Länder in der Regel relativ homogen ausgeprägt ist, finden sich große Unterschiede *zwischen* den Nationen. Dies zeigt sich in verschiedenen internationalen Studien (vgl. z.B. Noll 1997; Veenhoven 1997; Inglehart und Klingemann 2000). Generell erweisen sich die nationalen Niveaus des subjektiven Wohlbefindens – und damit auch die Länderunterschiede – innerhalb großer Zeiträume als sehr stabil. Veränderungen ergeben sich meist im Kontext wirtschaftlicher oder politischer Umbrüche einer Gesellschaft. Betrachtet man die Situation in Deutschland nach (zum Zeitpunkt der Erhebungen des *European Social Survey*) 12 Jahren der Wiedervereinigung, finden sich vor dem Hintergrund der immer noch unterschiedlichen objektiven Lebens- und Arbeitsverhältnisse in zahlreichen Studien nach wie vor deutliche Differenzen für verschiedene Aspekte der subjektiven Lebensqualität (vgl. exemplarisch: Statistisches Bundesamt 2002).

Die Verantwortung für diese Differenzen schreibt die Mehrheit der Bürger der ‚Politik' zu, für die sich daraus die Gefahr eines Entzugs der Unterstützung durch die potentiellen Wähler ergibt (vgl. z.B. Gabriel 1995). Zahlreiche Studien haben im Hinblick auf die Frage des Entstehens einer gemeinsamen politischen Kultur im vereinigten Deutschland thematisiert, inwiefern die politischen Rahmenbedingungen bzw. perzipierte Leistungsschwächen des politischen Systems dessen Akzeptanz und Unterstützung durch die Bevölkerung beeinflussen (vgl. z.B. Gabriel und Neller 2000). Im Mittelpunkt derartiger Analysen steht meist ein Vergleich verschiedener Quellen politischer Unterstützung und deren Bedeutung für die Konsolidierung neuer Demokratien. Insbesondere im Hinblick auf die Analyse von Transformationsgesellschaften, die typischerweise gleichzeitig Phasen grundlegender politischer und wirtschaftlicher Veränderungen durchlaufen, stellt sich die Frage, ob politische Einstellungen und Bewertungen der politischen bzw. demokratischen Performanz bzw. der von der Politik gestalteten gesellschaftlich-politischen Rahmenbedingungen oder die individuelle materielle (Ressourcen-)Lage (vgl. z.B. Delhey und Tobsch 2000) eine größere Rolle spielen.

Diese Perspektive soll hier auf die Analyse der *Lebenszufriedenheit* übertragen werden. Die Bürger der neuen Demokratien Osteuropas erwarteten im Zuge der Regimetransformation neben Verbesserungen der individuellen materiellen Lebenslage vor allem *politische* Veränderungen, also die Etablierung eines demokratischen politischen Systems mit all seinen institutionellen und prozessualen Aspekten (vgl. Delhey und Tobsch 2000). Geht man davon aus, dass die Lebenszufriedenheit nicht nur von individuell-materiellen, sondern auch von politischen Determinanten abhängt, könnte in den exkommunistischen Ländern eine vergleichsweise hohe Bedeutung politischer Faktoren für die Lebenszufriedenheit vermutet werden. Für die etablierten westeuropäischen Demokratien ist dagegen anzunehmen, dass die Performanz des politischen System und politische Orientierungen eine weniger wichtige Rolle für die Lebenszufriedenheit spielen, da in diesen Ländern der Politik auf Grund des größeren gesellschaftlichen Wohlstandes und der besseren Ausbildung der Bevölkerung dem Bereich Politik eine geringere Bedeutung als anderen Lebensbereichen zugeschrieben wird. Politik wird hier „nicht mehr als notwendiger Teil sozialer Konflikte gesehen" (van Deth 2000a: 116; vgl. auch van Deth 2000b).

Das subjektive Wohlbefinden ist ein Thema, mit dem sich vorrangig die Soziologie befasst. Es gibt jedoch einige Argumente, die für eine Betrachtung der Lebenszufriedenheit aus politikwissenschaftlicher Perspektive sprechen. Zunächst sollte es ein zentrales Ziel von Politik sein, gute bzw. bessere Lebensbedingungen zu schaffen, um die Lebensqualität, d.h. das Niveau des Wohlbefindens und der Lebenszufriedenheit, der Bürger zu erhalten bzw. zu erhöhen. Insbesondere in den europäischen Wohlfahrtsstaaten hat das politische System die umfassende Zuständigkeit für die Gestaltung der Lebensbedingungen der Bürger übernommen (vgl. z.B. Gabriel 1995; Glatzer 2002). Daneben gibt es Verbindungen zwischen der Lebensqualitätsforschung und der politischen Einstellungs- bzw. politischen Kulturforschung: Stark rückläufige Werte des subjektiven Wohlbefindens können zum Zusammenbruch eines politischen Systems und zu ökonomischen Problemen beitragen, während hohen Zufriedenheitsniveaus positive Effekte auf politische Unterstützung, Legitimation und Stabilisierung des politischen Systems zugeschrieben werden. Langanhaltende wirtschaftliche Problemlagen und mangelnde Performanz des politischen Systems können wiederum negative Wirkungen auf die Lebenszufriedenheit der Bürger haben. Beispiele für diese Zusammenhänge finden sich vor allem in den exkommunistischen Ländern, in denen lange vor dem Zusammenbruch des politischen Systems ein Rückgang der Lebenszufriedenheit zu verzeichnen war, aber auch in Ländern wie Belgien folgten institutionelle Veränderungen auf eine Phase rückläufigen subjektiven Wohlbefindens der Bürger (vgl. Inglehart 1990 und 1997; Inglehart und Klingemann 2000).

Subjektives Wohlbefinden wird in der Regel über Zufriedenheits- und Glücksindikatoren operationalisiert, wobei die Lebenszufriedenheit als kognitiver, Glück als affektiver Indikator gilt (vgl. z.B. Glatzer 1984).[1] Die *allgemeine Lebenszufriedenheit*, auf die sich der vorliegende Beitrag konzentriert, spiegelt neben den individuellen Lebensbedingungen und der momentanen Lebenssituation auch die sozialen, ökonomischen und politischen Rahmenbedingungen dieser Lebensumstände wider. Als zentrale Determinanten der allgemeinen Lebenszufriedenheit wurden in verschiedenen Studien vor allem die materiellen Lebensbedingungen wie Einkommen, Lebensstandard, sozialer Status und kulturelle Faktoren (z.B. Protestantismus) oder psychologische Faktoren (Unsicherheit, Befürchtungen, Sorgen) sowie das Gerechtigkeitsempfinden ermittelt (vgl. z.B. Bulmahn 1996; Inglehart und Klingemann 2000; Kahneman, Diener und Schwarz 1999). Darüber hinaus können Teilzufriedenheiten mit privaten (z.B. Familie, Freunde) und öffentlichen Bereichen (z.B. demokratische Einrichtungen, politische Beteiligungsmöglichkeiten, Umwelt, Wirtschaft) und deren Beitrag zur Lebenszufriedenheit untersucht werden (vgl. Glatzer 1984; Bulmahn 1996). Bei den öffentlichen Bereichen werden Institutionen und Systemeigenschaften bewertet, die der Einzelne im Gegensatz zu seiner persönlichen Lebenslage nicht direkt beein-

---

[1] Neuere Untersuchungen zweifeln diese Einordnung jedoch auf theoretischer und empirischer Ebene an und weisen darauf hin, dass zwischen einem momentanen und einem habituellen Zustand von Wohlbefinden unterschieden werden sollte, für den sowohl Zufriedenheit als auch Glück, je nach Fragformulierung, Indikatoren sein können (vgl. Mayerl 2001).

flussen kann (vgl. Delhey und Böhnke 1999). Die Ausgestaltung dieser gesellschaftlichen Rahmenbedingungen wird von den Bürgern dem ‚Staat' bzw. der ‚Politik' zugerechnet.

Fragen zur Zufriedenheit mit verschiedenen Lebensbereichen sind seit Mitte der 1970er Jahre regelmäßiger Bestandteil diverser nationaler Wohlfahrtssurveys (vgl. z.B. Zapf und Habich 2002). Sie beziehen sich in der Regel auf Aspekte wie die individuelle Wohnsituation, die persönliche gesundheitliche, finanzielle und berufliche Situation, die Freizeit, usw. Wenn die Itembatterien, wie z.B. in den Wohlfahrtssurveys, überhaupt Fragen nach der Bewertung der politischen Rahmenbedingungen (Zufriedenheit mit demokratischen Einrichtungen und politischen Betätigungsmöglichkeiten) umfassen (vgl. z.B. Habich, Noll und Zapf 1999), so wurden diese kaum systematisch in Beziehung zur allgemeinen Lebenszufriedenheit gesetzt. Es wurde meist lediglich eine „Zufriedenheitshierarchie der Lebensbereiche" (Glatzer 2002: 252) festgestellt. Höhere Zufriedenheitsniveaus finden sich generell in privaten Lebensbereichen wie der Familie, geringere Zufriedenheitsniveaus sind typisch für öffentliche Bereiche, für die der Staat als zuständig angesehen wird, wie z.B. die Wirtschaft.

In der Literatur finden sich neben Hypothesen zur Lebenszufriedenheit *innerhalb* einer Gesellschaft verschiedene Erklärungsansätze für die *Länderunterschiede* in den Zufriedenheitsniveaus (vgl. die Übersichten bei Weller 1996 und Christoph und Noll 2003): Merkmale bzw. Einstellungen und Wertorientierungen der Bürger der jeweiligen Länder (Mikroperspektive), ungleiche objektive Lebensbedingungen (Makroperspektive), Typus des jeweiligen wohlfahrtsstaatlichen Systems, nationale Charakteristika wie (politische) Kultur und Wertorientierungen, ein möglicherweise unterschiedliches Verständnis der verwendeten Frageformulierungen. Systematische, international vergleichende Untersuchungen des Effektes der individuellen Bewertung von gesellschaftlichen bzw. politischen Rahmenbedingungen auf die allgemeine Lebenszufriedenheit liegen bisher nicht vor. Inglehart und Klingemann (2000) untersuchen zwar international vergleichend die Bedeutung politisch-kultureller Faktoren, jedoch nur unter Verwendung von Makroindikatoren (z.B. Freedom-House-Index). Eine nur für Ost- und Westdeutschland durchgeführte Studie von Bulmahn (1999), der die Bedeutung der Bewertung der politischen Verwirklichung von Aspekten einer ‚lebenswerten' bzw. ‚guten' Gesellschaft (Freiheitsrechte, Sicherheit, Gerechtigkeit, Wohlstand) für die allgemeine Lebenszufriedenheit untersuchte, konnte abgesehen vom Faktor ‚Wohlstand' nur sehr geringe Effekte nachweisen.

Auch zum Einfluss anderer politischer Orientierungen auf die Lebenszufriedenheit gibt es so gut wie keine Analysen. Eine Ausnahme bildet die Untersuchung von Delhey und Böhnke (1999) für Ost- und Westdeutschland, die zumindest die Parteibindung als unabhängige Variable berücksichtigt. In der Regel werden politische Orientierungen wie politische Effektivität oder politisches Vertrauen in der Literatur als von der allgemeinen Lebenszufriedenheit *beeinflusste* Variablen betrachtet, auch wenn diese Richtung des kausalen Zusammenhangs bisher nicht eindeutig belegt werden konnte. Es scheint jedoch nicht nur plausibel beispielsweise anzunehmen, dass zufriedene Bürger eher dazu bereit sind, politischen Institutionen und Akteuren zu vertrauen. Umgekehrt können auch Bürger, die Institutionen und politisches Personal für vertrauenswürdig halten, auf Grund dieser als positiv wahrgenommenen politischen Bedingungen eine höhere Zufriedenheit mit ihrem Leben äußern – insbesondere in den exkommunistischen Ländern, in denen es lange Zeit kaum eine Grundlage für politisches Vertrauen gab.

Im Folgenden werden zunächst die im Rahmen des *European Social Survey* zur Analyse der Lebensqualität zur Verfügung stehenden Indikatoren vorgestellt. Dann werden deskriptive Ergebnisse für die generelle Lebenszufriedenheit sowie für die Bewertung der politischen Rahmenbedingungen präsentiert. Im Anschluss daran wird die relative Bedeutung unterschiedlicher Determinanten der Lebenszufriedenheit untersucht. Dabei werden durch die Aufnahme politischer Performanzbewertungen sowie politischer Orientierungen, klassische soziologische Erklärungsmodelle des subjektiven Wohlbefindens politikwissenschaftlichen Perspektiven gegenübergestellt.

In den wenigen bisher vorliegenden Studien wurde der Einfluss der Teilzufriedenheiten in den öffentlichen Bereichen auf die allgemeine Lebenszufriedenheit als gering charakterisiert. Nicht untersucht wurde jedoch, ob dies auch in internationaler Perspektive gilt, ob dies in allen Bevölkerungsgruppen gleichermaßen der Fall ist oder ob sich bei einer geeigneten Differenzierung deutlichere Effekte entdecken lassen. Einen Ansatzpunkt bieten hier die unterschiedlichen Wichtigkeiten, die den Lebensbereichen beigemessen werden. Diese „wirken quasi als Filter, die den Einfluß der einzelnen Bereichszufriedenheiten auf die allgemeine Lebenszufriedenheit modifizieren" (Bulmahn 1996: 90). Überprüft wurde dies bisher nur für Deutschland und hier wiederum nur für die privaten ‚unpolitischen' Lebensbereiche Familie, Arbeit und Freizeit (Bulmahn 1996). Daher soll im Folgenden die Wichtigkeit von Politik, kombiniert mit dem politischen Interesse, als Filter verwendet werden. Basierend auf einer einfachen Typologie des politischen Interesses (in Anlehnung an van Deth 2000a) werden verschiedene Vergleichsgruppen analysiert, die sich nach ihrem jeweiligen subjektiven politischen Interesse und der Bedeutung, die sie der Politik als Lebensbereich zuschreiben, unterscheiden. Für den Vergleich der Länderresultate steht die Suche nach einer möglicherweise vorhandenen, generellen ost-westeuropäischen ‚Trennlinie' des subjektiven Wohlbefindens und seiner Determinanten im Mittelpunkt sowie die Frage, ob vor diesem Hintergrund die Ostdeutschen den Osteuropäern ähnlicher sind als den Westdeutschen.

## 2  Aspekte der Lebensqualität im *European Social Survey*

Als Indikator für das subjektive Wohlbefinden wurde für den vorliegenden Beitrag die subjektiv eingeschätzte, allgemeine Lebenszufriedenheit ausgewählt. Sie umfasst die kognitiv-evaluative Komponente des subjektiven Wohlbefindens und kann als summarische Bewertung der Lebensverhältnisse und Lebenssituation charakterisiert werden, die unter anderem abhängig von Werten, Normen, Präferenzen und Vergleichen mit anderen Personen bzw. sozialen Gruppen ist (vgl. z.B. Diener 1984; Diener et al. 1985). Im Rahmen des ESS steht das Standardinstrument zur Erhebung der allgemeinen Lebenszufriedenheit zur Verfügung: „Wie zufrieden sind Sie – alles in allem – mit Ihrem gegenwärtigen Leben?" (Antwortskala von 0 für äußerst unzufrieden bis 10 äußerst zufrieden).

Zur Erfassung der Bewertungen verschiedener Lebensbereiche durch die Bürger wurden im Rahmen des ESS nicht die ‚Standardindikatoren' der öffentlichen und privaten Bereichszufriedenheiten eingesetzt, sondern Fragen nach der Bewertung des Bildungs- und Gesundheitssystems sowie nach der Zufriedenheit mit der allgemeinen Wirtschaftslage sowie mit der Demokratie im eigenen Land und mit der Regierung. Dies erschwert zwar den Vergleich mit den Ergebnissen anderer Studien, ermöglicht jedoch im Vergleich mit der traditionellen soziologischen Forschungsperspektive neue Einblicke in die Zusammenhänge zwischen Teilzufriedenheiten und der allgemeinen Lebenszufriedenheit. Im ESS wurde für die Items folgendermaßen formuliert:

> „1.) Sagen Sie mir bitte, wie Sie – alles in allem – den derzeitigen Zustand des Bildungssystems in (Land) einschätzen. 2.) Sagen Sie mir bitte, wie Sie – alles in allem – den derzeitigen Zustand des Gesundheitssystems in (Land) einschätzen. Antwortvorgaben: 0: Äußerst schlecht bis 10: äußerst gut. 3.) Und wie zufrieden sind Sie – alles in allem – mit der gegenwärtigen Wirtschaftslage in (Land)? 4.) Und wie zufrieden sind Sie – alles in allem – mit der Art und Weise, wie die Demokratie in (Land) funktioniert? 5.) Wenn Sie nun einmal an die Leistungen der (Regierung in Land) denken. Wie zufrieden sind Sie mit der Art und Weise, wie sie ihre Arbeit erledigt? (Antwortskala jeweils von 0 für sehr unzufrieden bis 10 für sehr zufrieden)."

*Abbildung 1:* Modell zur Erklärung der allgemeinen Lebenszufriedenheit

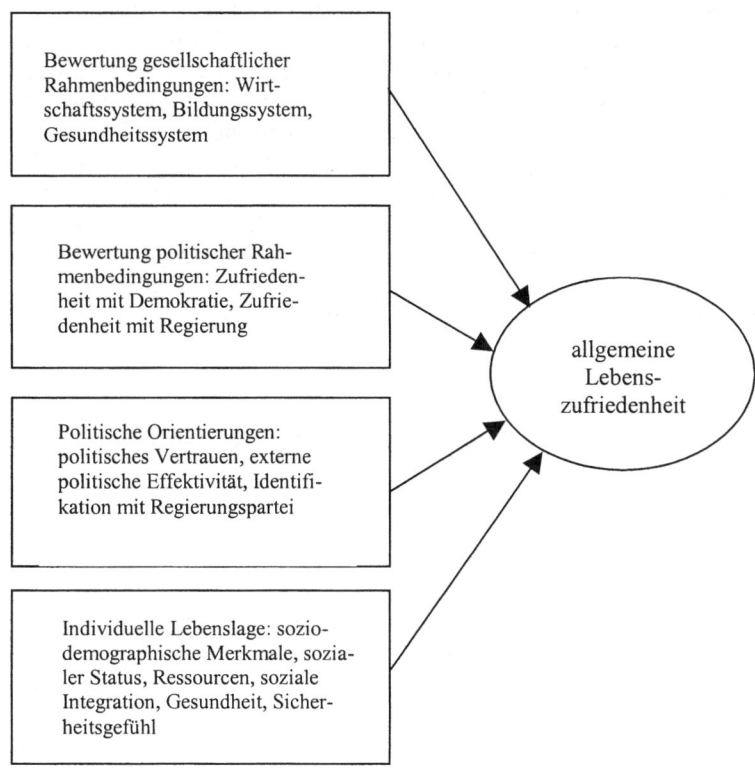

Bildungs- und Gesundheitssystem, Wirtschaftssituation und politisches System bilden wichtige Rahmenbedingungen für das eigene Leben. Von der Bewertung dieser Teilbereiche können vor dem oben skizzierten Hintergrund Effekte auf die generelle Lebenszufriedenheit erwartet werden. Dazu kommen die oben beschriebenen Determinanten, die sich auf die individuelle Lebens- und Ressourcenlage beziehen. Unter Verwendung der im ESS zur Verfügung stehenden Indikatoren kann ein Modell zur Erklärung der allgemeinen Lebenszufriedenheit abgeleitet werden, das den folgenden Analysen zu Grunde liegt (Abbildung 1).

## 3 Kontextfaktoren: Wohlstandsniveau und politisches System

Neben Erklärungen der Zufriedenheitsniveaus in den einzelnen Ländern auf der Mikroebene sollen im Folgenden auch Strukturen der Zufriedenheiten bzw. Wichtigkeiten von Lebensbereichen ermittelt werden, die sich aus den national unterschiedlichen Wohlstandsniveaus und dem Typus des aktuellen bzw. früheren politischen Systems ergeben könnten. Nach Inglehart und Klingemann (2000) gehören das Pro-Kopf-Bruttosozialprodukt und die Zugehörigkeit zur Gruppe der exkommunistischen Länder zu den wichtigsten Prädiktoren für Länderunterschiede im subjektiven Wohlbefinden. Die hier untersuchten osteuropäischen Gesellschaften weisen alle niedrigere Wohlstandsniveaus als die westeuropäischen Länder auf. Alle haben langjährige Erfahrungen mit einem kommunistischen Regime. Demnach sind für die neuen Demokratien Osteuropas im Vergleich mit den etablierten westeuropäischen Demokratien deutlich niedrigere Niveaus von Lebenszufriedenheit zu erwarten. Für Ostdeutschland kann aufgrund seiner ‚Anbindung' an Westdeutschland vermutet werden, dass es als ‚Sonderfall' zwar prinzipiell in die Gruppe der früheren kommunistischen Regime eingeordnet werden kann, dort aber jeweils eine Spitzenposition einnimmt.

## 4 Lebenszufriedenheit und Bewertung verschiedener Lebensbereiche: Deutschland in Europa

Betrachtet man die Entwicklung von Zufriedenheitswerten für Ost- und Westdeutschland im Vergleich ergibt sich, dass die Anfang der 1990er Jahre feststellbaren großen Unterschiede in den vergangenen Jahren deutlich kleiner geworden sind. Dies ist allerdings nicht nur auf einen langfristigen Anstieg der Zufriedenheit in Ostdeutschland, sondern auch auf eine Stagnation bzw. rückläufige Tendenz in Westdeutschland zurückzuführen (vgl. Abbildung 2). Mit 15 Prozentpunkten sind die Differenzen zwischen den Bürgern der alten und neuen Bundesländer aber auch im Jahr 2001 noch beträchtlich. Selbst wenn seit der Wiedervereinigung der Angleichungsprozess der Wohlfahrtsentwicklung im Hinblick auf das Einkommens- und Rentenniveau, die Haushaltsausstattung und den Lebensstandard große Fortschritte gemacht hat, spielen Arbeitsmarkt- und andere gesellschaftlich-soziale Probleme immer noch eine zentrale Rolle in Ostdeutschland (vgl. z.B. Bulmahn 2000). Die Ergebnisse verschiedener Untersuchungen belegen darüber hinaus, dass aus dem Niveau der westdeutschen Lebensbedingungen aus der Perspektive der Ostdeutschen weiterhin eine

*Abbildung 2:* Lebenszufriedenheit in West- und Ostdeutschland, 1978-2001
(Prozentanteile)

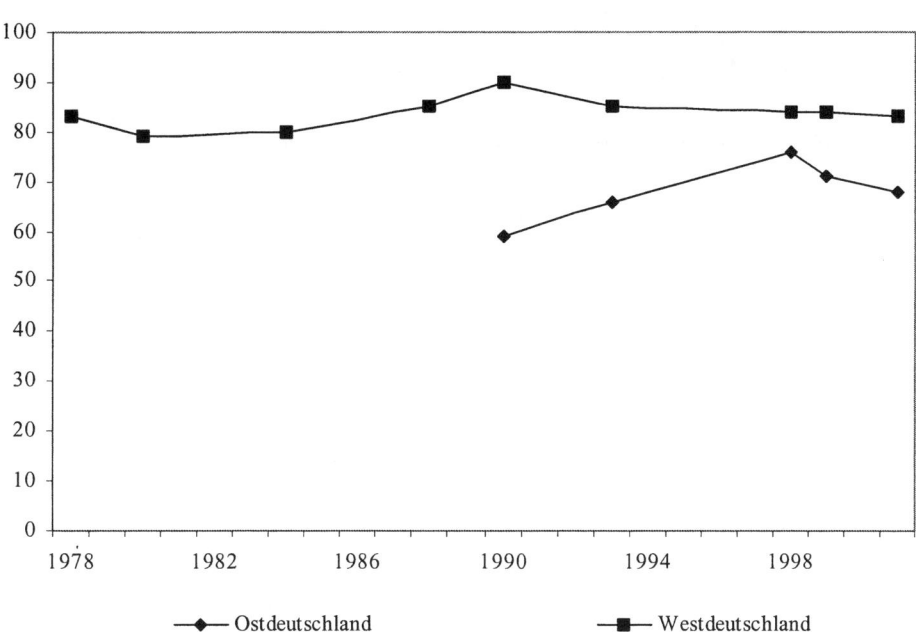

Quelle: Wohlfahrtssurveys bzw. Trendstudien, vgl. Statistisches Bundesamt 2002.

spezielle Bedeutung als Bewertungsmaßstab zukommt (vgl. z.B. Zapf 2000; Christoph 2002).

Aus der Perspektive des Vergleiches von Ost- und Westdeutschland kann das subjektive Wohlbefinden auch als Indikator für den Stand der ‚Inneren Einheit' interpretiert werden. Legt man diesen Maßstab an, sind die Deutschen von diesem Ziel noch um einiges entfernt. Eine Verringerung der Unterschiede in den materiellen Lebensverhältnissen der Bürger der alten und neuen Bundesländer gilt vielen Autoren hier als zentraler Ansatzpunkt (vgl. zu dieser Diskussion z.B. Delhey und Böhnke 2000).

Die Analysen der ESS-Daten für 2002/2003 (vgl. Abbildung 3) zeigen, dass die ‚Lücke' zwischen dem subjektiven Wohlbefinden in Ost- und Westdeutschland noch immer nicht geschlossen ist: Sie hat sich mit einer Differenz von 16 Prozentpunkten tendenziell eher vergrößert. Die Unterschiede zwischen neuen und alten Bundesländern sind damit größer als die jeweiligen Abweichungen Ost- und Westdeutschlands von den Mittelwerten des subjektiven Wohlbefindens in Ost- und Westeuropa.

Für die Lebenszufriedenheit der EU-Bürger liegen seit 1973 Erhebungen im Rahmen der Eurobarometer vor. Die allgemeine Lebenszufriedenheit erweist sich im EU-Durchschnitt im Zeitverlauf sehr hoch: Knapp unter bzw. über 80% der Befragten stuften sich als sehr oder ziemlich zufrieden ein. Über die Jahre betrachtet ergibt sich insgesamt ein leichter Abwärtstrend. Im Ländervergleich der EU-Staaten finden sich die zufriedensten Bürger in den skandinavischen Ländern, den Niederlanden und Luxemburg. Griechenland,

*Abbildung 3:* Allgemeine Lebenszufriedenheit in Europa (Prozentanteile der Werte 7-10 der Zufriedenheitsskala)

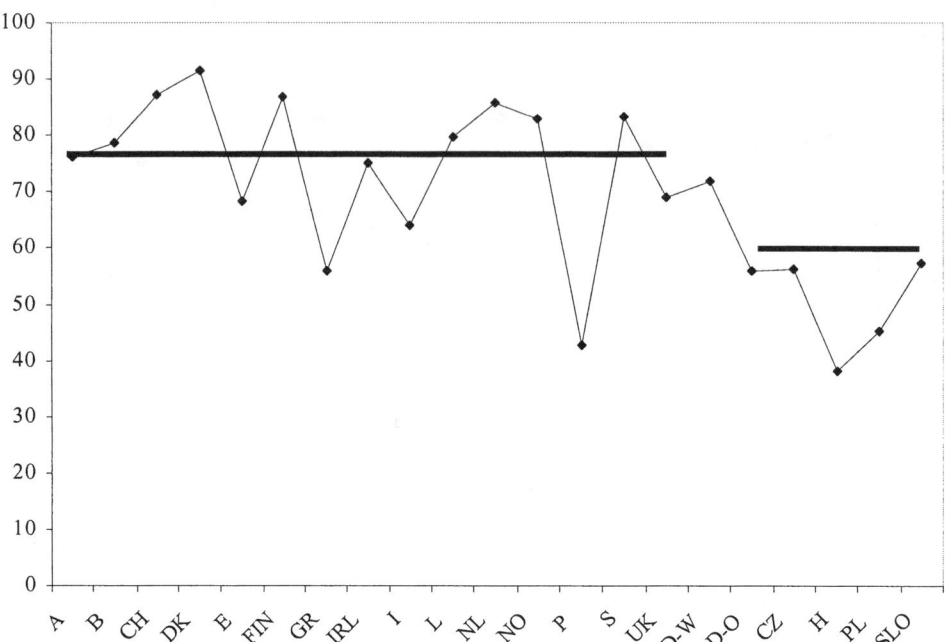

Portugal und Italien weisen dagegen traditionell die niedrigsten Zufriedenheiten auf. Dieses Muster findet sich von 1973 bis heute. Betrachtet man west- und osteuropäische Länder im Vergleich zeigt sich, dass das Niveau des subjektiven Wohlbefindens in den ehemals kommunistischen, osteuropäischen Nationen noch deutlich unter diesen Werten liegt (vgl. z.B. Inglehart und Klingemann 2000).

Auch die Betrachtung der ost- und westeuropäischen Teilnehmerländer des ESS bestätigt diese Verteilungsstrukturen. Insgesamt zeigt sich eine eindeutige ost-westeuropäische Spaltung, wobei die Vergleichsregionen Ost- und Westeuropa wiederum nur teilweise homogen sind und z.B. im Falle Westeuropas den Fortbestand des altbekannten Nord-Südgefälles widerspiegeln.

Nach Betrachtung der allgemeinen Lebenszufriedenheit sollen nun die im ESS enthaltenen Indikatoren zu Bereichszufriedenheiten bzw. zur Bewertungen der gesellschaftlichen und politischen Rahmenbedingungen in den Blick genommen werden. Auf die Faktoren politisches Vertrauen und externe politische Effektivität, die im Folgenden ebenfalls zur Beantwortung der Frage „does politics matter?" herangezogen werden, wird hier nicht weiter eingegangen, da diese Aspekte in einem eigenen Beitrag in diesem Band (Zmerli) dargestellt werden oder kaum Erläuterungen bedürfen.

Abbildung 4 zeigt die Zufriedenheiten der Europäer mit der Wirtschaftslage, dem Bildungs- sowie dem Gesundheitssystem. In allen drei Feldern gehören Ost- und Westdeutschland zu den Ländern mit den geringsten Anteilen an Zufriedenen. Noch vergleichsweise am besten wird sowohl in den neuen als auch den alten Bundesländern das viel kritisierte und

*Abbildung 4:* Zufriedenheit mit Wirtschaftslage, Bildungssystem und Gesundheitssystem
(Prozentanteile der Werte 7-10 der Zufriedenheitsskala)

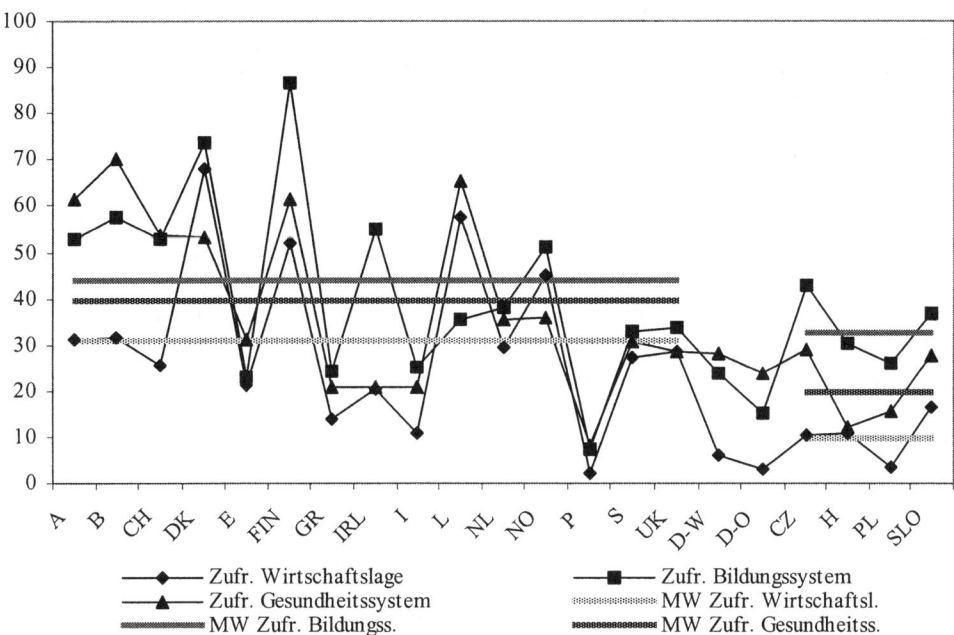

in jüngster Zeit heftig reformierte deutsche Gesundheitssystem bewertet, aber auch hier finden sich weniger als 30% Zufriedene. An nächster Stelle rangiert die Zufriedenheit mit dem Bildungssystem, mit weitem Abstand gefolgt von der Bewertung der Wirtschaftslage, mit der in Westdeutschland nur 6% und in Ostdeutschland nur 3% der Befragten zufrieden sind. Negativere Einschätzungen finden sich im europäischen Vergleich nur noch in Portugal (2%).

Ein wesentlicher Unterschied zwischen den Gesundheitssystemen der hier untersuchten Länder besteht darin, ob es sich um verstaatlichte Gesundheitssysteme oder eher um Sozialversicherungssysteme Bismarckscher Prägung handelt. Sozialversicherungssysteme finden sich in den Niederlanden, Luxemburg, Belgien, Deutschland, Österreich, Schweiz, Norwegen, der Tschechischen Republik, Polen und Slowenien[2], staatliche Gesundheitssysteme in Dänemark, Italien, Finnland, Schweden, Irland, dem Vereinigten Königreich, Spanien, Portugal, Griechenland und Ungarn. Die Hypothese, dass Staaten mit Sozialversicherungssystemen aufgrund des qualifizierteren Leistungsangebotes höhere Zufriedenheiten mit ihren Gesundheitssystemen als Länder mit staatlichen Sozialversicherungssystemen aufweisen, lässt sich jedoch mit den ESS-Daten nicht bestätigen.

Die Qualität der nationalen Bildungssysteme wurde im Zuge der PISA-Studie zum breit diskutierten Thema. Die Zufriedenheit mit dem Bildungssystem wird in diesem Band

---

[2] Länder wie die Schweiz, die Niederlande oder Norwegen können auch als Mischtypen charakterisiert werden. Auf diese Ausdifferenzierung kann hier jedoch nicht weiter eingegangen werden (vgl. dazu z.B. Hradil 1994).

in einem gesonderten Beitrag (Meulemann) ausführlich behandelt, daher wird an dieser Stelle nicht weiter auf diesen Indikator eingegangen. Auch die Bewertung der Wirtschaftslage ist ein angesichts der schrumpfenden Wachstumsquoten in den etablierten europäischen Demokratien ein sehr aktuelles Thema. Erwartungsgemäß spiegelt der Indikator die wirtschaftlichen Probleme wider, mit denen viele Länder zu kämpfen haben. Neben West- und Ostdeutschland liegen hier auch die Einschätzungen einiger südeuropäischer Bevölkerungen (Griechenland, Italien, Portugal) näher bei den osteuropäischen als bei den westeuropäischen Bewertungen. Nur in Dänemark, Finnland und Luxemburg sind die Bürger mehrheitlich zufrieden mit der Wirtschaftslage.

Insgesamt zeigt sich im Vergleich mit der allgemeinen Lebenszufriedenheit für diese Indikatorengruppe eine wesentlich weniger deutliche Trennlinie zwischen den west- und osteuropäischen Demokratien. Darüber hinaus kann festgehalten werden, dass Ost- und Westdeutschland sich in Bezug auf die Zufriedenheiten mit Wirtschaft, Bildungs- und Gesundheitssystem ziemlich ähnlich sind und dass sowohl die West- als auch die Ostdeutschen näher an den Zufriedenheitswerten liegen, die sich im Osten Europas finden.

Um das Bild der ost- und westdeutschen bzw. europäischen Zufriedenheiten abzurunden, soll nun noch der Bereich der Politik in den Blick genommen werden. Abbildung 5 zeigt deutlich, dass die West- und Ostdeutschen gemeinsam mit Polen die negativsten Einschätzungen ihrer Regierung haben, wobei sich in Ostdeutschland der geringste Anteil an Zufriedenen von allen untersuchten Ländern findet (4%, Westdeutschland: 6%).

Auch für die Demokratiezufriedenheit belegt Ostdeutschland (14%, Westdeutschland: 41%) gemeinsam mit Polen den letzten Platz des Zufriedenheitsrankings. Während die Differenz zwischen der Regierungszufriedenheit in Ost- und Westdeutschland damit sehr gering ist, ist sie bei der Demokratiezufriedenheit sehr groß. Deutliche Differenzen zwischen der Bewertung der Akteure und des Regimes finden sich neben Westdeutschland auch in Ländern wie Dänemark, Norwegen, den Niederlanden und Norwegen. Am zufriedensten mit ihrer Demokratie sind 2002 offenbar die Dänen, während die Luxemburger die einzigen sind, die auch die Regierung mehrheitlich positiv bewerten.

Auffällig ist, dass in den osteuropäischen Ländern geringere Unterschiede zwischen den beiden hier betrachteten Komponenten der politischen Zufriedenheit bestehen und dass die Demokratiezufriedenheit niedriger als in den meisten westeuropäischen Ländern (Ausnahmen: Italien und Portugal) liegt. Versucht man, Ost- und Westdeutschland in der Ländergruppe der west- bzw. osteuropäischen Demokratien zu verorten, gelingt dies in der vermuteten Weise für die Demokratiezufriedenheit: Westdeutschland gehört eindeutig in die Gruppe der westeuropäischen, Ostdeutschland zu den osteuropäischen Gesellschaften. In Bezug auf die Regierungszufriedenheit liegen jedoch, wie bei den Bewertungen von Bildungs- und Gesundheitssystem und der Wirtschaftslage, die alten näher an den neuen Bundesländern und beide wiederum näher beim osteuropäischen Durchschnittswert.

Generell bestätigen sich in den Analysen der ESS-Daten die aus anderen Untersuchungen bekannte Resultate: Die Kontextfaktoren Wohlstandsniveau bzw. der Typus des Wohlfahrtsstaates und das (frühere) politische System sind nach wie vor von zentraler Bedeutung. Insbesondere die rudimentären Wohlfahrtsstaaten (vgl. Christoph und Noll 2003) Italien, Griechenland, Portugal und Spanien zeichnen sich durch niedrige Zufriedenheiten aus. Daneben findet sich nach wie vor eine Ost-West-Trennlinie in Europa, die die etablierten westlichen Demokratien von den exkommunistischen Ländern trennt. Im Hinblick auf

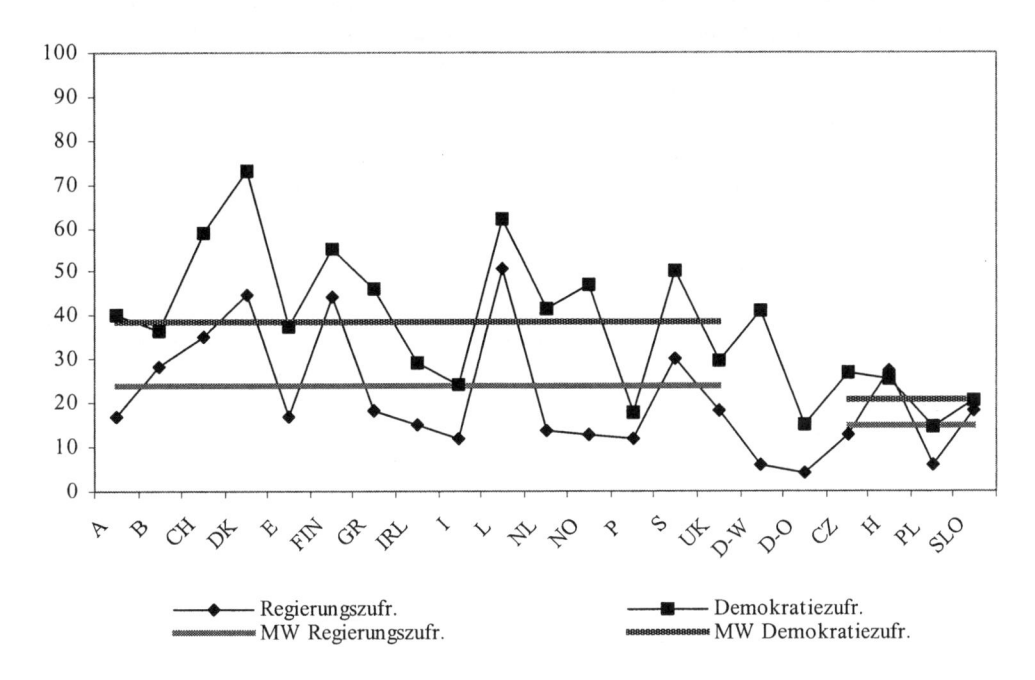

*Abbildung 5:* Zufriedenheit mit Demokratie und Regierung (Prozentanteile der Werte 7-10 der Zufriedenheitsskala)

die allgemeine Lebenszufriedenheit ist Westdeutschland den westeuropäischen und Ostdeutschland den osteuropäischen Ländern zuzuordnen. Anders sieht es für die Bewertung der öffentlichen Lebensbereiche aus. Die Bereitschaft der Europäer, hier Unzufriedenheit zu äußern, ist insgesamt groß; die Westdeutschen gehören jedoch gemeinsam mit den Ostdeutschen in die Gruppe der Länder mit den niedrigsten Zufriedenheiten. Dabei ergeben sich sowohl für die alten als auch die neuen Bundesländer mehr Ähnlichkeiten zu den osteuropäischen als zu den westeuropäischen Ländern.

Bestätigt sich auch mit den im ESS verwendeten Indikatoren, die Diagnose, dass sich das Unzufriedenheitspotential im Gegensatz zu den Faktoren der individuellen Lebenslage kaum auf die allgemeine Lebenszufriedenheit auswirkt? Mit der Beantwortung dieser Frage beschäftigt sich die folgenden Abschnitte.

## 5 Determinanten des subjektiven Wohlbefindens

Analog zu der Modelldarstellung in Abbildung 1 werden im Folgenden vier unterschiedliche Gruppen möglicher Determinanten der allgemeinen Lebenszufriedenheit untersucht. Zunächst werden die Einflüsse derjenigen Erklärungsvariablen auf der Mikroebene überprüft, die unter der Überschrift ‚individuelle Lebenslage' subsumiert werden können: Alter, Geschlecht, Bildungsniveau, Haushaltseinkommen, Berufsprestige, Arbeitslosigkeit, Singlehaushalt oder Zusammenleben mit Ehemann/-frau bzw. Partner(in), soziale Kontakte, der eigene Gesundheitszustand sowie das individuelle Sicherheitsgefühl.[3] Wie zahlreiche Studien zeigen, tragen Unterschiede in Einkommen, Bildung, Beruf, sozialem Status, Geschlecht, Alter, Familienstand usw. in eher geringem Maße zur Varianzaufklärung für Lebenszufriedenheit bei, obwohl sie zu den Standardvariablen der Wohlfahrtsforschung gehören (Andrews und Withey 1976; Inglehart 1990; Landua et al. 1993; Inglehart und Klingemann 2000). Vor dem Hintergrund der eingangs erwähnten, innerhalb einzelner Länder meist relativ homogenen Verteilungen der Ausprägungen der relevanten Variablen kann dies auch nicht wirklich überraschen. Vieles deutet darauf hin, dass es dagegen vor allem im Ländervergleich genügend Varianz gibt, die aufgeklärt werden kann. Dies wird sich in den folgenden Analysen zeigen.

Die Bewertung der gesellschaftlichen Rahmenbedingungen wird über die oben beschriebene individuelle Einschätzung des Zustands der Wirtschaft, des Bildungs- und des Gesundheitssystems operationalisiert, die Bewertung der politischen Rahmenbedingungen über die Demokratie- und die Regierungszufriedenheit. Als weitere politische Orientierungen werden das politische Vertrauen und die externe politische Effektivität in die Untersuchung einbezogen. Die Analyse des politischen Vertrauens wurde dabei auf zwei Aspekte beschränkt: das Vertrauen in parteienstaatliche Institutionen (Parlament und Politiker) sowie das Vertrauen in regulative Institutionen (Polizei und Justiz; zur Begründung dieser Vertrauensdimensionen vgl. Gabriel 1999). Entsprechend dieser Dimensionen wurden zwei additive Indizes gebildet. Zur Operationalisierung von externer politischer Effektivität stehen im Rahmen des ESS zwei Items zur Verfügung, die für die Analyse ebenfalls zu einem Index zusammengefasst wurden.[4] Darüber hinaus wird kontrolliert, ob die Identifikation mit einer an der Regierung beteiligten Partei einen positiven Effekt auf die Lebenszufriedenheit ausübt. Hierfür wurde für alle Länder die Regierungszusammensetzung im Erhebungszeitraum des ESS recherchiert und aus der Frage nach der Parteibindung eine neue Variable gebildet.

In einer weiteren Analyse wird untersucht, inwiefern Effekte von ‚Politik' bzw. politischen Orientierungen stärker bzw. möglicherweise überhaupt erst nachweisbar werden, wenn Interesse an Politik besteht und Politik als wichtig betrachtet wird. Hierfür wurden in Anlehnung an van Deth (2000a) aus der Frage nach der Stärke des politischen Interesses und der Wichtigkeit von Politik als Lebensbereich vier Typen gebildet: 1.) die ‚Involvierten', die sich durch ein hohes Interesse an Politik auszeichnen und der Politik einen überdurchschnittlich hohen Stellenwert im Leben zuschreiben, 2.) die sogenannten ‚Zuschauer',

---

[3] Alter: In Anlehnung an Christoph und Noll (2003) Vergleich der i.d.R. erst am Anfang des Aufbaus eines persönlichen Wohlstandsniveaus stehenden Jugendlichen bzw. jungen Erwachsenen (bis 29), der ‚wohlhabendsten' mittleren Altersgruppe (45-64) und der Älteren (65+), für die Probleme wie Altersarmut eine Rolle spielen können, die anderseits auch auf erarbeiteten Wohlstand bauen können. Bildung: ISCED-97-Levels. Berufsprestige: Auf der Basis der ISCO-Codes kann der Prestigeindex SIOPS für das Kriterium Beruf berechnet werden (vgl. z.B. Hradil 1999: 270f.). Die SIOPS ist eine Aktualisierung der Treimann-Scores. Niedrigster Wert ist 6 für Jäger und Fallensteller, höchster Wert ist 78 für Universitäts- und Hochschullehrer. Soziale Kontakte: „Wie oft treffen Sie sich mit Freunden, Verwandten oder privat mit Arbeitskollegen?" und „Haben Sie jemanden, mit dem Sie über vertrauliche und persönliche Angelegenheiten reden können?". Der Aspekt Gesundheit wird zum einen mit der Einschätzung des allgemeinen, aktuellen Gesundheitszustands abgedeckt sowie mit der Frage nach der Beeinträchtigung durch länger andauernde körperliche oder seelische Krankheiten. Sicherheitsgefühl: „Wie sicher fühlen Sie sich – oder würden Sie sich fühlen – wenn Sie nach Einbruch der Dunkelheit alleine zu Fuß in Ihrer Wohngegend unterwegs sind oder wären? Fühlen Sie sich – oder wie würden Sie sich fühlen...".
[4] „Glauben Sie, dass sich Politiker im Allgemeinen darum kümmern, was Leute wie Sie denken?" und „Würden Sie sagen, dass Politiker nur an Wählerstimmen interessiert sind, aber nicht an den Meinungen der Menschen?".

die zwar an Politik interessiert sind, aber der Politik nur einen geringe Bedeutung in ihrem persönlichen Leben einräumen, 3.) die ‚Betroffenen', die zwar nicht an Politik interessiert sind, diese aber dennoch für wichtig halten und 4.) die ‚Distanzierten', die sich nicht für Politik interessieren und der Meinung sind, dass dieser Bereich unwichtig für ihr Leben ist.[5]

## 6 Welchen Beitrag leisten Bewertungen gesellschaftlicher und politischer Rahmenbedingungen und andere politische Orientierungen zur Erklärung des subjektiven Wohlbefindens?

Analog zu den in Abbildung 1 beschriebenen Variablenblöcken werden vier Regressionsmodelle zur Erklärung der allgemeinen Lebenszufriedenheit spezifiziert. Das erste Modell beinhaltet die Determinanten aus dem Bereich der individuellen Lebenslage und wird als Basismodell bzw. Referenzmodell in alle weiteren Regressionen einbezogen. Auf diese Weise kann zum einen geprüft werden, inwiefern sich die Effekte der Prädiktoren aus dem Bereich der individuellen Lebenslage in den verschiedenen Modellen verhalten, zum anderen können so die Wechselwirkungen dieser Variablen mit den zu prüfenden politischen Orientierungen kontrolliert werden. Das alle untersuchten Determinanten umfassende Gesamtmodell wird als Abschluss der Analyse für die oben definierten Ausprägungen der Typologie aus Politikinteresse und Bedeutung von Politik, also für die ‚Involvierten', die ‚Zuschauer', die ‚Betroffenen' und die ‚Distanzierten', berechnet.[6]

Tabelle 1 zeigt die Ergebnisse für die Determinanten aus dem Bereich der individuellen Lebenslage. Zumindest in Bezug auf West- und Ostdeutschland entfaltet dieses Modell zur Erklärung der Lebenszufriedenheit eine beachtliche Erklärungskraft; in Osteuropa sind die Resultate etwas, in Westeuropa deutlich schlechter. Der Vergleich der Effektstärken für Ost- und Westdeutschland ergibt, dass sich die neuen und die alten Bundesbürger vor allem im Hinblick auf die negative Wirkung, die die Arbeitslosigkeit auf die Einschätzung der Lebenszufriedenheit ausübt, sehr ähnlich sind. Sowohl in West- als auch in Ostdeutschland werden hier die höchsten Effektkoeffizienten erreicht, die zudem deutlich über den für West- und Osteuropa gemessenen liegen. Im Vergleich mit den übrigen europäischen Ländern kommt in Deutschland also offenbar dem Faktor Arbeitslosigkeit eine noch wesentlich höhere Bedeutung für das subjektive Wohlempfinden zu. Ebenfalls deutliche Effekte finden wir europaweit für den Faktor Alter: Wer über 65 ist, ist deutlich zufriedener mit seinem Leben. Am stärksten ist dieser Effekt in Westdeutschland, in Ostdeutschland und Osteuropa liegt er etwas niedriger. In West- und Ostdeutschland sowie in West- und Osteuropa relativ ähnliche Wirkungen hat auch die Determinante allgemeiner Gesundheitszustand: Wer sich weniger gesund fühlt, ist auch unzufriedener mit seinem Leben. Frauen sind in ganz Europa, vor allem aber in Ostdeutschland, etwas zufriedener mit ihrem Leben als Männer.

---

[5] Für die Bildung der Typen wurden die Skalen wie folgt zusammengefasst: starkes Interesse an Politik: Ausprägungen 1 und 2 der Antwortskala, niedriges Interesse: Ausprägungen 3 und 4. Wichtigkeit von Politik gering: Ausprägungen 0 bis 4 der Skala von 0 bis 10, Wichtigkeit (relativ) hoch: Ausprägungen 5 bis 10.
[6] Alle Modelle wurden auf Multikollinearität getestet.

*Tabelle 1:* Determinanten der allgemeinen Lebenszufriedenheit: individuelle Lebenslage (Basismodell)

|  | unstandardisiert | | | | standardisiert | | | |
| --- | --- | --- | --- | --- | --- | --- | --- | --- |
|  | E-W | D-W | D-O | E-O | E-W | D-W | D-O | E-O |
| Alter: bis 29 | .17*** | .11 | .10 | .43*** | .03 | .02 | .01 | .07 |
| Alter: 45-64 | .21*** | .68*** | .09 | .16* | .05 | .15 | .06 | .03 |
| Alter: 65+ | .86*** | 1.55*** | 1.19*** | 1.20*** | .16 | .27 | .20 | .19 |
| Geschlecht (Frau) | .23*** | .30* | .47** | .33*** | .06 | .07 | .10 | .07 |
| Bildung | .06*** | .15* | .08 | .04 | .04 | .07 | .09 | .02 |
| Haushaltseinkommen | .13*** | .07* | .28*** | .24*** | .15 | .07 | .22 | .17 |
| Berufsprestige | -.01* | .00 | .00 | .01* | -.02 | .03 | .02 | .03 |
| Arbeitslos | -.62*** | -1.96*** | -1.57*** | -.87*** | -.06 | -.21 | -.23 | -.09 |
| Verheiratet/Partner | .39*** | .27* | .10 | .31*** | .09 | .06 | .03 | .06 |
| Soziale Kontakte: Freunde, Verw., Koll. | .13*** | .19*** | .10* | .13*** | .09 | .12 | .06 | .09 |
| Soziale Kontakte: Vertrauensperson | .47*** | .98*** | 1.27** | .54*** | .07 | .09 | .10 | .07 |
| allg. Gesundheitszust. | -.55*** | -.48*** | -.55*** | -.63*** | -.24 | -.19 | -.20 | -.23 |
| gesundheitl. Beeinträcht. | -.01 | -.36** | .04 | -.17** | -.01 | -.09 | .01 | -.05 |
| Gefühl der Unsicherheit | -.24*** | -.14* | -.38*** | -.40*** | -.09 | -.05 | -.13 | -.11 |
| R²/adj. R² | .16/.16 | .24/.23 | .27/.26 | .21/.21 | | | | |
| N (ungew.) | 20.191 | 1214 | 828 | 5422 | | | | |

Bildung: ISCED: 0: niedrigstes Level, 6: höchstes Level. Berufsprestige: SIOPS (Ausprägungen 6-78). Arbeitslos: 0: nein, 1: ja. Verheiratet/Partner: Singlehaushalt: 0, Befragte(r) verheiratet/lebt mit Ehemann/-frau/Partner(in). Soziale Kontakte mit Freunden, Verwandten oder privat mit Arbeitskollegen: 1: nie bis 7: täglich. Soziale Kontakte mit Vertrauensperson: 0: nein, 1: ja. Gesundheitszustand: 1: sehr gut bis 5: sehr schlecht. Gesundheitliche Beeinträchtigung durch Behinderung usw.: 1: nein, 2: bis zu gewissem Grad, 3: stark. Gefühl der Unsicherheit (nach Einbruch der Dunkelheit im eigenen Wohngebiet): 1: sehr sicher bis 4: sehr unsicher. Weitere Details und Fragetexte siehe Fußnoten 3 und 4.
Signifikanzniveaus: * p<0.05; ** p<0.01; *** p<0.001.

Tabelle 1 zeigt die Ergebnisse für die Determinanten aus dem Bereich der individuellen Lebenslage. Zumindest in Bezug auf West- und Ostdeutschland entfaltet dieses Modell zur Erklärung der Lebenszufriedenheit eine beachtliche Erklärungskraft; in Osteuropa sind die Resultate etwas, in Westeuropa deutlich schlechter. Der Vergleich der Effektstärken für Ost- und Westdeutschland ergibt, dass sich die neuen und die alten Bundesbürger vor allem im Hinblick auf die negative Wirkung, die die Arbeitslosigkeit auf die Einschätzung der Lebenszufriedenheit ausübt, sehr ähnlich sind. Sowohl in West- als auch in Ostdeutschland werden hier die höchsten Effektkoeffizienten erreicht, die zudem deutlich über den für West- und Osteuropa gemessenen liegen. Im Vergleich mit den übrigen europäischen Ländern kommt in Deutschland also offenbar dem Faktor Arbeitslosigkeit eine noch wesentlich höhere Bedeutung für das subjektive Wohlempfinden zu. Ebenfalls deutliche Effekte finden wir europaweit für den Faktor Alter: Wer über 65 ist, ist deutlich zufriedener mit seinem Leben. Am stärksten ist dieser Effekt in Westdeutschland, in Ostdeutschland und Osteuropa liegt er etwas niedriger. In West- und Ostdeutschland sowie in West- und Osteuropa relativ ähnliche Wirkungen hat auch die Determinante allgemeiner Gesundheitszustand: Wer sich weniger gesund fühlt, ist auch unzufriedener mit seinem Leben. Frauen sind in ganz Europa, vor allem aber in Ostdeutschland, etwas zufriedener mit ihrem Leben als Männer.

Zu den wichtigsten Erklärungsfaktoren der Lebenszufriedenheit zählt in allen untersuchten Gesellschaften das Vorhandensein einer privaten Bezugs- und Vertrauensperson, mit der persönliche Dinge erörtert werden können. Auffällig ist, dass Ostdeutschland hier eine Sonderposition einnimmt: der Kontakt mit einer Vertrauensperson ist hier noch um einiges wichtiger für die Lebenszufriedenheit als in den Vergleichsgruppen. Dafür spielt aber in den neuen Bundesländern im Gegensatz zu Westdeutschland und auch West- und Osteuropa der Faktor des Zusammenlebens mit einem Partner, mit oder ohne Trauschein, keine Rolle. Daneben gibt es zahlreiche weitere Unterschiede zwischen den Bürgern der alten und der neuen Bundesländer. Am größten sind diese in Bezug auf die Faktoren Einkommen, Gefühl der Unsicherheit und Bildung. Die Möglichkeit, über ein höheres Haushaltsnettoeinkommen zu verfügen, hat in Ostdeutschland sehr viel deutlicher positive Effekte auf die Lebenszufriedenheit als in Westdeutschland; die Einschätzung, sich nach Einbruch der Dunkelheit in der eigenen Wohngegend nicht sicher fühlen zu können, führt vor allem in Ostdeutschland zu einer niedrigeren Lebenszufriedenheit. Dagegen spielt das Bildungsniveau nur in Westdeutschland eine Rolle, in Ostdeutschland ergibt sich kein signifikanter Effekt.

Insgesamt wird das Niveau der Lebenszufriedenheit in West- und Ostdeutschland sowie in West- und Osteuropa von sehr differenzierteren Aspekten der individuellen Lebenssituation beeinflusst, wobei europaweit die Erklärungsfaktoren hohes Alter, Arbeitslosigkeit, Gesundheitszustand und soziale Kontakte mit einer persönlichen Bezugsperson ähnliche Effekte entfalten. Eine Ost-West-Trennlinie ist für die Wirkung des Bildungsniveaus, das nur in Westeuropa und Westdeutschland einen schwachen, aber signifikanten Einfluss auf die Lebenszufriedenheit ausübt, und die Determinanten Haushaltseinkommen und Sicherheitsgefühl, die in Ostdeutschland und Osteuropa wesentlich stärkere Effekte haben, zu verzeichnen. Damit bestätigt sich auch mit den Daten des ESS das aus anderen Studien bekannte Ergebnis, dass Einkommensunterschiede in wohlhabenderen Ländern (hier: die westlichen Demokratien) generell geringere Effekte haben, da dort die Grundbedürfnisse schon weitgehend befriedigt sind (vgl. Diener und Oishi 2000). Die herausgehobene Stellung des Sicherheitsgefühls könnte darauf zurückzuführen sein, dass für Bürger aus weniger saturierten Gesellschaften, die in der Regel auch ein geringeres Vertrauen in ihre Mitmenschen haben (vgl. dazu Kunz in diesem Band), die Furcht vor Kriminalität bzw. der Bedrohung durch andere eine größere Relevanz hat als für Bürger der etablierten westlichen Demokratien. Darüber hinaus kann ein genereller Zusammenhang mit den durch die politischen Transformationsprozesse verursachten sozialen Umbrüchen vermutet werden. Kriminalität gehört zu den Risiken und Folgen des gesellschaftlichen Umbruches vom „realen Sozialismus" zum westlichen Kapitalismus. Nach der Wiedervereinigung kam es zu einem starken Anstieg der Kriminalität in Ostdeutschland. Insbesondere die „Verlierer" der Transformation fühlen sich jedoch selbst wenn es in ihrem direkten Umfeld keine Anhaltspunkte für eine reale Bedrohung gibt gefährdeter als andere Bevölkerungsgruppen (vgl. Noll und Weick 2000).

Als generell nahezu bedeutungslos für das Niveau der Lebenszufriedenheit erweist sich im Modell „individuelle Lebenslage" nur das Berufsprestige, dessen Einfluss aber möglicherweise durch den Effekt des Haushaltseinkommens bzw. des Bildungslevels absorbiert wird.

Tabelle 2 beinhaltet die Resultate zu den Effekten der im ESS 2002/2003 erhobenen gesellschaftlichen Rahmenbedingungen auf die allgemeine Lebenszufriedenheit. Insgesamt

*Tabelle 2:* Determinanten der allgemeinen Lebenszufriedenheit: Basismodell und Bewertung gesellschaftlicher Rahmenbedingungen

|  | unstandardisiert | | | | standardisiert | | | |
| --- | --- | --- | --- | --- | --- | --- | --- | --- |
|  | E-W | D-W | D-O | E-O | E-W | D-W | D-O | E-O |
| Alter: bis 29 | .16*** | .12 | .01 | .39*** | .03 | .02 | .00 | .06 |
| Alter: 45-64 | .14*** | .70*** | .10 | .11 | .03 | .16 | .04 | .02 |
| Alter: 65+ | .69*** | 1.47*** | 1.04*** | .89*** | .12 | .25 | .18 | .13 |
| Geschlecht (Frau) | .27*** | .28* | .56*** | .27*** | .07 | .07 | .12 | .06 |
| Bildung | .01 | .10 | .08 | .01 | .01 | .06 | .03 | .01 |
| Haushaltseinkommen | .08*** | .08* | .28*** | .20*** | .10 | .07 | .21 | .14 |
| Berufsprestige | .00 | .00 | .00 | .01** | .01 | .04 | .01 | .05 |
| Arbeitslos | -.55*** | -1.84*** | -1.30*** | -.71*** | -.06 | -.20 | -.19 | -.08 |
| Verheiratet/Partner | .44*** | .32* | .08 | .29*** | .10 | .07 | .04 | .05 |
| Soziale Kontakte: Freunde, Verw., Koll. | .10*** | .19*** | .09 | .12*** | .08 | .11 | .05 | .08 |
| Soziale Kontakte: Vertrauensperson | .41*** | .78** | .97* | .53*** | .06 | .07 | .07 | .06 |
| allg. Gesundheitszust. | -.45*** | -.48*** | -.39*** | -.54*** | -.19 | -.19 | -.14 | -.20 |
| gesundheitl. Beeinträcht. | -.03 | -.03 | -.08 | -.13* | -.01 | -.01 | -.02 | -.03 |
| Gefühl der Unsicherheit | -.12*** | -.09 | -.34*** | -.28*** | -.05 | -.04 | -.12 | -.08 |
| allg. Wirtschaftslage | .21*** | .10** | .25*** | .27*** | .24 | .09 | .21 | .24 |
| Bildungssystem | .08*** | .03 | .03 | .04** | .09 | .03 | .03 | .04 |
| Gesundheitssystem | .06*** | .08* | .14*** | .09*** | .08 | .09 | .14 | .09 |
| R²/adj. R² | .26/.26 | .26/.25 | .34/.32 | .29/.29 | | | | |
| N (ungew.) | 18994 | 1169 | 786 | 4932 | | | | |

Allgemeine Wirtschaftslage: 1: äußerst unzufrieden bis 10: äußerst zufrieden. Zustand des Bildungs- und Gesundheitssystems: 1: äußerst schlecht bis 10: äußerst gut.
Signifikanzniveaus: * p<0.05; ** p<0.01; *** p<0.001.

kann die Varianzaufklärung durch Hinzunahmen der Bewertungen von Wirtschaftslage, Bildungs- und Gesundheitssystem in West- und Osteuropa sowie in Ostdeutschland um 7 bis 10 Prozentpunkte beträchtlich verbessert werden; in Westdeutschland liegt die Varianzaufklärung immerhin noch um zwei Prozentpunkte höher als im Basismodell der individuellen Lebenslage. Die dort ermittelten Strukturen bleiben weitgehend erhalten, lediglich für die Determinante Bildung ist eine Änderung verzeichnen: Sie übt nun auch in Westdeutschland und Westeuropa keinen signifikanten Effekt mehr aus.

Der Anstieg der Varianzaufklärung ist vor allem auf die Bewertung der Wirtschaftslage zurückzuführen: Eine positivere Einschätzung der Situation der Wirtschaft führt in West- und Ostdeutschland zu einer höheren Lebenszufriedenheit. Bemerkenswert ist, dass dieser Effekt vor allem in Ostdeutschland zum Tragen kommt, während die Wirkung auf das Niveau des subjektiven Wohlbefindens in Westdeutschland im Vergleich mit den Effekten der übrigen Variablen gering ist. Eine Betrachtung der standardisierten Koeffizienten zeigt, dass die Wirtschaftslage in den neuen Bundesländern sogar ebenso bedeutsam wie das Haushaltseinkommen und der Faktor Arbeitslosigkeit ist – drei Determinanten, die naturgemäß in einem engen Zusammenhang stehen. In Westdeutschland haben dagegen die Faktoren Alter, Arbeitslosigkeit und Gesundheitszustand das größte Gewicht. Die Bewertung des Gesundheitssystems hat in West- und Ostdeutschland einen signifikanten, aber eher schwachen Effekt auf die Lebenszufriedenheit. Die Einschätzung des Bildungssystems stellt weder in West- noch in Ostdeutschland einen relevanten Faktor dar. Nimmt man

West- und Osteuropa in den Blick, spielt – parallel zu den Ergebnissen für Ostdeutschland – bei Betrachtung der standardisierten Koeffizienten die Einschätzung der allgemeinen Wirtschaftslage eine herausgehobene Rolle für das Niveau des subjektiven Wohlbefindens. Für die Bewertung des Gesundheitssystems sind wie in West- und Ostdeutschland schwache, aber signifikante Effekte messbar, und im Gegensatz zu Deutschland hat in den west- und osteuropäischen Ländern die Bewertung des Bildungssystems zumindest einen kleinen, signifikanten Effekt.

Nachdem sich aus der Reihe der Bewertungen der gesellschaftlichen Rahmenbedingungen insbesondere die Aufnahme der Einschätzung der allgemeinen Wirtschaftslage in das Modell zur Erklärung der allgemeinen Lebenszufriedenheit als sinnvoll erwiesen hat, geht es im nächsten Schritt der Analyse um die Relevanz der politischen Rahmenbedingungen für das subjektive Wohlbefinden. Tabelle 3 gibt die Ergebnisse der Regressionsanalyse für das Basismodell der individuellen Lebenslage in Kombination mit Demokratie- und Regierungszufriedenheit wieder. Zunächst ist festzuhalten, dass die für das Modell der individuellen Lebenslage ermittelten Strukturen vollständig erhalten bleiben. Der Zugewinn an Varianzaufklärung durch die Einbindung der Performanzbewertungen von Demokratie und Regierung ist mit Ausnahme von Westdeutschland beachtlich, fällt jedoch insgesamt geringer aus als für die Bewertungen der gesellschaftlichen Rahmenbedingungen: In Westdeutschland verbessert sich die erklärte Varianz um einen Prozentpunkt, in Ostdeutschland und West- und Osteuropa um zwischen vier und sechs Prozentpunkte. Dies belegt, dass

*Tabelle 3:* Determinanten der allgemeinen Lebenszufriedenheit: Basismodell und Bewertung politischer Rahmenbedingungen

| | unstandardisiert | | | | standardisiert | | | |
|---|---|---|---|---|---|---|---|---|
| | E-W | D-W | D-O | E-O | E-W | D-W | D-O | E-O |
| Alter: bis 29 | .17*** | .12 | .02 | .40*** | .03 | .02 | .00 | .06 |
| Alter: 45-64 | .17*** | .68*** | .10 | .10 | .04 | .15 | .04 | .02 |
| Alter: 65+ | .74*** | 1.49*** | 1.05*** | .94*** | .13 | .26 | .18 | .14 |
| Geschlecht (Frau) | .26*** | .30* | .50*** | .31*** | .07 | .07 | .11 | .06 |
| Bildung | .04** | .15* | .07 | .05 | .03 | .07 | .04 | .03 |
| Haushaltseinkommen | .10*** | .08* | .29*** | .22*** | .12 | .07 | .22 | .15 |
| Berufsprestige | -.01** | .00 | .00 | .00 | -.02 | .03 | .00 | .02 |
| Arbeitslos | -.57*** | -1.87*** | -1.37*** | -.69*** | -.06 | -.20 | -.20 | -.08 |
| Verheiratet/Partner | .42*** | .30* | .16 | .33*** | .10 | .06 | .03 | .06 |
| Soziale Kontakte: Freunde, Verw., Koll. | .12*** | .19*** | .09 | .12*** | .09 | .12 | .05 | .08 |
| Soziale Kontakte: Vertrauensperson | .42*** | .89** | 1.03** | .49*** | .06 | .09 | .08 | .06 |
| allg. Gesundheitszust. | -.46*** | -.49*** | -.48*** | -.57*** | -.20 | -.20 | -.18 | -.21 |
| gesundheitl. Beeinträcht. | -.02 | -.35** | -.02 | -.14* | -.00 | -.09 | -.00 | .04 |
| Gefühl der Unsicherheit | -.17*** | -.10** | -.40*** | -.31*** | -.07 | -.05 | -.14 | -.09 |
| Demokratiezufriedenheit | .12*** | .12*** | .19*** | .11*** | .13 | .11 | .16 | .11 |
| Regierungszufriedenheit | .13*** | .05* | .09* | .17*** | .15 | .06 | .09 | .16 |
| R²/adj. R² | .22/.21 | .25/.24 | .31/.30 | .26/.25 | | | | |
| N (ungew.) | 19273 | 1193 | 819 | 5065 | | | | |

Demokratie- und Regierungszufriedenheit: 1: äußerst unzufrieden bis 10: äußerst zufrieden.
Signifikanzniveaus: * p<0.05; ** p<0.01; *** p<0.001.

auch die Bewertungen der politischen Rahmenbedingungen einen bedeutsamen Beitrag zur Erklärung der Lebenszufriedenheit leisten.

Als Gemeinsamkeit für Ost- und Westdeutschland kann festgehalten werden, dass die Demokratiezufriedenheit wichtiger für die Erklärung des Niveaus der Lebenszufriedenheit ist als die Zufriedenheit mit der aktuellen Regierung. Insgesamt zeigt der Vergleich der Effektkoeffizienten aber auch, dass Ostdeutschland in Bezug auf die Demokratiezufriedenheit eine Sonderstellung einnimmt. Während in Westdeutschland sowie West- und Osteuropa fast identische Koeffizienten ermittelt werden, liegt der Wert für die neuen Bundesländer deutlich höher. Dies belegt einmal mehr die aus anderen Studien bekannte besondere Rolle, die die Einstellungen der Ostdeutschen zur Demokratie spielen (vgl. z.B. Fuchs 1997). Die Zufriedenheit mit der Regierung hat im Vergleich mit den Effekten der Performanzbewertung der Demokratie in Ost- und Westdeutschland nur geringe Wirkungen auf die allgemeine Lebenszufriedenheit. Mit diesem Ergebnis unterscheidet sich Deutschland von West- und Osteuropa: Dort ist die Regierungszufriedenheit für das subjektive Wohlbefinden wichtiger als die Demokratiezufriedenheit. Die Betrachtung der standardisierten Gewichte zeigt, dass in diesem Modell sowohl in West- als auch in Osteuropa die Performanz der Regierung sogar der zweitwichtigste Faktor nach der Einschätzung des allgemeinen Gesundheitszustandes ist, während in den alten und neuen Bundesländern die Faktoren aus dem Bereich der individuellen Lebenslage insgesamt bedeutsamer für die Erklärung der Lebenszufriedenheit sind.

Nach der Untersuchung der Effekte der gesellschaftlichen und politischen Rahmenbedingungen sollen nun vor der Berechnung des Gesamtmodells noch die Effekte einiger weiterer politischer Orientierungen untersucht werden. Tabelle 4 beinhaltet die Analyseergebnisse für die Kombination aus dem Basismodell der individuellen Lebenslage, den Indizes zum politischen Vertrauen und zur externen politischen Effektivität sowie der Bindung an eine Regierungspartei. Durch die Einbeziehung dieser Variablen kann die erklärte Varianz um ein bis vier Prozentpunkte erhöht werden. Der Zugewinn liegt mit Ausnahme von Westdeutschland unter dem, der durch die Berücksichtigung der Einschätzung der gesellschaftlichen bzw. politischen Performanz erzielt werden konnte. Die Struktur der Effekte der Variablen der individuellen Lebenssituation bleibt im Prinzip erhalten, im Hinblick auf Westdeutschland gibt es aber einige Veränderungen: das Bildungsniveau, das Haushaltseinkommen und das persönliche Sicherheitsgefühl – Variablen, die schon im Basismodell eher geringe Effekte auf die Lebenszufriedenheit in den alten Bundesländern hatten – sind in diesem Modell nicht mehr signifikant.

In Bezug auf den Einfluss, den die untersuchten politischen Orientierungen auf das subjektive Wohlbefinden ausüben, finden sich für West- und Ostdeutschland nahezu identische Ergebnisse, wobei sich das Vertrauen in die parteienstaatlichen Institutionen Parlament und Politiker als bedeutsamer erweist als das Vertrauen in die Outputinstitutionen Polizei und Justiz. Keinen signifikanten Beitrag zur Erklärung des Niveaus der Lebenszufriedenheit in den alten und neuen Bundesländern leistet dagegen die Einschätzung der externen politischen Effektivität und die Identifikation mit einer Regierungspartei. Auch die Betrachtung der Ergebnisse für West- und Osteuropa zeigt, dass nur das Vertrauen in parteienstaatliche und regulative Institutionen einen durchgängig signifikanten Effekt auf die Lebenszufriedenheit hat. Im Gegensatz zu West- und Ostdeutschland ist in den west- und osteuropäischen Ländern allerdings des Vertrauen in die Outputinstitutionen die eindeutig wichtigere Determinante. Auch ein Blick auf die standardisierten Gewichte belegt, dass der

*Tabelle 4:* Determinanten der allgemeinen Lebenszufriedenheit: Basismodell und weitere politische Orientierungen

|  | unstandardisiert | | | | standardisiert | | | |
| --- | --- | --- | --- | --- | --- | --- | --- | --- |
|  | E-W | D-W | D-O | E-O | E-W | D-W | D-O | E-O |
| Alter: bis 29 | .16*** | .13 | .06 | .39*** | .03 | .03 | .00 | .06 |
| Alter: 45-64 | .16*** | .67*** | .10 | .11 | .04 | .15 | .03 | .02 |
| Alter: 65+ | .75*** | 1.42*** | 1.11*** | .98*** | .14 | .23 | .19 | .15 |
| Geschlecht (Frau) | .22*** | .24* | .52** | .31*** | .06 | .06 | .11 | .06 |
| Bildung | .03* | .08 | .07 | .05 | .02 | .04 | .02 | .02 |
| Haushaltseinkommen | .11*** | .05 | .25*** | .25*** | .13 | .05 | .20 | .17 |
| Berufsprestige | -.01** | .00 | .00 | .00 | -.03 | .03 | .01 | .00 |
| Arbeitslos | -.66*** | -1.93*** | -1.47*** | -.85*** | -.07 | -.21 | -.22 | -.09 |
| Verheiratet/Partner | .40*** | .26* | .15 | .29*** | .09 | .05 | .03 | .06 |
| Soziale Kontakte: Freunde, Verw., Koll. | .11*** | .19*** | .10* | .14*** | .08 | .12 | .06 | .09 |
| Soziale Kontakte: Vertrauensperson | .39*** | .79** | 1.32** | .43*** | .05 | .08 | .10 | .05 |
| allg. Gesundheitszust. | -.49*** | -.49*** | -.53*** | -.62*** | -.21 | -.19 | -.20 | -.23 |
| gesundheitl. Beeinträcht. | -.01 | -.34*** | -.03 | -.11 | -.01 | .09 | -.01 | -.03 |
| Gefühl der Unsicherheit | -.17*** | -.08 | -.39*** | -.29*** | -.07 | -.03 | -.13 | -.08 |
| Vertrauen parteienstaatl. Institutionen | .07*** | .12** | .12* | .10*** | .07 | .11 | .10 | .08 |
| Vertrauen regulative Institutionen | .12*** | .08* | .07* | .13*** | .13 | .07 | .06 | .12 |
| Externe pol. Effektivität | .06** | .01 | .01 | .04 | .03 | .00 | .00 | .02 |
| PI Regierungspartei | .02 | .02 | -.02 | .03 | .00 | .00 | -.02 | .00 |
| R²/adj. R² | .20/.19 | .25/.24 | .29/.27 | .25/.24 | | | | |
| N (ungew.) | 19100 | 1188 | 804 | 4965 | | | | |

Vertrauen in parteienstaatliche Institutionen: Index aus Vertrauen in Parlament und Politiker, 0: vertraue überhaupt nicht, 10: vertraue voll und ganz. Vertrauen in regulative Institutionen: Index aus Vertrauen in Justiz und Polizei, 0: vertraue überhaupt nicht, 10: vertraue voll und ganz. Index externe politische Effektivität (siehe Fußnote 4): 1: sehr niedrig bis 5: sehr hoch. Identifikation mit an der Regierung beteiligter Partei: 0: nein, 1: ja.
Signifikanzniveaus: * p<0.05; ** p<0.01; *** p<0.001.

Stellenwert dieses Erklärungsfaktor in Deutschland ein anderer als im übrigen Europa ist. Während in den alten und neuen Bundesländern die Faktoren aus dem Bereich der individuellen Lebenslage immer wichtiger sind als politische Orientierungen, gehört sowohl in den west- als auch den osteuropäischen Ländern das Vertrauen in die regulativen Institutionen zu den Variablen, die am meisten zur Erklärung der Lebenszufriedenheit beitragen.

Der Aspekt der Responsivität, der durch den Index externe politische Effektivität abgedeckt wird, hat dagegen nur in der Gruppe der westeuropäischen Länder einen minimalen positiven Einfluss auf das subjektive Wohlbefinden; für die Identifikation mit einer an der Regierung beteiligten Partei findet sich in West- und Osteuropa analog zu West- und Ostdeutschland kein signifikanter Effekt. Offenbar trägt die Tatsache, dass die ‚eigene' Partei die politischen Entscheidungen bzw. Rahmenbedingungen maßgeblich bestimmt oder zumindest mitgestaltet nicht zu einer höheren Lebenszufriedenheit bei.

Im vorletzten Analyseschritt wird nun ein Gesamtmodell spezifiziert (Tabelle 5), das alle bisher blockweise einbezogenen Determinanten insgesamt überprüft, um zu testen, inwiefern die jeweils festgestellten Effekte erhalten bleiben, sich verändern oder möglicher-

*Tabelle 5:* Gesamtmodell

|  | unstandardisiert | | | | standardisiert | | | |
| --- | --- | --- | --- | --- | --- | --- | --- | --- |
|  | E-W | D-W | D-O | E-O | E-W | D-W | D-O | E-O |
| Alter: bis 29 | .16*** | .14 | .01 | .38*** | .03 | .02 | .00 | .06 |
| Alter: 45-64 | .20*** | .68*** | .09 | .12 | .03 | .15 | .04 | .02 |
| Alter: 65+ | .65*** | 1.39*** | .97*** | .86*** | .12 | .24 | .16 | .13 |
| Geschlecht (Frau) | .27*** | .24* | .61*** | .26*** | .07 | .05 | .13 | .05 |
| Bildung | .02 | .09 | .06 | .01 | .01 | .04 | .02 | .00 |
| Haushaltseinkommen | .09*** | .07* | .27*** | .20*** | .10 | .06 | .21 | .14 |
| Berufsprestige | .00 | .00 | .00 | .01* | .01 | .03 | .01 | .04 |
| Arbeitslos | -.60*** | -1.79*** | -1.36*** | -.63*** | -.06 | -.19 | -.20 | -.07 |
| Verheiratet/Partner | .43*** | .29* | .16 | .28*** | .10 | .06 | .05 | .05 |
| Soziale Kontakte: Freunde, Verw., Koll. | .10*** | .19*** | .09 | .11*** | .08 | .12 | .05 | .07 |
| Soziale Kontakte: Vertrauensperson | .39*** | .75** | .98* | .51*** | .05 | .07 | .07 | .06 |
| allg. Gesundheitszust. | -.41*** | -.48*** | -.38** | -.53*** | -.18 | -.18 | -.14 | -.20 |
| gesundheitl. Beeinträcht. | -.03 | -.34** | -.04 | -.14* | -.01 | .09 | -.01 | .04 |
| Gefühl der Unsicherheit | -.11*** | -.08 | -.37*** | -.23*** | -.04 | -.02 | -.13 | -.07 |
| allg. Wirtschaftslage | .18*** | .05* | .21*** | .23*** | .20 | .08 | .17 | .21 |
| Bildungssystem | .06*** | .01 | .02 | .01 | .07 | .01 | .01 | .01 |
| Gesundheitssystem | .05*** | .06* | .14*** | .08*** | .06 | .07 | .14 | .08 |
| Demokratiezufriedenheit | .06*** | .05*** | .13** | .09*** | .07 | .07 | .12 | .08 |
| Regierungszufriedenheit | .01 | .05 | .06 | .01 | .01 | .03 | .04 | .01 |
| Vertr. parteienst. Instit. | .04*** | .09** | .09** | .05** | .04 | .06 | .06 | .05 |
| Vertr. regulative Instit. | .06*** | .07* | .06** | .06** | .06 | .06 | .06 | .05 |
| Ext. pol. Effektivität | .00 | .02 | .01 | .05 | .00 | .01 | .01 | .01 |
| PI Regierungspartei | .04 | .03 | -.02 | .02 | .00 | .01 | -.01 | .00 |
| R²/adj. R² | .26/.26 | .26/.25 | .35/.33 | .29/.29 | | | | |
| N (ungew.) | 17834 | 1135 | 764 | 4498 | | | | |

Signifikanzniveaus: * p<0.05; ** p<0.01; *** p<0.001.

weise durch Wechselwirkungen mit anderen Variablen verschwinden. Der Vergleich der Varianzaufklärung des Modells der individuellen Lebenslage und des Gesamtmodells zeigt, dass insbesondere in Westeuropa mit einem Zuwachs der erklärten Varianz um zehn Prozentpunkte, aber auch in Ostdeutschland und Osteuropa mit einem Plus an acht Prozentpunkten, die Einbindung der Bewertungen der gesellschaftlichen und politischen Rahmenbedingungen und weiterer politischer Orientierungen die Erklärungskraft des Modells deutlich steigern können. In Westdeutschland kann immerhin ein Zugewinn von zwei Prozentpunkten erreicht werden. Die ‚Politik' bzw. politische Einstellungen sind also keineswegs bedeutungslos für die allgemeine Lebenszufriedenheit der Bürger. Die Strukturen des Basismodells zur individuellen Lebenslage haben auch im Gesamtmodell weitgehend Bestand, allerdings ist in Westdeutschland der Einfluss des Gefühls der Unsicherheit und für alle Vergleichsgruppen der Effekt des Bildungsniveaus auf die Lebenszufriedenheit nicht mehr signifikant. Auch Inglehart und Klingemann (2000) stellten in ihrer Analyse des subjektiven Wohlbefindens unter Verwendung eines Makroindikators für das Bildungsniveau der untersuchten Gesellschaften keinen signifikanten Einfluss dieser Determinante auf das subjektive Wohlbefinden fest.

Nimmt man die Effekte der Bewertungen der gesellschaftlichen und politischen Rahmenbedingungen sowie der weiteren untersuchten politischen Orientierungen in den Blick, zeigt sich, dass wie in den vorigen Analyseschritten die Bindung an eine an der Regierung beteiligte Partei und der Faktor der externen politischen Effektivität keine Rolle für die Erklärung des Niveaus der Lebenszufriedenheit spielen. Im Bereich des politischen Vertrauens finden sich sehr kleine, aber signifikante positive Wirkungen, wobei in West- und Ostdeutschland das Vertrauen in Politiker und Parlament wichtiger als das in Polizei und Justiz ist, während in West- und Osteuropa das Vertrauen in die regulativen Institutionen etwas stärkere Effekte als das Vertrauen in die parteienstaatlichen Institutionen hat.

Überraschend ist, dass die Zufriedenheit mit Regierung im Gesamtmodell ihren Einfluss auf die Lebenszufriedenheit verliert. Dies ist vermutlich auf Wechselwirkungen mit anderen Variablen der politischen Performanz zurückzuführen. In Bezug auf den Einfluss der Demokratiezufriedenheit nimmt Ostdeutschland – wie oben beschrieben – weiterhin eine Sonderstellung ein. In Westdeutschland und den west- und osteuropäischen Ländern ergeben sich hier deutlich niedrigere Koeffizienten. Ein ganz ähnliches Bild findet sich für den Effekt der Bewertung des Gesundheitssystems, das für die Bürger der neuen Bundesländer von größerer Bedeutung für die Lebenszufriedenheit als für die Westdeutschen ist. Hier zeigen sich möglicherweise Auswirkungen der langwierigen Debatte über die deutsche Gesundheitsreform, die zwar erst ab 2004 in Kraft trat, deren Maßnahmen (z.B. höhere Zuzahlungen für Medikamente, Praxisgebühr) aber schon lange vorher ein Thema in der öffentlichen Debatte waren. Dabei wurde immer wieder betont, dass diese Reformen vor dem Hintergrund von Massenarbeitslosigkeit und problematischer wirtschaftlicher Lage die Bürger in Ostdeutschland stärker als die Westdeutschen belasten. Die Bewertung des Zustandes des Bildungssystems hat trotz der Debatte über die PISA-Studie nur eine sehr geringe Wirkung auf die Lebenszufriedenheit der Bürger: der Effektkoeffizient ist klein und nur für Westeuropa signifikant.

Obwohl die Determinanten aus dem Bereich der individuellen Lebenslage mit den Faktoren Alter, Arbeitslosigkeit und soziale Kontakte insgesamt höhere Effektstärken aufweisen, zeigt die Betrachtung der standardisierten Gewichte, dass die bedeutsamste Variable zur Erklärung des subjektiven Wohlbefindens in West- und Osteuropa die Einschätzung der wirtschaftlichen Situation ist. In Ostdeutschland gehört sie zumindest zur Gruppe der wichtigsten Faktoren zur Erklärung des Niveaus der Lebenszufriedenheit. Nur Westdeutschland erweist sich als Ausnahmefall. Hier ist die individuelle Lebenslage mit den Faktoren Alter (über 65), Arbeitslosigkeit und allgemeiner Gesundheitszustand eindeutig wichtiger.

Abschließend wird das in Tabelle 5 präsentierte Gesamtmodell nun für die aus der Kombination der Variablen politisches Interesse und Wichtigkeit des Lebensbereiches Politik gebildeten Typen überprüft. Für Personen, die sich für Politik interessieren und für die Politik ein wichtiger Lebensbereich ist, also die sogenannten ‚Involvierten', könnten die öffentlichen Lebensbereiche, die im ESS über Bewertungen politischer Performanz in verschiedenen Bereichen erhoben wurden, aber auch die übrigen hier untersuchten politischen Orientierungen, eine größere Rolle für die generelle Lebenszufriedenheit spielen als für die Gruppe der ‚Zuschauer', der ‚Betroffenen' oder der ‚Distanzierten'.

Die ‚Involvierten' in Westdeutschland erreichen vergleichbare Strukturen für die Determinanten der Lebenszufriedenheit wie in Westdeutschland insgesamt, zeichnen sich aber durch etwas höhere Effektkoeffizienten für das Vertrauen in die Outputinstitutionen und einen deutlich höheren Effekt der Bewertung der allgemeinen Wirtschaftslage aus. In Ostdeutschland (auf die Vorlage von Tabellen wird verzichtet) erreicht das Modell für die besonders an Politik Interessierten, die zudem Politik für einen wichtigen Lebensbereich halten, mit einer erklärten Varianz von 39% die höchste Varianzaufklärung aller getesteten Modelle. Für die ‚Involvierten' in Ostdeutschland ergibt sich ebenfalls ein größerer Effekt für die Bewertung der Wirtschaftslage. Das politische Vertrauen spielt in dieser Gruppe interessanterweise keine Rolle für die Lebenszufriedenheit, dafür übt jedoch die bisher nicht signifikante Determinante der Identifikation mit SPD oder Grünen einen negativen Effekt aus (-.52). Offenbar kann sich hier die Enttäuschung von Parteianhängern unter der Bedingung eines größeren politischen Interesses und einer höheren Bedeutungszuschreibung an die Politik auf das subjektive Wohlbefinden auswirken. Im Unterschied zu West- und Ostdeutschland finden sich für die ‚Involvierten' in den westeuropäischen Ländern mit dem Gesamtmodell nahezu identische Effektstärken für alle untersuchten politischen Einstellungen. Bei den ‚Involvierten' in Osteuropa spielt, analog zu Ostdeutschland, das politische Vertrauen keine Rolle für die Lebenszufriedenheit. Insgesamt kann für die involvierten Bürger, die der Politik einen höheren Stellenwert zumessen als andere, konstatiert werden, dass die in den jeweiligen Ländern für die Effekte der politischen Einstellungen festgestellten Strukturen in dieser Gruppe meist *verstärkt* auftreten. Die Unterschiede zwischen Ost- und Westdeutschland bleiben erhalten. Darüber hinaus ergibt sich eine neue Trennlinie zwischen den westdeutschen bzw. westeuropäischen und den ostdeutschen bzw. osteuropäischen ‚Involvierten'. Für letztere hat das Vertrauen in politische Institutionen *keine* Relevanz für ihre Lebenszufriedenheit. Möglicherweise können solche Effekte erst in etablierten Demokratien, die auf eine lange Erfahrung mit demokratischen Institutionen zurückblicken können, wirksam werden.

Das Gegenmodell zu den ‚Involvierten' stellt der Typus der ‚Distanzierten' dar, die sich weder für Politik interessieren, noch ihr einen wichtigen Stellenwert im Leben zuschreiben. Spielen für diese Bürger möglicherweise nur die Faktoren der individuellen Lebenslage eine Rolle? Diese Vermutung lässt sich zumindest in West- und Osteuropa nicht bestätigen, hier finden sich mit dem Gesamtmodell zur Erklärung der Lebenszufriedenheit nahezu identische Resultate. Ein anderes Bild ergibt sich für die ‚Distanzierten' in Ostdeutschland: Im Bereich der politischen Rahmenbedingungen nimmt die Bedeutung der Bewertung des Zustandes des Gesundheitssystems zu, die Bewertung des Bildungssystems übt im Gegensatz zu den Ergebnissen für Ostdeutschland insgesamt einen signifikanten Effekt aus. Dafür spielen überraschenderweise die Bewertung der Wirtschaftslage, die Demokratiezufriedenheit und das politische Vertrauen für die ostdeutschen ‚Distanzierten' keine Rolle, während die Variablen der individuellen Lebenslage, insbesondere der Faktor Arbeitslosigkeit, sehr deutlich an Bedeutung gewinnen. Mit Ausnahme der Bewertung des Bildungssystems trifft dies auch auf die ‚Distanzierten' in Westdeutschland zu. Politik ist also für diese Gruppe nicht irrelevant für das subjektive Wohlbefinden, es scheint jedoch, dass hier vor allem die eigene Lebenssituation ausschlaggebend für das Niveau der Lebenszufriedenheit ist, da aus dem Bereich der politischen Faktoren vor allem die Rahmenbedingungen, die das persönliche Leben oder den ‚Geldbeutel' direkt tangieren (Gesundheitssystem, Bildungschancen der eigenen Kinder) relevant sind. Analog dazu hat in dieser Gruppe nur die eigene Arbeitslosigkeit, aber nicht die Bewertung der allgemeinen Wirtschaftslage einen Effekt auf die Lebenszufriedenheit.

Für die ‚Zuschauer', die zwar an Politik interessiert sind, aber der Politik nur einen geringe Bedeutung in ihrem persönlichen Leben einräumen, ist hervorzuheben, dass diese sich in West- und Ostdeutschland und auch in West- und Osteuropa durch einen deutlich höheren Effektkoeffizienten für die Bewertung der Wirtschaftslage auszeichnen. In den osteuropäischen Ländern nimmt darüber hinaus in dieser Gruppe die Bedeutung der Demokratiezufriedenheit für die Lebenszufriedenheit zu. Für die ‚Betroffenen', die zwar nicht an Politik interessiert sind, diese aber dennoch für wichtig halten, ist in West- und Ostdeutschland sowie in West- und Osteuropa analog zu den Ergebnissen für die ‚Zuschauer' die Einschätzung der wirtschaftlichen Situation bedeutsamer. Darüber hinaus spielt in Ostdeutschland und Osteuropa auch die Regierungszufriedenheit eine wichtige Rolle. Offenbar sind also sowohl für die ‚Zuschauer' als auch die ‚Betroffenen' neben der individuellen Lebenslage vor allem die Performanzfaktoren der Politik relevant für das Niveau der Lebenszufriedenheit.

## 7    Schluss

Für Ost- und Westdeutschland, aber auch für die hier untersuchten west- und osteuropäischen Gesellschaften, ist eine Angleichung der Lebensverhältnisse ein zentrales politisches Ziel, sowohl für die nationale Agenda als auch aus der Perspektive der europäischen Integration. Ein Indikator dafür, wie weit entfernt dieses Ziel noch liegt, ist der Grad der Ähnlichkeit der allgemeinen Lebenszufriedenheit und der Zufriedenheiten mit den gesellschaftlichen und politischen Rahmenbedingungen.

Vor dem Hintergrund der für diesen Band zentralen Ost-Westperspektive wurde erwartet, dass sich deutliche Unterschiede zwischen ost- und westdeutschen Befragten sowie generell zwischen ost- und westeuropäischen Ländern finden, wobei Ostdeutschland tendenziell näher bei den Ergebnissen für die osteuropäischen Demokratien als bei denen für Westdeutschland liegt. Diese Vermutung hat sich in Bezug auf West- und Osteuropa und Ostdeutschland bestätigt: Sowohl in Bezug auf die allgemeine Lebenszufriedenheit, als auch die Zufriedenheiten mit der Wirtschaftslage, dem Bildungs- und Gesundheitssystem, der Demokratie und der Regierung zeigt sich eine deutliche Trennlinie zwischen den west- und den osteuropäischen Ländern und die Zufriedenheiten der Ostdeutschen sind eher mit denen der Osteuropäer vergleichbar. Für Westdeutschland ergibt sich dagegen nur in Bezug auf die allgemeine Lebenszufriedenheit eine eindeutige Zugehörigkeit zur Gruppe der westeuropäischen Demokratien. Bei den übrigen Zufriedenheitsbewertungen liegt Westdeutschland auf ähnlich niedrigem Niveau wie Ostdeutschland und damit näher bei den Werten für Osteuropa. Die allgemeine Lebenszufriedenheit sowie die Bewertungen der politisch-gesellschaftlichen Rahmenbedingungen können im Hinblick auf West- und Ostdeutschland auch als Indikatoren für den Stand der „inneren Einheit" (vgl. Delhey und Böhnke 1999: 13) interpretiert werden. Aus dieser Perspektive gelangt man auf der Grundlage der präsentierten Ergebnisse zu der Einschätzung, dass dieses Ziel noch immer weit entfernt ist.

Das Niveau der allgemeinen Lebenszufriedenheit in West- und Ostdeutschland sowie in West- und Osteuropa wird von einer sehr differenzierteren Batterie von Aspekten der individuellen Lebenssituation beeinflusst, wobei europaweit für die Erklärungsfaktoren deutlich höheres Alter (65 und älter), Arbeitslosigkeit, Gesundheitszustand und das Vorhandensein einer persönlichen Bezugsperson ähnliche Resultate ermittelt werden können. Haushaltseinkommen und Sicherheitsgefühl haben dagegen in Ostdeutschland und Osteuropa wesentlich stärkere Effekte als in Westeuropa. Vergleicht man die Wirkungen der in Abbildung 1 beschriebenen Determinantengruppen, so weisen die Bewertungen der gesellschaftlichen Rahmenbedingungen die stärksten Zusammenhänge mit der Lebenszufriedenheit auf, gefolgt von der Einschätzung der politischen Rahmenbedingungen und den sonstigen untersuchten politischen Orientierungen. Insbesondere eine bessere Einschätzung der Wirtschaftslage, in geringerem Maße auch des Gesundheitssystems, trägt zu höherer Zufriedenheit mit dem eigenen Leben bei. Das in den deskriptiven Analysen ermittelte Unzufriedenheitspotential der Bürger hat sich also zumindest in diesem Fall auf das subjektive Wohlbefinden ausgewirkt. Nachdem, wie eingangs ausgeführt, die Bürger für die Ausgestaltung dieser gesellschaftlichen Rahmenbedingungen die Politik verantwortlich machen, spricht dies für eine nicht zu unterschätzende Bedeutung von Politik für die allgemeine Lebenszufriedenheit. Bei den politischen Rahmenbedingungen konnte nur für die Demokratiezufriedenheit ein durchgängig signifikanter, kleiner Effekt nachgewiesen werden. Ostdeutschland nimmt hier eine Sonderrolle ein: für die Bürger der neuen Bundesländer ist die Bewertung der demokratischen Performanz deutlich wichtiger für ihre Lebenszufriedenheit als für die übrigen Europäer. Die insgesamt eher bescheidenen Effekte der Demokratiezufriedenheit korrespondieren mit den Ergebnissen von Inglehart und Klingemann (2000), die zwar einen sehr hohen bivariaten Zusammenhang zwischen der demokratischen Qualität (gemessen über den Freedom House Index) und dem subjektiven Wohlbefinden ermitteln, der aber bei Kontrolle weiterer Faktoren fast verschwindet.

Ebenfalls nur sehr geringe Effekte können für das politische Vertrauen nachgewiesen werden, wobei festzuhalten ist, dass im Gegensatz zu West- und Osteuropa in West- und Ostdeutschland das Vertrauen in parteienstaatliche Institutionen etwas wichtiger als das in regulative Institutionen ist. Die Determinanten Regierungszufriedenheit und Identifikation mit einer Regierungspartei erweisen sich lediglich für die Gruppe der ‚Betroffenen' in Ostdeutschland und Osteuropa bzw. für die involvierten, aber offenbar von ‚ihren' Parteien enttäuschten Ostdeutschen als relevant. Der über den Index der externen politischen Effektivität abgebildete Aspekt der Responsivität ist für die Erklärung der allgemeinen Lebenszufriedenheit in keiner der Analysen relevant.

Für die Gruppe der ‚Involvierten' – die Bürger, die sich für Politik interessieren und die Politik für einen wichtigen Lebensbereich halten – konnte insgesamt ein ‚Verstärkereffekt' der im Gesamtmodell für die Bewertungen der gesellschaftlichen und politischen Rahmenbedingungen und die übrigen politischen Orientierungen ermittelten Strukturen nachgewiesen werden. Dies gilt jedoch nicht in Bezug auf das politische Vertrauen, das für die Gruppe der ‚Involvierten' in Ostdeutschland und Osteuropa überraschenderweise keine Rolle spielt. Insgesamt überwiegen wie bei der deskriptiven Analyse der allgemeinen Lebenszufriedenheit und der Bewertungen der öffentlichen Bereiche auch im Hinblick auf die untersuchten Determinanten des subjektiven Wohlbefindens eher die Ost-West-Unterschiede als die Gemeinsamkeiten. Darüber hinaus nehmen in einigen Fällen Westdeutschland, vor allem aber Ostdeutschland Sonderstellungen innerhalb der europäischen Nationen ein.

Die eingangs gestellte Frage „does politics matter?" kann vor dem Hintergrund der präsentierten Ergebnisse für die Analyse der allgemeinen Lebenszufriedenheit zusammenfassend wie folgt beantwortet werden: Nicht nur die eigene Lebenssituation, sondern auch die ‚Politik' bzw. die politischen Einstellungen der Bürger spielen eine Rolle für die Lebenszufriedenheit in Europa. Insgesamt trifft dies, wie vermutet, in etwas stärkerem Maße auf die Transformationsgesellschaften Osteuropas und auf Ostdeutschland zu. Unter den etablierten Demokratien Westeuropas nimmt Westdeutschland eine Sonderposition ein. Hier wird die Lebenszufriedenheit vor allem vom Faktor Arbeitslosigkeit determiniert, Politik spielt im Gegensatz zu Ostdeutschland nur eine sehr geringe Rolle.

Die im Gesamtmodell zur Erklärung des subjektiven Wohlbefindens ermittelten Effekte sind zwar mit Ausnahme der Bewertung der Wirtschaftslage geringer als die der Variablen der individuellen Lebenslage, üben aber in vielen Fällen einen signifikanten Einfluss auf das subjektive Wohlbefinden aus. Auch die Varianzaufklärung der Regressionsmodelle konnte durch die Einbindung der Determinanten aus dem Bereich ‚Politik' bzw. politische Orientierungen verbessert werden. Es erscheint also sinnvoll, das soziologische Standardmodell zur Erklärung der Lebenszufriedenheit, das sich bislang nur auf Determinanten aus dem Bereich der individuellen Lebenssituation konzentriert, für zukünftige Analysen des subjektiven Wohlbefindens durch politische Einstellungen zu erweitern.

## Literatur

Andrews, Frank M./Withey, Stephen B. (1976): Social Indicators of Well-Being: Americans' Perceptions of Life Quality. New York: Plenum.
Bulmahn, Thomas (1996): Determinanten des subjektiven Wohlbefindens. In. Zapf, Wolfgang/Habich, Roland (Hrsg.): Wohlfahrtsentwicklung im vereinten Deutschland. Sozialstruktur, sozialer Wandel und Lebensqualität. Berlin: Edition Sigma, S. 79-96.
Bulmahn, Thomas (1999): Attribute einer lebenswerten Gesellschaft: Freiheit, Wohlstand, Sicherheit und Gerechtigkeit. Arbeitspapiere FS III 99-411. Berlin: WZB.
Bulmahn, Thomas (2000): Vereint auf dem Weg in die gute Gesellschaft? In: Noll, Heinz-Herbert/Habich, Roland (Hrsg.): Vom Zusammenwachsen einer Gesellschaft. Analysen zur Angleichung der Lebensverhältnisse in Deutschland. Frankfurt a.M.: Campus, S. 249-272.
Christoph, Bernhard (2002): Weiter deutliche Zufriedenheitsdifferenzen zwischen Ost und West trotz Annäherung in manchen Bereichen. Zur Entwicklung des subjektiven Wohlbefindens in der Bundesrepublik 1990-2000. In: Informationsdienst Soziale Indikatoren (ISI) 28, S. 11-14.
Christoph, Bernhard/Noll, Heinz-Herbert (2003): Subjective Well-Being in the European Union during the 90s. In: Social Indicators Research 64, S. 521-546.
Delhey, Jan/Böhnke, Petra (1999): Über die materielle zur inneren Einheit? Wohlstandslagen und subjektives Wohlbefinden in Ost- und Westdeutschland. Arbeitspapier FS III 99-412. Berlin: WZB.
Delhey, Jan/Böhnke, Petra (2000): Führt die Materielle zur Inneren Einheit? Zum Verhältnis von Wohlstandslage und Subjektivem Wohlbefinden. In: Noll, Heinz-Herbert/Habich, Roland (Hrsg.): Vom Zusammenwachsen einer Gesellschaft. Analysen zur Angleichung der Lebensverhältnisse in Deutschland. Frankfurt a.M.: Campus, S. 83-103.
Delhey, Jan/Tobsch, Verena (2000): Understanding Regime Support in New Democracies. Does Politics Really Matter More than Economics? Arbeitspapiere FS III 00-403. Berlin: WZB.
Diener, Ed (1984): Subjective Well-Being. In: Psychological Bulletin 95, S. 542-575.
Diener, Ed/Emmons, Robert A./Larson, Randy J./Griffin, Sharon (1985): The Satisfaction With Life Scale. In: Journal of Personality Assessment 49, S. 71-75.
Diener, Ed/Oishi, Shigeiro (2000): Money and Happiness. Income and Subjective Well-being across Nations. In: Diener, Ed/Suh, Eunkook M. (Hrsg.): Culture and Subjective Well-being. Cambridge: MIT Press, S. 185-218.

Fuchs, Dieter (1997): Welche Demokratie wollen die Deutschen? Einstellungen zur Demokratie im vereinigten Deutschland. In: Gabriel, Oscar W. (Hrsg.): Politische Orientierungen und Verhaltensweisen im vereinigten Deutschland. Opladen: Leske+Budrich, S. 81-113.

Gabriel, Oscar (1995): Immer mehr Gemeinsamkeiten? Politische Kultur im vereinigten Deutschland. In: Altenhof, Ralf/Jesse, Eckhard (Hsrg.): Das wiedervereinigte Deutschland: Zwischenbilanz und Perspektiven. Düsseldorf: Droste, S. 243-274.

Gabriel, Oscar W. (1999): Integration durch Institutionenvertrauen. Struktur und Entwicklung des Verhältnisses der Bevölkerung zum Parteienstaat und zum Rechtsstaat im vereinigten Deutschland. In: Friedrichs, Jürgen/Jagodzinski, Wolfgang (Hrsg.): Soziale Integration. Sonderheft 39 der Kölner Zeitschrift für Soziologie und Sozialpsychologie. Opladen: Westdeutscher Verlag, S. 199-238.

Gabriel, Oscar W./Neller, Katja (2000): Stabilität und Wandel politischer Unterstützung im vereinigten Deutschland. In: Esser, Hartmut (Hrsg.): Der Wandel nach der Wende. Gesellschaft, Wirtschaft, Politik in Ostdeutschland. Wiesbaden: Westdeutscher Verlag, S. 67-90.

Glatzer, Wolfgang (1984): Determinanten der Zufriedenheit. In: Glatzer, Wolfgang/Zapf, Wolfgang (Hrsg.): Lebensqualität in der Bundesrepublik. Objektive Lebensbedingungen und subjektives Wohlbefinden. Frankfurt a.M.: Campus.

Glatzer, Wolfgang (2002): Lebenszufriedenheit – Lebensqualität. In: Greiffenhagen, Martin/Greiffenhagen, Sylvia (Hrsg): Handwörterbuch zur politischen Kultur der Bundesrepublik Deutschland, 2., völlig überarb. und akt. Auflage. Wiesbaden: Westdeutscher Verlag, S. 248-254.

Habich, Roland/Noll, Heinz-Herbert/Zapf, Wolfgang (1999): Subjektives Wohlbefinden in Ostdeutschland nähert sich westdeutschem Niveau. In: Informationsdienst Soziale Indikatoren (ISI) 22, S. 1-6.

Hradil, Stefan (1994): Sozialstruktur und gesellschaftlicher Wandel. In: Gabriel, Oscar W./Brettschneider, Frank (Hrsg.): Die EU-Staaten im Vergleich. Strukturen, Prozesse, Politikinhalte, 2. überarb. Aufl.. Opladen: Westdeutscher Verlag, S. 52-95.

Hradil, Stefan (1999): Soziale Ungleichheit in Deutschland. 7. Aufl. Opladen: Leske + Budrich.

Inglehart, Ronald (1990): Culture Shift in Advanced Industrial Society. Princeton: Princeton University Press.

Inglehart, Ronald (1997): Modernization and Postmodernization. Cultural, Economic, and Political Change in 43 Societies. Princeton: Princeton University Press.

Inglehart, Ronald/Klingemann, Hans-Dieter (2000): Genes, Culture, Democracy, and Happiness. In: Diener, Ed/Suh, Eunkook M. (Hrsg.): Culture and Subjective Well-Being. Cambridge: MIT Press, S. 165-183.

Kahneman, Daniel/Diener, Ed/Schwarz, Norbert (Hrsg.) (1999): Well-Being: The Foundations of Hedonic Psychology. New York: Russell Sage Foundation.

Landua, Detlef/Habich, Roland/Noll, Heinz-Herbert/Zapf, Wolfgang/ Spellerberg, Anette (1993): „...im Westen noch beständig, im Osten etwas freundlicher". Lebensbedingungen und subjektives Wohlbefinden drei Jahre nach der Wiedervereinigung. Arbeitspapiere FS III 93-108. Berlin: WZB.

Mayerl, Jochen (2001): Ist Glück ein affektiver Sozialindikator subjektiven Wohlbefindens? Dimensionen des subjektiven Wohlbefindens und die Differenz zwischen Glück und Zufriedenheit. Stuttgart: Schriftenreihe des Instituts für Sozialwissenschaften der Universität Stuttgart 4/2001.

Noll, Heinz-Herbert (1997): Wohlstand, Lebensqualität und Wohlbefinden in den Ländern der Europäischen Union. In: Hradil, Stefan/Immerfall, Stefan (Hrsg.): Die westeuropäischen Gesellschaften im Vergleich. Opladen: Leske + Budrich, S. 431-473.

Noll, Heinz-Herbert/Weick, Stefan (2000): Bürger empfinden weniger Furcht vor Kriminalität. Indikatoren zur öffentlichen Sicherheit. In: Informationsdienst Soziale Indikatoren 23, S. 1-4.

Statistisches Bundesamt (Hrsg.) (2002): Datenreport 2002: Zahlen und Fakten über die Bundesrepublik Deutschland. In Zusammenarbeit mit WZB und ZUMA. Bonn: Bundeszentrale für politische Bildung.

van Deth, Jan W. (2000a): Das Leben, nicht die Politik ist wichtig. In: Niedermayer, Oskar/Westle, Bettina (Hrsg.): Demokratie und Partizipation. Festschrift für Max Kaase. Wiesbaden: Westdeutscher Verlag. S. 115-135.

van Deth, Jan W. (2000b): Interesting but Irrelevant: Social Capital and the Saliency of Politics in Western Europe. In: European Journal of Political Research 37, S. 115-147.

Veenhoven, Ruut (1997): Die Lebenszufriedenheit der Bürger: Ein Indikator für die ‚Lebbarkeit' von Gesellschaften?. In: Noll, Heinz-Herbert (Hrsg.): Sozialberichterstattung in Deutschland. Konzepte, Methoden und Ergebnisse für Lebensbereiche und Bevölkerungsgruppen. München: Juventa, S. 267-293.

Weller, Ingeborg (1996): Lebenszufriedenheit im europäischen Vergleich. Arbeitspapiere FS III 96-402. Berlin: WZB.

Zapf, Wolfgang (2000): Wie kann man die deutsche Vereinigung bilanzieren? In: Niedermayer, Oskar/Westle, Bettina (Hrsg.): Demokratie und Partizipation. Festschrift für Max Kaase. Wiesbaden: Westdeutscher Verlag, S. 160-174.

Zapf, Wolfgang/Habich, Roland (2002): „Neues wagen – am Alten und Bewährten festhalten". Wertewandel, Sozialstruktur und Sozialberichterstattung. In: Fuchs, Dieter/Roller, Edeltraud/Weßels, Bernhard (Hrsg.): Bürger und Demokratie in Ost und West. Studien zur politischen Kultur und zum politischen Prozess. Wiesbaden: Westdeutscher Verlag, S. 108-127.

# Religiosität: Die Persistenz eines Sonderfalls

*Heiner Meulemann*

## 1 Untersuchungsplan

*1.1 Fragen und Hypothesen: Persistenz und Sonderfall*

Die deutsche Vereinigung bestand in der Übertragung der bundesdeutschen Institutionen auf das Gebiet der DDR. Sie zog die Annäherung der Mentalität der beiden Bevölkerungen nach sich. Aber während viele Einstellungen der Ostdeutschen zu Politik, Familie und Erziehung sich dem westdeutschen Niveau bald annäherten, sind die Ostdeutschen bis heute sehr viel weniger religiös als die Westdeutschen. Die DDR hat die Bevölkerung den Kirchen entfremdet und damit alle Erscheindungsformen der Religiosität – kirchliche wie diffuse – zurückgedrängt. Die geringere Religiosität der Ostdeutschen ist eine der wenigen bleibenden mentalen Erbschaften der DDR und gemessen an der Vielfalt der Indikatoren und der Größe der Differenzen die stärkste und auffälligste (Meulemann 2002: 127). Das Diktat der autoritär-fürsorglichen Politik der DDR hat bald an Macht über die Ostdeutschen verloren, aber die erzwungene Säkularisierung wirkt bis heute unvermindert fort.

Warum gleichen sich viele ostdeutsche Einstellungen zu Politik, Familie und Erziehung bald den westdeutschen an, während die Religiosität der Ostdeutschen unverändert niedriger ist als die der Westdeutschen? Eine mögliche Erklärung liegt im Ungleichgewicht der Lebensbereiche. Während Politik und Erziehung öffentliche Lebensbereiche sind, die jedem Teilhabechancen für die Interessendurchsetzung oder Selbstverwirklichung anbieten, ist Religion – allen staatskirchenrechtlichen Privilegien zum Trotz – Privatsache. In Politik und Wirtschaft, in Erziehung und Familie geht es um den Fortbestand der Gesellschaft, in der Religion hingegen um das Heil des Individuums. Die Religion gibt Antworten auf die *religiöse Frage*, also die Frage nach dem Woher und dem Wohin der Welt und des persönlichen Lebens. Diese Antworten stellen kein Wissen über diese Welt, sondern einen Glauben an ein Jenseits dar. Sie zu begründen und zu systematisieren und in Lehre und ritueller Praxis den Menschen zu vermitteln, ist Aufgabe der Kirchen. Aber selbst wenn die Kirchen den Glauben lehren und ihren Gläubigen Heilsgewissheit versprechen, muss jeder Einzelne ihnen folgen: Er muss die religiöse Frage für sich beantwortet haben, bevor er die Antworten einer Kirche übernimmt. In diesem Sinne ist Religion eine Privatsache, selbst wenn die Kirche sie zu einer Gemeinschaftsangelegenheit gemacht hat.

Eine nationale Gemeinschaft kann nur auf Dauer bestehen, wenn die Vorstellungen des größten Teils der Bevölkerung zum politischen und wirtschaftlichen Leben der Institutionenordnung – der rechtlich fixierten wie der sozial eingespielten Verfassung – entsprechen. Denn die nationale Gemeinschaft ist Resultat der politischen, wirtschaftlichen und kulturellen Aktivitäten der Bevölkerung, so dass sie nur Bestand hat, wenn die Mehrheit ihre Aktivitäten an dem orientiert, was die Institutionenordnung vorgibt. Diese Korrespondenz war in der Idee der „politischen Kultur" (Almond und Verba 1963) gefordert worden. Eine nationale Gemeinschaft kann aber durchaus fortbestehen, wenn die Institutionenordnung religiös und kirchlich neutral ist und die Vorstellungen der Bevölkerung zu Religion und Kirche heterogen sind. Das ist die Idee einer säkularen nationalen Gemeinschaft. Die Bundesrepublik ist gemäß Artikel 4 GG, der die Glaubensfreiheit des Individuums garantiert, und gemäß Artikel 140 GG, der eine Staatskirche ausschließt und die Freiheit der Religionsgemeinschaften garantiert, ein säkularer Staat. Die Verfassung der DDR hingegen hat – bei nomineller Anerkennung der religiösen Freiheit – die Dominanz einer antireligiösen Weltanschauung und die ‚führende Rolle' einer Partei garantiert, so dass die Kirchenzugehörigkeit mit sozialen Nachteilen und die Religion mit dem Odium der Rückständigkeit verbunden war.

Das unter der Verfassung der Bundesrepublik wieder vereinte Deutschland ist nun ein Testfall darauf, wie viel Gemeinsamkeit eine säkulare nationale Gemeinschaft braucht. Wie die eingangs zitierten Unterschiede zwischen den Landesteilen zeigen, braucht sie die – keineswegs vollständige, aber hinreichende – Gemeinsamkeit politischer und wirtschaftlicher Überzeugungen. Sie braucht aber keine Gemeinsamkeit religiöser Überzeugungen – wie die unvermindert fortbestehende Kluft zwischen Ost- und Westdeutschland belegt. Wenn das so ist, sollte die *Persistenzhypothese* gelten: Die Kluft religiöser Überzeugungen zwischen West- und Ostdeutschland dauert auch weiterhin an.

Die Persistenz der schwächeren Religiosität in Ostdeutschland ist Nachhall der erzwungenen Säkularisierung (Gautier 1997; Pollack 1998 und 2001; Pickel 1998; de Graaf und Need 2000; Need und Evans 2001; Meulemann 2002: 76ff.; Draulans und Halman 2003), die die DDR mit den Ländern des ehemaligen sowjetischen Einflussbereichs teilt. Wie sich die staatssozialistische Diktatur im Gegensatz zur kapitalistischen Demokratie – oder im folgenden kurz: der Osten im Gegensatz zum Westen – ausgewirkt hat, lässt sich also am Vergleich der beiden Deutschlands mit den beiden Europas ermessen. Unterschiede zwischen der innerdeutschen und der innereuropäischen Differenz lassen sich mit Blick auf eine Vielzahl von Dimensionen und Indikatoren – Industrialisierung, Demokratisierung, religiöse Geschichte (Pickel 2003: 250ff.) – interpretieren; aber aus diesen Dimensionen ergibt sich weder einzeln noch insgesamt eine gerichtete Voraussage für das Verhältnis der innerdeutschen zu den innereuropäischen Unterschieden. Sie kann aber aus einer spezifisch deutschen Bedingung gewonnen werden.

In Deutschland hat die Einheit von Nation, Sprache und Kultur den Nonkonformisten auf jeder Seite die Option der Abwanderung gelassen. Bis zum Bau der Berliner Mauer 1961 und in schwächeren Maße auch noch danach konnte, wer durch die Politik der DDR enteignet oder unterdrückt wurde, in den Westen fliehen. Aber damit hat sich die Ost-West-Konfrontation verschärft. Die DDR verlor in den 1950er Jahren, in denen sie die Jugendweihe gegen den Widerstand der evangelischen Kirche durchsetzte, eine hoch ausgebildete, selbständig denkende und eigenverantwortliche Elite mit Leitungserfahrung an die alte Bundesrepublik und behielt ein systemkonformes „Staatsvolk der kleinen Leute" (Günter Gaus).[1] Das heißt aber auch: Wer nonkonformistisch an Kirche und Religion festhielt, ging; wer konformistisch sich mit dem ‚wissenschaftlichen Atheismus' identifizierte, blieb. Die innerdeutsche wie die innereuropäische Differenz ist das Produkt politischer Repression; aber allein in Deutschland hat die politische Repression des Ostens eine Homogenisierung der Bevölkerung in Ost und West nach Qualifikation und Mentalität ausgelöst und kontinuierlich in Bewegung gehalten. In Europa war Repression das experimentelle ‚treatment', in

---

[1] Die Quellen dazu sind in Meulemann (1996: 265ff.) dargestellt.

Deutschland Repression *und Demographie*. Wenn das so ist, dann sollte die *Sonderfallhypothese* gelten: Die Ost-West-Kluft sollte in Deutschland größer sein als in Europa.

*1.2 Mögliche Prüfungen der Sonderfallhypothese*

Die 21 Länder des ESS wurden nicht mit dem Ziel ausgewählt, Deutschland als Sonderfall der erzwungenen Säkularisierung zu identifizieren. Die Auswahl ost- und westeuropäischer Länder ist daher – gemessen an Pickels (Pickel 2003: 253) Einteilung europäischer Länder nach Rahmenbedingungen für die Religion in drei ost- und drei westeuropäische Typen – ungleichgewichtig. Auf der Seite *Osteuropas* ist nur ein Typ vertreten, die *katholischen* Länder mit Tschechien, Ungarn, Polen und Slowenien; konfessionell gemischte und orthodoxe Länder fehlen. Auf der Seite *Westeuropas* sind alle drei Typen vertreten: die *katholischen* Länder mit Österreich, Belgien, Spanien, Irland, Luxemburg, Italien und Portugal, die *konfessionell gemischten* Länder mit der Schweiz, Niederlande und dem Vereinigten Königreich und die *protestantischen* Länder mit Dänemark, Finnland, Norwegen und Schweden. Westdeutschland gehört zu den *konfessionell gemischten*, Ostdeutschland zu den *protestantischen* Ländern. Die Sonderfallhypothese misst die Differenz zwischen den beiden deutschen Landesteilen an der Differenz zwischen west- und osteuropäischen Ländern. Je nach der Auswahl der europäischen Vergleichsländer ergeben sich sechs Prüfungen der Sonderfallhypothese.

Erstens wird die innerdeutsche Differenz an der Differenz zwischen allen westlichen Ländern außer Westdeutschland und allen östlichen Ländern außer Ostdeutschland gemessen – was als *globale* Prüfung bezeichnet wird. Weil auf der Seite Osteuropas konfessionell gemischte und orthodoxe Länder fehlen, in denen die politische Repression vermutlich mit größerem Erfolg als in den katholischen Ländern eine Säkularisierung erzwungen hat (Kilemit und Nõmmik 2003; Pickel 2003: 255; Müller, Pickel und Pollack 2003: 104), wird der Vergleichsmaßstab der innereuropäische Differenz unterschätzt, so dass die innerdeutsche Differenz leicht relativ groß werden kann. Deshalb wird zweitens durch den Verzicht auf das kirchentreuste Land Osteuropas, nämlich Polen (Pickel 2003; Müller, Pickel und Pollack 2003; Müller 2003; Meulemann 2004), die innereuropäische Differenz vergrößert und die Chance einer relativ großen innerdeutschen Differenz verkleinert – was als *verschärfte* Prüfung der Sonderfallhypothese bezeichnet wird.

Idealer Weise sollte die Sonderfallhypothese quasi-experimentell so geprüft werden, dass sich die Typen des innerdeutschen Vergleichs auch im innereuropäischen Vergleich gegenüberstehen, also konfessionell gemischte und protestantische Länder. In Osteuropa wurde aber nur ein protestantisches Land erhoben, nämlich Ostdeutschland. Deshalb muss die innerdeutsche Differenz mit der Differenz zwischen westeuropäischen konfessionell gemischten Ländern und Ostdeutschland verglichen werden. Die zu vergleichenden Differenzen werden also nicht – wie in der globalen und der verschärften Prüfung – unabhängig voneinander gebildet, sondern enthalten einen gemeinsamen Faktor, nämlich Ostdeutschland. Der Vergleich der Differenzen läuft daher auf die Prüfung *einer* Differenz hinaus: zwischen Westdeutschland und den westeuropäischen konfessionell gemischten Ländern. Deshalb wird dieser dritte Vergleich als die *eingeschränkte* Prüfung der Sonderfallhypothese bezeichnet.

Diese drei Prüfungen vergleichen die Wirkung der untergegangenen Diktaturen auf Kirche und Religion zwischen Deutschland und Europa – weshalb sie zusammenfassend als *zeitgeschichtliche* Prüfung der Sonderfallhypothese bezeichnet werden. Aber die Wirkung der nach einigen Dekaden wieder überbrückten Kluft zwischen West und Ost sollte an der Wirkung Jahrhunderte alter bis heute mächtiger Trennungslinien gemessen werden. Derartige *geschichtliche* Prüfungen der Sonderfallhypothese sind auf drei Weisen möglich.

Zunächst kann man die Differenz zwischen den katholischen und protestantischen Ländern Westeuropas als Maßstab nehmen. Die erzwungene Säkularisierung Osteuropas hat knapp ein halbes Jahrhundert wirken können. Aber die konfessionelle Teilung Westeuropas, die mit der Etablierung der protestantischen Konfessionen den Weg für die Säkularisierung überhaupt gebahnt hat, wirkt seit vier Jahrhunderten. Wenn man die innerdeutsche Differenz mit der Differenz zwischen katholischen und protestantischen Ländern Westeuropas vergleicht, misst man ein geplantes Experiment, das den Menschen aufgedrängt wurde, an einem naturwüchsigen Trend, dem die Menschen spontan folgen. Dieser vierte Vergleich wird als *religionsgeschichtliche Prüfung* der Sonderfallhypothese bezeichnet.

Weiterhin kann man die Differenz zwischen Deutschland sprachlich – also Österreich und die Schweiz – oder geschichtlich – also Belgien, Luxemburg und die Niederlande – verwandten Ländern Westeuropas und Westdeutschland als Maßstab nehmen. Dieser fünfte und sechste Vergleich wird als *nationalgeschichtliche Prüfung* der Sonderfallhypothese bezeichnet. Sie hat den gleichen Mangel wie die eingeschränkte Prüfung: Die zu vergleichenden Differenzen enthalten einen gemeinsamen Faktor, in diesem Fall Westdeutschland, so dass der Vergleich der Differenzen wieder auf die Prüfung *einer* Differenz hinausläuft: in diesem Fall zwischen der sprachlich bzw. geschichtlich mit Deutschland verwandten Ländergruppe und Ostdeutschland. Die beiden nationalgeschichtlichen Prüfungen sind der religionsgeschichtlichen Prüfung also aus dem gleichen Grunde nachgeordnet wie die eingeschränkte der globalen und der verschärften Prüfung.

Die geschichtlichen Prüfungen der Sonderfallhypothese messen die Macht der Politik an der Macht der Geschichte. Sie rücken die Zeitgeschichte in die Perspektive der ‚langen Dauer'; sie können gegen Überschätzung der Aktualität immunisieren – aber auch belegen, dass die jüngste Geschichte tatsächlich außerordentliche Wirkungen hatte.

*1.3 Zielvariable: Kirchenzugehörigkeit, kirchliche Praxis, diffuse Religiosität*

Religiosität kann man als die Einstellung zur religiösen Frage definieren. Da in Europa die christlichen Kirchen die religiöse Frage beantworten, ist die *Kirchenzugehörigkeit* Voraussetzung der *kirchlichen Praxis*, also dem Befolgen der Riten einer Kirche. Aber kein Mensch, ob kirchentreu oder nicht, kann sich angesichts der Gewissheit des eigenen Todes der religiösen Frage entziehen. Neben die kirchliche tritt daher die *diffuse Religiosität*, die sich nur auf die religiöse Frage, nicht aber die Antworten einer Kirche richtet. Sie ist keine Praxis in der Institution, sondern eine Einstellung zum Problem der Institution. Weil darüber nur der Einzelne selber Auskunft geben kann, ist sie eine selbst zugeschriebene Eigenschaft.[2]

Die *kirchliche Praxis* ist durch das Angebot der Kirchen definiert. Die wichtigste Praxis jeder Kirche ist der *Gottesdienst*. Denn er ist der allgemeine und – zumindest für die

---

[2] Zu Konzept und Dimensionen der Religiosität siehe Berger (1988) und Luckmann (1991).

Gemeinde – öffentliche Ort jeder spezifischen rituellen Handlung – wie Opfer, Weihe oder Kommunion – und das Modell ritueller Handlungen außerhalb des Gottesdienstes, also im privaten Leben, auf das jede Kirche einwirken will. Das private – gemeinschaftliche oder individuelle – *Gebet* ist die wichtigste Form der außergottesdienstlichen kirchlichen Praxis. Der Gottesdienst ist – im buchstäblichen wie übertragenen Sinn – der Sonntag, das Gebet, der Werktag der kirchlichen Praxis.

Die kirchliche Praxis setzt zwar sinngemäß die kirchliche Zugehörigkeit voraus; dennoch kann auch, wer nicht dazugehört, entgegen der kirchlichen Vorschrift an kirchlichen Praktiken teilnehmen. Man kann mit Überzeugung einen Gottesdienst besuchen oder beten, ohne Mitglied der Kirche zu sein – und wird es gerade dann tun, wenn man gegen die Kirche religiös sein will. Deshalb dürfen Gottesdienstbesuch und Gebet nicht nur bei Kirchenzugehörigen, sondern müssen – wie im ESS geschehen – in der ganzen Bevölkerung erhoben werden. Dann aber kann es sein, dass Unterschiede der kirchlichen Praxis zwischen den Ländern in mehr oder minder starkem Maße nur die Unterschiede der kirchlichen Zugehörigkeit reproduzieren. Deshalb werden im Folgenden der Gottesdienstbesuch und das Gebet zunächst ohne, dann mit Kontrolle der kirchlichen Zugehörigkeit betrachtet.

Die *diffuse Religiosität* ergibt sich aus dem Gewicht, das eine Person der religiösen Frage unabhängig von den Antworten der Kirchen beimisst. Das kann mit Blick auf beide Seiten ermessen werden, die Person und die religiöse Frage. Mit Blick auf die religiöse Frage wird die diffuse Religiosität durch eine Frage nach der *Wichtigkeit der Religion* unter anderen Lebensbereichen erfasst. Mit Blick auf die Person wird die diffuse Religiosität als *Selbsteinstufung als religiös* erfasst.

Die diffuse Religiosität setzt die kirchliche Zugehörigkeit sinngemäß nicht mehr voraus. Im Gegenteil, sie dient in manchen Fällen geradezu der Distanzierung zur Kirche: Religion ja, Kirche nein. Dennoch korreliert empirisch die diffuse Religiosität stark mit der kirchlichen Religiosität (Meulemann 1993). Ohne kirchliche Zugehörigkeit ist die diffuse Religiosität wie Kirchenbesuch und Gebet eine kirchenkritisch motivierte Ausnahme; wie die Verbindung von kirchlicher Zugehörigkeit und kirchlicher Praxis ist auch die Verbindung von kirchlicher und diffuser Religiosität die Regel. Eine mehr oder minder große Minderheit sieht sich als religiös, aber nicht kirchlich an; umgekehrt sieht sich jedoch so gut wie jeder, der sich einer Kirche zuordnet, ihre Lehren glaubt und ihre Riten praktiziert, als religiös an. Deshalb werden im Folgenden auch die Wichtigkeit der Religion und die religiöse Selbsteinstufung zunächst ohne, dann mit Kontrolle der kirchlichen Zugehörigkeit betrachtet.

*1.4 Erhebung: Frageformulierungen, Messniveau, Interkorrelationen*

Die Kirchenzugehörigkeit ist in europäischen Ländern unterschiedlich geregelt. Eine in allen Ländern des ESS gleiche Frage konnte sich daher nur auf die *Selbstzuordnung* richten:

„Unabhängig davon, ob Sie Mitglied oder Angehöriger einer Kirche oder Religionsgemeinschaft sind, fühlen Sie sich einer bestimmten Religion zugehörig? (Falls Ja:) Welche Religion oder Konfession ist das? (Liste)".

Die Kirchenzugehörigkeit ist auf *kategorialem* Niveau gemessen.

Die Häufigkeit des *Gottesdienstbesuchs* wurde im ESS mit folgender Frage erhoben:

„Abgesehen von besonderen Anlässen wie Hochzeiten und Beerdigungen, wie oft gehen Sie derzeit zu Gottesdiensten?"

Den Befragten wurden auf einer Karte sieben Antworten von ‚Täglich', ‚Häufiger als einmal in der Woche', ‚Einmal in der Woche' und ‚Mindestens einmal im Monat' bis zu ‚Nur an besondern Feiertagen', ‚Seltener' und ‚Nie' angeboten. Offensichtlich sind diese Kategorien heterogen und nach unterschiedlichen zeitlichen Intervallen abgegrenzt. Aber gerade deshalb ist wahrscheinlich, dass die Befragten sie nicht so sehr dem Wortsinn nach beantwortet haben als mit der Vorstellung einer Rangordnung der Intensität mit mehr oder minder gleichen Abständen. Das rechtfertigt es, im Folgenden von den Vorgaben absteigend von ‚Täglich' die Werte 7 bis 1 zuzuweisen und auf *metrischem* Messniveau zu analysieren. Die Häufigkeit des *Gebets* wurde wie folgt erfragt:

„Abgesehen von Gottesdiensten, wie oft beten Sie – wenn überhaupt?"

Vorgegeben war die gleiche Liste von Antworten wie beim Gottesdienst, die in der gleichen Weise verschlüsselt und aus den gleichen Gründen *metrisch* ausgewertet wurden.

Die *Wichtigkeit der Religion* und die *religiöse Selbsteinstufung* wurden wie folgt erfragt:

„Wenn Sie sich Liste (mit vorgegebenen Lebensbereichen Familie, Freunde, Freizeit, Politik, Arbeit, Religion) ansehen, wie wichtig sind diese Bereiche in *Ihrem* Leben?"; „Unabhängig davon ob Sie sich einer bestimmten Religion zugehörig fühlen, für wie religiös würden Sie sich selber halten?"

Auf beide Fragen wurde auf einer Liste eine 11stufige Skala von ‚0 extrem unwichtig bzw. überhaupt nicht religiös' bis ‚10 extrem wichtig bzw. sehr religiös' vorgegeben, so dass schon die Vorgaben *metrisches* Niveau unterstellt haben.

Die Interkorrelationen zwischen den Dimensionen der Religiosität sind in Europa, Deutschland und den beiden deutschen Landesteilen weitgehend gleich. In Europa insgesamt korreliert die kirchliche Zugehörigkeit mit der kirchlichen Praxis und diffusen Religiosität zwischen $r = .54$ und $r = .61$. Die beiden Variablen der kirchlichen Praxis korrelieren $r = .66$, die beiden Variablen der diffusen Religiosität korrelieren $r = .79$. Die Variablen der kirchlichen Praxis korrelieren mit den Variablen der diffusen Religiosität zwischen $r = .63$ und $r = .70$. Alle Dimensionen der Religiosität hängen also stark zusammen. Aber die kirchliche Zugehörigkeit korreliert mit der kirchlichen Praxis und diffuser Religiosität am schwächsten. Die Variablen der kirchlichen Praxis sind schärfer voneinander unterschieden als die Variablen der diffusen Religiosität. Die Institution trennt schärfer als die Selbstzuschreibung. Schließlich hängen – wie in vielen anderen Untersuchungen (zusammengefasst in Meulemann 1993) – kirchliche Praxis und diffuse Religiosität eng zusammen. Die diffuse Religiosität wendet sich also nur in Ausnahmefällen gegen die Kirche, im Durchschnitt verbindet sie sich mit kirchlichen Formen der Religion.

## 1.5 Darstellungsweise und Prüfverfahren

Die Länderdurchschnitte der Religiosität werden als Prozent- oder Mittelwerte in Grafiken so dargestellt, dass die Unterschiede zwischen den beiden Teilen Deutschlands mit dem Unterschied zwischen West- und Osteuropa (ohne Deutschland) optisch verglichen werden können. Bei der kirchlichen Praxis und der diffusen Religiosität wird der Durchschnitt nicht nur für die ganze Bevölkerung, sondern auch für die einer Kirche Zugehörigen und Nichtzugehörigen dargestellt, so dass sich der Effekt der Kontrolle optisch ermessen lässt. Werden zur Prüfung der Hypothesen Länder zusammengefasst, so werden *ungewogene* Mittel berechnet.

Zur Signifikanzprüfung der Effekte werden eine eindimensionalen Varianzanalyse mit 21 Ländern sowie eine zweidimensionalen Varianzanalyse mit 21 Ländern und zwei Kirchenzugehörigkeitsausprägungen berechnet, in denen die Persistenz- und die verschiedenen Formen der Sonderfallhypothese als a priori Vergleiche definiert sind. In beiden Varianzanalysen werden die Länderstichproben auf N = 2000 gewichtet, so dass sich auch die Signifikanzprüfung auf ungewogene Mittel bezieht. Wegen der großen Stichproben werden nur Signifikanzen unter einem Prozent als ‚signifikant' und unter einem Promille als ‚hoch signifikant' berichtet. Um einen Vergleich der Hypothesenprüfung zwischen Analysen mit und ohne Kontrollen und zwischen allen Zielvariablen zu ermöglichen, sind die Effekte am Schluss der Arbeit in Tabelle 1 zusammengefasst; in der Detaildarstellung werden die Werte, die in die Zusammenfassung aufgenommen sind, kursiv dargestellt.

## 2 Kirchliche Zugehörigkeit

Die Kirchenzugehörigkeit wurde in Deutschland nicht nur als Selbstzuordnung, sondern – in der herkömmlichen Form – als Mitgliedschaft erhoben. In Westdeutschland ergeben sich bei der Selbstzuordnung (30%) um 11 Prozentpunkte mehr Konfessionslose als bei der Mitgliedschaft (19%); in Ostdeutschland führen beide Fragen zur gleichen Verteilung. Die Zahlen der Konfessionslosen gemäß der Mitgliedschaftsfrage schließen sich nahtlos an Erhebungen zwischen 1991 und 2000 an, die ohne Trend in Westdeutschland zwischen 11% und 15%, in Ostdeutschland zwischen 65% und 71% schwanken (Meulemann 2002: 117; Pickel 2003: 255). Die Zahl der Konfessionslosen in Ostdeutschland geht also nicht zurück und die Differenz beträgt – gemäß der Mitgliedschaftsfrage – rund 50 Prozentpunkte. Die *Persistenzhypothese* wird bestätigt.

Die Zugehörigkeit zu einer Kirche in den Ländern West- und Osteuropas – gemäß der Selbstzuordnungsfrage – ist in Abbildung 1 dargestellt. In Westdeutschland ordnen sich 70%, in Ostdeutschland 30% einer Kirche zu – also um *40* Prozentpunkte mehr. In den westeuropäischen Ländern ordnen sich 66%, in den osteuropäischen Ländern 59% einer Kirche zu – also um sieben Prozentpunkte mehr. Lässt man Polen außer Betracht, so sinkt der osteuropäische Durchschnitt auf 48% und der westeuropäische Vorsprung steigt auf 18 Prozentpunkte. Im ersten Fall ist der westdeutsche Vorsprung also um *33*, im zweiten Fall um *22* Prozentpunkte größer als der westeuropäische. Die Sonderfallhypothese wird in der *globalen* und in der *verschärften* Prüfung bestätigt. Die Teilung Deutschlands ist schroffer als die Teilung Europas. Weiterhin ergibt sich zwischen Ostdeutschland und den konfessionell gemischten westeuropäischen Ländern mit im Mittel 51% Kirchenzugehörigen eine

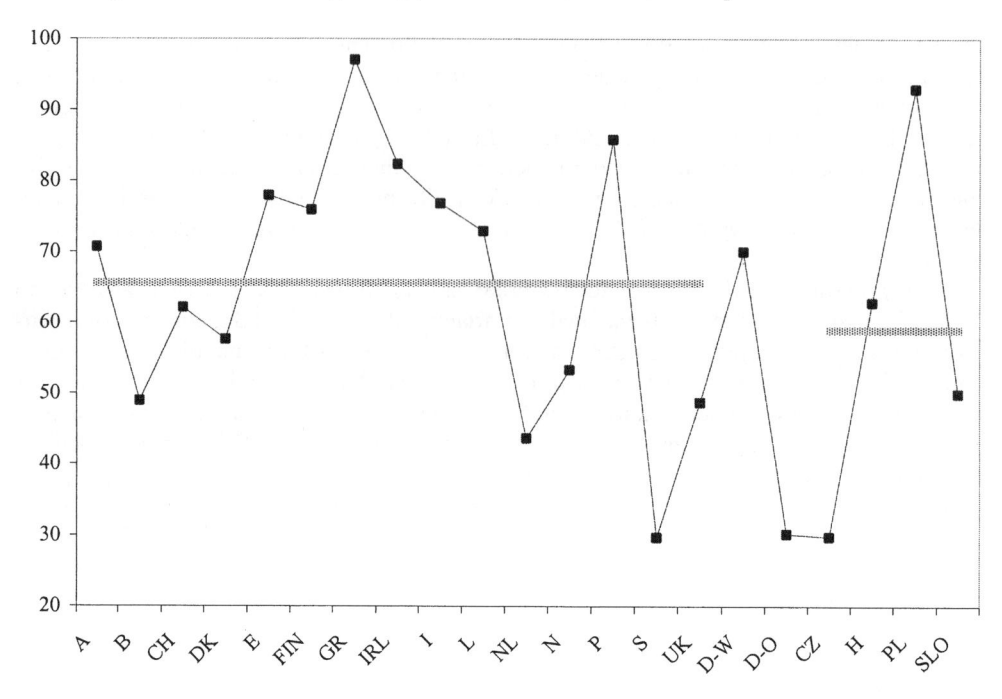

*Abbildung 1:* Kirchliche Zugehörigkeit in Deutschland und Europa

Differenz von 21 Prozentpunkten, so dass die innerdeutsche Differenz *19* Prozentpunkte größer ist. Die Sonderfallhypothese wird auch im *eingeschränkten* Vergleich, also in allen *zeitgeschichtlichen* Prüfungen bestätigt.

Ist die zeitgeschichtliche Wirkung der politischen Repression größer als die geschichtliche Wirkung der Säkularisierung? Vergleicht man die innerdeutsche Differenz mit der Differenz zwischen dem Mittel katholischer (74%) und protestantischer Länder (54%), so wird die Sonderfallhypothese auch im *religionsgeschichtlichen* Vergleich bestätigt: Die erzwungene Säkularisierung hat in Deutschland um *20* Prozentpunkte stärker gewirkt als die konfessionelle Teilung in Westeuropa. Vergleicht man schließlich die innerdeutsche Differenz mit der Differenz zwischen Westdeutschland und Österreich/Schweiz (66%) bzw. Belgien/Luxemburg/Niederlande (55%), so ist die innerdeutsche Differenz im ersten Fall um *36*, im zweiten Fall um *25* Prozentpunkte größer. Die Sonderfallhypothese wird auch im *nationalgeschichtlichen* Vergleich, insgesamt also in allen *geschichtlichen* Prüfungen bestätigt. Die Entkirchlichung ist in Ostdeutschland stärker als in Osteuropa; und die jüngste politische Repression hat stärker gewirkt als die geschichtlichen Mächte der Säkularisierung und der Nationenbildung.

## 3 Kirchliche Praxis – Gottesdienstbesuch

Die Mittelwerte der Häufigkeiten des Gottesdienstbesuchs in den Gesamtbevölkerungen sind in Abbildung 2 durch eine breite Linie dargestellt. Sie schwanken – bei einer maximalen Differenz von 2.52 Skalenpunkten und bei Standardabweichungen zwischen 1.09 und 1.73 – erheblich zwischen den Ländern. In Westdeutschland (2.57) liegt der durchschnittliche Gottesdienstbesuch *0.82* Skalenpunkte höher als in Ostdeutschland (1.75) – ein Drittel der maximalen Differenz. Anders dargestellt, gehen im Jahre 2002 in Westdeutschland 28%, in Ostdeutschland 63% ‚nie' in die Kirche; diese Zahlen schließen nahtlos and Erhebungen zwischen 1991 und 2000 an, die ohne Trend in Westdeutschland zwischen 21% und 25%, in Ostdeutschland zwischen 59% und 64% schwanken (Meulemann 2002: 117; Pickel 2003: 255). Die Ostdeutschen finden also nicht zurück in die Kirchen; von 1991 bis 2002 besuchen um rund 45 Prozentpunkte mehr Ost- als Westdeutsche niemals einen Gottesdienst. Die *Persistenzhypothese* wird bestätigt.

Der Vorsprung des Westens in Deutschland steht im Kontrast zu einem – unerwarteten – Rückstand des Westens in Europa: Der Mittelwert für Westeuropa (2.67) liegt unter dem für Osteuropa (2.87) – allerdings über dem für Osteuropa ohne Polen (2.40). Sowohl der innerdeutsche wie der innereuropäische West-Ost-Unterschied ohne (-0.20) wie mit Polen (0.27) sind hoch signifikant; der innerdeutsche übertrifft den innereuropäischen West-Ost-Unterschied mit Polen um *1.02* und ohne Polen um *0.55* Skalenpunkte, was wiederum hoch signifikant ist. Die *Sonderfallhypothese* wird also in der *globalen* und in der *verschärften* Prüfung bestätigt. Weiterhin liegen die konfessionell gemischten westeuropäischen Länder 0.59 Skalenpunkte höher als Ostdeutschland, so dass die innerdeutsche Differenz um *0.23* hoch signifikant größer ist. Die *Sonderfallhypothese* wird auch im *eingeschränkten* Vergleich, also in allen *zeitgeschichtlichen* Prüfungen bestätigt.

Ist die zeitgeschichtliche Wirkung stärker als die *geschichtliche*? Vergleicht man die innerdeutsche Differenz mit der Differenz zwischen dem Mittel katholischer (2.95) und protestantischer Länder Westeuropas (2.16) von 0.79 Skalenpunkten, so wird die Sonderfallhypothese im *religionsgeschichtlichen* Vergleich nicht bestätigt: Die Wirkung der erzwungenen Säkularisierung in Deutschland ist nicht signifikant größer (*0.03*) als die Wirkung der konfessionellen Teilung Westeuropas. Schließlich ist die innerdeutsche Differenz mit *1.00* Skalenpunkten hoch signifikant größer als die Differenz zwischen Westdeutschland und Österreich/Schweiz (-0.18). Ebenso ist die innerdeutsche Differenz mit *0.50* Skalenpunkten hoch signifikant größer als die Differenz zwischen Westdeutschland und Belgien, Luxemburg und den Niederlanden (0.32). Die Sonderfallhypothese wird also in beiden *nationalgeschichtlichen* Prüfungen bestätigt.

Alle Prüfungen lassen sich so resümieren: Die zeitgeschichtlichen Repression hatte *nicht weniger* Macht als die geschichtlichen Tendenzen; die 1989 abgebrochene erzwungene Säkularisierung wirkt in Deutschland bis heute noch so stark wie die andauernde spontane Säkularisierung und stärker als die Nationenbildung um Deutschland.

Die Mittelwerte des Gottesdienstbesuchs der einer Kirche Zugehörigen und Nichtzugehörigen sind in Abbildung 2 durch zwei schmale Linien dargestellt. In der zweidimensionalen Varianzanalyse hat die Kirchenzugehörigkeit einen hoch signifikanten Effekt von *1.48* Skalenpunkten auf den Gottesdienstbesuch. Ohne Kontrolle der Kirchenzugehörigkeit erklärt die Landeszugehörigkeit 19% der Varianz des Gottesdienstbesuchs. Wird die Kirchenzugehörigkeit kontrolliert, so sinkt der Wert auf 12% und die Kirchenzugehörigkeit trägt mit 21% deutlich stärker zum Anteil der insgesamt erklärten an der gesamten Varianz von 36% bei als die Länderzugehörigkeit. Ein großer Teil der Varianz zwischen den Ländern erklärt sich also durch Unterschiede der Kirchenzugehörigkeit, aber auch bei Kontrolle der Kirchenzugehörigkeit bleiben die Länderunterschiede bedeutsam.

*Abbildung 2:* Gottesdienstbesuch in Deutschland und Europa: Mittelwerte der
Gesamtbevölkerung, der Kirchenzugehörigen (oben) und der
Nichtkirchenzugehörigen (unten)

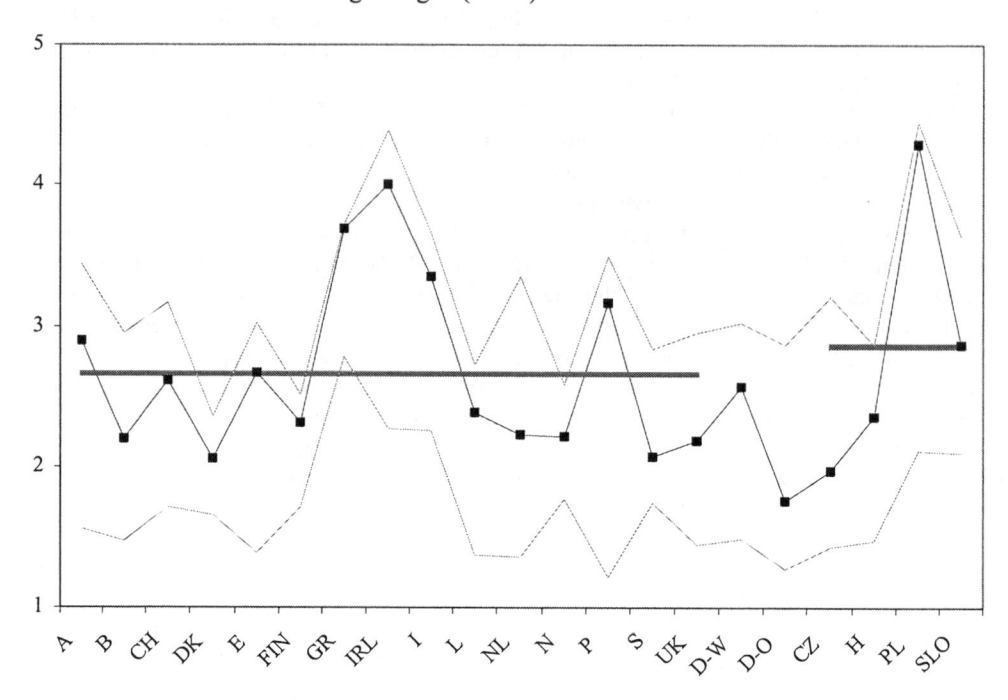

Bei Kirchenzugehörigen wie Nichtkirchenzugehörigen ist der Gottesdienstbesuch in Westdeutschland in gleichem Maße nur noch wenig (0.17 und 0.21) höher als in Ostdeutschland. Vom Landesteilunterschied in der gesamten Bevölkerung von 0.82 bleiben bei Kontrolle der Kirchenzugehörigkeit *0.19* Skalenpunkte, also rund ein Viertel bestehen; drei Viertel sind durch die höhere Kirchenzugehörigkeit in Westdeutschland und den höheren Gottesdienstbesuch der Kirchenzugehörigen in beiden Landesteilen bedingt. Mit Blick auf Abbildung 2 gesprochen: Der Gottesdienstbesuch der Kirchenzugehörigen geht in Westdeutschland, der Gottesdienstbesuch der Nichtkirchenzugehörigen in Ostdeutschland stärker in den Durchschnittswert für die Gesamtbevölkerung ein, so dass die breite Linie eine stärkere Kluft als die beiden schmalen Linien aufweist. Aber auch bei Kontrolle der Kirchenzugehörigkeit bleibt die Landesteildifferenz hoch signifikant, die *Persistenzhypothese* wird also bestätigt.

Während bei Kontrolle der Kirchenzugehörigkeit der westdeutsche Vorsprung reduziert wird, wächst der westeuropäische Rückstand sogar noch an: von -0.20 auf -0.29. Der westdeutsche Vorsprung ist also mit *0.48* Skalenpunkten hoch signifikant größer als der westeuropäische Rückstand. Wird Polen nicht einbezogen, so schmilzt der westeuropäische Vorsprung von 0.27 auf 0.00 und der westdeutsche Vorsprung bleibt mit *0.19* Skalenpunkten hoch signifikant größer als die Nulldifferenz zwischen West- und Osteuropa. Die Sonderfallhypothese wird also in der *globalen* wie in der *verschärften* Prüfung bestätigt. Weiterhin liegen die konfessionell gemischten westeuropäischen Länder 0.27 Skalenpunkte höher als Ostdeutschland, so dass die innerdeutsche Differenz -*0.08* kleiner ist. Die Sonderfallhypothese wird im *eingeschränkten* Vergleich nicht bestätigt.

Ist auch bei Kontrolle der Kirchenzugehörigkeit die zeitgeschichtliche Wirkung stärker als die *geschichtliche*? Die innerdeutsche Differenz ist hoch signifikant kleiner (-*0.31*) als die Differenz zwischen katholischen und protestantischen westeuropäischen Ländern (0.50); die Sonderfallhypothese wird *religionsgeschichtlich* widerlegt. Schließlich ist die innerdeutsche Differenz um *0.46* Skalenpunkte hoch signifikant größer als die Differenz zwischen Westdeutschland und Österreich/Schweiz (-0.27) und um *0.12* Skalenpunkte hoch signifikant größer als die Differenz zwischen Westdeutschland und Belgien, Luxemburg und den Niederlanden (0.07); die Sonderfallhypothese wird also *nationalgeschichtlich* bestätigt.

Alles in allem fährt – wie man in der Vorausschau auf die Zeilen für den Gottesdienstbesuch der Tabelle 1 sehen kann – die Sonderfallhypothese bei Kontrolle der Kirchenzugehörigkeit nicht schlechter als ohne Kontrolle. Der entscheidende, nämlich der globale Effekt bleibt bestehen – ebenso der nationalgeschichtliche Effekt. Der globale zeitgeschichtliche Effekt ist ohne Kontrolle so groß wie der wichtigste geschichtliche Effekt, der religionsgeschichtliche – mit Kontrolle allerdings kleiner. Nach der globalen Prüfung hat die erzwungene Säkularisierung den Gottesdienstbesuch in Deutschland stärker gesenkt als in Europa; und dieser Effekt ist so stark – wenn man die Länderunterschiede der Kirchenzugehörigkeit herausrechnet: immer noch halb so stark – wie die Wirkungen der ‚langen Dauer'.

## 4 Kirchliche Praxis – Gebetshäufigkeit

Die Mittelwerte der Häufigkeiten des Gebets in den Gesamtbevölkerungen sind in Abbildung 3 durch eine breite Linie dargestellt. Sie schwanken – mit einer maximalen Differenz von 3.51 Skalenpunkten bei Standardabweichungen zwischen 1.85 und 2.58 – erheblich zwischen den Ländern. In Westdeutschland (3.39) liegt die durchschnittliche Gebetshäufigkeit *1.42* Skalenpunkte höher als in Ostdeutschland (1.97) – ein Drittel der maximalen Differenz; in Westdeutschland beten 28% ‚nie', in Ostdeutschland 68%. Die Zahlen derer, die ‚nie' beten, schließen wiederum nahtlos an 1991 und 1994 erhobene Zahlen an, die in Westdeutschland 28% und 25%, in Ostdeutschland 70% und 75% betragen (Meulemann 2002: 118). Die Zahl der Ostdeutschen, die ‚nie' beten, geht also nicht zurück und die Differenz zu Westdeutschland beträgt rund 40 Prozentpunkte. Die *Persistenzhypothese* wird bestätigt.

Der Vorsprung des Westens in Deutschland ist deutlich größer als der Vorsprung Westeuropas (3.59) vor Osteuropa (3.47) von 0.12 Skalenpunkten – um *1.30* Skalenpunkte und hoch signifikant; lässt man Polen außer Betracht, so sinkt der osteuropäische Durchschnitt auf 2.83 und der westeuropäische Vorsprung wächst auf 0.76, aber der westdeutsche Vorsprung bleibt mit *0.66* Skalenpunkten hoch signifikant größer als der westeuropäische. Die Sonderfallhypothese wird also in der *globalen* wie in der *verschärften* Prüfung bestätigt. Weiterhin liegen die konfessionell gemischten westeuropäischen Länder 1.46 Skalenpunkte höher als Ostdeutschland, so dass die innerdeutsche Differenz minimal kleiner (-*0.04*) ist. Die Sonderfallhypothese wird im *eingeschränkten* Vergleich nicht bestätigt.

Ist die zeitgeschichtliche Wirkung stärker als die *geschichtliche*? Vergleicht man den westdeutschen Vorsprung mit dem Vorsprung der katholischen vor den protestantischen Länder (3.89-2.70 = 1.19), so wird die Sonderfallshypothese im *religionsgeschichtlichen* Vergleich bestätigt: Die Wirkung der erzwungenen Säkularisierung ist um *0.23* Skalenpunkte signifikant größer als die Wirkung der konfessionellen Teilung Westeuropas. Schließlich ist die innerdeutsche Differenz um *1.88* Skalenpunkte hoch signifikant größer als die Differenz zwischen Westdeutschland und Österreich/Schweiz (-0.46) sowie um *1.00* Skalenpunkte hoch signifikant größer als die Differenz zwischen Westdeutschland und Belgien, Luxemburg und den Niederlanden (0.42). Die Sonderfallshypothese wird durch den *nationalgeschichtlichen* Vergleich ebenfalls bestätigt.

Die Mittelwerte der Gebetshäufigkeit für die einer Kirche Zugehörigen und Nichtzugehörigen sind in Abbildung 3 durch zwei schmale Linien dargestellt. In der zweidimensionalen Varianzanalyse hat die Kirchenzugehörigkeit einen hoch signifikanten Effekt von *2.27* Skalenpunkten, der – gemessen an der maximalen Differenz zwischen den Ländern von 3.51 – sehr stark ist. Ohne Kontrolle der Kirchenzugehörigkeit erklärt die Länderzugehörigkeit 18% der Varianz der Gebetshäufigkeit. Wird die Kirchenzugehörigkeit kontrolliert, so sinkt der Wert auf 10% und die Kirchenzugehörigkeit trägt mit 20% deutlich stärker zum Anteil der insgesamt erklärten an der gesamten Varianz von 34% bei als die Landeszugehörigkeit. Ein großer Teil der Varianz zwischen den Ländern erklärt sich also durch Unterschiede der Kirchenzugehörigkeit, aber auch bei Kontrolle der Kirchenzugehörigkeit bleiben die Länderunterschiede bedeutsam.

*Abbildung 3:* Beten in Deutschland und Europa; Mittelwerte der Gesamtbevölkerung, der Kirchenzugehörigen (oben) und der Nichtkirchenzugehörigen (unten)

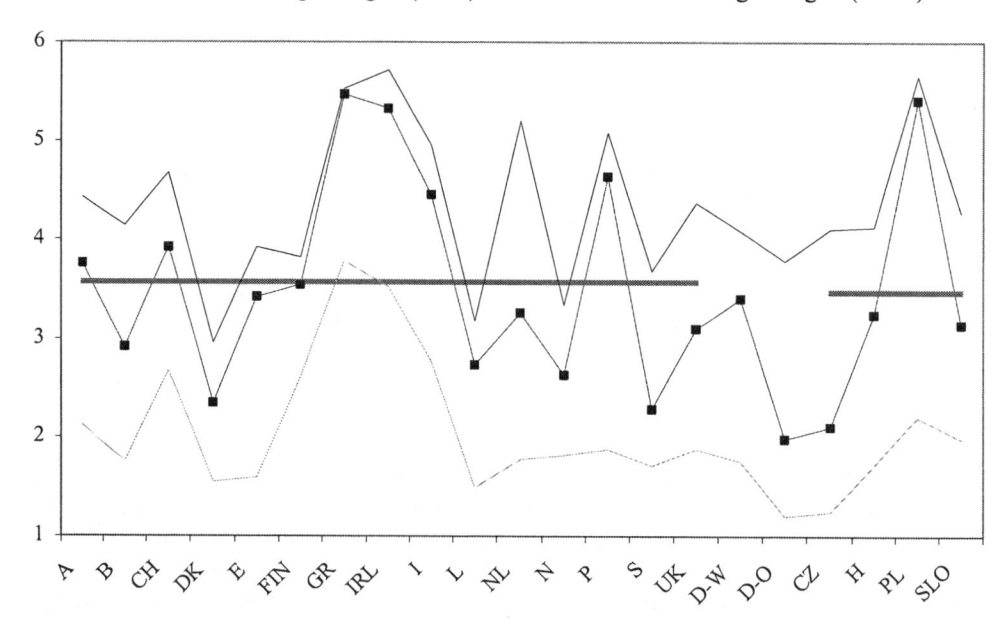

Bei Kirchenzugehörigen wie Nichtkirchenzugehörigen ist die Gebetshäufigkeit in annähernd gleichem Maße in Westdeutschland höher als in Ostdeutschland – aber weniger als in der Gesamtgruppe: Vom ursprünglichen Landesteilunterschied von 1.42 bleiben *0.47* Skalenpunkte, also ein Drittel hoch signifikant bestehen. Die *Persistenzhypothese* wird auch bei Kontrolle der Kirchenzugehörigkeit bestätigt.

Bei Kontrolle der Kirchenzugehörigkeit reduziert sich der westeuropäische Vorsprung auf Null (-0.03), so dass der westdeutsche Vorsprung um *0.50* Skalenpunkte hoch signifikant größer wird als der westeuropäische. Wird allerdings Polen nicht einbezogen, so wird der westeuropäische Vorsprung auf 0.34 reduziert, so dass der westdeutsche Vorsprung mit *0.13* nicht mehr signifikant größer ist als der westeuropäische. Die Sonderfallhypothese wird also in der *globalen*, aber nicht mehr in der *verschärften* Prüfung bestätigt. Weiterhin liegen die konfessionell gemischten Länder Westeuropas 0.97 Skalenpunkte höher als Ostdeutschland, so dass die innerdeutsche Differenz um *-0.50* kleiner ist. Die Sonderfallhypothese wird im *eingeschränkten* Vergleich nicht bestätigt.

Ist die zeitgeschichtliche Wirkung stärker als die geschichtliche? Die innerdeutsche Differenz ist *-0.26* Skalenpunkte hoch signifikant kleiner als die Differenz zwischen katholischen und protestantischen Ländern Westeuropas (0.73); die Sonderfallhypothese wird *religionsgeschichtlich* widerlegt. Schließlich ist die innerdeutsche Differenz um *1.03* Skalenpunkte hoch signifikant größer als die Differenz zwischen Westdeutschland und Österreich/Schweiz (-0.56) und um *0.39* Skalenpunkte hoch signifikant größer als die Differenz zwischen Westdeutschland und Belgien, Luxemburg und den Niederlanden (0.08); die Sonderfallhypothese wird also *nationalgeschichtlich* bestätigt.

Alles in allem fährt – wie man in der Vorausschau auf die Zeilen für die Gebetshäufigkeit der Tabelle 1 sehen kann – die Sonderfallhypothese bei Kontrolle der Kirchenzugehörigkeit nicht schlechter als ohne Kontrolle; und das Muster der Ergebnisse entspricht genau dem für den Gottesdienstbesuch.

## 5 Diffuse Religiosität - Wichtigkeit der Religion

Die Mittelwerte der Wichtigkeit der Religion in den Gesamtbevölkerungen, die in Abbildung 4 durch eine breite Linie dargestellt sind, schwanken – mit einer maximalen Differenz von 6.51 Skalenpunkten und Standardabweichungen zwischen 2.23 und 3.39 – erheblich zwischen den Ländern. In Westdeutschland ist die Wichtigkeit der Religion (4.38) hoch signifikant um *2.13* Skalenpunkte größer als in Ostdeutschland (2.25) – ein Drittel der maximalen Differenz. Der westdeutsche Vorsprung schließt an den der Allbus-Erhebungen 1991, 1992 und 1998 (eigene Auswertungen) an, der auf einer siebenstufigen Skala mit leicht steigender Tendenz knapp anderthalb Punkte betrug. Die *Persistenzhypothese* wird bestätigt.

Der westdeutsche Vorsprung ist größer als der westeuropäische: Die westeuropäischen Länder (4.91) liegen um 0.20 Skalenpunkte über den osteuropäischen Ländern und 1.05 Skalenpunkte über den osteuropäischen Ländern ohne Polen, so dass der innerdeutsche den innereuropäischen Vorsprung mit *1.93* bzw. *1.08* Skalenpunkten hoch signifikant übertrifft. Die *Sonderfallhypothese* wird in der *globalen* und der *verschärften* Prüfung bestätigt. Weiterhin liegen die konfessionell gemischten Länder Westeuropas 2.01 Skalenpunkte über Ostdeutschland, so dass die innerdeutsche Differenz zwar um *0.12* Skalenpunkte, aber nicht signifikant größer ist und die *eingeschränkte Sonderfallhypothese* nicht bestätigt wird. Nach den *zeitgeschichtlichen* Prüfungen hat also die politische Repression die Wichtigkeit der Religion in Ostdeutschland mindestens so stark vermindert wie in Osteuropa.

Ist die zeitgeschichtliche Wirkung stärker als die *geschichtliche*? Der westdeutsche Vorsprung ist um *0.90* Skalenpunkte größer als der Vorsprung der katholischen vor den protestantischen Ländern Westeuropas (1.23), so dass die Sonderfallhypothese *religionsgeschichtlich* hoch signifikant bestätigt wird. Der westdeutsche Vorsprung ist weiterhin um *2.62* Skalenpunkte größer als der Rückstand Westdeutschlands hinter Österreich/Schweiz (-0.49) und um *1.98* Skalenpunkte größer als der Vorsprung Westdeutschlands vor Belgien/Luxemburg/Niederlanden (0.15), so dass die Sonderfallhypothese in beiden *nationalgeschichtlichen* Prüfungen hoch signifikant bestätigt wird.

Die Mittelwerte der Wichtigkeit der Religion bei den einer Kirche Zugehörigen und Nichtzugehörigen sind in Abbildung 4 durch zwei schmale Linien dargestellt. In der zweidimensionalen Varianzanalyse hat die Kirchenzugehörigkeit einen hoch signifikanten Effekt von *3.58* Skalenpunkten auf die Wichtigkeit der Religion, der, selbst gemessen an der maximalen Differenz zwischen den Ländern von 6.51 Skalenpunkten, stark ist. Ohne Kontrolle der Kirchenzugehörigkeit erklärt die Landeszugehörigkeit 18% der Varianz der Wichtigkeit der Religion. Wird die Kirchenzugehörigkeit kontrolliert, so sinkt der Wert auf 10% und die Kirchenzugehörigkeit trägt mit 27% deutlich stärker zum Anteil der insgesamt

*Abbildung 4:* Wichtigkeit der Religion in Deutschland und Europa: Mittelwerte der Gesamtbevölkerung, der Kirchenzugehörigen (oben) und der Nichtkirchenzugehörigen (unten)

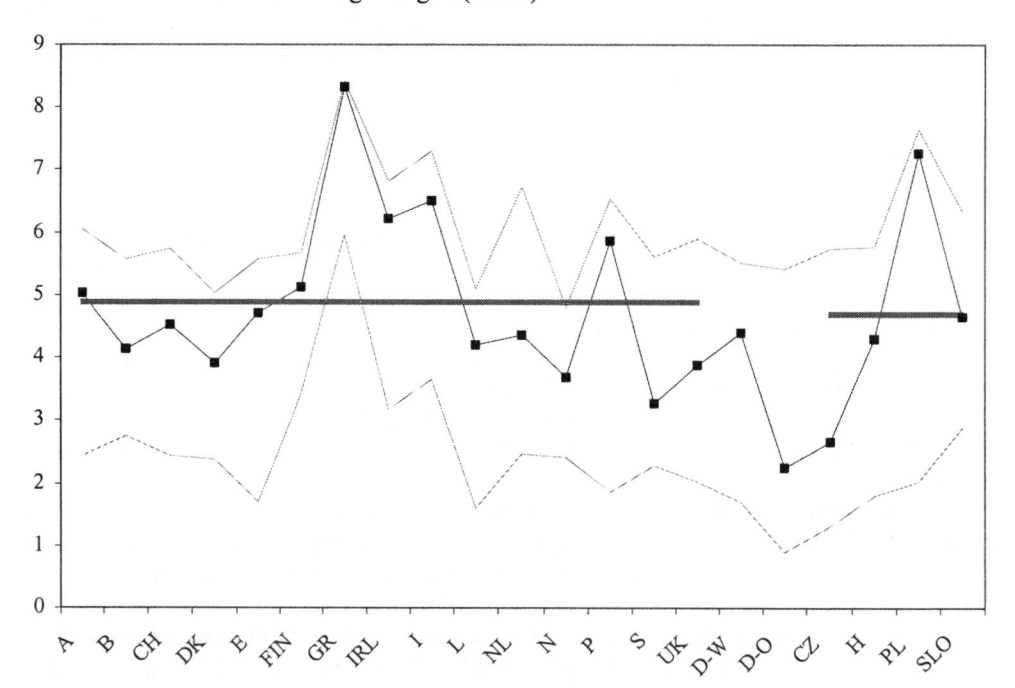

erklärten an der gesamten Varianz von 40% bei als die Länderzugehörigkeit. Ein großer Teil der Varianz zwischen den Ländern erklärt sich also durch Unterschiede der Kirchenzugehörigkeit, aber auch bei Kontrolle der Kirchenzugehörigkeit bleiben die Länderunterschiede bedeutsam.

Bei den Kirchenzugehörigen ist die Wichtigkeit der Religion in Westdeutschland nur noch geringfügig höher als in Ostdeutschland (5.52-5.42 = 0.10), bei den Nichtkirchenzugehörigen jedoch erheblich (1.70-0.88 = 0.82). Vom Landesteilunterschied in der gesamten Bevölkerung von 2.13 bleiben bei Kontrolle der Kirchenzughörigkeit hoch signifikant noch *0.68* Skalenpunkte. Mehr als zwei Drittel des Landesteilunterschieds ergibt sich also aus dem Unterschied der Kirchenzugehörigkeit, aber ein knappes Drittel ist unabhängig davon: Die *Persistenzhypothese* wird auch bei Kontrolle der Kirchenzugehörigkeit bestätigt.

Bei Kontrolle der Kirchenzugehörigkeit reduziert sich der westeuropäische Vorsprung auf Null (0.02), so dass der westdeutsche Vorsprung mit *0.70* Skalenpunkten hoch signifikant größer ist als der westeuropäische. Wird Polen nicht einbezogen, so reduziert sich der westeuropäische Vorsprung jedoch nur auf 0.40, so dass der westdeutsche Vorsprung mit *0.28* Skalenpunkten signifikant größer ist als der westeuropäische. Die Sonderfallhypothese wird in der *globalen* und in der *verschärften* Prüfung bestätigt. Weiterhin liegen die konfessionell gemischten Länder Westeuropas 1.22 Skalenpunkte höher als Ostdeutschland, so dass die innerdeutsche Differenz hoch signifikant kleiner (*-0.54*) ist. Die *eingeschränkte* Sonderfallhypothese wird also nicht bestätigt.

Ist die zeitgeschichtliche Wirkung stärker als die geschichtliche? Die innerdeutsche Differenz ist zwar um *0.19* Skalenpunkte, aber nicht signifikant größer als die Differenz zwischen katholischen und protestantischen Ländern Westeuropas (0.51). Die Sonderfallhypothese wird also *religionsgeschichtlich* nicht bestätigt. Schließlich ist die innerdeutsche Differenz um *1.20* Skalenpunkte hoch signifikant größer als die Differenz zwischen Westdeutschland und Österreich/Schweiz (-0.52) und *1.03* Skalenpunkte hoch signifikant größer als die Differenz zwischen Westdeutschland und Belgien/Luxemburg/Niederlande (-0.35); die Sonderfallhypothese wird also *nationalgeschichtlich* bestätigt.

Alles in allem fährt – wie man in der Vorausschau auf die Zeilen für die Wichtigkeit der Religion der Tabelle 1 sehen kann – die Sonderfallhypothese bei Kontrolle der Kirchenzugehörigkeit nicht schlechter als ohne Kontrolle. Der entscheidende, nämlich der globale Effekt bleibt bestehen – ebenso der nationalgeschichtliche Effekt. Der globale zeitgeschichtliche Effekt ist ohne Kontrolle hoch signifikant, mit Kontrolle nicht mehr signifikant größer als der religionsgeschichtliche. Die zeitgeschichtliche Repression hat die Wichtigkeit der Religion in Deutschland viel stärker gesenkt als in Europa; und dieser Effekt ist selbst bei Kontrolle der Kirchenzugehörigkeit noch stärker als der Effekt der historischen Säkularisierung Westeuropas. Die Wirkung der erzwungenen Säkularisierung übertrifft die Wirkung der ‚langen Dauer'.

## 6  Diffuse Religiosität - Religiöse Selbsteinstufung

Die Mittelwerte der religiösen Selbsteinstufung in der Gesamtbevölkerung sind in Abbildung 5 durch eine breite Linie dargestellt. Sie schwanken – bei einer maximalen Differenz von 5.26 und bei Standardabweichungen zwischen 2.14 und 3.09 – erheblich zwischen den Ländern. In Westdeutschland liegt die religiöse Selbsteinstufung (4.75) hoch signifikant um

*2.33* Skalenpunkte höher als in Ostdeutschland (2.42) – fast die Hälfte der maximalen Differenz. Der westdeutsche Vorsprung schließt nahtlos an 1991 und 1998 erhobene Differenzen von konstant 1.4 Skalenpunkten auf einer siebenstufigen Skala sowie an zwischen 1990 und 2000 mehrfach als Dichotomie erhobene Differenzen von rund 25 Prozentpunkten an (Meulemann 2002: 120; Pickel 2003: 258). Die *Persistenzhypothese* wird bestätigt.

Der westdeutsche Vorsprung ist größer als der westeuropäische: Die westeuropäischen Länder (5.08) liegen um 0.35 Skalenpunkte über den osteuropäischen (4.73), so dass der westdeutsche den westeuropäischen Vorsprung mit *1.98* Skalenpunkten hoch signifikant übertrifft. Lässt man Polen außer Betracht, so sinkt der osteuropäische Mittelwert auf 4.10 und der westeuropäische Vorsprung steigt auf 0.98 Skalenpunkte, so dass der westdeutsche den westeuropäischen Vorsprung nur noch mit *1.35* Skalenpunkten, aber immer noch hoch signifikant übertrifft. Die *Sonderfallhypothese* wird in der *globalen* und der *verschärften* Prüfung bestätigt. Weiterhin liegen die konfessionell gemischten Länder Westeuropas 2.44 Skalenpunkte über Ostdeutschland, so dass die innerdeutsche Differenz um *-0.11* Skalenpunkte etwas kleiner ist und die *eingeschränkte Sonderfallhypothese* nicht bestätigt wird. Nach den *zeitgeschichtlichen* Prüfungen hat also die politische Repression die religiöse Selbsteinstufung in Ostdeutschland stärker oder ebenso stark zurückgedrängt wie in Osteuropa.

*Abbildung 5:* Religiöse Selbsteinstufung in Deutschland und Europa: Mittelwerte der Gesamtbevölkerung, der Kirchenzugehörigen (oben) und der Nichtkirchenzugehörigen (unten)

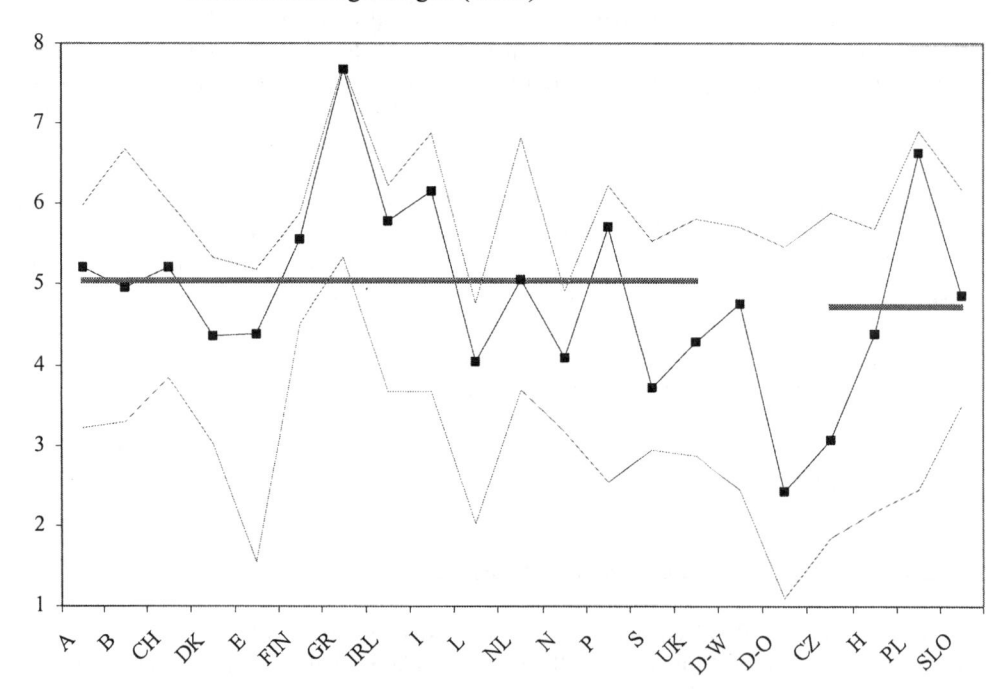

Religiosität: Die Persistenz eines Sonderfalls 71

Ist die zeitgeschichtliche Wirkung stärker als die *geschichtliche*? Der westdeutsche Vorsprung ist um *1.58* Skalenpunkte größer als der Vorsprung der katholischen vor den protestantischen Ländern Westeuropas (0.75), so dass die Sonderfallhypothese *religionsgeschichtlich* hoch signifikant bestätigt wird. Der westdeutsche Vorsprung ist weiterhin um *2.78* Skalenpunkte größer als der Rückstand Westdeutschlands hinter Österreich/Schweiz (-0.45) und um *2.27* Skalenpunkte größer als der Vorsprung Westdeutschlands vor Belgien/Luxemburg/Niederlanden (0.06), so dass die Sonderfallhypothese in beiden *nationalgeschichtlichen* Prüfungen hoch signifikant bestätigt wird.

Die Mittelwerte der religiösen Selbsteinstufung bei den einer Kirche Zugehörigen und Nichtzugehörigen sind in Abbildung 5 durch zwei schmale Linien dargestellt. In der zweidimensionalen Varianzanalyse hat die Kirchenzugehörigkeit einen hoch signifikanten Effekt von *2.95* Skalenpunkten auf die Wichtigkeit der Religion. Ohne Kontrolle der Kirchenzugehörigkeit erklärt die Landeszugehörigkeit 16% der Varianz der Wichtigkeit der Religion. Wird die Kirchenzugehörigkeit kontrolliert, so sinkt der Wert auf 9% und die Kirchenzugehörigkeit trägt mit 23% deutlich stärker zum Anteil der insgesamt erklärten an der gesamten Varianz von 35% bei als die Länderzugehörigkeit. Ein großer Teil der Varianz zwischen den Ländern erklärt sich also durch Unterschiede der Kirchenzugehörigkeit, aber auch bei Kontrolle der Kirchenzugehörigkeit bleiben die Länderunterschiede bedeutsam.

Bei den Kirchenzugehörigen liegt die religiöse Selbsteinstufung in Westdeutschland nur leicht höher als in Ostdeutschland (5.72-5.44 = 0.28), bei den Nichtkirchenzugehörigen jedoch erheblich (2.44-1.10 = 1.34). Vom Landesteilunterschied in der gesamten Bevölkerung von 2.33 Skalenpunkten bleiben hoch signifikant *1.13* bestehen. Die Hälfte des Landesteilunterschieds lässt sich also aus den Unterschieden der Kirchenzugehörigkeit zurückführen, die andere Hälfte ist unabhängig davon: Die *Persistenzhypothese* wird auch bei Kontrolle der Kirchenzugehörigkeit bestätigt.

Bei Kontrolle der Kirchenzugehörigkeit halbiert sich der westeuropäische Vorsprung zwar auf 0.17, bleibt aber hoch signifikant. Jedoch bleibt der westdeutsche Vorsprung mit *0.96* Skalenpunkten hoch signifikant größer ist als der westeuropäische. Lässt man Polen außer Betracht, so geht der westeuropäische Vorsprung auf 0.45 zurück und der westdeutsche Vorsprung schmilzt auf *0.68*, bleibt aber hoch signifikant. Die Sonderfallhypothese wird in der *globalen* und in der *verschärften* Prüfung bestätigt. Weiterhin liegen die konfessionell gemischten Länder Westeuropas 1.80 Skalenpunkte höher als Ostdeutschland, so dass die innerdeutsche Differenz hoch signifikant kleiner (*-0.67*) ist. Die *eingeschränkte* Sonderfallhypothese wird also nicht bestätigt.

Ist die zeitgeschichtliche Wirkung stärker als die geschichtliche? Die innerdeutsche Differenz ist um *0,98* Skalenpunkte hoch signifikant größer als die Differenz zwischen katholischen und protestantischen Ländern Westeuropas (0.15). Die Sonderfallhypothese wird also *religionsgeschichtlich* bestätigt. Schließlich ist die innerdeutsche Differenz *1.70* Skalenpunkte hoch signifikant größer als die Differenz zwischen Westdeutschland und Österreich/Schweiz (-0.57) und *1.49* Skalenpunkte hoch signifikant größer als die Differenz zwischen Westdeutschland und Belgien/Luxemburg/Niederlande (-0.36); die Sonderfallhypothese wird also *nationalgeschichtlich* bestätigt.

Alles in allem fährt – wie man in der Vorausschau auf die Zeilen für die religiöse Selbsteinstufung der Tabelle 1 sehen kann – die Sonderfallhypothese bei Kontrolle der Kirchenzugehörigkeit genau so gut wie ohne Kontrolle. Der globale Effekt bleibt bestehen

– ebenso der nationalgeschichtliche Effekt. Der globale zeitgeschichtliche Effekt ist ohne und mit Kontrolle hoch signifikant größer als der religionsgeschichtliche. Die zeitgeschichtliche Repression hat die religiöse Selbsteinstufung in Deutschland viel stärker gesenkt als in Europa; und dieser Effekt ist selbst bei Kontrolle der Kirchenzugehörigkeit noch signifikant stärker als der Effekt der historischen Säkularisierung Westeuropas. Die Wirkung der erzwungenen Säkularisierung übertrifft die Wirkung der ‚langen Dauer'.

## 7  Rückblick und Ausblick

Die Effekte von Kirchen- und Länderzugehörigkeit auf die Variablen der Religiosität sind in Tabelle 1 zusammengefasst. Sie enthält – wie in Abschnitt 1 erläutert – für die Persistenzhypothese die Differenzen zwischen West- und Ostdeutschland, für die Sonderfallhypothese die Differenzen zwischen der innerdeutschen und der (für jede der sechs Prüfungen anders bestimmten) innereuropäischen Differenz. Die Differenzen beziehen sich dabei für die Kirchenzugehörigkeit auf Prozentwerte, für die kirchliche Praxis und die diffuse Religiosität auf Mittelwerte. Die Tabelle enthält weiterhin den Effekt der Kirchenzugehörigkeit auf die kirchliche Praxis und die diffuse Religiosität, bei deren Kontrolle die Effekte der Persistenz- und Sonderfallhypothese kleiner werden. Die Tabelle gibt – betrachtet man die Spalten – eine *Synopse der Hypothesenprüfung* und erlaubt – vergleicht man die Zeilen – einen *Größenvergleich der Effekte,* bei dem man berücksichtigen muss, dass die beiden Variablen der kirchlichen Praxis auf 7, die beiden Variablen der diffusen Religiosität auf 11 Stufen gemessen wurden.

*Tabelle 1:*  Übersicht über die Hypothesenprüfung, ohne (O) und mit (M) Kontrolle der Kirchenzugehörigkeit

| Effekt der Zugehörigkeit | | Persistenz | Sonderfall | | | | |
|---|---|---|---|---|---|---|---|
| | | zeitgeschichtlich | | | geschichtlich | | |
| | | gl. | vs. | eg. | Rel. | A/CH | B/L/NL |
| | | 40 | 33 | 22 | 19 | 20 | 36 | 25 |
| Gottesdienst | O  - | 0,82 | 1,02 | 0,55 | 0,23 | (0,03) | 1,00 | 0,50 |
| | M  1,48 | 0,19 | 0,48 | 0,19 | (-0,08) | (-0,31) | 0,46 | 0,12 |
| Gebet | O  - | 1,42 | 1,30 | 0,66 | (-0,04) | 0,23 | 1,88 | 1,00 |
| | M  2,27 | 0,47 | 0,50 | 0,13 | (-0,50) | (-0,26) | 1,03 | 0,39 |
| Wichtigkeit | O  - | 2,13 | 1,93 | 1,08 | (0,12) | 0,90 | 2,62 | 1,98 |
| | M  3,58 | 0,68 | 0,70 | 0,28 | (-0,54) | (0,19) | 1,20 | 1,03 |
| Selbsteinstufung | O  - | 2,33 | 1,98 | 1,35 | (-0,11) | 1,58 | 2,78 | 2,27 |
| | M  2,95 | 1,13 | 0,96 | 0,68 | (-0,67) | 0,98 | 1,70 | 1,49 |

In Klammern: nicht signifikant oder entgegen Erwartung. Spaltenköpfe: gl. = global, vs. = verschärft, eg. = eingeschränkt, Rel. = Religion.

## 7.1 Synopse der Hypothesenprüfung

Die *Kirchenzugehörigkeit* wurde – wie die erste Zeile der Tabelle 1 belegt – durch den Staatssozialismus in Ostdeutschland stärker vermindert als in Osteuropa. Die Entkirchlichung Ostdeutschlands dauert an und ist, wie immer man sie mit anderen Ländern vergleicht, ein Sonderfall. *Persistenz-* und *Sonderfallhypothese* werden bestätigt. Die Kirchenzugehörigkeit hat – wie die erste Spalte der Tabelle belegt – starke Effekte auf die Religiosität. Sie steigert die Häufigkeit des Gebets zudem deutlich stärker als die Häufigkeit des Gottesdienstbesuchs; die Kirchen haben mehr Einfluss auf den Werktag als auf den Sonntag ihrer Gläubigen. Die Kirchenzugehörigkeit steigert aber die kirchliche Praxis nicht stärker als die diffuse Religiosität; auch die diffuse ist in hohem Maße kirchliche Religiosität. Der starke Einfluss der Kirchenzugehörigkeit zwingt zu ihrer Kontrolle in allen weiteren Analysen der kirchlichen Religiosität.

Die *kirchliche Praxis* und die *diffuse Religiosität* wurden – wie die zweite Spalte zeigt – in Ostdeutschland stärker vermindert als in Osteuropa, so dass auch hier die *Persistenzhypothese* durchgängig bestätigt wird. Auch wenn mit der Kirchenzugehörigkeit der entscheidende Einfluss auf die Religiosität ausgeschaltet ist, bleibt die Wirkung der erzwungenen Säkularisierung sichtbar. Weiterhin sind – wie die dritte bis fünfte Spalte zeigen – die Wirkungen in Ostdeutschland durchgängig größer als in Osteuropa, so dass die *Sonderfallhypothese global* in jeder Prüfung bestätigt wird. Selbst wenn schließlich Polen nicht im osteuropäischen Mittelwert berücksichtigt wird, sind bei der kirchlichen Religiosität ohne Kontrolle der Kirchenzugehörigkeit und bei der diffusen Religiosität ohne wie mit Kontrolle der Kirchenzugehörigkeit die innerdeutschen Differenzen größer als die innereuropäischen, so dass die Sonderfallhypothese auch in der *verschärften* Prüfung überwiegend bestätigt wird. Allein im *eingeschränkten* Vergleich, der mangels Besseren den durch die Auswahl der Länder im ESS versperrten quasi-experimentellen Vergleich mit Kontrolle des Landestyps ersetzen musste, scheitert die Sonderfallhypothese in den meisten Fällen und immer bei Kontrolle der Kirchenzugehörigkeit.

Misst man die zeitgeschichtliche an der geschichtlichen Säkularisierung, so sind – wie die sechste bis achte Spalte zeigen – die innerdeutschen Differenzen fast immer eben so stark wie die Wirkungen der konfessionellen Trennung Westeuropas und oft hoch signifikant stärker, so dass die Sonderfallhypothese *religionsgeschichtlich* oft bestätigt wird. Die innerdeutschen Differenzen sind weiterhin immer signifikant stärker als die Wirkung der Staatenbildung um Deutschland, so dass die Sonderfallhypothese *nationalgeschichtlich* immer bestätigt wird. Die zeitgeschichtlichen wie die geschichtlichen Prüfungen der Sonderfallhypothese ergeben schließlich nicht nur signifikante, sondern meist auch – gemessen an der maximalen Differenz zwischen allen Ländern oder einem westlichen und östlichen Land – substantiell starke Effekte.

In den beiden entscheidenden Prüfungen kann also die Sonderfallhypothese bestehen: *global* wird sie immer, *religionsgeschichtlich* häufig belegt. Die erzwungene Säkularisierung wirft bis heute in Deutschland längere Schatten als in Europa; und dieser Schatten kann sich mit dem historischen Schatten der konfessionellen Trennung Westeuropas messen. Die innereuropäischen Differenzen relativieren die innerdeutschen nicht, sie fördern ihre Außergewöhnlichkeit zu Tage. Die Macht der Aktualität wird nicht überschätzt, sie hat tatsächlich historische Dimensionen.

## 7.2 Größenvergleich der Effekte

Vergleicht man die Effekte zwischen den beiden Variablen der *kirchlichen Praxis*, so unterscheiden sich die deutschen Landesteile in der Häufigkeit des Gottesdienstbesuchs weniger stark als in der Häufigkeit des Gebets – absolut wie im globalen und nationalgeschichtlichen Vergleich und ohne wie mit Kontrolle der Kirchenzughörigkeit. Der Staatssozialismus hat die öffentliche, sonntägliche Form der kirchlichen Religiosität weniger stark reduziert als die private, werktägliche. Die Kontrolle der Kirchenzugehörigkeit reduziert die Effekte der Landeszugehörigkeit auf beide Formen der kirchlichen Religiosität in etwa gleichem Maße.

Vergleicht man die Effekte zwischen den beiden Variablen der *diffusen Religiosität*, so unterscheiden sich die deutschen Landesteile in der Wichtigkeit der Religion etwa so stark wie in der religiösen Selbsteinstufung – wiederum absolut wie im globalen und nationalgeschichtlichen Vergleich und ohne wie mit Kontrolle der Kirchenzughörigkeit. Auch hier reduziert die Kontrolle der Kirchenzugehörigkeit die Effekte der Landeszugehörigkeit auf beide Formen der kirchlichen Religiosität in etwa gleichem Maße.

Vergleicht man die Effekte zwischen der kirchlichen Praxis und der diffusen Religiosität, so hat der Staatssozialismus die kirchliche Praxis und die diffuse Religiosität etwa gleich stark beeinflusst. Insbesondere ist der sichtbare und daher sozial diskriminierbare Gottesdienstbesuch nicht stärker zurückgedrängt worden als die verborgenen Formen des Gebets und der diffusen Religiosität – eher im Gegenteil. Die politische Repression hat also nicht nur die manifeste, sondern auch die latente Religiosität zurückgedrängt – nicht nur die kirchlichen Antworten, sondern auch das Interesse für die religiöse Frage. Sie hat der Bevölkerung nicht nur die Kirchen, sondern auch die Religion entfremdet.

## 7.3 Religion als Fundament des säkularen Staates – Nation als Klammer der Religiosität?

Die Persistenz des Sonderfalls Deutschland ist ein negativer Test der These, dass sich die Sozialintegration eines säkularen Staates in religiösen Gemeinsamkeiten der Bürger gründet. Die Bevölkerungen der früheren deutschen Teilstaaten leben nun bald anderthalb Jahrzehnte zusammen und viele ihrer politischen Einstellungen haben sich angenähert, aber ihre Religiosität liegt weit auseinander. Worauf immer eine Sozialverfassung sich gründet, die Religion ist es nicht. Sie ist in säkularen Staaten Privatsache. Sie hilft den Menschen auf der Suche nach ihrem persönlichen Heil. Sie ist der wichtigste Antrieb für soziales Engagement (Meulemann und Beckers 2004). Aber sie ist nicht Kitt des säkularen Staates.

Weil der Sonderfall der deutschen Unterschiede an den europäischen Unterschieden gemessen wurde, kann er nicht aus Bedingungen erklärt werden, die auch in Europa gelten. Er muss aus der deutschen Teilung erklärt werden, die die Wirkung der konträren Sozialverfassungen *verstärkt* hat. Die 40jährige Koexistenz in *einem* Land hat es ermöglicht, dass Bevölkerungen und Kirchen sich stärker als in verschiedenen Ländern auseinander entwickelt haben. Sie hat einerseits der Bevölkerung die Flucht vor dem kirchenfeindlichen Staat erlaubt, so dass die Religion *mehr* als dort, wo auch die kirchennahe Bevölkerung im Lande bleiben musste, an Rückhalt verloren hat. Sie hat andererseits den Staat zur *verstärkten* politischen Repression der Kirchen und die Kirchen zur – gemessen an anderen staatssozialistischen Ländern wie Polen und Ungarn – *gesteigerten* Anpassung an den Staat – ‚Kirche im

Sozialismus' – gezwungen. Deshalb hat die historische und kulturelle Klammer Deutschland in der Zeit der staatlichen Teilung den Effekt der konträren Sozialverfassungen auf die Religiosität nicht – wie auf die politische Einstellung – abgemildert, sondern verschärft. Und weil nach der Vereinigung keine spiegelbildlich selektive Rückwanderung eingesetzt hat, können diese Wirkungen überleben, obwohl die Kirchen in Ostdeutschland wieder die gleiche bevorzugte Stellung genießen wie in Westdeutschland. So wenig wie heute im geeinten Deutschland die Religion als Fundament des säkularen Nationalstaats notwendig ist, so wenig hat in der Zeit der Teilung die Nation als Klammer für die Religiosität der Bevölkerungen gewirkt.

## 8   Literatur

Almond, Gabriel/Verba, Sidney (1963): The Civic Culture. Political Attitudes and Democracy in Five Nations. Boston: Little, Brown and Company.
Berger, Peter L. (1988): Zur Dialektik von Religion und Gesellschaft. Frankfurt a.M.: Fischer
Brocker, Manfred/Behr, Hartmut/Hildebrandt, Mathias (Hrsg.) (2003): Religion – Staat – Politik. Zur Rolle der Religion in der nationalen und internationalen Politik. Wiesbaden: Westdeutscher Verlag.
Gärtner, Christel/Pollack, Detlev/Wohlrab-Sahr, Monika (Hrsg.) (2003): Atheismus und religiöse Indifferenz. Opladen: Leske + Budrich.
Gautier, Mary L. (1997). Church Attendance and Religious Belief in Postcommunist societies. Journal for the Scientific Study of Religion 36, S. 289-296.
De Graaf, Nan D./Need, Ariana (2000): Losing faith: is Britain alone. In: Jowell, Roger/Curtice, John/Park, Alison/Thomson, Katarina/Jarvis, Lindsey/Bromley, Catherine/Stratford, Nina (Hrsg.): British Social Attitudes. Focusing on Diversity. London: Sage, S. 119-136.
Draulans, Veerle/Halman, Loek (2003): Religious and Moral pluralism in contemporary Europe. In: Arts, Will/Hagenaars, Jacques/Halman, Loek: The Cultural Diversity of European Unity. Findings, Explanations and Reflections from the European Values Study. Leiden: Brill, S. 371-400.
Kilemit, Liina/Nömmik, Urmas (2003): Konfessionslosigkeit in Estland. In: Gärtner, Christel/Pollack, Detlev/Wohlrab-Sahr, Monika (Hrsg.): Atheismus und religiöse Indifferenz. Opladen: Leske + Budrich, S. 215-229.
Luckmann, Thomas (1991). Die unsichtbare Religion. Frankfurt a.M.: suhrkamp.
Meulemann, Heiner (1993): Säkularisierung und Werte. Eine systematische Übersicht über Bevölkerungsumfragen in westeuropäischen Gesellschaften. In: Schäfers, Bernhard (Hrsg.): Lebensverhältnisse und soziale Konflikte im neuen Europa. Verhandlungen des 26. Deutschen Soziologentages in Düsseldorf 1992. Frankfurt a.M.: Campus, S. 627-635.
Meulemann, Heiner (1996): Werte und Wertwandel. Zur Identität einer geteilten und wieder vereinten Nation. Weinheim: Juventa.
Meulemann, Heiner (2002): Wertwandel in Deutschland von 1949–2000. Manuskript: Fernuniversität Hagen – Fachbereich Kultur- und Sozialwissenschaften.
Meulemann, Heiner (2004): Enforced Secularization – Spontaneous Revival? Religious Belief, Unbelief, Uncertainty and Indifference in East and West European Countries 1991-1998. In: European Sociological Review 20, S. 47-62.
Meulemann, Heiner/Beckers, Tilo (2004): Das sichtbare und das verborgene Engagement. In: Soziale Welt 55, S. 51-73.
Müller, Olaf (2003): Glaube versus Atheismus? Individuelle religiöse Orientierungen in Mittel- und Osteuropa. In: Gärtner, Christel/Pollack, Detlev/Wohlrab-Sahr, Monika (Hrsg.): Atheismus und religiöse Indifferenz. Opladen: Leske + Budrich, S. 171-198.

Müller, Olaf/Pickel, Gert/Pollack, Detlev (2003): Wandel religiös-kirchlicher Orientierungsmuster und Verhaltensweisen in Europa. In: Brocker, Manfred/Behr, Hartmut/Hildebrandt, Mathias (Hrsg.): Religion – Staat – Politik. Zur Rolle der Religion in der nationalen und internationalen Politik. Wiesbaden: Westdeutscher Verlag, S. 99-124.

Need, Ariana/Evans, Geoffrey (2001): Analysing patterns of religious participation in post-communist Eastern Europe. In: British Journal of Sociology 52, S. 229-248.

Pickel, Gert (1998): Religiosität und Kirchlichkeit in Ost- und Westeuropa. Vergleichende Betrachtungen religiöser Orientierungen nach dem Umbruch in Osteuropa. In: Pollack, Detlev/Borowik, Irina/Jagodzinski, Wolfgang (Hrsg.): Religiöser Wandel in den postkommunistischen Ländern Ost- und Mitteleuropas. Würzburg: Ergon, S. 55-85.

Pickel, Gert (2003): Areligiosität, Antireligiosität, Religiosität. In: Gärtner, Christel/Pollack, Detlev/Wohlrab-Sahr, Monika (Hrsg.): Atheismus und religiöse Indifferenz. Opladen: Leske + Budrich, S. 247-270.

Pollack, Detlev (1998): Religiöser Wandel in Mittel- und Osteuropa. In: Pollack, Detlev/Borowik, Irina/Jagodzinski, Wolfgang (Hrsg.): Religiöser Wandel in den postkommunistischen Ländern Ost- und Mitteleuropas. Würzburg: Ergon, S. 9-51.

Pollack, Detlev (2001): Modification in the religious filed of Central and Eastern Europe. European Societies 3, S. 135-166.

Pollack, Detlev/Borowik, Irina/Jagodzinski, Wolfgang (Hrsg.) (1998): Religiöser Wandel in den postkommunistischen Ländern Ost- und Mitteleuropas. Würzburg: Ergon.

# Ethnozentrismus und Immigration

*Ulrich Rosar*

## 1 Einleitung: Immigration und Transformation

Das Ende des Kalten Krieges hat das Gesicht Europas verändert. Staaten sind von der Landkarte verschwunden, neue sind hinzugekommen. Durch den Zerfall Jugoslawiens wurden Krieg und Massenmord zum ersten Mal seit dem Ende des Zweiten Weltkrieges wieder zu einem Problem in Europa. In den Gesellschaften Osteuropas wurden tief greifende Transformationsprozesse angestoßen. Und nicht zuletzt wurde mit der Öffnung des Eisernen Vorhangs eine massive Migrationsbewegung in Gang gesetzt. Alleine in die einzelnen Teilnehmerländer des *European Social Survey* (ESS) sind zwischen 1990 und 2001 mindestens 26 Millionen Menschen zugewandert.[1] (EUROSTAT 2000 und 2004) Das sind mehr Menschen, als drei Viertel der ESS-Länder an Einwohnern zählen oder entspricht – anders gelesen – der Gesamtbevölkerung der Benelux-Staaten.

Schon durch den bloßen Umfang dieser Wanderungsbewegung drängt sich die Frage auf, welche Haltung die Bürgerinnen und Bürger der ESS-Länder gegenüber Immigranten einnehmen und inwieweit diese Haltung durch ethnozentrische Ressentiments im Sinne Sumners ([1906] (1959: 13)) kontaminiert ist?[2] Darüber hinaus bestehen zwischen den ESS-Ländern jedoch noch drei Asymmetrien, die mit Blick auf die Einstellungen gegenüber Immigranten potentiell bedeutsam sind.

Die erste Asymmetrie trennt Deutschland von den übrigen ESS-Ländern und ergibt sich direkt aus der Struktur der Migrationsbewegung. Etwa 50% der 26 Millionen zwischen 1990 und 2001 zugewanderten Migranten hatte Deutschland zum Ziel. Kein anderes der ESS-Länder hat in diesem Zeitraum auch nur annähernd so viele Menschen aufgenommen wie die Bundesrepublik. Selbst das Vereinigte Königreich, das hinsichtlich der Immigrantenzahl auf dem zweiten Platz rangiert, hat in diesem Zeitraum ‚lediglich' 3,4 Millionen Zuwanderer integrieren müssen. Entsprechend dieser Ungleichverteilung muss davon ausgegangen werden, dass das Thema Immigration in Deutschland eine besondere Virulenz aufweist. Diese besondere Virulenz kann zum einen bedeuten, dass die Deutschen einer weiteren Zuwanderung weitaus reservierter gegenüberstehen als die Bürgerinnen und Bürger der übrigen west- und osteuropäischen ESS-Länder. Sie kann zum anderen aber auch

---

[1] Die Zahl von 26 Millionen Zuwanderern ergibt sich aus der Summation der amtlichen Bruttozuwanderungszahlen der einzelnen ESS-Länder. Sie stellt jedoch nur die Untergrenze der Zuwanderung dar, da naturgemäß illegale Einwanderer nicht erfasst werden und die Statistik für verschiedene Länder punktuell Erhebungslücken aufweist.

[2] In der Forschung zum Thema ist es eigentlich üblich, die Haltung gegenüber Immigranten als einen direkten Gradmesser für die Orientierung an ethnozentrischen Ressentiments zu begreifen. Aufgrund der hohen Migrantenzahl seit 1990 und der Wandlungsprozesse, denen viele Gesellschaften Europas seit dem Ende des Kalten Krieges unterworfen sind, ist es jedoch zumindest vorstellbar, dass die Haltung gegenüber Zuwanderern auch durch andere Aspekte – wie beispielsweise innergesellschaftliche Verwerfungen oder (wahrgenommene) Ressourcenknappheit des eigenen Landes – beeinflusst wird. Daher wird in diesem Beitrag konzeptionell zwischen der Haltung gegenüber Immigranten und Ethnozentrismus unterschieden und die Bedeutung ethnozentrischer Vorbehalte für die Einstellung gegenüber Immigrtion explizit thematisiert.

bedeuten, dass ethnozentrische Motive für ihre Haltung gegenüber Immigranten eine besondere Bedeutung aufweisen. Denn mit der hohen Zahl an Zuwanderern geht eine hohe öffentliche Sichtbarkeit des Phänomens Immigration einher, die zu einer Aktivierung latent bestehender ethnozentrischer Vorbehalte geführt haben könnte.

Die zweite Asymmetrie trennt die Transformationsgesellschaften Osteuropas von den westlichen Ländern. Transformation bedeutet beschleunigten gesellschaftlichen Wandel. Beschleunigter gesellschaftlicher Wandel – ganz gleich, ob er zu einem schlechteren oder einem besseren Leben führt – bedeutet für die Betroffenen immer einen Kontinuitätsbruch, der die bisher gültigen Orientierungspunkte und Normen des sozialen Handelns außer Kraft setzt, ohne direkt neue, allgemein verbindliche Koordinaten des individuellen und kollektiven Zusammenlebens etablieren zu können. Seit den Arbeiten Durkheims ([1897] (1990) und [1930] (1992)) ist das anomische Potential eines schnellen gesellschaftlichen Wandels bekannt. Parsons (1942) und Scheuch (1967) haben aus der Makro- und der Mikroperspektive explizit einen Bezug zu Einstellungssyndromen hergestellt, die hier unter dem Begriff des Ethnozentrismus subsumiert werden. Und zahlreiche aktuelle Arbeiten verweisen darauf, dass aus forciertem gesellschaftlichem Wandel resultierende, objektiv bestehende oder subjektiv empfundene Desintegration auch heute noch der Motor ethnozentrischer Orientierungen sein kann (vgl. exemplarisch Fuchs 2003; Heitmeyer 1991; Heitmeyer et al. 1992 und 1995; Terwey 2000; Wasmer und Koch 2000). Diesen Befunden entsprechend, muss davon ausgegangen werden, dass die Bürgerinnen und Bürger der Transformationsgesellschaften im Vergleich zu denen der westeuropäischen Länder eine distanziertere Haltung gegenüber Immigranten aufweisen und dass diese Haltung in stärkerem Maße ethnozentrisch motiviert ist.

Die dritte Asymmetrie ergibt sich schließlich zwischen Ost- und Westdeutschland. Da Ostdeutschland Bestandteil der Bundesrepublik ist und zugleich zu den östlichen Transformationsgesellschaften gezählt werden muss, ist davon auszugehen, dass die angenommenen Effekte der Zuwanderung und des forcierten gesellschaftlichen Wandels hier kumulieren. Entsprechend muss unterstellt werden, dass die Ostdeutschen Zuwanderern mit der größten Zurückhaltung begegnen und ethnozentrische Ressentiments dabei eine so hervorgehobene Rolle spielen, wie es weder in Westdeutschland noch in den übrigen ost- oder westeuropäischen ESS-Ländern der Fall ist.

Zu den Fragen nach der Haltung gegenüber Immigranten und nach der Rolle, die Ethnozentrismus in diesem Zusammenhang spielt, kommen also noch drei Fragen der Ungleichheit hinzu. Um hier zu brauchbaren Antworten zu gelangen, gliedern sich die nachfolgend berichteten Analysen in zwei Schritte. Ein erster Schritt besteht in der Inspektion der Verteilungsmuster, die sich hinsichtlich der Haltung gegenüber Zuwanderungen in West- und Ostdeutschland sowie in West- und Osteuropa ergeben. Hier werden zuerst die Forderungen diskutiert, die die Bürgerinnen und Bürger der einbezogenen Länder an potentielle Immigranten richten, bevor dann die Haltung betrachtet wird, die sie gegenüber der Zuwanderung verschiedener Immigrantengruppen einnehmen (Abschnitt 2 und 3). Auf der Grundlage der so gewonnenen deskriptiven Befunde werden dann in einem zweiten Schritt Analysemodelle formuliert, die aus komparativer Perspektive den Einfluss ethnozentrischer Orientierungen auf die Haltung der Bürgerinnen und Bürger gegenüber Immigration quantifizieren und dabei überlappende bzw. intervenierende Einflussfaktoren kontrollieren (Abschnitt 4 und 5). Alle Auswertungen der ESS-Daten basieren dabei auf demographisch gewichteten Fällen. Vor den Berechnungen wurden allerdings für jedes Land die Nicht-

Staatsbürger ausgeklammert, da mit Blick auf den politischen und gesellschaftlichen Umgang mit Immigration vor allem die Haltung der Staatsbürgerinnen und -bürger von Bedeutung ist. Des weiteren wurde bei Berechnungen, die für mehrere Länder zusammenfassend durchgeführt wurden, die Ausgangsfallzahl für jedes Land auf N = 2000 normiert, damit die einzelnen Länder in etwa gleichgewichtig Eingang in die Analyse finden konnten (siehe Abbildung).

## 2 Forderungen an potentielle Immigranten

Einen ersten Eindruck zur Haltung gegenüber Immigranten und zur Rolle, die ethnozentrische Vorbehalte in diesem Zusammenhang spielen, vermittelt ein Blick auf die Erwartungen, mit denen die Bürgerinnen und Bürger der ESS-Länder potentiellen Zuwanderern begegnen. Den Teilnehmern des ESS wurde hierzu ein Erhebungsinstrument vorgelegt, das acht Forderungen an potentielle Immigranten enthält. Die Befragten sollten anhand einer vorgegebenen Antwortskala angeben, wie wichtig ihrer Meinung nach die einzelnen Qualifikationen und Eigenschaften als Kriterium der Zuwanderung sein sollten. Die Skala ist elfstufig, wobei der Wert null für ‚äußerst unwichtig' und der Wert zehn für ‚äußerst wichtig' steht. Die acht zu bewertenden Forderungen wurden so zusammengestellt, dass sie ein möglichst breites Spektrum an Kriterien abdecken. Sie reichen von eher pragmatisch-integrativen Aspekten (Bereitschaft zur Lebensstilanpassung/ Beherrschung der Landessprache) über eher ökonomisch-utilitaristische Momente (gefragter Beruf/ gute Schul- und Berufsausbildung/ wohlhabend sein) bis zu tribalistischen (enge Familienangehörige im Land), konfessionalistischen (christliche Herkunft) und rassistischen (weiße Hautfarbe), also explizit ethnozentrischen Motiven (Rosar 2001: 28ff.).[3]

Wie wichtig diese Qualifikationen und Eigenschaften den Bürgerinnen und Bürgern der ESS-Länder im Durchschnitt sind, zeigt Abbildung 1. Blickt man zunächst auf die gemittelte Zustimmung zu allen acht Forderungen, so zeigt sich, dass generell die Hürde für Zuwanderer von ihnen nicht besonders hoch festgesetzt wird. Die meisten Durchschnittswerte liegen relativ dicht beim Skalenmittelpunkt Markante Abweichungen ergeben sich dabei weder für West- noch für Ostdeutschland. Lediglich im Vergleich zwischen West- und Osteuropa lässt sich für die östlichen Länder ein etwas höheres Basisniveau konstatieren. Insgesamt gesehen scheinen jedoch die Ähnlichkeiten zwischen den Ländern zu überwiegen.

Unterhalb dieser Generalisierungsebene, auf der Ebene der einzelnen Forderungen, bestehen allerdings erhebliche Differenzen – wenn auch weniger zwischen den Ländern, als viel mehr in der Relevanz einzelner Aspekte (siehe Abbildungen 2a-2c). Besonders wichtig scheinen für die Bürgerinnen und Bürger aller in die Analyse einbezogenen Länder pragmatisch-integrative Aspekte zu sein. Nahezu durchgängig legen sie den größten Wert

---

[3] Die konkrete Formulierung des Erhebungsinstruments lautet wie folgt: „Jetzt geht es um die Entscheidung darüber, ob jemand, der außerhalb von Deutschland geboren und aufgewachsen ist, nach Deutschland kommen und hier leben darf. Wie wichtig sollten für diese Entscheidung – Ihrer Meinung nach – die folgenden Dinge sein. Bitte benutzen Sie Liste 25. Wie wichtig sollte es sein, dass diese Person ... (Int.: Bitte vorlesen) ... eine gute Schul- und Berufsausbildung hat?/ ... enge Familienangehörige in Deutschland hat?/ ... Deutsch sprechen kann?/ ... eine christliche Herkunft hat?/ ... weiße Hautfarbe hat?/ ... wohlhabend ist?/ ... berufliche Fähigkeiten hat, die man in Deutschland braucht?/ ... bereit ist, die Lebensweise in Deutschland anzunehmen? [Antwortvorgaben: (0) äußerst unwichtig/ ... / (10) äußerst wichtig/ (97) Antwort verweigert/ (98) Weiß nicht]."

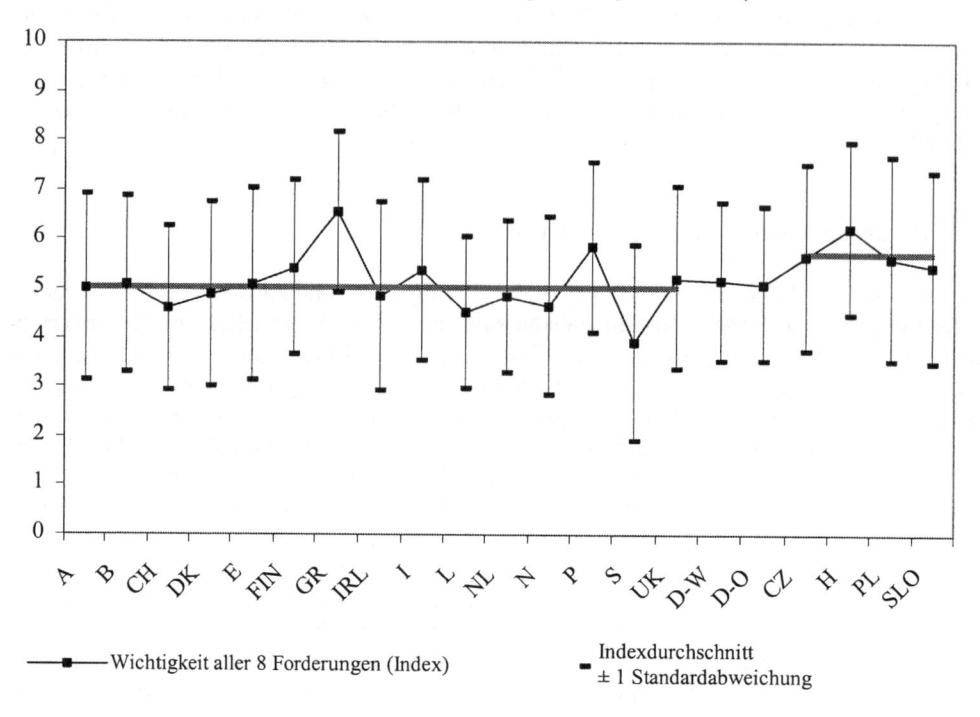

*Abbildung 1:* Forderungen an potentielle Immigranten (Mittelwerte)

Skala von 0-10: 0 = Forderung äußerst unwichtig ... 10 = Forderung äußerst wichtig.

auf die Bereitschaft zur Lebensstilanpassung und/oder die Beherrschung der Landessprache. Zumindest tendenziell sind auch ökonomisch-utilitaristische Kriterien wichtig, wobei allerdings eher Wert auf die Qualifikationen der Immigranten gelegt wird und deren Wohlstand nur in Ausnahmefällen – in Italien und in Portugal – ins Gewicht fällt. Tendenziell die geringste Bedeutung wird hingegen den Kriterien mit ethnozentrischer Konnotation zugesprochen. Unter diesen drei Items findet die Forderung nach engen familialen Bindungen noch die größte Zustimmung. Dies ist möglicherweise darauf zurückzuführen, dass hier bei der Einstufung der Wichtigkeit neben tribalistischen Motiven auch Erwägungen eine Rolle gespielt haben, die auf eine erleichterte Integration derartig eingebundener Immigranten abzielen. Merklich seltener wird in den meisten Ländern jedoch die Forderung nach einem christlichen Hintergrund erhoben und die rassistische Forderung nach der weißen Hautfarbe findet kaum noch Unterstützung. Mit Ausnahme Ungarns – wo die Wohlstandsforderung das Schlusslicht der Rangfolge bildet – ist das Merkmal der Hautfarbe der Aspekt, dem im Durchschnitt in allen ESS-Ländern die geringste Relevanz zugesprochen wird.

Obwohl sich auf der Ebene der einzelnen Forderungen immer wieder auch deutliche Niveauunterschiede zwischen den Ländern zeigen, ergibt sich durch die relative Gewichtung der verschiedenen Aspekte dennoch ein großes Maß an Ähnlichkeit. Differenzen scheinen, soweit sie auftreten, weniger prinzipieller als gradueller Natur zu sein. Eine dezidierte Sonderstellung Osteuropas, West- oder Ostdeutschlands lässt sich dabei weder mit

# Ethnozentrismus und Immigration

*Abbildung 2a:* Forderung an potentielle Immigranten (Mittelwerte)

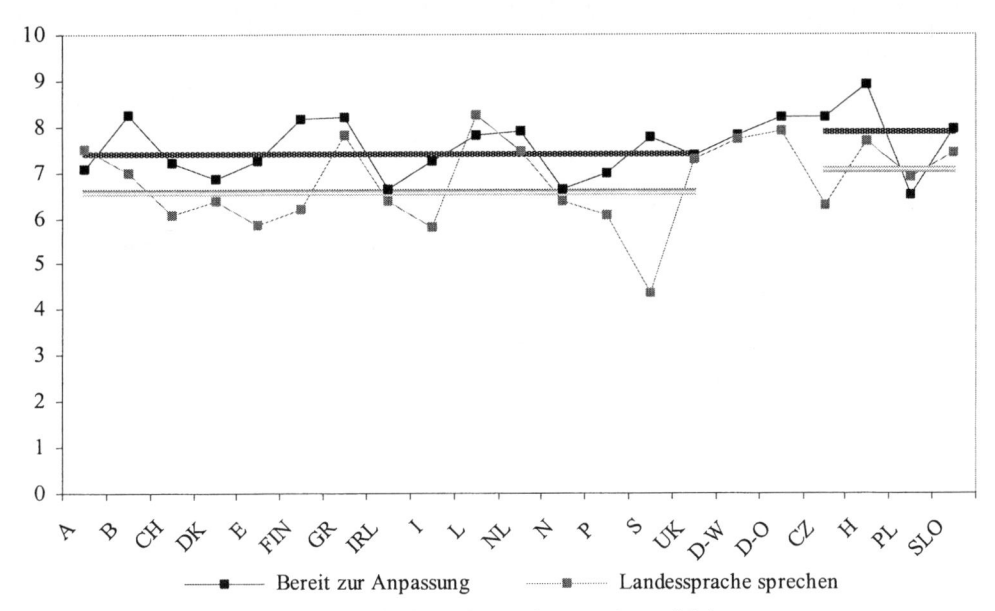

Skala von 0-10: 0 = Forderung äußerst unwichtig ... 10 = Forderung äußerst wichtig.

*Abbildung 2b:* Forderung an potentielle Immigranten (Mittelwerte)

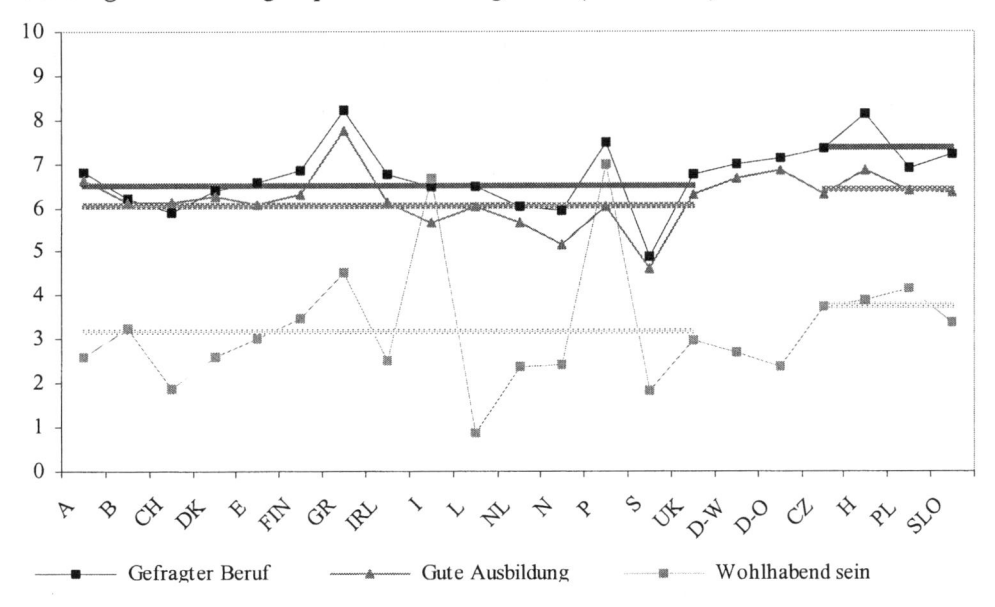

Skala von 0-10: 0 = Forderung äußerst unwichtig ... 10 = Forderung äußerst wichtig.

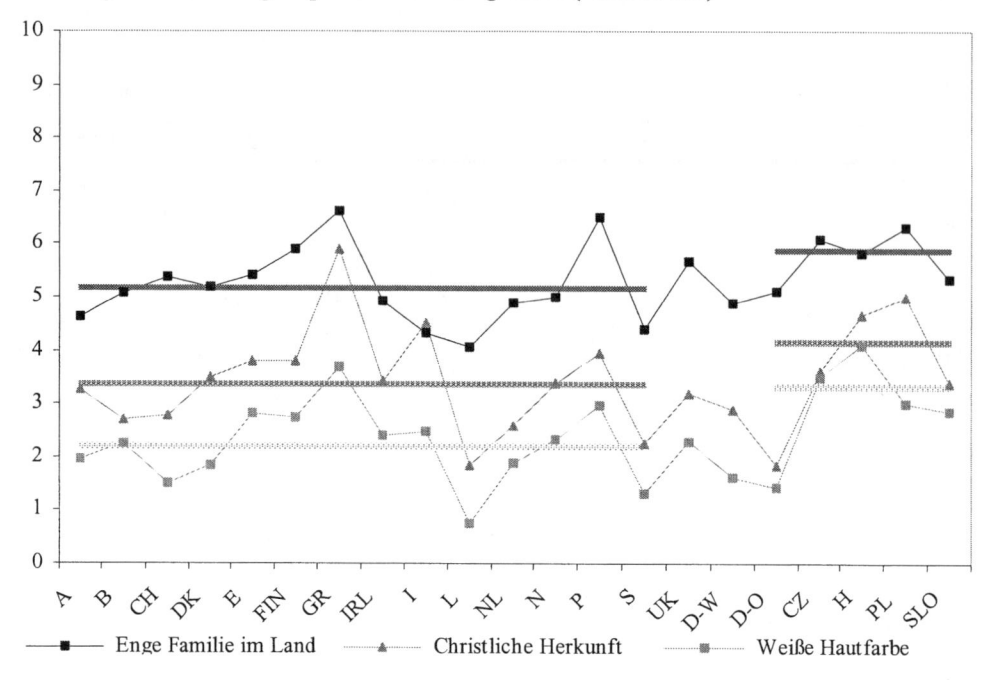

*Abbildung 2c:* Forderung an potentielle Immigranten (Mittelwerte)

■ Enge Familie im Land ▲ Christliche Herkunft ■ Weiße Hautfarbe

Skala von 0-10: 0 = Forderung äußerst unwichtig ... 10 = Forderung äußerst wichtig.

Blick auf die Betonung ethnozentrisch motivierter Forderungen noch hinsichtlich eines anderen Aspekts feststellen. Insgesamt gesehen vermitteln die empirischen Befunde den Eindruck, dass die Bürgerinnen und Bürger der ESS-Länder potentiellen Immigranten keine unüberwindlichen Zugangshürden in den Weg stellen wollen und sich in ihren Forderungen vor allem an pragmatischen und utilitaristischen Erwägungen orientieren.

## 3 Abschottungstendenzen gegenüber einzelnen Immigrantengruppen

Die Forderungen, die an potentielle Immigranten gerichtet werden, sind jedoch nur ein Aspekt, den man fokussieren kann, wenn die Haltung gegenüber Immigranten in den Blick genommen werden soll. Ein anderer, bedeutsamerer Aspekt ist das Ausmaß, in dem Zuwanderung überhaupt erwünscht ist. Denn jede Mäßigung und aller Pragmatismus bei den Forderungen gegenüber potentiellen Immigranten sind letztlich gegenstandslos, wenn aus Sicht der Bürgerinnen und Bürger ohnehin nur einer stark begrenzten Zahl von Zuwanderern die Übersiedlung erlaubt sein sollte oder das eigene Land gar völlig gegenüber Immigration abgeschottet werden sollte.

Im ESS wurde für sechs verschiedene Immigrantengruppen erfragt, inwieweit ihnen die Zuwanderung in das jeweilige Land der Befragten erlaubt werden sollte. Konkret wurde nach Zuwanderern aus reicheren europäischen Ländern, Zuwanderern aus ärmeren europäischen Ländern, Zuwanderern aus reicheren nicht-europäischen Ländern, Zuwanderern aus ärmeren nicht-europäischen Ländern, Zuwanderern derselben Rasse bzw. Ethnie und Zuwanderern anderer Rasse bzw. Ethnie gefragt.[4] Die Befragten konnten ihre Antworten dahingehend abstufen, ob sie es „vielen erlauben [würden], herzukommen und hier zu leben", „einigen erlauben", „ein paar wenigen erlauben" oder „niemandem erlauben" würden.

In Abbildungen 3 und 4a-4c ist wiedergegeben, wie stark die Bürgerinnen und Bürger der ESS-Länder ihr jeweiliges Land im Durchschnitt gegenüber der Zuwanderung dieser sechs Immigrantengruppen abschotten wollen.[5] Bei der Inspektion der Befunde fällt sofort ins Auge, dass in den Abschottungstendenzen teilweise erhebliche Unterschiede zwischen den Ländern bestehen. Auch hier bestätigt sich zwar nicht die Vermutung einer systematischen ostdeutschen, westdeutschen oder osteuropäischen Sonderstellung, dennoch sind die Differenzen beachtlich. Vergleicht man beispielsweise die Haltung der Schweden gegenüber der Immigration von Zuwanderern anderer Rasse oder Ethnie mit der entsprechenden Haltung der Griechen und der Ungarn, so ergibt sich in der Abschottungsbestrebung eine Differenz von mehr als einem Skalenpunkt. Bei einer Antwortskala, die von eins bis vier variiert, ist ein solcher Unterschied geradezu dramatisch. Andere Länderunterschiede sind zwar nicht so ausgeprägt, auch sie verweisen aber deutlich auf die Heterogenität der ESS-Länder und die Ursachen dieser Heterogenität werden noch eingehend zu analysieren sein.

Zuvor muss jedoch noch auf zwei andere bedeutsame Aspekte hingewiesen werden – auf die Abstufungen der Ausgrenzungstendenzen nach den sechs Zuwanderergruppen und die unübersehbare, gleichzeitig bestehende Konvergenz der Abschottungstendenzen. Anders als noch bei den Forderungen an potentielle Immigranten scheinen bei den Abschottungstendenzen ethnozentrische Motivlagen eine stärkere Rolle zu spielen. Für die Mehrheit der hier betrachteten Länder gilt, dass Zuwanderern anderer Rasse oder Ethnie mit den größten Vorbehalten begegnet wird und dass Zuwanderern derselben Rasse oder Ethnie zumeist die geringsten Vorbehalte entgegengebracht werden. Dort wo die Endpunkte der

---

[4] Im deutschsprachigen Fragebogen wurde aufgrund der historischen Vorbedingungen der Begriff der Rasse durch die Begriffe Volksgruppe bzw. Ethnie ersetzt. Die genaue Formulierung des Erhebungsinstrumentes lautet hier wie folgt: „Nun zu der Frage, wie vielen Zuwanderern es Deutschland erlauben sollte, hier zu leben. Zunächst geht es um die Zuwanderer, die *derselben* Volksgruppe oder ethnischen Gruppe angehören wie die Mehrheit der Deutschen. Wie vielen von ihnen sollte Deutschland erlauben, hier zu leben? Bitte benutzen Sie Liste 24. Sollte Deutschland es ... (Int.: *Liste 24 vorlegen und bis Frage D9 liegenlassen.*) [Antwortvorgaben: (1) vielen erlauben, herzukommen und hier zu leben/ (2) einigen erlauben/ (3) ein paar wenigen erlauben/ (4) niemandem erlauben/ (7) Antwort verweigert/ (8) Weiß nicht ]; Wie ist das mit Zuwanderern, die einer *anderen* Volksgruppe oder ethnischen Gruppe angehören als die Mehrheit der Deutschen? Bitte benutzen Sie wieder Liste 24. Sollte Deutschland es ... [Antwortvorgaben: s.o.]; Wie ist das mit Zuwanderern, die aus den *reicheren Ländern Europas* kommen? Bitte benutzen Sie noch einmal Liste 24. Sollte Deutschland es ... [Antwortvorgaben: s.o.]; Wie ist das mit Zuwanderern, die aus den *ärmeren Ländern Europas* kommen? Bitte nochmals Liste 24. Sollte Deutschland es ... [Antwortvorgaben: s.o.]; Und wie vielen Zuwanderern aus *reicheren Ländern außerhalb Europas* sollte es Deutschland erlauben, hier zu leben? Bitte sagen Sie es mir immer noch anhand von Liste 24. Sollte Deutschland es ... [Antwortvorgaben: s.o.]; Wie ist das mit Zuwanderern aus *ärmeren Ländern außerhalb Europas*? Bitte wieder Liste 24. Sollte Deutschland es ... [Antwortvorgaben: s.o.]."

[5] Da die Antwortvorgabe ordinalskaliert ist, ist es genau genommen unzulässig an dieser Stelle arithmetische Mittel zu berechnen. Aus Gründen der größeren Anschaulichkeit werden die Antwortmöglichkeiten hier und bei den nachfolgenden Analysen jedoch als ‚quasi-metrisch' interpretiert und entsprechend gehandhabt. Soweit erforderlich wurden alle Berechnungen mit den für ordinalskalierte Variablen angemessenen Analyseverfahren repliziert – allerdings ohne dass sich dabei substantiell andere Befunde eingestellt hätten.

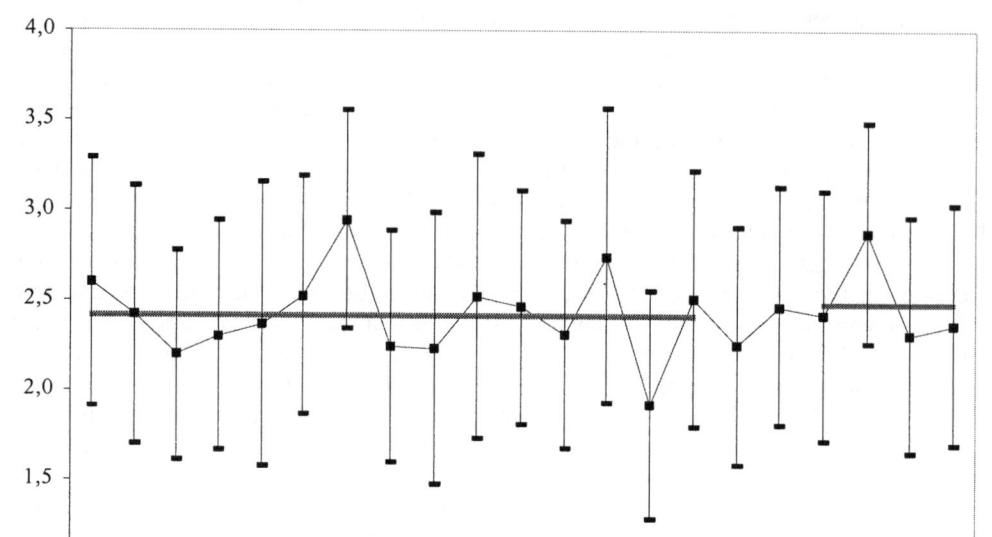

*Abbildung 3:* Abschottungstendenzen gegenüber verschiedenen Immigrantengruppen (Mittelwerte)

Skala von 1-4: 1 = Zuwanderung allen erlauben ... 4 = Zuwanderung niemandem erlauben.

länderinternen Abschottungsrangfolge nicht durch den Gegensatz andere vs. selbe Rasse/Ethnie gekennzeichnet sind, finden sich am oberen Ende der Rangfolge in der Regel die Zuwanderer aus ärmeren nicht-europäischen Ländern und am unteren Ende die Zuwanderer aus reicheren europäischen Ländern. An dieser Stelle lässt sich nicht klären, ob der ökonomische oder der geographische Aspekt für diese Platzierung verantwortlich ist. Sofern jedoch der Gegensatz europäisch vs. nicht-europäisch für die Platzierung ausschlaggebend ist, untermauert dies die Bedeutung ethnozentrischer Motive, da eine europäische Herkunft ein Synonym für dieselbe Rasse/Ethnie ist und mit einer außereuropäischen Herkunft nicht selten die Zugehörigkeit zu einer anderen anthropomorphen Gruppe einhergeht.

Ungeachtet dieser ethnozentrisch strukturierten Unterschiede weisen die durchschnittlichen Abschottungsbestrebungen in den einzelnen Ländern aber auch eine gemeinsame Ausrichtung auf (siehe Abbildungen 4a-4c). Sind beispielsweise die Abschottungstendenzen gegenüber Zuwanderern derselben Rasse bzw. Ethnie nur schwach ausgeprägt, so sind zumeist auch die Abschottungstendenzen gegenüber den anderen fünf Gruppen eher moderat. Umgekehrt ergibt sich in Ländern, deren Bürgerinnen und Bürger deutliche Ressentiments gegenüber der Zuwanderung von Menschen einer anderen Rasse oder Ethnie zeigen, für die anderen Zuwanderergruppen zumeist auch eine ähnlich distanzierte Haltung. Es hat den Anschein, dass die konkreten Einstellungen gegenüber den einzelnen Zuwanderergruppen lediglich graduelle Variationen eines im Hintergrund wirksamen Leitthemas sind, das die grundsätzliche Haltung gegenüber Zuwanderung determiniert. Dieser Eindruck bestätigt

# Ethnozentrismus und Immigration

*Abbildung 4a:* Abschottungstendenzen gegenüber verschiedenen Immigrantengruppen (Mittelwerte)

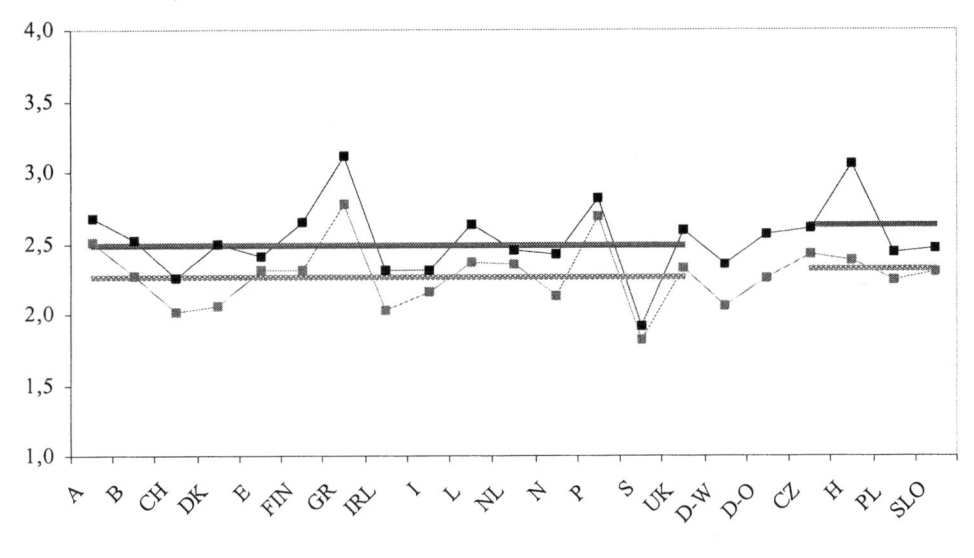

—■— Zuwanderer anderer Rasse/Ethnie   ┈■┈ Zuwanderer derselben Rasse/Ethnie

Skala von 1-4: 1 = Zuwanderung allen erlauben ... 4 = Zuwanderung niemandem erlauben.

*Abbildung 4b:* Abschottungstendenzen gegenüber verschiedenen Immigrantengruppen (Mittelwerte)

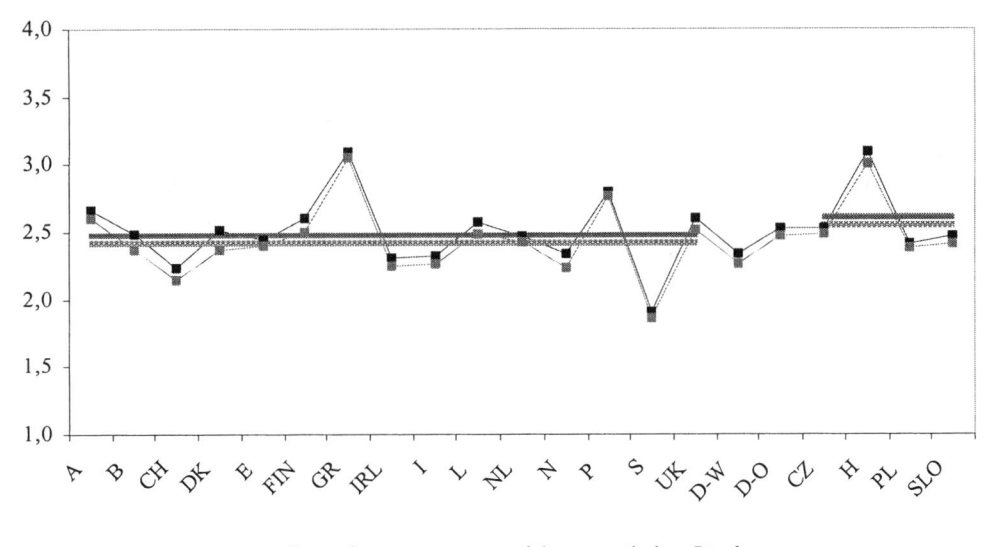

—■— Zuwanderer aus ärmeren nicht-europäischen Ländern
┈■┈ Zuwanderer aus ärmeren europäischen Ländern

Skala von 1-4: 1 = Zuwanderung allen erlauben ... 4 = Zuwanderung niemandem erlauben.

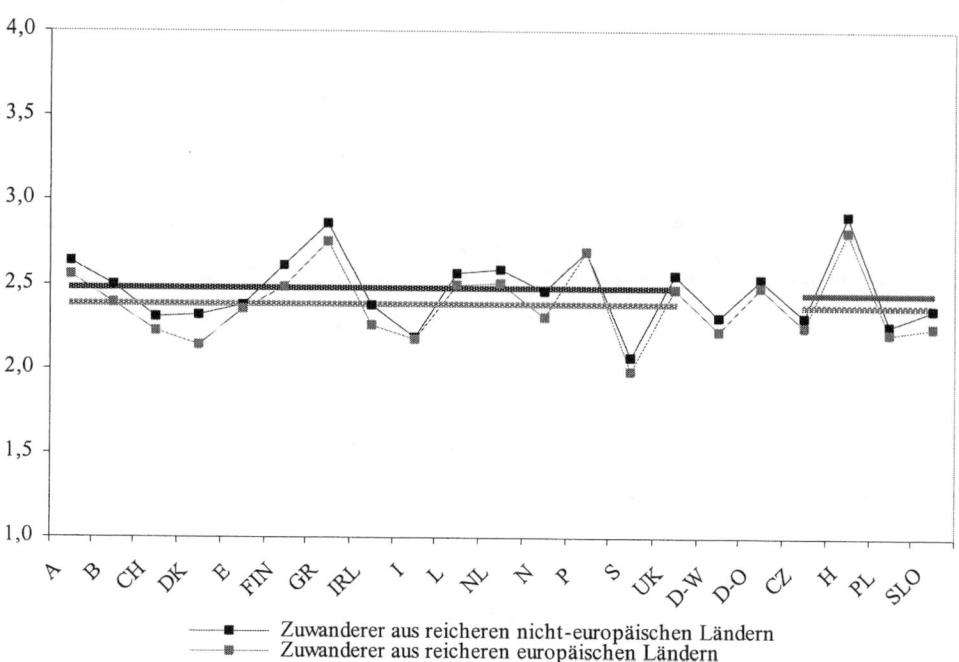

*Abbildung 4c:* Abschottungstendenzen gegenüber verschiedenen Immigrantengruppen (Mittelwerte)

——■—— Zuwanderer aus reicheren nicht-europäischen Ländern
——■—— Zuwanderer aus reicheren europäischen Ländern

Skala von 1-4: 1 = Zuwanderung allen erlauben ... 4 = Zuwanderung niemandem erlauben.

sich, wenn man die Aussagen zu den sechs Zuwanderergruppen einer Reliabilitätsanalyse unterzieht. Cronbach's α variiert – je nach Land – zwischen .90 (Ungarn) und .97 (Portugal) und ist damit insgesamt extrem hoch. Unterzieht man die Items zu den sechs Immigrantengruppen zusätzlich einer explorativen Faktoranalyse, so bestätigt sich dieser Befund. Für alle ESS-Länder ergibt sich stets eine einfaktorielle Lösung.

Für das weitere Vorgehen ergeben sich aus den Befunden zur Wichtigkeit der verschiedenen Zuwanderungskriterien und zu den Abschottungstendenzen fünf wesentliche Konsequenzen. Die Vermutung, dass sich Osteuropa, Westdeutschland oder Ostdeutschland hinsichtlich der Haltung gegenüber Immigranten systematisch abheben, hat sich auf der Grundlage der deskriptiven Kennwerte nicht bestätigt. Ebenso wenig bestätigt hat sich die Erwartung, dass sich hier ein systematischer Bedeutungsanstieg ethnozentrischer Ressentiments ergibt. Dennoch bestehen aber insbesondere mit Blick auf die Abschottungstendenzen unübersehbare und teilweise drastische Unterschiede zwischen einzelnen ESS-Ländern. Für dieses Faktum müssen – erste Konsequenz – plausible Erklärungen aufgezeigt und empirisch überprüft werden. In diesem Rahmen ist – zweite Konsequenz – der Stellenwert zu ermitteln, den ethnozentrische Motive tatsächlich für das Ausmaß der Vorbehalte in den einzelnen ESS-Ländern und für die konstatierten Unterschiede zwischen den Ländern haben. Denn die Befunde, die sich diesbezüglich auf der Grundlage der Abbildungen 1 bis 4 ergeben, sind nicht eindeutig und haben zudem bestenfalls Indiziencharakter. Dabei ist – dritte Konsequenz – gleichzeitig zu überprüfen, ob sich unter Kontrolle intervenierender Einflussfaktoren nicht doch die antizipierten Unterschiede zwischen Westeuropa, Osteuropa, Westdeutschland und Ostdeutschland zeigen. Denn immerhin ist es denkbar, dass systematische Unterschiede in der erwarteten Art bestehen, diese aber in der rein deskriptiven Betrachtung durch konkurrierende Einflüsse überlagert und dadurch gleichsam verwischt werden. Als abhängige Variable sind bei den anstehenden Analysen – vierte Konsequenz – die Abschottungstendenzen zu wählen. Diese Notwendigkeit ergibt sich nicht unbedingt aus den hier auftretenden Verteilungscharakteristika. Sie trägt vor allem der oben skizzierten, übergeordneten Bedeutung der Abschottungsbestrebungen Rechnung. Dabei ist es aber nicht notwendig – fünfte Konsequenz – für die Haltung gegenüber allen sechs Zuwanderergruppen separate Modelle zu analysieren. Die statistisch nachweisbare starke Konvergenz der Teildimensionen macht deutlich, dass sie auf ein gemeinsames Grundmotiv rekurrieren. Die Einzelitems können daher zu einem Index zusammengefasst werden, der als Globalmaß die durchschnittliche Abschottungstendenz gegenüber allen sechs Zuwanderergruppen widerspiegelt (vgl. noch einmal Abbildung 3). Durch die Zusammenfassung werden zwar die Unterschiede zwischen den Ländern etwas reduziert, das Grundmuster der Variationen bleibt jedoch erhalten und einzelne Differenzen sind nach wie vor äußerst prägnant.

## 4  Ein Erklärungsansatz auf der Individualebene – Ethnozentrismus

Will man das Ausmaß der globalen Abschottungstendenz in den einzelnen ESS-Ländern und die zwischen ihnen bestehenden Unterschiede erklären, so muss in Rechnung gestellt werden, dass zwei grundsätzlich verschiedene Ursachengruppen für die ermittelten Verteilungsmuster und Länderunterschiede verantwortlich sein können. Sie können auf einem Individualeffekt beruhen oder sie können auf einen Kontexteffekt zurück zu führen sein (Bryk und Raudenbush 1992; Ditton 1998; Engel 1998; Meulemann 2002; Rosar 2003; Snijders und Bosker 1999). Soweit sie auf einen Individualeffekt zurückgehen, ergibt sich die individuelle Abschottungstendenz allein aus dem Ausmaß, in dem prädisponierende Merkmale oder Eigenschaften individuell vorhanden sind. Die länderspezifischen Abschottungstendenzen sind das Aggregat dieser individuellen Wirkungsbeziehungen und Länderunterschiede in den Abschottungsbestrebungen resultieren alleine aus Verteilungsunterschieden auf Seiten der erklärenden individuellen Merkmale. Im Rahmen einer komparativen Regressionsanalyse auf der Individualebene müssten dann aber zum einen die Prädiktorvariablen in allen Ländern vergleichbare Effekte aufweisen und zum anderen müssten die Verteilungsunterschiede in der Abschottungstendenz nivelliert werden. Beruhen die länderspezifischen Verteilungen und die Länderunterschiede jedoch (auch) auf einem Kontexteffekt, so ist die individuelle Tendenz zur Abschottung durch gesellschaftliche Rahmenbedingungen (mit-)beeinflusst. Die spezifischen Verteilungsmuster der Länder und die zwischen ihnen bestehenden Unterschiede gehen dann (auch) auf Systemmerkmale zurück. Und im Rahmen einer komparativen Individualdaten-Regression der globalen Abschottungstendenz würde sich dann beispielsweise zeigen, dass auch unter Kontrolle aller relevanten erklärenden Individualmerkmale nachweisbare Unterschiede im Interzept bestehen bleiben. In diesem Fall wäre es angezeigt, potentiell relevante Kontextmerkmale zu identifizieren und ihre Wirkung im Rahmen einer Mehrebenenanalyse zu quantifizieren.

In Abbildung 3 wurden zusätzlich zur durchschnittlichen globalen Abschottungstendenz die länderspezifischen Standardabweichungen abgebildet. Berücksichtigt man, dass der Index der globalen Abschottungstendenz nur zwischen den Werten eins und vier variieren kann, so ist die Standardabweichung mit Werten zwischen .58 (Schweiz) und .82 (Portugal) in allen 21 ESS-Ländern vergleichsweise hoch und lässt erheblichen Spielraum für Individualeffekte. Entsprechend sollen die Abschottungstendenzen und ihre potentiellen Ursachen zunächst im Rahmen einer klassischen vergleichenden Individualdaten-Regression analysiert werden und erst auf der Grundlage der dabei gewonnenen Ergebnisse soll entschieden werden, ob eine Mehrebenenanalyse notwendig ist.

Als erklärendes Konstrukt der Abschottungstendenz ist Ethnozentrismus von zentraler Bedeutung. Als Proxyvariable individueller ethnozentrischer Orientierungen wird im Folgenden die aus Abschnitt 2 bekannte Wichtigkeit der weißen Hautfarbe als Forderung an potentielle Immigranten genutzt. Dieses Item erscheint als Operationalisierung besonders geeignet, weil es kaum Spielraum für alternative Interpretationen lässt. Wer die Hautfarbe zu einem zentralen Kriterium der Zuwanderung machen möchte, dessen Weltsicht dürfte unmissverständlich ethnozentrisch eingefärbt sein.

Neben ethnozentrischen Motiven kommen als Ursachen für Abschottungsbestrebungen jedoch auch noch andere Gründe in Frage, die einen direkten Einfluss ausüben oder mittelbar wirken, indem sie ihrerseits Ethnozentrismus begünstigen. Die theoretische und empirische Literatur zum Thema ist kaum zu überblicken und eine nähere Erörterung wäre an dieser Stelle nicht zielführend (vgl. zur Übersicht aber Alba, Wasmer und Schmidt 2000; Wagner und Zick 1992 und 1998 sowie Zick 1997). Statt dessen sollen vor dem Hintergrund des bisherigen Forschungsstandes solche Merkmale identifiziert werden, deren Wirkungspotential einerseits durch empirische Analysen bereits bestätigt ist *und* die andererseits in der Lage sind, die konstatierten Differenzen zu erklären, weil sich ihre Verteilungscharakteristika zwischen den hier betrachteten Ländern unterscheiden.

Zwei sozio-demographische Merkmale, die diese Forderung erfüllen, sind die Geburtskohorte und die Bildung. Sie haben nicht nur in zahlreichen Analysen ihr Einflusspotential dokumentiert, sondern mit Blick auf ihre Verteilungsmuster bestehen auch deutliche Unterschiede zwischen den ESS-Ländern. Abgesehen von sozio-demographischen Merkmalen können neben Ethnozentrismus natürlich auch noch andere Prädispositionen auf der Kognitionsebene für die individuelle Abschottungstendenz verantwortlich sein. So ist es beispielsweise nahe liegend, die eingangs im Zusammenhang mit den Transformationsgesellschaften angestellten desintegrations- und anomietheoretischen Überlegungen noch einmal aufzugreifen. Sie sollen hier jedoch auf den Grad des interpersonellen Vertrauens eingegrenzt werden, denn wer generell seinen Mitmenschen misstraut, ist besonders prädestiniert für eine grundsätzliche Abwehrhaltung gegenüber Immigranten als modernen Prototypen „des Fremden" (Simmel [1908] 1992: 764ff.). Der ESS-Fragebogen beinhaltet ein Item, das direkt nach der subjektiv empfundenen Vertrauenswürdigkeit der Mitmenschen fragt. Die Befragten konnten dabei das Ausmaß ihres Vertrauens oder Misstrauens anhand einer elfstufigen Antwortskala abstufen.[6] Differenziert man das Antwortverhalten nach

---

[6] Der genaue Stimulus lautet wie folgt: „Ganz allgemein gesprochen: Glauben Sie, dass man den meisten Menschen vertrauen kann, oder dass man im Umgang mit anderen Menschen nicht vorsichtig genug sein kann? Bitte sagen Sie es mir anhand dieser Skala von 0 bis 10. 0 bedeutet, dass man nicht vorsichtig genug sein kann, und 10 bedeutet, dass man den meisten Menschen vertrauen kann. (Int.: *Mit den Werten dazwischen können sie ihre Meinung abstufen.*) [Antwortvorgaben: (0) Man kann nicht vorsichtig genug sein/ ... /(10) Den meisten Menschen

Ländern, so zeigen sich auch hier deutliche und möglicherweise erklärungskräftige Unterschiede.

Schließlich werden in der Literatur immer wieder auch ökonomische Implikationen angesprochen. Die konzeptionelle Einordnung reicht dabei von der Gruppen-Konflikt-These bis zu deprivationstheoretischen Ansätzen und der Frustrations-Aggressions-These (Campbell 1965; Dollard et al. [1939] 1964; Le Vine und Campbell 1972). Hier soll jedoch – vergleichsweise trivial – von dem Faktum ausgegangen werden, dass Immigranten und ihre Nachkommen nicht selten als geringer legitimierte Konkurrenten um Arbeitsplätze und als Belastung des sozialen Netzes wahrgenommen werden (Alba und Johnson 2000). Solange die allgemeine Wirtschaftslage von den Bürgerinnen und Bürgern positiv bewertet wird, sollte dies nicht weiter ins Gewicht fallen. Wird die allgemeine Wirtschaftslage jedoch negativ gesehen, so steigt – subjektiv – der Konkurrenzdruck um die nun knapper erscheinenden Ressourcen und die abwertenden Attitüden gegenüber Immigranten können an Brisanz gewinnen. Mit Blick auf die hier fokussierte Abschottungstendenz bedeutet dies, dass mit zunehmend negativer Bewertung der allgemeinen wirtschaftlichen Lage die Abschottungsbestrebungen zunehmen. Als Bestandteil eines umfassenden Erhebungsinstruments zur Zufriedenheit mit verschiedenen Lebensbereichen wurde im ESS u.a. nach der Zufriedenheit mit der allgemeinen Wirtschaftslage gefragt.[7] Die Befragten konnten dabei wiederum anhand einer elfstufigen Antwortskala ihre Einschätzung abstufen und die Differenzierung der Antwortverteilungen nach Ländern erbringt auch hier deutliche Unterschiede.

Um die komparative Regressionsanalyse nun möglichst übersichtlich gestalten zu können, wurden die fünf ausgewählten erklärenden Variablen so umcodiert, dass sie nur noch Werte zwischen null und eins annehmen können. Dies ermöglicht es dort wo die Notwendigkeit zur Überschaubarkeit es gebietet, in der Darstellung der Ergebnisse auf die standardisierten Regressionskoeffizienten zu verzichten. Denn die relative Stärke der einzelnen Prädiktoren innerhalb eines Modells kann nun – aufgrund der harmonisierten Skalierung – auch leicht über die unstandardisierten Regressionskoeffizienten abgeschätzt werden. Beim Ethnozentrismusprädiktor, beim Misstrauensitem und bei der negativen Bewertung der allgemeinen Wirtschaftslage wurde die Antwortskala einfach durch zehn geteilt. Die unstandardisierten Regressionskoeffizienten geben hier den Unterschied zwischen maximaler Ablehnung (Wert null) und maximaler Zustimmung (jetzt Wert eins, ursprünglich Wert zehn) an. Die Bildung und die Geburtskohorte gehen als Dummyvariablen in die Analyse ein. Bei der Bildung erhielten Personen mit geringerer Bildung (maximal Abschluss Sekundarstufe I o.ä.) den Wert eins und bei der Geburtskohorte diejenigen, die vor 1946 geboren wurden. Alle übrigen Befragten mit gültigen Antworten bekamen jeweils den Wert null zugewiesen. Durch diese Fassung der Dummyvariablen sollte sichergestellt sein, dass sich bei erwartungskonformer Wirkung in der empirischen Analyse nur Effekte mit positiven Vorzeichen einstellen und die Darstellung der Befunde entsprechend übersichtlicher ausfällt.

---

kann man trauen/ (97) Antwort verweigert/ (98) Weiß nicht]." Für die nachfolgend berichteten Analysen wurde die Variable so umcodiert, dass ein hoher Wert für Misstrauen steht.

[7] Der relevante Teil des Erhebungsinstrumentes lautet: „Und wie zufrieden sind Sie – alles in allem – mit der gegenwärtigen Wirtschaftslage in Deutschland? Verwenden Sie bitte wieder diese Liste. [Antwortvorgaben: (0) äußerst unzufrieden/ .../ (10) äußerst zufrieden/ (97) Antwort verweigert/ (98) Weiß nicht]." Für die nachfolgend berichteten Auswertungen wurde auch diese Variable so recodiert, dass ein hoher Wert mit einer negativen Einschätzung einher geht.

Tabelle 1 zeigt nun zunächst die Befunde, die sich einstellen, wenn die west- bzw. osteuropäischen Länder zusammengefasst mit West- und Ostdeutschland verglichen werden. Bereits ein oberflächlicher Blick auf die im oberen Teil der Tabelle ausgewiesenen unstandardisierten Koeffizienten der multiplen Regression zeigt, dass sich auch im Rahmen einer Kausalanalyse nicht die antizipierten Unterschiede zeigen. Weder im Interzept, noch beim Effekt des Ethnozentrismusitems ergeben sich die erwarteten Abstufungen zwischen Ostdeutschland, Westdeutschland, Osteuropa und Westeuropa. Auch hinsichtlich der anderen einbezogenen Prädiktorvariablen lässt sich in den Einflussstärken kein Muster erkennen, das auf systematische Unterschiede zwischen West und Ost bzw. zwischen Deutschland und dem übrigen Europa hinweisen würde. Man könnte nun diskutieren, warum die Effekte der einzelnen Prädiktoren mal in West und mal in Ost von Deutschland und Europa stärker sind oder warum sich etwa bei der Einschätzung der allgemeinen Wirtschaftslage ein gewisser Unterschied zwischen Deutschland und dem übrigen Europa zeigt. Wichtiger ist es jedoch auf einen Befund hinzuweisen, der sich in jeder der vier Regressionen im Vergleich zwischen den Effekten der einzelnen erklärenden Variablen ergibt: Stets und teilweise mit deutlichem Abstand ist die Wichtigkeit, die der weißen Hautfarbe als Kriterium der Immigration zugesprochen wird, der Aspekt, der den stärksten Einfluss auf die globale Abschottungstendenz ausübt. Ethnozentrismus scheint also, soweit es den Vergleich mit den hier einbezogenen alternativen Prädiktoren anbelangt, das dominante Motiv für die globale Abschottungstendenz zu sein. Dies unterstreichen noch einmal die Befunde der bivariaten Regressionen, die im unteren Teil von Tabelle 1 ausgewiesen sind – und hier insbesondere der Anteil der erklärten Varianz. Vergleicht man das adjustierte $R^2$ der bivariaten Modelle mit dem entsprechenden adjustierten $R^2$ der multiplen Regressionen, so fällt auf, dass zwar die Erklärungskraft des Modells durch den Verzicht auf die übrigen vier Prädiktorvariablen

*Tabelle 1:* Die globale Abschottungstendenz im Vergleich (multiple Regression)

| | unstandardisiert | | | | standardisiert | | | |
|---|---|---|---|---|---|---|---|---|
| | E-W | D-W | D-O | E-O | E-W | D-W | D-O | E-O |
| Interzept | 1.85*** | 1.46*** | 1.68*** | 1.83*** | | | | |
| Weiße Hautfarbe wichtig (: 10) | .72*** | .66*** | .76*** | .62*** | .27 | .24 | .28 | .30 |
| Interpersonelles Misstrauen (: 10) | .52*** | .58*** | .39*** | .32*** | .17 | .20 | .14 | .11 |
| Allgemeine Wirtschaftslage schlecht (: 10) | .15*** | .47*** | .60*** | .25*** | .05 | .14 | .18 | .08 |
| Geburtsjahr: ≤ 1945 ( = 1) | .08*** | .12*** | .07* | .09*** | .05 | .08 | .05 | .06 |
| Bildung: maximal Abschluss Sek. I o.ä. ( = 1) | .17*** | .10** | –.01 | .18*** | .12 | .06 | –.00 | .13 |
| $R^2$ in % | 16.5 | 16.5 | 15.3 | 16.7 | | | | |
| Adj. $R^2$ in % | 16.5 | 16.3 | 15.1 | 16.6 | | | | |
| Interzept | 2.23*** | 2.13*** | 2.35*** | 2.25*** | | | | |
| Weiße Hautfarbe wichtig (: 10) | .85*** | .78*** | .83*** | .71*** | .32 | .28 | .31 | .35 |
| $R^2$ in % | 10.3 | 7.9 | 9.4 | 11.9 | | | | |
| adj. $R^2$ in % | 10.3 | 7.9 | 9.4 | 11.9 | | | | |
| N (ungew.) | 25.287 | 1.585 | 1.049 | 5.882 | | | | |

Alle Berechnungen mit gewichteten Daten durchgeführt; Fehlwerte: paarweise eliminiert.
Signifikanzniveaus: * p ≤0.05; ** p ≤0.01; ***: p ≤0.001

absinkt, die Erklärungskraft der bivariaten Modelle aber immer noch sehr gut ist. In der Regel reduziert sich die erklärte Varianz um weniger als die Hälfte. Und selbst in Westdeutschland, wo der Rückgang stärker ausfällt, ist die erklärte Varianz immer noch beachtlich, wenn man bedenkt, dass sie durch einen einzelnen Prädiktor erzielt wird.

Allerdings darf nicht vergessen werden, dass die zusammenfassende Betrachtung von West- und Osteuropa möglicherweise Unterschiede verdeckt, die zwischen den jeweils einbezogenen Ländern hinsichtlich der Erklärungsmächtigkeit des Ethnozentrismusitems oder der relativen Bedeutung der übrigen vier Prädiktoren bestehen. Führt man die Analysen jedoch für alle 21 ESS-Länder getrennt durch, so zeigen die im oberen Teil von Abbildung 5 dargestellten Befunde der multiplen Regressionen, dass Ethnozentrismus in der Tat das vorherrschende Motiv für die globale Abschottungstendenz gegenüber Immigration ist. Lediglich in Griechenland, in den Niederlanden und in Ungarn entfaltet mit dem Misstrauensitem ein anderer Prädiktor eine gleichstarke oder – wie im Fall Griechenlands – eine etwas stärkere Wirkung. Ansonsten gilt auch für den Vergleich auf der Länderebene, wie bereits für den zusammenfassenden Vergleich der Regionen, dass ethnozentrische Ressentiments – teilweise mit deutlichem Abstand – den stärksten Einfluss ausüben.

An den multiplen Modellen lässt sich jedoch auch noch ein anderer substantieller Befund erkennen, der weiterführende Analysen notwendig macht. Die Vermutung, dass die Länderunterschiede im Ausmaß der Abschottungstendenz allein durch einen Individualeffekt erklärbar sind, hat sich nicht bestätigt. Die Länderunterschiede sind weitgehend konstant geblieben. So variiert beispielsweise das Interzept der Regressionen zwischen 1.35 (Schweden) und 2.35 (Griechenland) und diese Spanne von einer Skaleneinheit entspricht ziemlich genau der Differenz, die sich schon beim deskriptiven Ländervergleich in Abbildungen 3 und 4 als Unterschied für die geringste und die stärkste durchschnittliche Abschottungstendenz ergab. Hinzu kommt noch, dass auch die Regressionskoeffizienten des Ethnozentrismusitems, ungeachtet ihrer prinzipiellen Stärke, beträchtlich zwischen den Ländern variieren. So ergibt sich etwa für Griechenland ein Effekt von .28 und für das Vereinigte Königreich ein etwa dreimal so starker Effekt von .82. Dabei scheint zu gelten, dass der Effekt, den Ethnozentrismus auf die Abschottungstendenz ausübt, umso schwächer ausfällt, je höher das Interzept der Gleichung ist. Mit anderen Worten: der Effekt ist umso geringer, je höher das grundsätzliche Niveau der Abschottungsbestrebung ist. Dies wird noch einmal besonders deutlich, wenn man die globale Abschottungstendenz nach Ländern differenziert einer bivariaten Regression auf das Ethnozentrismusitem unterzieht. Die Ergebnisse dieser Analysen sind im unteren Teil von Abbildung 5 ausgewiesen und hier ergibt sich eine Korrelation zwischen Interzept und unstandardisiertem Regressionskoeffizienten von $-.50$ ($p = .02$). Man könnte nun argumentieren, dass dies so sein muss, da bei Variablen wie dem Abschottungsindex, die einen festgesetzten oberen Skalengrenzwert aufweisen, mit steigendem Mittelwert bzw. mit steigendem Interzept die Varianz sinken und daher der Einflussspielraum für erklärende Variablen abnehmen muss. Man kann diesen negativen Zusammenhang zwischen dem Basisniveau der globalen Abschottungstendenz und dem Einfluss ethnozentrischer Ressentiments jedoch auch inhaltlich interpretieren und als ein Indiz für die Existenz von Kontexteffekten begreifen. Für diese Möglichkeit und

*Abbildung 5a:* Die globale Abschottungstendenz nach Ländern differenziert
(unstandardisierte Regressionskoeffizienten; multivariat)

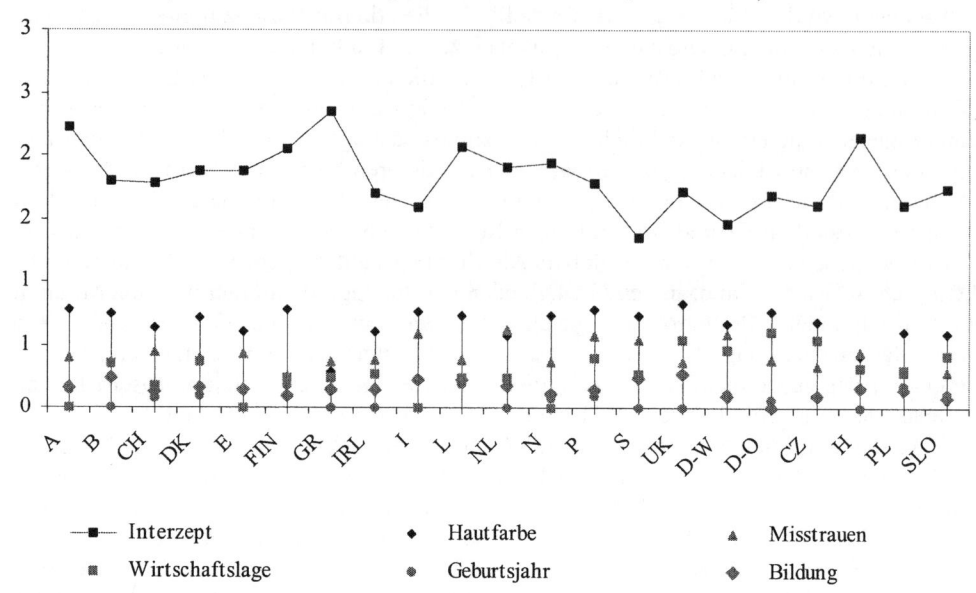

― Interzept ♦ Hautfarbe ▲ Misstrauen
■ Wirtschaftslage ● Geburtsjahr ◆ Bildung

*Abbildung 5b:* Die globale Abschottungstendenz nach Ländern differenziert
(unstandardisierte Regressionskoeffizienten; bivariat)

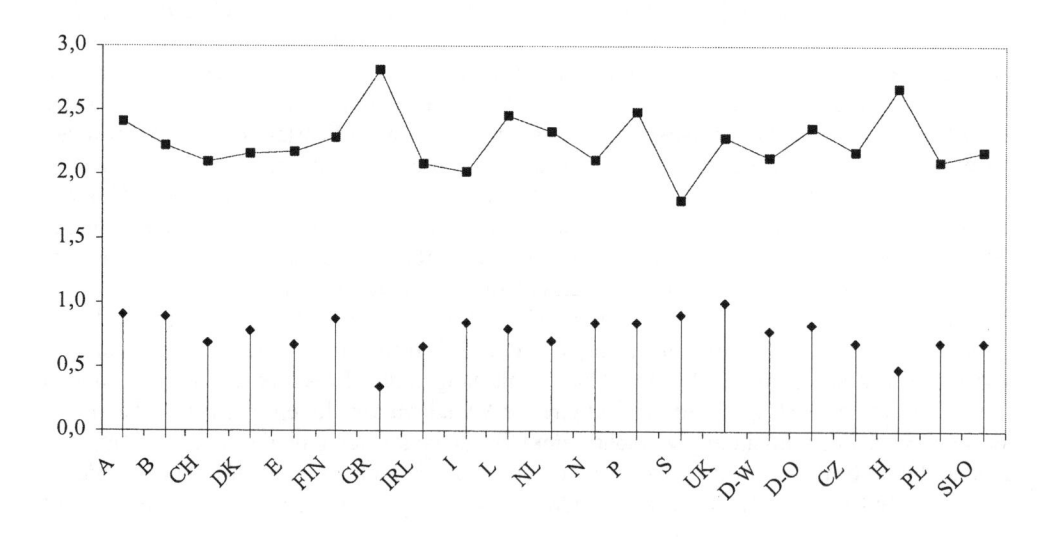

― Interzept ♦ Hautfarbe

gegen eine rein technische Interpretation spricht, dass selbst die vergleichsweise hohen Interzepte für Griechenland oder Ungarn noch relativ weit vom Indexmaximalwert 4 entfernt sind und dass sich schon allein in der deskriptiven Betrachtung der globalen Abschottungstendenz zeigt, dass das Niveau der Abschottungstendenz nicht systematisch mit der Standardabweichung variiert (vgl. noch einmal Abbildung 3).

Entschließt man sich zu einer inhaltlichen Interpretation der negativen Korrelation zwischen Interzept und unstandardisiertem Regressionskoeffizienten, so muss man jedoch anerkennen, dass Effekte des Kontextes nicht, wie eingangs mit Blick auf die Zuwandererzahlen und die besondere Transformationssituation der osteuropäischen Staaten vermutet, die Bedeutung individueller Prädispositionen verstärken, sondern dass sie hier suppressiv wirken. Wenn also äußere Umstände gegeben sind, die ein hohes Maß an Abschottungsbestrebungen provozieren, dann erübrigen sich explizite persönliche Abwägungen zum Thema und individuelle Prädispositionen werden in ihrer Bedeutung nivelliert.

## 5 Die Bedeutung des Kontextes

Welche äußeren Umstände provozieren aber ein Muster an grundsätzlicher kollektiver Abschottungstendenz und relativer Bedeutung individueller ethnozentrischer Orientierungen, wie es sich für die ESS-Länder zeigt? Die besondere Migrationsbelastung Deutschlands oder die kritische Lage der Transformationsgesellschaften scheiden aus. Nach wie vor passen die Unterschiede zwischen den Ländern nicht in das Ungleichheitsschema, das zu Beginn hypothetisch formuliert wurde. Dennoch sind ‚Immigration' und ‚kritische Lage' aber die beiden Kontextmerkmale, die die konstatierten Unterschiede zwischen den Ländern erklären können – allerdings in einer anderen Konnotation.

Nimmt man noch einmal die Befunde der bivariaten Regressionen in Abbildung 5 eingehend in Augenschein, so zeigt sich, dass in Griechenland und in Ungarn das Basisniveau der Abschottungsbestrebungen am stärksten und gleichzeitig der Effekt des Ethnozentrismusitems am schwächsten ausgeprägt ist. Diese Koinzidenz ist nicht zufällig. Denn beiden Ländern ist ihre kritische Lage gemeinsam – und zwar in einem *geographischen* Sinn (vgl. Karte 1). Sie grenzen beide direkt an das ehemalige Jugoslawien und liegen damit territorial in unmittelbarer Nähe zu den ethnischen Minenfeldern des Balkans. Minenfelder, die mit dem Zerfall Jugoslawiens bereits mehrfach in kriegerischen Auseinandersetzungen zur Explosion gebracht wurden und die eine permanente Bedrohung für die Stabilität der gesamten Region darstellen. Selbst wenn man unterstellt, dass das Risiko für Ungarn und Griechenland gering ist, aktiv in die blutigen Konflikte der Volksgruppen Ex-Jugoslawiens hineingezogen zu werden, so ist doch denkbar, dass durch den Zerfall Jugoslawiens alte Ängste und historisch bedingte Ressentiments reaktiviert wurden, die ihrerseits zu einer reflexartigen Abwehrhaltung gegenüber ‚den Anderen' führen. Und dies mag als Auslöser der konstatierten Sonderstellung der beiden Länder auch schon hinreichend sein.

Griechenland und Ungarn sind jedoch nicht die einzigen Länder in der Peripherie der Balkankonflikte und die Plausibilität des skizzierten Kontexteffekts hängt davon ab, inwieweit er auch für die anderen Länder der Peripherie, also für Österreich, Italien und die ehemalige jugoslawische Teilrepublik Slowenien gültig ist. Bezieht man Österreich, Italien und Slowenien in die Betrachtung mit ein, so scheinen die Koeffizienten dieser drei Länder die postulierten Zusammenhänge direkt zu widerlegen. Das Basisniveau der Abschottungstendenzen ist bei ihnen signifikant geringer und der Effekt individueller ethnozentrischer Motive ist deutlich größer als in Griechenland und in Ungarn. Diese Unterschiede dürften jedoch darauf zurückzuführen sein, dass sich Österreich, Italien und Slowenien von Griechenland und Ungarn hinsichtlich des zweiten, mutmaßlich relevanten Kontextmerkmals deutlich unterscheiden: dem Anteil der Immigranten an der Bevölkerung (Karte 2).

Der Immigrantenanteil an der Bevölkerung ergibt sich aus dem offiziellen Ausländeranteil der ESS-Länder und dem Anteil der Staatsbürger, die nicht im Land geboren wurden.[8] Die Ergänzung des Ausländeranteils um den Anteil dieser Staatsbürger ist notwendig, da die amtliche Ausländerstatistik die sozio-strukturelle Relevanz von Immigration immer nur in einem Teilaspekt erfasst. In Deutschland werden beispielsweise Spätaussiedler nicht einbezogen, die qua Definition Staatsbürger der Bundesrepublik sind. Und generell werden Immigranten ausgeblendet, die die Staatsbürgerschaft des Ziellandes angenommen haben. Diese Begrenzungen werden durch die Berücksichtigung aller Staatsbürger mit Immigrationshintergrund aufgehoben.

Karte 1: Die Peripherie des Balkankonflikts

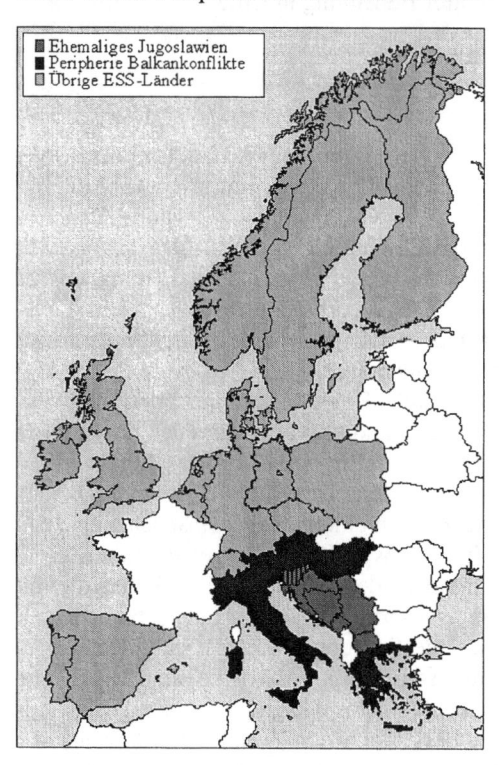

■ Ehemaliges Jugoslawien
■ Peripherie Balkankonflikte
□ Übrige ESS-Länder

Nimmt man nun die Immigrantenanteile der fünf Länder in den Blick, die die Peripherie der Balkankonflikte bilden, so zeigt sich für Griechenland und Ungarn, dass sie zu den Ländern mit dem geringsten Immigrantenanteil zählen. Italien, Österreich und Slowenien sortieren sich hingegen in Ländergruppen mit einem merklich höheren Immigrantenanteil ein.[9] Der höhere Immigrantenanteil in den letztgenannten drei Ländern und die mit ihm einhergehende größere Vertrautheit mit Immigration im gesellschaftlichen Alltag mag die Ursache dafür sein, dass die Vorbehalte gegenüber Zuwanderern trotz der räumlichen Nähe zu den ethnischen Konflikten des Balkans geringer ausfallen. Allerdings ist der Effekt des Immigrantenanteils nicht linear. Er ist V-förmig, wie Abbildung 6 zeigt.

In Abbildung 6 sind die aus Abbildung 5 bekannten Befunde der bivariaten Regressionen differenziert nach dem Immigrantenanteil der 21 ESS-Länder abgetragen. In der oberen Hälfte der Abbildung sind die Interzepte ausgewiesen (Quadrate) und in der unteren Hälfte finden sich die unstandardisierten Regressionskoeffizienten (Rauten). Vor der graphischen Umsetzung wurden die Werte um

---

[8] Der Anteil der zugewanderten Staatsbürger wurde auf der Grundlage entsprechender Angaben der ESS-Befragten zu ihrem Immigrationshintergrund extrapoliert. Der offizielle Ausländeranteil entspricht den Angaben in Barrata 2003 und 2004.
[9] Der genaue Immigrantenanteil liegt in Ungarn bei 2,4%, in Griechenland bei 4,8%, in Italien bei 8,1%, in Österreich bei 14,3% und in Slowenien bei 18,8%.

den Effekt der geographischen Nähe zu den Balkankonflikten bereinigt – d.h. der Einfluss, den dieses Merkmal ausübt, wurde mittels Aggregatregressionen für die Interzepte (.22) und die unstandardisierten Regressionskoeffizienten (–.14) bestimmt und anschließend für die betroffenen fünf Länder durch Subtraktion herausgerechnet. Der Immigrantenanteil der Länder ist nicht als spezifischer Prozentanteil ausgewiesen, sondern als Prozentpunktabweichung vom Anteil Schwedens. Schweden weist das geringste Basisniveau an Abschottungstendenzen auf und lässt – zusammen mit dem Vereinigten Königreich – den stärksten Effekt individueller ethnozentrischer Orientierungen erkennen. Das Land markiert daher in etwa den Scheitelpunkt der V-förmigen Wirkung des Immigrantenanteils.

Bereits das Verteilungsmuster der Quadrate und Rauten lässt den Zusammenhang zwischen dem Immigrantenanteil und den Regressionsbefunden erkennen. Je mehr sich der Immigrantenanteil eines Landes vom entsprechenden Anteil Schwedens unterscheidet, desto höher ist das Interzept der Regression und desto kleiner wird der unstandardisierte Regressionskoeffizient. Unmittelbar ersichtlich ist der Zusammenhang jedoch anhand der Trendgeraden (dicke dunkel- bzw. hellgraue Linien), die für jeden der vier Quadranten der Abbildung bestimmt wurden. In drei der vier Quadranten ist der Absolutbetrag der Steigung der Trendgeraden mit Werten um |0,02| nahezu identisch. Nur im unteren rechten Quadranten – bei der Trendgeraden, die sich hinsichtlich des unstandardisierten Regressionskoeffizienten für Schweden und die Länder mit einer positiven Abweichung im Immigrantenanteil ergibt – fällt die Neigung erheblich flacher aus. Dies liegt jedoch an einem einzelnen ‚Ausreißer' (Luxemburg), der sich aufgrund der geringen Zahl der Länder mit positiver Abweichung im Immigrantenanteil besonders bemerkbar macht. Klammert man ihn aus und bestimmt die Trendgerade erneut (dünne hellgraue Linie), so ergibt sich ein Neigungswinkel, der perfekt mit den Befunden für die anderen drei Quadranten korrespondiert.

Karte 2: Immigrantenanteile

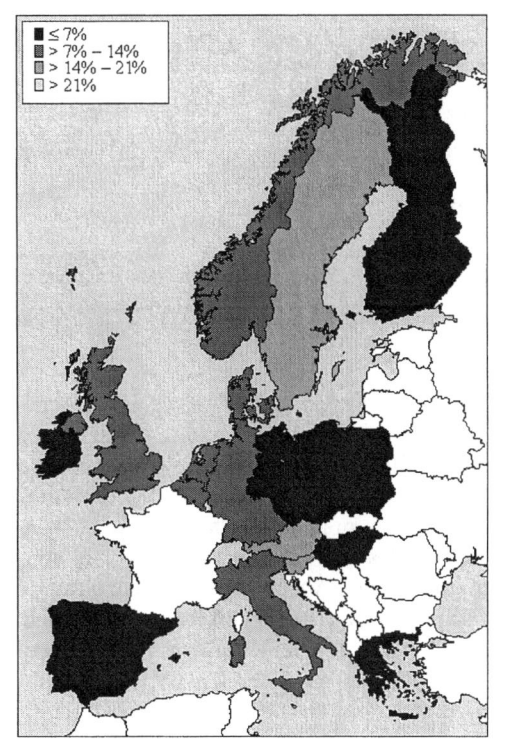

■ ≤ 7%
■ > 7% – 14%
■ > 14% – 21%
□ > 21%

Sofern mit zunehmendem Immigrantenanteil die Vertrautheit mit dem Phänomen Immigration wächst und dies die grundsätzlichen Ressentiments einer Gesellschaft gegenüber Immigration mindert und zu einer Angelegenheit individueller Prädispositionen und Abwägungen macht, muss es auch einen gegenläufigen Mechanismus geben, der mit zunehmendem Immigrantenanteil an Bedeutung gewinnt. Dieser Mechanismus mag beispielsweise darin bestehen, dass mit zunehmendem Immigrantenteil nicht nur die Vertrautheit mit dem Phänomen wächst, sondern auch das sozio-strukturelle Gewicht dieser Bevölkerungsgruppen zunimmt. Dies könnte wiederum

*Abbildung 2:* Effekte der globalen Abschottungstendenz auf Ethnozentrismus nach
Immigrantenanteilen nach Ländern differenziert (lineare Regression)

Abweichung vom Immigrantenanteil Schwedens (14.4%), in Prozentpunkten

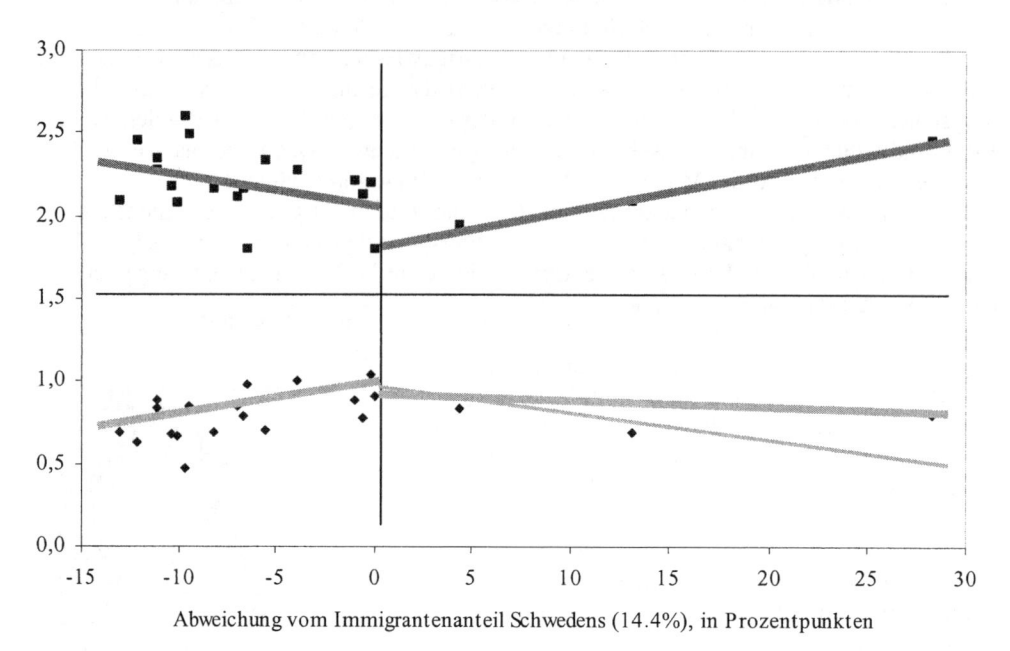

■ Interzept (korrigiert)   ◆ unstandardisierte Regressionskoeffizienten (korrigiert)

unter den ‚Eingeborenen' eines Landes die diffuse Sorge um Kontrollverlust hervorrufen, die sich jenseits individueller ethnozentrischer Motivlagen in einem zunehmend immigrationsfeindlichen gesellschaftlichen Klima niederschlagen könnte. Ein solcher Mechanismus würde nicht nur zu den Befunden der Abbildung 6 passen, sondern könnte auch erklären, warum sich in anderen Studien – je nach Auswahl der Grundgesamtheit und Operationalisierung des Immigrationsfaktors – mal ein positiver und mal ein negativer Effekt von Immigration auf Abschottungstendenzen und artverwandte Phänomene zeigt (vgl. exemplarisch Fuchs, Gerhards und Roller 1993a und 1993b; Rosar 2001).

Sowohl für den Immigrantenanteil als auch für die geographische Nähe zu den Balkankonflikten steht jedoch noch die explizite Überprüfung ihrer Relevanz als Kontextmerkmale aus. Das angemessene Verfahren hierfür ist eine hierarchisch-lineare Regression. Ihre Befunde werden in Tabelle 2 vorgestellt. Auf der Individualebene wurde dabei die subjektive Wichtigkeit der Hautfarbe im Prinzip in der bekannten Form in die Berechnungen einbezogen. Neu ist nur, dass die Variable in der Analyse um den länderspezifischen Mittelwert zentriert wird. Dies vereinfacht die Interpretation der Befunde. Auf der Kontextebene wurde die geographische Nähe zum ehemaligen Jugoslawien als Dummyvariable codiert. Die betroffenen Länder bekamen dabei den Wert eins zugewiesen und alle übrigen ESS-Länder den Wert null. Da eine unmittelbare Vergleichbarkeit der Effektstärken wünschenswert ist, bei einer Mehrebenenanalyse aber nur unstandardisierte Regressionskoeffi-

*Tabelle 2:* Die Abschottungstendenz in den hierarchisch-linearen Modellen (unstandardisierte Regressionskoeffizienten)

| | | | Modell 1 | Modell 2 |
|---|---|---|---|---|
| Varianzaufteilung | | Kontextvarianz in % | 10.1 | |
| | | Parametervarianz $\beta_{0j}$ in % | 99.6 | |
| | | Parametervarianz $\beta_{1j}$ in % | 91.8 | |
| OLS-Ausgangsgleichung | | Interzept 1 | 2.43*** | |
| | | (Weiße Hautfarbe wichtig (: 10))[a] | .60*** | |
| | | $R^2$ in % | 6.6 | |
| Endmodelle | Interzept 1 | | | |
| | | Interzept 2 | 2.26*** | 2.26*** |
| | | Peripherie Balkankonflikte ( = 1) | .25* | .26* |
| | | Immigrantenanteil gering ( = 1) | .23* | – |
| | | Immigrantenanteil hoch ( = 1) | .10 | – |
| | | Immigrantenanteil nicht moderat ( = 1) | – | .21* |
| | (Weiße Hautfarbe wichtig (: 10))[a] | | | |
| | | Interzept 2 | .75*** | .75*** |
| | | Peripherie Balkankonflikte ( = 1) | –.18* | –.18* |
| | | Immigrantenanteil gering ( = 1) | –.20** | – |
| | | Immigrantenanteil hoch ( = 1) | –.27* | – |
| | | Immigrantenanteil nicht moderat ( = 1) | – | –.21** |
| | | $R^2_{Level1}$ in % | 9.7 | 9.8 |
| | | $R^2_{Level2}$ in % | 30.3 | 31.4 |
| | | $R^2_{Slope}$ in % | 39.6 | 41.7 |
| | | $N_{Level\,1}$ (ungewichtet) | 33.523 | 33.523 |
| | | $N_{Level\,2}$ (ungewichtet) | 21 | 21 |

[a] Zentriert um den Ländermittelwert $\overline{X}_{\bullet j}$ ; alle Berechnungen mit gewichteten Daten durchgeführt.
Signifikanzniveaus: * p ≤0.05; ** p ≤0.01; *** p ≤0.001.

zienten ausgewiesen werden, wurde auch der Immigrantenanteil in Form von Dummyvariablen in die Analyse eingeführt. Dazu wurden die ESS-Länder danach unterteilt, ob sie einen moderaten Immigrantenanteil aufweisen oder ob ihr Immigrantenanteil eher hoch bzw. eher gering ist. Welcher Immigrantenanteil als moderat, eher hoch oder eher gering gilt, wurde anhand der Abweichung vom Immigrantenanteil Schwedens bestimmt. Als eher gering gelten Immigrantenanteile, die nur halb so groß oder kleiner sind (≤ 7,2%). Als eher hoch gelten Anteile, die eineinhalb mal so groß oder größer sind (≥ 21,6%). Als moderat gelten entsprechend Immigrantenanteile, die zwischen 7,2% und 21,6% liegen.

Wie Endmodell 1 zeigt, ergibt sich in der hierarchisch-linearen Regression tatsächlich für die so codierten Kontextmerkmale ein bedeutsamer Effekt auf das länderspezifische Basisniveau der Abschottungstendenz und auf die Wirkung, die in den einzelnen Ländern vom Ethnozentrismusitem ausgeht. Die Einflüsse sind nahezu durchgängig stark und signifikant. Lediglich der Effekt, der von einem hohen Immigrantenanteil auf das Interzept 1 ausgeht, fällt aus dem Rahmen. Mit .10 ist er vergleichsweise schwach und er verfehlt zudem als einziger Effekt ein signifikantes Niveau. Ein Grund für diese ‚Schwäche' des Prädiktors könnte allerdings sein, dass mit der Schweiz und Luxemburg nur zwei Länder in der eben definierten Weise einen hohen Immigrantenanteil aufweisen und daher der Spielraum für Zufallsfehler extrem groß ist. Unter dieser Prämisse betrachtet, stellt die separate Einbeziehung der Länder mit hohem Immigrantenanteil über eine eigene Dummyvariable bereits einen verschärften Test der unterstellten Kausalbeziehung dar und es ist dann positiv hervor zu heben, dass die Effekte eines hohen Immigrantenanteils stets in die erwartete Richtung weisen.

Verzichtet man auf die Separierung von Ländern mit hohem und niedrigem Immigrantenanteil und führt stattdessen eine Dummyvariable in die Analyse ein, die alle Länder mit nicht-moderatem Immigrantenanteil zusammenfasst, so stellt sich ein durchgängig erwartungskonformer Befund ein. Alle Effekte der Kontextmerkmale sind signifikant und in etwa gleich stark. Sowohl die geographische Nähe zu den Konflikten des Balkans, als auch ein nicht-moderater Immigrantenanteil heben das durchschnittliche Basisniveau der Abschottungstendenz um gut 0,2 Skalenpunkte an und senken gleichzeitig den Einfluss individueller ethnozentrischer Prädispositionen um rund 0,2 Skalenpunkte. Die ermittelten Effektstärken des Immigrantenanteils stimmen dabei sogar erstaunlich gut mit dem Eindruck überein, den Abbildung 6 vermittelt hat.

## 6  Fazit: Ethnozentrismus, Immigration und die Balkankonflikte

Ausgangspunkt unserer Betrachtungen war die Frage, welche Haltung die Bürgerinnen und Bürger der ESS-Länder gegenüber Immigranten einnehmen und inwieweit diese Haltung durch ethnozentrische Ressentiments beeinflusst ist? Ergänzend wurde danach gefragt, ob die Transformationsgesellschaften Osteuropas oder Deutschland, als das Hauptzielland der Migrationsbewegung nach dem Ende des Kalten Krieges, eine Sonderstellung einnehmen und ob es aufgrund der doppelten Involvierung Ostdeutschlands einen Ost-West-Unterschied innerhalb Deutschlands gibt?

Bereits die Analysen zu den Forderungen an potentielle Immigranten haben gezeigt, dass weder Ost- und Westdeutschland noch die Länder Osteuropas signifikante Besonderheiten erkennen lassen. Und diese Einschätzung haben alle weiteren Untersuchungen bestätigt. Nicht bestätigt hat sich hingegen der erste Eindruck, dass individuelle ethnozentrische Prädispositionen für die Haltung gegenüber Zuwanderern von nachgeordneter Bedeutung sind. Bereits die Inspektion der Einstellungen zur Zuwanderung verschiedener Immigrantengruppen erbrachte entsprechende Indizien. Die anschließenden Kausalanalysen haben die Bedeutung ethnozentrischer Orientierungen dann erhärtet, gleichzeitig aber auch auf die relativierende Wirkung des Immigrantenanteils und der geographischen Nähe zu den kriegerischen und ethnisch motivierten Konflikten des Balkans verwiesen.

Diese relativierende Wirkung ist jedoch nicht gleichbedeutend mit einer Minderung der Abschottungstendenzen. Denn allein auf der Grundlage der geringen Verbreitung ethnozentrischer Denkmuster, wie sie mittels der subjektiven Wichtigkeit der Hautfarbe als Zuwanderungskriterium gemessen wurde, hätten sich in allen ESS-Ländern nur moderate Abschottungstendenzen gezeigt. Sowohl der Immigrationsfaktor als auch die Nähe zu den Balkankonflikten führen jedoch zu verstärkten Abschottungstendenzen. Sie provozieren eine Art ‚Wagenburg'-Mentalität, aus der heraus Immigration als Bedrohung erscheint und die eine grundsätzliche Abwehrhaltung entstehen lässt.

Eine solche Abwehrhaltung mag legitim erscheinen, wenn man berücksichtigt, dass der Umgang mit Immigration in die Souveränität der Nationalstaaten fällt und jede Gesellschaft daher das Recht hat, für sich zu entscheiden, wie vielen und welchen Immigranten die Zuwanderung erlaubt sein soll. Sie wird jedoch zu einem Problem, wenn man die Eigendynamik von Migrationsbewegungen und die zunehmende transnationale Verflechtung Europas berücksichtigt. Massive grenzüberschreitende Migration ist nach dem Ende des Ost-West-Konflikts in Europa zu einem Alltagsphänomen geworden und sie wird in Zukunft wohl noch an Bedeutung gewinnen. Die Ausrichtung der Wanderungsbewegungen kann sich jederzeit ändern und sie ist schon heute nur noch bedingt mit den Mitteln nationaler Politik beeinflussbar. Länder, die im Moment kaum von Zuwanderung betroffen sind, können morgen bereits zu den Hauptzielländern gehören. Besteht in ihnen eine grundsätzliche Abwehrhaltung gegen Zuwanderung, sind Spannungen und Konflikte vorprogrammiert.

Eine europaweit koordinierte und konsistente Einwanderungspolitik, die – soweit möglich – für eine gleichmäßige Verteilung der Zuwanderung sorgt und den Immigrantenanteil in den einzelnen Ländern auf einem moderaten Niveau hält, könnte hier vorbeugend wirken. Indem sie Lasten und Chancen der Zuwanderung besser verteilt, könnte sie undifferenzierten Abschottungstendenzen entgegenwirken und ihnen ihr Spannungspotential nehmen. Allerdings darf nicht übersehen werden, dass sich durch die Wirkung der Balkankonflikte gezeigt hat, dass das Ausmaß der Abschottungsbestrebungen einer Gesellschaft auch von externen Faktoren abhängen kann – Faktoren, die selbst bei einer engen Zusammenarbeit der Staaten Europas nur bedingt beeinflussbar sind, die aber jederzeit zu einem drastischen Anstieg der allgemeinen Abschottungstendenzen führen können.

## Literatur

Alba, Richard/Johnson, Michelle (2000): Zur Messung aktueller Einstellungsmuster gegenüber Ausländern in Deutschland. In: Alba, Richard/Schmidt, Peter/Wasmer, Martina (Hrsg.): Deutsche und Ausländer: Freunde, Fremde oder Feinde? Empirische Befunde und theoretische Erklärungen. Blickpunkt Gesellschaft 5. Wiesbaden: Westdeutscher Verlag, S. 229-253.
Alba, Richard/Schmidt, Peter/Wasmer, Martina, Hrsg. (2000): Deutsche und Ausländer: Freunde, Fremde oder Feinde? Empirische Befunde und theoretische Erklärungen. Blickpunkt Gesellschaft 5. Wiesbaden: Westdeutscher Verlag.
Baratta, Mario v. (Hrsg.) (2003): Der Fischer Weltalmanach 2003. Frankfurt a.M.: Fischer.
Baratta, Mario v. (Hrsg.) (2004): Der Fischer Weltalmanach 2004. Frankfurt a.M.: Fischer.
Bryk, Anthony S./Raudenbush, Stephen W. (1992): Hierarchical Linear Models: Applications and Data Analysis Methods. London: Sage.
Campbell, Donald T. (1965): Ethnocentristic and Other Motives. In: Robert A. Le Vine (Hrsg.): Nebraska Symposium on Motivation, Vol. 13. Lincoln: University of Nebraska Press, S. 283-311.
Ditton, Hartmut (1998): Mehrebenenanalyse. Grundlagen und Anwendungen des Hierarchisch Linearen Modells. Weinheim und München: Juventa.
Dollard, John/Miller, Neal E./Doob, Leonard W./Mowrer, O. H./Sears, Robert R. ([1939] 1964): Frustration and Aggression. New Haven und London: Yale University Press.
Durkheim, Emile ([1897] 1990): Der Selbstmord. Frankfurt a.M.: Suhrkamp.
Durkheim, Emile ([1930] 1992): Über soziale Arbeitsteilung. Frankfurt a.M.: Suhrkamp.
Engel, Uwe (1998): Einführung in die Mehrebenenanalyse. Opladen: Westdeutscher Verlag.
Eurostat (Hrsg.) (2000): Europäische Sozialstatistik. – Wanderung. Luxemburg: Amt für amtliche Veröffentlichungen der Europäischen Gemeinschaften.
Eurostat (Hrsg.) (2004): Eurostat Data Shop – Gratis-Informationen – 1.000 Tabellen. – Kostenlose Daten.

http://europa.eu.int/comm/eurostat/newcronos/queen/display.do?screen=welcome&open=/&product=YES&depth=2&language=de.

Fuchs, Dieter/Gerhards, Jürgen/Roller, Edeltraud (1993a): Ethnozentrismus und kollektive Identitätskonstruktionen im westeuropäischen Vergleich. In: Schäfers, Bernd (Hrsg.): Lebensverhältnisse und soziale Konflikte im neuen Europa. Verhandlungen des 26. Deutschen Soziologentages in Düsseldorf 1992. Frankfurt a.M.: Campus, S. 390-398.

Fuchs, Dieter/Gerhards, Jürgen/Roller, Edeltraud (1993b): Wir und die anderen. Ethnozentrismus in zwölf Ländern der europäischen Gemeinschaft. In: Kölner Zeitschrift für Soziologie und Sozialpsychologie 45, S. 238-253.

Fuchs, Marek (2003): Rechtsextremismus unter Jugendlichen. Zur Erklärungskraft verschiedener theoretischer Konzepte. In: Kölner Zeitschrift für Soziologie und Sozialpsychologie 55, S. 654-678.

Heitmeyer, Wilhelm (1991): Rechtsextremismus – „Warum handeln Menschen gegen ihre eigenen Interessen?". Köln: bund.

Heitmeyer, Wilhelm/Buhse, Heike/Liebe-Freund, Joachim/Möller, Kurt/Müller Joachim/Ritz, Helmut/Siller, Gertrud/Vossen, Johannes (1992): Die Bielefelder Rechtsextremismus-Studie. Weinheim: Juventa.

Heitmeyer, Wilhelm/Collmann, Birgit/Conrads, Jutta/Matuschek, Ingo/Kraul, Dietmar/Kühnel, Wolfgang/Möller, Renate/Ulbrich-Hermann, Matthias (1995): Gewalt. Schattenseiten der Individualisierung bei Jugendlichen aus unterschiedlichen Milieus. Weinheim: Juventa.

Le Vine, Robert A./Campbell Donald T. (1972): Ethnocentrism: Theories of Conflict, Ethnic Attitudes, and Group Behavior. New York: Wiley.

Meulemann, Heiner (2002): Perspektiven und Probleme internationaler Umfrageforschung. In: Statistisches Bundesamt (Hrsg.): Spektrum Bundesstatistik. Bd. 20: Aspekte internationaler und interkultureller Umfragen. Stuttgart: Metzler-Poeschel, S. 13-38.

Parsons, Talcott (1942): Democracy and Social Structure in Pre-Nazi Germany. In: Journal of Legal and Political Sociology 1, S. 96-114.

Rosar, Ulrich (2001): Ethnozentrismus in Deutschland. Eine komparative Analyse. Wiesbaden: Westdeutscher Verlag.

Rosar, Ulrich (2003): Die Einstellung der Europäer zum Euro. Ein Anwendungsbeispiel der Mehrebenenanalyse als Instrument komparativer Umfrageforschung. In: Pickel, Susanne/Pickel, Gert/Lauth, Hans-Joachim/Jahn, Detlev (Hrsg.): Vergleichende politikwissenschaftliche Methoden. Wiesbaden: Westdeutscher Verlag, S. 221-245.

Simmel, Georg ([1908] 1992): Soziologie. Frankfurt a.M.: Suhrkamp.

Scheuch, Erwin K. unter Mitarbeit von Hans D. Klingemann (1967): Theorie des Rechtsradikalismus in westlichen Industriegesellschaften. In: Ortlieb, Heinz-Dietrich/Molitor, Bruno (Hrsg.): Hamburger Jahrbuch für Wirtschafts- und Gesellschaftspolitik, 12. Jahr. Tübingen: J.C.B. Mohr (Paul Siebeck), S. 11-29.

Snijders, Tom A. B./Bosker, Roel J. (1999): Multilevel Analysis. An Introduction to Basic and Advanced Multilevel Modeling. London: Sage.

Sumner, William G. (1906/1959): Folkways. A Study of the Sociological Importance of Usages, Manners, Customs, Mores, and Morals. New York: Dover Publications.

Terwey, Michael (2000): Ethnozentrismus in Deutschland: Seine weltanschauliche Konnotation im sozialen Kontext. In: Alba, Richard/Schmidt, Peter/Wasmer, Martina (Hrsg.): Deutsche und Ausländer: Freunde, Fremde oder Feinde? Empirische Befunde und theoretische Erklärungen. Blickpunkt Gesellschaft 5. Wiesbaden: Westdeutscher Verlag, S. 295-331.

Wagner, Ulrich/Zick, Andreas (1992): Sozialpsychologische Überlegungen zu Vorurteilen und Rassismus. In: Benz, Wolfgang (Hrsg.): Jahrbuch für Antisemitismusforschung 1. Frankfurt a.M.: Campus, S. 237-252.

Wagner, Ulrich/Zick, Andreas (1998): Ausländerfeindlichkeit, Vorurteile und diskriminierendes Verhalten. In: Bierhoff, Hans W./Wagner, Ulrich (Hrsg.): Aggression und Gewalt. Phänomene, Ursachen und Interventionen. Stuttgart: Kohlhammer, S. 145-164.

Wasmer, Martina/Koch, Achim (2000): Ausländer als Bürger 2. Klasse? Einstellungen zur rechtlichen Gleichstellung von Ausländern. In: Alba, Richard/Schmidt, Peter/Wasmer, Martina (Hrsg.): Deutsche und Ausländer: Freunde, Fremde oder Feinde? Empirische Befunde und theoretische Erklärungen. Blickpunkt Gesellschaft 5. Wiesbaden: Westdeutscher Verlag, S. 254-293.

Zick, Andreas (1997): Vorurteile und Rassismus. Eine sozialpsychologische Analyse. Münster: Waxmann.

# Weltanschaulicher und ökonomischer Liberalismus

*Tilo Beckers*

## 1 Varianten des zeitgenössischen Liberalismus

*1.1 Forschungsleitende Fragestellung*

Der Liberalismus ist als politische Ideologie und als Bündel politischer Grundwerte häufiger Forschungsgegenstand der politischen Theorie als der vergleichenden Umfrageforschung. Die politische Theorie und Philosophie konzentriert sich stark auf formale Aspekte der Theoriebildung und den materialen Gehalt des Liberalismus (Rawls 1992; Dworkin 1990; Ackerman 1980; Taylor 1993). Die Umfrageforschung und das empirische Paradigma hingegen sind traditionell mit Fragen der Messung von Werten und adäquaten Skalierungen befasst (Rokeach 1973; Cochrane, Billig und Hogg 1979; Ray 1982; Heaven 1990). Die jüngere empirische Forschung überprüft dabei weniger die Grundsätze des Liberalismus als vielmehr die konventionellen dichotomen Einstellungsdimensionen *links-rechts* und *libertarian-authoritarian* (Evans und Heath 1995; Evans, Heath und Lalljee 1996; Middendorp 1992; Heath et al. 1999). Die Forschungsinteressen der sozialwissenschaftlichen Umfrageforschung und der politischen Theorie gelten also weitgehend unterschiedlichen Gegenstandsbereichen.

In dieser Untersuchung hingegen werden analytische Verbindungen zwischen Einstellungen im Werthorizont *libertarian* und einer Weltanschauung im Spektrum des *Liberalismus* hergestellt. Dabei dient die Verbreitung und Erklärung des Liberalismus in Ost- und Westdeutschland und in Ost- und Westeuropa als Anwendungsfall. Dazu wird der Liberalismus als zeitgenössische politische Ideologie zunächst entlang einiger seiner dogmatischen Grundsätze operationalisiert, um dann individuell geäußerte politische Einstellungen u.a. durch dahinter stehende politische Selbsteinstufungen und Werte zu erklären.[1] Bei der Zusammenstellung der Indikatoren handelt es sich nicht um eine systematische Auswahl, da in der ersten Welle des *European Social Survey* (ESS) nur eine begrenzte Anzahl von Themen abgefragt wurde, die nur Teildimensionen dessen beleuchten, was unter Liberalismus politisch und kulturell verstanden werden kann. Anders als etwa im *British Social Attitudes Survey* (Jowell et al. 1992) stand also kein umfangreiches Indikatorenset zur Verfügung, um Skalierungsvarianten und Aquieszenz-Responsesets zu testen (vgl. Evans und Heath 1995; Evans, Heath und Lalljee 1996).

Daher werden hier zwei Varianten aus dem Spektrum liberaler Grundhaltungen im europäischen Vergleich untersucht. Zunächst werden die historischen Wurzeln liberaler Grundideen dargestellt, um zu verdeutlichen, dass heute öffentlich als liberal eingestufte Grund*haltungen* aus liberalen Grund*sätzen* ableitbar sind (Abschnitt 1.2). Dann werden die Verteilungshypothesen formuliert (Abschnitt 1.3). Die folgenden forschungsleitenden Fra-

---

[1] Diese Untersuchung setzt sich allerdings nicht das Ziel, die gerechtigkeitstheoretischen (vgl. Rawls 1992) oder deliberativen (vgl. Ackerman 1980) Konstruktionsprinzipien liberaler Theorien nachzuvollziehen.

gen gliedern den Beitrag im Weiteren und werden jeweils für die Unterschiede zwischen Ost- und Westdeutschland sowie die Stellung der Teile Deutschlands im Vergleich Ost- und Westeuropas gestellt:

1. Sind die aus der politischen Theorie abgeleiteten analytischen Varianten des Liberalismus auch empirisch voneinander unterscheidbar? (Abschnitt 2)
2. Kann die in der empirischen Politikwissenschaft gängige subjektive Selbsteinstufung auf der *Links-Rechts-Skala* substitutiv zur Bestimmung der Varianten des Liberalismus herangezogen werden? (Abschnitt 3.4.1)
3. Wirkt die aus der sozialwissenschaftlichen Forschung übernommene Dichotomie *libertarian-authoritarian* als Prädiktor des Liberalismus? (Abschnitt 3.4.2)
4. Und schließlich: Ob und inwiefern führt die Erklärung der beiden Varianten des Liberalismus zu unterscheidbaren Modellen, die in ihrer Abbildung als Einstellungsmuster in unterschiedlicher Weise erklärt werden müssen? (Abschnitt 4)

Im Mittelpunkt der Untersuchung stehen im Anschluss an die theoretischen Erörterungen die empirischen Fragen 2-4.

## 1.2 Grundgedanken des Liberalismus in Europa

Der Liberalismus ist als prägende politische Ideologie in Europa seit dem 18. Jahrhundert in Philosophie und politischer Theorie ebenso verwurzelt wie in der politischen Praxis.[2] Die allgemeinen liberalen Prinzipien der Menschen- und Bürgerrechte, des Verfassungs- und Rechtsstaates und der Gewaltenteilung sind heute wichtige Grundlage moderner, insbesondere westlicher Demokratien und den Bürgern so selbstverständlich, dass sie nicht mehr als liberale Errungenschaften auffallen (Göhler 2002: 211).

Alle liberalen Prinzipien sind aber dadurch identifizierbar, dass sie theoretisch auf einen gemeinsamen Kern verweisen: die *Freiheit* und die hieraus resultierende *gesellschaftliche Offenheit*. Die individuelle Freiheit ist die Freiheit vor dem willkürlichen Zwang durch andere bzw. der Beschränkung des Zwangs auf das Minimum, also die Durchsetzung notwendiger allgemeiner Verhaltensregeln im Recht (Hayek 1979: 22ff.) und mündet im Austauschmodell des Marktes als Paradigma individueller Freiheit (Homann 1983: 327; vgl. auch Bouillon 1997). Die Verhaltensregeln sind dann wesentliche „Voraussetzungen für die Aufrechterhaltung einer sich selbst bildenden oder spontanen Ordnung des Handelns der verschiedenen Individuen und Gruppen" (Hayek 1979: 26).

Die liberale Freiheitsidee ist im Sinne des Austauschmodells des Marktes eng verbunden mit der Idee der daraus resultierenden gesellschaftlichen Offenheit (vgl. Mill 1974). Sie fußt also auf der Überzeugung, dass die freie Entfaltungsmöglichkeit der Individuen nach Maßgabe ihrer persönlichen Interessen gleichzeitig die Verwirklichung anderer, überpersönlicher Werte befördert und damit einen gesellschaftlichen Harmoniezustand und größtmöglichen gesellschaftlichen Fortschritt bewirkt im Sinne von Adam Smiths Theorem der

---

[2] Vgl. zur Geschichte des Liberalismus und seiner Phasen Schiller (1998) und ausführlicher Döhn (1974/75: 10ff.) sowie Bramsted und Melhuish (1978). Die historische Entwicklung wird hier außer Acht gelassen. Der Liberalismus wird zwar nicht als geschlossene Theorie betrachtet (Döhn 1974/75: 7), wohl aber sollen wenige Grundprinzipien als Ausgangspunkt für die empirische Untersuchung genommen werden.

unsichtbaren Hand (Hillmann 1994: 491). Aus dem allgemein definierten natürlichen Freiheitsrecht des Menschen werden das Recht auf (Rechts-)Sicherheit und der Schutz vor Willkür, das Recht auf Leben und Eigentum abgeleitet.[3]

Diese liberale Gesellschaft freier Menschen wird im Lichte des *weltanschaulichen Liberalismus* zudem als eine im labilen Gleichgewicht befindliche, gegenüber möglichen Zukunftsperspektiven ebenso wie für das individuelle soziale Erfolgsstreben ihrer Mitglieder „offene" Gesellschaft im Sinne von Karl R. Popper interpretiert (Hillmann 1994; Popper 1992). In dieser Untersuchung wird diese gesellschaftliche Offenheit am Beispiel der Erwartungen an den Umgang des politischen Gemeinwesens mit Tradition und Religion analysiert. Der *weltanschauliche Liberalismus* befürwortet im Sinne der Freiheit und marktähnlichen gesellschaftlichen Offenheit kulturelle Vielfalt, sei es in Fragen von Moral und Religion oder der Ablehnung einheitlicher Traditionen, die zur Erzielung einer normativen Leitkultur eingesetzt werden. Diese Variante des Liberalismus zeichnet sich also durch ihren kulturellen Pluralismus und *Anti-Partikularismus* aus. Ebenso wie in der Ökonomie in möglichst weiten Teilen den so genannten „freien Kräften" des Marktes und der Konkurrenz der Anbieter und Arbeitnehmer die Austarierung eines wirtschaftlichen Gleichgewichts überlassen wird, gilt im weltanschaulichen Liberalismus, dass gesellschaftliche Integration und die soziale Einheit eines Gemeinwesens nicht von der Einheitlichkeit von Weltanschauungen und Traditionen abhängt.[4]

Die genannten Grundsätze des Marktmodells gelten wie bereits angedeutet für eine weitere Wertsphäre der Gesellschaft, das Wirtschaftssystem, das für den *ökonomischen Liberalismus* zentral ist. Die Prinzipien der Freiheit und der gesellschaftlichen Offenheit implizieren auch, dass die bürgerliche Selbständigkeit lediglich Chancengleichheit fordert, nicht aber wie etwa im Sozialismus oder bisweilen im christlichen Konservatismus Solidarität mit den Schwachen oder die Verwirklichung sozialer Gleichheit. Diese Anliegen sind ebenso wie die Idee distributiver Gerechtigkeit dem Liberalismus ursprünglich fremd (Göhler 2002: 219; Hayek 1979: 33). Ganz im Gegenteil wird unterstellt, dass der „ungleiche Besitz von Eigentum ... doch die Voraussetzung für die Freiheit und den Wohlstand vieler, auch in Form von Eigentum, schafft" (Döhn 1974/75: 6). Allerdings wird gefordert, dass der Staat, der Bedingungen des Handelns der Bürger definiert, diese auf alle in gleicher Weise anwendet, also von rechtlichen Privilegien oder der Verleihung bestimmter Vorteile absieht. Der Kampf um formale Gleichheit ist anders als der um materielle Gleichheit somit Wesensmerkmal der liberalen Tradition (Hayek 1979: 34). Der ökonomische Liberalismus

---

[3] So etwa in der frühliberalen Theorie bei John Locke, für den die Unverbrüchlichkeit des Eigentums als Naturrecht, die politische Mitsprache und die Kontrolle der Eigentümer zentrale Anliegen darstellen (vgl. Göhler 2002: 216). Zur zentralen Bedeutung des Privateigentums als der Freiheit neben- bzw. sogar übergeordnetes Prinzip im Liberalismus vgl. Döhn (1974/75: 4ff.), auch unter Verweis auf den klassischen Liberalismus bei Wilhelm von Humboldt (1995). In dieser Untersuchung wird der Freiheit gegenüber dem Eigentum die grundlegendere Bedeutung im Liberalismus zugemessen.

[4] Im Zentrum einer eng verwandten Variante des Liberalismus steht die freie Entfaltung des Individuums, die in zweierlei Hinsicht als wichtiges Prinzip gilt: zum einen als die Verankerung positiver Freiheiten des Individuums als zentraler Rechtsperson (z.B. bürgerliches Wahlrecht, Meinungsfreiheit) sowie zum anderen als negativer Freiheiten der Privatperson vor dem Staat (z.B. Freizügigkeit, Schutz vor staatlicher Willkür wie im Falle der technischen Telefon- und Wohnraumüberwachung u.a.). Die individuelle Entfaltung ist gegen alle Eingriffe von außen zu schützen. „Dem Staat ist keinerlei Zugriff auf die moralische Lebensführung seiner Bürger zugebilligt, und er darf diese in einer politischen Ordnung nach Vernunftprinzipien auch nicht voraussetzen" (Göhler 2002: 218). Diese Variante des *bürgerrechtlichen Liberalismus* kann im Rahmen dieses Beitrags nicht dargestellt werden, wird aber durch Fragen zu sozialen wie formalen Minderheitenrechten (Homosexuelle und Zuwanderer) im ESS abgebildet.

stellt also die maximale wirtschaftliche Freiheit der Privatperson und des Unternehmers und deren Unabhängigkeit vom Staat in den Mittelpunkt (vgl. Leontovitsch 1980: 39f.). Diese ökonomische Freiheitsidee des Marktmodells wird hier am Beispiel des Prinzips der Nichteinmischung des Staates in das Wirtschaftsgeschehen und den freien Leistungswettbewerb in Augenschein genommen.[5] Zwei Aspekte sind zu unterscheiden: zum ersten die Nichteinmischung in die wirtschaftlichen Eigeninteressen des Einzelnen, zum zweiten aber auch das politische Postulat der Nichteinmischung in die Freiheit der Lohnabschlüsse und die natürliche Ungleichheit von individuellen Leistungserträgen. Der zweite Aspekt, der hier als *Anti-Paternalismus* bezeichnet werden soll und derart öffentlich präsent ist, wird in dieser Untersuchung hervorgehoben.[6]

*1.3 Hypothesen zur Verbreitung des Liberalismus in Europa*

Die Grundforderungen nach der Freiheit der Person von geistigem, politischem und sozialem Zwang und der Zuteilung der sozialen Chancen nach den Prinzipien der Gleichheit und des freien Leistungswettbewerbes anstelle ständischer Ordnung stützen sich heute auf die Verwirklichung von Demokratie anstelle von Alleinherrschaft oder oligarchischer Gruppenmacht sowie die Rechtsstaatlichkeit, die beispielsweise erst den wirksamen Schutz des Privateigentums ermöglicht. Als äußere Rahmenbedingung des Liberalismus interpretiert, war die Demokratie in der Geschichte Europas aber in stabiler Weise in vielen Staaten selten gegeben. Die Teilung Europas in die Systemblöcke nach dem Zweiten Weltkrieg hat die Verbreitung und Verwirklichung eines liberalen politischen Systems im östlichen Teil Europas durch den sowjetischen Typ des „Parteistaats" über rund vier Jahrzehnte verhindert (Poggi 1990: 154ff.), während in der gleichen Zeitspanne die westlichen Demokratien Grundsätze des Liberalismus in ihren Verfassungen verankert, in ihren Wirtschaftssystemen zugelassen und in ihren Gesellschaften gelebt haben. Rund 15 Jahre nach dem allmählichen Zusammenbruch der Sowjetunion und der Unabhängigkeit der osteuropäischen Staaten vom staatssozialistischen Gesellschaftsmodell sowie ihrer gleichzeitigen politischen, sozialen und kulturellen Annäherung an westliche, kapitalistisch organisierte Marktgesellschaften werden die Wirkungen des Bündels gesellschaftlicher Veränderungen in dieser Untersuchung auf der Ebene individueller Einstellungen ausgemessen.

---

[5] Ähnlich wie im wirtschaftlichen Freiheitsmodell des Marktes wird in Politik und Recht in einer weiteren Variante des Liberalismus die größtmögliche Freiheit der Bürger gegenüber autoritativen und dirigistischen Eingriffen und Kontrollen des Staates gefordert, so etwa in der Versammlungs- und Assoziationsfreiheit. Ebenso wird der Vollzug ethischer Normen wie sozialer Orientierung im Kontext politischer Gruppenbildung als persönliche Entscheidung verlangt, die frei ist von Fremdbestimmung, sei diese staatlicher Natur oder durch privilegierte Gruppen bedingt. Aufgabe des Staates soll es demgegenüber lediglich sein, „den Raum für diese persönlichen Entscheidungen ‚frei' zu halten, indem er [...] eine schiedsrichterliche Überwachung aller frei und selbständig zwischen den Bürgern eingegangenen gegenseitigen Verpflichtungen" garantiert (Hillmann 1994: 490f.). In dieser Untersuchung wird diese Variante des *rechtsdogmatischen Liberalismus*, die im ESS durch das Prinzip der freien politischen Assoziation (Frage von Parteiverboten) eindeutig vertreten ist, nicht weiter verfolgt, da ihre Behandlung insbesondere im Zusammenhang mit dem bürgerrechtlichen Liberalismus eine umfangreiche Analyse des Unterschieds zwischen solchen Rechten zur Freiheit der Person und jenen zur Freiheit der Assoziation erfordert.

[6] Während der Anti-Paternalismus sich gegen den Versorgungs- und Umverteilungsstaat richtet, weist der Anti-Autoritarismus die politische und moralische Bevormundung durch den Staat zurück, was in der Tradition Lockes auch im Widerstandsrecht eines jeden einzelnen gegen staatliche Rechtsbrüche münden kann. Diese Haltung findet sich im hier nicht weiter thematisierten *rechtsdogmatischen Liberalismus* (vgl. Fußnote 5).

Von diesen historischen Überlegungen ausgehend wird durch Hinzuziehung eines kosten-nutzenökonomischen Arguments die folgende *generelle Häufigkeitshypothese* (1) aufgestellt, die nicht zwischen der Verbreitung in Ost- und Westeuropa bzw. Ost- und Westdeutschland unterscheidet. Der weltanschauliche Liberalismus sollte in Ost- wie Westeuropa häufiger als der ökonomische Liberalismus auftreten, da der Einzelne hierdurch anders als bei marktökonomischen Zusammenhängen in der Regel keinen unmittelbaren Verlust erleidet.

Für den Vergleich zwischen Ost- und Westeuropa bzw. Ost- und West-Deutschland gelten die *differenziellen Häufigkeitshypothesen* (2.a-b): Der kulturelle Pluralismus ist ein in demokratischen Marktgesellschaften verbreitetes Muster. Der weltanschauliche Liberalismus sollte daher und aufgrund der längeren Erfahrung einer offenen Gesellschaft in Westeuropa ausgeprägter sein als in Osteuropa (2.a). Für den ökonomischen Liberalismus sei die folgende Überlegung zielführend: Da die Vorzüge materieller Art am unmittelbarsten negativ wie positiv spürbar sind, sollten die Ähnlichkeiten zwischen Ost und West hier stärker ausfallen, der Liberalismus im Westen aber wiederum aufgrund der längeren historischen Erfahrung ausgeprägter sein (2.b).

## 2 Zwei Varianten des Liberalismus im *European Social Survey*

### 2.1 Hinweise zur Darstellung

Im *European Social Survey* werden für alle hier diskutierten Items des Zielkonzepts Ratingskalen vorgegeben, die von 1 ‚stimme stark zu', 2 ‚stimme zu' über das Skalenmittel 3 ‚weder noch' bis zu 4 ‚lehne ab' und 5 ‚lehne stark ab' reichen. Die dem Befragten als Stimuli vorgelegten Aussagen sind dabei als Likert-Skalen vorgelegt worden. Um für die im Folgenden diskutierten Analysen eine einheitliche und dem Zielkonzept Liberalismus entsprechende Interpretation der Daten zu gewährleisten sind alle Skalen so rekodiert worden, dass geringe Werte (1) einen schwach ausgeprägten und hohe Werte (5) einen stark ausgeprägten Liberalismus kennzeichnen.

Der Darstellung der Operationalisierung ist jeweils die Analyse der Verteilungen angeschlossen. Dazu werden *erstens* der Liberalismus in den beiden deutschen Landesteilen, den westlichen und den östlichen Bundesländern, zunächst untereinander anhand der relativen Häufigkeiten und Mittelwerte verglichen und dann *zweitens* in Bezug gesetzt zu den jeweiligen Regionen Europas entlang der ehemaligen Blöckeaufteilung; dies geschieht ohne die Einbeziehung Deutschlands in die jeweiligen Teile Europas, um Deutschland jeweils kontrastiv zum Rest Europas vergleichen zu können (ohne Tab.). Ergänzt wird die Analyse *drittens* durch einen Vergleich der Mittelwerte der beiden deutschen Landesteile mit den anderen Staaten Europas.

Dabei sind in Abbildung 1 für jeweils zwei Items für jede Variante des Liberalismus folgende Daten dargestellt: *erstens* werden die gewichteten arithmetischen Mittelwerte der Einzelstaaten für beide Items abgetragen; *zweitens* werden die Mittelwerte aus den auf eine einheitliche Stichprobengröße (N = 2000) gewichteten Einzelmitteln für West- bzw. Osteuropa als Horizontalbalken dargestellt, so dass ein Vergleich sowohl der Einzelstaaten mit dem Mittel möglich ist als auch die Position West- bzw. Ostdeutschlands im Verhältnis zu den Mittelwerten West- bzw. Osteuropas bestimmt werden kann.

*2.2 Weltanschaulicher Liberalismus als Anti-Partikularismus*

*Operationalisierung und Items im ESS*

Der weltanschauliche Liberalismus wird im ESS durch zwei Stimuli operationalisiert. Das entsprechend des liberalen Pols hier ‚Traditionsvielfalt' genannte Item gibt folgende Aussage vor: „Es ist besser für ein Land, wenn fast alle dieselben Bräuche und Traditionen haben". Diese Aussage bezieht sich auf die Basis der Verfassung eines politischen Gemeinwesens bzw. die Integration einer sozialen und kulturellen Gemeinschaft und misst die Zustimmungstendenz zum kulturellen Pluralismus. In ähnlicher Weise operiert das zweite ausgewählte Item ‚Religionsvielfalt', das entsprechend des Zielkonzepts Liberalismus kodiert ist: „Es ist besser für ein Land, wenn es eine Vielfalt unterschiedlicher Religionen gibt".

Die liberalen Pole beider Items implizieren die Vorstellung einer Gesellschaft, in der nicht notwendigerweise einheitliche kulturelle Standards für alle Gesellschaftsmitglieder vorgegeben sind oder deren Erfüllung als verbindlich oder verpflichtend erwartet wird, sondern vielmehr gesellschaftliche Offenheit besteht und nach Maßgabe des Prinzips der individuellen Freiheit jeder Bürger das Recht hat, seinen ihm eigenen Überzeugungen nach zu leben, seien diese durch Kultur, Tradition, Sitte oder Religion begründet. Dieses Prinzip referiert auf die liberale Ablehnung des Kollektivismus:

„Liberals [...] insist that we have an ability to detach ourselves from any particular communal practice. No particular task is set for us by society, and no particular cultural practice has authority that is beyond individual judgement and possible rejection." (Kymlicka 1989: 50)

*Verteilungen und Kennwerte im deutsch-deutschen und Ost-West-Vergleich*

33% der Westdeutschen und 29% der Ostdeutschen halten gleiche Bräuche und Traditionen nicht für notwendig (Skalenwerte 4 und 5; ohne Tab.). Ein größerer Anteil der Deutschen denkt allerdings umgekehrt, weswegen die Mittelwerte ($M_{DW}$ = 2.91, $M_{DO}$ = 2.80) leicht unterhalb des Skalenmittels liegen bei einer etwa gleichen Streuung. Insgesamt kann für Deutschland von einem einheitlichen Meinungsbild und einer Ambivalenz zwischen Traditionalität und Modernität in den Einstellungen gesprochen werden. Nur geringfügig liberaler sind die Einstellungen zur Vielfalt unterschiedlicher Religionen, die im Westen 35% ($M_{DW}$ = 3.02) und im Osten 31% der Befragten befürworten ($M_{DO}$ = 2.95). In dieser Frage liegt der Liberalismus im Westen also ebenfalls um 4 Prozentpunkte höher.

Im Vergleich mit Ost- bzw. Westeuropa zeigt sich ein jeweils größerer Liberalismus in Deutschland (ohne Tab.). In Westeuropa lehnen 50% der Befragten und somit rund 11% mehr als in Westdeutschland den Traditionspluralismus ab. In Osteuropa sind dies sogar gut zwei Drittel der Befragten gegenüber 41% im Osten Deutschlands. Wie vorhergesagt zeigt sich also hier ein deutlicher Unterschied zwischen Ost- und Westeuropa, was die Internalisierung postmaterialistischer Werthaltungen (Inglehart 1997) betrifft. In weniger deutlicher Weise betrifft dies auch die Haltung gegenüber religiöser Vielfalt. Die Westeuropäer sind hier durchschnittlich genauso liberal wie die Westdeutschen ($M_W$ = 3.02), während die Osteuropäer ($M_{EO}$ = 2.88) geringfügig weniger liberal sind als die Ostdeutschen ($M_{DO}$ = 2.95). Insgesamt ist hier eine noch deutlichere Ambivalenz als bei der Traditionsvielfalt in der Bevölkerung zu bemerken, die in der starken Besetzung der Skalenmittelkategorie zum Ausdruck kommt.

Auffälligstes Kennzeichen im Vergleich von Ost- und Westeuropa (Abbildung 1) ist die – insbesondere im Vergleich zu Deutschland – relativ größere Meinungsinkonsistenz in Osteuropa, wo über alle Staaten eine deutlich größere Aufgeschlossenheit gegenüber Religions- als Traditionsvielfalt herrscht. Während Ostdeutschland sich nicht mehr deutlich von Westdeutschland unterscheidet und insofern ein westeuropäisches Land ist, gilt für den Osten Europas mit Ausnahme Polens zwar eine durchschnittlich beinahe ebenso ausgeprägte religiöse Toleranz wie im Westen Europas, die Vielfalt unterschiedlicher Traditionen hingegen liegt etwas deutlicher, aber weit weniger als in Hypothese 2.a erwartet unter westeuropäischem Niveau ($\Delta = 0.24$). Der religiöse und kulturelle Pluralismus trennt also Osteuropa nicht in relevantem Maße von Westeuropa. Europa ist in dieser Frage bereits weitgehend einig.

*Abbildung 1:* Arithmetische Mittelwerte für den weltanschaulichen und den ökonomischen Liberalismus in den Ländern und in Ost und West

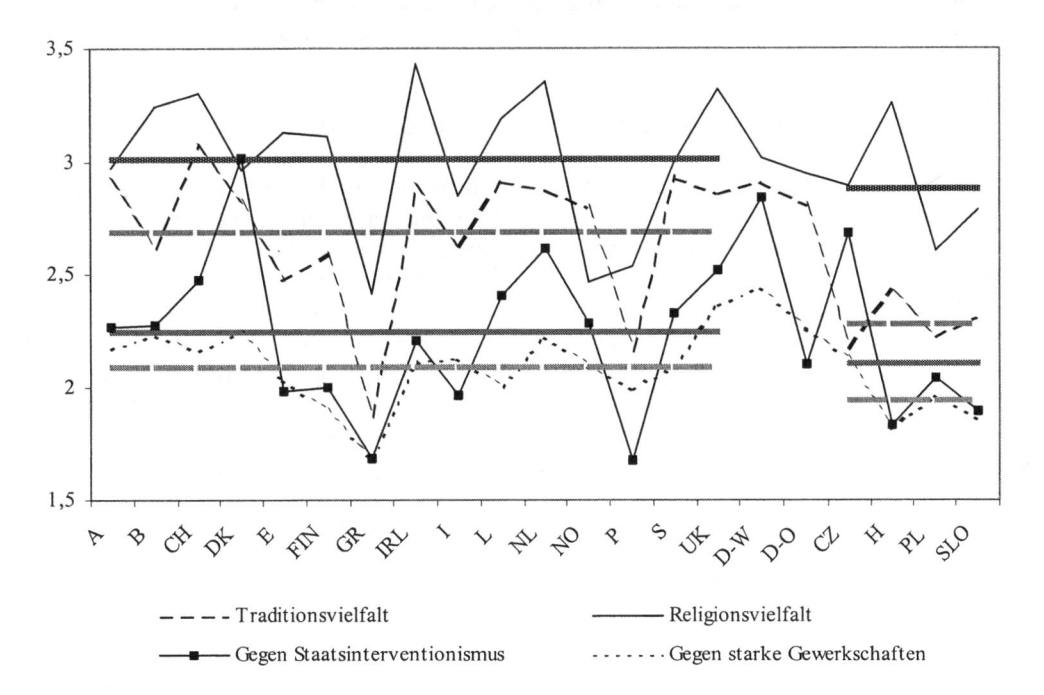

## 2.3 Ökonomischer Liberalismus als Anti-Paternalismus

*Operationalisierung und Items im ESS*

Zentrales Merkmal einer ökonomisch liberalen Position ist die Ablehnung des Staatsinterventionismus als paternalistisches Verhalten. Eine Frage im ESS richtet sich gegen den Eingriff des Staates bezogen auf das Einkommensniveau und greift damit das liberale Plädoyer gegen die Herstellung von Ergebnisgleichheit auf, da hier übergeordnete soziale bzw. politische Einheiten bestehende ökonomische Risiken abfedern bzw. verhindern sollen (vgl. zur Unterscheidung von Leistungs- und Ergebnisgleichheit den Beitrag über dieses Thema von Heiner Meulemann in diesem Band): „Der Staat sollte Maßnahmen ergreifen, um Einkommensunterschiede zu verringern". Dieses Item wird im Folgenden im Sinne des liberalen Pols ‚Gegen Staatsinterventionismus' genannt. In gleicher Weise spiegelt auch ein weiteres Item ‚Gegen Hilfe starke Gewerkschaften' in seiner ursprünglichen Formulierung diesen Wunsch nach Sicherheit und Schutz vor Ausbeutung wider: „Arbeitnehmer brauchen starke Gewerkschaften, um ihre Arbeitsbedingungen und Löhne zu sichern". Wiederum wird die Neigung zum Egalitarismus deutlich, die im ersten Fall als Aufforderung an den Staat, im zweiten Fall an mächtige korporative Akteure gerichtet ist.[7]

*Verteilungen und Kennwerte im deutsch-deutschen und Ost-West-Vergleich*

Der ökonomische Liberalismus ist in Westdeutschland durchschnittlich stärker ausgeprägt als in Ostdeutschland (Abbildung 1). Dies gilt allerdings in erster Linie für die Befürwortung des Staatsinterventionismus, der in Westdeutschland von 75% der Befragten unterstützt wird ($M_{DO}$ = 2.84) gegenüber nur 46% in Ostdeutschland ($M_{DW}$ = 2.10). Während im Westen jeder Dritte im Sinne einer liberalen Konzeption Eingriffe des Staates zur Verminderung von Einkommensunterschieden ablehnt, ist im Osten bloß jeder Neunte dieser Ansicht. Überraschend gering sind die Unterschiede hingegen bei der Bewertung der Notwendigkeit von Gewerkschaften. Während im Osten 70% meinen, man bräuchte starke Gewerkschaften, um Arbeitsbedingungen und Löhne zu sichern, sind dies im Westen geringfügig weniger (62%), weswegen die mittlere Zustimmung im Westen etwas höher liegt ($M_{DW}$ = 2.44, $M_{DO}$ = 2.26).

Im Vergleich zu den Teilen Europas zeigt sich sowohl für Ost- insbesondere aber für Westdeutschland ein jeweils ausgeprägterer Liberalismus (Abbildung 1). Während Ostdeutschland deutlich liberaler hinsichtlich der Notwendigkeit von Gewerkschaften ist als Osteuropa ($M_{EO}$ = 1.94), zeigt sich für Westdeutschland im Vergleich mit Westeuropa eine ausgeprägt liberale Position sowohl für die Einkommensunterschiede ($M_{EW}$ = 2.24) als auch die Rolle der Gewerkschaften ($M_{EW}$ = 2.09). In der Ablehnung des Staatsinterventionismus liegt die Zustimmung für Westdeutschland also um 0.6 Skalenpunkte höher und damit am höchsten im Vergleich mit allen anderen Staaten Europas (mit Ausnahme von Dänemark). Offensichtlich hat die Frage mit dem Einkommen einen konkreteren lebensweltlichen Be-

---

[7] Der ESS beinhaltet ein weiteres Item zum ökonomischen Liberalismus, das hier nicht diskutiert wird, da es in Korrelations- und Faktorenanalysen in keiner Weise mit dem theoretischen Konzept zur Übereinstimmung gelangt ist, obwohl eine semantische Verwandtschaft mit den hier diskutierten Items gegeben ist: „Je weniger der Staat in die Wirtschaft eingreift, desto besser ist das für Deutschland [bzw. anderer Landesname; TB]."

zug, der die möglichen Folgen staatlicher Untätigkeit, nämlich eine antizipierte Kluft zwischen Arm und Reich verdeutlicht. In Westeuropa fällt die liberale Position bei dieser Frage etwas stärker aus als in Osteuropa. Betrachtet man schließlich die Streuung der Mittelwerte zum ökonomischen Liberalismus in Europa (Abbildung 1), so fällt zunächst die Sonderstellung Westdeutschlands auf, das als einziges Land zwei sehr hohe Platzierungen erreicht. Westdeutschland ist damit deutlich wirtschaftsliberaler als alle anderen betrachteten europäischen Staaten, was angesichts der Realität deutscher Wirtschaftspolitik doch überrascht und zum Zeitpunkt der Befragung möglicherweise auch als eine Reaktion auf die forcierte Debatte zur *Agenda 2010* gedeutet werden kann.

Die Tendenzen in der Bewertung des ökonomischen Liberalismus laufen auf eine stärkere Ablehnung in Süd- und Osteuropa hinaus und eine stärkere Befürwortung im zentralen West- und Nordeuropa. Neben Westdeutschland sind das Vereinigte Königreich, die Niederlande, Dänemark und die Schweiz besonders wirtschaftsliberal. In Osteuropa erreicht Tschechien wirtschaftsliberale Werte auf hohem westeuropäischem Niveau nur knapp hinter Dänemark und Westdeutschland. Die anderen osteuropäischen Länder sind weniger wirtschaftsliberal.

*2.4 Zusammenfassung*

Sowohl in Ost- als auch in Westeuropa ist der weltanschauliche Liberalismus häufiger verbreitet als der ökonomische. Die generelle Häufigkeitshypothese 1 wird also bestätigt. Die Zustimmungsdifferenzen zwischen den beiden Varianten werden in Osteuropa allerdings nur für die Religionsvielfalt eindeutig belegt. Die Zustimmung zur Traditionsvielfalt hingegen fällt in Osteuropa deutlich zurückhaltender und nur geringfügig höher aus als die zum ökonomischen Liberalismus. Um diesen Ost-West-Unterschieden gerecht zu werden, sollen die bivariaten Analysen der Liberalismus-Indikatoren für Ost- und Westeuropa daher getrennt erfolgen.

Gemäß den differenziellen Häufigkeitshypothesen gilt, dass der weltanschauliche Liberalismus im Westen eine durchschnittliche höhere Zustimmung erhält (2.a). Allerdings trifft dies nur eingeschränkt für die Religionsvielfalt zu, deren Verbreitung im Osten kaum unter der im Westen liegt. Auch die Unterschiede beim ökonomischen Liberalismus zwischen Ost und West sind hypothesengemäß vergleichsweise gering (2.b); die Annäherung im Denken ist also auch hier bereits weit fortgeschritten. Allerdings zeigt sich bei Betrachtung der Skala angesichts im Mittel eher ablehnender Voten eine offenkundig verbreitete Skepsis gegenüber wirtschaftsliberalen Politikkonzepten.

*2.5 Interkorrelationen der Liberalismus-Indikatoren*

Bei der Interkorrelationsanalyse geht es darum, ob das analytische Werkzeug der theoretischen Differenzierung von Teildimensionen des Liberalismus sich in den Daten wieder findet, ob also die Korrelationen zwischen den Items der einen Dimension höher sind als jene zwischen den zwei Dimensionen (Tabelle 1). Für den weltanschaulichen Liberalismus werden in Ost- und Westdeutschland einheitlich hohe Korrelationen für Traditionsvielfalt und Religionsvielfalt nachgewiesen, deutlich geringere hingegen für die Items der Variante

*Tabelle 1:* Korrelationen der Teildimensionen des Liberalismus in Deutschland und Europa

|  | Für Traditions-vielfalt | | Für Religions-vielfalt | | Gegen Staats-interventionismus | |
| --- | --- | --- | --- | --- | --- | --- |
|  | D-W | D-O | D-W | D-O | D-W | D-O |
| Für Religionsvielfalt | .45** | .46** | - | - | - | - |
| Gegen Staatsinterventionismus | -.04 | .09** | -.03 | .08** | - | - |
| Gegen Hilfe starker Gewerkschaften | -.08** | .02 | -.11** | .08** | .25** | .24** |
|  | E-W | E-O | E-W | E-O | E-W | E-O |
| Für Religionsvielfalt | .35** | .31** | - | - | - | - |
| Gegen Staatsinterventionismus | .10** | .15** | .04** | .08** | - | - |
| Gegen Hilfe starker Gewerkschaften | .04** | .12** | -.01 | .03** | .31** | .38** |

Pearson's Korrelationen, Signifikanzniveau: ** = p<0.01; fett ausgezeichnete Koeffizienten = Werte innerhalb eines Konzepts.

des ökonomischen Liberalismus: die Ablehnung des Staatsinterventionismus und der Hilfe starke Gewerkschaften bei der Austarierung der Arbeitnehmereinkommen und der Beschäftigungsbedingungen. Auch diese korrelieren untereinander in Ost- und Westdeutschland aber immer noch stärker als die Korrelationen zwischen den beiden Varianten des Liberalismus. In Ost- und Westeuropa werden beide Varianten auf etwa einheitlichem Niveau gemessen. Der weltanschauliche Liberalismus ist daher etwas weniger eindeutig als in Deutschland, der ökonomische Liberalismus etwas stärker. Insgesamt bestätigen die Daten für Deutschland und Europa aber die generelle Gültigkeit des Messkonzepts. Daher sollen für beide Varianten die entsprechenden Items zu Indizes zusammengefasst werden.

### 2.6 Indexbildung und weitere Analysestrategie

Um vor einer angestrebten Indexbildung die Konzepte zusätzlich abzusichern, wurden explorative Faktorenanalysen mit Varimax-Rotation und Kaiser-Normalisierung (Eigenwerte größer 1) durchgeführt. Diese konvergieren auf zwei Komponenten, deren Ladungen jeweils größer als .80 sind und sich rotiert eindeutig absetzen. Auch für alle einzelnen Länder (mit Ausnahme von Luxemburg) konvergiert die dargestellte Lösung nach drei Iterationen. Dabei werden für alle Länder 67% der Varianz der Ausgangsvariablen erklärt. Dabei zeigen sich keine relevanten Differenzen zwischen Ost- und Westdeutschland und -europa.

Daher werden für den weltanschaulichen und den ökonomischen Liberalismus zwei einfache additive Indizes als Zielvariablen für die Kausalanalysen gebildet. Die beiden Indizes korrelieren mit den ihnen zugrunde liegenden Ausgangsvariablen logischerweise sehr stark (≥80) und untereinander fast gar nicht (<.14), was die analytische Differenzierung zwischen den beiden Varianten vorläufig bestätigt und mit den Daten der Interkorrelationsmatrix übereinstimmt. Betrachtet man die Mittelwerte der Indizes, so gilt kurz zusammengefasst: Ost- und Westdeutschland sind liberaler als die jeweiligen Teile Europas. Und: Der Westen Deutschlands wie Europas sind liberaler als die entsprechenden östlichen Teile.

Verteilungen beider Indizes nähern sich einer Normalverteilung und werden in den folgenden Analysen als quasimetrische Zielvariablen genutzt.[8]

## 3 Erklärungen des individuellen Liberalismus in Ost und West

### 3.1 Gruppen der Prädiktoren zur Erklärung des Liberalismus in Europa

Im folgenden werden Hypothesen über die Ursachen liberaler Einstellungen formuliert, die sich in drei Klassen einteilen lassen: *Erstens* wird der Einfluss der individuell verfügbaren Ressourcen, dem sozialen Status und dem Bildungsstatus, auf den Liberalismus getestet (Abschnitt 3.2); *zweitens* wird geprüft, ob der Liberalismus von der subjektiven Links-Rechts-Positionierung im politischen Spektrum abhängt (3.4); *drittens* wird auf der Einstellungsebene die Bedeutung der Ablehnung autoritaristischer Statements überprüft (3.5). Zudem wird im Regressionsmodell der Zusammenhang für das Alter kontrolliert (3.6).

### 3.2 Ökonomische und Humankapital-Ressourcen

Das Sozialprestige und das Haushaltseinkommen sowie das höchste erreichte Bildungsniveau sollten einen positiven Einfluss auf liberale Einstellungen ausüben. Die Ausstattung mit Ansehen und Geld wirkt im Sinne einer Entlastung von materieller Knappheit insbesondere auf die Zustimmung zu anti-paternalistischen Überzeugungen. Jene mit Bildung und Wissen wirkt stärker im Sinne einer Verbreiterung des sozialmoralischen Horizonts und begünstigt die Zustimmung zu anti-partikularistischen Überzeugungen. Für den ökonomischen Liberalismus wird also ein stärkerer Einfluss durch den sozioökonomischen Status angenommen (*wirtschaftliche Unabhängigkeits-Hypothese*), der hier mit dem Haushaltsnettoeinkommen des Befragten und mit dem *International Socio-Economic-Index of Occupational Status* (ISEI) als Prestigescore gemessen wird. Letzterer stellt eine Rekodierung auf der Basis von ISCO-88 dar, bei der sich Werte von 16 (forstwirtschaftliche Hilfskräfte) bis 90 (Richter) ergeben (Ganzeboom und Treiman 1996). Für den weltanschaulichen Liberalismus wird ein stärkerer Einfluss des Bildungsstatus (gemessen als Kombination aus höchstem allgemeinbildendem Schulabschluss und beruflichem Ausbildungsabschluss) vermutet, der nach dem *International Standard Classification of Education* (ISCED-97; vgl. UNESCO 1997) für alle Länder weitestgehend einheitlich sowohl für den Befragten als auch für den Vater des Befragten erfasst wurde (r = .32***). Mit letzterem

---

[8] Weitergehende Analysen, in die auch der oben erwähnte bürgerrechtliche und rechtsdogmatische Liberalismus einbezogen wurden (Fußnoten 3 und 4), haben zu folgenden Ergebnissen geführt: *Erstens* sind der weltanschauliche Liberalismus und der ökonomische Liberalismus die beiden empirisch stärksten und schlüssigsten Konzepte und hinreichend stark korreliert, um eine Indexbildung vorzunehmen; *zweitens* sind die beiden anderen empirisch geprüften Konzepte, bürgerrechtlicher und rechtsdogmatischer Liberalismus mit den im ESS gegebenen Items hierfür nicht hinreichend stark korreliert. Beim Versuch, die vier Dimensionen zusätzlich durch explorative Faktorenanalysen zu validieren, ist die Varimax-Rotation mit Kaiser-Normalisierung (Eigenwerte größer 1) über alle Länder nach vier Iterationen auf drei Komponenten konvergiert. Abweichend von der analytischen Klassifikation haben die auch konzeptionell verwandten Varianten des weltanschaulichen und bürgerrechtlichen Liberalismus aber auf einem gemeinsamen Faktor geladen. Da aber nur geringe Korrelationen zwischen dem bürgerrechtlichen und rechtsdogmatischen Liberalismus (vgl. Fußnoten 4 und 5) auftreten, sollten die spezifischen Unterschiede in den Einstellungen zu Individualrechten und Assoziationsrechten in einem gesonderten Beitrag untersucht werden.

Indikator lassen sich approximativ mögliche Sozialisationseffekte der Bildung abbilden (*Humankapital- und Humankapitalerbe-Hypothese*). Alle Indikatoren korrelieren untereinander relativ stark, sehr stark sogar Sozialprestige und Bildung des Befragten mit r = .59***.

Die Korrelationen in Abbildung 2 zeigen für Ost- wie Westdeutschland jeweils stärkere Einflüsse des Sozialprestiges auf den weltanschaulichen als auf den ökonomischen Liberalismus, wobei nur für den weltanschaulichen Liberalismus das Niveau des westeuropäischen Einflusses erreicht wird. Zwischen Ost- und Westeuropa liegt eine deutlich unterscheidbare Struktur vor. Während im Westen der Einfluss auf die beiden Varianten des Liberalismus gleichermaßen stark ausfällt, gilt für den Osten Europas anders als für Deutschland, dass der Einfluss auf den ökonomischen Liberalismus stärker ausfällt. Insgesamt sind, wie die Einflussprofile zeigen, die Muster in beiden Teilen Europas für die Länder aber höchst unterschiedlich. Auch angesichts der relativ starken Interkorrelationen mit dem Bildungsstatus gilt, dass erst die multivariate Prüfung sinnvoll Ausschluss über die genuinen Einflüsse geben kann.

*Abbildung 2:* Pearson's Korrelationen des weltanschaulichen und ökonomischen Liberalismus mit dem sozioökonomischen Status (nach ISCO/ISEI)

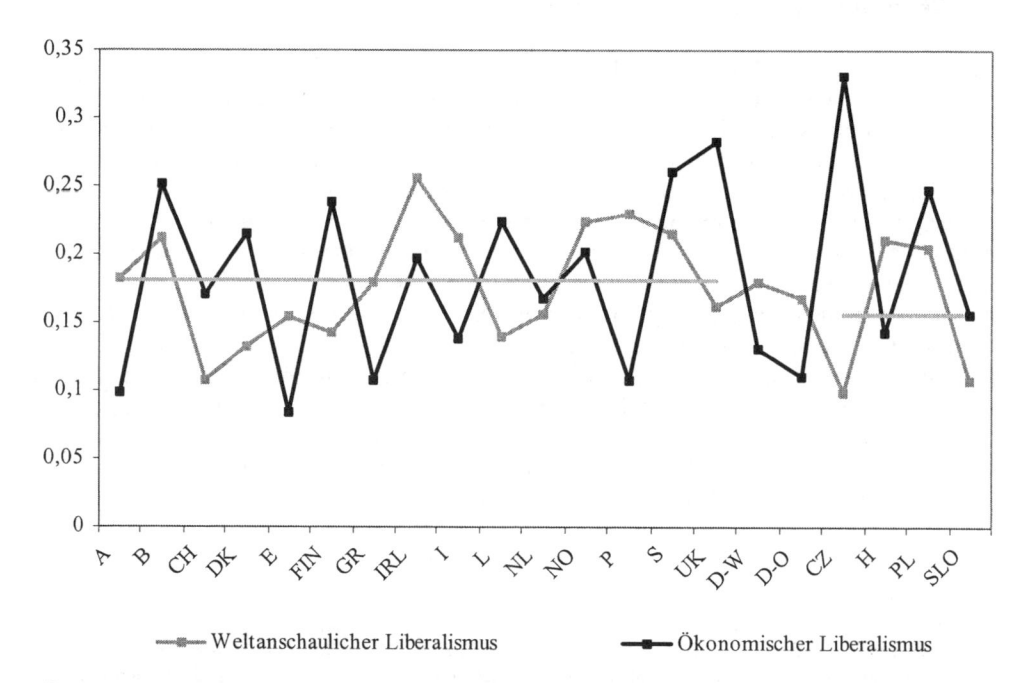

Alle Pearson's Korrelationen sind mindestens auf dem Niveau p<.05 signifikant. Nicht signifikante Werte sind in den Abbildungen als weißes Quadrat hervorgehoben (Abb. 3). Eventuell fehlende Werte sind durch Auslassungen in der Datenreihe gekennzeichnet (Abb. 6). Die Mittelwerte über Ost- bzw. Westeuropa sind als Durchschnitte über die Einzelkoeffizienten der Länder gebildet worden und umfassen nicht die separaten Werte für Ost- bzw. Westdeutschland.

Für den Bildungsstatus zeigen die Einflussprofile in Abbildung 3 eine klarere Struktur. Dabei fällt der deutlich schwächere und in Europa absolut schwächste positive Einfluss der Bildung auf den weltanschaulichen Liberalismus für Ostdeutschland auf. Im Westen Deutschlands, insbesondere aber im Westen Europas ist der positive Einfluss deutlich stärker ausgeprägt. Der ökonomische Liberalismus wird im Westen Deutschlands und Europas (mit Ausnahme der Schweiz) weniger deutlich durch den Bildungsstatus befördert. Im Osten Europas fallen die Einflüsse auf die beiden Varianten des Liberalismus im Durchschnitt zwar gleich aus, im ‚Niedrigsteuerland' Tschechien gilt aber beispielsweise ein sehr viel stärkerer Einfluss der Bildung auf den ökonomischen und in Ungarn, in dem der Fall des Eisernen Vorhangs mit eingeleitet wurde, ein viel stärkerer Einfluss auf den weltanschaulichen Liberalismus.

Zusammengefasst zeigen die bivariaten Korrelationsanalysen einen mittleren positiven Einfluss aller Ressourcenindikatoren auf die Varianten des Liberalismus. Dabei ist der Einfluss im Osten Deutschlands stets etwas geringer als im Westen. Deutschland rangiert dabei relativ unauffällig unter den Ländern Europas. Im Vergleich von Ost- und Westeuropa zeigt sich jenseits von Detailanalysen ein stärkerer Einfluss der Prädiktoren auf den weltanschaulichen Liberalismus im Westen und auf den ökonomischen im Osten.

*Abbildung 3:* Pearson's Korrelationen des weltanschaulichen und ökonomischen Liberalismus mit dem Bildungsstatus (nach ISCED 1997)

*3.3 Politisches Interesse und Vertrauen in supranationale Institutionen*

Das subjektive politische Interesse („Wie sehr interessieren Sie sich für Politik?") ist im ESS auf einer fünfstufigen Skala von sehr interessiert bis überhaupt nicht interessiert erfasst worden und drückt aus, dass eine Person dem politischen Gemeinwesen und seinen Problemlagen grundsätzlich zugewandt ist. Das gemeinsame Merkmal der Demokratie verpflichteter politischer Ideologien wie des Liberalismus ist, dass sie ein verglichen mit autoritären Führerkonzepten komplexes System der ‚checks and balances implizieren, das seinerseits nur verstanden und akzeptiert werden kann, wenn politisches Bewusstsein und Interesse gegeben sind. Daher wird mit der *Interessenshypothese* vermutet, dass politisches Interesse einen positiven Einfluss auf den individuellen Liberalismus hat.

In stärkerem Maße als politisches Interesse stellt das ebenfalls im ESS erfragte individuelle Vertrauen in politische Institutionen eine Identifikation mit dem politischen System dar („Sagen Sie mir zu jeder öffentlichen Einrichtung oder Personengruppe, die ich Ihnen nenne, wie sehr sie *persönlich* jeder einzelnen davon vertrauen"). Das institutionelle Vertrauen wurde auf einer Skala von 0 (überhaupt nicht vertrauen) bis 10 (voll und ganz vertrauen) erfasst. Dabei soll ein für liberale Politikkonzepte typisches, nämlich an Konzepten transnationaler Institutionen und universeller Normen orientiertes Vertrauen und nicht etwa das für Liberale auch plausible Misstrauen gegenüber dem Staat erfragt werden. Aus einer Liste, auf der auch nationalstaatliche Institutionen (Parlament, Polizei, Justiz) genannt werden, dienen daher lediglich zwei supranationale Institutionen als Indikator, die über alle Länder mit r = .61 korrelieren (alle im Folgenden genannten Korrelationen r mit p<.001) und daher in einer Summierungsvariable zusammengezogen worden sind: das europäische Parlament und die Vereinten Nationen. Die *Vertrauenshypothese* sagt also voraus, dass das Vertrauen in supranationale politische Institutionen den individuellen Liberalismus steigert.

Politisches Interesse und Vertrauen messen für alle Länder zwei distinkte Konzepte (r = .12). Interesse hat einen leicht positiven Einfluss, wobei der Zusammenhang mit dem weltanschaulichen Liberalismus stärker ausfällt (r = .16) als mit dem ökonomischen (r = .11). In Westeuropa sind die Werte gleich stark, in Osteuropa hingegen sind beide Zusammenhänge halbiert. Ein analoges Muster gilt im Vergleich zwischen Ost- und Westdeutschland. Für das Vertrauen sind die Zusammenhänge über alle Länder mit dem weltanschaulichen Liberalismus schwächer (r = .09) und mit dem ökonomischen nicht signifikant. Dies gilt jedoch vornehmlich für Westeuropa (.08). In Osteuropa (.13), Westdeutschland (r = .17) und insbesondere Ostdeutschland (.22) sind die Zusammenhänge deutlich höher und relevant.

*3.4 Politisch-moralisches Weltbild*

Als besonders bedeutsam wird das politisch-moralische Weltbild eingeschätzt, das in dieser Untersuchung den Autoritarismus und die politische Links-Rechts-Orientierung umfasst.

### 3.4.1 Politische Orientierung

Zweifelsohne steht die Parteipräferenz in einer Kausalkette nicht am Anfang, sondern eine politische Wertüberzeugung. Für die hier interessierende Prädiktion des Liberalismus stellen aber gerade die in der Programmatik politischer Parteien verankerte Ideologie und ihre Positionierung im politischen Spektrum eine einfachere und so wird vermutet wirkungsmächtigere Operationalisierung dar. Die Selbstverortung auf der politischen Links-Rechts-Skala wird hier anstelle einer differenzierten Analyse der Parteipräferenz für alle Länder als einheitlicher Indikator verwendet: „In der Politik spricht man manchmal von ‚links‘ und ‚rechts‘. Wo auf der Skala … würden Sie sich selbst einstufen, wenn 0 für links steht und 10 für rechts." Dieser Indikator sollte entlang der in Westeuropa gängigen parteipolitischen Lagerbildungen, so die *Orientierungshypothese*, unterschiedlich auf die beiden Varianten des Liberalismus wirken: die Verortung im linken Spektrum sollte stärker den weltanschaulichen, jene im rechten Spektrum stärker den ökonomischen Liberalismus vorhersagen. Im Rahmen des deutsch-deutschen Vergleichs soll geprüft werden, ob dieser Zusammenhang gleich ausfällt, und für den europäischen Vergleich soll die Gültigkeit dieser Erklärung der Liberalismusvarianten als politisches Agendamodell überprüft werden.

Für die Mittelwert-Abbildungen ist die 11-stufige Skala in fünf Stufen rekodiert worden (mit einer um eine Einheit breiteren Mittelkategorie). Die Korrelationswerte beziehen sich auf die Ausgangsskala. Für die in Abbildung 4 (a) dargestellte Selbstverortung links im politischen Spektrum gilt eine deutlich stärkere Zustimmung zum weltanschaulichem als zum ökonomischem Liberalismus, wohingegen die Selbstverortung rechts im politischen Spektrum diese Unterscheidung kaum und nur in geringem Maße aufweist.

Für Westdeutschland gilt diese Diagnose in idealtypischer Linearität, wohingegen für Ostdeutschland dieser Effekt weniger deutlich ausfällt und zudem bei den Rechten die Ablehnung des ökonomischen Liberalismus stärker ausfällt als für den weltanschaulichen

*Abbildung 4:* Arithmetische Mittelwerte und Korrelationen des weltanschaulichen und ökonomischen Liberalismus nach politischer Links-Rechts-Orientierung

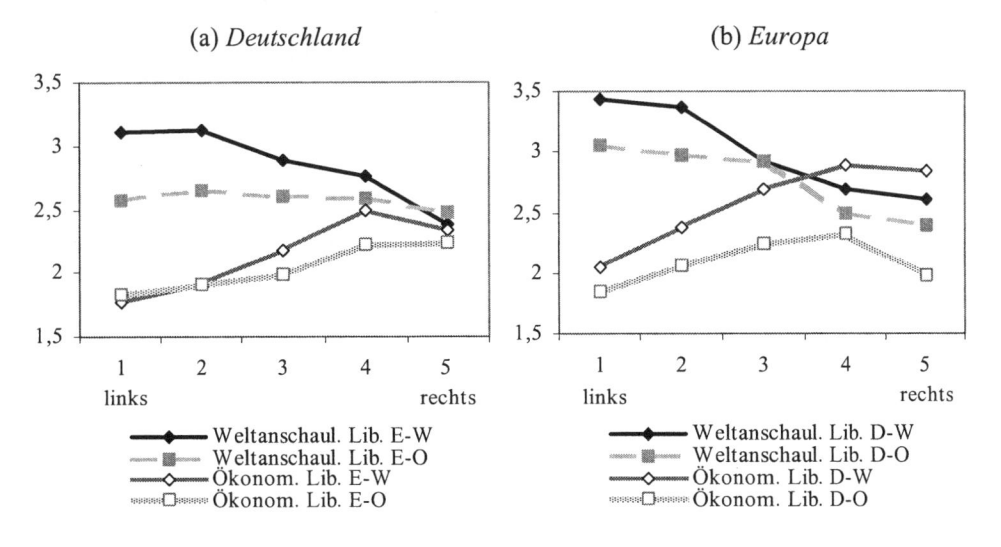

Liberalismus. Für Ostdeutschland ist der Zusammenhang für den ökonomischen Liberalismus tendenziell kurvilinear, da die Zustimmung der Rechten auf dem Niveau der gemäßigten Linken liegt. Allerdings muss berücksichtigt werden, dass der konservative Wähler, der sich nicht dem rechten Rand zurechnet auch im Osten die höchste Zustimmung zum ökonomischen Liberalismus erreicht.

Für Ostdeutschland gilt das Zuweisungsklischee der Links-Rechts-Orientierung also nur in eingeschränktem Maße. Der europäische Vergleich in Abbildung 4 (b) zeigt, dass sich das Muster wiederum nur für Westeuropa bestätigt, wo die gleichen linearen Beziehungen wie in Westdeutschland gelten, lediglich auf jeweils leicht niedrigerem Zustimmungsniveau. In Osteuropa hingegen ist der weltanschauliche Liberalismus für alle Gruppen des politischen Links-Rechts-Spektrums gleichermaßen ausgeprägt und zwar im Vergleich mit den Westeuropäern deutlich schwächer bei den Linken, aber in gleicher Weise bei den Rechten.

Während die Mittelwertwertabbildungen bereits vermuten lassen, dass eine Messung der Varianten des Liberalismus über das Links-Rechts-Schema in Ostdeutschland unzulänglich ist, machen dies die Korrelationswerte des Schemas mit den Varianten des Liberalismus für Osteuropa überdeutlich (Abbildung 5). Während in den meisten Ländern Westeuropas mittelstarke, eindeutig signifikant positive Zusammenhänge zwischen der Neigung zum rechten Spektrum mit dem ökonomischen Liberalismus bestehen, gelten umgekehrt für den weltanschaulichen Liberalismus negative Zusammenhänge. Die Differenz der durchschnittlichen Koeffizienten für Westeuropa fällt eindeutig aus (>|0,4|). Bereits für Ost-

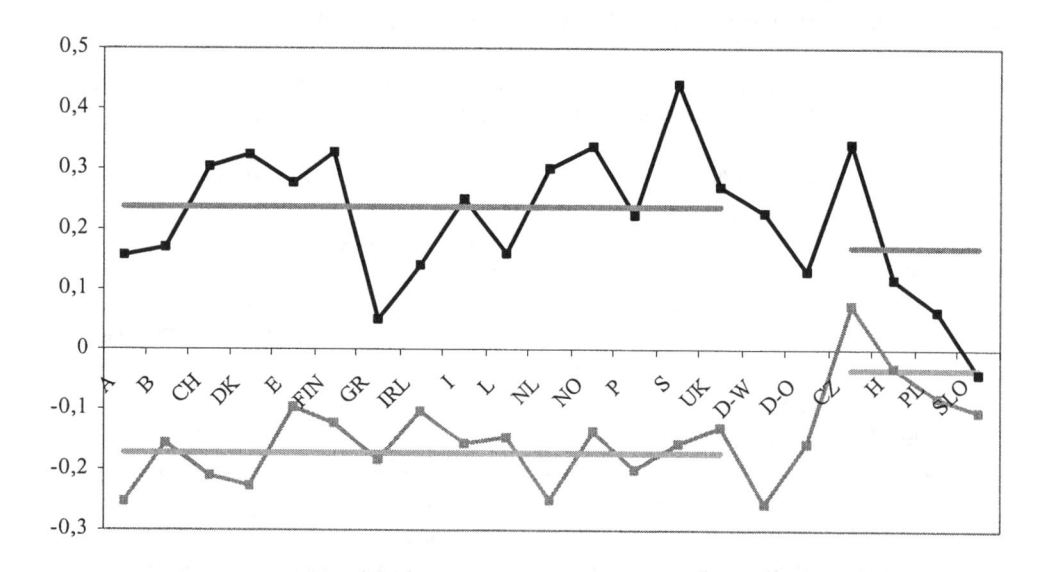

*Abbildung 5:* Pearson's Korrelationen des weltanschaulichen und ökonomischen Liberalismus mit politischer (Links-)Rechts-Orientierung

deutschland fällt der Rückschluss von der politischen Selbstverortung auf die Varianten des Liberalismus weit weniger eindeutig aus. Für die hier betrachteten Länder Osteuropas hingegen, darunter insbesondere auch Polen und Ungarn, brechen diese Zusammenhänge fast vollständig zusammen, gilt also das westliche Erklärungsmuster nicht bzw. nur in minimalem Maße. Insbesondere aber gilt nicht bloß, dass die politische Rechte im Osten gleichermaßen weltanschaulich wie ökonomisch liberal ist, sondern weitergehend, dass der weltanschauliche Liberalismus im Osten kein spezifisches Definiens der politischen Linken darstellt.

3.4.2 Autoritarismus

Für die Operationalisierung des Autoritarismus wird auf das in allen Ländern bis auf Italien und Luxemburg verwendete Werteinventar von Schwartz (2003) mit 21 Items zurückgegriffen.[9] Der über mehrere Items der Bereiche Sicherheit, Konformität und Tradition gebildete Autoritarismus-Index sollte negativ auf den Liberalismus wirken. Die dem Autoritarismus immanente Unterordnung gegenüber dem Staat und sozialen Zwängen und die für den Liberalismus typische Freiheitlichkeit sollten sich grundsätzlich widersprechen (*Autoritarismus-Hypothese*). Nach einer explorativen Faktorenanalyse des gesamten Inventars mit einer sechsstufigen Selbsteinstufungsskala (1 ‚ähnelt mir gar nicht' bis 6 ‚ähnelt mir sehr') wurden sechs auf einem Faktor ladende Items zu einem additiven Index zusammengeführt, wobei mindestens vier gültige Werte vorliegen mussten für die Fragen zur subjektiven Wichtigkeit von: Sicherheit, der Befolgung von Regeln, einer starken Regierung, anständigen Benehmens und sich Gebräuchen und Traditionen anzuschließen.[10] Die Reliabilitätsanalyse hat ein hinreichend starkes standardisiertes Alpha von .80 ergeben. Alle Statements spiegeln in einheitlicher Weise eine Grundhaltung wider, dem Gehorsam gegenüber Autoritäten und sozialer Anpassung an die moralische Mehrheit große Bedeutung zuzumessen und repräsentieren so eine verallgemeinerbare Dominanzorientierung (vgl. Six, Wolfradt und Zick 2001; Seipel, Rippl und Kindervater 2000). Diese Haltung sollte weder für weltanschaulich noch für ökonomisch liberale Befragte attraktiv sein, da hierdurch die Prinzipien der Freiheit und der gesellschaftlichen Offenheit in empfindlicher Weise beeinträchtigt werden.

---

[9] Dabei gibt es mehrere Strategien, die nach einer Faktoranalyse ermittelten Autoritarismus-Items zu einem Index zusammenzufassen. Zum einen können die individuellen Antworten als Rohwerte additiv zu einem Index zusammengeführt werden (*einfache Variante*). Zum anderen können die individuellen Antworten eines jeden Befragten aber auch entlang seiner durchschnittlichen Antworttendenz über das gesamte Inventar zentriert werden. Hierdurch wird der individuell differierende ‚Ankerpunkt', der für jeden Befragten unterstellt wird, herausgerechnet (*rein ipsative Variante*). Schwartz schlägt daher vor, die mittlere Antworttendenz als Kovariate in Kausalanalysen aufzunehmen (vgl. Schwartz 2003: 275). In dieser Untersuchung werden dennoch die Ergebnisse der einfachen Variante dokumentiert, da der Vergleich der unten dargestellten Regressionsmodelle mit einer rein ipsativen Variante keine Abweichungen in den standardisierten Koeffizienten ergeben hat und die Einführung der ipsativen Variante als Kovariate die einfachen Ergebnisse nur geringfügig moderiert, jedoch häufig nicht signifikant ist.
[10] Dieser Index entspricht nicht den in der Forschung sonst gebräuchlichen Skalen und kann auch nicht die in der Literatur diskutierten lerntheoretischen Wurzeln des Autoritarismus (Bandura 1977) oder die Verortung in der Dogmatismustheorie berücksichtigen (Rokeach 1960), stellt aber auf der Basis der im ESS verfügbaren Indikatoren eine sinnvolle Annäherung an die Aspekte autoritäre Unterwürfigkeit und Konventionalismus dar (vgl. Altemeyer 1996).

Betrachtet man die Einflussprofile in Abbildung 6, so zeigt sich ein deutlicher Unterschied zwischen Ost- und Westdeutschland. Während im Osten der leicht negative Einfluss für beide Varianten des Liberalismus etwa gleich ausfällt, ist im Westen ein starker Kontrast zu beobachten. Eine autoritaristische Haltung behindert danach nicht eine ökonomisch liberale Einstellung, wohl aber in beträchtlichem Maße die Zustimmung zum weltanschaulichen Liberalismus.

Wie bereits die Analyse des Einflusses der politischen Orientierung offenbart auch die Wirkung des Autoritarismus ein spezifisch westdeutsches und, in Anbetracht der Einflussprofile, generalisiertes westeuropäisches Muster: die Ablehnung des Autoritarismus ist im Westen konstitutiv für die Zustimmung zu Prinzipien weltanschaulicher Offenheit, dem Pluralismus von Religion und Tradition bzw. Kultur. Hiervon abgekoppelt ist die moralisch indifferente Zustimmung zum ökonomischen Liberalismus, der in deutlich schwächerem Maße von autoritären Einstellungen beeinträchtigt wird; ganz anders der Osten Deutschlands und Europas, der in dieser Frage einig ist und ein Gegenmodell zu den ideologischen Frontstellungen im Westen darstellt. Der Einfluss des Autoritarismus auf die beiden Varianten fällt beinahe identisch aus und ist im Vergleich zum Westen für den ökonomischen stärker negativ und für den weltanschaulichen schwächer negativ ausgeprägt. Vereinfacht gesagt: Auch der Osten hat die Lehren aus Diktatur und Fremdbestimmung gezogen, aber ohne eine Aufteilung der Grundpositionen liberaler Ideologie zu kennen. Die spezifische

*Abbildung 6:* Pearson's Korrelationen des weltanschaulichen und ökonomischen Liberalismus mit Autoritarismus-Index nach Schwartz-Wertinventar

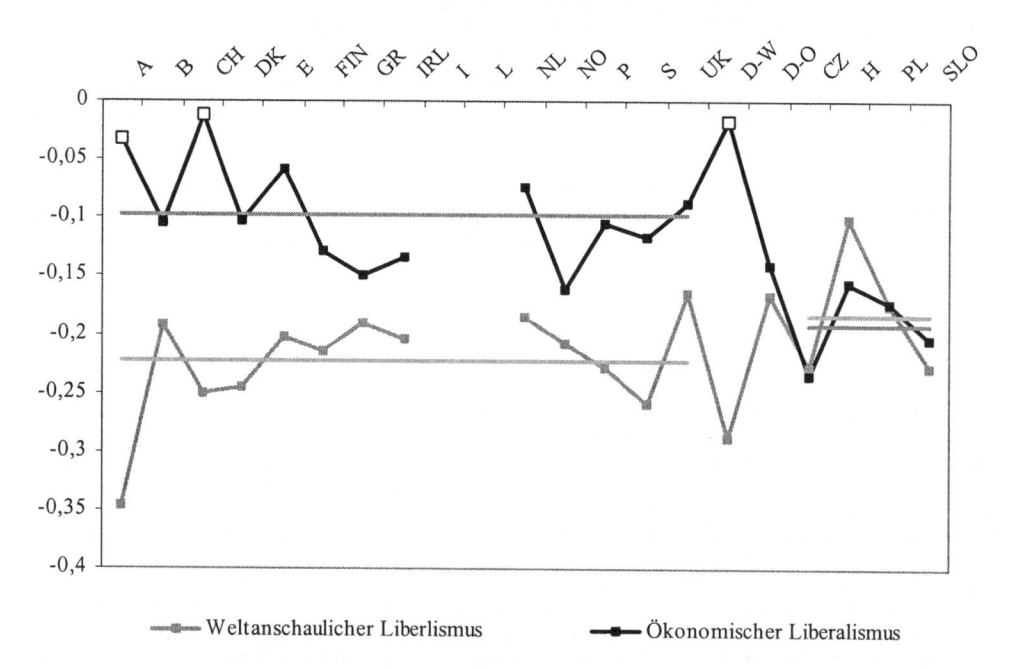

Für Italien und Luxemburg wurden diese Fragen nicht gestellt.

Erfahrung einer über Jahrzehnte autoritären, da staatlich kontrollierten Ökonomie mag hierbei eine nicht unwesentliche Rolle spielen. Die vom sozialistischen Totalitarismus geprägte Plan- und Misswirtschaft lehrt, dass auch der Ökonomie und nicht bloß dem weltanschaulichen Pluralismus großer Schaden zugefügt wird durch autoritäre Staats- und Führerkonzepte.

*3.5 Alter*

Als Kontrollvariablen wird das Alter in die Analyse mit aufgenommen. Möglicherweise liegen Alters- bzw. Kohorteneffekte für die Zustimmung zu den Varianten des Liberalismus vor, da sich über die materialistischen bzw. postmaterialistischen Werthaltungen (Inglehart 1997), die im ESS nicht gesondert erfragt wurden, generationsspezifische Abweichungen ergeben. So liegt es nahe, dass Materialisten (als Vertreter bestimmter Generationen) eher dem ökonomischen, Postmaterialisten hingegen eher dem weltanschaulichen Liberalismus zustimmen. Um auch nichtlineare Effekte beschreiben zu können, wird auch ein quadratischer Alterseffekt in die Analysen mit aufgenommen.

Die bivariaten Korrelationen zeigen hoch signifikante negative lineare und quadratische Effekte, die für die Prädiktion des weltanschaulichen Liberalismus stärker ausfallen (linear: -.16; quadratisch: -.17) als für den ökonomischen Liberalismus (-.02; -.03). Diese Zusammenhänge gelten einheitlich in Ost- und Westdeutschland und -europa. Wobei im Osten jeweils die negativen Zusammenhänge für den ökonomischen Liberalismus etwas stärker ausfallen (.07 bis .11). Es gilt demnach, dass die jüngeren und insbesondere die mittelalten Befragten weltanschaulich und - eingeschränkt für den Osten Deutschlands und Europas - auch ökonomisch liberaler sind als die Älteren.

## 4 Ein Modellvergleich des Liberalismus in Ost und West

*4.1 Regressionsanalytische Strategie*

Die uni- und bivariaten Analysen haben deutlich gemacht, dass in Ost- und West die Zustimmung zu liberalen Prinzipien unterschiedlich ausfällt und nicht denselben Bestimmungsfaktoren folgt. Um die genuinen Einflussstärken der Faktoren im europäischen Vergleich zu ermitteln, sind für Ost- und Westdeutschland sowie Ost- und Westeuropa multiple lineare Regressionen gerechnet worden. Im statistischen Kontrollkonzept des allgemeinen linearen Modells vergleichen die unstandardisierten Koeffizienten die Einflussstärke einzelner Prädiktoren zwischen Ost- und Westdeutschland und mit Ost- und Westeuropa, die standardisierten Koeffizienten hingegen die Einflussstärke innerhalb jedes Modells, d.h. z.B. nur für Westdeutschland. Die standardisierten Koeffizienten werden also für den Vergleich der Stärke zwischen den Prädiktoren eines Modells, nicht zwischen den Ländern verwendet. Um einen einheitlichen Vergleich zwischen den Varianten des Liberalismus zu gewährleisten, werden identische Prädiktoren für beide Varianten des Liberalismus herangezogen. Hierzu werden im Folgenden erst die Einflussstärken der signifikanten unstandardisierten Koeffizienten diskutiert und anschließend die der standardisierten Koeffizienten.

## 4.2 Die Wirkungsmächtigkeit des politisch-moralischen Weltbilds im Gesamtmodell

### 4.2.1 Weltanschaulicher Liberalismus

*Ressourcenunabhängigkeit*

Der deutsch-deutsche Vergleich weist für die in Tabelle 2 dargestellte Erklärung des weltanschaulichen Liberalismus eine relativ große Homogenität der Einflüsse auf. Die Ressourcen Sozioökonomie und Humankapital bleiben beide ohne Wirkung. Lediglich das geerbte Humankapital hat im Osten einen nicht interpretierbaren, minimal positiven Einfluss. Betrachtet man Deutschland in Europa, so zeigt sich eine starke Ähnlichkeit aller Vergleichsgrößen. Lediglich in Westeuropa ist ein relativ durchgängiger Einfluss der Ressourcen, darunter ein im Koeffizientenvergleich deutlicher positiver Einfluss höherer Bildung auf den individuellen weltanschaulichen Liberalismus nachweisbar. Dennoch führt diese Untersuchung zu dem Schluss, dass weltanschauliche Präferenzen für liberale Einstellungen sich als weitestgehend unabhängig von der individuellen Ressourcenausstattung erweisen.

*Durchgängig stärkster Einfluss des Autoritarismus*

Ein deutlich anderes Bild ergibt sich für die Einstellungsdimension politisch-moralisches Weltbild. In beiden deutschen Landesteilen erweist sich der Autoritarismus als stärkster

*Tabelle 2:* Lineare Regression des weltanschaulichen Liberalismus (Gesamtmodell)

| | Hyp. | unstandardisiert | | | | standardisiert | | | |
|---|---|---|---|---|---|---|---|---|---|
| | | E-W | D-W | D-O | E-O | E-W | D-W | D-O | E-O |
| *Ressourcen* | | | | | | | | | |
| Sozialprestige | + | .004*** | .003 | .004 | .003* | .08 | .06 | .08 | .07 |
| HH-Einkommen | + | .002 | .01 | -.01 | .001 | .01 | .02 | -.02 | .003 |
| Bildungsstatus | + | .08*** | .05 | .06 | .03 | .13 | .06 | .07 | .06 |
| Bildung Vater | + | .03*** | .01 | .07* | .03* | .05 | .01 | .08 | .05 |
| *Polit.-moral. Weltbild* | | | | | | | | | |
| Politisches Interesse | + | .08*** | .12*** | .06 | .04 | .08 | .11 | .06 | .04 |
| Vertrauen, supranat. | + | .03*** | .06*** | .05*** | .05*** | .08 | .14 | .13 | .13 |
| (Links-)Rechts | – | -.07*** | -.07*** | -.04* | -.02* | -.15 | -.15 | -.08 | -.05 |
| Autoritarismus | – | -.16*** | -.19*** | -.17*** | -.14*** | -.16 | -.21 | -.16 | -.13 |
| *Kontrollvariablen* | | | | | | | | | |
| Alter (x 10) | | .09*** | .06 | .07 | .08 | .17 | .11 | .13 | .15 |
| Alter² (x 100) | | -.01*** | -.01 | -.01 | -.01* | -.24 | -.19 | -.23 | -.23 |
| Basis | | 3,36*** | 3.68*** | 3,08*** | 2,84*** | | | | |
| R² | | .17*** | .19*** | .12*** | .09*** | | | | |
| N (gew.) | | 13471 | 976 | 662 | 2667 | | | | |

Gegenüber der ungewichteten Ausgangsstichprobe (N = 38002) ist die Stichprobe des multiplen Regressionsmodells stark reduziert (N = 17776). Im multiplen Modell nicht berücksichtigt sind Italien und Luxemburg, da für diese der Indikator Autoritarismus nicht erhoben wurde.
Signifikanzniveaus: * $p<0.05$; ** $p<0.01$; *** $p<0.001$.

negativer Prädiktor. In Westdeutschland hat darüber hinaus die politische Präferenz für Parteien im rechten bzw. konservativen Spektrum einen leicht negativen sowie das politische Interesse und das Vertrauen in internationale Institutionen einen leicht positiven Einfluss. Im Osten ist nur der Einfluss des Vertrauens in ähnlichem Maße gegeben. Entscheidend ist jedoch, dass jenseits der absolut geringen Unterschiede der unstandardisierten Koeffizienten die Einflussstärken in Westdeutschland und Westeuropa sowie in Ostdeutschland und Osteuropa sich jeweils ähnlicher sind als zwischen Ost und West.

Betrachtet man hingegen die standardisierten Werte, so erweist sich ebenso wie in Deutschland auch in beiden Teilen Europas der Autoritarismus als stärkster Prädiktor. Während jedoch im Westen der Einfluss der politischen Selbstverortung ähnlich hoch ausfällt, ist dieser in Ostdeutschland und Osteuropa wesentlich weniger bedeutsam. Wie schon in der bivariaten Analyse bestätigt sich hier die Diagnose, dass im Westen die ideologische Parzellierung der politischen Landschaft den Varianten des Liberalismus nahe kommt, im Osten, insbesondere im Osten Europas, diese Logik jedoch in weit geringerem Maße wirksam ist. Als bedeutsamer entpuppt sich hier das vermutlich mit Hoffnungen und Utopien verbundene Vertrauen in supranationale politische Institutionen wie Europäische Union und Vereinte Nationen, das zwar auch in Westdeutschland aus der historischen Erfahrung der europäischen Integration und der Westbindung nach dem Zweiten Weltkrieg einen ähnlich starken Einfluss erlangt, im Westen Europas jedoch bedeutsam ist.

*Positiv lineare und negativ quadratische Alterseinflüsse*

Dies gilt schließlich auch für das Alter. Alle unstandardisierten Koeffizienten sind aufgrund der starken Größenabweichung der metrischen Skala von den anderen Skalen praktisch gleich Null, weswegen die unstandardisierten linearen Effekte mit 10 und die quadratischen mit dem Faktor 100 multipliziert worden sind, um den Vergleich zwischen den Ländern zu erleichtern. Beachtenswert sind die standardisierten Effekte, da sich für Ost und West eine Kombination eines positiven linearen und eines negativen quadratischen Effekts ergibt, die einen grundsätzlich steigenden weltanschaulichen Liberalismus bei gleichzeitig sich abflachender, möglicherweise negativer Steigung bei den Älteren und einen deutlich geringeren Liberalismus bei den Jüngeren indiziert. Die Hochzeiten weltanschaulicher liberaler Bekenntnisse sind demnach auch bei Kontrolle relevanter Ressourcen und Einstellungen vorbei und für jüngere Generationen nicht unbedingt bindend. Dennoch bleibt dabei offen, ob der weltanschauliche Liberalismus als Repräsentant postmaterialistischer Werte in Zeiten ökonomischer Knappheit abnimmt oder lediglich die Euphorie der frühen (1970er/1980er) Jahre abgeflacht ist, die noch durch den Aufbruch der neuen sozialen Bewegungen gekennzeichneten waren, zugunsten anderer Präferenzen. Überraschend ist die durchgängig starke Ähnlichkeit dieses Musters. Die Effekte im Osten lassen auf der Basis dieser Querschnittsdaten zunächst nicht auf eine Angleichung des weltanschaulichen Liberalismus im Sinne eines nachvollzogenen ‚Fahrstuhleffekts' schließen.

*Reduzierte Modellvariablen mit erweiterter Stichprobe*

Um die Stichprobenausfälle durch das Sozialprestige zu umgehen, das nur für Erwerbstätige erfasst worden ist, und um die Erklärungsstärke der wichtigsten Variablengruppen *Hu-*

*mankapital, politisch-moralisches Weltbild* und *Alter* zu testen, ist ein Kernmodell unter Ausschluss des Sozialprestige und des Haushaltsnettoeinkommens sowie des politischen Interesses und des Vertrauens ins supranationale Institutionen gerechnet worden. Wichtigstes Resultat ist der mit deutlichem Abstand einheitlich stärkste unstandardisierte Effekt des Autoritarismus in Westdeutschland und Westeuropa (alle r: p<.01). Nur in Westeuropa gibt es neben dem Autoritarismus (-.18) einen weiteren deutlichen unstandardisierten Effekt, der bereits bivariat auffällig stark war: den des Bildungsniveaus (.12). Durch die Verlagerung der Varianzen gewinnt auch der standardisierte Effekt des Bildungsniveaus in Westeuropa eine noch größere Bedeutung (.19). Deutlich negative standardisierte Effekte gehen vom Autoritarismus (-.17) und der Links-Rechts-Skala (-.16) aus. Auch der negative quadratische (-.18) sowie der positive lineare Alterseffekt (.14) sind bedeutsam. In Westdeutschland zeigt sich das gleiche Muster wie in Westeuropa, wobei hier die standardisierten Einflüsse des Autoritarismus (-.20) und der Links-Rechts-Skala (-.18) am stärksten sind. In Ostdeutschland haben diese beiden Variablen einen etwas geringeren Einfluss (-.15). In Osteuropa hingegen verliert die Links-Rechts-Skala fast vollständig ihr Gewicht (-.06), wohingegen der Autoritarismus (-.12) und das Bildungsniveau (.12) an Bedeutung gewinnen. Damit werden zentrale Befunde der bivariaten Analyse bestätigt. Überraschend ist hingegen der dominante positive lineare (.22) und negative quadratische Einfluss (-.29) des Alters, die in Osteuropa im Unterschied zu Deutschland beide signifikant sind. Neben einem besseren Bildungsstatus und der Ablehnung autoritärer Gesellschaftskonzepte gilt in Osteuropa also vor allem: Jüngere Befragte sind unterdurchschnittlich weltanschaulich liberal, vor allen Dingen mittel alte, aber selbst ältere Befragte sind deutlich liberaler und, so wird vermutet, gründen diese Werthaltung auf die Erfahrungen des Kommunismus und der Befreiung aus den noch selbst erlebten Einschränkungen der Freiheit. Als wichtigstes Resultat gilt: Sowohl in Westdeutschland als auch in Westeuropa gilt eine klarere Profilierung der politischen Symbolik entlang des Links-Rechts-Schemas als in Ostdeutschland bzw. Osteuropa.

*Schwache Modellgüte im Osten*

Abschließend sei noch auf die Varianzaufklärung hingewiesen, die für den weltanschaulichen Liberalismus einen starken Ost-West-Unterschied aufweist. Während für Deutschland wie Europa im Westen für das Gesamtmodell knapp unter 20% der Varianz erklärt werden, erreicht der Osten nur rund 10%. Im Kernmodell werden 7% bzw. 16% der Varianz in Ost- und Westeuropa und 10% bzw. 13% für Ost- und Westdeutschland erklärt. Die gewählte Erklärung greift also für den Osten Deutschlands wie Europas nicht im selben Maße wie für den Westen. Die Insuffizienz der Varianzerklärung im Osten ist also augenfällig und zeigt, dass die Übertragung politisch-kultureller Erklärungsmuster nicht ohne weiteres funktioniert. Insbesondere für Osteuropa liegen im Modell offenkundig keine hinreichend adäquaten Indikatoren vor, um die Präferenz für weltanschaulich liberale Einstellungen erklären zu können.

## 4.2.2 Ökonomischer Liberalismus

*Hinreichende Modellgüte nur in Westeuropa*

Die in Tabelle 3 dargestellte Erklärungskraft für den ökonomischen Liberalismus fällt noch geringer aus als für die weltanschauliche Variante. Nur Westeuropa erreicht eine gleich starke Varianzaufklärung wie für den weltanschaulichen Liberalismus. Für Westdeutschland hingegen halbiert sich die Erklärungskraft, für den Osten sinkt sie im Vergleich noch weiter ab, für Ungarn auf gerade 3%. Doch wie erklären sich diese Unterschiede in der Modelladäquanz?

*Abhängigkeit von der Verfügbarkeit von Ressourcen*

Die unstandardisierten Koeffizienten der Ressourcen sind in Westeuropa im Vergleich zu Westdeutschland und dem Osten nicht deutlich stärker. In beiden Teilen Deutschlands erlangt lediglich der Bildungsstatus einen relevanten positiven Einfluss, für Westeuropa hingegen werden durchgängig deutlich positive standardisierte Werte nachgewiesen. Sozialprestige und Einkommen haben ebenso einen signifikanten Einfluss wie auch in geringerem Maße das geerbte Humankapital. Anders als in Deutschland wirken auch in Osteuropa finanzielle Ressourcen, wenn auch schwächer positiv auf den ökonomischen Liberalismus. Die Zustimmung zu ökonomisch liberalen Prinzipien wächst also in West- und Osteuropa mit der individuellen Ressourcenausstattung, aber weit weniger stark, als zu erwarten gewesen wäre und nicht in signifikantem Maße in Deutschland.

*Tabelle 3:* Lineare Regression des ökonomischen Liberalismus (Gesamtmodell)

|  | Hyp. | unstandardisiert | | | | standardisiert | | | |
|---|---|---|---|---|---|---|---|---|---|
|  |  | E-W | D-W | D-O | E-O | E-W | D-W | D-O | E-O |
| *Ressourcen* | | | | | | | | | |
| Sozialprestige | + | .01*** | .004 | .000 | .01*** | .11 | .07 | .02 | .10 |
| HH-Einkommen | + | .05*** | .003 | .05 | .03** | .13 | .01 | .11 | .06 |
| Bildungsstatus | + | .02* | .07* | .08* | .03* | .03 | .09 | .10 | .06 |
| Bildung Vater | + | .05*** | .04 | .05 | -.01 | .10 | .05 | .06 | -.02 |
| *Politik & Weltbild* | | | | | | | | | |
| Politisches Interesse | + | .01 | .03 | -.16 | -.02 | .01 | .03 | -.02 | -.02 |
| Vertrauen, supranat. | + | -.03*** | -.05 | -.01 | .000 | -.07 | -.11 | -.02 | .002 |
| (Links-)Rechts | + | .11*** | .11*** | .05*** | .01** | .28 | .25 | .11 | .04 |
| Autoritarismus | - | -.12*** | -.05*** | -.12*** | -.11*** | -12 | -.05 | -.12 | -.12 |
| *Kontrollvariablen* | | | | | | | | | |
| Alter (x 10) | | -.01 | -.01 | .13 | -.09* | -.03 | -.02 | .27 | -.21 |
| Alter² (x 100) | | .003 | .11 | -.000 | .01 | .06 | .02 | -.33 | .18 |
| Basis | | 1.57*** | 2.06*** | 1.49 | 2.20*** | | | | |
| R² | | .17*** | .09*** | .09*** | .06*** | | | | |
| N (gew.) | | 13471 | 976 | 662 | 2667 | | | | |

Signifikanzniveaus: * p<0.05; ** p<0.01; *** p<0.001.

*Unterschiedlicher Einfluss der politischen Orientierung in Ost und West*

Der Einfluss von politischem Interesse und Vertrauen in supranationale Institutionen ist in Ost wie West bedeutungslos. Lediglich in Westeuropa wird bei Betrachtung der unstandardisierten Werte die Zustimmung zum ökonomischen Liberalismus durch (potentiell Marktfreiheiten einschränkende) supranationale politische Institutionen geringfügig geschmälert. Anders als beim weltanschaulichen Liberalismus hat zudem für den ökonomischen Liberalismus der Autoritarismus nicht die durchgängig höchste Prädiktionsstärke. Im Vergleich zwischen den Ländern zeichnet sich eine Trennlinie durch Deutschland ab: Im Westen ist der Einfluss der politischen Orientierung, im Osten jener des Autoritarismus doppelt so hoch wie im jeweils anderen Landesteil. Die Richtung der Einflüsse bestätigt aber – auch für Europa – die Hypothesen. In Westdeutschland gilt ebenso wie in Westeuropa im modellinternen Vergleich der standardisierten Koeffizienten ein jeweils überragender Einfluss der politischen Orientierung entlang der Links-Rechts-Skala des politischen Spektrums. Auch bei multivariater Kontrolle bleibt der aus dem bivariaten Teil bekannte Zusammenhang bestehen. In Westdeutschland wird der negative Einfluss des Autoritarismus fast vollständig unterdrückt, in Westeuropa gilt für alle Länder bis auf Griechenland ein identisches Muster oder der Einfluss ist zumindest sehr viel kleiner, wenn auch weiterhin neben den Ressourcen relativ stark (Irland, Portugal). Ostdeutschland weist demgegenüber für beide Prädiktoren ausgewogene Einflüsse auf. In Osteuropa ist die Bedeutung der politischen Orientierung sowohl im Vergleich zwischen den Ländern minimal als auch standardisiert im modellinternen Vergleich beinahe bedeutungslos. Wie bereits im bivariaten Teil vermutet, gelten dem vorliegenden Modell nach die parteipolitischen und ideologischen Muster des Westens im Osten nicht als Prädiktor für liberale Einstellungen, wohingegen die Ablehnung des Autoritarismus im Westen wie im Osten wirksam ist.

*Nur in Osteuropa negativ lineare Alterseinflüsse*

Ebenso wie für den weltanschaulichen liegen auch für den ökonomischen Liberalismus nur minimale unstandardisierte Einflüsse des Alters vor. Anders ist jedoch, dass nur ein negativ linearer Effekt für Osteuropa signifikant ist, also einen stärkeren Liberalismus der ideologisch weniger vorbelasteten und wirtschaftlich flexibleren Jüngeren indiziert, genau umgekehrt also wie beim weltanschaulichen Liberalismus. Der nicht signifikante positive quadratische Effekt würde diese Tendenz sogar noch verstärken. Genau umgekehrt verhält es sich (beim Fehlen von Signifikanzen) für die jungen Menschen in Ostdeutschland, während im Westen insgesamt keine relevanten Effekte beobachtbar sind.

*Reduzierte Modellvariablen und erweiterte Stichprobe*

Wie schon für den weltanschaulichen Liberalismus sind zur Validierung der zentralen Aussagen auch für ökonomischen Liberalismus analoge Kernmodelle gerechnet worden. Zentrale Ergebnisse werden auch hier bestätigt (alle r: p<.001): In Westdeutschland hat die Links-Rechts-Position den stärksten unstandardisierten Einfluss (.11) vor Europa (.10). Im Osten spielt dies keine Rolle. Nur in Westdeutschland und Westeuropa hat die Links-

Rechtsposition die standardisiert stärkste Vorhersagekraft für den ökonomischen Liberalismus. In Ostdeutschland wird dieser durch das Bildungsniveau in stärkerem Maße begünstigt (.15), in Osteuropa in beträchtlicher Weise durch den negativ linearen (-.32) und positiv quadratischen (.27) Alterseffekt. Das bereits oben angedeutete Muster tritt also klar hervor. Genau umgekehrt wie beim weltanschaulichen Liberalismus gilt: Die Jüngeren sind die Träger des ökonomischen Liberalismus in Osteuropa. Die Mittelalten sind bereits deutlich weniger ökonomisch liberal, möglicherweise weil sie noch unter den Rahmenbedingungen der Planwirtschaft sozialisiert worden sind. Andersherum verhält es sich in Westeuropa. Dort gilt neben der Einordnung im politischen Spektrum die Kombination aus positiv linearem und negativ quadratischem Alterseffekt als zweitstärkste Vorhersage. Die ökonomisch aufgeschlosseneren mittel alten und älteren Befragten stehen also den skeptischen Jüngeren gegenüber. Für beide Teile Deutschlands würde bei signifikanten Werten das westeuropäische Muster gelten. Zusammengefasst ist im Osten die von den aufstrebenden jungen getragene Aufbruchstimmung jenseits von rechts und links bestimmend, während im Westen und in Ostdeutschland die junge Linke den ökonomischen Liberalismus ablehnt und nur die besser gebildeten Konservativen darin eine erstrebenswerte Perspektive sehen.

*4.3 Zusammenfassung der Modelle*

Der Westen (und mit ihm insbesondere Westdeutschland) ist im ökonomischen Liberalismus erstarrt in der politischen Lagerbildung von *rechts und links* und in seinem weltanschaulichen Liberalismus zusätzlich gefangen in der Dichotomie *libertarian-authoritarian*. Während in West- wie Osteuropa die Jungen den Glauben an die weltanschaulich liberale Gesellschaftsordnung zu verlieren scheinen oder sie als ‚taken for granted' betrachten, strebt Osteuropa zumindest ökonomisch mit den leistungs- und konkurrenzorientierten Jüngeren ganz anders als Westeuropa in die Zukunft des freien Binnenmarktes der erweiterten Europäischen Union der 25 Staaten.

## 5 Ergebnisse und Schlussfolgerungen

In diesem Beitrag sollten vier Fragen beantwortet werden und es liegen die folgenden Antworten vor. *Erstens* gibt es (mindestens) zwei analytisch unterscheidbare Varianten des Liberalismus, die weltanschauliche und die ökonomische, die sich sowohl verteilungs- als auch kausalanalytisch klar voneinander unterscheiden. (Die beiden weiteren im ESS identifizierbaren Varianten (vgl. Fußnoten 5 und 6) müssen durch andere Indikatoren überprüft und einer getrennten Analyse unterzogen werden.) Die analytischen Konzepte gelten in ähnlichem Maße im Osten wie im Westen. Die Ausprägung liberaler Einstellungen ist in Deutschland auf beinahe einheitlichem Niveau, in Osteuropa aber seltener als in Westeuropa (vgl. Zusammenfassung in Abschnitt 2.4). *Zweitens* hat sich gezeigt, dass die gängige subjektive Selbsteinstufung auf der Links-Rechts-Skala des politischen Spektrums zwar im Westen bedeutsam ist, aber nicht substitutiv zur Bestimmung des weltanschaulichen und ökonomischen Liberalismus herangezogen werden kann. Sie ist besonders wirksam für den ökonomischen Liberalismus. Vielmehr gilt *drittens* für den weltanschaulichen Liberalismus mit Ausnahme Westdeutschlands ein dominanter Einfluss des Autoritarismus und für den ökonomischen Liberalismus ein nach Ost und West geteiltes Bild, das *viertens* im Kontext des Modells und der Kausalhypothesen zusammenfassend nun näher konturiert werden soll.

Die *wirtschaftliche Unabhängigkeitshypothese* und die beiden *Humankapitalhypothesen* werden nur eingeschränkt bestätigt. Das Humankapital hat für den weltanschaulichen und der Sozialstatus für den ökonomischen Liberalismus in Deutschland zwar vereinzelt einen positiven Einfluss, aber weit weniger stark als erwartet und auch in Osteuropa in untergeordneter Weise. Nur in Westeuropa kann von einem bedeutsamen Einfluss der Ressourcen gesprochen werden, der auch in einem relativ hohen Anteil erklärter Varianz (in einem separaten Modell) zum Ausdruck kommt. Für die *Interessens- und Vertrauenshypothese* gilt, dass beide für den weltanschaulichen Liberalismus besser bestätigt werden und das Vertrauen, anders als das politische Interesse auch im Osten Deutschlands und Europas. Wesentlich deutlicher fällt die Bestätigung der politischen *Orientierungshypothese* aus. Allerdings prädizieren nur im Westen Selbsteinstufungen im konservativen, rechten politischen Spektrum ökonomisch liberale Einstellungen. Insbesondere in Osteuropa gilt diese Identität bzw. die umgekehrte von linken und weltanschaulich liberalen Positionen auch bei multivariater Kontrolle nicht. Dort wirkt deutlich stärker die *Autoritarismushypothese*. Der Autoritarismus behält auch für den ökonomischen Liberalismus die stärkste Vorhersagekraft, im Kernmodell moderiert durch die Alterseffekte, die eine überraschend starke Erklärungskraft haben.

Trotz der Einschränkungen der Erklärungskraft in dieser Untersuchung durch relativ niedrige Kennwerte sind statistisch signifikante Muster für den Vergleich der Teile Deutschlands und Deutschlands in Europa erkennbar geworden. Der in individuellen Einstellungen sedimentierte Liberalismus der Gesellschaften Europas ist vielgestaltig und kein einheitliches Konzept. Die Verteilungsanalysen zeigen ein bereits in fortgeschrittenem Maße einiges Europa, das dem weltanschaulichen Liberalismus derzeit noch etwas aufgeschlossener gegenübersteht als dem ökonomischen Liberalismus. Offen bleiben die Fragen nach der gesellschaftspolitischen Zukunft, die immer zugleich Fragen für die sozialwissenschaftliche Umfrageforschung sind: Wird es zu einem Fahrstuhleffekt in Ostdeutschland und Osteuropa im Sinne einer Angleichung an das westliche Niveau des weltanschaulichen und ökonomischen Liberalismus kommen? Und wird die Strukturierung des politischen Spektrums nach dem Links-Rechts-Schema auch für Osteuropa stärkere Wirksamkeit erlangen, etwa indem die prägenden moralischen und weltanschaulichen Debatten, die die Prozesse der politischen Differenzierung im Westen Europas in den Jahrzehnten nach Ende des Zweiten Weltkriegs eingeleitet und konturiert haben, auch im Osten Europas nachvollzogen werden?

Die kausalanalytischen Unterschiede zwischen Ost- und Westdeutschland und Ost- und Westeuropa deuten an, dass neben der notwendigen Dokumentation von Niveauunterschieden insbesondere die Erklärung einer differenzierteren Operationalisierung der Konzepte mit zusätzlichen Indikatoren bedarf. Möglicherweise zeigen die multiplen Regressionsanalysen insbesondere für den weltanschaulichen Liberalismus, dass der Autoritarismus eine wesentlich ausgeprägtere Wirkungsmächtigkeit hat, die politische Positionierung also gegenüber Merkmalen des psychologischen Persönlichkeitsprofils nachgeordnet ist. In jedem Fall sollten die individuellen Ressourcen und - angesichts der starken Alterseffekte im Osten Europas – zudem mögliche Kohorteneffekte in einem mit den weiteren Wellen des ESS anzustrebenden Längsschnittvergleich kontrolliert werden. Dann sollte zudem eine mehrebenenanalytische Strategie mit der Kontrolle von Aggregatmerkmalen wie wirtschaftlichem Wohlergehen und kultureller Heterogenität schaftlichem Wohlergehen und kultureller Heterogenität durchgeführt werden, um nachzuvollziehen, inwiefern Freiheit und gesellschaftliche Offenheit als weltanschauliche und ökonomische Prinzipien des Liberalismus westlicher Prägung in einem Europa der weiter zusammenwachsenden Wert- und Wirtschaftssysteme eine Zukunft haben, und wovon der individuelle Liberalismus jenseits der Wirkung von rechts und links sowie autoritaristischer Persönlichkeitsprofile beeinflusst wird.

**Literatur**

Ackerman, Bruce A. (1980): Social Justice in the Liberal State. New Haven, London: Yale University Press.
Altemeyer, Bob (1996): The Authoritarian Specter. Harvard: Harvard University Press.
Bandura, Albert (1977): Social Learning Theory. New York: Englewood Cliffs.
Bouillon, Hardy (1997): Freiheit, Liberalismus und Wohlfahrtsstaat: Eine analytische Untersuchung zur individuellen Freiheit im Klassischen Liberalismus und im Wohlfahrtsstaat. Baden-Baden: Nomos.
Bramsted, Ernest Kohn/Melhuish, K.J. (Hrsg.) (1978): Western Liberalism. A History in Documents from Locke to Croce. London: Longman.
Cochrane, Raymond/Billig, Michael/Hogg, Michael (1979): Politics and Values in Britain: A Test of Rokeach's Two-Value Model. In: British Journal of Social and Clinical Psychology 18, S. 159-167.
Döhn, Lothar (1974/75): Liberalismus. In: Neumann, Franz (Hrsg.): Politische Theorien und Ideologien. Baden-Baden: Signal-Verlag, S. 1-44.
Dworkin, Ronald (1990): Bürgerrechte ernstgenommen. Frankfurt a.M.: Suhrkamp.
Evans, Geoffrey A./Heath, Anthony F. (1995): The Measurement of Left-Right and Libertarian-Authoritarian Values: A Comparison of Balanced and Unbalanced Scales. In: Quality and Quantity 29, S. 191-206.
Evans, Geoffrey A./Heath, Anthony F./Lalljee, Mansur (1996): Measuring Left-Right and Libertarian-Authoritarian Values in the British Electorate. In: British Journal of Sociology 47, S. 93-112.
Ganzeboom, Harry B.G./Treiman, Donald J. (1996): International Stratification and Mobility File: Conversion Tools, Recode of ISKO-88 into ISEI. Utrecht: Department of Sociology. www.fss.uu.nl/soc/hg/isko88/iskoisei.inc, bzw. www.fss.uu.nl/soc/hg/ismf.
Göhler, Gerhard (2002): Liberalismus im 19. Jahrhundert – eine Einführung. In: Heidenreich, Bernd (Hrsg.): Politische Theorien des 19. Jahrhunderts. Zweite, völlig neu bearbeitete Auflage. Berlin: Akademie Verlag, S. 211-228.
Hayek, Friedrich August von (1979): Liberalismus. Tübingen: J.C.B. Mohr.
Heath, Anthony F./Taylor, Bridget/Brook, Lindsay/Park, Alison (1999): British National Sentiment. In: British Journal of Political Science 29, S. 155-175.
Heaven, Patrick C.L. (1990): Economic Beliefs and Human Values: Further Evidence of the Two-Value Model? In: Journal of Social Psychology 130, S. 583-589.
Hillmann, Karl-Heinz (1994): Wörterbuch der Soziologie. Stuttgart: Kröner.
Homann, Karl (1983): Markt, Staat und Freiheit im Liberalismus. In: Boettcher, Erik/Herder-Dorneich, Philipp/Schenk, Karl-Ernst (Hrsg.): Jahrbuch für Neue Politische Ökonomie. 2.Band. Tübingen: J.C.B. Mohr, S. 325-350.
Humboldt, Wilhelm von (1995): Ideen zu einem Versuch, die Grenzen der Wirksamkeit des Staates zu bestimmen. Stuttgart: Reclam.
Inglehart, Ronald (1997): Modernization and Postmodernization: Cultural, Economic and Political Change in 43 Countries. Princeton: Princeton University Press.

Jowell, Roger/Brook, Lindsay/Prior, Gillian/Taylor, Bridget (Hrsg.) (1992): British Social Attitudes: The 9th Report, Aldershot: Dartmouth.
Kymlicka, Will (1989): Liberalism, Community, and Culture. Oxford: Oxford University Press.
Leontovitsch, Victor (1980): Das Wesen des Liberalismus. In: Gall, Lothar (Hrsg.): Liberalismus. Königstein: Verlagsgruppe Athenäum u.a. (zweite Auflage), S. 37-53.
Middendorp, Cees P. (1992): Left-right Self-Identification and (Post)Materialism in the Ideological Space – their Effect on the Vote in the Netherlands. In: Electoral Studies 11, S. 249-260.
Mill, John Stuart (1974): Über die Freiheit. Stuttgart: Reclam.
Poggi, Gianfranco (1990): The State. Its Nature, Development and Prospects. Stanford: Stanford University Press.
Popper, Karl R. (1992): Die offene Gesellschaft. Stuttgart: UTB.
Rawls, John (1992): Die Idee des politischen Liberalismus. Aufsätze 1978-1989. Frankfurt a.M.: Suhrkamp.
Ray, John (1982): Authoritarianism/Libertarianism as the Second Dimension of Social Attitudes. In: Journal of Social Psychology 117, S. 33-44.
Rokeach, Milton (1960): The Open and the Closed Mind. Investigations Into the Nature of Belief Systems and Personality Systems. New York: Basic Books.
Rokeach, Milton (1973): The Nature of Human Values. New York: The Free Press.
Schiller, Theo (1998): Liberalismus. In: Nohlen, Dieter (Hrsg.): Wörterbuch Staat und Politik. München: Piper (Lizenzausgabe für die Bundeszentrale für politische Bildung), S. 393-398.
Schwartz, Shalom H. (2003): A Proposal for Measuring Value Orientations across Nations. http://naticent02.uuhost.uk.uu.net/questionnaire/chapter_07.doc.
Seipel, Christian/Rippl, Susanne/Kindervater, Angela (2000): Probleme der empirischen Autoritarismusforschung. In: Rippl, Susanne/Seipel, Christian/Kindervater, Angela: Autoritarismus: Kontroversen und Ansätze der aktuellen Autoritarismusforschung. Opladen: Leske + Budrich, S. 261-280.
Six, Bernd/Wolfradt, Uwe/Zick, Andreas (2001): Autoritarismus und soziale Dominanzorientierung als generalisierte Einstellungen. In: Zeitschrift für Politische Psychologie 9, S. 23-40.
Taylor, Charles (1993): Multikulturalismus und die Politik der Anerkennung. Frankfurt a.M.: Fischer.
UNESCO (United Nations Educational, Scientific and Cultural Organization) (1997): International Standard Classification of Education 1997. www.uis.unesco.org/ TEMPLATE/pdf/isced/ISCED_A.pdf.

# Bildung als Wettlauf der Nationen? Die Zufriedenheit mit dem Bildungswesen

*Heiner Meulemann*

## 1 Untersuchungsansatz

*1.1 Bildung – im Wandel der öffentlichen Diskussion in Deutschland*

In welchem Land gehen die meisten Elfjährigen auf eine Schule, die zur Hochschulreife führt? Welches Land hat die höchste Abiturientenquote, also den höchsten Anteil von Hochschulzugangsberechtigten an den 19jährigen? Derartige Indikatoren der Selektivität des Bildungswesens im Altersjahrgang werden von der OECD für europäische und außereuropäische Länder seit den 1960er Jahren erhoben. Sie haben in Deutschland eine große Rolle gespielt, um Reformen des Bildungswesens anzustoßen: Die international relativ niedrige Abiturientenquote führe auf Dauer dazu, dass die Bundesrepublik in der internationalen wirtschaftlichen Konkurrenz zurückfalle und dass sich eine politisch selbstbewusste und artikulierte Öffentlichkeit nur schwer herausbilde (Dahrendorf 1967).

Nach einer starken Bildungsexpansion in den späten 1960er und 1970er Jahren in Deutschland (Meulemann 2002: 44ff.) und nach langwierigen, letztlich gescheiterten Versuchen, die Dreigliedrigkeit des deutschen Sekundarschulwesens durch eine Gesamtschule zu ersetzen, hat das Thema Bildung in den achtziger Jahren an Resonanz in der Öffentlichkeit verloren. In diese bildungspolitische Grabesruhe schlug das Ergebnis, dass Deutschland im internationalen Vergleich der Leistungen 15jähriger in Lesen, Mathematik und Naturwissenschaften im unteren Mittelfeld rangiert (PISA *Program for International Student Achievement* 2001, Klein und Hüchtermann 2003: 107), wie eine Bombe ein. Der ‚PISA-Schock' der Deutschen – vergleichbar dem ‚Sputnik-Schock' der USA 1958 – wurde in der Öffentlichkeit monatelang diskutiert. PISA hat es erstmals geschafft, für die bereits seit langem durchgeführten (Husen 1967) internationalen Schulleistungsvergleiche öffentliche Aufmerksamkeit zu gewinnen. Jetzt bewegten nicht mehr Weichenstellungen der Schullaufbahn durch organisatorische Einheiten, sondern Leistungen von Schülern Presse, Parteien und Verbände. So wie in den 1960er Jahren die niedrige Abiturientenquote Deutschlands, so erregte jetzt die Tatsache die Öffentlichkeit, dass die Leistungstestmittelwerte deutscher Schüler nur im unteren Drittel der Länder lagen. Das deutsche Schulwesen war nicht mehr ‚schlecht', weil es zu wenig Mitglieder eines Altersjahrgangs zur Hochschulreife führte, sondern weil es 15jährigen zu wenig Lesen, Rechnen und Naturwissenschaft beibrachte. Aus der Konkurrenz der Systeme war eine Konkurrenz der Menschen, oder genauer der Menschen in den Systemen geworden.

In den 1960er Jahren wurde nicht nur die Selektivität im Altersjahrgang, sondern auch die soziale Selektivität diskutiert: Die frühe Auswahl für Realschule und Gymnasium benachteilige das „katholische Arbeitermädchen auf dem Lande" (Peisert 1967). Mit der folgenden Bildungsexpansion aber haben Mädchen, Katholiken und Landkinder ihren

Rückstand aufgeholt und die Differenzen zwischen den Herkunftsschichten sind geschrumpft (Müller und Haun 1994). Gleichzeitig hatte die Einführung der Gesamtschule in Parallele zum dreigliedrigen Schulwesen dazu geführt, dass die Gesamtschule zunehmend als letzte Option nach dem Scheitern in Gymnasium oder Realschule gewählt wurde und wegen dieser negativen Selektion in der Konkurrenz mit dem dreigliedrigen Schulwesen unterlag. In der öffentlichen Wahrnehmung wurde daher das zuvor wegen seiner sozialen Selektivität kritisierte dreigliedrige Schulwesen rehabilitiert. Auch hier hat PISA mit dem Ergebnis, dass in Deutschland die höchste soziale Selektivität des weiterführenden Schulwesens herrsche, wie eine Bombe eingeschlagen. Die Frage, wieweit die Sekundarschulorganisation soziale Benachteiligungen hervorrufe, wurde wieder in Parteien und Verbänden diskutiert (Klein und Hüchtermann 2003: 147ff.) – so weit, dass sogar die Unternehmensberatung McKinsey sich in einer Pressemitteilung vom 8. Januar 2003 für eine „späte institutionelle Trennung in Schultypen", zu deutsch: für die Gesamtschule aussprach.

*1.2 Bildung – als System und als Erfahrung*

Die internationalen Vergleichsziffern über die Selektivität des Bildungswesens und über die Leistungsfähigkeit der 15jährigen Sekundarschüler, die im Gefolge der PISA-Studien in der Öffentlichkeit wieder oder erstmals diskutiert wurden, messen – mit einem Lehnwort, das Leistungen eines Systems für die Klientel im Gegensatz zu Leistungen der Klientel für das System bezeichnet – die *Performanz* des Bildungswesens. Sie kann in der Differenziertheit der einzelnen Dimensionen und mit der Exaktheit der statistischen Messziffern nicht von den Bevölkerungen der Länder rezipiert werden. Aber es gibt einen sensiblen Punkt, an dem die Performanz des Bildungswesens für alle greifbar wird: die Selektivität im Altersjahrgang in der Sekundarstufe, die Chancen in höhere Berufe eröffnet oder verschließt. In jedem Land verlässt man zwischen 15 und 17 Jahren entweder die Schule für den Beruf oder geht auf ‚weiterführende' Schulen. Kein anderer Bereich des Bildungswesens – weder die Vor- und Grundschule, noch die Hochschule und Weiterbildung – ist deshalb der Bevölkerung eines Landes so präsent wie die Sekundarschule. Die öffentlichen Diskussionen über die Performanz dieser Bildungsstufe schaffen in der Bevölkerung nicht nur in Deutschland, sondern in allen Ländern ein Problembewusstsein, das sich in Zufriedenheit oder Unzufriedenheit mit dem Bildungswesen niederschlägt. Die öffentliche Aufmerksamkeit für die wissenschaftlichen Vergleichsuntersuchungen zum Bildungswesen hat gleichsam eine Arena geschaffen, in der die Länder um die Wette laufen. Anders als in der Arena aber sind Sieg und Platz im Bildungswesen nicht evident, sondern wissenschaftlich konstruiert; sie können nicht als Nachricht verbreitet werden, aber sie schlagen sich als Stimmung nieder. Die Bildungszufriedenheit wird deshalb zum Applaus der Bevölkerung für das Abschneiden des Bildungswesens ihres Landes.

Weil das Bildungssystem für jeden einzelnen in der Bevölkerung ein Sozialsystem ist, für das er Beiträge zahlen muss und von dem er Leistungen erwarten kann, beurteilt er das Bildungswesen nach seiner Performanz. Er nimmt die Rolle des Zuschauers ein, der die Performanz des Systems beurteilt. Im Gegensatz zu anderen Sozialsystemen aber steht jeder mit dem Bildungssystem nicht nur in der Beziehung des Austauschs von Leistungen, sondern durchläuft es selber mit mehr oder minder persönlicher Anstrengung und mehr oder minder großem Erfolg. Dann aber beurteilt er das Bildungswesen nicht im Vergleich zwischen Ländern, sondern im Vergleich zwischen Personen in seinem Land, nicht als Zuschauer, sondern als Beteiligter, nicht als objektivierender Experte, sondern als mehr oder minder gut gestellte Partei, nicht mit Blick auf die allgemeinen Merkmale des Systems, sondern mit Blick auf seine persönlichen Erfahrungen in ihm. Die persönlichen Erfahrungen werden als *Bildungserfolg* greifbar, der seinerseits eine Bedingung des Lebenserfolgs ist. Ebenso wie den Wettlauf der Nationen kann die Bildungszufriedenheit daher den Schulerfolg der Personen wieder spiegeln.

Aus der Sicht der Person ist Bildung also zugleich ein öffentlicher und privater Lebensbereich. Auf der einen Seite urteilt jeder über das Bildungswesen wie über andere öffentliche Lebensbereiche – wie über Politik, Wirtschaft, Gesundheitswesen. Auf der anderen Seite urteilt jeder über seine Bildung wie über andere private Erfahrungen – wie über seine Ehe, seine Familie, seinen Beruf. Auf der einen Seite erfährt jeder mehr oder minder genau Gutes oder Schlechtes über die *Performanz* des Bildungswesens und ist aus diesem Grunde mehr oder minder zufrieden mit dem Bildungswesen. Auf der anderen Seite hat jeder in seinem Leben mehr oder minder *Erfolg* im Bildungswesen gehabt und ist aus diesem ganz anderen Grunde mehr oder minder zufrieden mit dem Bildungswesen.

*1.3 Untersuchungsfrage, Hypothesen, Daten, Aufbau der Darstellung*

Im Folgenden untersuche ich zunächst, ob der ‚PISA-Schock' tatsächlich in Deutschland so stark eingeschlagen hat, dass die Bildungszufriedenheit zurückgegangen ist und niedriger liegt als in anderen europäischen Ländern. Ein solcher Einfluss würde bedeuten, dass sich in der Bildungszufriedenheit vor allem die öffentliche Diskussion der Performanz des Bildungswesens niederschlägt. Deshalb frage ich weiterhin, ob die Bildungszufriedenheit stärker mit der Performanz der Bildungssysteme der Länder oder mit dem Bildungserfolg der Personen zusammenhängt. Ist die Bildungszufriedenheit eher Applaus des heimischen Publikums im Wettlauf der Nationen oder Rechenschaft der Person über ihre Lebenserfahrung?

Die Voraussage, dass heute die Bildungszufriedenheit in Deutschland niedriger ist als in anderen europäischen Ländern und dass sie mit der wachsenden öffentlichen Diskussion in den letzten Jahren, also spätestens seit 2000, zurückgegangen sei, soll als *Unzufriedenheitshypothese* bezeichnet werden. Wenn die Bildungszufriedenheit weiterhin die öffentliche Diskussion der wissenschaftlich ermittelten Performanz der Bildungswesen in einer diffusen Stimmung bündelt, dann sollte sie mit der Performanz der Bildungswesen positiv korrelieren. Dies soll als *Performanzhypothese* bezeichnet werden.

Die Unzufriedenheits- und die Performanzhypothese beziehen sich auf Leistungen der Länder oder durchschnittliche Meinungen ihrer Bevölkerungen. Aber weil Bildungsabschlüsse innerhalb jedes Landes Lebenschancen eröffnen, sollte die Bildungszufriedenheit mit dem Bildungsabschluss ansteigen. Tatsächlich hatte in Westdeutschland 1978 in einer multiplen Regression der Bildungsabschluss mit einem standardisierten Koeffizienten von .24 den stärksten Einfluss von allen sozialdemographischen Variablen auf die Bildungszufriedenheit (Glatzer 1984: 209).[1] Dass die Bildungszufriedenheit mit dem Bildungserfolg ansteigt, soll als *Erfolgshypothese* bezeichnet werden. Sie gilt nicht wie die Unzufrieden-

---

[1] Das steht im Kontrast zu der Tatsache, dass die allgemeinen Lebenszufriedenheit mit dem Bildungsabschluss nur schwach, in einigen reichen Ländern sogar leicht negativ korreliert (Veenhoven 1996: 31).

heits- oder die Performanzhypothese im Vergleich zwischen Ländern, sondern für alle Personen in jedem Land.

Die Daten der Untersuchung entstammen drei internationalen Befragungen in west- und osteuropäischen Ländern. Erstens: Die *European Community Study* von 1973, umfasst neun westeuropäische Länder – die sechs Länder der ursprünglichen Europäischen Union (Belgien, Deutschland, Frankreich, Italien, Luxemburg und Niederlande) sowie die drei Länder der ersten Erweiterung (Dänemark, Irland und Vereinigtes Königreich). Zweitens: Die *Eurobarometer 44.0* von 1995 umfassen zusätzlich sechs Länder der zweiten Erweiterung (Finnland, Griechenland, Österreich, Portugal, Spanien und Schweden) und Ostdeutschland, insgesamt also 16 Länder.[2] Drittens: Der *European Social Survey* von 2002 umfasst bei einer Aufteilung nach West- und Ostdeutschland 21 Länder. Darunter sind alle 1973 und alle 1995 erhobenen Länder; hinzukommen zwei westliche Länder (Norwegen und Schweiz) sowie vier osteuropäische Länder (Polen, Ungarn, Tschechien und Slowenien). Alle 1973 erhobenen Länder lassen sich also 1995 und 2002, alle 1995 erhobenen Länder 2002 wieder betrachten.

Im Folgenden wird die *Unzufriedenheitshypothese* in Abschnitt 2 im Vergleich westeuropäischer Länder 1973 und 1995 sowie west- und osteuropäischer Länder 2002 untersucht. Die *Performanzhypothese* wird in Abschnitt 3 überprüft – und zwar nur für das Jahr 2002, in dem allein die Bildungszufriedenheit in hinreichend vielen Ländern erhoben wurde. Die *Erfolgshypothese* wird in Abschnitt 4 wiederum für alle drei Zeitpunkte überprüft.

## 2    Bildungszufriedenheit 1973 – 1995 – 2002

*2.1 Messung der Zufriedenheit mit dem Bildungswesen*

Da die Bildungszufriedenheit 1973, 1995 und 2002 in unterschiedlichen Erhebungen erfragt wurde, unterscheiden sich die Frageformulierungen.

1973 wurde nach einer offenen Vorfrage „Welche Probleme beschäftigen Sie gegenwärtig am meisten?" Folgendes gefragt:

> „Genauer gesagt würde ich gerne von Ihnen wissen, wie Sie gewisse Gesichtspunkte Ihrer gegenwärtigen Lage beurteilen. Ich werde Ihnen eine Reihe von Gesichtspunkten vorlesen und möchte Sie bitten, mir für jeden Gesichtspunkt zu sagen, ob Sie sehr zufrieden, ganz zufrieden, nicht sehr zufrieden oder überhaupt nicht zufrieden damit sind."

Nach der Wohnung, dem Einkommen und der Berufs- oder Hausarbeit wurden die „Ausbildung für die Kinder" und weitere Lebensbereiche erfragt.

---

[2] Beide Studien wurden mir von Zentralarchiv für Empirische Sozialforschung zur Verfügung gestellt (Studiennummern 628 und 2689). Ich danke dem Archiv dafür; für die hier vorgelegten Auswertungen ist es nicht verantwortlich.

1995 wurden zwei Fragen gestellt. Erstens:

„Insgesamt gesehen: Wie zufrieden sind Sie mit der Art und Weise, wie die Schule jungen Menschen hilft, die eigene Persönlichkeit zu entwickeln und ihre Fähigkeiten zu erweitern? Sind Sie damit sehr zufrieden, zufrieden, nicht sehr zufrieden oder überhaupt nicht zufrieden?"

Zweitens:

„Und wie ist es mit der Art und Weise, wie Schulen jungen Menschen lehren, in der Gesellschaft zu leben und sich auf Veränderungen in der Gesellschaft einzustellen?"

Die Fragen wurden an die ganze Bevölkerung gestellt; falls die Befragten Eltern waren, wurde „junge Menschen" durch „Ihr Kind/Ihre Kinder" ersetzt. Die höchste Zufriedenheitsstufe wurde mit 3, die niedrigste mit 0 verschlüsselt. Beide Zufriedenheitsmaße wurden zu einem siebenstufigen Gesamtmaß addiert, das im Folgenden betrachtet wird.[3] Weder vorher noch nachher wurde nach der Zufriedenheit mit anderen Lebensbereichen erfragt.
2002 wurden Folgendes gefragt:

„Bitte benutzen Sie Liste (mit Stufen von 0 bis 10, von den nur ‚0 äußerst schlecht' und ‚10 äußerst gut' benannt waren) und sagen Sie mir bitte, wie Sie – alles in allem – den derzeitigen Zustand des Bildungssystems in Deutschland (bzw. dem jeweiligen Land) einschätzen."

Vor dieser Frage wurde die Zufriedenheit mit dem eigenen gegenwärtigen Leben, mit der Wirtschaftslage, den Leistungen der jeweiligen Nationalregierung und mit der Art und Weise, wie die Demokratie im jeweiligen Land funktioniert, erfragt – wiederum auf 11 Stufen, aber mit einer Benennung der Extreme als ‚äußerst zufrieden' und ‚äußerst unzufrieden'.

Die Fragen unterscheiden sich in zweierlei Hinsicht. Erstens durch den formalen und inhaltlichen Fragekontext: Die Zufriedenheit mit der Bildung wurde nur 1973 und 2002 zusammen mit der Zufriedenheit in anderen Lebensbereichen erfragt; dabei gingen 1973 nur private, 2002 aber private wie öffentliche Lebensbereiche der Bildung voran. Zweitens durch die Benennung des Fragekonzepts in den Antwortskalen: Wörtlich von „Zufriedenheit" wurde in den Antwortskalen 1973 und 1995 gesprochen, während 2002 eine „Einschätzung" nach „gut" und „schlecht", also nach der Performanz verlangt wurde. Zudem führten die Formulierungen „Ausbildung *für die Kinder*" 1973 und „junge Menschen/Kinder" 1995 die Befragten eher dazu, auf eigene Erfahrungen mit dem Bildungswesen zu blicken, während 2002 die Formulierung „Bildungssystem in Deutschland" den Befragten eher in die Position eines objektiven Bewerters eines Bereichs der Gesellschaft rückte. Die Objektivierung durch den Maßstab der Performanz und den Blick auf die ganze Gesellschaft wurde allerdings 2002 dadurch abgemildert, dass die Einschätzung des Bildungswesens nach einer Frage zur Zufriedenheit in einem privaten und drei öffentlichen Lebensbereichen gestellt wurde.

---

[3] Die Mittelwerte der Zufriedenheit mit der Persönlichkeitsbildung sind in allen Ländern höher als die Mittelwerte der Zufriedenheit mit der Sozialbildung. Die Differenzen zwischen beiden Zufriedenheitsmaßen unterscheiden sich innerhalb der Länder kaum: Sie liegen nur in drei Ländern über 0.10; die größte Differenz beträgt 0.14. Die Rangfolgen der Mittelwerte über die 16 Länder sind in den beiden Dimensionen nahezu gleich. Es ist also gerechtfertigt, beide Dimensionen zusammenzufassen.

In beiden Hinsichten lassen sich die Unterschiede darauf zuspitzen, dass 1973 und 1995 eher die auf persönlichen Erfahrungen gründende Zufriedenheit der Klienten mit den Leistungen eines Sozialsystems, 2002 eher die Beurteilung der Leitungsfähigkeit eines Sozialsystems aus einer zugemuteten Expertenposition erfragt wurde. Da aber jeder als Kind oder Elternteil, tatsächlich oder potenziell, Klient des Bildungswesens ist, sollten die subjektive und objektivierende Sicht zusammenfallen. Alle drei Formulierungen werden deshalb im Folgenden als Zufriedenheit mit der Bildung als einem öffentlichen Lebensbereich verstanden.

*2.2 Ergebnisse*

Ein Rückgang der Zufriedenheit in Deutschland ließe sich am schärfsten prüfen, wenn sie zu allen drei Zeitpunkten mit der gleichen Formulierung erfragt worden wäre, so dass die deutsche Entwicklung *absolut*, ohne Blick auf andere Länder messbar wäre. Da aber die Bildungszufriedenheit zu jedem Zeitpunkt unterschiedlich gemessen wurde, kann die Entwicklung jedes Landes nur *relativ* zu den anderen Ländern gemessen werden, so dass steigende und fallende Tendenzen über alle Länder etwa gleich häufig auftreten müssen. Dann kann ein Rückgang nur in der abgeschwächten Form geprüft werden, ob Deutschland in die Gruppe der Länder mit fallender Tendenz gehört. Im Folgenden wird die Bildungszufriedenheit zuerst für jeden Zeitpunkt mit *absoluten* Werten und dann im Zeitvergleich als *relativer* Wert dargestellt.

Die Mittelwerte und Standardabweichungen der Bildungszufriedenheit in neun europäischen Ländern 1973 sind in Abbildung 1 zusammen mit den Rangplätzen der Mittelwerte dargestellt. Der Abstand zwischen dem zufriedensten und dem unzufriedensten Land – zwischen dem Vereinigten Königreich (1.92) und Luxemburg (0.95) – beträgt weniger als einen Punkt auf der von 0 bis 3 reichenden Skala; bei einer Standardabweichung, die in fünf Ländern über 1 liegt und im niedrigsten Fall (Dänemark) noch 0.86 beträgt, ist das keine große Differenz: Es gibt innerhalb fast jeden Landes im Durchschnitt so viel Unterschiede wie zwischen den Extremen der Länder. Weiterhin setzt sich eine Gruppe hoch zufriedener Länder – Vereinigtes Königreich, Irland, Italien, Frankreich und Westdeutschland in dieser Rangfolge mit Mittelwerten zwischen 1.92 und 1.77 – von einer Gruppe wenig zufriedener Länder – Dänemark, Belgien und Luxemburg mit Mittelwerten zwischen 1.38 und 0.95 – ab, zu denen die Niederlande (1.51) als mittel zufriedenes Land etwa den gleichen Abstand hat.

Die Mittelwerte und Standardabweichungen der Bildungszufriedenheit in den 16 europäischen Ländern 1995 sind in Abbildung 2 zusammen mit den Rangplätzen der Mittelwerte dargestellt. Der Abstand zwischen dem zufriedensten und dem unzufriedensten Land – zwischen Irland (3.92) und Italien (2.48) – beträgt 1.44 Punkte auf der von 0 bis 6 reichenden Skala; da die Standardabweichung in allen Ländern außer Finnland (1.37) höher liegt, ist das keine große Differenz. Man kann eine Gruppe hoch zufriedener Länder – Irland, Dänemark, Luxemburg, Österreich, Niederlande und Belgien in dieser Rangfolge mit Mittelwerten zwischen 3.92 und 3.53 – von einer Gruppe wenig zufriedener Länder – Westdeutschland, Ostdeutschland, Griechenland und Italien mit Mittelwerten zwischen 3.01 und 2.48 – trennen; die 6 verbleibenden Länder fallen mit Mittelwerten zwischen 3.45 und 3.15 dazwischen.

Bildung als Wettlauf der Nationen? Die Zufriedenheit mit dem Bildungswesen 137

*Abbildung 1:* Bildungszufriedenheit in neun europäischen Ländern 1973: Mittelwerte und Standardabweichungen

——— Mittelwert Land         − minus 1 Standardabweichung
+ plus 1 Standardabweichung     ▬▬▬ Mittelwert insgesamt

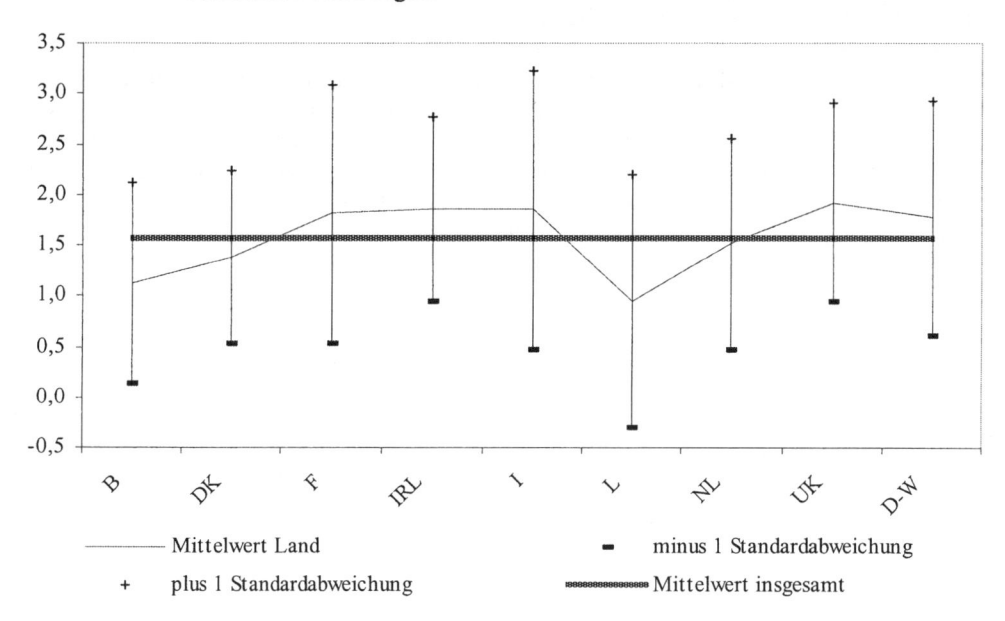

*Abbildung 2:* Bildungszufriedenheit in 16 europäischen Ländern 1995: Mittelwerte und Standardabweichungen

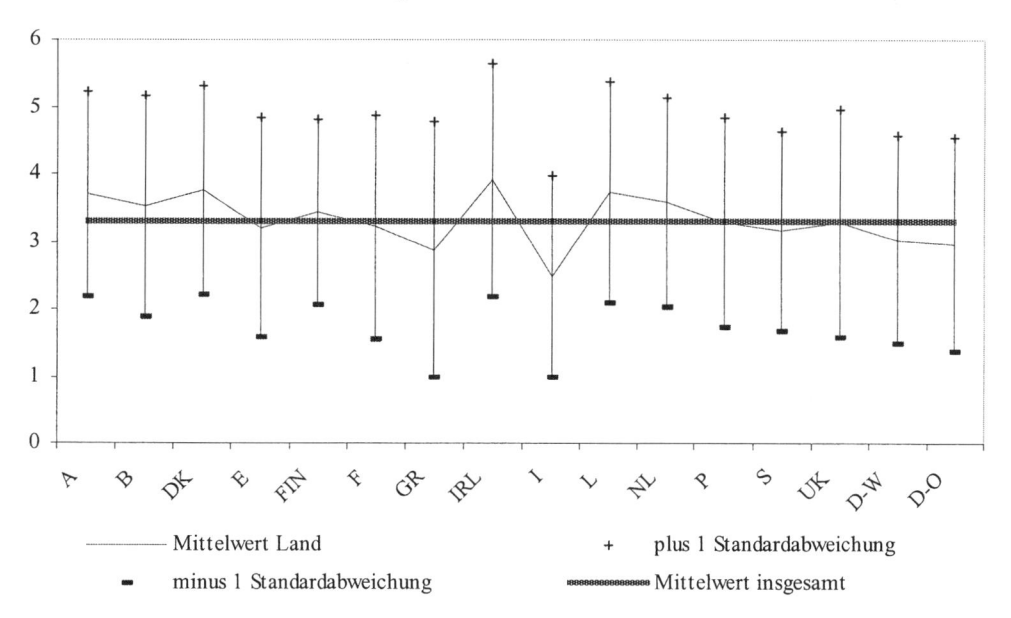

——— Mittelwert Land         + plus 1 Standardabweichung
− minus 1 Standardabweichung     ▬▬▬ Mittelwert insgesamt

West- und Ostdeutschland liegen mit Mittelwerten von 3.01 und 2.95 in der unteren Gruppe der Zufriedenheit und auf unteren Rangplätzen. Westdeutschland fällt also zwischen 1973 und 1995 im Rangplatz der Zufriedenheit zurück.

Die Mittelwerte und Standardabweichungen der Bildungszufriedenheit in 21 europäischen Ländern 2002 sind in Abbildung 3 zusammen mit den Rangplätzen der Mittelwerte dargestellt; die ungewichteten Durchschnitte der westlichen Länder (ohne Westdeutschland) und der östlichen Länder (ohne Ostdeutschland) sind als durchgehende Linien eingezeichnet. Der Abstand zwischen dem zufriedensten und dem unzufriedensten Land – zwischen Finnland (7.84) und Portugal (3.74) – beträgt 4.10 Punkte auf der von 0 bis 10 reichenden Skala; da die meisten Standardabweichungen rund zwei Skalenpunkte betragen und die größte Standarbweichung (in Griechenland) 2.56 Skalenpunkte beträgt, ist das in der Tat eine große Differenz. Wenn man vom Mittelwert des zufriedensten Landes, Finnland, eine Standardabweichung (1.44) abzieht, erhält man einen Wert mehr als einen halben Skalenpunkt über dem um eine Standardabweichung (2.05) erhöhten Mittelwert des unzufriedensten Landes, Portugal.

West- und Ostdeutschland liegen mit Mittelwerten von 4.80 und 4.14 wiederum in der unteren Gruppe der Zufriedenheit und auf unteren Rangplätzen. Betrachtet man allein die westlichen Länder, so sind nur Griechen und Portugiesen mit ihrem Bildungswesen weni-

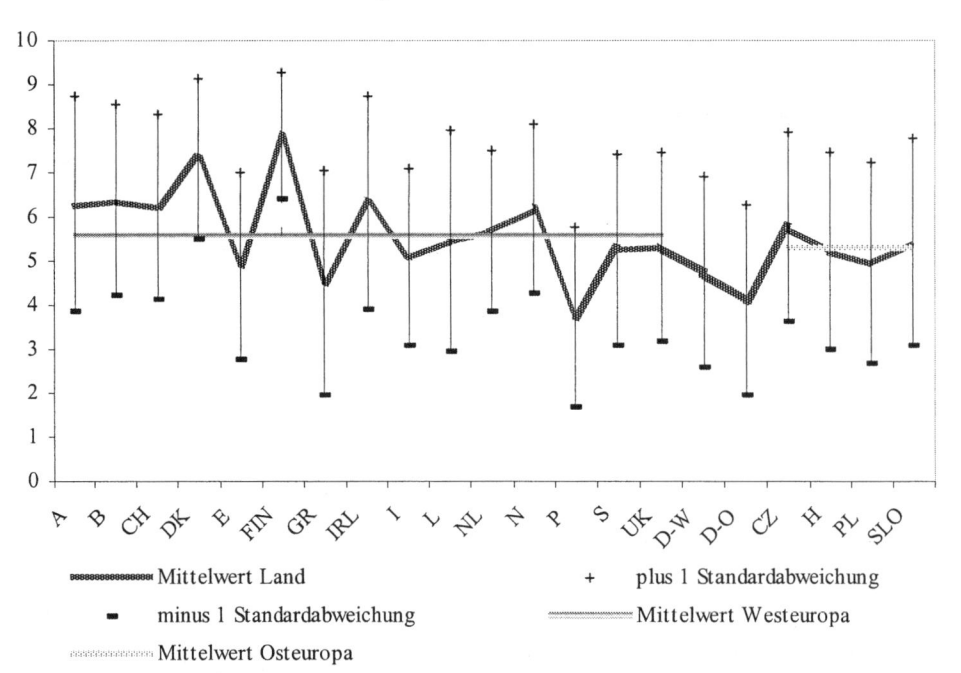

*Abbildung 3:* Bildungszufriedenheit in 21 europäischen Ländern 2002: Mittelwerte und Standardabweichungen

ger zufrieden als die Westdeutschen; betrachtet man allein die östlichen Länder, dann ist die Bildungszufriedenheit in Ostdeutschland am geringsten.[4] Zwischen 1995 und 2002 fällt Deutschland also noch einmal – wenn auch nicht so stark wie zwischen 1973 und 1995 – in Höhe und Rangplatz der Zufriedenheit zurück.

West- und Osteuropa liegen mit Mittelwerten von 5.61 und 5.34 enger zusammen als West- und Ostdeutschland. Dennoch ist die Ost-West-Kluft in Deutschland – gemessen an Europa – kein Sonderfall. Denn sie ist weder in Deutschland noch in Europa stark, wenn man sie an den Differenzen innerhalb jeder Ländergruppe misst und die Überlappungen der Werte zwischen west- und osteuropäischen Ländern in Betracht zieht. Die Bildungszufriedenheit variiert zwar stark zwischen den Ländern überhaupt, aber nur wenig zwischen west- und osteuropäischen Ländern.

Um die Entwicklung in einer konstanten Gruppe von Ländern zu erfassen, ist in Tabelle 1 für die 15 Länder, die 2002 *und wenigstens einmal vorher* erhoben wurden, die relative Position jedes Landes auf zwei Weisen dargestellt. Erstens wurden in Abhängigkeit von der Verteilung zu jedem Zeitpunkt die Mittelwerte der Länder in drei Gruppen – hoch, mittel, niedrig – eingeteilt; zweitens wurde für die acht Länder, die zu allen drei Zeitpunkten erhoben wurden, die Rangfolge in Kursivschrift angegeben. Beide relativen Maße erlauben eine Tendenzaussage, die in der letzten Spalte der Tabelle wiedergegeben ist; sie stimmt in allen Fällen, wo beide Maße möglich waren, überein.

In diesen 15 Ländern ist die Bildungszufriedenheit am häufigsten – sechs Mal – konstant. Zählt man die beiden Länder, in denen die Entwicklung schwankt und auf mittlerem Niveau endet, also Italien und Luxemburg, zu den konstanten Ländern, so gibt es in der Hälfte der Länder keine Entwicklung der Bildungszufriedenheit. Die übrige Hälfte der Länder muss sich zwar nach der Logik eines relativen Maßes in gleich viele Länder mit fallender oder steigender Tendenz aufteilen; aber es verbleiben noch sieben Länder, die in die eine oder andere Gruppe fallen können. Eine steigende Tendenz der Bildungszufriedenheit findet sich nun in Belgien, Dänemark und Finnland, eine fallende Tendenz in Spanien, Portugal, im Vereinigten Königreich und in Westdeutschland.

Die Unzufriedenheitshypothese wird also bestätigt. Die Bildungszufriedenheit ist nicht nur 2002 in beiden Teilen Deutschlands niedrig, sie fällt auch in Westdeutschland zwischen 1973 und 1995 und noch einmal zwischen 1995 und 2002 ab und verbleibt in Ostdeutschland zwischen 1995 und 2002 auf niedrigem Niveau. Der Abfall in Westdeutschland ist zudem stark und kontinuierlich vom hohen auf das niedrige Niveau mit fallenden Rangziffern. Ähnlich dramatisch ist der Abfall nur im Vereinigten Königreich, während in Portugal und Spanien die Zufriedenheit nur seit 1995 vom mittleren auf das niedrige Niveau fällt.

---

[4] Im Jahre 2000 wurde in sieben der 2002 erhobenen Länder die Bildungszufriedenheit ebenfalls auf einer Skala von 0 bis 10 erhoben, deren Endpunkte allerdings mit ‚ganz und gar unzufrieden' und ‚ganz und gar zufrieden' statt mit ‚äußerst schlecht' und ‚äußerst gut' beschriftet waren (Datenreport 2002: 621). Die Mittelwerte 2000 (und ihre Differenz zu den Mittelwerten 2002) betragen: CH 7,7 (-1,5); E 5,5 (-0,6); S 7,7 (-2,4); D-W 7,2 (-2,4); D-O 7,4 (-3,3); H: 6,1 (-0,9); SLO 6,6 (-1,6). D-W nimmt also den vierten, D-O den dritten Rangplatz ein. Fügt man diese Ergebnisse in die hier vorgestellte Reihe ein, so verbessert sich die relative Position der beiden deutschen Landesteile zwischen 1995 und 2000, um sich dann bis 2002 wieder zu verschlechtern. Der Anstieg zwischen 1995 und 2000 ist schwer erklärbar, während der Rückgang zwischen 2000 und 2002 sich zwar in Deutschland und in der Schweiz, Spanien und Ungarn, die ebenfalls unter dem Länderdurchschnitt des Lesetests liegen (PISA 2001: 107), aus dem ‚PISA-Schock' nach 2000 ergeben haben könnte, nicht aber in Schweden, das über dem Durchschnitt liegt (Slowenien wurde 2000 nicht erhoben). Obwohl diese Zeitreihe also einen begrenzten Beleg für die Unzufriedenheitshypothese enthält, wurde sie hier wegen der allgemein rückläufigen Entwicklung zwischen 2000 und 2002 nicht berücksichtigt.

*Tabelle 1:* Relative Position von 15 Ländern der Europäischen Union auf der Bildungszufriedenheit 1973-1995-2002

| | 1973 | | 1995 | | 2002 | | Tendenz |
|---|---|---|---|---|---|---|---|
| Österreich | | | Hoch | | Hoch | | Konstant |
| *Belgien* | Niedrig | 7 | Hoch | 5 | Hoch | 2 | Steigend |
| *Dänemark* | Niedrig | 6 | Hoch | 2 | Hoch | 1 | Steigend |
| Spanien | | | Mittel | | Niedrig | | Fallend |
| Finnland | | | Mittel | | Hoch | | Steigend |
| Griechenland | | | Niedrig | | Niedrig | | Konstant |
| *Irland* | Hoch | 2 | Hoch | 1 | Hoch | 3 | Konstant |
| *Italien* | Hoch | 3 | Niedrig | 8 | Mittel | 7 | Schwankend |
| *Luxemburg* | Niedrig | 8 | Hoch | 3 | Mittel | 5 | Schwankend |
| *Niederlande* | Mittel | 5 | Hoch | 4 | Mittel | 4 | Konstant |
| Portugal | | | Mittel | | Niedrig | | Fallend |
| Schweden | | | Mittel | | Mittel | | Konstant |
| *UK* | Hoch | 1 | Mittel | 6 | Mittel | 6 | Fallend |
| *Deutschland-West* | Hoch | 4 | Niedrig | 7 | Niedrig | 8 | Fallend |
| Deutschland-Ost | | | Niedrig | | Niedrig | | Konstant |

1973: [Wertebereich 0-3], hoch: >1.75, niedrig:<1.50, Verteilung hoch/mittel/niedrig: 4/1/3 (ohne F)
1995: [Wertebereich 0-6], hoch: >3.50, niedrig:<3.10, Verteilung: 6/5/4 (ohne F)
2002: [Wertebereich 0-10], hoch: >6.25, niedrig:<5.00, Verteilung: 5/5/5 (ohne CH, NO, CZ, H, PL, SLO)
Kursiv geschriebene Länder: Erhebung und Rangfolge zu allen drei Zeitpunkten.

Die Unzufriedenheit in Deutschland wächst weiterhin nicht erst mit dem ‚PISA-Schock' 2001, sondern bereits zwischen 1973 und 1995, um bis 2002 nur noch geringfügig weiter zuzunehmen. Die Unzufriedenheit ist nur zum kleineren Teil Ergebnis, zum größeren Teil Ursache des ‚PISA-Schocks'. Das kann vielleicht die eingangs erwähnte Tatsache erklären, dass PISA es erstmals geschafft hat, für die schon lange gepflegten internationalen Leistungsvergleiche Aufmerksamkeit zu heischen. Nach dem Abschluss der Bildungsexpansion und dem Abflauen des bildungsreformerischen Interesses in den 1970er Jahren ist offenbar die Unzufriedenheit mit dem Bildungswesen gleichsam unterschwellig, in der Stimmung der Bevölkerung gewachsen, so dass sie sensibel wurde für die ‚Leistung' des Bildungswesens, nämlich Leistung. Die gewachsene Unzufriedenheit hat die deutsche Bevölkerung und die deutsche Öffentlichkeit als Zuschauer in die Arena der internationalen Leistungskonkurrenz getrieben, in der ohne Zuschauer wissenschaftlich ja schon lange gekämpft wurde. So erklärt sich, dass eine alte Forschungstradition plötzlich eine außergewöhnliche Aufmerksamkeit erfuhr. Nicht erstaunlich ist es dann, dass die weitere Diskussion des nicht erstrangigen Abschneidens die Unzufriedenheit weiter steigerte. Die Unzufriedenheit der Bevölkerung war der Boden für den Erfolg von PISA, und PISA hat noch sein Scherflein zur Unzufriedenheit der Bevölkerung beigetragen. Nicht die Wissenschaft scheucht die Öffentlichkeit auf, sondern die Öffentlichkeit greift nach den wissenschaftlichen Ergebnissen, für die sie sensibilisiert ist.

## 3 Bildungszufriedenheit und Performanz des Bildungssystems 2002

*3.1 Messung der Performanz des Bildungssystems*

Die Performanz des Bildungssystems ist für die gesamte Bevölkerung an der Sekundarschulbildung spürbar. Sie wird hier direkt als Leistung des Systems für seine Klientel fassbar, als *Output*. Der Output ist zunächst als *Volumen* messbar, als Menge von Schülern. Aber er umfasst mehr. Das Bildungssystem muss gute Schüler, also *Leistung* produzieren. Und es muss seine Mittel gerecht auf die Schüler verteilen, also *Gleichheit* bei gleicher Leistung gewähren. Der Output muss also nicht nur gezählt, sondern auch gewogen werden – und zwar unter den Wertgesichtspunkten Leistung und Gleichheit.

Die Performanz kann aber nicht nur direkt durch den Output, sondern auch indirekt durch den *Input* und den *Prozess* erfasst werden, die einen Output produzieren. In der Tat hat die Forschung jahrelang Input- und Prozess-Indikatoren wie Output-Indikatoren behandelt (Jencks et al. 1972) – warum sollte die Bevölkerung nicht heute noch das Gleiche tun? Der Input umfasst *Geld* und *Zeit*. Der Prozess wird greifbar am Verhältnis von Schüler zu Lehrern und am Verhältnis von Schülern zum Lehrmaterial, also an *sozialen* und *technischen* Aspekten der Lebensqualität in der Sekundarschule.

Input, Prozess und Output ergeben mit ihren jeweils spezifischen Aspekten insgesamt sieben Dimensionen: Input-Geld, Input-Zeit, Prozess-Sozial, Prozess-Technisch, Output-Volumen, Output-Leistung, Output-Gleichheit. Für diese Dimensionen wurden für die nächstliegenden Jahre, also 1999 und 2000, Indikatoren aus „Erziehung auf einen Blick" („Education at a Glance", im Folgenden EAG genannt; OECD 2002) und aus „Key Data on Education in Europe" (Eurostat 2002) danach ausgewählt, ob sie für möglichst viele ESS-Länder verfügbar waren und möglichst wenig miteinander korrelierten. Sie sind im Folgenden durch Großschreibung hervorgehoben. Es erleichtert den Überblick, schon jetzt auf die ersten beiden Spalten der Tabelle 2 zu blicken.

Zu *Input-Geld* wurde der EAG–Indikator B1.2 – AUSGABEN für die gesamte Sekundarbildung bezogen auf das Bruttoinlandsprodukt pro Kopf – Indikatoren ohne Bezug auf das Bruttoinlandsprodukts (EAG B1.1 und B2.1b) vorgezogen, weil dieser Indikator näher an das herankommt, was Menschen als Input des Bildungssystems wahrnehmen. Wie das Geld von den Schulen genutzt wird, ist weiterhin durch den EAG–Indikator D5.3 erfasst, den PISA-Index der SCHULRESSOURCEN, der die Qualität von Bücherei, Computern und Laborausrüstung zusammenfasst. Zu *Input-Zeit* wurden die EAG-Indikatoren D1.1 und D1.3, die durchschnittliche planmäßige UNTERRICHTSZEIT der 12-14jährigen und die durchschnittliche Zeit für HAUSAUFGABEN in Lesen, Mathematik und Naturwissenschaften eingesetzt. Alle Input-Indikatoren zeigen mit steigender Größe steigende Performanz an.

Zu *Prozess-Sozial* bot EAG mit D2.2, D5.1 und D5.2 – Verhältnis von Schülern zu Lehrpersonal, Index der Lehrerunterstützung, Index des disziplinarischen Klimas, PISA-Index des Leistungsdrucks – vier Indikatoren. Von diesen wurde der erste nicht übernommen, weil er relativ weit von der Wahrnehmung der Schüler entfernt war und zu wenig gültige Werte (N = 18) hatte. Von den drei verbleibenden Klima-Indizes wurde der Index der Lehrerunterstützung wegen seiner hohen Korrelation mit dem PISA-Index des Leistungsdrucks nicht übernommen, so dass der Index des DISZIPLINarischen Klimas und der PISA-Index des LEISTUNGSDRUCKs verblieben. Beide Indizes sind so konstruiert, dass höhere Werte höhere Performanz anzeigen. Zu *Prozess-Technisch* konnte nur der EAG-Indikator D3.1, das Verhältnis von COMPUTERn zu Schülern übernommen werden, weil zwei weitere Indikatoren, die die Nutzung von Computern erfassten, D3.5 und D3.6, zu wenig gültige Werte (N = 10) hatten. Steigende Werte dieses Verhältnisses zeigen eine geringere Performanz an.

Zu *Output-Volumen* wurden zunächst zwei Indikatoren gewählt, die die Inklusion des Bildungswesens unabhängig vom Erfolg erfassen: die EAG-Indikatoren C1.1 und C5.1, planmäßig erwartbare SCHULJAHRE in Primar- und Sekundarschule und Anteil der JUGENDLICHEn zwischen 15 und 19 Jahren im Bildungswesen. Die Inklusion aber sagt nichts über den Erfolg. Leider konnte hierzu der EAG-Indikator A1.1, die Abschlussquote im oberen Sekundarschulwesen, wegen zu weniger gültiger Werte (N = 13) nicht übernommen werden; stattdessen musste der Prozentsatz der ABSOLVENTEN im oberen Sekundarschulwesen bis zum 22. Lebensjahr als Äquivalent der ‚Abiturquote' aus den ‚Key Data' übernommen werden. Für alle drei Indikatoren zeigen höhere Werte eine höhere Performanz an. Zu *Output-Leistung* wurde das Mittel im Leistungstest LESEN aus PISA 2000 übernommen, das sehr hoch mit den Leistungstestmittelwerten in Mathematik und Naturwissenschaft korreliert (PISA 2001: 107). Zu *Output-Gleichheit* wurde der REGRESSIONskoeffizient des Lesetestmittels auf die soziale Herkunft benutzt (PISA 2001: 229).[5] Für diesen Indikator zeigen höhere Werte niedrigere Performanz an.

*3.2 Ergebnisse*

Die Korrelationen zwischen den Performanz-Indikatoren und der Bildungszufriedenheit in 20 europäischen Ländern 2002 sind zusammen mit der Basis N und den erwarteten Vorzeichen in Tabelle 2 dargestellt. Aufgrund der niedrigen Fallzahl werden auch einige nichtsignifikante Korrelationen betrachtet.

Von den *Input*-Indikatoren haben die AUSGABEN keinen, aber die SCHULRESSOURCEN wie erwartet einen positiven, wenn auch schwachen und nicht signifikanten Einfluss auf die Bildungszufriedenheit. Gemessen in Größen der wirtschaftlichen Gesamtrechnung spiegelt sich der Input an *Geld* nicht im Bewusstsein der Bevölkerung wieder, wohl aber gemessen an im Schulalltag erfahrbaren Leistungen. Der Input an *Zeit* hingegen hat nicht die erwarteten positiven, sondern negative Einflüsse auf die Bildungszufriedenheit: Je höher die UNTERRICHTSZEIT und (wenn auch schwach und nicht signifikant) je höher die Stundenzahl für HAUSAUFGABEN, desto niedriger ist die Bildungszufriedenheit. Diese unerwartet negativen Korrelationen deutet darauf, dass die Zeit für die Hausaufgaben – und selbst noch die Unterrichtszeit – in den europäischen Gesellschaften offenbar nicht als ein Input verstanden wird, den das System seiner Klientel gibt, sondern ein Input, den es sich von seiner Klientel nimmt.

Die *Prozess*-Indikatoren haben, sofern sie den *sozialen* Prozess erfassen, entgegen der Erwartung eher einen negativen Einfluss auf die Bildungszufriedenheit. Je strenger die DISZIPLIN und je höher der LEISTUNGSDRUCK, desto geringer die Bildungszufriedenheit. Obwohl sehr schwach, sind beide Korrelation nicht nur deshalb bemerkenswert, weil sie der Erwartung widersprechen, sondern auch weil sie Erfahrungen des schulischen All-

---

[5] Für LEISTUNG und REGRESSION wurden mir für West- und Ostdeutschland getrennte Werte von Dr. Petra Stanat, Max-Planck-Institut für Bildungsforschung in Berlin, zur Verfügung gestellt, der ich dafür herzlich danke.

*Tabelle 2:* Bildungsperformanz und Bildungszufriedenheit in europäischen Ländern 2002: Korrelationen

| Dimension | Beschreibung | N | H | r |
|---|---|---|---|---|
| *Input* | | | | |
| Geld | AUSGABEN pro Schüler in weiterführenden Schulen relativ zum BIP pro Kopf in US $ | 19 | + | .15 |
| | PISA-Index der SCHULRESSOURCEN, 2000 | 19 | + | .35 |
| Zeit | Durchschnittliche UNTERRICHTSZEIT in Stunden pro Jahr der 14- bis 16jährigen, 2000 | 16 | + | -.07 |
| | Durchschnittliche Stundenzahl für HAUSAUFGABEN 15jähriger für die Fächer Lesen, Mathe und Naturwissenschaften, 2000 | 19 | + | -.50* |
| *Prozess* | | | | |
| Sozial | Index der DISZIPLIN im Klassenraum bei 15jährigen, 2000 | 19 | + | -.05 |
| | PISA-Index des LEISTUNGSDRUCKs, alle Schüler, 2000 | 19 | + | -.23 |
| Technisch | Verhältnis von Schülern zu COMPUTERn, 2000 | 19 | - | -.72*** |
| *Output* | | | | |
| Volumen-Inklusion | Erwartete Anzahl der SCHULJAHRE für Grund- und weiterführende Schulen zusammen, 2000 | 19 | + | .06 |
| | Anteil JUGENDLICHEr im Alter von 15 bis 19 Jahren in der Schulbildung in %, 2001 | 20 | + | .27 |
| Volumen-Erfolg | Anteil ABSOLVENTEN obere Sekundarbildung bis 22. Lebensjahr, in %, 2000 | 18 | + | .50* |
| Leistung | Durchschnittliche Testleistung LESEN der 15jährigen, 2000 | 20 | + | .59** |
| Gleichheit | REGRESSIONskoeffizient der Lese-Testleistung von 15jährigen auf den sozialen Status, 2000 | 20 | - | -.26 |

Signifikanzniveaus: * $p<0.05$; ** $p<0.01$; *** $p<0.001$; H = Hypothese; r = Pearson's r.
Deutschland insgesamt, nur bei LESEN und REGRESSION Deutschland nach Ost und West getrennt.

tags erfassen, die sich leichter als etwa globale Input-Maße in der Zufriedenheit hätten niederschlagen können. Wenn überhaupt, wird also Druck im Bildungswesen von den Bevölkerungen nicht begrüßt, sondern missbilligt. Der negative Einfluss der Indikatoren des sozialen Prozesses passt zum negativen Einfluss des Inputs an Zeit. Wo immer die Schule etwas verlangt, wird es ihr verübelt – sei es Zeit oder Arbeit, sei es in oder außerhalb der Schule, sei es von den Schülern oder Eltern. Anders als die Indikatoren des sozialen hat der Indikator des *technischen* Prozesses den erwarteten Einfluss. Je mehr Schüler sich einen COMPUTER teilen müssen, desto niedriger ist die Bildungszufriedenheit. Dieser erwartete Zusammenhang fügt sich mit den unerwarteten Zusammenhängen nach dem schon beim Input beobachteten Muster zusammen: So wie das Bildungswesen möglichst wenig von seiner Klientel fordern soll, so soll es auch möglichst viel für seine Klientel bereitstellen.

Die *Output*-Indikatoren schließlich korrelieren alle in der erwarteten Richtung mit der Bildungszufriedenheit. Das gilt zunächst für die Indikatoren des *Volumens* – für die beiden Indikatoren der Inklusion, SCHULJAHRE und JUGENDLICHE, schwach und nicht signifikant, für den Indikator des Erfolgs, ABSOLVENTEN, stark und signifikant. Die Inklusion erfasst das Output-Volumen schlechter als der Erfolg, und sie wird von den Bevölkerungen weniger wahrgenommen als der Erfolg. Nur auf den ersten Blick widersprechen diese positiven Zusammenhänge des Output-Volumens den negativen Zusammenhängen des Inputs an Zeit. Das Bildungswesen soll zwar die Jugendlichen möglichst lange und möglichst mit einem Abschluss im Prozess des Heranwachsens begleiten; aber es soll dabei

Jugendliche und Eltern nicht allzu sehr beanspruchen. Beides lässt sich auf den gemeinsamen Nenner einer hohen Leistungserwartung an das Bildungswesen bringen, die zugleich eine hohe Leistungsentlastung des Elternhauses darstellt.

Die Output-Indikatoren der *Leistung* und der *Gleichheit* korrelieren wie erwartet positiv und negativ mit der Bildungszufriedenheit. Je besser die Leistung im LESEN, desto höher ist – signifikant – die Bildungszufriedenheit; je stärker der Einfluss der sozialen Herkunft auf die Leseleistung, REGRESSION, desto niedriger ist – allerdings nicht signifikant – die Bildungszufriedenheit. Diese Korrelationen deuten darauf, dass der Zweck und die Problematik des Bildungswesens – die Produktion von Leistung und die Reproduktion von Ungleichheit – von den Bevölkerungen nicht nur registriert, sondern unter der Begleitmusik öffentlicher Diskussionen auch zum Kriterium des Wettbewerbs erhoben werden. Naturgemäß gilt dies für den Zweck stärker als für die Problematik. Denn Leistungssteigerungen helfen in der internationalen Konkurrenz und befriedigen den nationalen Narzissmus. Ob größere Gleichheit hingegen in der internationalen Konkurrenz einen Vorsprung verschafft, ist zumindest strittig; sie befriedigt vor allem das ideelle Bedürfnis der Wertverwirklichung. Die Bevölkerungen nehmen den Wettlauf der Nationen in der Liga der Leistung wahr und spenden ihren Applaus korrekt; aber sie haben auch ein Gespür für den ideellen Wettlauf der Nationen.

Im Überblick über alle Korrelationen lässt sich zweierlei festhalten. Erstens erwarten die Bevölkerungen vom Bildungssystem offenbar vor allem Leistungen für die Klientel und missbilligen Ansprüche des Bildungssystems an die Klientel. Zweitens richten sich die Erwartungen in erster Linie auf den Output, weniger auf den Input und den Prozess des Bildungssystems. Zwar hat mit dem Verhältnis von Schülern zu Computern eine Prozess-Variable den stärksten Einfluss auf die Bildungszufriedenheit, gefolgt von der Output-Variable der Leistung und der Input-Variable der Hausaufgaben. Aber allein unter den Output-Variablen finden sich zwei mit einer starken Korrelation: der Erfolg und die Leistung. Die öffentlichen Diskussionen über die Performanz des Bildungswesens schlagen sich also dort am besten nieder, wo nicht gezählt, sondern gewogen wird: beim bewerteten Ouput. Für die Bevölkerungen ist Masse weniger spürbar als Klasse.

Um die Korrelation zwischen Output und Zufriedenheit zu veranschaulichen, ist sie für den stärksten Indikator, die Leseleistung, in Abbildung 4 auch als Streudiagramm dargestellt. Hier verbindet Finnland eine hohe Leistung mit einer hohen Zufriedenheit, während Portugal, Griechenland und die beiden deutschen Landesteile niedrige Leistung mit niedriger Zufriedenheit verbinden. In Deutschland hat also offenbar der ‚PISA-Schock' in West wie Ost seine Wirkung nicht verfehlt. In allen Ländern hat die öffentliche Thematisierung des Leistungswettbewerbs auf die Bildungszufriedenheit gewirkt.

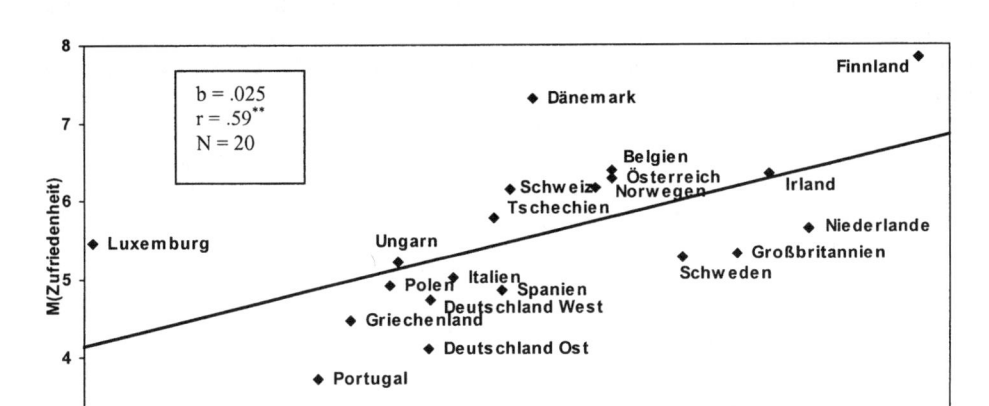

*Abbildung 4:* Leseleistung und Zufriedenheit mit dem Bildungssystem in europäischen Ländern 2002

[Streudiagramm: M(Lesen) auf x-Achse (440–540), M(Zufriedenheit) auf y-Achse (3–8); b = .025, r = .59**, N = 20; Länder: Luxemburg, Ungarn, Polen, Italien, Spanien, Griechenland, Deutschland West, Deutschland Ost, Portugal, Schweiz, Tschechien, Dänemark, Belgien, Österreich, Norwegen, Irland, Niederlande, Großbritannien, Schweden, Finnland]

## 4 Bildungszufriedenheit und Bildungserfolg 1973 – 1995 – 2002

### 4.1 Messung des Bildungserfolgs

1973 wurde der Ausbildungserfolg als Schulabschluss in Primarschule, Sekundarschule und auf der Universität erhoben. In den einzelnen Ländern waren bis zu sechs Stufen vorgegeben, die auf fünf Stufen vereinheitlicht wurden: Primarschulabschluss, unterer Mittelschulabschluss, höherer Mittelschulabschluss, Hochschulreife, Universitätsabschluss.

1995 wurde der Ausbildungserfolg nicht mit Abschlüssen, sondern als Alter beim Abschluss der Vollzeitausbildung und als Jahre, die danach mit einer weiteren allgemein bildenden und beruflichen Ausbildung verbracht wurden, erfragt. Für das Alter beim Abschluss war ‚bis 15 Jahre', ‚16 – 19 Jahre', ‚20 und mehr Jahre' und ‚noch in Ausbildung' vorgegeben; für die Jahre danach waren 1, 2, 3 und mehr sowie ‚keine weitere Ausbildung' vorgegeben. Das Alter beim Abschluss wurde als 9, 12, 14 und 19 Schuljahre verschlüsselt, zu denen die Jahre der beiden weiteren Ausbildungen addiert wurden. Das Ergebnis war eine Variable Ausbildungsjahre, die von 9 bis 20 reichte und nach der Verteilung in 5 Stufen – 9 Jahre, 10 bis 12 Jahre, 13 bis 14 Jahre, 15 Jahre, über 16 Jahre – eingeteilt wurde.

2002 wurde der Ausbildungserfolg nach der internationalen Klassifikation ISCED97 (Klös und Weiß 2003: 12f.) auf sieben Stufen gemessen: 0 Primarausbildung nicht abgeschlossen; 1 Primarausbildung abgeschlossen; 2 erster Abschluss der Sekundarschule; 3 höherer Abschluss der Sekundarschule; 4 Abschluss nach der Sekundarstufe außerhalb des Tertiarbereichs; 5 erster Abschluss des Tertiarbereichs; 6 zweiter Abschluss des Tertiarbereichs.

*4.2 Ergebnisse*

Da sowohl die Zufriedenheit mit dem Bildungswesen wie der Bildungsabschluss mit unterschiedlichen Skalen gemessen wurden, lassen sich die Zusammenhänge über die Zeit nur anhand von Korrelationskoeffizienten vergleichen. Sie sind in Tabelle 3 dargestellt. In der oberen Hälfte stehen die westeuropäischen Länder mit wiederholten Messungen und in der unteren Hälfte die west- und osteuropäischen Länder, die nur 2002 erhoben wurden.

Unter den westeuropäischen Ländern mit zu allen drei Zeitpunkten wiederholten Messungen findet sich kein Land, das zu allen drei Zeitpunkten gleich gerichtete signifikante Korrelationen aufweist; unter den westeuropäischen Ländern, die 1995 und 2002 untersucht wurden, zeigen nur Griechenland und Spanien signifikante und gleichartige, nämlich negative Korrelationen. Überblickt man alle Länder, so findet sich keine signifikant positive unter den 44 Korrelationen. Ein Muster der Korrelationen nach Ländern oder Zeitpunkten lässt sich nicht finden. Weder haben die Länder mit konstant gleichartigen Korrelationen.

Gemeinsamkeiten noch findet sich in Ländern mit drei Erhebungen eine deutliche Tendenz. Land und Zeit haben keinen systematischen Einfluss auf die Korrelationen, die – je nach Stichprobe – mal in den stärker negativen Bereich mit Signifikanz oder in den leicht positiven Bereich ohne Signifikanz fallen. Man kann also schließen: Der ‚wahre' Einfluss des Bildungserfolgs auf die Bildungszufriedenheit ist in der Grundgesamtheit aller Länder konstant leicht negativ. Das gilt auch für Deutschland: In Westdeutschland findet sich nie

*Tabelle 3:* Bildungserfolg und Bildungszufriedenheit, 1973-1995-2002 in west- und osteuropäischen Ländern: Korrelationen

|  | 1973 | 1995 | 2002 |
|---|---|---|---|
| Österreich |  | .06 | -.09*** |
| Belgien | -.02 | .03 | -.06** |
| Spanien |  | -.12*** | -.10*** |
| Dänemark | -.01 | .02 | .02 |
| Finnland |  | -.01 | .01 |
| Griechenland |  | -.15*** | -.06** |
| Irland | -.05 | .06 | -.04 |
| Italien | -.16*** | -.04 | -.04 |
| Luxemburg | -.16*** | -.06 | -.11*** |
| Niederlande | -.04 | -.01 | -.04 |
| Portugal |  | -.16*** | -.02 |
| Schweden |  | -.03 | -.05* |
| Vereinigtes Königreich | -.05 | .07 | -.03 |
| Deutschland-West | .02 | .01 | -.03 |
| Deutschland-Ost |  | .02 | -.12*** |
| Schweiz |  |  | -.03 |
| Norwegen |  |  | .04 |
| Tschechien |  |  | -.05 |
| Ungarn |  |  | -.10*** |
| Polen |  |  | .09 |
| Slowenien |  |  | -.11*** |

Signifikanzniveaus: *** p<0.001; ** p<0.01; * p<0.05.

ein Zusammenhang, in Ostdeutschland entsteht zwischen 1995 und 2002 ein leicht negativer Zusammenhang.

Die *Erfolgshypothese* wird also nicht bestätigt. Das Bildungssystem bildet eine Ausnahme von der einfachen Regel, dass mit den Leistungen eines Sozialsystems für seine Klientel die Zufriedenheit der Klientel mit dem System wachsen sollte. Stattdessen gilt: Mit dem persönlichen Erfolg wächst geringfügig die Neigung zur Unzufriedenheit mit dem Sozialsystem.[6] Warum? Offenbar ergibt sich die Bildungszufriedenheit nicht aus dem Rückblick auf persönlichen Erfahrungen mit dem Bildungswesen im eigenen Lebenslauf. Vielmehr betrachten die Menschen das Bildungswesen mit der Brille des Experten. Je länger sie dann im Bildungswesen gelebt haben, desto genauer kennen sie seine Schwächen und desto fähiger sind sie, die Schwächen zu analysieren; desto eher sollten sie zu einem negativen Urteil kommen und über die Bildung unzufrieden sein. Der Bildungserfolg bringt keine Bildungszufriedenheit, aber eine Quasi-Expertenkompetenz mit sich, die die Unzufriedenheit fördert.[7]

## 5 Schluss: Bildungszufriedenheit aus der Sicht des Zuschauers – nicht des Beteiligten

Der ‚PISA-Schock' hat die deutsche Öffentlichkeit dazu gebracht, die Leistungsfähigkeit des Bildungswesens neu zu überdenken. Aber Bildung wird von jedem Bürger nicht nur als öffentlicher Lebensbereich, sondern auch als persönliche Lebenserfahrung bewertet. Aufgrund dieser Überlegungen sollte die Untersuchung klären, ob in Deutschland die Bildungszufriedenheit tatsächlich zurückgegangen ist und in wie weit die in der Öffentlichkeit thematisierte Performanz des Bildungswesens auf der einen Seite, der persönliche Erfolg im Bildungswesen auf der anderen Seite die Bildungszufriedenheit in west- und osteuropäischen Ländern bestimmen.

Im Vergleich der Länder konnte die *Unzufriedenheitshypothese*, dass in Deutschland durch die öffentliche Diskussion des schlechten Abschneidens in international vergleichenden Leistungsstudien die Bildungszufriedenheit niedriger als in anderen europäischen Ländern und in den letzten Jahrzehnten gefallen sei, bestätigt werden. Im Vergleich der Länder wurde weiterhin die *Performanzhypothese*, dass die Bildungszufriedenheit mit der Bildungsperformanz ansteige, an den Output-Indikatoren des Erfolgs und der Leistung bestätigt. Innerhalb der Länder konnte schließlich die *Erfolgshypothese*, dass der Bildungserfolg die Bildungszufriedenheit steigere, zu keinem Zeitpunkt bestätigt werden. Vielmehr ergaben sich häufig und ohne erkennbaren Zusammenhang mit Land oder Zeitpunkt negative Korrelationen, so dass man vermuten muss, dass der ‚wahre' Einfluss leicht negativ ist.

Im Ländervergleich zeigt sich also, dass die Bildungszufriedenheit in Deutschland niedrig und in den letzten drei Jahrzehnten zurückgegangen ist und mit dem nationalen Leistungs-

---

[6] Auch der Bildungs*aufstieg* – relativ zur Mutter wie zum Vater – steigert die Bildungszufriedenheit nicht durchgängig. Vergleicht man in allen Ländern Aufsteiger, Konstante und Absteiger, so sind vielmehr die Aufsteiger häufiger am wenigsten zufrieden als die Absteiger. Weiterhin korreliert auch das Alter in den meisten Ländern nicht mit der Bildungszufriedenheit; die wenigen signifikanten Korrelationen sind nicht größer als absolut r = .08. Schließlich hat die Tatsache eines Kindes im Haushalt nur sehr schwache Einflüsse auf die Bildungszufriedenheit.
[7] Dafür spricht auch, dass in vielen Ländern das politische Interesse, indiziert durch eine direkte Frage, durch die Häufigkeit politischer Diskussionen und durch den Betrachtung politischer Fernsehsendungen, einen leicht negativen Einfluss auf die Bildungszufriedenheit hat.

mittel fällt. Beides deutet darauf, dass die öffentlichen Diskussionen über den Wettlauf der Nationen in der Arena Bildung an den Bevölkerungen nicht vorbeigegangen sind. Die Bürger können zwar die technischen Details der Diskussionen über die Performanz der Bildungssysteme nicht beurteilen; aber sie registrieren den Tenor dieser Diskussion in einer Stimmung, die als Bildungszufriedenheit messbar ist. Die Analyse der Länder führt also zum Schluss, dass die Bildungszufriedenheit von der Bildungsperformanz bestimmt wird. Im Vergleich der Personen hingegen zeigt sich, dass die Bildungszufriedenheit mit dem Bildungserfolg nicht steigt, sondern fällt. Es ist offenbar nicht so, dass die Absolventen dem Bildungssystem für höhere Ausbildungsabschlüsse als zufriedene Kunden danken; vielmehr werden sie mit höheren Abschlüssen immer besser befähigt, über das Bildungswesen als Experte zu urteilen und in der Sicht des Experten auch kritische Urteile zu fällen. Die Analyse der Individuen führt also zum Schluss, dass die Bildungszufriedenheit nicht aus der Erfahrung der Menschen, sondern aus ihrem Urteil in einer Expertenposition über die Performanz des Systems gespeist ist.

Beide Betrachtungen führen also zum gleichen Schluss. Die Bildungszufriedenheit spiegelt weniger persönliche Erfahrungen als öffentliche Diskussionen über die Performanz des Systems. Sie resultiert aus der Sicht des Zuschauers, nicht des Beteiligten. Sowohl die negative wie die positive Seite dieses Schlusses werfen weitere Fragen auf, die über das Bildungswesen hinausführen.

Auf der einen Seite fragt sich, ob das Bildungswesen das einzige Sozialsystem ist, dem wachsende Leistungen mit schwindender Zufriedenheit vergolten werden. Dafür spricht, dass das Bildungswesen nicht nur Zertifikate gibt, sondern auch Arbeit fordert, während das Gesundheitswesen oder die Sozialversicherung lediglich einen finanziellen, aber keinen persönlichen Beitrag fordern.

Auf der anderen Seite fragt sich, ob das Bildungswesen das einzige Sozialsystem ist, in dem die Nationen unter dem Beifall der heimischen Publika wetteifern. Der Sport ist dafür bis jetzt prototypisch gewesen. Aber er ist kaum als Sozialsystem anzusehen: Zum sportlichen Erfolg eines Landes trägt der Bürger weder mit für ihn erkennbaren Zahlungen noch mit Arbeiten bei; Sport ist nur Wettbewerb – ohne eine lebensnotwendige Performanz für die Nationen. Das Bildungswesen aber hat immer schon für Land und Leute lebensnotwendiges Wissen und Fertigkeiten produziert und ist erst jüngst Arena des internationalen Wettbewerbs geworden. In ähnlicher Weise produziert die Wirtschaft Reichtum, das Gesundheitswesen Gesundheit, die Sozialversicherung Sicherheit. Können auch sie Arenen des Wettlaufs der Nationen werden? Nach den vorliegenden Ergebnissen zur Bildung ist dafür erforderlich, dass der Wettlauf in der Öffentlichkeit jedes Landes so diskutiert wird, dass die nationale Performanz von der Bevölkerung wahrgenommen wird. Dass die Nationen Europas zusammenrücken und sich eine europäische Regierung schaffen, könnte bewirken, dass auch weitere Arenen entstehen. Vielleicht wird die Wachstumsrate europäischer Länder bald ebenso heftig diskutiert wie die Leseleistung. Vielleicht ist die Diskussion über Unterschiede zwischen Ländern in der Performanz des Bildungs- oder des Wirtschaftssystems bald ebenso selbstverständlich wie es heute schon die Diskussion über die Unterschiede zwischen den deutschen Bundesländern über die PISA-Testleistungen (PISA 2002) geworden ist. Der Wettlauf der Nationen hat begonnen – in der Bildung und bald vielleicht auch anderswo.

## 6  Literatur

Dahrendorf, Ralf (1967): Bildung ist Bürgerrecht. München: Piper.
Eurostat (2002): Key Data on Education in Europe. Luxemburg: Eurostat.
Glatzer, Wolfgang (1984): Zufriedenheitsunterschiede zwischen Lebensbereichen. In: Glatzer, Wolfgang/Zapf, Wolfgang (Hrsg.): Lebensqualität in der Bundesrepublik. Frankfurt: Campus, S. 192-395.
Husen, Torsten (Hrsg.) (1967): International Study of Achievement in Mathematics – A Comparison of 12 Countries. Stockholm: Almquist & Wiksell.
Jencks, Christopher/Smith, Marshall/Acland, Henry/Bane, Mary J./Cohen, David/Gintis, Herbert/Heyns, Barbara/Michelson, Stephan (1972): Inequality. A Reassessment of the Effect of Family and Schooling in America. New York: Basic Books.
Klein, Helmut E./Hüchtermann, Marion (2003): Schulsystem: Indikatoren für Leistung und Effizienz. In: Klös, Hans-Peter/Weiß, Reinhold (Hrsg.): Bildungs-Benchmarking Deutschland. Was macht ein effizientes Bildungssystem aus? Köln: Deutscher Instituts-Verlag, S. 87-208.
Klös, Hans-Peter/Weiß, Reinhold (Hrsg.) (2003): Bildungs-Benchmarking Deutschland. Was macht ein effizientes Bildungssystem aus? Köln: Deutscher Instituts-Verlag.
Meulemann, Heiner (2002): Wertwandel in Deutschland von 1949–2000. Manuskript: Fernuniversität Hagen – Fachbereich Kultur- und Sozialwissenschaften.
Müller, Walter/Haun, Dietmar (1994): Bildungsungleichheit im Wandel. In: Kölner Zeitschrift für Soziologie und Sozialpsychologie 46, S. 1-42.
OECD (2002). Education at a Glance. www.oecd.org (letzter Zugriff: 26.6.2003)
Peisert, Hansgert (1967): Soziale Lage und Bildungschancen in Deutschland. München: Piper.
Veenhoven, Ruut (1996): The Study of Life Satisfaction. In: Saris, Willem E./Veenhoven, Ruut/Scherpenzeel, Annette C./Bunting, Brendan (Hrsg.): Comparative Study of Satisfaction With Life in Europe. Budapest: Eötvös University Press, S. 11-46.

# Gleichheit und Leistung: Eine ‚innere Mauer' in Ostdeutschland

*Heiner Meulemann*

## 1 Untersuchungsfrage und Hypothesen

*1.1 Soziale Differenzierung und Werte: Untersuchungsfrage*

1.1.1 Werte für moderne Gesellschaften: Chancengleichheit und Leistungsprinzip

Moderne Gesellschaften sind in Lebensbereiche differenziert, die durch ihren besonderen Zweck definiert sind und ihre eigenen Regeln haben. Jeder muss sich daher in den Bereichen spezialisieren, an denen er teilhat – fast immer also in Beruf, Freizeit und Familie, oft aber auch in Kirche oder Politik, Sport oder Vereinsleben. Jeder aber kann sich am besten spezialisieren, wenn er nicht durch Herkunft und Tradition, durch Bevormundung oder Einschüchterung gefesselt ist. Deshalb muss jeder vor dem Recht gleich behandelt werden und niemand sollte durch soziale Mitgiften, also durch „äußere", persönlich nicht verantwortete Bedingungen gehindert oder begünstigt werden, die eigenen Fähigkeiten zu entdecken und zu entwickeln. Die faktische Entwicklung zur modernen Gesellschaft provoziert also „a conception of the desirable" (Kluckhohn 1951), einen Wert für moderne Gesellschaften; die Differenzierung wird am Maßstab der *Chancengleichheit* gemessen. Jeder sollte die gleichen Startbedingungen zur Spezialisierung haben; aber der Lohn der Spezialisierung – Geld oder Prestige, Macht oder Anweisungsbefugnis – muss nicht gleich verteilt werden. Die Gleichheit der Ergebnisse würde die Unterschiede der Leistungen nivellieren und den Anreiz zu Leistungen zerstören. Die Gleichheit der Chancen aber kann die Spezialisierung der Menschen und die Differenzierung der Gesellschaft vorantreiben.

Wenn Chancengleichheit herrscht, kann die Ungleichheit der Ergebnisse als Resultat unterschiedlicher Leistung gerechtfertigt werden. Das *Leistungsprinzip* fordert, dass Ungleichheit der Belohnung sich aus Ungleichheit der Leistung ergibt. Es kann begründen, warum ein gegebenes Ausmaß von Ungleichheit gerecht oder fair ist. Es regiert alle Lebensbereiche und kann nur mit dem Verweis auf Solidarität oder Liebe – vor allem in den intimen Beziehungen der Partnerschaft, Elternschaft und Freundschaft – außer Kraft gesetzt werden. Es ist die positive Ergänzung zur negativ bestimmten Chancengleichheit. Während Chancengleichheit am gedachten Startpunkt persönlich nicht verantwortete Lebensbedingungen als Maßstab für die Verteilung von Belohnungen ausschließt, fordert das Leistungsprinzip für ein bestimmtes Verteilungsergebnis, dass es Unterschiede der persönlichen Leistung widerspiegelt. Die Gleichheit der Chancen ermöglicht genau die Ungleichheit von Leistungen, aus der sich die Ungleichheit der Ergebnisse rechtfertigt.

Kurzum: Moderne Gesellschaften sind ein Gebäude der Ungleichheit auf dem Fundament der Gleichheit der Rechte und Chancen; aber die Ungleichheit im Gebäude kann nur bestehen, wenn sie als Resultat ungleicher Leistung anerkannt wird. Gleichheit und Leistung – genauer: Chancengleichheit und das Leistungsprinzip – rechtfertigen die Ungleichheit moderner Gesellschaften. Sie sind die ideelle Grundlage für das strukturelle Kennzeichen moderner Gesellschaften, die soziale Differenzierung. Chancengleichheit ermöglicht, das Leistungsprinzip fördert die soziale Differenzierung.

### 1.1.2 Wertorientierungen der Menschen: Die Unterstützung von Chancengleichheit und Leistungsprinzip und das Leistungsmotiv

Wenn Gleichheit und Leistung die besondere Verfasstheit moderner Gesellschaften rechtfertigen, müssen die Menschen moderner Gesellschaften sich auf beide Werte hin orientieren; sie müssen entscheiden, wie sehr sie Chancengleichheit und das Leistungsprinzip als Maßstab einer modernen Gesellschaft unterstützen. Den Werten für die Gesellschaft entsprechen also Wertorientierungen der Menschen auf die Gesellschaft: die Unterstützung der Chancengleichheit und des Leistungsprinzips.

Weil die *Chancengleichheit* gedanklich am Startpunkt eines Verteilungsprozesses persönlich nicht verantwortete Maßstäbe nicht gelten lassen will, findet sie leicht Unterstützung der Menschen. Weil das *Leistungsprinzip* jedoch für bestimmte Verteilungsergebnisse die Wirksamkeit eines Maßstabes fordert, wird es weniger leicht Unterstützung finden. Denn wer das Leistungsprinzip anerkennt, kann nicht nur seine Erfolge rechtfertigen, sondern muss auch seine Misserfolge hinnehmen: „Ich erhalte mehr als andere, weil ich mehr leiste" gilt eben so wie „Weil andere mehr leisten, erhalten sie mehr als ich". Das Leistungsprinzip ist unvermeidlich zweischneidig. Es wendet sich für und gegen die, die es unterstützen. Wer es anerkennt, muss mit Erfolgen und Misserfolgen leben.

Während sowohl Gleichheit wie Leistung Wertorientierungen auf die Gesellschaft entsprechen, hat nur Leistung eine Entsprechung in Wertorientierungen auf innere Antriebe des Menschen, also in Motiven. Nur Leistung, nicht aber Gleichheit kann ein Motiv werden. Weil Menschen ihrer selbst nur gewiss werden, indem sie sich von anderen Menschen unterscheiden, wollen sie sich von anderen unterscheiden: Nicht Gleichheit, sondern Ungleichheit ist ein Motiv.[1] Aber dieses Motiv kann sich als Leistung äußern. Ein „Gleichheitsmotiv" ist selbstwidersprüchlich; aber das *Leistungsmotiv* ist das typische Motiv zur Unterscheidung in modernen Gesellschaften, in denen Ungleichheit nicht auf sozialen Mitgiften, sondern persönlichen Leistungen beruhen sollte. Das vermutlich in allen Gesellschaften wirksame Motiv, sich von anderen Menschen zu unterscheiden, äußert sich in modernen Gesellschaften im Streben nach persönlicher Leistung – nicht im Verwerten sozialer Mitgiften.

Positiv formuliert, ist das Leistungsmotiv der Wunsch, objektive Standards zu erfüllen; objektiv sind vorab definierte, also für andere nachprüfbare Standards. Sie können der Person auferlegt oder von ihr selber gesetzt sein. Sie können sich auf Arbeit oder Freizeit, auf Beruf und Bildung, Sport oder Hobby beziehen. Man will ein Werkstück richtig fertigen, eine Partitur sauber spielen, eine Latte überspringen – in jedem Fall also eine nach

---

[1] Menschen können nicht ‚gleich sein' wollen. Die Unmöglichkeit von Gleichheit als einem allgemeinen Motiv schließt nicht aus, dass Menschen in einer bestimmten Form so sein wollen wie andere oder so viel haben möchten wie andere. Im Gegenteil: Hinter dieser Form steht der Wunsch nach Ungleichheit und Unterscheidung. Wer so reich sein will wie sein Nachbar, will *mehr* haben, als er hat – und eigentlich auch *mehr* als sein Nachbar. Der Wunsch nach Gleichheit ist nie unbedingt, sondern wird nur unter der Bedingung der Benachteiligung geäußert; er verrät deshalb den Wunsch nach Besserstellung, nicht nach Gleichstellung.

einem bestimmten Standard festgelegte Aufgabe erfüllen. Gerade wegen der Vielfalt ihrer Ausdrucksmöglichkeiten ist Leistung ein sehr allgemeines Motiv menschlichen Handelns. Jeder will sich in etwas objektiv Messbaren ausdrücken und wieder erkennen. Jeder will sich ‚irgendwo' selbst verwirklichen. Jeder braucht irgendeinen Erfolg.[2]

### 1.1.3 Leistungsprinzip und Ergebnisgleichheit, Rechts und Links

Das Leistungsprinzip ist nicht das einzige Prinzip für die Verteilung von Belohnungen in einer Gesellschaft. Eine Verteilung allein nach Leistung kann die benachteiligen, die schon aus natürlichen Gründen – ganz zu schweigen von der Tatsache, dass die Wirkung sozialer Mitgiften niemals ausgeschlossen werden kann – nicht zu Leistungen in der Lage sind. Das Gebot der Solidarität und die Furcht vor einer möglichen sozialen Desintegration gebieten es also, den Bedarf der Schwachen unabhängig von ihrer Leistung zu befriedigen. In einem gewissen Maße also muss die Gleichheit der Ergebnisse Leistung als Verteilungsprinzip ergänzen: Ressourcen werden entweder bis zu einem Mindeststandard gleichverteilt oder unter besonderen Bedingungen – Krankheit, Unglück, Alter – ohne Leistung zugeteilt. In jedem Fall kann das Maß nicht verbindlich abgeleitet, sondern nur politisch zwischen Gruppen, die sich nach Interessen und Werten unterscheiden, ausgehandelt werden. Leistung und Gleichheit – genauer: Leistungsprinzip und Ergebnisgleichheit – werden so zu Polen der politischen Auseinandersetzung, in der Oben und Unten, Effizienz und Solidarität, sozialer Wandel und soziale Integration sich gegenüberstehen. Leistung und Gleichheit bilden die politische Konfliktlinie zwischen Rechts und Links.[3]

### 1.1.4 Untersuchungsfrage

Im Folgenden untersuche ich, ob das für moderne, also differenzierte Gesellschaften grundlegende Wertpaar Gleichheit und Leistung heute in Osteuropa die gleiche Unterstützung wie in Westeuropa findet. Die osteuropäischen Staaten haben zwei Revolutionen durchgemacht, den Oktroi und den Zusammenbruch des Staatssozialismus. Die soziale Differenzierung zwischen Wirtschaft und Politik wurde eingeebnet und wieder eingeführt. Die Wirkungen der staatssozialistischen Sozialverfassung auf die Bevölkerung können daher bis heute fortbestehen oder durch die Transformation verändert worden sein. Hypothesen über Unterschiede zwischen Ost- und Westeuropa im Jahre 2002 müssen daher erstens auf Annahmen darüber beruhen, wieweit die staatssozialistische Sozialverfassung die Unterstützung von Gleichheit und Leistung in den Bevölkerungen verändert hat, und zweitens auf Annahmen darüber, wieweit die Transformation diese Wirkungen zurückgeschraubt, belassen oder gar verstärkt hat.

---

[2] Leistung ist definiert durch „standards of excellence" (McClelland 1961: 40), auf die Erfolgssuche und Misserfolgsvermeidung sich richten (Fischer und Wiswede 2002: 130).
[3] Ein Auswertung offener Fragen nach dem Verständnis von ‚Rechts' und ‚Links' in Bevölkerungsquerschnitten der Niederlande, der USA und Westdeutschlands zeigt, dass ‚Links' in allen drei Ländern mit Gleichheit, ‚Rechts' in allen drei Ländern mit Individualismus und in den Niederlanden und den USA mit Leistung umschrieben werden und in den Niederlanden und Westdeutschland häufig mit dem Gegensatzpaar ‚Gleichheit und Privilegierung' verbunden werden (Fuchs und Klingemann 1989: 213 und 226).

*1.2 Entdifferenzierung und Transformation: Hypothesen*

Der Staatssozialismus hat eine wesentliche Differenzierung moderner Gesellschaften zurückgenommen: die Differenzierung zwischen Wirtschaft und Politik. Der Markt wurde durch die staatliche Planung als Steuerungsinstrument für die Allokation von Ressourcen ersetzt. Durch diese Entdifferenzierung wurde das Leistungsprinzip außer Kraft gesetzt. Löhne und Gehälter mussten nach staatlichen Planzielen bestimmt und konnten nicht nach Leistung differenziert werden; soziale Ungleichheit konnte nicht mehr durch ungleiche Leistung gerechtfertigt werden (Pollack 2003: 18ff.).

Diese Suspension des Leistungsprinzips hat der Staatssozialismus damit gerechtfertigt, dass er die Ergebnisgleichheit des Besitzes an Produktionsmittel hergestellt habe und die Ergebnisgleichheit weiterer sozialer Ressourcen herstellen würde. Auch Unterschiede von Status und Prestige, Bildung und Einkommen würden verschwinden, so dass die „reale Gleichheit" der Ergebnisse vollständig durchgesetzt und die „bloß formale Gleichheit" der Chancen für die Rechtfertigung der Ungleichheit nicht mehr notwendig sei (Lötsch und Lötsch 1985). Wenn Gleichheit „wirklich" geworden sei, seien auch Unterscheidungen zwischen Chancen und Ergebnissen gegenstandslos. Der Staatssozialismus sollte also in der Bevölkerung durch die Propaganda für den Glauben an die Verwirklichung der Gleichheit die Unterstützung des Werts der Gleichheit überhaupt – sei es der Ergebnisse, sei es der Chancen – verstärkt haben. Aber dass Ungleichheit unvermeidlich fortbestand, wurde spätestens 1989 offenbar. Die Transformation bot keinen Anlass, den Glauben an die realisierte Gleichheit aufrechtzuerhalten. Im Gegenteil: Sie offenbarte die illusionäre Qualität des Glaubens. Eine positive Wirkung der sozialistischen Entdifferenzierung sollte durch eine negative Wirkung der Transformation aufgehoben worden sein. Als erstes soll im Folgenden daher die *Chancengleichheitshypothese* geprüft werden: Chancengleichheit wird heute in osteuropäischen Ländern nicht stärker als in westeuropäischen unterstützt.

Dass das Leistungsprinzip durch den Staatssozialismus außer Kraft gesetzt wurde, heißt noch nicht, dass das Leistungsmotiv in der Bevölkerung schwächer geworden wäre. Keineswegs hat der Staatssozialismus die Propaganda für Gleichheit mit einer Propaganda gegen Leistung kompensiert. Im Gegenteil: Die Gleichheit bot ihm geradezu die Begründung dafür, Leistung zu fordern – allerdings mit einer Bedeutungsverlagerung vom persönlichen Motiv zur sozialen Verpflichtung. Wenn alle gleich sind, müssen alle das Gleiche leisten. Dann ist Leistung nicht mehr Selbstverwirklichung, sondern Selbstentfremdung; nicht mehr Medium der Differenzierung, sondern kollektives Schicksal; nicht mehr Ausdruckschance für Individualität, sondern Verpflichtung für alle: Alle müssen „mehr leisten", sprich: mehr arbeiten. Die Spannung zwischen Gleichheit und Leistung ist zugunsten einer alle zu Leistung verpflichtenden Ergebnisgleichheit aufgehoben. Leistung ist die Moral der Gleichheit. Ohne dass die Worte sich geändert hätten, wurde der Sinn verkehrt: Das innere Motiv wurde zur Anerkennung äußeren Zwangs, der Selbstbezug zur Unterwerfung unter fremde Vorgaben.

Diese Umdeutung war im Staatssozialismus nicht nur möglich, sondern auch notwendig. Wie die Geschichte der DDR lehrt (zum Folgenden die Quellen in Meulemann 2002: 63ff.), brauchte der Staatssozialismus das Leistungsmotiv umso mehr, als er das Leistungsprinzip suspendiert hatte. Die reduzierte Lohndifferenzierung zwang dazu, Anreize des Eigeninteresses durch moralische Appelle an das Gemeinwohl zu ersetzen. Die Menschen sollten nicht für ihren Geldbeutel oder für ihre Selbstentfaltung, sondern für die Erfüllung des Plans „mehr leisten". Die staatliche Propaganda forderte unbezahlte Mehrarbeit mit genau den Worten, mit denen sonst das verinnerlichte Motiv, objektive Standards zu erfüllen, beschrieben wurde. „Leistung" galt als Mehrarbeit, als – wie die Akademie der Wissenschaften und die Betriebsumfragen der DDR es ausdrückten – „Erfüllung der Arbeitsaufgaben in kürzerer Zeit bzw. höherer Qualität". Die Propaganda für Leistung war Mittel zum Zweck der Produktionssteigerung, zum Sieg in der internationalen Konkurrenz und zum Überleben des Staatssozialismus; deshalb war sie so hartnäckig und wird das Bewusstsein der Bevölkerung erreicht haben, selbst wenn sie ihr eigentliches Ziel verfehlt hat. In der Transformation sollte jedoch das – zur Arbeitspflicht umgedeutete – Leistungsmotiv mit seiner Basis, der Gleichheitsdoktrin, zusammenbrechen. Weil das Leistungsmotiv im Sozialismus gleichsam von der Gleichheitsdoktrin getragen wurde, sollte also wiederum eine positive Wirkung der sozialistischen Entdifferenzierung durch eine negative Wirkung der Transformation aufgehoben worden sein. Als zweites soll im Folgenden daher die *Leistungsmotivhypothese* geprüft werden: In den osteuropäischen Ländern ist das Leistungsmotiv heute nicht niedriger als in den westeuropäischen Ländern.

Dass das Leistungsprinzip durch den Staatssozialismus außer Kraft gesetzt wurde, heißt weiterhin nicht, dass es in der Bevölkerung Unterstützung verloren hat. Das Leistungsprinzip kann als internalisierte Wertorientierung einer Person fortbestehen, selbst wenn es als institutionalisierter Wert in der Verfassung einer Gesellschaft Gültigkeit verloren hat. Mehr noch: es kann sogar leichter fortbestehen, weil es den Prüfungen durch die soziale Realität, die seine Zweischneidigkeit offenbart und seine Anerkennung erschwert, nicht mehr so stark wie zuvor unterworfen ist. Aber mit der Rückkehr zum Kapitalismus wird das Leistungsprinzip wieder in der Gesellschaft eingeführt. Wenn ein gleichsam naiver Enthusiasmus für das Leistungsprinzip im Staatssozialismus florieren konnte, so wird er jetzt durch die Erfahrung der Zweischneidigkeit des Leistungsprinzips gebrochen. Erst jetzt werden Erfahrungen nachgeliefert, die den Vorschuss an Kritik des Leistungsprinzips durch die Gleichheitsdoktrin bestätigen und den Wunsch nach seiner Korrektur durch die Ergebnisgleichheit stärken. Die Entdifferenzierung der staatssozialistischen Verfassung sollte also den Glauben an das Leistungsprinzip nicht zurückgedrängt, aber ihm so stark die Erfahrungsbasis genommen haben, dass die Erfahrungen der Transformation ihn um so stärker erschüttern. Als drittes soll im Folgenden daher die *Leistungsprinziphypothese* geprüft werden: Das Leistungsprinzip wird in osteuropäischen Ländern heute weniger stark unterstützt als in westeuropäischen.

Der Staatssozialismus kann aber nicht nur die Werteinstellung der Bevölkerungen verändert, sondern auch ihre Verbindung mit der früheren Ordnung von Kapitalismus und Demokratie so gelockert haben, dass sie nach seinem Ende nicht sofort wieder hergestellt werden kann. Das gilt besonders für das Leistungsprinzip und die Ergebnisgleichheit. Sie bilden in der früheren Ordnung die politische Konfliktlinie von Rechts und Links. Der Staatssozialismus beanspruchte jedoch, die Spannung zwischen dem Leistungsprinzip und der Ergebnisgleichheit zugunsten einer Ergebnisgleichheit aufgehoben zu haben, die alle zu Leistung verpflichtet. Er sollte daher der Konfliktlinie zwischen Links und Rechts ihre Bedeutung genommen haben. Sobald aber die frühere Ordnung wieder installiert ist, muss die Bevölkerung sich mit dem Leistungsprinzip erneut identifizieren und von der Ergebnisgleichheit der alten Ordnung lösen. Dazu aber ist nicht nur Lernen, sondern auch Verlernen notwendig; dazu müssen weiterhin nicht nur einzelne Kenntnisse erworben, sondern Kenntnisse verknüpft, organisiert werden. Solche komplizierten Lernprozesse brauchen politische und wirtschaftliche Stabilität, die in der Transformation nicht immer gesichert ist. Die Entdifferenzierung im Staatssozialismus sollte also hier die Bevölkerung beeinflusst haben, ohne dass die Transformation bisher genügend entgegen gewirkt hat. Mehr noch: Gerade die Instabilität der Transformation kann dazu führen, dass die Bevölkerung auf Erklärungsangebote der alten Ordnung zurückgreift. Als viertes soll im Folgenden daher die *Verknüpfungshypothese* geprüft werden: In den osteuropäischen Ländern werden Ergebnisgleichheit und Leistungsprinzip mit der Konfliktlinie von Links und Rechts heute weniger deutlich verbunden als in den westeuropäischen Ländern.

Die ersten drei Hypothesen richten sich auf Mittelwerte dreier Wertorientierungen, die vierte Hypothese auf die Korrelation einer dieser Wertorientierungen, des Leistungsprinzips, mit Merkmalen der alten und der neuen Ordnung. Wie die vier Hypothesen auf Annahmen über die Wirkung der Entdifferenzierung im Staatssozialismus und über die Wirkung der Transformation beruhen und wie sich aus diesen Annahmen die Voraussagen ergeben, ist im Schema 1 zusammengefasst. Aufgrund der Datenlage können die *Chancengleichheits-* und die *Leistungsmotivhypothese* in allen Ländern des ESS (Abschnitt 2), die *Leistungsprinzip-* und die *Verknüpfungshypothese* jedoch nur in den beiden deutschen Landesteilen (Abschnitt 3) geprüft werden.

## 2 Chancengleichheitsunterstützung und Leistungsmotivation

Die Unterstützung der Chancengleichheit und das Leistungsmotiv wurden durch das Werteinventar von Schwartz (1994 und 2002) erhoben, in dem die Befragten auf sechs Stufen einschätzen mussten, wie sehr eine „beschriebene Person" ihnen ähnlich ist. Eine Person, die Chancengleichheit unterstützt, wurde durch folgende Vorgabe beschrieben: „Er[4] hält es für wichtig, dass alle Menschen auf der Welt gleich behandelt werden sollten. Er glaubt, dass jeder Mensch im Leben gleiche Chancen haben sollte".[5] Eine leistungsmotivierte Person wurde zwei Mal beschrieben: „Es ist ihm wichtig, seine Fähigkeiten zu zeigen. Er

*Schema 1:* Hypothesen über Unterschiede der Bevölkerungen Osteuropas von der Bevölkerungen Westeuropas in Einstellungen zu Gleichheit und Leistung

|  | Wirkung der Entdifferenzierung | und Wirkung der Transformation | ergibt als Voraussage heute |
|---|---|---|---|
| Chancengleichheit | + | - | 0 |
| Leistungsmotiv | + | - | 0 |
| Leistungsprinzip | 0 | - | - |
| Verknüpfung Leistungsprinzip und heutige Ordnung | - | 0 oder - | - |

+: Ost stärker als West, -: Ost weniger als West, 0: keine besondere Wirkung im Osten.

---

[4] Es wurden an Frauen und Männer unterschiedliche Listen verteilt; in den Listen der Frauen waren alle männlichen Pronomina durch weibliche ersetzt.
[5] Die ‚Wünschbarkeit' oder der Zielzustand dieser Formulierungen bezieht sich auf die Gesellschaft, nicht wie die Formulierungen zum Leistungsmotiv auf die Person. Wenn Gleichheit wie Leistung eine Wertorientierung nicht auf die Gesellschaft, sondern auf die Person, also ein Motiv wäre, müsste die Vorgabe anders lauten: „Er will gleich wie alle Menschen behandelt werden. Er möchte die gleiche Chance im Leben wie alle anderen haben."

# Gleichheit und Leistung: Eine ‚innere Mauer' in Ostdeutschland 157

möchte, dass die Leute bewundern, was er tut". Und: „Es ist ihm wichtig, sehr erfolgreich zu sein. Er hofft, dass die Leute seine Leistungen anerkennen." Vorgegeben war eine sechsstufige Skala von 1 ‚sehr ähnlich' – also Zustimmung – bis 6 ‚überhaupt nicht ähnlich' – also Ablehnung. Um die persönliche Antwortneigung zu eliminieren, wurden die Antworten für jede Person als Abweichungen von ihrer mittleren Zustimmung über alle 21 Vorgaben des Inventars berechnet, so dass nun negative Werte Zustimmung und positive Werte Ablehnung bedeuten. Die beiden Vorgaben zur Leistungsmotivation wurden gemittelt. Die Mittelwerte der Chancengleichheitsunterstützung und des Leistungsmotivs in west- und osteuropäischen Ländern sind in Abbildung 1 so dargestellt, dass Werte für die Zustimmung oben liegen. In Italien und Luxemburg wurde das Werteinventar nicht erhoben.

Vergleicht man die *Chancengleichheitsunterstützung* zwischen den beiden deutschen Landesteilen, so findet sich wie erwartet kein Unterschied. Westdeutschland liegt zwar geringfügig unterhalb von Ostdeutschland; aber die Differenz ist weder absolut – ein Zehntel Skalenpunkt bei einer Standardabweichung von einem Skalenpunkt in beiden Landesteilen – noch im Vergleich mit den Unterschieden zwischen den übrigen Ländern beeindruckend. Vergleicht man die Chancengleichheitsunterstützung zwischen west- und osteuropäischen Ländern insgesamt, die mit durchgezogenen Linien dargestellt ist, so findet sich wiederum wie erwartet kein Unterschied. Westeuropa lieg zwar geringfügig oberhalb Osteuropas; aber wiederum ist die Differenz weder absolut (0.07 Skalenpunkte) noch im Vergleich mit der Variation innerhalb der west- und osteuropäischen Länder beeindruckend.

*Abbildung 1:* Chancengleichheitsunterstützung und der Leistungsmotivation in west- und osteuropäischen Ländern: Mittelwerte

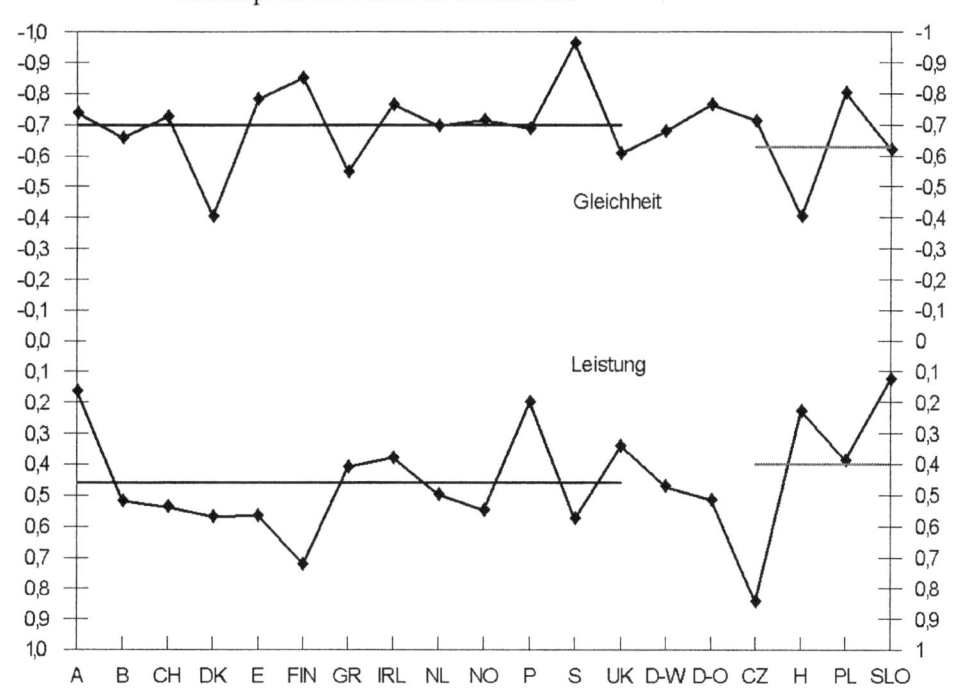

Vergleicht man die *Leistungsmotivation* zwischen den beiden deutschen Landesteilen, so findet sich wie erwartet kein Unterschied. Westdeutschland liegt zwar geringfügig vor Ostdeutschland; aber diese Differenz ist weder absolut (0.04 Skalenpunkte bei einer Standardabweichung von einem Skalenpunkt in beiden Landesteilen) noch im Vergleich mit den Unterschieden zwischen den anderen Ländern beeindruckend. Vergleicht man die Leistungsmotivation zwischen west- und osteuropäischen Ländern insgesamt, so findet sich wiederum wie erwartet kein Unterschied. Westeuropa liegt zwar geringfügig hinter Osteuropa. Aber wiederum ist die Differenz weder absolut (-0.06 Skalenpunkte) noch im Vergleich mit der Variation innerhalb der west- und osteuropäischen Länder beeindruckend.

Die *Chancengleichheits-* und die *Leistungsmotivationshypothese* werden also bestätigt: Weder in Deutschland noch in Europa gibt es Unterschiede zwischen Ost und West. Statt Unterschieden zwischen den Ländern springt jedoch der Abstand zwischen den Werten ins Auge. Auf der einen Seite beträgt die maximale Differenz der Gleichheit – zwischen Schweden und Dänemark – 0.56 Skalenpunkte und die maximale Differenz der Leistung – zwischen Österreich und Tschechien – 0.68 Skalenpunkte. Auf der anderen Seite rangiert die Gleichheit im Durchschnitt 1.15 Skalenpunkte vor der Leistung; selbst dort, wo beide Werte am engsten zusammenrücken, in Ungarn, Portugal und Österreich, hat die Gleichheit noch einen Vorsprung von 0.63, 0.89 und 0.90 Skalenpunkten. Die kleinsten Distanzen zwischen den Werten sind also – bis auf eine – größer als die größten Distanzen zwischen den Ländern.

Die Profilierung der Länder auf den Werten ist also weit weniger ausgeprägt als die Distanz zwischen den Werten. Von den vier denkbaren Kombinationen einer hohen und einer niedrigen Ausprägung beider Werte taucht nur eine auf: Gleichheit vor Leistung; in keinem Land aber wird Gleichheit der Leistung nachgeordnet oder beide Werte sehr stark oder sehr schwach betont. Offenbar gilt in allen Ländern die gleiche Logik: Gleichheit kann nicht hinter Leistung rangieren; und Gleichheit und Leistung können nicht gleichzeitig hoch oder niedrig geschätzt werden; vielmehr muss Gleichheit den Vorrang vor Leistung haben. Wenn moderne, differenzierte Gesellschaften auf dem Fundament der Gleichheit ein Gebäude der Ungleichheit errichten, dann entspricht die Logik der Einstellungen dem Bauprinzip der Gesellschaften. Dass die Bevölkerungen Chancengleichheit über das Leistungsmotiv stellen, spiegelt die Ordnung moderner Gesellschaften wider, in der Gleichheit Ausgangspunkt der Differenzierung ist.

Wenn die Werte einer Gesellschaft ihre immanente und von den Bevölkerungen erkannte Hierarchie haben, dann wundert es nicht, dass sie sich zwischen Ost und West nicht unterscheiden. Die Länder übergreifende Hierarchie sollte dann auch in der Zeit konstant sein. Vielleicht hat daher keiner der beiden Prozesse, die zur Begründung der Hypothesen angenommen wurden, auf die Werteinstellungen gewirkt. Weder hat der Staatssozialismus durch die Entdifferenzierung den Gleichheitsglauben und ein entfremdetes Leistungsmotiv gefördert, noch hat die Transformation beide desillusioniert. Findet sich die weitgehende Gleichheit der beiden Wertorientierungen von Personen, Chancengleichheitsunterstützung und Leistungsmotivation, auch bei den Werten für eine Gesellschaft, also beim Leistungsprinzip und seinem Widerpart Ergebnisgleichheit, wieder?

## 3 Leistungsprinzip und Ergebnisgleichheit

### 3.1 Unterschiede zwischen West- und Ostdeutschland

In den beiden deutschen Landesteilen wurde der Konflikt zwischen dem Leistungsprinzip und der Ergebnisgleichheit mit Bezug auf den Lebensstandard und auf das Einkommen erfasst. Die Befragten mussten sich auf einer 7-stufigen Skala entscheiden zwischen ‚einer Gesellschaft, in der der Lebensstandard des einzelnen in erster Linie von seiner Leistung abhängt' (Wert 1) und ‚einer Gesellschaft, die dem einzelnen einen gewissen Lebensstandard sichert, auch wenn er weniger leistet' (Wert 7), sowie zwischen ‚einer Gesellschaft, die Unterschiede in Fähigkeiten, Bildung und Leistung finanziell belohnt' (Wert 1) und ‚einer Gesellschaft, die Wert auf ähnlich hohe Einkommen für jeden legt' (Wert 7), so dass hohe Werte die Entscheidung für Gleichheit und niedrige Werte die Entscheidung für Leistung darstellen. Die Entscheidungen für das Leistungsprinzip mit Blick auf den Lebensstandard und das Einkommen wurden zudem zu einer dritten Variablen zusammengefasst.

Wenn ‚Gleichheit' und ‚Leistung' Konzepte sind, die sowohl Personen Orientierung geben wie als Maßstab der Bewertung von Gesellschaften gelten, dann sollte die Chancengleichheitsunterstützung negativ und das Leistungsmotiv positiv mit der Entscheidung für das Leistungsprinzip im Konflikt mit der Ergebnisgleichheit korrelieren. In der Tat korreliert in beiden Landesteilen die Chancengleichheitsunterstützung schwach negativ (zwischen r = -.08 und -.13) und die Leistungsmotivation schwach positiv (zwischen r = .03 und .09) mit der Entscheidung für das Leistungsprinzip. Die Entscheidung für das Leistungsprinzip gegen die Ergebnisgleichheit ist nur wenig in den entsprechenden Werten verankert, so dass sie sich auch eher zwischen Ländern unterscheiden und mit der Zeit wandeln sollte.

Die Entscheidung für das Leistungsprinzip im Konflikt mit der Ergebnisgleichheit wurde schon 1990, 1991, 1992, 1993 und 1995 erhoben (Meulemann 2002: 99). Die west- und ostdeutschen Mittelwerte für diese Zeitpunkte und für 2002 sind in Abbildung 2 dargestellt.

Wie erwartet, findet für beide Aussagen das Leistungsprinzip 2002 in Westdeutschland mehr Unterstützung als in Ostdeutschland; die Unterschiede sind nicht groß, aber signifikant unterhalb des 0,1%-Niveaus. Zudem setzt sich in Ostdeutschland auf beiden Maßen die Distanzierung vom Leistungsprinzip seit 1990 weiter fort; sie beträgt beim Lebensstandard 1.3 und beim Einkommen 0.8 Punkte der 7-stufigen Skala. In Westdeutschland hingegen zeigt sich beim Lebensstandard nur eine schwache, beim Einkommen gar keine Distanzierung vom Leistungsprinzip.

Die *Leistungsprinziphypothese* wird also bestätigt: Das Leistungsprinzip wird im Jahre 2002 in Ostdeutschland weniger unterstützt als in Westdeutschland, weil seit 1990 die ostdeutsche Unterstützung des Leistungsprinzips kontinuierlich zurückgegangen ist. Die ‚innere Mauer' wurde erst nach der Vereinigung aufgebaut. Warum wird erst heute das Leistungsprinzip in Ostdeutschland weniger akzeptiert? Ist es – wie die Verknüpfungshypothese sagt – schwächer mit der politischen Konfliktlinie von Links und Rechts verbunden als in Westdeutschland? Das wird im Folgenden untersucht, indem die politische Konfliktlinie von Links und Rechts *erstens* unmittelbar als eine symbolische Dimension der politischen Orientierung verstanden wird und *zweitens* mittelbar aus der Identifikation mit der neuen Ordnung beider Landesteile erschlossen wird, die für das ‚rechte' Leistungsprinzip steht,

*Abbildung 2:* Die Entscheidung zwischen Ergebnisgleichheit (Wert 7) und Leistungsprinzip (Wert 1) bezüglich Lebensstandard und Einkommen in West- und Ostdeutschland 1990-2002: Mittelwerte

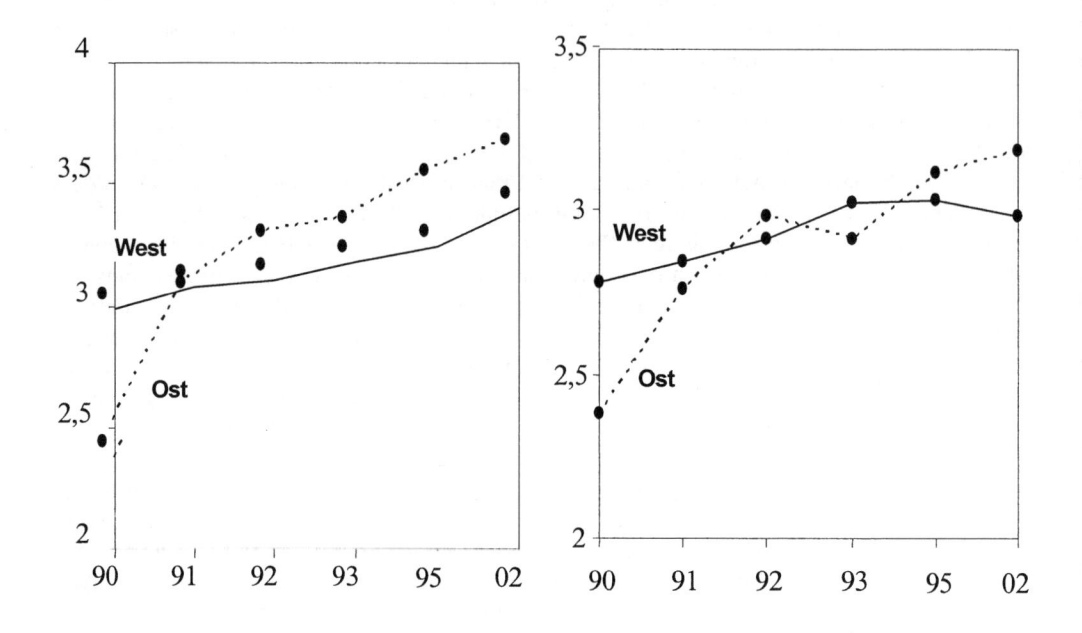

und aus der Identifikation mit der alten Ordnung Ostdeutschlands, die für die ‚linke' Ergebnisgleichheit stand.

## 3.2 Links-Rechts-Orientierung

Links und Rechts sind symbolische Pole der politischen Orientierung auf Gleichheit oder auf Leistung (Fuchs und Klingemann 1989; Jagodzinski und Kühnel 1998). Mit Bezug auf diese Polarität sagt die Verknüpfungshypothese also, dass die positive Verbindung der Selbsteinstufung als Rechts mit dem Leistungsprinzip in Westdeutschland stärker ist als in Ostdeutschland. Die Links-Rechts-Orientierung wurde durch drei Variablen erhoben: die Selbsteinstufung auf einer Skala, die Identifikation mit und die Wahl der Parteien, die nach der gängigen Auffassung auf dem Links-Rechts-Spektrum angeordnet wurden. Die Selbsteinstufung wurde wie folgt erfragt: „In der Politik spricht man manchmal von ‚links' und ‚rechts'. Wo auf der Skala würden Sie sich selbst einstufen, wenn 0 für links steht und 10 für rechts?" Die Parteiidentifikation wurde durch die Vorfrage „Gibt es eine Partei, der Sie näher stehen als allen anderen Parteien?" und die Nachfrage nach der Partei erhoben. Die Parteiwahl wurde durch die Vorfrage „Manche Menschen gehen heutzutage aus verschiedenen Gründen nicht zur Wahl. Wie ist das bei Ihnen? Haben Sie bei der letzten Bundestagswahl im September 2002 gewählt?" und die Nachfrage nach der Partei erhoben.

Die *Selbsteinstufung* als Rechts korreliert wie erwartet mit der Entscheidung für das Leistungsprinzip mit Blick auf den Lebensstandard, das Einkommen und beide zusammen: positiv in Westdeutschland ($r = .18; .15; .18$) und gar nicht in Ostdeutschland ($r = .06; -.03; .01$). Der Einfluss der *Identifikation* mit und der *Wahl* der Parteien auf die Entscheidung für das Leistungsprinzip bezüglich Lebensstandard und Einkommen ist sehr ähnlich. Deshalb wird allein der Einfluss der *Wahl* in Abbildung 3 dargestellt.

Wie erwartet steigert die Wahl einer rechten Partei die Zustimmung zum Leistungsprinzip und die Wahl einer linken Partei die Zustimmung zur Ergebnisgleichheit nur in Westdeutschland, und zwar mit Blick auf den Lebensstandard eben so stark wie mit Blick auf das Einkommen. In Ostdeutschland hingegen hängt die Parteiwahl so gut wie nicht mit der Entscheidung zwischen Leistung und Gleichheit zusammen. Der größere Einfluss des Links-Rechts-Spektrums auf die Wertentscheidung in Westdeutschland ergibt sich zu einem Teil daraus, dass die PDS-Anhänger in starkem Maße die Ergebnisgleichheit wählen. Die PDS bildet in Westdeutschland eine „kleine radikale Minderheit" auf der Linken; in Ostdeutschland hingegen ist sie weder durch ihre Kleinheit noch ihr ideologisches Profil eine extreme Partei. In Westdeutschland ist die PDS eine Weltanschauungspartei, ein neuer Anbieter von radikaler Opposition gegen die alte und neue Ordnung; in Ostdeutschland ist die PDS eine Milieupartei, die Personen und Mentalitäten der alten Ordnung aufnimmt, ohne sie gegen die neue zu mobilisieren. Aber der größere Einfluss des Links-Rechts-Spektrums gilt auch, wenn man die PDS außer Betracht lässt und – wie in der Abbildung wiedergegeben – die Differenz zwischen den Grünen und der FDP als Maß für den Einfluss der Parteiwahl nimmt.

Regrediert man die für Lebensstandard und Einkommen *zusammengefasste* Zustimmung zum Leistungsprinzip auf die Parteiidentifikation bzw. die Parteiwahl, so hat das Links-Rechts-Spektrum in Westdeutschland mehr Erklärungskraft als in Ostdeutschland (der multiple Korrelationskoeffizient $R = .166$ und $.141$ für die Parteiidentifikation, $R = .204$ und $.127$ für die Parteiwahl) und nur in Westdeutschland wachsen die Effekte der Parteien monoton mit dem Links-Rechts-Spektrum an.

Auch wenn man die drei miteinander korrelierten Variablen der Links-Rechts-Orientierung in einer multiplen Regression zugleich als Prädiktoren der Entscheidung für das Leistungsprinzip einsetzt, hat die Links-Rechts-Orientierung nur in Westdeutschland einen Einfluss und die Parteiwahl gewinnt auf Kosten der Selbsteinstufung und der Parteiidentifikation an Einfluss.

Die *Verknüpfungshypothese* wird also in der bivariaten Betrachtung für alle drei Variablen der Links-Rechts-Orientierung und in der multivariaten Betrachtung für die wichtigste Variable, die Parteiwahl, bestätigt. Auch im Jahre 2002 gilt noch, was sich in den Jahren 1990 bis 1995 erwiesen hat (Meulemann 2003: 143): Die Verbindung von Links mit Gleichheit und Rechts mit Leistung, die in Westdeutschland selbstverständlich ist, hat sich in Ostdeutschland noch nicht durchgesetzt. Eine grundlegende Symbolik der politischen Orientierung ist im Bewusstsein der Ostdeutschen noch nicht etabliert.

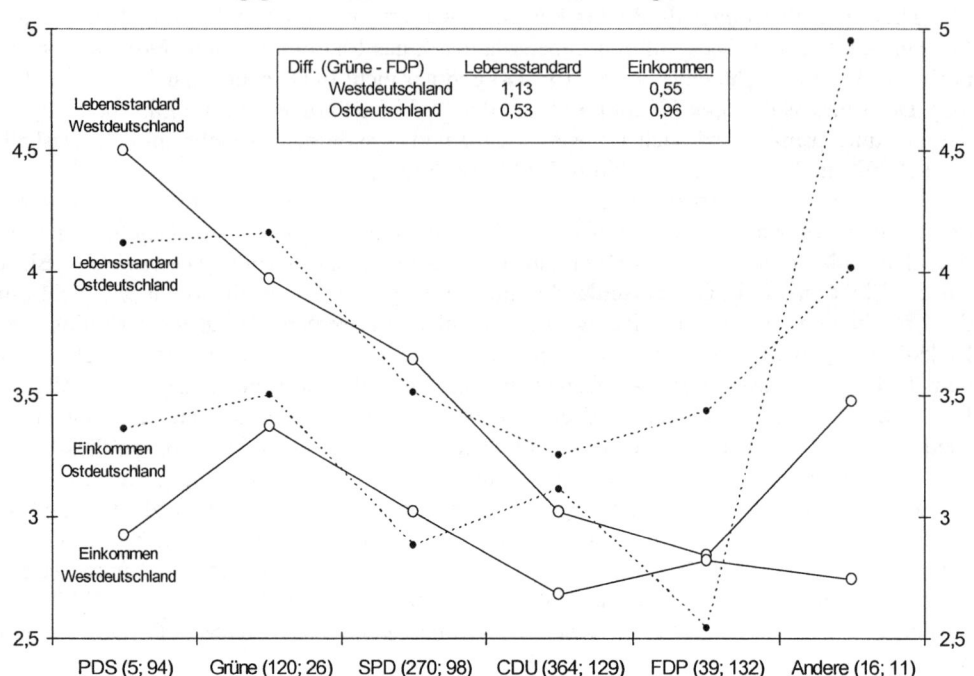

*Abbildung 3:* Leistungsprinzip (niedrige Werte) und Ergebnisgleichheit (hohe Werte) in Abhängigkeit von der Zweitstimme Bundestagswahl 2002

### 3.3 Identifikation mit der neuen und der alten Ordnung

#### 3.3.1 Konzept und Operationalisierung

Die neue Ordnung des vereinten Deutschlands ist eine ‚rechte' Ordnung, die Leistung als Prinzip der Differenzierung moderner Gesellschaften zur Geltung bringen will; die alte Ordnung der DDR war eine ‚linke' Ordnung, die Leistung als Differenzierungsprinzip suspendiert und Ergebnisgleichheit versprochen hat. Die neue Ordnung des vereinten Deutschlands ist im Westen auch die alte, im Osten aber Import; die alte Ordnung der DDR ist den Westdeutschen gleichgültig, aber den Ostdeutschen eine vertraute und immer noch verführerische Welt. Die Asymmetrie der Übertragung der Institutionen spiegelt sich in einer Asymmetrie der mentalen Anforderung an die Bevölkerungen. Die Westdeutschen können weiterleben wie bisher, die Ostdeutschen aber müssen auch mental dort ankommen, wohin sie institutionell gebracht wurden: in einer modernen, nach Leistung differenzierten Gesellschaft. Die Westdeutschen müssen weder lernen noch verlernen. Die Ostdeutschen aber müssen die neue Ordnung erlernen und die alte Ordnung verlernen. Die Identifikation mit der neuen Ordnung zerfällt in drei Schritte: zuerst ist weder die alte Ordnung verlernt noch die neue erlernt; dann die alte Ordnung noch nicht verlernt, aber die neue erlernt; und schließlich die alte Ordnung verlernt und die neue erlernt.

Entsprechend ergeben sich drei Schritte für die Verknüpfungshypothese: Zuerst sollte sich die Bevölkerung jedes Landesteils mit ihrer Ordnung stärker identifizieren, so dass das Leistungsprinzip im Westen stärker positiv mit der neuen Ordnung und im Osten stärker negativ mit der alten Ordnung korreliert. Dann sollten sich die Ostdeutschen mit beiden Ordnungen identifizieren, so dass das Leistungsprinzip in beiden Landesteilen positiv mit der neuen Ordnung und im Osten immer noch negativ mit der alten Ordnung korreliert. Schließlich sollten sich beide Bevölkerungen allein mit der neuen Ordnung identifizieren, so dass das Leistungsprinzip in beiden Landesteilen positiv mit der neuen Ordnung und in keinem Landesteil mit der alten Ordnung korreliert.

Die Identifikation mit beiden Ordnungen wurde auf drei Ebenen erfragt: als Verbundenheit mit dem neuen und dem alten Staat, als Verbundenheit mit der neuen und der alten Ideologie und durch Heute und Gestern als Bezugspunkt der sozialen Selbsteinstufung.

Die *Verbundenheit mit dem neuen Staat* wurde durch die Identifikation mit Deutschland als Ganzem auf einer vierstufigen Skala erhoben, die als letzte von fünf Identifikationen mit Gebietseinheiten erfragt wurde. Die erste Frage lautete: „Sind Sie mit Ihrer Gemeinde gefühlsmäßig stark verbunden, ziemlich verbunden, wenig verbunden oder gar nicht verbunden?" Nach einer wörtlichen Wiederholung dieser Frage für die „Region hier" folgte die Frage: „Und wie ist das mit Ihrem Bundesland?" Diese kürzere Frage wurde dann für die „ehemalige DDR, so wie sie vor der Vereinigung mit der Bundesrepublik bestand" bzw. für „die alte Bundesrepublik, so wie sie vor der Vereinigung mit der DDR bestand" und schließlich „für Deutschland als Ganzem" wiederholt. Die *Verbundenheit mit dem alten Staat* wurde durch die Frage nach der alten Bundesrepublik und der ehemaligen DDR erhoben.

Die *Verbundenheit mit der neuen Ideologie* zeigt sich in der Anerkennung des Leistungsprinzips auch für Ostdeutschland, die als Zustimmung zu folgender Aussage auf fünf Stufen erfragt wurde: „Was aus den Menschen in den neuen Bundesländern wird, hängt im Wesentlichen davon ab, was sie zu leisten bereit sind." Die *Verbundenheit mit der alten Ideologie* wurde durch die Zustimmung zu den beiden folgenden Aussagen auf fünf Stufen erfasst: „Die DDR hatte mehr gute als schlechte Seiten" und „Der Sozialismus ist eine gute Idee, die nur schlecht ausgeführt wurde."

*Heute als Bezugspunkt der sozialen Selbsteinstufung* wurde wie folgt erfragt: „Im Vergleich dazu, wie andere hier in Deutschland leben: Glauben Sie, dass Sie Ihren gerechten Anteil erhalten, mehr als Ihren gerechten Anteil, etwas weniger oder sehr viel weniger?" *Gestern als Bezugspunkt der sozialen Selbsteinstufung* wurde durch zwei Fragen mit Blick auf die persönliche Situation und sechs Fragen mit Blick auf die Situation aller erhoben. Die erste Frage zur persönlichen Situation lautete. „Wenn Sie – alles in allem – Ihre persönliche Situation heute betrachten und mit Ihrer persönlichen Situation vor der Wiedervereinigung 1990 vergleichen, würden Sie sagen, dass Ihre Situation heute besser, gleich oder schlechter ist als vor der Wiedervereinigung 1990?" Die zweite Frage zur persönlichen Situation war die erste Vorgabe in einem Inventar, das folgendermaßen eingeleitet wurde: „Denken Sie noch einmal an Ihr Leben in der damaligen Bundesrepublik (DDR) vor 1990 zurück. Ich lese Ihnen jetzt verschiedene politische und gesellschaftliche Bereiche vor. Fanden Sie die folgenden Bereiche in der damaligen Bundesrepublik (DDR) *vor* der Wiedervereinigung: viel besser, besser, gleich, schlechter oder viel schlechter als es heute in Westdeutschland (Ostdeutschland) ist?" Vorgegeben wurde ‚Persönlicher Lebensstandard'. Die Situation aller wurde dann durch die Vorgaben ‚Lebensstandard aller Bürger', ‚Gerechtigkeit der Einkommensverteilung', ,soziale Sicherheit', ,Zusammenhalt der Menschen untereinander', ,Schutz der Bürger vor Verbrechen' und ,politische Freiheit' erhoben.

### 3.3.2 Bivariate Ergebnisse

Die Korrelationen der Identifikation mit der neuen und der alten Ordnung mit der Entscheidung für das Leistungsprinzip in West- und Ostdeutschland sind in den ersten beiden Spalten der Tabelle 1 dargestellt; hier und in allen folgenden Analysen ist die Kodierung im Vergleich zu Abbildung 2 und 3 umgekehrt worden, so dass hohe Werte eine Entscheidung für das Leistungsprinzip darstellen.

Die Identifikation mit der neuen Ordnung korreliert in beiden Landesteilen gleich stark positiv mit dem Leistungsprinzip; die Identifikation mit der alten Ordnung korreliert in Westdeutschland gar nicht, in Ostdeutschland aber deutlich negativ mit dem Leistungsprinzip. Die Verknüpfungshypothese wird also auf halbem Wege bestätigt. Die Ostdeutschen haben 2002 die neue Ordnung bereits erlernt, die alte aber noch nicht verlernt. Im Blick nach vorn sind sich die beiden Landesteile einig, aber der Blick zurück trennt zwischen

*Tabelle 1:* Identifikation mit der neuen und der alten Ordnung und der Entscheidung für das Leistungsprinzip in West- und Ostdeutschland: Korrelationskoeffizienten

|  | West | Ost | r (0) |
|---|---|---|---|
| **Neue Ordnung** | | | |
| Verbundenheit mit neuem Staat | | | |
| Deutschland als Ganzes | .11*** | .10*** | -.06 |
| Verbundenheit mit neuer Ideologie | | | |
| Leistung wesentlich für Ost | .20*** | .20*** | -.30 |
| Heute als Bezugspunkt: Vergleich heute mit andere | | | |
| Fair im Vergleich zu anderen | .10*** | .14*** | -.34 |
| **Alte Ordnung** | | | |
| Verbundenheit mit altem Staat | | | |
| Bundesrepublik/DDR | .09*** | -.14*** | |
| Verbundenheit mit alter Ideologie | | | |
| DDR mehr gute Seiten | -.06* | -.23*** | .43 |
| Sozialismus gute Sache | -.11* | -.10*** | .34 |
| Gestern als Bezugspunkt: Vergleich heute schlechter als früher | | | |
| persönliche Situation | -.03 | -.23*** | -.22 |
| persönlicher Lebensstandard | .01 | -.16*** | -.17 |
| persönlicher Lebensstandard | .03 | -.16*** | -.19 |
| gerechte Einkommen | .04 | -.20*** | .15 |
| soziale Sicherheit | .05 | -.07* | .36 |
| Zusammenhalt der Menschen | .03 | -.09** | .51 |
| Schutz vor Verbrechen | .05 | -.10** | .40 |
| politische Freiheit | -.04 | -.11*** | -.56 |

Signifikanzniveaus: *** p <0.001; ** p <0.01; * p<0.05.
r(0): Pearson-Korrelation mit West- (Wert 0) und Ostdeutschland (Wert 1).

ihnen. Wer sich mit der neuen Ordnung identifiziert, bejaht auch das Leistungsprinzip – in Ost- wie in Westdeutschland. Nur in Ostdeutschland aber schlägt sich die Identifikation mit der alten Ordnung in einer Ablehnung des Leistungsprinzips nieder. Die untergegangene Ordnung ist immer noch mächtig: als Versuchung derjenigen, die mit dem Leistungsprinzip nicht zurechtkommen. Das ist eine besondere Form der ‚Ostalgie'. Sie äußert sich nicht in der Unterstützung der, sondern wirkt als Bindung an die alte Ordnung. Sie trennt nicht mehr zwischen West- und Ostdeutschen, sondern innerhalb der Ostdeutschen.

Um zu verdeutlichen, dass die innere Spaltung der Ostdeutschen durch den ‚ostalgischen' Rückgriff auf die alte Ordnung unabhängig ist von ihrer ‚ostalgischen' Wertschätzung bei den Ostdeutschen insgesamt, sind in der dritten Spalte von Tabelle 1 die Korrelationen zwischen West- (Wert 0) und Ostdeutschland (Wert 1) und den Einstellungen zur neuen und alten Ordnung angegeben. Die Westdeutschen bejahen alle Einstellungen zur neuen Ordnung häufiger als die Ostdeutschen, aber die Ostdeutschen keineswegs alle Einstellungen zur alten Ordnung häufiger als die Westdeutschen. Zwar gewinnen die Ostdeutschen der DDR und dem Sozialismus deutlich häufiger positive Seiten ab – insofern sind sie ‚ostalgisch'. Aber sie glauben seltener als die Westdeutschen, dass sich ihre persönliche Situation, ihr persönlicher Lebensstandard, ihr allgemeiner Lebensstandard und die politische Freiheit von 1990 bis heute verschlechtert haben. So paradox es klingt: Die Ostdeutschen trauern der DDR nach und sind froh, ihr entronnen zu sein; sie finden die alte Ordnung gut und wissen, dass sie durch die neue gewonnen haben. Die Bindung an die alte Ordnung ist keineswegs durchgängig in Ostdeutschland höher, aber sie drängt durchgängig das Leistungsprinzip zugunsten der Ergebnisgleichheit zurück. Als Zustimmung zur alten Ordnung herrscht keineswegs einheitlich ‚Ostalgie'; das Festhalten an der alten Ordnung jedoch spaltet in jedem erhobenen Aspekt die Ostdeutschen in Anhänger der Ergebnisgleichheit oder des Leistungsprinzips, ‚Ostalgiker' oder in der neuen Ordnung Angekommene.

### 3.3.3 Multivariate Ergebnisse: Landesteilspezifisch

Wie die Variablen zur Links-Rechts-Orientierung korrelieren die Variablen zur neuen und alten Ordnung untereinander, so dass ihr eigenständiger Einfluss auf die Entscheidung für das Leistungsprinzip im Konflikt mit der Ergebnisgleichheit wiederum in einer multivariaten Analyse geklärt werden muss. Tabelle 2 gibt die Regressionen der Unterstützung des Leistungsprinzips auf alle Variablen der neuen Ordnung, der alten Ordnung und beider Ordnungen in West- und Ostdeutschland wider. Weil alle Prädiktorvariablen gleich, nämlich fünfstufig, skaliert sind, können die unstandardisierten Koeffizienten auch zwischen den Variablen verglichen werden. Da die Koeffizienten der Regression auf die Variablen beider Ordnungen denen aus den einzelnen Regressionen auf die Variablen jeder Ordnung allein ähneln, sind sie nicht gesondert dargestellt.

Die Identifikation mit der *neuen* Ordnung beeinflusst die Unterstützung des Leistungsprinzips in beiden Landesteilen auf exakt die gleiche Weise: In beiden Landesteilen liegt die Basis, also der Durchschnitt bei Fehlen aller Einflüsse, etwas über 5 auf der siebenstufigen Skala und steigt mit jeder Einheit der drei Einflussvariablen um rund ein Fünftel Punkte. Der gesamte Einfluss – der multiple Regressionskoeffizient – ist in beiden Landesteilen fast genau gleich. Wollte man die Unterstützung des Leistungsprinzips allein

*Tabelle 2:* Unterstützung des Leistungsprinzips auf die Identifikation mit der neuen und der alten Ordnung in West- und Ostdeutschland: Lineare Regression

|  | West | Ost |
|---|---|---|
| Neue Ordnung: Basis | 5.43 | 5.25 |
|    Identifikation mit Deutschland als Ganzem | .18*** | .17** |
|    Leistung wesentlich für Ost | .29*** | .21*** |
|    Fair im Vergleich zu anderen | .19** | .18** |
| Alte Ordnung: Basis | 5.48 | 3.21 |
|    Verbundenheit mit BRD/DDR | .16** | -.07 |
|    DDR mehr gute Seiten | -.02 | -.14* |
|    Sozialismus gute Sache | -.12** | .00 |
|    Heute schlechter als früher: Persönliche Situation | -.17* | -.22** |
|       persönlicher Lebensstandard | -.06 | .00 |
|       allgemeiner Lebensstandard | .07 | -.05 |
|       gerechte Einkommen | .08 | -.27*** |
|       soziale Sicherheit | .04 | .14 |
|       Zusammenhalt der Menschen | .04 | -.10 |
|       Schutz vor Verbrechen | .07 | -.03 |
|       Politische Freiheit | .13 | -.02 |
| R – multipler Regressionskoeffizient | | |
| neue Ordnung (N = 1603, 1047) | .229 | .233 |
| alte Ordnung (N = 1276, 848) | .174 | .335 |
| neue und alte Ordnung (N = 1242, 835) | .268 | .359 |

Signifikanzniveaus: *p .05; **p<0.01; ***p<0.001.

durch die Identifikation mit der neuen Ordnung voraussagen, so käme man in Ost- und Westdeutschland zum gleichen Ergebnis. Als Teil der neuen Ordnung hat sich das Leistungsprinzip in Ostdeutschland genau so durchgesetzt wie in Westdeutschland. Zwar unterstützen die Ostdeutschen die neue Ordnung weniger als die Westdeutschen; aber wenn sie sich mit ihr identifizieren, sind sie dem Leistungsprinzip genau so zugetan wie die Westdeutschen. Zwar gibt es eine ‚innere Mauer' der Unterstützung des Leistungsprinzips, nicht aber seiner Verbindung mit der neuen Ordnung.

Die Identifikation mit der *alten* Ordnung hingegen beeinflusst die Unterstützung des Leistungsprinzips in beiden Landesteilen auf sehr unterschiedliche Weise: Die Basis liegt in Westdeutschland deutlich höher; aber der Gesamteinfluss der alten Ordnung ist in Ostdeutschland fast doppelt so stark. In Westdeutschland findet das Leistungsprinzip hohe Unterstützung und die Einstellung zur alten Ordnung ändert daran wenig; die Westdeutschen bejahen das Leistungsprinzip und sind gleichgültig gegenüber der alten Ordnung. In Ostdeutschland findet das Leistungsprinzip wenig Unterstützung und die Verbundenheit mit der alten Ordnung senkt sie weiter, während die Lösung von der alten Ordnung sie steigert. Die Ostdeutschen müssen das Leistungsprinzip erlernen und mentale Barrieren aus der alten Ordnung überwinden.

Nur eine Variable hat in beiden Landesteilen einen ungefähr gleichen Einfluss: Die Verschlechterung der persönlichen Situation wirkt negativ. Die meisten Variablen aber wirken in beiden Landesteilen in entgegen gesetzter Richtung, insbesondere der Vergleich zwischen heute und früher; hier senkt in Ostdeutschland vor allem die Erfahrung, dass die

Einkommensgerechtigkeit zurückgegangen sei, die Unterstützung des Leistungsprinzips. Wollte man die Unterstützung des Leistungsprinzips allein durch die Identifikation mit der alten Ordnung voraussagen, so käme man in Ost- und Westdeutschland zu sehr unterschiedlichen Ergebnissen. Weil die Ostdeutschen sich immer noch mit der alten Ordnung identifizieren, sind sie dem Leistungsprinzip weniger zugetan als die Westdeutschen. Die alte Ordnung ist bis heute als ‚innere Mauer' der Unterstützung *und* der sozialen Verankerung des Leistungsprinzips in Ostdeutschland wirksam.

Der Vergleich der beiden Regressionsanalysen der Unterstützung des Leistungsprinzips auf die neue und die alte Ordnung macht also deutlich, inwiefern die Ostdeutschen dort angekommen sind, wo sie ankommen müssen: in einer modernen, nach Leistung differenzierten Gesellschaft. In dem Maße, in dem sie die neue Ordnung erlernt haben, kommen sie mit dem Leistungsprinzip eben so zurecht wie die Westdeutschen. In dem Maße, in dem sie die alte Ordnung verlernt haben, spalten sie sich auf in solche, die in der neuen Ordnung angekommen sind, und in solche, die der alten Ordnung nachtrauern. Die neue Ordnung führt West- und Ostdeutsche zusammen, aber an der alten Ordnung scheiden sich die Geister – nicht in Deutschland, sondern in Ostdeutschland. Die ‚innere Mauer' trennt Ost- und Westdeutschland geographisch nur deshalb, weil sie die Ostdeutschen ideologisch trennt. Wenn – wie es Bundestagspräsident Thierse (zuletzt 2004) sagte – Ostdeutschland „auf der Kippe" steht, dann vor allem deshalb, weil ein Teil der Ostdeutschen immer noch an der alten Ordnung festhält. Wer die Ostdeuten vor dem „Abbröckeln" bewahren will, sollte nicht die alte Ordnung und damit die alte Identität beschwören, sondern die neue Ordnung gegen die Erfahrungen der Transformation verteidigen, die die Ostdeutschen zum Rückgriff auf die alte Ordnung verleiten können.

Wenn tatsächlich auf dem Gebiet der Mentalitäten die deutsche Einigung von der inner-ostdeutschen Spaltung abhängt, dann stellt sich die Frage, ob die Identifikation mit der neuen und mit der alten Ordnung die Tatsache erklären kann, dass die die Ostdeutschen das Leistungsprinzip weniger unterstützen als die Westdeutschen. Diese Frage kann nur beantwortet werden, wenn die Zugehörigkeit zu einem Landesteil selber als Prädiktor des Leistungsprinzips eingesetzt wird; sie muss daher in der gesamtdeutschen, mit dem Bevölkerungsanteil der Landesteile (etwa 4 zu 1) gewichteten Stichprobe untersucht werden.

## 3.4 Multivariate Ergebnisse: Gesamtdeutschland

Die Identifikation mit der *neuen* Ordnung kann die schwächere Unterstützung des Leistungsprinzips in Ostdeutschland erklären, wenn sie in Ostdeutschland schwächer ist und mit dem Leistungsprinzip positiv korreliert. Tabelle 1 hat gezeigt, dass beides der Fall ist. Die Identifikation mit der *alten* Ordnung kann die schwächere Unterstützung des Leistungsprinzips in Ostdeutschland erklären, wenn sie in Ostdeutschland stärker ist und mit dem Leistungsprinzip negativ korreliert. Tabelle 1 hat gezeigt, dass beides nur für ein Unterkonzept der Fall ist. Zwar ist die Verbundenheit mit der alten Ideologie in Ostdeutschland stärker als in Westdeutschland und hat in West- wie Ostdeutschland einen negativen Einfluss auf das Leistungsprinzip. Aber die Ostdeutschen glauben keineswegs in jeder Hinsicht, dass sie heute schlechter als früher dastehen und dieser Glaube korreliert nur in Ostdeutschland, nicht aber in Westdeutschland negativ mit dem Leistungsprinzip. In der gesamtdeutschen Stichprobe hat daher die Wahrnehmung einer Verschlechterung nur einen minimalen

Einfluss auf das Leistungsprinzip; er liegt immer unter absolut r = .03 – bis auf die persönliche Situationseinschätzung, wo er r = -.06 beträgt. Bis auf diese Ausnahme also kann der Glaube an die Verschlechterung die geringere Unterstützung des Leistungsprinzips in Ostdeutschland nicht erklären, weil er keinen Einfluss auf die Zielvariable hat; im Falle dieser Ausnahme aber erklärt er den Landesteilunterschied des Leistungsprinzips nicht, sondern verstärkt ihn, d.h. er wirkt als Unterdrückervariable.

Die schwächere Unterstützung des Leistungsprinzips in Ostdeutschland kann daher nur durch die drei Variablen der Identifikation mit der neuen Ordnung und die beiden Variablen zur Verbundenheit mit der alten Ideologie erklärt werden. Die Korrelation zwischen der Landesteilzugehörigkeit (West =0, Ost =1) und der Unterstützung des Leistungsprinzips beträgt nun r = -.08 und ist signifikant auf dem 0,1%-Niveau. Dieser Korrelationskoeffizient ist zugleich der standardisierte Regressionskoeffizient des Leistungsprinzips auf die Landesteilzugehörigkeit und muss mit den standardisierten Regressionskoeffizienten verglichen werden, wenn zusätzlich die Identifikation mit der neuen Ordnung (Modell 1), die Verbundenheit mit der alten Ideologie (Modell 2) oder beide zugleich (Modell 3) kontrolliert sind. Diese Regressionen sind in Tabelle 3 dargestellt.

Wenn – im Modell 1 oder 2 – die Identifikation mit der neuen Ordnung oder die Verbundenheit mit der alten Ideologie allein kontrolliert werden, so verschwindet der Landesteilunterschied. Wenn weiterhin – im Modell 3 – die Identifikation mit der neuen Ordnung und die Verbundenheit mit der alten Ideologie kontrolliert sind, so wird aus dem negativen ein signifikant positiver Landesteilunterschied: Die Ostdeutschen würden das Leistungsprinzip nicht weniger, sondern mehr unterstützen als die Westdeutschen. Würde die ostdeutsche Bevölkerung die neue Ordnung genau so anerkennen und sich von der alten Ideologie so weit distanzieren wie die westdeutsche, dann hätte das Leistungsprinzip in Ostdeutschland nicht mehr weniger, sondern gleich viele oder sogar mehr Anhänger. Das Leistungsprinzip hat in Ostdeutschland potenziell die gleiche oder sogar eine größere Anhängerschaft; aber sie äußert sich nicht, solange die Bindung an die alte Ordnung der Anerkennung der neuen im Wege steht.

Die Ostdeutschen scheuen also das Leistungsprinzip nicht an sich, sondern weil sie den Wechsel von der alten zur neuen Ordnung, der das Leistungsprinzip wieder institutio-

*Tabelle 3:* Unterstützung des Leistungsprinzips auf die Identifikation mit der neuen Ordnung und die Verbundenheit mit der alten Ideologie: standardisierte Koeffizienten (lineare Regression)

|  | Modell | | | |
|---|---|---|---|---|
|  | (0) | (1) | (2) | (3) |
| Deutschland-Ost | -.08 | .01 | -.02 | .06$^*$ |
| Verbundenheit mit Deutschland als ganzem |  | .09$^{***}$ |  | .08$^{***}$ |
| Leistung wesentlich für Ost |  | .19$^{***}$ |  | .17$^{***}$ |
| Fair im Vergleich zu anderen |  | .08$^{***}$ |  | .08$^{***}$ |
| DDR mehr gute Seiten |  |  | -.08$^{**}$ | -.07$^{**}$ |
| Sozialismus gute Sache |  |  | -.09$^{***}$ | -.06$^{**}$ |
| R |  | .235 | .146 | .254 |
| N |  | 2622 | 2439 | 2343 |

Signifikanzniveaus: $^*$ p <0.05; $^{**}$ p <0.01; $^{***}$ p <0.001.
Gewichtung nach Ost-West, Geschlecht; Bildung und BiK-Region.

nalisiert hat, noch nicht nachvollzogen haben. Ein Teil der Ostdeutschen ist in der neuen Ordnung angekommen und akzeptiert die Chancen wie die Risiken des Leistungsprinzips. Ein anderer Teil ist vom Wechsel zur neuen Ordnung gleichsam überwältigt worden, so dass er zur alten Ordnung Zuflucht nimmt, die das Leistungsprinzip ablehnt. Die Transformation hat weniger West- gegen Ostdeutsche aufgebracht, als die Ostdeutschen polarisiert. In Ostdeutschland stehen sich Gewinner und Verlierer der Vereinigung als Anhänger und Kritiker des Leistungsprinzips gegenüber. Die ‚innere Mauer' steht nicht an der alten Zonengrenze, sondern steckt in den Köpfen der Ostdeutschen. ‚Ostalgie' ist nicht das Bewusstsein der Ostdeutschen, aber einiger Ostdeutscher, die an der alten Ordnung festhalten – sei es weil sie nie von ihr gelassen haben, sei es weil die Erfahrungen der Transformation sich nur allzu leicht aus der Sicht der alten Ordnung deuten ließen.

## 4  Schluss: Der Wandel von Institutionen und das Beharrungsvermögen internalisierter Werte

Gleichheit und Leistung im Bewusstsein der Bevölkerungen West- und Osteuropas im Jahre 2002 waren das Thema dieses Aufsatzes. Zuerst wurde untersucht, ob die Chancengleichheitsunterstützung und das Leistungsmotiv sich zwischen West- und Ostdeutschland und zwischen den Ländern der früheren westlichen und östlichen politischen Blöcke unterscheiden. Hier wurden die *Chancengleichheits-* und die *Leistungsmotivhypothese* bestätigt: Weil der Staatssozialismus Gleichheit und Leistung zugleich propagiert und die Transformation diese Propaganda enttäuscht hat, unterstützen die Bevölkerungen des früheren östlichen Blocks heute Gleichheit und Leistung eben so stark wie die Bevölkerungen des früheren westlichen Blocks. Dann wurde untersucht, ob sich die Entscheidung für das Leistungsprinzip gegen die Ergebnisgleichheit zwischen West- und Ostdeutschland unterscheidet und ob diese Entscheidung in beiden Landesteilen in gleicher Weise mit der politischen Trennungslinie zwischen Links und Rechts verbunden ist. Hier wurden die *Leistungsprinzip-* und die *Verknüpfungshypothese* bestätigt: Das Leistungsprinzip hat in Westdeutschland mehr Anhänger und ist stärker mit der Links-Rechts-Orientierung verknüpft, während in Ostdeutschland die Ablehnung des Leistungsprinzips zugunsten der Ergebnisgleichheit mit der Bindung an die alte Ordnung zusammenhängt. Im Jahre 2002 haben also Gleichheit und Leistung in den Ländern West- und Osteuropas etwa gleich viel Anhänger; aber die Ostdeutschen unterstützen das Leistungsprinzip weniger und verknüpfen es weniger mit der heutigen politischen Ordnung als die Westdeutschen.

In Europa insgesamt hat also der Staatssozialismus die Chancengleichheitsunterstützung und das Leistungsmotiv nicht so stark geprägt, dass sich die osteuropäischen Länder noch 2002 von den westeuropäischen Ländern unterschieden. Das kann – wie hier vermutet – sich aus gegenläufigen Wirkungen der Entdifferenzierung und der Transformation ergeben haben. Zuerst hat die Entdifferenzierung von Wirtschaft und Politik, die das Leistungsprinzip außer Kraft setzt, die Chancengleichheitsunterstützung und mit ihr eine alle zu Mehrarbeit verpflichtende Leistungsmotivation gesteigert; dann hat die Transformation die Gleichheit bald als Illusion und eine durch Gemeinwohlappelle moralisch erzwungene Leistungsmotivation als überflüssig erwiesen. Das kann aber auch aus fehlenden Wirkungen beider Perioden herrühren. In jedem Fall unterscheiden sich im Jahre 2002 die Chancengleichheitsunterstützung und die Leistungsmotivation der osteuropäischen Staaten kaum von denen der westeuropäischen Staaten.

In Deutschland hat der Staatssozialismus allerdings bewirkt, dass im Jahre 2002 das Leistungsprinzip im Osten weniger unterstützt wird als im Westen. Aber auch dieser Effekt ergibt sich vermutlich nicht unmittelbar aus den Lehren des Staatssozialismus, sondern aus der Transformation, in der diese Lehren herb enttäuscht wurden. Der Staatssozialismus hat das Leistungsprinzip ‚virtualisiert‘: Er hat es außer Kraft gesetzt und ideologisch verpönt, aber es blieb als ein universelles Prinzip zur Regelung des Zusammenlebens in den Köpfen der Menschen. Mehr noch: Die Bevölkerung konnte es sogar umso leichter akzeptieren, als sie seine Zweischneidigkeit nicht erfahren musste. Erst die Transformation hat das Leistungsprinzip wieder restituiert, so dass jeder erfahren konnte, dass Ressourcen nach Leistung nicht nur zugewiesen, sondern auch verweigert werden können. Erst in der Transformation wird der naive Glaube an das Leistungsprinzip enttäuscht, so dass sich vor dem Hintergrund der im Staatssozialismus erlernten Vorbehalte gegen die Leistungsdifferenzierung die Zuflucht zur Ergebnisgleichheit anbietet. Deshalb schwenken die Ostdeutschen erst nach 1990 vom Leistungsprinzip zur Ergebnisgleichheit um. Deshalb bleiben die Ostdeutschen umso mehr bei ihren Vorbehalten gegen das Leistungsprinzip, je weniger sie mit der neuen Ordnung anfangen können und je mehr sie der alten Ordnung verhaftet bleiben.

Die Transformation nach 1990 hat also den Ostdeutschen Erfahrungen gebracht, die sie dem Leistungsprinzip zunehmend skeptisch gegenüberstehen ließen und von den Westdeutschen entfernt haben. Was den Glauben an das Leistungsprinzip betrifft, bestand zwischen den beiden früheren Staaten nach der Vereinigung keine ‚innere Mauer‘, sie wurde erst durch die Transformation aufgebaut. Aber die Ostdeutschen sind umso skeptischer gegen das Leistungsprinzip, je mehr sie der alten Ordnung verbunden sind. Die ostdeutsche Bevölkerung ist in sich gespalten: Sie ist zu einem Teil in der neuen Ordnung angekommen, zu einem anderen Teil der alten Ordnung verhaftet; und die Skepsis gegen das Leistungsprinzip gedeiht vor allem im ‚ostalgischen‘ Bevölkerungsteil. Die ‚innere Mauer‘ in Deutschland resultiert also aus einer ideologischen ‚inneren Mauer‘ in der ostdeutschen Bevölkerung. Die Gegensätze zwischen Ost- und Westdeutschen können sich nur auflösen, wenn die Polarisierungen innerhalb der Ostdeutschen sich abmildern. Weil die Vereinigung ein einseitiger Prozess war, der die neue Ordnung von Westdeutschland nach Ostdeutschland übertrug, liegt die ganze Last für das Zusammenrücken der west- und der ostdeutschen Bevölkerung bei den Ostdeutschen, die sich von der alten Ordnung lösen und mit der neuen identifizieren müssen.

Alles in allem hat das Experiment des Sozialismus, der mit der verwirklichten Gleichheit Leistung steigern wollte, die Wertorientierungen der Bevölkerungen zu Gleichheit und Leistung nur sehr wenig geprägt. Sieht man die Zusammenfassung der Ergebnisse im Rückblick auf Schema 1, so hat der Staatssozialismus offenbar weniger bewirkt als die Transformation; die Planung hat nicht zum Ziel geführt, aber ihr Scheitern zu unerwarteten Folgen; das Experiment war weniger folgenreich als sein Ende. In der Summe aber sind beide Wirkungen nicht stark. Die Bevölkerungen scheinen sich unter beiden institutionellen Revolutionen gleichsam geduckt zu haben. Offenbar haben internalisierte Orientierungen eine Schwerkraft gegen institutionelle Umwälzungen. Offenbar ist es einfacher Ordnungen zu verändern als Menschen.

## 5 Literatur

Fuchs, Dieter/Klingemann, Hans-Dieter (1989): The Left-Right Schema. In: Jennings, M. Kent/Jan W. van Deth/Barnes, Samuel H./Fuchs, Dieter/Heunks, Felix J./Inglehart, Ronald/Kaase, Max/Klingemann, Hans-Dieter/Thomassen, Jacques, J.A.: Continuities in Political Action. Berlin: de Gruyter, S. 203-234.

Jagodzinski, Wolfgang/Kühnel, Steffen (1998): The Stability of the Meaning of Left and Right in Germany 1976-1990. In: Anderson, Christopher J./Zelle, Carsten (Hrsg.): Stability and Change in German Elections. How Electorates Merge, Converge or Collide. Westport: Praeger, S. 121-151.

Kluckhohn, Clyde (1951): Values and Value-Orientations in the Theory of Action: An Exploration in Definition and Classification. In: Parsons, Talcott/Shils, Edward A. (Hrsg.): Toward a General Theory of Action. Cambridge: Harvard University Press, S. 388-433.

Lötsch, Manfred/Lötsch, Ingrid (1985): Sozialstrukturen und Triebkräfte: Versuch einer Zwischenbilanz und Weiterführung der Diskussion. In: Jahrbuch für Soziologie und Sozialpolitik. Berlin: Akademie Verlag, S. 159-178.

Fischer, Lorenz/Wiswede, Günter (2002): Grundlagen der Sozialpsychologie, 2. Auflage. München: Oldenbourg.

McClelland, David (1961): The Achieving Society. Princeton: van Nostrand.

Meulemann, Heiner (2002): Wertwandel in Deutschland von 1949–2000. Fernuniversität Hagen – Fachbereich Kultur- und Sozialwissenschaften.

Meulemann, Heiner (2003): Transformation and Polarization. Attitudes towards Equality and Achievement and the Search for Losers and Winners of the East German Transformation 1990-1995. In: Pollack, Detlev/Jacobs, Jörg/Müller, Olaf/Pickel, Gert: Political Culture in Post-Communist Europe. Attitudes in new democracies. Aldershot: Ashgate, S. 135-150.

Pollack, Detlev (2003): Auf dem Weg zu einer Theorie des Staatssozialismus. In: Best, Heinrich/Hornbostel, Stefan (Hrsg.): Funktionseliten der DDR: Theoretische Kontroversen und empirische Befunde. Historische Sozialforschung 28 (Sonderheft), S. 10-30.

Schwartz, Shalom (1994): Are There Universal Aspects in the Content and Structure of Values? Journal of Social Issues 50, S. 19-45.

Schwartz, Shalom (2002): A Proposal for Measuring Value Orientations Across Nations. Chapter 7 of: European Social Survey. Development of the Core Questionnaire.

Thierse, Wolfgang (2004): Optimistisch geschätzt sind wir in der Mitte. Neue Gesellschaft/Frankfurter Hefte 9/2004, S. 22-26.

# II. Staatsbürgerliche Orientierungen

# Die Rückkehr der Tugend?

*Sigrid Roßteutscher*

Normen und Bürgerpflichten ganz sicherlich *nicht* das Lieblingsthema der jüngeren Sozialwissenschaften. Ganz im Gegenteil: es florierten Schlagwörter wie unkonventionelles Verhalten, Traditionsbruch, Wertewandel und Individualisierung. Ausgelöst durch die Studentenunruhen der 1968er Jahre und die Massenproteste der 1980er im Zuge der neuen sozialen Bewegungen, schien es gerechtfertigt, vermehrt den Normbruch als Regel zu definieren. Dazu passte ein auch in der Familiensoziologie beobachteter Trend weg von der (spießigen?) Normalfamilie zu ‚patch work families' und Lebensabschnittspartnerschaften. Wenn er auch als *noch nicht* mehrheitsfähig galt, so schien doch vielen klar, dass der Normbruch, das nicht-konventionelle Verhalten, einen wichtigen und zukunfträchtigen Trend darstelle: hin zum Tage X, an dem der Normbruch zur neuen Norm wird und das ehemals normkonforme Verhalten unkonventionell seien würde.[1] Es ist nicht zuletzt den aktuellen Debatten um Sozialkapital und Kommunitarismus zu verdanken, dass Normen und Tugenden wieder in den Mittelpunkt der Betrachtung rücken. Mehr noch: sie sind wieder salonfähig. Während, überspitzt formuliert, normkonformes Verhalten und die Erfüllung staatsbürgerlicher Pflichten in den vergangenen Jahrzehnten eher als antiquiertes Auslaufmodell gesellschaftlichen Zusammenlebens betrachtet wurde, setzt sich zunehmend (wieder) die Sichtweise durch, dass ohne ein gewisses Maß an Normbefolgung und Ausübung staatsbürgerlicher Tugenden gesellschaftliches Miteinander unmöglich sei. Norm, Bürgerpflicht und Konvention sind wieder positiv besetzte Begriffe. Dabei ist die Debatte um den Verlust der Tugend insbesondere eine Angelegenheit der westlichen Welt und wird vor allem von US amerikanischen Autoren gepflegt. Ironischerweise ist es durchaus möglich, dass die Tugend – zumindest im Kontext Europa – neuen Auftrieb erfährt. Mit dem ehemals kommunistischen Ländern Osteuropas ist eine Phalanx an Staaten in Europa angekommen, in denen Bürgerpflichten und Bürgertugenden einen zentralen Stellenwert besaßen. Der Gang zur Wahlurne und die Bestätigung des Einparteienregimes waren eine selbstverständliche Pflicht; die Beteiligung an Aufmärschen und staatlich organisierten Kundgebungen ein wiederkehrendes Ritual; Gesetzestreue und Loyalität geschätzte und mit autoritärer Strenge kontrollierte Tugenden. Kriminalität, Drogen, Laisser-faire, Chaos und gemeinschaftsschädigender Individualismus galten in der Propaganda des Staatssozialismus als abschreckende Beweise westlicher Dekadenz.

## 1 Die aktuelle Wiederentdeckung staatsbürgerlicher Tugenden

In Sozialkapital-Ansätzen à la Putnam werden Normen und staatsbürgerliche Pflichten als „dilemmas of collective action" (Putnam 1993: 163) thematisiert. Kurz gesagt, wenn sogenannte Kollektivgüter im Spiel sind, ist es für den einzelnen unsinnig sich einzusetzen. Er

---

[1] Dieser Tag X ist am deutlichsten von Inglehart (1977) prognostiziert worden.

wartet lieber bis andere das tun, um dann – ohne eigenen Beitrag – das Gut zu konsumieren. Natürlich funktioniert das nicht. Weil ‚Trittbrettfahren' so eindeutig die klügere Variante ist, werden Kollektivgüter nicht oder nur unzureichend produziert: „In such circumstances, each finds cooperation irrational, and all end up with an outcome no one wants – unharvested corn, overgrazed commons, deadlocked government" (Putnam 1993: 164).

Was tun? Die klassische Lösung ist externer Zwang. Wenn Menschen nicht freiwillig kooperieren, müssen sie notfalls über Sanktionen dazu gezwungen werden. Diese Hobbes'sche Lösung ist für Sozialkapitalisten aber nicht interessant. Zwangsmaßnahmen von staatlicher Seite bedeuten hohen Kontroll- und Kostenaufwand: „Societies which rely heavily on the use of force are likely to be less efficient, more costly, and more unpleasant than those where trust is maintained by other means" (Gambetta 1988: 217). Idealerweise sollte das Dilemma kollektiven Handelns daher von den Betroffenen selbst gelöst werden: durch Vertrauen und Normen der Kooperation.

„Voluntary cooperation is easier in a community that has inherited a substantial stock of social capital, in the form of norms of reciprocity and networks of civic engagement" (Putnam 1993: 167, siehe auch Putnam 2000: 21). Während sich andere Kapitel in diesem Band mit sozialen Netzwerken und sozialem Vertauen auseinandersetzen, stehen hier „norms of reciprocity" im Mittelpunkt. Was ist unter solchen Reziprozitätsnormen zu verstehen? Putnam bezieht sich auf Taylor und zitiert ein ausführliches Beispiel: „I help you out now in the (possibly vague, uncertain and uncalculating) expectation that you will help me out in the future. Reciprocity is made up of a series of acts each of which is short-run altruistic (benefiting others at a cost to the altruist) but which together *typically* make every participant better off" (Taylor 1982: 28f.). Reziprozitätsnormen sind demnach „values of cooperation" (Evans und Boyte 1992: 17f.), die dazu führen, dass Menschen kollektiv oder für einen anderen handeln, obwohl die kurzfristige Nutzenkalkulation eigentlich dagegen sprechen würde.

In der Debatte um Kommunitarismus und die Grenzen des Individualismus spielt das Dilemma kollektiven Handelns zwar keine wichtige Rolle, die Schlussfolgerungen bezüglich Bürgertugenden und Normbefolgung sind dennoch ganz ähnlich. Plakativ ausgedrückt, die Menschen von heute besitzen „a strong sense of entitlement", verbunden mit einem „weak sense of obligation to the local and national community" (Etzioni 1995: 3). Noch einmal Etzioni: „To take and not to give is an amoral, self-centered predisposition that ultimately no society can tolerate" (1995: 10). In der populistischen Variante der ‚communitarian agenda' stehen daher Verantwortlichkeiten und Bürgerpflichten an zentraler Stelle. Unter dem Stichwort ‚moral reconstruction' wird die soziale auf das Gemeinwohl und die Mitmenschen gerichtete Verpflichtung betont: „Social responsibility is but one of the core virtues that need reaffirmation" (Etzioni 1995: 11). Die zentrale Verantwortung eines jeden Bürger ist „getting involved" (Bellah et al. 1985: 167) – in Vereinen und Politik: „Citizenship is virtually coextensive with ‚getting involved' with one's neighbors for the good of the community" (Bellah et al. 1985: 200). Nur wenn ‚citizenship' durch aktive Beteiligung eingelöst wird, bestehen Chancen zu qualitativen Verbesserung von Staatstätigkeit und Regierung: „It is still possible for the actions of citizens to determine whether we will have administrative despotism or a responsible and responsive state" (Bellah et al. 1985: 211). Und weiter: „...genuine civic politics must be ‚reflexive'". Gemeint sind „patterns of involvement in which people can come to think about their lives in relation to the larger good of the local and national society" (216). Reflexivität und Autonomie berühren eine Form des Individualismus, den bereits Tocqueville beschrieben hat: „...that one always rely on one's own judgement, rather than on received authority, in forming one's opinions and that one stands by one's own opinions" (Bellah et al. 1985: 147). In kommunitarischer Sicht ist Individualismus somit einerseits ein Grundpfeiler des (amerikanischen) ‚way of life' und ganz allgemein eine Grundbedingung moderner demokratischer Systeme, gleichzeitig aber in seiner exzessiven Gestalt eine Bedrohung für eben dieses System: „It was as a people that we had acted independently and self-reliantly. With utilitarian and expressive individualism, however, the collective note became muted." (Bellah et al. 1985: 55)

Allerdings haben Kommunitarier und ‚Sozialkapitalisten' die (Wieder-) Betonung staatsbürgerlicher Tugenden nicht für sich allein gepachtet. Ganz ähnlich klang es bereits aus einer anderen Perspektive: „Citizens do not and cannot ride for free, because they understand that their freedom is a consequence of their participation in the making and acting out of common decision." (Barber 1984: 179) Aus dieser in Barbers Konzeption der „strong democracy" beheimateten Feststellung (siehe auch Pateman 1970; Evans und Boyte 1992), lässt sich bereits recht konkret die Vorstellung von Partizipation als Bürgerpflicht ablesen. Der ‚free ride' bezieht sich also sowohl bei ‚Sozialkapitalisten', Kommunitariern à la Bellah, als auch in partizipatorischen Demokratietheorien auf aktive Bürgerbeteiligung – sei es im Kleinen wie bei der gegenseitigen Hilfeleistung in Notfällen, als auch im Großen bei der Beteiligung am politischen Gemeinwesen. Der gute Bürger ist aktiv: er ist Mitglied im Verein und bereichert somit den Sozialkapital-Schatz seiner Gesellschaft, und er ist partizipierend an den politischen Entscheidungen seiner Gemeinschaft beteiligt. Er ist schließlich ein zuverlässiger Wähler, der sich nicht davon schrecken lässt, dass seine einzelne Stimme wenig zählt.

Damit kann man zusammenfassen, dass staatsbürgerliche Tugenden und Normen sowie deren Verbreitung unter den Mitgliedern einer Gesellschaft, drei verschiedenen, allerdings miteinander verknüpften ‚outcomes' dienen: (1) der sozialen Integration der Gesellschaft, (2) der Qualität der Demokratie und (3) der Herstellung kollektiver Güter. Hierbei wird, ganz in der Tradition Durkheims (siehe dazu z.B. Baurmann 1999), von vielen der Integrationsaspekt besonders deutlich hervorgehoben (vgl. besonders Friedrichs und Jagodzinski 1999a). Das Dilemma kollektiven Handelns, bzw. der Herstellung kollektiver Güter ist, wie oben gezeigt, das Hauptanliegen der aktuellen Sozialkapitaldebatte, während Tugend im Kontext einer qualitativen Verbesserung der Demokratie vor allem von ‚links-liberalen' Konzepten eines partizipatorischen Tugendbegriffs ausgehen.

*1.1 „After Virtue"?*

Die aktuelle (Rück-) Besinnung auf Normen und Bürgertugenden verbindet sich in aller Regel mit einer pessimistischen Zeitdiagnose: Die Werte zerfallen, Bürgertugenden sind nicht mehr gefragt – ‚bowling alone' statt Gruppenengagement.

> „There is widespread agreement that present-day representative democracy suffers from the pathology of citizen de-mobilization: there is decline in voter turnout, while mass parties are troubled by shrinking membership size and surveys report of growing cynicism towards politics and politicians." (Roßteutscher 2004: 4)

Die Hochschätzung traditioneller Bürgerpflichten ist somit eine Reaktion auf das innerhalb der Sozialwissenschaften aber auch der breiteren Öffentlichkeit wachsende Unbehagen über die scheinbar universell zu beobachtenden Auswirkungen von Wertewandel und Individualisierung. Man befürchte, so Klages in einem Porträt zur aktuellen öffentlichen Diskussion, dass die Zukunft „immer mehr verantwortungsscheue, nicht nur am Allgemeinwohl, sondern auch am Mitmenschen uninteressierte Egoisten mit ‚Vollkasko-Mentalität' hervorbringt" (Klages 2001: 7, vgl. auch Gabriel et al. 2002: 71). Diese Diagnose kommt recht überraschend. Immerhin ist es erst wenige Jahre her, dass das Schlagwort vom ‚Partizipationsboom' in aller Munde war und nichts weniger als eine „partizipatorische Revolution" (Kaase 1982) prognostiziert wurde. Was ist passiert?

Für Kommunitarier wie Etzioni tragen die ‚wilden' 1960er die Verantwortung: „Since the early sixties, many of our moral traditions, social values, and institutions have been challenged." (Etzioni 1995: 12) Auch wenn manche dieser Tabubrüche in der Sicht Etzionis unvermeidbar waren, um das verkrustete und traditionalistische Gefüge der 1950er zu brechen, so ist das Endresultat dieser Auseinandersetzungen alles andere als begrüßenswert: „The end result is that we live in a state of increasing moral confusion and social anarchy." (Etzioni 1995: 12) Geblieben sei moralische Leere und exzessiver Individualismus – eine Gesellschaft, in der soziale Normen nicht länger verbindlich sind und staatsbürgerliche Tugenden und Pflichten von schrumpfenden Minderheiten hochgehalten werden: „... we have – very largely, if not entirely – lost our comprehension, both theoretical and practical, of morality" (MacIntyre 1981: 2).[2] Dabei wird die Vorstellung eines profunden Wertewandels, der in den 1960ern in Gang gesetzt wurde und letztendlich zu einem größeren Wertpluralismus führte (z.B. Inglehart 1977, 1997; Zapf, Breuer und Hampel 1987), von sehr vielen Autoren geteilt. Seltener geteilt wird dagegen die pessimistische Grundstimmung, die gerade für Kommunitarier typisch ist, auch wenn manch Autor die These vom Wertewandel zeitkritisch als ‚Wertverfall' interpretiert (z.B. Noelle-Neumann 1978; Zehetmair 1993; Janssen 1996). In diesen Kontext gehört auch die Diskussion um zunehmende Individualisierung, deren Protagonisten ebenfalls gerne auf die 1960er Jahre verweisen, wenn sie den Beginn der Veränderung lokalisieren möchten (Giddens 1990; Beck, Giddens und Lash 1994).

Während daher viele glauben, dass es unter heutigen Bedingungen völlig illusionär sei, einen Norm- oder Wertekonsens (wieder) herzustellen (z.B. Heitmeyer 1997; Münch 1994; Roßteutscher 1997), und folgerichtig für einen „Verzicht auf die Vorstellung einer moralischen Integration der Gesellschaft" plädieren (Luhmann 1998: 1043), versuchen andere die Ursachen der diagnostizierten Normerosion zu erkunden und womöglich zu beheben.

*1.2 Tugenden: ein Produkt der Sozialisation*

„Norms are incalculated and sustained by modeling and socialization (including civic education) and by sanctions." (Putnam 1993: 171) Normen existieren in legalisierter und informeller Form. Wenn Normen nicht durch Gesetzeskraft gebunden sind, gibt es zwar keine

---

[2] Für MacIntyre ist die Konfusion oder Fragmentierung moralischen Denkens ein Jahrhunderte dauernder Prozess, der mit den Aufklärungsphilosophen des 17. und 18. Jahrhunderts einsetzte: „In most of the public and most of the private world the classical and medieval virtues are replaced by the meagre substitutes which modern morality affords" (MacIntyre 1981: 226).

externe staatliche Autorität, die Normverstöße ahnden könnte. Dennoch ist der Normbruch sanktioniert: (1) durch Reputationsverlust (wenn nicht sogar Stigmatisierung) im näheren Umfeld, (2) durch eine Art Selbstbestrafung, die intrinsisch motiviert ist. In jedem Fall beziehen sich Normen auf Regeleinhaltung: „For since a virtue is now generally understood as a disposition or sentiment which will produce in us obediance to certain rules." (MacIntyre 1981: 227)[3] Allerdings wird an dieser Stelle ein grundsätzlicher Unterschied zwischen Norm und Tugend deutlich. Normen beziehen sich auf legale oder informelle Regeln, deren Einhaltung von der Gesellschaft durch Sanktionsandrohung (oder Belohnung) eingefordert wird. Normen werden in der Regel *extern* sanktioniert. Die Tugend dagegen ist eine verinnerlichte Norm, deren Nichteinhaltung in der Regel *intern* ‚bestraft' wird, also der externen Sanktion nicht mehr bedarf.

So begründet z.B. Friedrichs den Unterschied zwischen Werten und Normen: „Um den Wert ‚Demokratie' zu erreichen, gilt die (informelle) Norm, zur Wahl zu gehen." (Friedrichs 1999: 270) Dem ließe sich hinzufügen: ein tugendhafter Staatsbürger geht zur Wahl, nicht weil es ‚sich so gehört' und er die Verachtung seines Freundes- oder Verwandtenkreises fürchtet, falls er der Norm zuwider handelt, sondern er geht zur Wahl, weil er für sich das Wählen als ‚gut' und ‚richtig' internalisiert hat. Eine ähnliche Unterscheidung findet sich auch bei Friedrichs, der aufbauend auf Max Webers Legitimitätsbegriff, zwei Typen der Normakzeptanz unterschieded: „rein innerlich" (gefühlsmäßig, wertrational oder religiös motiviert) und „durch Erwartung spezifischer äußerer Folgen" (zitiert nach Friedrichs 1999: 275). Die zweite Variante erläutert Weber wie folgt: hier beruhe die Geltung einer Norm oder Konvention auf der „Chance, bei Abweichung innerhalb eines angebbaren Menschenkreises auf eine (relativ) allgemeine und praktisch fühlbare Missbilligung zu stoßen" (zitiert nach Friedrichs 1999: 275). Überspitzt formuliert bedeutet dies, dass Normen nicht unbedingt sozialisiert werden müssen. Es reicht, wenn die Einhaltung von Normen von einer relevanten Mehrheit oder Gruppe der Gesellschaft überwacht und der Normbruch gegebenenfalls bestraft wird. Tugenden dagegen sind interne und werthaltige (oder emotionale, oder religiöse) Verhaltensmuster, die der Sozialisation benötigen. Daraus ergibt sich zudem die Erwartung, dass Tugenden als internalisierte Normen effektiver sind als auf externer Kontrolle basierende Normen (egal ob legalisierter oder informeller Natur), „weil die interne Sanktionsinstanz, quasi im Individuum, ständig präsent ist, die Entdeckungswahrscheinlichkeit mithin gleich 1 ist und die Verletzung der Norm dem Individuum (u.a. emotionale) Kosten verursacht" (Friedrichs und Jagodzinski 1999b: 31; siehe auch Kliemt 1993: 292).[4]

Während demnach Werte „Vorstellungen des Wünschenswerten" (Kluckhohn 1951: 395) benennen (‚Demokratie'), formulieren Normen die konkreten Verhaltensregeln, die notwendig sind, um einen bestimmten Wert zu realisieren (‚gehe wählen'). Die Tugend steht zwischen dem abstrakten Wert und der konkreten Norm. Die Tugend bezieht sich ausschließlich auf Verhalten, und ist in diesem Sinne der Norm näher als dem Wert. Sie ist andererseits aber direkt ‚wertend', während Normen dies nicht sind (oder zumindest nicht sein müssen). Zur Begründung einer Norm reicht in der Not ein lapidares ‚das macht man eben so' oder ‚das macht man nicht'. Die Tugend braucht das (moralische oder moralisie-

---

[3] Diese Regelbezogenheit wird von MacIntyre kritisch angemerkt, ist typisch für die Moderne mit ihrem Zustand des „moral disorder". In der Moralphilosophie der Antike mit ihren teleologischen auf das Allgemeingut bezogenen Tugenden war dies nicht der Fall (MacIntyre 1981).
[4] Ähnlich sieht Nunner-Winkler die Überlegenheit „intrinsischer" Motive: „die Konformitätsbereitschaft ist nicht durch externe Kosten-Nutzen-Kalküle motiviert, sondern durch den Wunsch, das zu tun, was als geboten erkannt wurde" (Nunner-Winkler 1999: 309).

rende) Werturteil: ein *guter* Staatsbürger geht wählen. Damit sind Tugenden den Werten näher als der Norm. Die Tugend ist also eine generalisierte Vorstellung von gut und schlecht, richtig und falsch, die sich auf konkrete Verhaltensweisen bezieht.

Folgerichtig setzten Versuche, die Tugendhaftigkeit der Bürger zu steigern bei den primären Sozialisationsinstitutionen an: Um Moral zu rekonstruieren sind bei Kommunitariern vor allem Familie und Schule gefragt, die Basis-Sozialisationsinstitutionen, in denen Menschen in jungen Jahren die grundlegenden Werte und Verhaltensweisen erlernen. Die Sozialisation dieser Tugenden ist offensichtlich mangelhaft. Kommunitarier beklagen ein „parenting deficit" (Etzioni 1995: 55) und fordern „character formation" und „moral education" als Teil einer allgemeinen Schulbildung (Etzioni 1995: 91, 95). Eine Untersuchung junger Kinder (ab fünf Jahren) bestätigt die Einflüsse frühkindlicher Sozialisation als „ein rein innerweltlich funktionierender, früh und universell wirksamer Lernmechanismus" (Nunner-Winkler 1999: 311). Dabei findet Nunner-Winkler allerdings ganz im Gegensatz zu Etzioni eine erstaunlich hohe Wert- und Moralorientierung bei Kindern:

> „Nicht Relativismus und Verfall also, sondern moralische Integration – ein hoher Konsens über Basisnormen und eine zwar weit verbreitete, aber nicht durchweg gesicherte Bereitschaft intrinsischer Normbefolgung – kennzeichnen unsere Gesellschaft." (Nunner-Winkler 1999: 310)

## 2 Daten und Operationalisierung

*2.1 Tugenden*

Welche Tugenden sind wichtig? Einen allgemein akzeptierten Kanon staatsbürgerlicher Pflichten gibt es nicht:

> „What is lacking however is any clear consensus, either as to the place of virtue concepts relative to other moral concepts, or as to which dispositions are to be included within the catalogue of the virtues or the requirements imposed by particular virtues." (MacIntyre 1981: 210)

Dennoch lassen sich aus der obigen Diskussion einige Gemeinsamkeiten ablesen (auch wenn MacIntyre jede dieser diskutierten Tugenden nur als schwaches Surrogat eines verloren gegangenen Tugendverständnisses akzeptieren würde).

*Partizipation*

„Eine der wesentlichen Pflichten, die Bürger in einer demokratischen Gesellschaft übernehmen müssen, ist die Beteiligung an Wahlen". So kann man „die Teilnahme an einer Wahl oder Abstimmung als Beitrag zur Erstellung eines öffentlichen Gutes betrachten" (Kirchgässner 1999: 126). Häufig wird die Wahlbeteiligung daher ganz im Sinne einer von Bürgern verinnerlichten Pflicht, als sogenannte ‚civic duty' behandelt (Riker und Ordeshook 1968). Allerdings gehen die meisten Ansätze über diese regelmäßige, aber seltene Pflichtübung hinaus. In der Tat ist Partizipation – ‚getting involved' – die staatsbürgerliche Tugend, die bei allen diskutierten Ansätzen an prominenter Stelle steht. Für Kommunitarier, Sozialkapitalisten und Vertreter partizipatorischer Demokratiekonzepte allemal ist die Beteiligung im politischen und sozialen Bereich eine zentrale Grundtugend.[5]

*Gesetzestreue*

Dass sich Regierungen und Autoritäten darauf verlassen können, dass ihre Bürger den von ihnen verfassten Regeln gehorchen, ist sozusagen die Grundtugend des *guten* Bürgers. „Authorities need the willing, voluntary compliance of most citizens with most laws, most of the time." (Tyler 1997: 240) Auch wenn im Zuge der neuen sozialen Bewegungen sehr viel (und sehr kontrovers) über die demokratische Relevanz des zivilen Ungehorsams nicht nur in autoritären Regimen (also der bewussten Regelmissachtung zu Gunsten eines höheren demokratischen Wertes) diskutiert wurde, kann sich kein System (auch kein demokratisches) permanenten Ungehorsam leisten. Allgemein gilt: die Achtung vor dem Gesetz ist „an indispensable aid to social cohesion and the maintenance of order" (Spencer 1874: 174, zitiert nach Nunner-Winkler 1999: 295).

*Solidarität*

„It was in the seventeenth and eighteenth centuries that morality came generally to be understood as offering a solution to the problems posed by human egoism and that the content of morality came to be largely equated with altruism." (MacIntyre 1981: 212)

Nun muss es nicht unbedingt Altruismus sein, aber ein Gefühl ‚sozialer Verantwortung' gilt gerade unter Kommunitariern als eine der Grundtugenden, die im Zuge der fortschreitenden Individualisierung immer seltener werde. Solidarität verstanden als Selbstverpflichtung der ‚Starken' in einer Gesellschaft, den ‚Schwächeren' zu helfen, ist somit auch ein Grundpfeiler modernen wohlfahrtstaatlicher Arrangements, die nicht zuletzt auf einer gesellschaftlich akzeptierten Umverteilung zugunsten benachteiligter Gruppen basieren. Gleichzeitig gilt der Sozialstaat als ‚Zerstörer' solch solidarischer Tugenden, da empathisches Handeln verantwortungsbewusster Individuen durch anonymisierte bürokratische Regelungen ersetzt werden (z.B. Glazer 1988).[6]

*Autonomie*

Unter den Bedingungen der Moderne, die – so viele Autoren – durch Wertpluralismus und Multikulturalismus gekennzeichnet ist, sind inhaltlich bestimmte, nicht verhandelbare Vorstellungen von Norm und Tugend nicht länger realisierbar. Folgerichtig ist die individuelle Autonomie, die kritische Vernunft des Individuum, in deliberativen Ansätzen die einzige verbleibende Grundtugend des ‚guten' Staatsbürgers:

---

[5] Dabei variieren nur die Schwerpunkte: Sozialkapitalisten und Kommunitarier neigen zur theoretischen Betonung der sozialen Partizipation, während Partizipationstheoretiker, die direkte politische Beteiligung bevorzugen.
[6] Dies ist das Thema einer ‚neo-konservativen' Kritik am zeitgenössischen Wohlfahrtsstaat, die vor allem während der 1970er und 1980er Jahre viele Anhänger fand (siehe z.B. Greven, Guggenberger und Strasser 1975; Hennis, Kielmansegg und Matz 1977, 1979; Kielmansegg 1979; Klages 1981).

„Die Vernunftmoral [...] kann keinen Pflichtenkatalog, nicht einmal eine Reihe hierarchisch geordneter Normen auszeichnen, sondern mutet den Subjekten zu, sich ihr eigenes Urteil zu bilden." (Habermas 1992: 146)

Die gültige Norm, das moralische Urteil, kann so erst durch Deliberation unter selbstbestimmten autonomen Individuen gefunden werden. Dabei steht die Tugend der Autonomie (was Bellah et al. „self-reliance" nennen würden) in einem gewissen Spannungsfeld zu solchen Tugenden, die inhaltlich vorbestimmt sind. Mit anderen Worten, die Allgemeingültigkeit die Tugenden wie Gesetzestreue oder Solidarität verlangen, steht in einem Widerspruch zu der Tugend der Autonomie, da hier die Bestimmung der Tugend nicht a priori sondern erst in und durch Deliberation erfolgt (mit offenem Ausgang):

„...the tradition of the virtues is at variance with central features of the modern economic order and more especially its individualism, its acquisitiveness and its elavation of the values of the market to a central social place." (MacIntyre 1981: 237)

*2.2 Tugenden im ESS*

Der *European Social Survey* enthält eine Fragebatterie zu staatsbürgerlichen Tugenden, welche die Grundlage für die folgenden Analysen sein wird. Die Frage lautet wie folgt: „Was macht einen guten Bürger aus? Was meinen Sie: Wie wichtig ist es,..." Vorgelesen wurden sechs Items und jeder Befragte wurde gebeten anhand einer Skala von ‚0 äußerst unwichtig' bis ‚10 äußerst wichtig' jedes dieser Items zu bewerten:

- ... Menschen zu unterstützen, denen es schlechter geht als einem selbst?
- ... an Wahlen teilzunehmen?
- ... immer die Gesetze und Verordnungen zu befolgen?
- ... sich unabhängig von anderen eine eigene Meinung zu bilden?
- ... in Vereinen, Verbänden oder Organisationen aktiv zu sein?
- ... politisch aktiv zu sein?

Das Frageformat, ursprünglich eine 16 Itembatterie, wurde im Rahmen einer schwedischen Studie zu ‚citizenship' entwickelt und ging in gekürzter Form als acht Itembatterie in den Fragebogen des Forschernetzwerkes ‚Citizenship, Involvement, Democracy (CID)'[7] ein, die ein gleichnamiges Modul in den ESS einbrachte, zu dem auch diese Itembatterie gehörte. Die ursprüngliche schwedische Frage deckt – theoretisch und empirisch – vier Dimensionen ab: Solidarität, Partizipation, Gesetzestreue und kritische Rationalität oder Autonomie (Petersson et al. 1998: 129ff.). Diese vier Dimensionen wurden auch in den CID-Fragebogen übernommen, allerdings um zwei Items pro Dimension gekürzt. In der ESS-Fassung wurden schließlich drei Dimensionen (Gesetzestreue, Solidarität und Autonomie) nur noch durch je ein Item repliziert, dafür ist ein drittes Item für Partizipation (‚politisch aktiv zu sein') hinzugefügt worden, das nicht in der CID-Frage enthalten war. Damit ist für drei der oben diskutierten Tugenden je ein Item verfügbar, für Partizipation sogar drei.

---

[7] Für mehr Information, siehe unter: www.mzes.uni-mannheim.de/projekte/cid.

## 3 Staatsbürgerliche Tugenden – Eine Analyse

### 3.1 Geteilte Tugend?

Im folgenden soll in einem ersten deskriptiven Analyseschritt geklärt werden, in wie weit die Bürger unterschiedlicher ost- und westeuropäischer Gesellschaften gewisse Vorstellungen über staatsbürgerliche Tugenden teilen. Dahinter steht die allen Tugenddiskursen gemeinsame Ansicht, dass die moralische Integration der Gesellschaft nur dann erfolgen kann, wenn Tugenden weit verbreitet sind.[8] Abbildung 1 dokumentiert die Verbreitung partizipatorischer Tugenden in europäischen Gesellschaften.

Die Wahlpflicht ist eine Tugend, die sich in fast allen untersuchten Ländern großer Akzeptanz erfreut. In Ländern wie Österreich, Griechenland, Norwegen, Ungarn, und vor allem in Dänemark und Schweden sind über 80% der Meinung, dass die Wahlbeteiligung unbedingt zum Repertoire des guten Bürgers gehört, in Dänemark glauben dies sogar 92% der Bürger.[9] Auch in Ländern, die diese Spitzenwerte nicht erreichen, sind immerhin noch deutliche Mehrheiten der Bevölkerung der Ansicht, dass sich ein guter Bürger an Wahlen

*Abbildung 1:* Zustimmung zu partizipatorischen Tugenden (in Prozent)

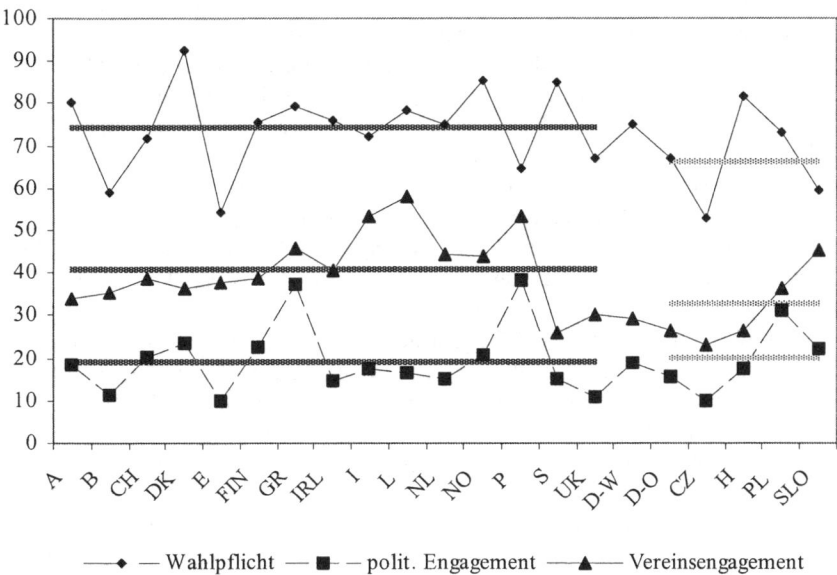

---

[8] Wobei allerdings unklar ist, von wie vielen Bürgern solche Tugenden geteilt werden müssen, damit man von der moralischen Integration einer Gesellschaft sprechen kann (siehe dazu auch Friedrich und Jagodzinski 1999: 14ff.).
[9] Hier und bei allen folgenden Analysen wurden Skalenwerte von 7 und höher als eindeutige Zustimmung gewertet (auf einer Skala von 0 bis 10).

beteiligen solle. Die Tschechische Republik mit 53%, Spanien mit 54%, Belgien und Slowenien mit je 59% Zustimmung finden sich am Ende der Rangliste. Die beiden Deutschlands besetzen Mittelpositionen mit einer Zustimmungsrate, die etwa zwei Drittel der Bevölkerung umfasst, wobei Westdeutschland um wenige Prozentpunkte über Ostdeutschland liegt. Damit repliziert Westdeutschland fast auf den Punkt genau den Durchschnitt für Westeuropa insgesamt, während Zustimmungsraten in Ostdeutschland mit denen Osteuropa identisch sind.

Ein ganz anderes Bild ergibt sich, betrachtet man den Anteil der Menschen, die politisches und soziales Engagement als Bürgerpflicht begreifen. Politisch aktiv zu sein, wird nur von eindeutigen Minderheiten als Bürgertugend betrachtet. Spitzenwerte werden in Griechenland und Portugal erreicht, wo immerhin deutlich mehr als ein Drittel der Befragten politische Partizipation als Bürgertugend betrachten. Schlusslicht sind Spanien und die Tschechische Republik (sowie das Vereinigte Königreich), wo dies auf weniger als 10% der Bevölkerung zutrifft. Die Tugend der sozialen Partizipation erfreut sich etwas stärkerer Zustimmung, dennoch sind in den meisten Ländern nur Minderheiten davon überzeugt, dass Vereinsengagement zu den Pflichten des guten Staatsbürgers gehört. Nur in Italien, Portugal und Luxemburg sind über 50% der Befragten dieser Ansicht, in Griechenland, Irland, den Niederlanden, Norwegen und Slowenien wird soziale Partizipation von immerhin über 40% der Befragten als Bürgertugend geschätzt. Alle anderen Länder liegen recht homogen bei Werten zwischen einem Viertel und einem Drittel der Befragten. Ost- und Westdeutschland erreichen ähnliche Zustimmungsraten und bleiben jeweils deutlich hinter der für Ost- und Westeuropa typischen Zustimmung zurück. Besonders auffällig ist Westdeutschland hinsichtlich der Wertschätzung sozialen Engagements: unter dem Mittelwert für Osteuropa und mehr als 10% unter dem westeuropäischen Durchschnitt. Im Musterland der *Vereinsmeier* hält man Vereinsengagement für nicht sonderlich tugendhaft.

Kurz gesagt, die Bürger Europas haben in sehr hohem Maße die Wahlpflicht als Tugend verinnerlicht. Weitergehenden Partizipationsvorstellungen allerdings wird der Rang einer Bürgertugend verweigert. Die Partizipationsideale der Bürger decken sich somit perfekt mit den Partizipationsidealen der repräsentativen Demokratie, stehen aber in einem eindeutigen Widerspruch zu den Idealen einer partizipatorischen Demokratievorstellung wie sie von Kommunitariern wie Bellah und links-libertären Demokratiekonzepten gefordert werden.

Dass man ‚immer den Gesetzen und Regeln gehorchen soll', gehört dagegen wieder für große Mehrheiten europäischer Bevölkerungen zu den unumstrittenen Tugenden eines guten Bürgers. Wie Abbildung 2 zu entnehmen ist, halten in Ungarn, Polen, Dänemark, Finnland und Griechenland sogar mehr als 90% der Befragten diese Tugend hoch; im Vereinigten Königreich, Irland, Italien, Luxemburg, Norwegen, Schweden, der Tschechischen Republik und Slowenien sind es mit zum Teil deutlich über 80% nicht viel weniger. Bezüglich Gesetzestreue ist Spanien einsames Schlusslicht: nur 63% meinen, dass Regelgehorsam zu den Bürgertugenden gehört. Die Deutschen (Ost und West) gehören mit anderen mitteleuropäischen Ländern (Österreich, Belgien, Schweiz, Niederlande) zu dem Drittel der Länder, das der Gesetzestreue eine gewisse Skepsis entgegenbringt, auch wenn noch immer circa drei Viertel der Befragten diese Tugend schätzen. Insgesamt erfährt die Tugend der Gesetzesloyalität in Osteuropa etwas stärkere Zustimmung als in Westeuropa. Die beiden Deutschlands spiegeln das Ost-West Gefälle wider, dabei liegen sowohl West- als auch Ostdeutschland um knapp 10% unter den ost- und westeuropäischen Zustimmungsraten.

*Abbildung 2:* Zustimmung zur Tugend der Gesetzestreue (in Prozent)

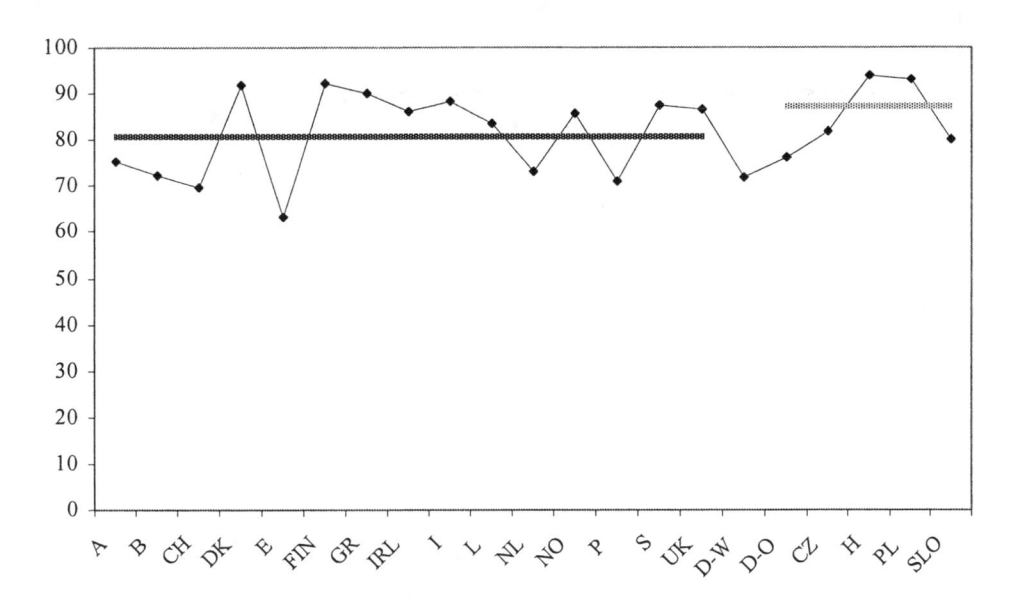

Auch die Solidarität mit Menschen, denen es schlechter geht, wird von großen Mehrheiten als Bürgertugend geschätzt. Allerdings liegen Zustimmungsraten durchweg unter denen, die für die Tugend des Regelgehorsams ermittelt wurden. Von über 80% der Befragten wird die Solidarität in Dänemark, Finnland, Griechenland, Norwegen und Portugal als Tugend anerkannt (siehe Abbildung 3) – eine Phalanx aus skandinavischen und südeuropäischen Ländern. Sehr kritisch sind dagegen Menschen in der Tschechischen Republik und Ungarn, wo die Hochschätzung dieser Tugend nur auf 49 bzw. 58% der Befragten zutrifft. Das Vereinigte Königreich und Belgien sind mit 60 bzw. 65% dieser Gruppe sehr nahe. Der Rest der Länder liegt sehr ähnlich bei einer Wertschätzung, die etwa drei Viertel der Bevölkerungen umfasst. Auch in diesem Fall liegen die beiden Deutschlands im Mittelfeld, wobei Ostdeutschland dem westeuropäischen Mittelwert näher ist als Westdeutschland. Obwohl man vielleicht hätte erwarten können, dass die Tugend der Solidarität – als ein sozialistischer Grundwert – in Osteuropa auf besondere Hochschätzung trifft, ist dies nicht der Fall. Slowenien, Polen und Ostdeutschland sind ganz und gar unauffällig, und in der Tschechischen Republik und Ungarn werden – relativ betrachtet – Tiefstwerte erreicht.[10]

---

[10] Unklar ist, ob diese relative Geringschätzung der Solidarität generell gilt, oder ob Osteuropäer eher den Staat als den einzelnen Bürger in der Pflicht sehen, sich um die Schwachen in der Gesellschaft zu kümmern.

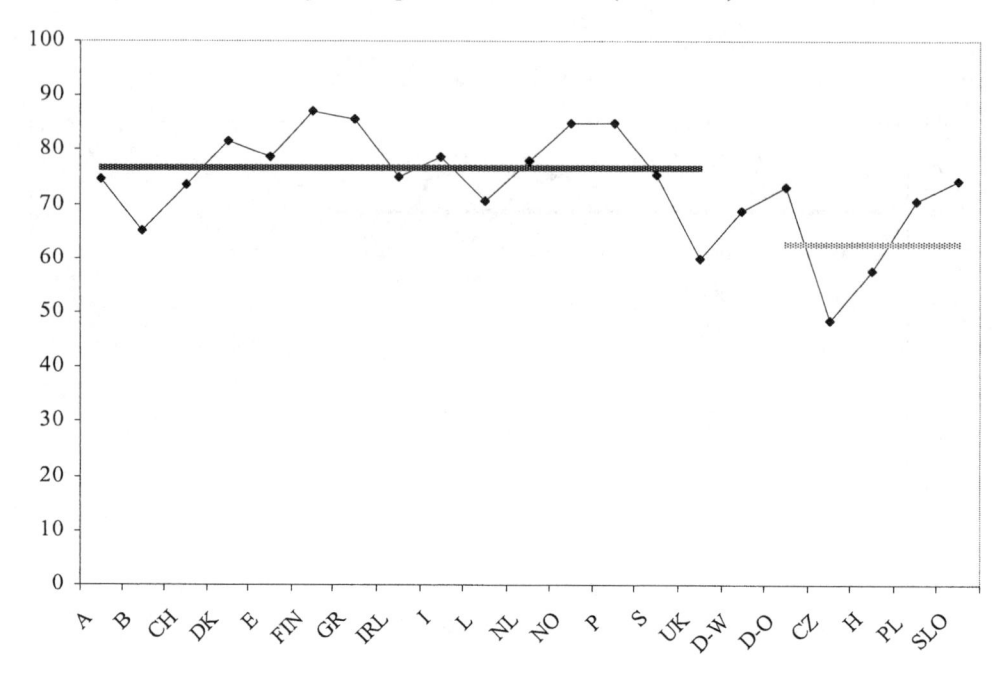

*Abbildung 3:* Zustimmung zur Tugend der Solidarität (in Prozent)

Ganz im Sinne deliberativer Demokratiekonzepte erfährt die Tugend der unabhängigen Meinungsbildung die deutlich stärkste Zustimmung. In der Hälfte der untersuchten Länder sind mehr als 90% der Befragten von dieser Bürgertugend überzeugt (siehe Abbildung 4): Österreich, die Schweiz, Dänemark, Finnland, Luxemburg, Norwegen, Portugal, Schweden, Deutschland Ost und West. Ausreißer nach unten sind vor allem Spanien (72%), Belgien, Italien, Tschechische Republik (je 79%) und Ungarn (75%). Generell lässt sich sagen, dass hinsichtlich der Tugend der Autonomie osteuropäische Länder im Schnitt ein wenig unter den westeuropäischen Ländern landen. Allerdings ist die interne Heterogenität in beiden Ländergruppen wiederum stark ausgeprägt. Ostdeutschland verhält sich wie die westeuropäische Spitzengruppe und Spanien hat eine Zustimmungsrate, die deutlich unter der aller osteuropäischen Länder liegt.

Zusammenfassend lässt sich sagen, dass alle Tugenden in (fast) allen europäischen Gesellschaften – und ganz unabhängig davon, welche historische Entwicklung einzelne Länder genommen haben – sehr stark verbreitet sind und zum Teil beinahe konsensuell von allen Bürgern geteilt werden. Diese einfachen Häufigkeitsauszählungen weisen ganz und gar nicht auf eine Erosion der Tugenden hin – im Gegenteil. Dies gilt nicht nur für solch ‚moderne' Tugenden wie der Pflicht zur unabhängigen Meinungsbildung, sondern betrifft auch scheinbar Antiquiertes wie die Bereitschaft, Regeln unter allen Umständen zu befolgen.

*Abbildung 4:* Zustimmung zur Tugend der Autonomie (in Prozent)

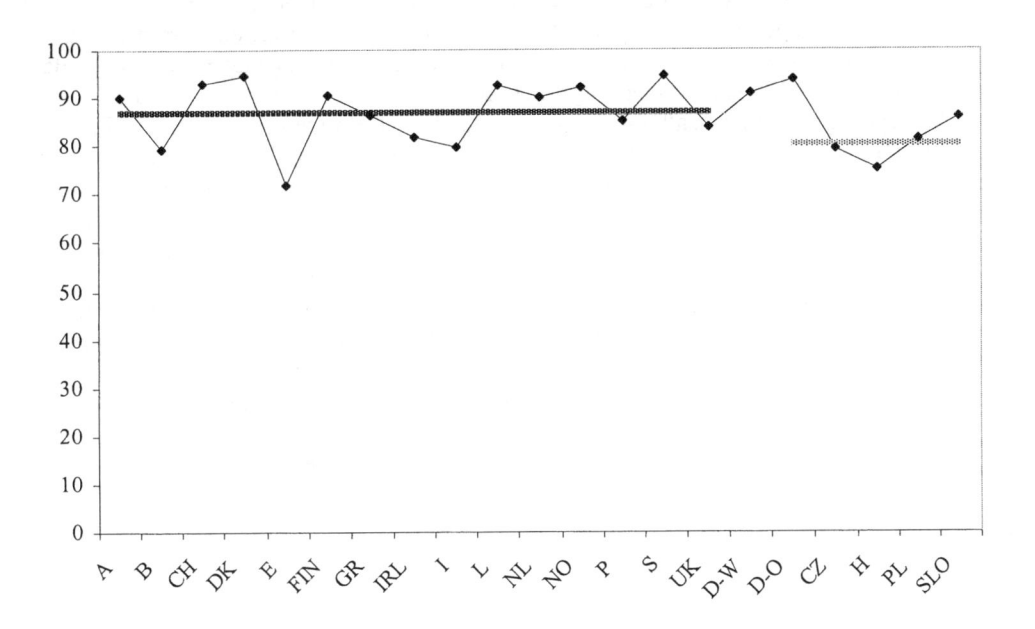

## 3.2 Repräsentativ oder partizipatorisch? Zwei Staatsbürgermodelle

Der ‚gute' Bürger geht regelmäßig zur Wahl, er trifft seine Entscheidung autonom und unabhängig von Gruppenzwängen, er gehorcht ansonsten den von den Gewählten erlassenen Gesetzen und Verordnungen und erweist sich Schwächeren gegenüber solidarisch. Dieses Modell des guten Bürgers wird von großen Mehrheiten europäischer Gesellschaften gestützt. Es ist das Modell einer repräsentativen Staatsbürgerrolle bzw. der Idealbürger der repräsentativen Demokratie. Davon eindeutig abgrenzbar ist die weitergehende Vorstellung eines partizipatorischen Staatsbürgers, der sich zusätzlich politisch und sozial engagiert. Diese Rolle des ‚getting involved' gehört nur für Minderheiten europäischer Gesellschaften zum Repertoire des guten Bürgers.[11]

Auch wenn die einzelnen Tugenden des repräsentativen Staatsbürgermodells von zum Teil sehr großen Mehrheiten für wichtig erachtet werden, so ist damit noch nicht gesagt, dass dieses Bürgermodell von den Bevölkerungen Europas in vollem Umfang getragen wird. Im folgenden soll daher untersucht werden, inwieweit die Bürger verschiedener euro-

---

[11] Die Unterscheidung in ein repräsentatives und ein partizipatorisches Staatsbürgermodell wird auch durch dimensionale Analysen (Hauptkomponentenanalyse mit Varimax-Rotation) bestätigt. In fast allen Ländern, in Westeuropa, sowie in West- und Ostdeutschland finden sich zwei getrennte Dimensionen: eine für soziale und politische Partizipation und davon separiert eine zweite Dimension, welche die restlichen vier Tugenden umfasst. Eine der wenigen Ausnahmen ist das Ergebnis für Osteuropa insgesamt, wo sich zur partizipatorischen Dimension die Tugend der Solidarität gesellt.

päischer Gesellschaften das repräsentative Staatsbürgermodell *in toto* verinnerlicht haben und welche Verbreitung das partizipatorische Modell erfährt?[12]

Wie Abbildung 5 zu entnehmen ist, ist ein erklecklicher Anteil der Bürger europäischer Gesellschaften aus der Perspektive eines normativen Tugenddiskurses *defizitär*, hat also nicht alle Tugenden des repräsentativen Modells gleichermaßen verinnerlicht. Ein typologisches Vorgehen ergibt außerdem deutlichere Länderunterschiede als dies auf Basis von separaten Analysen einzelner Tugenden der Fall war. In manchen Länder ist der tugendhafte Bürger der Normalbürger: zwei Drittel aller Befragten in Dänemark, Finnland, Griechenland und Norwegen halten alle vier Tugenden für wichtige Eigenschaften des guten Bürgers. Immerhin ungefähr die Hälfte der Bürger in Österreich, Irland, Italien, Luxemburg, den Niederlanden, Portugal, Schweden und Polen haben die Tugenden des repräsentativen Staatsbürgers in ihrer Gesamtheit verinnerlicht. Die beiden Deutschlands, Ost- und vor allem Westdeutschland, liegen dagegen am oberen Rand des letzten Drittels an Ländern, in denen nur Minderheiten das komplette Tugendarsenal für wichtig halten. Das ist neben Deutschland auch in Belgien, Spanien, dem Vereinigten Königreich und allen osteuropäischen Gesellschaften außer Polen der Fall. Die Tschechische Republik besitzt mit 27% den geringsten Schatz an Tugendhaftigkeit. Dänemark ist absoluter Spitzenreiter

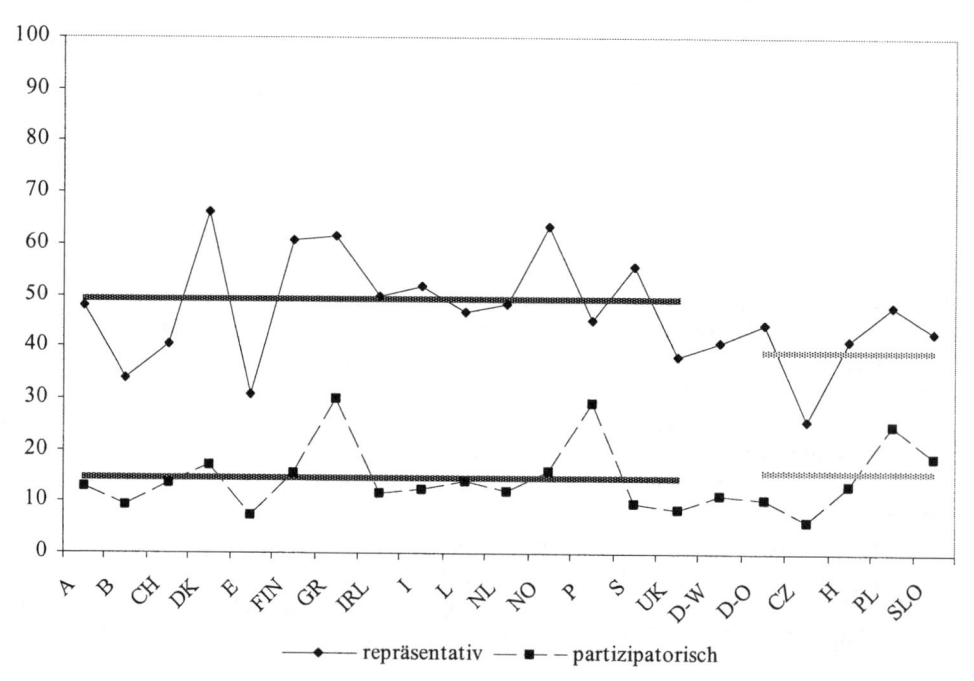

*Abbildung 5:* Zustimmung zu zwei Staatsbürgermodellen (in Prozent)

---

[12] Dazu wurden alle Befragte, die sämtliche vier Tugenden des repräsentativen Typs stark befürworten (Skalenwerte 7 bis 10 auf einer 0-10 Skala), zusammengefasst, ungeachtet ihrer Wertschätzung partizipatorischer Tugenden. Umgekehrt wurden alle Befragten, welche die beiden Tugenden des partizipatorischen Typs stark befürworten, zusammengefasst und zwar ebenfalls ungeachtet ihrer Wertschätzung repräsentativer Tugenden. Die beiden gebildeten Typen schließlich sich also nicht gegenseitig aus.

mit 69%. Westdeutschland liegt damit deutlich unter Westeuropas Fundus an Tugend, Ostdeutschland dagegen etwas über dem osteuropäischen Schnitt und deutlich näher am westeuropäischen Mittelwert als Westdeutschland.

Abbildung 5 bestätigt zudem die geringe Verbreitung des partizipatorischen Staatsbürgermodells. Nur deutliche Minderheiten unterstützen die Vorstellung eines Aktivbürgers. Mit circa einem Drittel der Befragten findet das Modell in Griechenland, Portugal und Polen noch die stärkste Verbreitung. Ost- und Westdeutschland zeigen fast identische Zustimmungsraten von knapp 10% und liegen damit gemeinsam unter den Durchschnittswerten, die sowohl für West- als auch für Osteuropa ermittelt wurden.

*3.3 Normkonformität: eine Generationsanalyse*

Wenn die Annahme richtig ist, dass Tugenden durch Sozialisation erworben werden, und wenn außerdem zu trifft, dass der Tabubruch der 1968er für den Verlust der Tugend (mit) verantwortlich ist, dann sollten die Tugenden in verschiedenen Kohorten in unterschiedlicher Stärke repräsentiert sein. Mit anderen Worten, alle vor 1968 sozialisierten Jahrgänge sollten einen größeren Fundus an Tugendhaftigkeit besitzen, als Jahrgänge, die nach dem Tugendbruch ihre *formativen* Jahre durchliefen. Gleichzeitig haben Untersuchungen zu Wertewandel und Partizipation immer wieder die ‚neue' Wertschätzung von politischem Engagement und Mitbestimmung betont. Als Ursache gilt, was Inglehart plakativ als formativen Überfluss bezeichnet, also die materielle und physische Sicherheit, die alle nach 1945 sozialisierten Kohorten von den Kriegs- und Vorkriegskohorten unterscheidet. Folgt man Wertewandel- und Partizipationstheorien, so ist anzunehmen, dass das partizipatorische Modell mit Eintritt der Nachkriegsgeneration an Verbreitung gewinnt. Die von Karl Mannheim (1964) formulierte Grundidee besagt, dass Individuen, die in einer bestimmten Epoche aufgewachsen sind und unter Bedingungen sozialisiert wurden, die sich eindeutig von den Sozialisationsbedingungen ihrer Vorgänger- und Nachfolgerkohorten unterscheiden, Generationsprofile besitzen. Die Prägung durch diese geteilten und notwendigerweise einschneidenden Erfahrungen ist so stark, dass Werte und Einstellungen der betroffenen Kohorte sich auch im weiteren Lebensverlauf deutlich von denen anderer Geburtsjahrgängen, die diese Erfahrungen nicht gemacht haben, unterscheiden. Generationen sind dann eine politisch und soziologisch relevante Tatsache, wenn solch epochale Umstände in relativ homogene Orientierungen und Gewohnheiten münden (Lepsius 2002: 162f.). Um sinnvoll Generationenanalysen durchzuführen, muss folglich zuerst bestimmt werden, welche epochalen Ereignisse zur Bildung von Generation geführt haben könnten. Solche Umbrüche und Wandlungen verlaufen in der Regel nicht global, sondern haben ein nationen- und gesellschaftsspezifisches Profil. In einem internationalen Kontext wie der, welcher diesem Band zugrunde liegt, und auf einem Vergleich von immerhin 21 verschiedenen Gesellschaften beruht, ist die Definition von potentiellen Generationen prägenden Ereignissen fast unmöglich.[13]

An dieser Stelle soll daher ein grobes, dafür auf alle Gesellschaften mehr oder weniger zutreffendes, Raster angewendet werden. Drei Epochenjahre sollen den Generationsanalysen zugrunde gelegt werden: 1945, 1968, 1989. Das Jahr 1945 und das Ende des Zweiten

---

[13] Siehe Roßteutscher, Medina und Selle (2004) für den schwierigen Versuch auf der Basis von ‚nur' sechs Gesellschaften.

Weltkrieges, von dem alle hier untersuchten Gesellschaften betroffen waren, markiert eine erste Wasserscheide. Allerdings ist für das Epochenjahr 1945 anzunehmen, dass es nicht in allen Gesellschaften gleichermaßen zur Bildung unterschiedlicher Generationen führte. Die Bürger Deutschlands (sowie Österreichs und vermutlich auch Italiens), die den Zweiten Weltkrieg auf der Verliererseite erlebten – waren nach dem Zerfall der nationalsozialistischen bzw. faschistischen Regime gezwungen, sich mit ihrem Gehorsam gegenüber einem im Nachhinein durch Massenmorde, Konzentrationslager und Kriegsverbrechen völlig delegitimierten Regime auseinander zu setzen. Es ist daher zu vermuten, dass der Bruch zwischen den Generationen in Deutschland besonders ausgeprägt ist. So ist 1945 für Autoren wie Kielmansegg der Ausgangspunkt einer Entwicklung Westdeutschlands zur „Republik zweier Generationen" (2000: 358). In der Tat wissen wir, dass sich der Wertwandel in Westdeutschland mit besonderer Vehemenz vollzog. Allerdings haben empirische Untersuchungen des Wertewandels ergeben, dass nicht die Nachkriegsgenerationen im europäischen Kontext auffällig sind, sondern sich die Vorkriegsgeneration durch ausgeprägtere materialistische und traditionalistische Wertvorstellungen auszeichnet (van Deth 2001: 25).

Gleichzeitig markiert das Ende des zweiten Weltkrieges den Beginn der Etablierung unterschiedlicher Regimeblöcke in Ost- und Westeuropa. Vor allem Osteuropa ist durch sowjetische Besatzung und Einführung sozialistischer und in ihren Anfangsjahren stalinistischer Regime vom Epochenjahr 1945 betroffen. Zudem haben alle sozialistischen Staaten gerade in den ersten Jahren ihrer Existenz sehr viel Wert darauf gelegt, den perfekten sozialistischen Staatsbürger zu kreieren und große Anstrengungen in der politischen Sozialisation unternommen. Es ist also anzunehmen, dass sich Bürger in Deutschland (aber auch Italien und Österreich), sowie Osteuropa, die während und vor dem Zweiten Weltkrieg sozialisiert wurden, „in charakteristischen Orientierungen und Verhaltensweisen" (Lepsius 2002: 162) von Kohorten unterscheiden, die ihre formativen Jahre nach 1945 erlebten.

Auch für das Epochejahr 1968 sind solche Einschränkungen zu machen. So ist davon auszugehen, dass Wertewandel und Individualisierungsprozesse, die sich im Zuge der 1968er in den meisten westlichen Gesellschaften bemerkbar machten, von den osteuropäischen Ländern so nicht erfahren wurden (Köcher 1993). Gleichzeitig hat das Epochenjahr 1968 (und die folgenden Jahre) für die südeuropäischen Gesellschaften Spanien, Portugal und Griechenland eine ganz eigene Bedeutung, führten sie doch zum Zerfall der faschistisch-autoritären Regime und zur endgültigen Durchsetzung der Demokratie. Bezüglich 1968 ist also anzunehmen, dass es in allen westeuropäischen Gesellschaften zur Bildung von spezifischen Generationen geführt haben mag. Es ist aber außerdem anzunehmen, dass die Generationenkluft in den ehemals faschistischen Ländern Südeuropas größer ist, trennen sich doch hier Kohorten, die unter einem autoritären Regime sozialisiert wurden, von solchen, die eine Demokratie als prägend erlebt haben.

Für das letzte Epochenjahr 1989 muss man schließlich davon ausgehen, dass es eher unwahrscheinlich ist, dass der Zusammenbruch der Sowjetunion und des Warschauer Pakts und die darauffolgende Demokratisierung Osteuropas, einen prägenden Einfluss auf westeuropäische Kohorten ausübte. Es trennt dagegen alle osteuropäischen Jahrgänge, die seit 1945 sozialistisch sozialisiert wurden (oder zumindest sozialistischen Sozialisationsinstanzen ausgesetzt waren), von all denjenigen, deren formative Jahre in die Phase der Demokratisierung und Konsolidierung der Demokratie fiel.

Für die folgenden Analysen wurden daher vier Kohorten gebildet, von denen anzunehmen ist, dass sie im soziologischen Sinne Generationsprofile ausgebildet haben. Wenn wir gewisse Epochenjahre als Wasserscheide definieren, muss bestimmt werden in welchem Alter Individuen von solchen Epocheereignissen betroffen sind. Allgemein wird davon ausgegangen, dass politische Sozialisation in die Jugendphase (Adoleszenz) fällt, dabei werden als formative Jahre ein Alter zwischen 10 und 16 Jahren angenommen. Neuerdings geht man allerdings vermehrt davon aus, dass grundlegende politische und moralische Orientierungen noch sehr viel früher gebildet werden (z.B. Nunner-Winkler 1999; van Deth 2002). Der Kohortenbildung wird hier ein Alter von zehn Jahren zugrunde gelegt. Mit anderen Worten, Befragte, die das Jahr 1945 im Alter von über 10 Jahren erlebt haben, werden der Vorkriegsgeneration zugerechnet, da davon ausgegangen wird, dass die Nachkriegsjahre keine größeren Sozialisationseffekte ausgeübt haben. Befragte dagegen, die erst nach 1945 das Alter von zehn Jahren erreicht haben, werden der Nachkriegsgeneration zugerechnet. Äquivalent wird auch für die Epochenjahre 1968 und 1989 verfahren. Daraus ergibt sich eine Operationalisierung von Generation, die vier – potentiell – verschiedene Generationen umfasst (siehe Abbildung 6).

*Abbildung 6:* Epochenjahre und die Formierung politischer Generationen

| Generation | Wer? | Epochenjahr |
|---|---|---|
| Kriegs- und Vorkriegsgeneration | Menschen, die ihre formativen Jahre vor 1945 erlebten, also 1945 bereits zehn Jahre oder älter waren | |
| Nachkriegsgeneration | Menschen, die ihre formativen Jahre nach 1945 und vor 1968 erlebten, also 1945 jünger als zehn Jahre waren und 1968 bereits 10 Jahre oder älter waren | **1945**: Deutschland, Österreich, Italien, Osteuropa |
| Post1968er | Menschen, die ihre formativen Jahre nach 1968 und vor 1989 erlebten, also 1968 jünger als zehn Jahre waren und 1989 bereits 10 Jahre oder älter waren | **1968**: Westeuropa, vor allem auch Spanien, Portugal, Griechenland |
| Wende-Generation 1989 | Menschen, die ihre formativen Jahre nach 1989 erlebten, also 1989 jünger als zehn Jahre waren | **1989**: Osteuropa |

Tabelle 1 dokumentiert die generationsspezifische Entwicklungen unterschiedlicher Tugenden und Tugendmodelle. Die Richtung der Veränderung ist eindeutig negativ: der ‚Verlust der Tugend' ist ein alters- oder generationenspezifisches Phänomen. Allerdings und ganz entgegen der Erwartung: auch das partizipatorische Modell ist ein Verlustmodell. Die Negativentwicklung ist zwar – gerade auch im Vergleich zum repräsentativen Modell – bescheiden, dennoch gilt: auch die partizipatorischen Tugenden sind in der Kriegs- und Vorkriegsgeneration generell stärker verbreitet als in den folgenden Generationen. Dies trifft allerdings nur auf Westeuropa und Ost- und Westdeutschland zu. Generell verläuft der Verlust der Tugend in Osteuropa weniger dramatisch als in Westeuropa oder Deutschland.

*Tabelle 1:* Verbreitung der Tugenden – eine Generationsanalyse (in *Prozent*)

|  | E-W | D-W | D-O | E-O |
| --- | --- | --- | --- | --- |
| Autonomie |  |  |  |  |
| Pre1945 | 85 | 90 | 92 | 75 |
| Post1945 | 88 | 92 | 94 | 81 |
| Post1968 | 87 | 92 | 95 | 82 |
| Post1989 | 87 | 88 | 93 | 80 |
| *Gewinn/Verlust* | *+2* | *-2* | *+1* | *+5* |
| Gesetzestreue |  |  |  |  |
| Pre1945 | 89 | 83 | 85 | 94 |
| Post1945 | 84 | 74 | 79 | 90 |
| Post1968 | 78 | 66 | 72 | 86 |
| Post1989 | 75 | 66 | 68 | 83 |
| *Gewinn/Verlust* | *-14* | *-17* | *-17* | *-11* |
| Solidarität |  |  |  |  |
| Pre1945 | 82 | 76 | 81 | 70 |
| Post1945 | 79 | 69 | 77 | 63 |
| Post1968 | 75 | 68 | 69 | 62 |
| Post1989 | 73 | 65 | 64 | 63 |
| *Gewinn/Verlust* | *-9* | *-11* | *-17* | *-7* |
| Wahlpflicht |  |  |  |  |
| Pre1945 | 82 | 83 | 81 | 77 |
| Post1945 | 79 | 78 | 70 | 71 |
| Post1968 | 72 | 73 | 60 | 64 |
| Post1989 | 63 | 63 | 57 | 60 |
| *Gewinn/Verlust* | *-19* | *-20* | *-24* | *-17* |
| Repräsentatives Staatsbürgermodell |  |  |  |  |
| Pre1945 | 61 | 54 | 59 | 50 |
| Post1945 | 56 | 44 | 50 | 44 |
| Post1968 | 47 | 37 | 38 | 40 |
| Post1989 | 40 | 34 | 30 | 38 |
| *Gewinn/Verlust* | *-21* | *-20* | *-29* | *-12* |
| Partizipatorisches Staatsbürgermodell |  |  |  |  |
| Pre1945 | 17 | 13 | 13 | 17 |
| Post1945 | 17 | 15 | 12 | 17 |
| Post1968 | 12 | 9 | 9 | 13 |
| Post1989 | 13 | 7 | 5 | 18 |
| *Gewinn/Verlust* | *-4* | *-6* | *-8* | *+1* |

Das repräsentative Staatsbürgermodell verliert über die vier Generationen hinweg 12% in Osteuropa, aber 21% in Westeuropa, 20% in Westdeutschland und sogar 29% in Ostdeutschland. Resultat dieser unterschiedlichen Verlustentwicklung ist eine beinahe Gleichverteilung staatsbürgerlicher Tugenden in der jüngsten Wendegeneration der post1989er. Der Verlust der Tugend führt zu einer Annäherung Ost-West.

Allerdings sind die einzelnen Tugenden ganz unterschiedlich an diesem Erosionsprozess beteiligt. Die Vorstellung, dass Bürger autonom und unabhängig ihre Meinung bilden sollten, ist von dem Negativtrend eindeutig nicht betroffen – im Gegenteil: Autonomie findet ungebrochenen, in West-, Osteuropa, sowie Ostdeutschland sogar leicht steigenden Anklang in jüngeren Kohorten.

Die Tugend der Gesetzestreue gehört dagegen zu den Verlierern des Generationenwandels. Zweistellige Verluste (im Vergleich der Vorkriegsgeneration mit der Wende-Generation) sind die Regel. Wenn – wie Etzioni und andere suggerieren – die 1968er für den Tabubruch ursächlich verantwortlich sind, dann sollte sich die Erosion der Tugend vor allem in den post1968er Jahrgängen bemerkbar machen. Auch wenn einige Länder dieser Annahme entsprechen[14], lässt sich dies für West- und Osteuropa insgesamt nicht bestätigen. In Westdeutschland findet sich ein klarer Unterschied zwischen Vor- und Nachkriegsgeneration, der durch einen weiteren Sprung zwischen Nachkriegs- und post1968ern ergänzt wird, während in Ostdeutschland der Reputationsverlust des Regelgehorsam kontinuierlich anhält. Allerdings: weder ist der Generationsbruch in Deutschland besonders tief, noch zeichnet sich die Vorkriegsgeneration durch extreme Werte aus. Der Reputationsverlust insgesamt liegt etwas über dem Durchschnitt, und vor allem Ostdeutschland unterscheidet sich deutlich vom osteuropäischen Mittelwert, der wiederum deutlich über den westeuropäischen Werten liegt. Während die Tugend der Autonomie im Westen größere Wertschätzung erfährt, ist die Gesetzesloyalität im Osten stärker ausgeprägt. Dies gilt für alle Generationen. Hier scheint die lange autoritäre Geschichte Osteuropas, die noch in vorsozialistische Zeiten zurückreicht, ihre Schatten zu werfen. Allerdings: Ostdeutschland ist eindeutig kein osteuropäisches Land. In allen Belangen – der Zustimmungsrate in einzelnen Generationen und dem Gesamtverlust – sind sich Ost- und Westdeutschland sehr ähnlich und gemeinsam unter das Modell Westeuropa zu subsumieren.

Auch die Solidarität muss im Zeitverlauf Verluste hinnehmen, allerdings sind diese geringerer Natur – zumindest in West- und Osteuropa. Für West- und vor allem Ostdeutschland gilt dies so nicht: Verluste von 11 bzw. 17% liegen klar über dem Durchschnitt.[15] Auch hier sind unterschiedliche generationsspezifische Verlaufsformen des Wandels nur schwer zu erkennen. In Westdeutschland (aber auch Osteuropa gesamt) ist es wiederum die Kluft zwischen Vor- und Nachkriegsgeneration, die den Verlust an Tugend hauptsächlich verantwortet. In Ostdeutschland dagegen ist – ganz entgegen der Erwartung – der stärkste Einbruch mit dem Epochenjahr 1968 verbunden.

Im Kontext der Tugenden ist die Wahlpflicht der größte Verlierer; zwischen Vorkriegsgeneration und Wende-Generation liegen bis zu 30% Reputationsverlust (Großbritannien, Slowenien, Finnland, Spanien, Daten nicht ausgewiesen). Auch Ost- und Westdeutschland[16] sind mit einem Verlust von 24 bzw. 20% stark betroffen. Dabei zeigt sich in vielen Ländern, dass die Reputation der Tugend Wahlbeteiligung bis hin zu den post1968ern relativ konstant blieb, oder nur allmählichem Reputationsverlust ausgesetzt war, um dann mit der jüngsten Generation der post1989er sprunghaft an Bedeutung zu verlieren.[17] Diese Tendenz lässt sich auch in den westeuropäischen Daten erkennen und wird von Westdeutschland repliziert, wohingegen in Osteuropa, aber auch in Ostdeutsch-

---

[14] In Österreich, Slowenien, Spanien und Portugal ist dies eindeutig so (Daten nicht ausgewiesen).
[15] Andere Länder wie Belgien (-19%), Irland (-27%) und Slowenien (-23%) sind vom Reputationsverlust der Solidarität allerdings noch stärker betroffen (Daten nicht ausgewiesen).
[16] Gemeinsam mit Dänemark, den Niederlanden, Norwegen, Schweden und Polen (Daten nicht ausgewiesen).
[17] Dänemark ist ein Paradebeispiel für ein solches Muster: Von der Vorkriegsgeneration bis zu den post1968ern hat die Wahlpflicht insgesamt fünf Prozentpunkte verloren, die Wendegeneration allein ist für 12% Verlust verantwortlich (in Spanien sogar 18%, ähnliches gilt auch für Italien, die Niederlande, Norwegen und Schweden, Daten nicht ausgewiesen).

land eher die Tendenz eines kontinuierlichen Niedergangs zu beobachten ist, der sich mit der Wende-Generation der post1989er deutlich verlangsamt.

Der ‚Verlust der Tugend' ist unbestreitbar. Westeuropa ist von der Negativentwicklung stärker betroffen als Osteuropa, Ostdeutschland stärker als Westdeutschland und Westeuropa. Allerdings gibt Tabelle 1 einigen Anlass an der Generationshypothese zu zweifeln. Selten waren eindeutige Brüche zwischen Generationen erkennbar und viel deutet drauf hin, dass der Verlust der Tugend ein kontinuierlich anhaltender und allmählicher Erosionsprozess ist. Dem sind zwei Argumente entgegenzusetzen. Erstens, der Generationenwandel ist in West- und Osteuropa nur schwer zu erkennen, nicht weil es ihn nicht gibt, sondern weil verschiedene Länder ganz unterschiedliche Generationsentwicklungen durchlaufen. Zweitens, Deutschland ist – zumindest hinsichtlich staatsbürgerlicher Tugenden – kein Land, das in besonderem Maße von Generationenwandel betroffen ist. Zwar lassen sich in Westdeutschland gewisse Anzeichen erkennen, dass das Epochenjahr 1945 in der Tat eine Wasserscheide zwischen Vor- und Nachkriegsgenerationen bildet. Aber: weder sind deutsche Vorkriegsgenerationen im internationalen Vergleich besonders tugendhaft, noch ist der Bruch zwischen den Generationen sehr ausgeprägt. Abbildung 7 zeigt daher am Beispiel des repräsentativen Staatsbürgermodells drei typische Verlaufsmuster des Generationenwandels wie sie in verschiedenen ost- und westeuropäischen Gesellschaften anzutreffen sind.

Das Epochenjahr 1945 führt in einer Reihe west- und osteuropäischer Länder zu einem Bruch zwischen Kriegs- und Vorkriegsgeneration auf der einen Seite und den nach 1945 sozialisierten Kohorten auf der anderen Seite. Der typische Verlauf, in Abbildung 7 am Beispiel der Schweiz dokumentiert, zeigt einen Einbruch zwischen Vor- und Nachkriegsgenerationen, danach verlangsamt sich bzw. stagniert die Verlustentwicklung. Unserer

*Abbildung 7:* Typische Verlaufsmuster des Generationenwandels: repräsentatives Tugendmodell (Schweiz, Portugal und Dänemark)

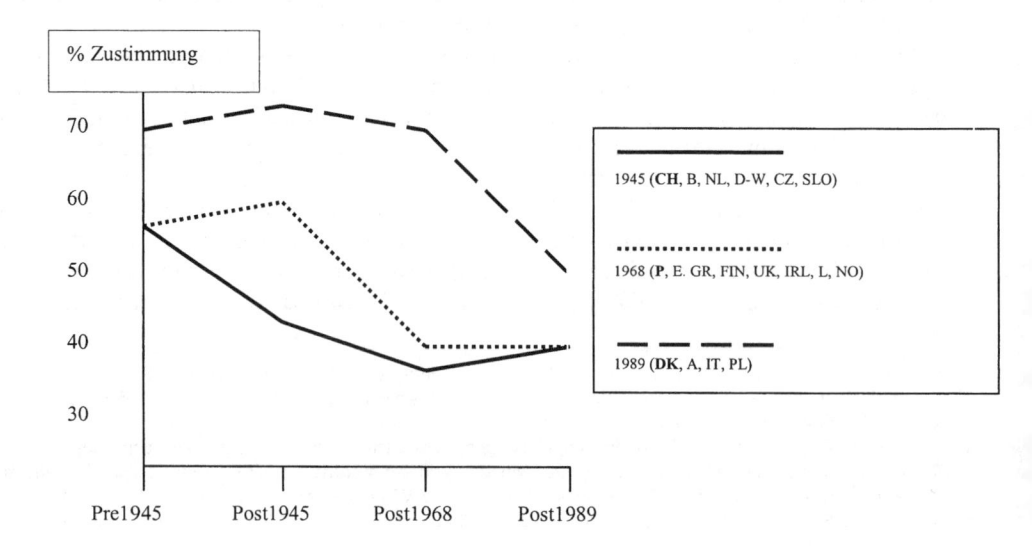

Hypothese, dass das Epochenjahr 1945 für alle Länder, die zum Ende des Zweiten Weltkriegs einen radikalen Systemwechsel erfuhren, von dieser Wasserscheide betroffen sind, bestätigt sich damit nur teilweise. Zwar finden sich zwei der vier osteuropäischen Länder in dieser Gruppe, aber neben Westdeutschland ist kein weiteres post-faschistisches Land von diesem Trend betroffen. Dafür finden sich mehrere kontinentaleuropäische Länder – die Niederlande, Belgien und die Schweiz – die zwar teilweise von Nationalsozialismus und Krieg stark in Mitleidenschaft gezogen waren, aber keinen Systemwechsel wie Deutschland, Österreich oder Italien erlebten.

Dagegen bestätigt sich die Hypothese bezüglich des Epochenjahres 1968 in vollem Umfang. Betroffen sind ausschließlich westeuropäische Länder und der Generationsbruch ist in den südeuropäischen Staaten Portugal, Spanien und Griechenland, die in den frühen 1970er Jahren die Transformation vom Faschismus zur Demokratie erlebten, besonders markant. Der typische Verlauf des Wandels, am Fall Portugal in Abbildung 7 dokumentiert, zeigt Konstanz zwischen Vor- und Nachkriegsgeneration, um dann für die nach 1968 sozialisierten Kohorten einen dramatischen Einbruch zu erfahren. Der Wandel ist mit der post1968er Generation mehr oder weniger abgeschlossen. Das Epochenjahr 1989 dagegen zeigt einen Einfluss, der unseren Vermutungen eindeutig widerspricht. Außer Polen sind vor allem westeuropäische Länder betroffen. In der Tat war aus Tabelle 1 ersichtlich, dass die Wendegeneration in Osteuropa eben nicht zu einer weiteren Erosion der Tugend beiträgt, sondern den Erosionsprozess stoppt. In Ländern wie Dänemark, dessen Entwicklung in Abbildung 7 als Beispiel dargestellt ist, zeigt sich Konstanz auf hohem Niveau über drei Generationen hinweg, ein dramatischer Einbruch geschieht erst mit Eintritt der jüngsten Kohorte.

## 4 Diskussion

### 4.1 Verlust der Tugenden?

Die zentralen Tugenden eines guten Staatsbürgers werden in Europa – allen Klagen zum Trotz – in erstaunlich hohem Maße geteilt. Allerdings gilt dies nur für die Tugenden eines repräsentativen Demokratiemodels, das auf Legitimation durch regelmäßige Wahlen beruht und ansonsten darauf angewiesen ist, dass die Bürger die von den gewählten Repräsentanten verfassten Regeln und Gesetze einhalten. Ein partizipatorisches Demokratiemodel, das von seinen Bürgern ein mehr an ‚getting involved' verlangt, wird von den Bevölkerungen Europas nicht getragen.

In den untersuchten west- und osteuropäischen Ländern findet sich eine sehr große Spannweite in der Verbreitung der Tugend. Allerdings verweigern sich die festgestellten Unterschiede regelmäßig einer simplen Ost-West Unterscheidung, dies gilt sowohl im Vergleich von Westeuropa mit Osteuropa insgesamt, als auch im Vergleich West- mit Ostdeutschland. Vielleicht ist dies gar nicht so überraschend, wenn man in Betracht zieht, dass es sich – vielleicht mit Ausnahme der Wahlpflicht – um staatsbürgerliche Tugenden handelt, die einen gewissen vor-politischen Charakter besitzen. Regelgehorsam und Solidarität sind Bürgereigenschaften, die jedes politische Regime zum Überleben benötigt. In der Tat galten die sozialistischen Regime in Osteuropa für viele Beobachter als perfekte Anknüpfungen an die vorherigen autoritären Regime. Selbst die Wahlpflicht war in Osteuropa von hohem Rang, wollte man doch mit einstimmigen Wahlergebnissen das System nach innen und außen legitimieren. Die einzige wirkliche Überraschung ist daher vielleicht die Tatsache, dass die Tugend der Autonomie, der unabhängigen Meinungsbildung, in Ländern mit einer autoritären Tradition fast in ähnlichem Ausmaße geschätzt wird wie in Ländern, die auf eine lange Geschichte der Demokratie zurück blicken können.

Noch ist Europa nicht im Zustand des ‚after virtue'. Im Aggregat besitzen (fast) alle Länder einen großen Fundus an Tugenden – Tugenden, die ein repräsentatives Demokratiemodell stützen. Aber: zwischen der Vorkriegsgeneration und der Wende-Generation klafft eine große Lücke. Im Extremfall sind in der jüngsten Generation 40% weniger Tugendhafte als in der ältesten. Die Tendenz zeigt in allen Ländern außer Ungarn eindeutig nach unten. Die Ursachen sind sicherlich vielfältig: Säkularisierungsprozesse sind möglicherweise ein Verursacher der Verluste, steigende Unzufriedenheit mit der Demokratie ein anderer.[18] Vor allem aber kam der Reputationsverlustes der Tugend schubweise, ausgelöst durch gewisse Generationen, die einen Trend setzen, der in den Nachfolgegenerationen nicht umgekehrt werden konnte. Allerdings ist es kaum möglich, einzelnen Generationen die Schuld zuzuweisen. Die post1968er haben zum Verlust der Tugend beigetragen, in der Tat gehen von dieser Generation die stärksten Verschiebungen aus. Zusätzlich geht auch von der westlichen Wende-Generation, von der eigentlich nicht zu erwarten war, dass sie ein Generationsprofil entwickelt, ein weiterer Verlustschub aus. Die Wende-Generation war zum Zeitpunkt der Datenerhebung zwischen 15 und 23 Jahren alt, somit in einer Phase der Post-Adoleszenz in der Autoritätsablehnung und Wahlabstinenz in gewissem Umfang völlig normal sind. Man muss dieser Generation noch ein wenig Zeit geben, um abzuschätzen, ob sie wirklich einen weiteren Meilenstein im Verlust der Tugend bedeuten wird.

Partizipatorische Tugenden werden in Europa nur von Minderheiten unterstützt. Sie sind zudem kaum Wandlungsprozessen ausgesetzt. Damit erübrigt sich allerdings auch die Hoffnung, dass ein Verlust an repräsentativer Tugendhaftigkeit durch ein alternatives Tugendmodell, welches auf Partizipation und Mitbestimmung basiert, kompensiert werden könnte. Dies bedeutet nicht, dass die ‚partizipatorische Revolution' nicht stattgefunden hätte. Es ist auch kein Widerspruch zu dem reichen Schatz empirischer Erkenntnisse zum Wertewandel. Es ist aber vielleicht ein Hinweis darauf, dass die Idee der Tugendhaftigkeit in den jüngeren Kohorten, die Träger von Wertewandel und der Verbreitung des Beteiligungsrepertoires waren, wenig Unterstützung erfährt. Man partizipiert aus vielen Gründen, nicht aber um einer scheinbar antiquierten Vorstellung des ‚guten' Bürgers genüge zu tun. Dies wäre generell eine alternative Erklärung zum Verlust der Tugend. Vielleicht ist uns nicht die Tugend an sich verloren gegangen, sondern allein die Vorstellung der Verpflichtung an ein normatives Bürgerkonzept. Wir verhalten uns tugendhaft, wollen aber kein ‚guter Bürger' sein.

Dafür spräche auch, dass in allen Ländern, die einen Systemwechsel von Autoritarismus zu Demokratie erfuhren, die Transformation einen Verlust an Tugendhaftigkeit zur Folge hatte. Im Vergleich mit Demokratien sind autoritäre Regime offensichtlich erfolgreicher in der Sozialisation des ‚guten' Staatsbürgers. Nur die Tugend der Autonomie ist von dieser Regel nicht betroffen, die unbedingte Gesetzesloyalität und die Wahlpflicht dafür in besonderem Maße. Der Verlust der Tugend in jüngeren Generationen ist daher vielleicht eher ein anti-autoritärer Reflex als ein Anzeichen einer grundlegenden Verhaltensänderung.

---

[18] Multivariate Analysen bestätigen die Bedeutung von Faktoren wie Politikinteresse und Zufriedenheit mit der Demokratie aber auch religiöser Faktoren sind relevant.

## 4.2 Deutschland in Europa

Noch für die 1970er und 1980er Jahre konstatierte Kielmansegg:

> „Die Bundesrepublik ist eine westliche Industriegesellschaft unter anderen geworden, sie wird erfasst von den für diese Gesellschaften charakteristischen Entwicklungstrends und bleibt doch ein sehr besonderer, zum Extrem tendierender Fall." (2000: 347)

Für die ersten Jahre des 21. Jahrhunderts und bezogen auf die Verbreitung staatsbürgerlicher Tugenden lässt sich bestätigen, dass Deutschland ein westliches Land unter anderen geworden ist, das von allgemeinen Entwicklungstrend betroffen ist. Auf keinen Fall ist Deutschland aber ein irgendwie besonderer oder zu Extremen tendierender Fall. Die Republik ‚zweier Generationen', die für Kielmannsegg Westdeutschland kennzeichnete, existiert nicht mehr. Die Kluft zwischen Vor- und Nachkriegsgenerationen ist in Ländern wie Belgien deutlich ausgeprägter als in Deutschland. Weder die deutsche Vorkriegsgeneration, noch deutsche Nachkriegsgenerationen zeigen in irgendeiner Weise abweichendes, zu den Extremen tendierende Einstellungen. Natürlich kann es sein, dass wie van Deth vermutet, die Außergewöhnlichkeit der deutschen Vorkriegsgeneration heute nicht mehr ersichtlich ist, weil zu viele Repräsentanten dieser Generation nicht mehr leben (van Deth 2001: 27). Wie auch immer, Westdeutschland ist ein ganz normales Land, weder besonders tugendhaft noch erstaunlich tugendarm. Erstaunlich ist dagegen, dass nicht nur Westdeutschland, sondern auch Ostdeutschland im Kreis der ganz normalen Länder Europas angekommen ist. Keiner der hier betrachten Indikatoren rechtfertigt die Spezialbehandlung ‚Deutschland-Ost' als Sonderfall. Die beiden Deutschlands sind wie zwei Geschwister, die unterschiedliche Entwicklungen genommen haben (und sich gegenseitig vielleicht als sehr unterschiedlich wahrnehmen), aber von außen betrachtet mehr Gemeinsames als Trennendes besitzen. Im Kontext Europa gibt es einige Extremfälle – Spanien etwa oder auch Dänemark – Ost- und Westdeutschland gehören mit Sicherheit nicht dazu.

> „Auch mehr als ein Jahrzehnt nach der ‚Wende' sind die kulturellen Unterschiede zwischen den alten und neuen Bundesländern noch immer nachweisbar. Damit hat ein neuer deutscher ‚Sonderweg' begonnen, der die Probleme der ‚Republik zweier Generationen' durch die Probleme einer ‚Republik zweier Kulturen' ersetzt." (van Deth 2001: 30)

Betrachtet man staatsbürgerliche Tugenden, so ist dies eindeutig nicht korrekt. 15 Jahre nach der Wiedervereinigung ist Deutschland weder eine ‚Republik zweier Generationen' noch eine ‚Republik zweier Kulturen', sondern eine ganz normale, unspektakuläre europäische Gesellschaft.

## Literatur

Barber, Benjamin R. (1984): Strong Democracy. Participatory Politics for a New Age. Berkeley: University of California Press.

Baurmann, Michael (1999): Durkheims individualistische Theorie der sozialen Arbeitsteilung. In: Friedrichs, Jürgen/Jagodzinski, Wolfgang (Hrsg.): Soziale Integration (Kölner Zeitschrift für Soziologie und Sozialpsychologie, Sonderheft 39). Opladen: Westdeutscher Verlag, S. 85-114.

Bellah, Robert N./Madsen, Richard/Sullivan, William M./Swidler, Ann/Tipton Steven M. (1985): Habits of the Heart. Individualism and Commitment in American Life. New York: Harper & Row.
Beck, Ulrich/Giddens, Anthony/Lash, Scott (1994): Reflexive Modernization: Politics, Tradition and Aesthetics in the Modern Social Order. Cambridge: Polity Press.
Etzioni, Amitai (1995): The Spirit of Community. Rights, Responsibilities and the Communitarian Agenda. London: Fontana Press.
Evans, Sara M./Boyte, Harry C. (1992): Free Spaces: the Sources of Democratic Change in America. Chicago: University of Chicago Press.
Friedrichs, Jürgen (1999): Die Delegitimierung sozialer Normen. In: Friedrichs, Jürgen/Jagodzinski, Wolfgang (Hrsg.): Soziale Integration (Kölner Zeitschrift für Soziologie und Sozialpsychologie, Sonderheft 39). Opladen: Westdeutscher Verlag, S. 269-292.
Friedrichs, Jürgen/Jagodzinski, Wolfgang (Hrsg.) (1999a): Soziale Integration (Kölner Zeitschrift für Soziologie und Sozialpsychologie, Sonderheft 39). Opladen: Westdeutscher Verlag.
Friedrichs, Jürgen/Jagodzinski, Wolfgang (1999b): Theorien Sozialer Integration. In: Friedrichs, Jürgen/Jagodzinski, Wolfgang (Hrsg.): Soziale Integration (Kölner Zeitschrift für Soziologie und Sozialpsychologie, Sonderheft 39). Opladen: Westdeutscher Verlag, S. 9-43.
Gabriel, Oscar W./Kunz, Volker/Roßteutscher, Sigrid/van Deth, Jan W. (2002): Sozialkapital und Demokratie. Zivilgesellschaftliche Ressourcen im Vergleich. Wien: WUV-Universitäts-Verlag.
Gambetta, Diego (1988): Can We Trust Trust? In: Gambetta, Diego (Hrsg.): Trust: Making and Breaking Cooperative Relations. Oxford: Blackwell.
Glazer, Nathan (1988): The Limits of Social Policy. Cambridge: Harvard University Press.
Giddens, Anthony (1990): The Consequences of Modernity. Cambridge: Polity Press.
Greven, Michael Th./Guggenberger, Bernd/Strasser, Johann (1975): Krise des Staates? Zur Funktionsbestimmung des Staates im Spätkapitalismus. Darmstadt: Luchterhand.
Heitmeyer, Wilhelm (1997): Einleitung: Sind individualisierte und ethnisch-kulturell vielfältige Gesellschaften noch integrierbar? In: Heitmeyer, Wilhelm (Hrsg.): Was hält die Gesellschaft zusammen? Frankfurt a.M.: Suhrkamp, S. 9-19.
Hennis, Wilhelm/Kielmansegg, Peter Graf/Matz, Ulrich (Hrsg.) (1977): Regierbarkeit. Studien zu ihrer Problematisierung, Bd. 1. Stuttgart: Klett-Cotta.
Hennis, Wilhelm/Kielmansegg, Peter Graf/Matz, Ulrich (Hrsg.) (1979): Regierbarkeit. Studien zu ihrer Problematisierung, Bd. 2. Stuttgart: Klett-Cotta.
Inglehart, Ronald (1977): The Silent Revolution. Changing Values and Political Styles Among Western Publics. Princeton: Princeton University Press.
Inglehart, Ronald (1997): Modernization and Postmodernization: Cultural, and Political Change in 43 Societies. Princeton: Princeton University Press.
Janssen, Edzard (1996): Aspekte des Wertewandels in Deutschland, Japan und Osteuropa. In: Janssen, Edzard/Möhwald, Ulrich/Ölschläger, Hans Dieter (Hrsg.): Gesellschaften im Umbruch? Aspekte des Wertewandels in Deutschland, Japan und Osteuropa. München: Indicum-Verlag.
Kaase, Max (1982): Partizipatorische Revolution – Ende der Parteien. In: Raschke, Joachim (Hrsg.): Bürger und Parteien. Ansichten und Analysen einer schwierigen Beziehung. Opladen: Westdeutscher Verlag, S. 173-189.
Kielmansegg, Peter Graf (1979): Politik in der Sackgasse? Umweltschutz in der Wettbewerbsdemokratie. In: Geißler, Heiner (Hrsg.): Optionen auf eine lebenswerte Zukunft. München: Olzog, S. 37-56.
Kielmansegg, Peter Graf (2000): Nach der Katastrophe: Eine Geschichte des geteilten Deutschlands. Berlin: Siedler.
Kirchgässner, Gebhard (1999): Soziale Integration Rationaler Egoisten? Zur Erklärung sozialer Integration auf der Basis des ökonomischen Handlungsmodells. In: Friedrichs, Jürgen/Jagodzinski, Wolfgang (Hrsg.): Soziale Integration (Kölner Zeitschrift für Soziologie und Sozialpsychologie, Sonderheft 39). Opladen: Westdeutscher Verlag, S. 115-131.

Klages, Helmut (1981): Überlasteter Staat – verdrossener Bürger? Zu den Dissonanzen der Wohlfahrtsgesellschaft. Frankfurt: Campus.
Klages, Helmut (2001): Brauchen wir eine Rückkehr zu traditionellen Werten? In: Aus Politik und Zeitgeschichte B29, S. 7-14.
Kliemt, Hartmut (1993): Ökonomische Analyse der Moral. In: Ramb, Bernd-Thomas/Tietzel, Manfred (Hrsg.): Ökonomische Verhaltenstheorie. München: Vahlen, S. 281-310.
Köcher, Renate (1993): 40 Jahre Bundesrepublik: Der lange Weg. Demoskopie als Geschichtsquelle. In: Noelle-Neumann, Elisabeth/Köcher Renate (Hrsg.): Allensbacher Jahrbuch der Demoskopie 1984-1992. Allensbach: Saur, S. 400-410.
Lepsius, M. Rainer (2002): Generationen. In: Greiffenhagen, Martin/Greiffenhagen, Sylvia (Hrsg.): Handwörterbuch zur Politischen Kultur der Bundesrepublik Deutschland. Wiesbaden: Westdeutscher Verlag, S. 162-165.
Luhmann, Niklas (1998): Die Gesellschaft der Gesellschaft. Frankfurt a.M.: Suhrkamp.
MacIntyre, Alasdair (1981): After Virtue. Notre Dame: University of Notre Dame Press.
Mannheim, Karl (1964): Das Problem der Generationen. In: Mannheim, Karl/Wolff, Kurt Heinrich (Hrsg.): Wissenssoziologie. Berlin: Luchterhand, S. 509-565.
Münch, Richard (1994): Zahlung und Achtung. Die Interpenetration von Ökonomie und Moral. In: Zeitschrift für Soziologie 23, S. 388-411.
Newton, Kenneth (1997): Social Capital and Democracy. In: American Behavioral Scientist 40/5, S. 575-586.
Nunner-Winkler, Gertrud (1999): Moralische Integration. In: Friedrichs, Jürgen/Jagodzinski, Wolfgang (Hrsg.): Soziale Integration (Kölner Zeitschrift für Soziologie und Sozialpsychologie, Sonderheft 39). Opladen: Westdeutscher Verlag, S. 293-319.
Noelle-Neumann, Elisabeth (1978): Werden wir alle Proletarier? Wertewandel in unserer Gesellschaft. Zürich: Edition Interform.
Pateman, Carole (1970): Participation and Democratic Theory. Cambridge: Cambridge University Press.
Petersson, Olof/Hermansson, Jörgen/Micheletti, Michele/Teorell, Jan/Westholm, Anders (1998): Demokrati och medborgarskap. Demokratiradets rapport 1998. Stockholm: SNS Förlag.
Putnam, Robert D. (1993): Making Democracy Work. Civic Traditions in Modern Italy. Princeton: Princeton University Press.
Putnam, Robert D. (2000): Bowling Alone. The Collapse and Revival of American Community. New York: Simon & Schuster.
Riker, William H./Ordeshook, Peter C. (1968): A Theory of the Calculus of Voting. In: American Political Science Review 62, S. 25-42.
Roßteutscher, Sigrid (1997): The Battle over Meaning. Consensus and Conflict in Contemporary German society. Florence: European University Insitute.
Roßteutscher, Sigrid (in Druck): The Lure of the Associative Elixir. In: Roßteutscher, Sigrid (Hrsg.): Democracy and the Role of Associations: Political, Organizational and Social Contexts. London: Routledge.
Roßteutscher, Sigrid/Medina, Lucia/Selle, Per (im Erscheinen): The Generational Dimension of Associational Life. In: Maloney, William/Roßteutscher, Sigrid (Hrsg.): Organizations as Participatory Vehicles?: Organizational Ecologies in Europe.
Taylor, Michael (1982): Community, Anarchy and Liberty. New York: Cambridge University Press.
Tyler, Tom (1997): Procedural Fairness and Compliance with the Law. In: Schweizerische Zeitschrift für Volkswirtschaft und Statistik 133, S. 219-240.
van Deth, Jan W. (2001): Wertewandel im internationalen Vergleich. Ein deutscher Sonderweg? In: Aus Politik und Zeitgeschichte B29, S. 23-30.
van Deth, Jan W. (2002): Demokratie Leben Lernen. Politische Sozialisation von Kindern in der Grundschule. DFG-Projektantrag DE-630/11-1. Mannheim: Mannheimer Zentrum für Europäische Sozialforschung.

Zapf, Wolfgang/Breuer, Sigrid/Hampel, Jürgen (1987): Individualisierung und Sicherheit. Untersuchungen zur Lebensqualität in der Bundesrepublik Deutschland. München: Beck.

Zehetmair, Hans (1993): Werteordnung und Wertewandel. Eine Herausforderung für den Ethikunterricht. In: Huber, Hans (Hrsg.): Sittliche Bildung. Ethik in Erziehung und Unterricht. Asendorf: MUT-Verlag.

# Soziales Vertrauen

*Volker Kunz*

## 1 Einführung

Soziales Vertrauen gehört nach vielfacher Einschätzung zu den wichtigsten soziokulturellen Ressourcen der politischen, ökonomischen und gesellschaftlichen Entwicklung. Das Thema ist daher zu einem zentralen Gegenstand in politik- und sozialwissenschaftlichen Untersuchungen geworden. Dennoch sind empirische Arbeiten über das Vertrauen in sozialwissenschaftlicher Perspektive eher selten. Dies betrifft insbesondere die Bestimmungsfaktoren sozialen Vertrauens, die bislang kaum untersucht wurden. Der Beitrag knüpft an diese Problemstellung an.

Der anschließende Abschnitt geht zunächst auf die Bedeutung des Vertrauenskonzeptes in der politik- und sozialwissenschaftlichen Diskussion sowie die Konzeptspezifikation und Operationalisierung für die empirische Untersuchung ein. Im Mittelpunkt der Analysen steht das generalisierte soziale Vertrauen, das als grundsätzliche Vertrauensbereitschaft eines Akteurs interpretiert werden kann. In dieser Hinsicht beschäftigt sich der nachfolgende dritte Abschnitt mit der Struktur und Verteilung sozialen Vertrauens als einen zentralen Aspekt der ‚civil society' in West- und Ostdeutschland, wobei die Bestandsaufaufnahme im europäischen Vergleich einen wichtigen Stellenwert einnimmt. Untersuchungsleitend ist die Frage, inwieweit sich das generalisierte soziale Vertrauen der Bevölkerung zwischen den alten und neuen Bundesländern unterscheidet, wenn man die unterschiedliche Ausgangslage in beiden Landesteilen in Rechnung stellt. Darüber hinaus soll untersucht werden, ob die Unterschiede bzw. Ähnlichkeiten zwischen den alten und neuen Bundesländern einem generellen Muster der Verteilung sozialen Vertrauens in den west- und osteuropäischen Ländern entsprechen. Dies ist auch deshalb von besonderem Interesse, weil zur Abbildung des generalisierten sozialen Vertrauens mehrere Indikatoren vorliegen, was über den üblichen Stand der Forschung hinausgeht.

Das Ziel der Untersuchung soll aber nicht nur darin bestehen, die Struktur und Variation generalisierten sozialen Vertrauens im deutschen und europäischen Vergleich zu beschreiben, sondern vor dem Hintergrund der bestehenden Forschungsdefizite auch zu erklären. Dieses Thema steht im Mittelpunkt des vierten Abschnitts, wobei der Schwerpunkt der empirischen Analysen auf der Erklärung der unterschiedlichen Vertrauenseinstellungen der Bevölkerung in den einzelnen Ländern liegt. Dabei sollen relevante Faktoren aus unterschiedlichen theoretischen Perspektiven einbezogen werden, um so einen möglichst umfassenden Überblick über die geeigneten Bedingungen der Vertrauensbildung auf individueller Ebene zu erhalten. Die Analysen beziehen daher sowohl personelle Merkmale als auch Variablen strukturorientierter Ansätze ein, wobei sich letztere auf die Wahrnehmung politischer, wirtschaftlicher und gesellschaftlicher Rahmenbedingungen beziehen. Von besonderem Interesse ist entsprechend der Zielsetzung dieses Buches, ob sich die Mechanismen der Vertrauensbildung zwischen West- und Ostdeutschland sowie West- und Osteuropa unterscheiden und – falls solche Divergenzen vorliegen – ob die Unterschiede zwischen den beiden Teilen Deutschlands die Unterschiede zwischen Ost- und Westeuropa widerspiegeln. Aufgrund der lückenhaften Forschungslage sind diese Analysen in erster Linie explorativ angelegt. Es geht primär darum, mögliche Zusammenhänge, die von Bedeutung sein können, empirisch zu testen und die Relevanz der Annahmen in verschiedenen Kontexten zu überprüfen.

## 2  Konzept und Messung sozialen Vertrauens

Das Interesse am Thema ‚soziales Vertrauen' ist groß. Während Niklas Luhmann (1989: 1) Ende der 1960er Jahre noch das „leider spärliche Schrifttum" beklagte, ist dieses in den letzten Jahren deutlich angestiegen. Inzwischen sind eine Vielzahl von Publikationen zu diesem Gegenstand erschienen (vgl. z.B. Cook 2001; Endress 2002; Hartmann und Offe 2001; Uslaner 2002). Das zunehmende Interesse lässt sich vor dem Hintergrund intensiver Diskussionen über die politischen und gesellschaftlichen Entwicklungen auf die vielfältigen positiven Effekte zurückführen, die dem Vertrauen der Menschen zu ihrer sozialen Umwelt zugeschrieben werden:

- In demokratietheoretischer Perspektive wird herausgestellt, dass soziales Vertrauen demokratische Einstellungen und Verhaltensweisen fördert und somit ein hohes gesellschaftliches Vertrauensniveau stabilisierende Effekte auf die Demokratie aufweist (vgl. Inglehart 1999; Newton 1999a und 2001).
- Unter sozial- und steuerungstheoretischem Blickwinkel wird Vertrauen als ein informelles soziales Koordinationsmedium mit großem Steuerungspotential betrachtet, das gesellschaftliche Entwicklung und Integration ermöglicht, wenn gewöhnliche Steuerungsmedien wie Wissen, Macht oder Geld an ihre Grenzen stoßen (vgl. Offe 2001; Scharpf 2000). In Anbetracht der Auseinandersetzung mit den offenkundig gewordenen Grenzen des traditionellen Wohlfahrtsstaates erscheint daher die Stärkung und Vermehrung sozialen Vertrauens besonders vorteilhaft.
- In ökonomischer Hinsicht wird die Bedeutung sozialen Vertrauens für die wirtschaftliche Entwicklung betont, weil man davon ausgeht, dass Vertrauen die Transaktions- und Überwachungskosten bei marktwirtschaftlichen Transaktionen senkt, den Informationsfluss verbessert sowie die Risikobereitschaft und damit auch die Wahrscheinlichkeit von Innovationen steigert und die Diffusion neuer Technologien erleichtert (vgl. Bornschier 2001a; Fukuyama 1995a; Skidmore 2001).

Nach diesen Vorstellungen ist es nicht überraschend, dass das Konzept des sozialen Vertrauens in vielen Diskussionszusammenhängen eine prominente Rolle spielt. In einer erweiterten Perspektive gilt soziales Vertrauen als zentraler Bestandteil sozialen Kapitals, das nach Ansicht von Putnam (1993 und 2000; Putnam und Goss 2001) und vielen anderen Autoren eine Schlüsselvariable zur Lösung der in allen Gesellschaften verbreiteten Kollektivgutproblematik darstellt. Wenn auch die Zusammenhänge empirisch umstritten sind (vgl. z.B. Gabriel et al. 2002; Kunz 2000; Kunz und Gabriel 2004), knüpfen zahlreiche Arbeiten unterschiedlicher Forschungsrichtungen an diese Perspektive an. Beispielsweise wird in der Transformationsforschung fehlendes Sozialkapital und insbesondere mangelndes Vertrauen als eine der größten Schwierigkeiten für den Übergang der Transformationsgesellschaften zu Marktwirtschaft und Demokratie betrachtet (vgl. z.B. Merkel 1999: 100f., 164ff.; Sztompka 1995). Auf ähnliche Weise geht man in der Entwicklungsforschung davon aus, dass Vertrauen als Sozialkapital die effizientere Bewirtschaftung knapper Ressourcen und damit eine nachhaltige Entwicklung fördert (vgl. die ‚Social Capital'-Initiative der Weltbank: www.worldbank.org/poverty/scapital).

Obwohl soziales Vertrauen in einem Großteil der sozialwissenschaftlichen Diskussion als ein zentraler Faktor für die positive Entwicklung des gesellschaftlichen und politischen Lebens erscheint, gibt es kein einheitliches Begriffsverständnis. Die Formulierungen reichen von Vertrauen sei eine „Wette über das künftige Handelns anderer" (Sztompka 1995: 254) über Vertrauen sei eine „emotionale Haltung" (Lahno 2002: 13) oder ein „eingeschlossenes Interesse" (Hardin 2001: 295)[1] bis hin zu der Vorstellung, Vertrauen sei eine relativ dauerhafte Charakteristik von Gesellschaften und ihren Mitgliedern (vgl. Inglehart 1999: 88). Gemeinsam ist allen Vorstellungen, dass Vertrauen einen „mittleren Zustand zwischen Wissen und Nichtwissen" widerspiegelt (Simmel [1908] 1968: 393) und als irgendeine Form positiver Erwartung oder kooperativen Handelns unter der Bedingung von Ungewissheit oder Unsicherheit zu verstehen ist. Vertrauen schließt daher grundsätzlich die Möglichkeit eines Irrtums bzw. einer Enttäuschung mit ein (vgl. Koller 1997: 13; Misztal 1996: 24; Newton 1999b: 171; Nuissl 2002: 89). Zum Beispiel kennzeichnet Putnam (2000: 134) das soziale Vertrauen wie folgt:

> „I'll do this for you now, without expecting anything immediately in return and perhaps without even knowing you, confident that down the road you or someone else will return the favor."

Auf ähnliche Weise bezeichnet Ripperger (1998: 45) Vertrauen als

> „die freiwillige Erbringung einer riskanten Vorleistung unter Verzicht auf explizite vertragliche Sicherungs- und Kontrollmaßnahmen gegen opportunistisches Verhalten in der Erwartung, daß sich der andere, trotz Fehlen solcher Schutzmaßnahmen, nicht opportunistisch verhalten wird".

Im Einzelnen liegen in der Vertrauensforschung zahlreiche konzeptionelle Differenzierungen sozialen Vertrauens vor, wobei in der empirischen Vertrauensforschung ein einstellungsorientiertes Konzept dominiert, das auf generelle und situationsübergreifende Orientierungen und Überzeugungen zielt. Grundlegend für diese Perspektive sind die Annahmen der (politischen) Kulturforschung, nach der die Vertrauensbereitschaft in einem beträchtlichen Ausmaß kulturell typisiert ist. Dies bedeutet, dass die Gewährung von Vertrauen allgemeinen Standards des Umgangs mit anderen Menschen folgt, die auf bestimmten Sozialisationsprozessen und mit diesen verknüpften kulturellen Regeln und Wertorientierungen beruhen (vgl. Fukuyama 1995b: 25; Inglehart 1999: 88; Putnam 1993: 169). In dieser Hinsicht beinhaltet Vertrauen Merkmale einer kulturell festgelegten Reziprozität, die ein starkes Gefühl sozialer Übereinstimmung mit anderen Menschen reflektiert. Entsprechend wird unterstellt, dass soziales Vertrauen mit einer sozial erlernten, generalisierten Einstellung einhergeht, die sich auf die grundsätzliche Vertrauenswürdigkeit der Mitmenschen bezieht. Vertrauensbeziehungen sind daher auch nicht nur auf die Spezifika bestimmter Situationen

---

[1] Nach Hardins (2001) Vorstellung wird einer Person dann Vertrauen entgegengebracht, wenn in einer konkreten Situation genügend Gründe vorliegen, um zu glauben, dass es im Interesse dieser Person liegen wird, zum entsprechenden Zeitpunkt in den bedeutsamen Aspekten vertrauenswürdig zu sein. Insofern ist das Vertrauen in der Einschätzung der Interessen des Vertrauensnehmers durch den Vertrauensgeber „eingeschlossen".

ausgerichtet, sondern orientieren sich an allgemeinen moralischen Qualitäten des sozialen Umfeldes, wie sie z.B. mit der Wahrnehmung von Fairness oder Solidarität der Menschen im allgemeinen verbunden sind (vgl. Brehm und Rahn 1997: 1008; Gabriel et al. 2002: 54f.; Lahno 2002: 209; Misztal 1996: 79f.; Newton 1999b: 170f.; Offe 2001: 256; Preisendörfer 1995: 269).

Unter diesem Blickwinkel ist das Konzept generalisierten sozialen Vertrauens von spezifischen Vertrauensansätzen abzugrenzen, die vor allem im Rahmen der Rational Choice-Theorie eine wichtige Rolle spielen. Hier wird Vertrauen als rationale und fallbezogene Entscheidung betrachtet, die den Anreizen einer konkreten Handlungssituationen folgt, wobei die Vorstellung einer ‚bounded rationality' der Akteure grundlegend ist (vgl. Kunz 2004a; Ripperger 1998).[2] Demgegenüber bezieht sich generalisiertes Vertrauen auf die grundsätzliche Vertrauensbereitschaft eines Akteurs, unabhängig von den konkreten Ausprägungen einer bestimmten Situation. Diese, in der empirischen Vertrauensforschung dominierende Perspektive liegt den nachfolgenden Analysen zugrunde. Im Mittelpunkt stehen die Struktur, die Verteilung und die Bestimmungsfaktoren sozialen Vertrauens als allgemeine, kulturell definierte Einstellung im Sinne einer generalisierten Erwartung über die Verlässlichkeit, Wahrhaftigkeit, Fairness und Solidarität der Menschen im Allgemeinen.

In dieser Hinsicht beziehen sich die im *European Social Survey* (ESS) vorliegenden Indikatoren auf einen universellen Bereich sozialer Beziehungen und nicht auf bestimmte, abgrenzbare Personengruppen. Damit wird die in der Literatur typischerweise behandelte Kategorie des umfassenden interpersonalen Vertrauens erfasst, d.h. des Vertrauens, „das großen und unspezifischen Kategorien von ‚fremden' Personen entgegengebracht wird" (Offe 2001: 262). Diese Art sozialen Vertrauens wird in Anlehnung an die bekannten Überlegungen Granovetters (1973) auch als ‚thin trust' bezeichnet und gilt als grundlegend für den Bestand und die Funktionsfähigkeit moderner differenzierter Gesellschaften. Hiervon ist insbesondere die Kategorie des ‚thick trust' zu unterscheiden, die auf die Vertrauensbeziehungen innerhalb des unmittelbaren Lebensumfeldes zielt und in der Regel auf häufiger Interaktion und gutem wechselseitigen Kennen beruht (vgl. Misztal 1996: 90ff.; Newton 1999a: 14ff.; Putnam 2000: 136; Uslaner 1999: 121ff.; Whiteley 2000: 443ff.).

Im Einzelnen beinhaltet die Erhebung drei Fragen zur Einschätzung der Befragten über bestimmte Eigenschaften der meisten Menschen, die besondere Aspekte des generalisierten interpersonalen Vertrauens betreffen. Jede dieser Fragen sollte mittels einer zehnstufigen Skala beantwortet werden. Die erste Frage stellt das Standardinstrument in der empirischen Vertrauensforschung dar:

---

[2] Vor diesem Hintergrund dominiert in der Literatur die Einschätzung, dass kulturelle und ökonomische Ansätze zur Konzeptualisierung sozialen Vertrauens in einem unvereinbaren Konkurrenzverhältnis zueinander stehen. Diese Auffassung ist m.E. allerdings nicht zwingend, wenn man die unterschiedlichen Bezugsebenen der Konzepte berücksichtigt, die einen integrativen Zugriff ermöglichen. Aus Platzgründen kann hierauf an dieser Stelle nicht näher eingegangen werden (vgl. Kunz 2004b).

„Ganz allgemein gesprochen: Glauben Sie, dass man den meisten Menschen vertrauen kann, oder dass man im Umgang mit anderen Menschen nicht vorsichtig genug sein kann? Bitte sagen Sie es mir anhand dieser Skala von 0 bis 10. 0 bedeutet, dass man nicht vorsichtig genug sein kann, und 10 bedeutet, dass man den meisten Menschen vertrauen kann. Mit den Werten dazwischen können Sie Ihre Meinung abstufen."

In den meisten nationalen und international vergleichenden Erhebungen können die Befragten ihre Meinung nicht abstufen, weil lediglich die Antwortmöglichkeiten ‚Vertrauen' und ‚Vorsicht' vorgegeben werden. Allerdings ist die Formulierung prinzipiell kritisch zu betrachten, da sich beide Alternativen nicht notwendigerweise ausschließen müssen. In dieser Hinsicht erscheint die Berücksichtigung weiterer Indikatoren besonders vorteilhaft. Dies ist hier aufgrund der guten Datenlage im Gegensatz zur üblichen Praxis in der empirischen Vertrauensforschung möglich. Zwei weitere Fragen im *European Social Survey* erfassen die Erwartungen über die Fairness und Hilfsbereitschaft der Menschen:

„Glauben Sie, dass die meisten Menschen versuchen, Sie auszunutzen (0), wenn sie die Gelegenheit dazu haben, oder versuchen die meisten Menschen, sich fair zu verhalten (10)?"

„Und glauben Sie, dass die Menschen meistens versuchen, hilfsbereit zu sein (10), oder dass die Menschen meistens auf den eigenen Vorteil bedacht sind (0)?"

Alle drei Variablen bilden jeweils spezifische, voneinander unterscheidbare Aspekte des sozialen Vertrauens ab, die aber systematisch miteinander verknüpft sein sollten, wenn man davon ausgeht, dass jede der genannten Fragen auf die Messung generalisierter Vertrauenserwartungen zielt. Dies bestätigen auch die in Tabelle 1 zusammengefassten Resultate von Faktorenanalysen. Zwar unterscheiden sich die Ergebnisse graduell zwischen den Ländern bzw. Ländergruppen, grundsätzlich kann aber eine eindimensionale Struktur generalisierten Vertrauens in West- und Ostdeutschland (D-W und D-O) sowie in West- und Osteuropa (E-W und E-O) unterstellt werden. Allerdings sind die Faktorladungen nicht so groß, dass sich vor allem mit Blick auf die deskriptive Analyse der Ausprägung sozialen Vertrauens in den Untersuchungsländern eine Einzelbetrachtung der Indikatoren von vorneherein erübrigen würde. Dies gilt insbesondere für die Verhältnisse in den alten Bundesländern. Darüber hinaus ermöglicht der konkrete Bezug auf den Standardindikator einen Einblick in die langfristige Entwicklung des interpersonalen Vertrauens in Westdeutschland. Daher werden im folgenden Abschnitt sowohl ein Gesamtindex als auch die einzelnen Indikatoren sozialen Vertrauens betrachtet. Der Index wird über eine einfache Addition der Indikatoren gebildet (wobei die Summe, wie bei allen in dieser Untersuchung verwendeten Indizes, durch die Zahl der Indikatoren geteilt wird).

*Tabelle 1:* Generalisiertes soziales Vertrauen in West- und Ostdeutschland und im europäischen Vergleich (Faktorenmodell)

| Hauptkomponentenanalyse | E-W | D-W | D-O | E-O |
|---|---|---|---|---|
| Faktorladung: Vertrauen vs. Vorsicht | .84 | .59 | .78 | .82 |
| Faktorladung: Fairness vs. Ausnutzen | .86 | .65 | .81 | .82 |
| Faktorladung: Hilfsbereitschaft vs. Vorteilssuche | .79 | .59 | .76 | .78 |
| Eigenwert | 2.06 | 1.83 | 1.85 | 1.95 |
| Kumulierter Varianzanteil | 68.74 | 61.02 | 61.51 | 64.92 |
| N (ungewichtet) | 28.371 | 1.733 | 1.093 | 6.490 |

## 3 Generalisiertes soziales Vertrauen in West- und Ostdeutschland: Die Ausprägung des Vertrauens im europäischen Vergleich

Die Standardmessung generalisierten sozialen Vertrauens stützt sich auf die Frage nach dem Vertrauen in die meisten Menschen. Dieser Indikator wurde in mehreren Umfragen eingesetzt und erlaubt einen Blick auf die langfristige Entwicklung des interpersonalen Vertrauens in den alten Bundesländern. Demnach stieg das Vertrauen der westdeutschen Bevölkerung nach der Etablierung des demokratischen Regimes deutlich an und blieb in den letzten 20 Jahren weitgehend stabil. Nach den Daten der *Civic Culture* und der *World Values Surveys* vertrauten 1959 24% der westdeutschen Bevölkerung den meisten Menschen, 1981 waren es 32%, 1990 betrug der Anteil 38% und 1996 42%. Aktuell liegt der Anteil nach den Daten des *European Social Survey* 2002/03 bei 37%. Vergleichbare Ergebnisse zeigen die von Newton (1999b: 177) zusammengestellten Angaben für das frühere Bundesgebiet, nach denen das soziale Vertrauen zwischen 1948 und Mitte der 1960er Jahre (von 9%) um 18 Prozentpunkte zunahm, in den 1970er Jahren zwischen 27 und 39% schwankte und seit Anfang der 1980er Jahre bei rund 35 bis 40% liegt.

Nach diesen Befunden gibt es keine Hinweise auf eine kontinuierliche Abnahme sozialen Vertrauens seit den 1970er Jahren, wie es die pessimistischen Diagnosen der modernen Kulturkritik nahe legen. Der von zahlreichen Autoren thematisierte Zerfall sozialen Kapitals in modernen Gesellschaften, der für viele Schwierigkeiten in diesen Ländern verantwortlich gemacht wird (vgl. z.B. Putnam 2000), lässt sich damit für diesen Aspekt des Sozialkapitals in Westdeutschland nicht beobachten. Auch die vorliegenden Daten für Ostdeutschland lassen einen derartigen Trend nicht erkennen (vgl. die Angaben und Hinweise in Tabelle 2). Vielmehr scheint es hier sogar einen geringen Anstieg sozialen Vertrauens in den letzten Jahren gegeben zu haben. Dieser hat aber – zumindest auf den ersten Blick – die seit der Wiedervereinigung bestehenden Unterschiede zwischen den alten und neuen Bundesländern nicht aufgehoben.

Auf Grundlage der Standardmessung sozialen Vertrauens fällt das Niveau interpersonalen Vertrauens im Osten deutlich geringer aus als im Westen. Nach den Daten des *European Social Survey* beträgt der Anteil der Befragten, der die meisten Menschen als vertrauensvoll einschätzt, in den neuen Bundesländern 28% (gegenüber 37% in den alten Ländern). In dieser Hinsicht scheint die lange Bestandsdauer totalitärer Strukturen in Ostdeutschland fortzuwirken, die auf die intensive Durchdringung und politische Kontrolle des

*Tabelle 2:* Generalisiertes soziales Vertrauen in West- und Ostdeutschland und im europäischen Vergleich (in Prozenten und Mittelwerten)

|  | E-W | D-W | D-O | E-O |
|---|---|---|---|---|
| Anteil, der die meisten Menschen als vertrauensvoll einschätzt | 43 | 37 | 28 | 24 |
| Anteil, der die meisten Menschen als fair einschätzt | 56 | 54 | 54 | 35 |
| Anteil, der die meisten Menschen als hilfsbereit einschätzt | 41 | 34 | 34 | 27 |
| Index des sozialen Vertrauens | 5 | 5 | 5 | 4 |

Anteile: Prozentangaben für den Wertebereich 6-10, Index: Mittelwert auf Grundlage der Originalskalen. Zum Vergleich (%, D-W/D-O): 1990 = 38/26, 1996 = 42/25 (Standardmessung, *World Values Surveys*).

gesamten gesellschaftlichen Lebens zielten. Unter diesen Bedingungen liegt es nahe, dass sich das interpersonale Vertrauen vor allem auf das engere persönliche Umfeld von Familie, Freunden und Nachbarn konzentriert, während das Vertrauen zu Fremden, das sich nicht auf eine verlässliche Erfahrungsgrundlage stützen kann, eher weniger entwickelt ist.

Insofern sollte die Differenzierung des sozialen Vertrauens in einen Nah- und Fernbereich in den neuen Ländern deutlich stärker ausgeprägt sein als in den alten Ländern. Wie empirische Analysen auf der Grundlage detaillierter Daten zeigen, sind derartige Strukturunterschiede zwischen West und Ost in der zweiten Hälfte der 1990er Jahre allerdings nur noch in Ansätzen zu erkennen (vgl. Gabriel und Kunz 2002). Diese Befunde deuten darauf hin, dass sich die allgemeinen Vertrauensverhältnisse in beiden Teilen Deutschlands nur unzureichend mit dem Standardindikator interpersonalen Vertrauens abbilden lassen. Hierfür sprechen auch die Ausprägungen der beiden anderen Vertrauensindikatoren, die im *European Social Survey* erhoben wurden. Nach den vorliegenden Daten ist der Anteil der Befragten, der die meisten Menschen als hilfsbereit oder fair einschätzt in Ostdeutschland annähernd so groß wie in Westdeutschland (vgl. Tabelle 2). Daher übertrifft der Gesamtindex sozialen Vertrauens in den alten Bundesländern den Wert in den neuen Ländern auch nur geringfügig. In der Summe ist also festzustellen, dass sich zwar auf Grundlage der Standardmessung klare Differenzen zwischen dem Niveau generalisierten sozialen Vertrauens in West- und Ostdeutschland ergeben. Diese Unterschiede sind aber in der aussagekräftigeren Gesamtbetrachtung aller drei verfügbaren Indikatoren kaum noch zu erkennen. Dieser Befund dürfte damit zusammenhängen, dass Ost- und Westdeutsche inzwischen auf über ein Jahrzehnt gemeinsamer Erfahrungen zurückblicken können. Zudem war die Trennung der Bevölkerung durch die nationale Teilung nicht so stark, wie es nach außen den Anschein hatte (vgl. Scheuch und Scheuch 1992: 251ff.).

Mit dem Bestand an generalisiertem sozialem Vertrauen platziert sich Deutschland zwischen West- und Osteuropa. Die in Tabelle 2 zusammengefassten Ergebnisse für die drei Vertrauensindikatoren weisen eindeutig darauf hin, dass die Befragten in den osteuropäischen Untersuchungsländern den Menschen im Allgemeinen mit deutlich größerem Misstrauen begegnen als die Befragten in Deutschland und Westeuropa. Damit findet sich in diesen Ländern das typische Merkmal einer Nischenkultur, die nach Ansicht zahlreicher Beobachter die posttotalitären Gesellschaften in Ost- und Mitteleuropa prägt (vgl. Merkel 1999). Dies trifft nach den vorliegenden Daten vor allem auf die Verhältnisse in Polen zu. Hier ist die generelle Vertrauensbasis zwischen den Menschen und ihrer sozialen Umwelt besonders gering entwickelt (vgl. Abbildung 1).

In den untersuchten westeuropäischen Nationen haben die Befragten im Durchschnitt wesentlich mehr Vertrauen in die Mitmenschen. Im Detail lassen die Daten allerdings sehr unterschiedliche Verhältnisse in diesen Ländern erkennen (vgl. Abbildung 1). Eine Mehrheit von Personen, die den meisten Menschen vertraut, findet sich in den skandinavischen Gesellschaften (Dänemark, Norwegen, Finnland, Schweden) sowie in den Niederlande, der Schweiz und Irland. Auch auf den beiden anderen Indikatoren und damit auf dem Index sozialen Vertrauens weisen die Befragten in diesen Ländern überdurchschnittliche Werte auf. Das geringste Ausmaß sozialen Vertrauens liegt in den südeuropäischen Staaten vor. Dies gilt insbesondere für Italien, Griechenland und Portugal, in denen die zwischenmenschlichen Beziehungen sehr viel stärker durch Vorsicht als durch allgemeines wechselseitiges Vertrauen bestimmt sind. Entsprechende Verhältnisse sind für die übrigen Indikatoren festzustellen (vgl. die Indexwerte in Abbildung 1). Darüber hinaus zeigen ausführliche Analysen für einzelne Länder, dass ein allgemeiner Rückgang interpersonalen Vertrauens in Westeuropa nicht zu belegen ist (vgl. Gabriel et al. 2002: 57ff.).

Das im internationalen Vergleich sehr unterschiedliche Niveau sozialen Vertrauens in den einzelnen Ländern korrespondiert mit bestimmten Merkmalen in diesen Gesellschaften, die offensichtlich mehr oder weniger gute Voraussetzungen für die Etablierung einer generellen Vertrauensbasis zwischen den Menschen und ihrer sozialen Umwelt mit sich bringen. Darauf weisen auch vorliegende Untersuchungen hin, die sich ausführlich mit den Zusammenhängen auf der Makroebene beschäftigen. Demnach fördern ein hohes sozioökonomisches Entwicklungsniveau, ein ausgebauter Wohlfahrtsstaat, umfangreiche zivilgesellschaftliche Strukturen, ein geringer Grad sozio-ökonomischer Fragmentierung, starke

*Abbildung 1:* Generalisiertes soziales Vertrauen in Europa (in Prozenten und Mittelwerten)

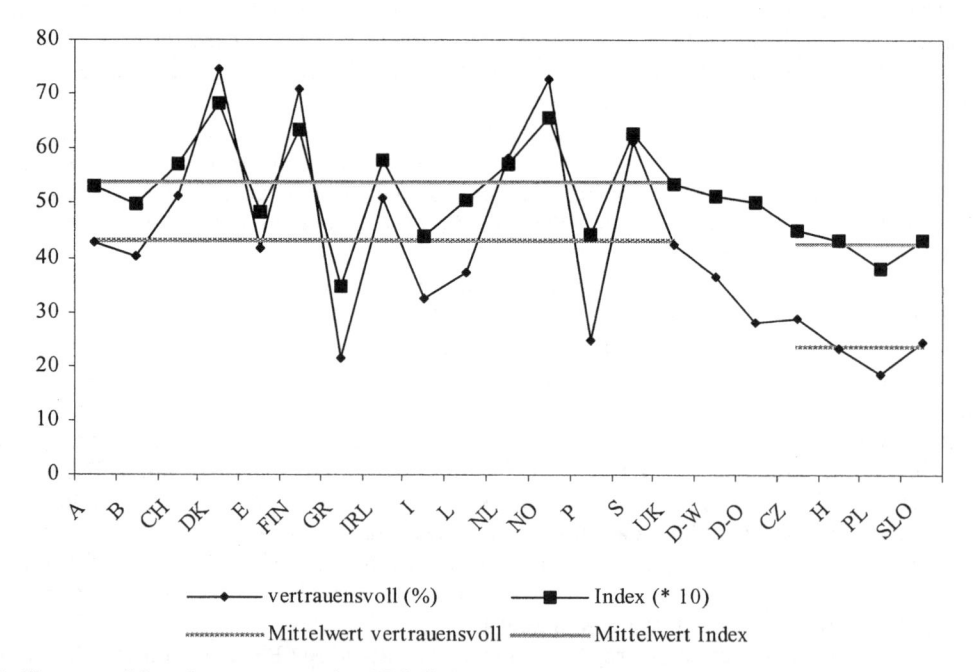

Indikatoren und Berechnungen entsprechend Tabelle 2.

und stabile demokratische Traditionen sowie konsensdemokratische Strukturen maßgeblich die Ausstattung einer Gesellschaft mit sozialem Vertrauen (vgl. Bornschier 2001b; Gabriel et al. 2002; Inglehart 1997). Fukuyama (1995b) erklärt das im internationalen Vergleich geringe Ausmaß sozialen Vertrauens in den südeuropäischen Ländern außerdem mit der zentralen Stellung der Familie in den Gesellschaften, die auf die Bildung spontaner Gemeinschaften und die Reichweite des Vertrauens einschränkend wirkt (vgl. auch Almond und Verba 1963; Banfield 1958). Darüber hinaus weist das große interpersonale Vertrauen der Skandinavier und niedrige Vertrauen der Südeuropäer darauf hin, dass die für den Protestantismus typischen liberalen Traditionen und Wertvorstellungen, die die Gesellschaften Nordeuropas kennzeichnen, generelle Vertrauenseinstellungen eher begünstigen. Demgegenüber scheint die Vorherrschaft des an hierarchisch-dogmatischen Prinzipien orientierten Katholizismus, der zu einem großen Teil die Gesellschaften Südeuropas prägt, dem Vertrauen eher abträglich zu sein: Nach Max Weber ([1904/05] 1993) lag die Bedeutung der protestantischen Reformation vor allem darin, dass soziale Tugenden zum erstenmal außerhalb der Familie Anwendung und Verbreitung fanden. Auf diese Weise wurden die gesellschaftlichen Zusammenhänge nicht mehr nur von einer Binnenmoral, sondern zunehmend auch von einer Außenmoral getragen, mit der Folge, dass das Vertrauen zwischen den Menschen und ihrer sozialen Umwelt auf eine breite Basis gestellt wurde (vgl. auch Fukuyama 1999: 17; Gabriel et al. 2002: 57ff.; Inglehart 1990: 67ff., 1997: 70ff., 1999; Putnam 1993: 107). In dieser Hinsicht kann auch die protestantische Tradition in den neuen Ländern das Verhältnis der Menschen zu ihrer sozialen Umwelt geprägt haben, woraus sich u.a. das im Vergleich zu den osteuropäischen Ländern zum Teil deutlich höhere Niveau sozialen Vertrauens erklären würde.

Es ist allerdings schwierig, die Wirkungen der verschiedenen gesellschaftlichen und politischen Strukturmerkmale auf die Verbreitung sozialen Vertrauens voneinander zu isolieren. Die einzelnen Merkmale hängen zum Teil sehr eng miteinander zusammen. Darüber hinaus können sie nur zu einem Teil die Variationen sozialen Vertrauens auf der *Individualebene* erklären. Dies zeigen die Ergebnisse einer Individualregression auf Grundlage der Daten des *European Social Survey*, die als abhängige Variable den Index sozialen Vertrauens für jeden Befragten in jedem Land enthält und auf der Seite der unabhängigen Variablen so genannte ‚Dummy-Variablen', die die Zugehörigkeit der Befragten zu einem Land erfassen. Mit Hilfe dieser Variablen werden die beschriebenen Makroeffekte für die einzelnen Länder auf einfache Weise zusammenfasst. Die erklärte Varianz dieser Regression beträgt lediglich 20%, weshalb sich die Frage nach weiteren, und d.h. individuellen Bestimmungsfaktoren des generalisierten sozialen Vertrauens stellt, die auch einen Beitrag zur Mikrofundierung der beschriebenen Makrozusammenhänge leisten können. Hierzu lassen sich eine Reihe von Annahmen formulieren, worauf der nachfolgende Abschnitt eingeht. Anschließend wird die empirische Relevanz der wichtigsten Hypothesen geprüft. Vor dem Hintergrund der unterschiedlichen Niveaus sozialen Vertrauens in Deutschland und Europa ist insbesondere die Frage von Interesse, ob und inwieweit die Mechanismen der Vertrauensbildung auf der individuellen Ebene zwischen den Gesellschaften variieren.

## 4 Bestimmungsfaktoren des generalisierten sozialen Vertrauens der Bevölkerung in Deutschland und Europa

*4.1 Erklärungsansätze*

Eine detaillierte Analyse der Bestimmungsfaktoren des generellen Vertrauens der Menschen zu ihrer sozialen Umwelt steht vor dem Problem, dass der Forschungsstand zu diesem Thema in theoretischer und empirischer Hinsicht insgesamt nur wenig entwickelt ist (vgl. z.B. Alesina und La Ferrera 2000: 1; Anheier und Kendall 2002: 343; Borschnier 2001b: 441; Kunz 2002: 399; Stolle 1998: 500). Daran hat auch die Vielzahl von Publikationen, die sich inzwischen mit sozialem Vertrauen beschäftigen, kaum etwas geändert (vgl. als Ausnahmen v.a. Delhey und Newton 2002; Freitag 2003; Gabriel et al. 2002). Versucht man dennoch die einzelnen und verstreuten Hinweise zu den Bestimmungsfaktoren generalisierten sozialen Vertrauens in der Literatur zu systematisieren, lassen sich in erster Linie zwei mehr oder weniger theoretisch fundierte Perspektiven unterscheiden: persönlichkeits- und strukturorientierte Ansätze. Für die zentralen Faktoren, die im Rahmen dieser Ansätze herausgestellt werden, liegen im *European Social Survey* geeignete Indikatoren vor. Auf diese Variablen bezieht sich die nachfolgende Diskussion. Im Mittelpunkt stehen die Wirkungsbeziehungen auf der Mikroebene der individuellen Akteure.

*Persönlichkeitsorientierte Ansätze*

Im Rahmen persönlichkeitsorientierter Ansätze wird die große Bedeutung personeller Faktoren für das generalisierte soziale Vertrauen herausgestellt. Hierzu gehören insbesondere folgende Einflussgrößen:

1. Persönliche Ressourcen,
2. individuelle Zufriedenheit und persönliches Wohlbefinden,
3. individuelle Moralvorstellungen und religiöse Überzeugungen sowie
4. negative und belastende Lebensereignisse.

Zu 1): Persönliche Ressourcen zielen auf das Humankapital und das ökonomische Kapital, über das die Individuen verfügen können. Vor allem Bildung gehört nach vielfacher Einschätzung zu den zentralen Voraussetzungen der Produktion sozialen Vertrauens. Demnach werde mit zunehmender Bildung das Verständnis für abstrakte Ideen wie Gleichheit, Toleranz oder Universalismus gefördert (vgl. z.B. Brehm und Rahn 1997: 1009; Newton 1999a: 18f.; Stolle 1998: 512). Bildung vermittele daher eine grundlegende Übereinstimmung in zentralen Fragen des menschlichen Zusammenlebens, weshalb die Bereitschaft, andere zu akzeptieren und damit in unspezifischer Weise auch fremden Personen zu vertrauen, gestärkt werde. Newton (1999a: 19) zufolge gilt dieser Zusammenhang insbesondere für moderne und differenzierte Gesellschaften:

> „[E]ducation may help to create social solidarity for a community which stretches far beyond the immediate community of known individuals or sporadic contacts, to the much broader world of contemporary international society."

Besondere vertrauensfördernde Effekte werden gleichfalls dem verfügbaren Einkommen zugeschrieben. Die zentrale These besteht in der Annahme, dass Wohlstand die implizierten Risiken der Vertrauensvergabe mindert:

> „The poor cannot afford to lose even a little of what they have if their trust is betrayed; the rich stand to lose comparatively less, and they may gain comparatively more from trusting behaviour." (Delhey und Newton 2002: 5)

Zumindest in materieller Hinsicht kann ein hohes Einkommen die persönliche Verwundbarkeit bei einer Enttäuschung des Vertrauens herabsetzen. Allerdings lässt sich auch argumentieren, dass mit zunehmendem Einkommen der Bedarf nach vertrauensbasierten Sozialbeziehungen sinkt. Ein negativer Zusammenhang dürfte jedoch aufgrund der erzielbaren Vorteile aus Vertrauensbeziehungen wenig wahrscheinlich sein, so dass der paradoxe Effekt nahe liegt, dass diejenigen Personen, die im Endeffekt am meisten auf Vertrauen angewiesen sind, am wenigsten die Möglichkeit eines Vertrauensbruches überstehen können, während diejenigen Personen, die den geringsten Bedarf an Vertrauen haben, sich dieses am ehesten leisten und hiervon profitieren können (vgl. Offe 2001: 258). Soziales Vertrauen würde damit kaum zu einer Abschwächung sozialer Ungleichheiten beitragen, sondern diese eher noch festigen und verschärfen (vgl. auch Banfield 1958: 110; Freitag 2003: 220; Gabriel et al. 2002: 101; Putnam 2000: 138; Uslaner 2000: 90).

Zu 2): Insbesondere Inglehart (1990: 43) betont, dass Faktoren der allgemeinen Lebenszufriedenheit eine generelle positive oder negative Haltung zur gesellschaftlichen Umwelt begründen:

> „Overall life satisfaction is part of a broad syndrome of attitudes reflecting one has a relatively positive or negative attitude towards the world in which one lives."

Individuelle Unterschiede in der Lebenszufriedenheit reflektieren demnach fundamentale Unterschiede im Gefühlshaushalt der Menschen, die sich auf die Wahrnehmung über den Zustand der Welt auswirken (vgl. Brehm und Rahn 1997: 1009f.). Vor diesem Hintergrund argumentiert Uslaner (1999: 138 und 2002: 79ff.), dass Zufriedenheit und Wohlbefinden eng mit einer optimistischen Weltsicht verbunden sind, aus der sich ein positives Verhältnis der Menschen zu ihrer Umgebung ergibt. Je zufriedener daher die Menschen sind, desto positiver und optimistischer sind sie gestimmt und desto eher sollten sie ihrer sozialen Umwelt mit einem generellen Vertrauen begegnen (vgl. auch Inglehart 1999; Putnam 2000: 332ff.; Whiteley 1999: 29f.).

Zu 3): Eine weitere persönlichkeitsorientierte Variante der Erklärung generalisierten sozialen Vertrauens stellt die individuellen Moralvorstellungen und religiösen Überzeugungen in den Mittelpunkt. Das Hauptargument besteht darin, dass erst die Unterstützung sozialer Werte und Normen oder die moralische Ablehnung des ‚Free Rider'-Verhaltens eine stabile Vertrauensbasis zwischen den Menschen und ihrer Umwelt begründet. So hebt beispielsweise Uslaner (1999a: 217) hervor, „moral values help to overcome collective action problems because they provide a sense of shared idealism". Und nach Fukuyama (1999: 51) ist Vertrauen „the by-product of virtue; it arises when people share norms of honesty and reciprocity and hence are able to cooperate with one another". Zu den zentralen Produktionsfaktoren sozialen Vertrauens gehören daher aus dieser Sicht Tugenden wie Wahrheitsliebe, das Einhalten von Regeln, Verordnungen oder Gesetzen oder das Gefühl einer persönlichen Verantwortung für die Wohlfahrt anderer, insbesondere sozial schlechter gestellter Mitglieder der Gesellschaft. Diese auf eine generelle Außenmoral gerichteten prosozialen Orientierungen stellen die moralische Basis sozialen Kapitals dar (vgl. Gabriel et al. 2002: 69ff.) und definieren zusammen mit liberalen Wertvorstellungen zugleich den Kern der von Max Weber ([1904/05] 1993) herausgestellten protestantischen Werte, die – im Unterschied zur Orientierung am hierarchisch strukturierten Katholizismus – den „radius of trust" vom familiären Nahbereich auf den Fernbereich erweitert haben (vgl. Fukuyama 1999: 17 sowie Abschnitt 3 dieses Beitrags). Wenn sich derartige Differenzen auf der individuellen Ebene noch nicht verwischt haben sollten, liegt die Vermutung nahe, dass sich ebenso wie moralische Orientierungen auch die Zugehörigkeit zur protestantischen Konfession und starke protestantische Überzeugungen positiv auf das generelle Vertrauensverhältnis der Menschen zu ihrer sozialen Umwelt auswirken.

Zu 4): Neben individuellen Ressourcen, allgemeinen affektiven Dispositionen sowie bestimmten moralischen und religiösen Vorstellungen können auch besondere Lebenserfahrungen das interpersonale Vertrauen beeinflussen. Insbesondere lässt sich vermuten, dass negative und belastende Lebensereignisse zu einem generellen Argwohn gegenüber der Umgebung und den Motiven anderer Akteure führen (vgl. Alesina und La Ferrera 2000: 3). Zu solchen Begebenheiten können Scheidung, Arbeitslosigkeit oder der Tatbestand, dass man in der Vergangenheit Opfer eines Einbruchs oder Überfalls war, zählen (vgl. Brehm und Rahn 1997: 1009).

*Strukturorientierte Ansätze*

Im Rahmen strukturorientierter Ansätze wird die zentrale Bedeutung des sozialen und gesellschaftlichen Umfeldes für das soziale Vertrauen herausgestellt. Cook und Hardin (2001: 330) kennzeichnen diese Perspektive wie folgt:

> „Our central assumption is that some of the most conditions for trust are social, not psychological; they are outside the individual, they are not individual traits. [...] It is familial, communal, network and other structured contexts that give us grounds for trust because they give grounds for being trustworthy to the people we might trust. Hence, grounded trust is inherently relational because it depends on this background of ordered incentives. If we are to discover under what circumstances people are likely to trust and to prosper as a result, we must be attentive to these background conditions. The commonplace discussion of trust between two individuals as though they were abstracted from their social context misses too much of what is at stake to make sense of social relations."

Strukturorientierte Ansätze zur Erklärung generalisierten sozialen Vertrauens beziehen sich auf unterschiedliche Aspekte. In den meisten Arbeiten wird auf die große Bedeutung der Einbindung der Individuen in formelle und informelle soziale Netzwerke für das soziale Vertrauen verwiesen. Darüber hinaus geht es um den Einfluss allgemeiner gesellschaftlicher Strukturmerkmale auf das Vertrauen, auf die im vorhergehenden Abschnitt bereits hingewiesen wurde. In der Literatur werden in diesem Zusammenhang neben den genannten politisch-institutionellen und sozio-ökonomischen Strukturen insbesondere auch Aspekte der sozialen und ethnischen Heterogenität der Gesellschaften sowie ihrer Sicherheit und Ordnung thematisiert. Im Hintergrund stehen neben einschlägigen sozialisationstheoretischen Überlegungen immer auch die Annahmen des ‚interpretativen Paradigmas', wonach Vertrauen grundsätzlich an das Vorhandensein von Deutungsmustern, Zeichensystemen, Einstellungen sowie bestimmten formellen und informellen Institutionen gebunden ist, die eine gemeinsame Lebenswelt der Individuen konstituieren (vgl. Anheier und Kendall 2002; Delhey und Newton 2002; Nuissl 2002). Im Hinblick auf die notwendige Mikrofundierung der makrostrukturellen Zusammenhänge spricht diese Perspektive für den Untersuchungsansatz der vorliegenden Studie, der die individuellen Bestimmungsfaktoren des generalisierten sozialen Vertrauens im Mittelpunkt stellt. Daher wird der Einfluss der gesellschaftlichen Strukturmerkmale über die subjektiven Perzeptionen der Individuen modelliert. Im *European Social Survey* liegen Indikatoren für folgende zentrale Dimensionen vor:

1. Subjektiv berichtete Einbettung in soziale Netzwerke,
2. Zufriedenheit mit der Demokratie und der wirtschaftliche Lage,
3. wahrgenommene Zugehörigkeit zu benachteiligten Bevölkerungsgruppen und Minderheiten sowie
4. perzipierte Sicherheit im öffentlichen Bereich.

Zu 1): Als eine der wichtigsten Determinanten sozialen Vertrauens wird in der neueren Vertrauensforschung die Einbettung in soziale Netzwerke betrachtet. Eine prominente Rolle spielt in diesem Zusammenhang der in den Politik- und Sozialwissenschaften derzeit stark beachtete Sozialkapitalansatz in der Tradition der politischen Kulturforschung nach Alexis de Tocqueville ([1835] 1987) sowie Almond und Verba (1963). Hier gehört die enge Verbindung zwischen sozialer Einbettung und generalisiertem Vertrauen zu den Kernannahmen der konzeptionellen Überlegungen. Nach diesen, in der neueren Literatur insbesondere von Putnam (1993 und 2000) vertretenen Vorstellungen fördert die Einbindung in soziale Netzwerke die Internalisierung von Werten und Normen, die interpersonales Vertrauen unterstützen. Darüber hinaus wird unterstellt, dass eine solche Einbettung umfassende Erfahrungen ermöglicht, nach denen andere Akteure als verlässliche Partner auftreten, wobei in dichten und dauerhaften Beziehungen das Vertrauen schon allein aufgrund des zukünftig erwarteten Austauschverhältnisses selten missbraucht werden sollte. Diese Erfahrungen werden nach der ‚Bottom Up'-Logik des Sozialkapitalansatzes auf andere soziale Beziehungen verallgemeinert (vgl. Gabriel et al. 2002: 41; Gabriel und Kunz 2002: 258ff.).

Im Anschluss an Tocqueville werden von Putnam (1993 und 2000) insbesondere Freiwilligenorganisationen als vertrauensfördernde Netzwerkstrukturen herausgestellt. Üblicherweise geht man davon aus, dass diese Effekte der Beteiligung in Freiwilligenorganisationen umso stärker sind, je intensiver man in die Aktivitäten der Organisationen eingebunden ist. Allerdings ist umstritten, ob die Vertrauenswirkungen in allen Organisationstypen gleichermaßen auftreten (vgl. z.B. Warren 2001). Nach Putnam (1993: 107ff.) sind es neben sozialkulturellen Organisationen vor allem die Sport- und Freizeitvereine, die auf die Verwirklichung gemeinschaftsorientierter Werte und Normen ausgerichtet sind und aufgrund ihrer sozialstrukturell übergreifenden Mitgliedschaften soziale und politische Spaltungen und Konflikte entschärfen können, und weniger diejenigen Gruppen, bei deren Aktivitäten die traditionelle Vertretung gruppenspezifischer Interessen im Vordergrund steht (wie Gewerkschaften und Berufsorganisationen). Da im *European Values Survey* detaillierte Daten zum Engagement in einzelnen Typen von Freiwilligenorganisationen zur Verfügung stehen, liegt es nahe, die Frage nach ihrer relativen Bedeutung für das interpersonale Vertrauen empirisch zu prüfen.³

Die empirische Sozialkapitalforschung hat im Hinblick auf den Zusammenhang zwischen Netzwerken und sozialem Vertrauen vor allem formelle Organisationen in den Mittelpunkt gestellt, da Vereine und Verbände eine Umgebung bieten, in der das Fortbestehen der Kontakte relativ sicher ist und damit das Lernen und die Bestätigung sozialer Werte tatsächlich realisierbar erscheinen (vgl. Gabriel et al. 2002: 37ff., 97ff.). Gleichwohl mehren sich die Stimmen, die darauf hinweisen, dass neben den freiwilligen Aktivitäten in Vereinen und Verbänden weitere Aspekte der sozialen Integration zu berücksichtigen sind. Alternativen Integrationsinstanzen wie Familie, Arbeitsplatz, Nachbarschaft oder Freundeskreisen kommt demnach eine mindestens ebenso große Bedeutung für das Verhältnis der Menschen zu ihrer sozialen Umwelt zu wie die Einbettung in das Organisationsnetzwerk der Zivilgesellschaft (vgl. z.B. Stolle 2001). Da die Menschen in informellen Netzwerken in der Regel deutlich mehr Zeit verbringen, folgert Newton (1999b: 172) sogar,

„[s]chool, family, work, and neighbourhood are likely to have far greater significance in the origins of trust, reciprocity, and co-operation than the limited and sporadic involvement of most people in voluntary organizations."

Ein solcher Zusammenhang erscheint auch deshalb wahrscheinlich, weil sich das bürgerschaftliche Engagement aus verschiedenen Gründen zunehmend auf kurzfristige, projektorientierte Engagementformen außerhalb des engeren organisatorischen Rahmens der Mitgliedschaft in Vereinen und Verbänden richtet.

Zu 2): Die Vermutung, dass eine stabile und funktionierende Demokratie und wirtschaftlicher Wohlstand wesentlich zur Etablierung einer soliden Vertrauensbasis zwischen den Menschen und ihrer sozialen Umwelt beitragen, gehört zu den bekannten Grundannahmen der politischen Kulturforschung (‚Top Down'-Perspektive, vgl. z.B. Inglehart 1997: 160ff.). Eine funktionierende Demokratie impliziert eine umfassende und institutionalisierte Beteiligung der Bürger und sozialer Gruppierungen, ein ausgebautes Rechtssystem und weitere elementare Bedingungen, die einen mehr oder weniger umfassenden Schutz der Akteure vor einer Ausbeutung durch andere Akteure und einer tiefen Spaltung der Gesellschaft in Insider und Outsider bieten. In dieser Hinsicht erleichtert die Einschränkung opportunistischen Verhaltens und die Stärkung persönlicher Sicherheit durch demokratische Strukturen die Überwindung sozialer Dilemmas, weshalb die Annahme naheliegt, dass das Vertrauen einer Person in die soziale Umwelt vor allem dann groß ist, wenn sie diese institutionellen Bedingungen insgesamt als effizient, fair und gerecht ansieht und mit ihrer Funktionsweise zufrieden ist.⁴

Auf vergleichbare Weise kann unterstellt werden, dass sich die Zufriedenheit mit der Wirtschaftslage auf das Verhältnis der Menschen zu ihrer sozialen Umwelt auswirkt. Eine schlechte Wirtschaftslage verstärkt die Implikationen bestehender Marktungleichheiten und führt zu Konkurrenzdruck und unsicheren Verhaltenserwartungen. Es liegt nahe, dass unter

---

[3] In der neueren Sozialkapitaldiskussion wird in diesem Zusammenhang auch zwischen „brückenbildenden" und (selektiv) „bindenden" sozialen Netzwerken unterschieden (vgl. z.B. Putnam/Goss 2001: 28ff.). Für eine differenzierte Erfassung dieser Dimensionen ist die Datenbasis nicht ausreichend.
[4] Entsprechende Wirkungen werden in der Literatur mitunter auch dem Vertrauen in die politischen Institutionen zugeschrieben (vgl. z.B. Newton 1999b). Aufgrund der hohen Interkorrelation mit der Demokratiezufriedenheit ist eine separate Schätzung dieser Effekte allerdings schwierig (Einzelheiten in Abschnitt 4.2).

diesen Bedingungen die Möglichkeiten solidarischen Handelns beschränkt, die Bindung an gemeinschaftsbezogene Werte reduziert und der Aufbau vertrauensvoller Beziehungen eher erschwert werden. In dieser Perspektive betonen z.B. Brehm und Rahn (1997: 1009),

> „[s]carcity increases the risks of misplaced trust, so hard economic times may lead people to be less generous in their views of others, who may instead be viewed as competitors. When society's rewards become more inequitably distributed, people may begin to feel exploited by others, thus dimishing their faith in their fellow citizens."

Entsprechend folgert Patterson (1999: 181),

> „that distrust is closely related to economic insecurity and a zero-sum view of the world, realistically induced by a stagnant economic environment."

Nach Newton (1999a: 17) sind diese Zusammenhänge vor allem unter den Bedingungen der Globalisierung des Kapitalismus zu erwarten. Er vermutet,

> „that the move towards a more competitive, market economy in many western states in the 1980s and 1990s has introduced more competition and encouraged ‚entrepreneurial spirit', but perhaps it has also helped to undermine social capital and the sense of trust and cooperation between citizens."

Vor diesem Hintergrund sollte die Wahrnehmung ökonomischer Unsicherheit zu den wichtigsten Ursachen einer mangelnden Vertrauensbasis zwischen den Menschen und ihrer sozialen Umwelt gehören.

Zu 3) und 4): Auf ähnliche Weise lässt sich vermuten, dass die wahrgenommene Zugehörigkeit zu benachteiligten Bevölkerungsgruppen und Minderheiten das generelle Vertrauen der Menschen schwächt. Denn solche Bedingungen können dazu beitragen, dass sich die Angehörigen solcher Gruppen eher als Gegner oder Feinde dominierender Gruppierungen und nicht als gleichberechtigte Mitakteure in einem friedlichen sozialen Wettbewerb betrachten (vgl. Flanagan 1978; Knack und Keefer 1997: 1277ff.; Weingast 1998). Es ist daher wahrscheinlich, dass mit einem starken Gefühl subjektiver Diskriminierung ausgeprägte Zweifel an der Aufrichtigkeit und Glaubwürdigkeit sowie an der Hilfsbereitschaft, Fairness und Vertrauenswürdigkeit der meisten Mitmenschen einhergehen. Derartige Zweifel können auch dann auftreten und sich verstärken, wenn die Sicherheit im sozialen Umfeld als defizitär wahrgenommen wird, mit der Folge, dass sich ein generelles Misstrauen gegenüber der sozialen Umwelt unter diesen Bedingungen einstellt.

*Kontextwirkungen und Kontrollvariablen*

Es bedarf keiner weiteren Diskussion, dass einige der skizzierten Kausalbeziehungen auch in umgekehrter Richtung denkbar sind (vgl. z.B. Brehm und Rahn 1997: 1002; Claibourn und Martin 2000: 267ff.; Kunz 2002: 399). Dies betrifft beispielsweise den Zusammenhang zwischen Demokratie und sozialem Vertrauen. So wird auf der einen Seite unterstellt, dass soziales Vertrauen stabilisierende Effekte auf die Demokratie aufweist (vgl. Abschnitt 2). Auf der anderen Seite geht man entsprechend den vorstehenden Überlegungen davon aus, dass eine funktionierende Demokratie soziales Vertrauen fördert. Auf Grundlage der verfügbaren Daten sind solche Fragen nicht schlüssig zu beantworten. Daher ist eine Untersuchung der Vertrauenseffekte, die den einzelnen Variablen zugeschrieben werden, unter forschungspraktischen Gesichtspunkten zu rechtfertigen. Aus den bisherigen Überlegungen ergeben sich eine Reihe zumindest explorativ prüfbarer Annahmen. Allerdings kann nicht ohne weiteres unterstellt werden, dass alle Zusammenhänge in den Untersuchungsländern in gleicher Weise auftreten. Dies gilt insbesondere im Hinblick auf mögliche Unterschiede zwischen West- und Ostdeutschland bzw. West- und Osteuropa (vgl. Delhey und Newton 2002; Gabriel et al. 2002; Rose 1994 und 2001; Sztompka 1995).

Nach den Annahmen zur Wirkung sozialer Netzwerke auf das generalisierte Vertrauen ist zum Beispiel die Hypothese plausibel, dass in erster Linie in den etablierten Demokratien Westeuropas, die sich in der Regel durch ein funktionsfähiges System intermediärer Organisationen auszeichnen, positive Beziehungen zwischen der Einbindung in das System der Freiwilligenorganisationen und dem interpersonalen Vertrauen bestehen. Demgegenüber bietet die mehr oder weniger weitgehende Zerstörung des intermediären Systems in Ostdeutschland und den anderen osteuropäischen Ländern durch die vormals bestehenden kommunistischen Regime weitaus ungünstigere Voraussetzungen für die organisationsinduzierte Entwicklung sozialen Vertrauens in diesen Gesellschaften. Hierfür spricht auch der Umstand, dass in sozialen Strukturen mit einem vergleichsweise geringen Kooperationsgrad die Vorteile der Nicht-Kooperation für alle Beteiligten überwiegen können, weil der erwartete Nutzen der Nicht-Kooperation auch für die kooperativ eingestellten Akteure steigt.

Vor diesem Hintergrund sind weitere Folgewirkungen der früheren totalitären Strukturen denkbar, die aufgrund der staatlichen Kontrolle des gesamten gesellschaftlichen Lebens partikularistische und begrenzte Sozialbeziehungen begünstigten. Daher lässt sich auch einige Jahre nach der Wende erwarten, dass das Vertrauensverhältnis der Menschen zu ihrer sozialen Umwelt in den postkommunistischen Transformationsgesellschaften insgesamt stärker von der Zugehörigkeit zu informellen Netzwerken von Freunden und Kollegen und insbesondere von personellen Faktoren geprägt wird als in westlichen Gesellschaften. Der letztgenannte Zusammenhang ist auch deshalb wahrscheinlich, weil in den etablierten Wohlfahrtsstaaten unter den Bedingungen eines vergleichsweise hohen sozioökonomischen Entwicklungsniveaus persönliche Ressourcen für die Bewältigung eines eventuellen Vertrauensbruches im Durchschnitt von geringerer Relevanz sein dürften als in Handlungskontexten, in denen diese strukturellen Voraussetzungen weniger entwickelt sind und daher die Vergabe von Vertrauen grundsätzlich mit einem größeren persönlichen Risiko verknüpft ist.

Ungeachtet dieser möglichen Unterschiede sind aber generell Zusammenhänge in der jeweiligen Richtung zu erwarten, so dass zwar die Stärke der Effekte der einzelnen Bestimmungsfaktoren für das soziale Vertrauen je nach Land bzw. Region oder Ländergruppe variieren kann, ihr Vorzeichen aber einheitlich ausfallen sollte. Die empirische Überprüfung der Annahmen steht im Mittelpunkt des nachfolgenden Abschnitts. Hierbei werden weitere Faktoren als Kontrollvariablen berücksichtigt, die in ihrer Wirkungsweise zwar umstritten sind, mitunter aber ebenfalls als wichtige Determinanten sozialen Vertrauens genannt werden. Hierzu gehören insbesondere Geschlechtszugehörigkeit, Alter und Mediennutzung. Hinsichtlich des letztgenannten Faktors hat vor allem Putnam (2000: 211, 224, 245) aus unterschiedlichen Gründen auf die negative Rolle des Fernsehens für das soziale Vertrauen aufmerksam gemacht, was eine intensive Diskussion über den Zusammenhang von Fernsehkonsum, sozialer Integration und Vertrauen ausgelöst hat. Vor diesem Hintergrund liegt es nahe, die potentiellen Vertrauenseffekte insbesondere dieser Variablen in die nachfolgenden Analysen einzubeziehen.

*4.2 Ergebnisse*

Die Überprüfung der zuvor formulierten Annahmen zu den Bestimmungsfaktoren generalisierten sozialen Vertrauens der Bevölkerung in Deutschland und Europa erfolgt zunächst getrennt für die persönlichkeits- und strukturorientierten Ansätze. Dies geschieht auf der Grundlage multivariater Regressionsanalysen für West- und Ostdeutschland sowie für West- und Osteuropa. Damit lässt sich für jede der beiden Prädiktorengruppen die Erklärungskraft entsprechend dem Anteil gebundener Varianz und der relative Einfluss der einzelnen Variablen in den Untersuchungsgebieten berechnen.[5] Die persönlichkeits- und strukturorientierten Ansätze schließen sich allerdings nicht gegenseitig aus, sondern ergänzen einander. Daher wird in einem weiteren Schritt ein integriertes Erklärungsmodell getestet, das sämtliche bedeutsamen Erklärungsfaktoren sowie die im vorhergehenden Abschnitt genannten Kontrollvariablen enthält. Als abhängige Variable fungiert in allen Analysen der Gesamtindex sozialen Vertrauens, womit der Einfluss möglicher Messfehler minimiert werden kann. Hinweise zur Operationalisierung der verfügbaren Prädiktoren enthält Tabelle 3.

*Bestimmungsfaktoren des generalisierten sozialen Vertrauens im innerdeutschen Vergleich*

In der oberen Hälfte von Tabelle 3 sind die Ergebnisse des Regressionsmodells zusammengefasst, das die personellen Faktoren zur Erklärung generalisierten sozialen Vertrauens enthält. Demnach liegen in beiden Teilen Deutschlands überwiegend signifikante Zusammenhänge vor, wobei ihre Richtung durchweg mit den theoretischen Erwartungen übereinstimmt. Als wichtigster Erklärungsfaktor erweist sich im Westen wie im Osten der Index aus individueller Zufriedenheit und persönlichem Wohlbefinden. Der standardisierte Wert dieser Variablen liegt in beiden Fällen über .25. Je größer die Zufriedenheit und das Wohlbefinden der Befragten, desto größer ist ihr Vertrauen in die soziale Umwelt. Die quantitativen Effekte der übrigen Indikatoren fallen deutlich geringer aus. Lediglich in Ostdeutschland weisen die moralischen Orientierungen noch substantielle Effekte auf den Index sozialen Vertrauens auf.[6] Demnach stärkt im Osten die Akzeptanz sozialer Werte das interpersonale Vertrauen, während im Westen ein solcher Zusammenhang nicht vorliegt. Daher lässt sich mit den Indikatoren der persönlichkeitsorientierten Ansätze das soziale Vertrauen in den neuen Bundesländern insgesamt auch etwas besser als in den alten Bundesländern erklären. Dennoch fällt die durch das Modell gebundene Varianz in beiden Teilen Deutschlands relativ niedrig aus, da Einkommen und Bildung, negative Erfahrungen sowie protes-

---

[5] Die Zusammenfassung der europäischen Länder zu den Gruppierungen ‚West-' und ‚Osteuropa' stellt hier natürlich eine vereinfachende Reduktion dar, die sich aus der Zielsetzung des vorliegenden Buches ergibt.
[6] Als substantiell bedeutsam werden Effekte interpretiert, wenn die standardisierten Koeffizienten mindestens den Betrag von .10 erreichen.

tantische Orientierungen durchgehend nur sehr geringe Beiträge zur Erklärung sozialen Vertrauens leisten.

Wie aus der unteren Hälfte von Tabelle 3 hervorgeht, weist auch das Regressionsmodell auf Basis strukturorientierter Ansätze nur eine begrenzte Erklärungskraft auf. Dies ist vor allem darauf zurückzuführen, dass in West- wie in Ostdeutschland die Einbettung in soziale Netzwerke keine nennenswerte Rolle für das Niveau sozialen Vertrauens spielt. Die meisten Zusammenhänge sind in beiden Teilen Deutschlands noch nicht einmal signifikant. Dabei ist es unerheblich, ob eher formale oder eher informale Aspekte sozialer Integration betrachtet werden. Ebenfalls von untergeordneter Bedeutung ist die wahrgenommene Zugehörigkeit zu benachteiligten Bevölkerungsgruppen und Minderheiten. Die wichtigsten strukturorientierten Determinanten sind in den alten und neuen Bundesländern die Zufriedenheit mit der Demokratie und der wirtschaftlichen Lage. Je größer die individuelle Zufriedenheit mit diesen Bereichen ausfällt, desto größer ist auch das Vertrauen in die soziale Umwelt. Darüber hinaus stärkt im Westen und Osten das Sicherheitsgefühl das generalisierte Vertrauen in die soziale Umwelt.

*Bestimmungsfaktoren des generalisierten sozialen Vertrauens im europäischen Vergleich*

Zusammenfassend lässt sich feststellen, dass sich die bisher ermittelten Ergebnisse zu den Bestimmungsfaktoren sozialen Vertrauens nur in geringem Maße zwischen Ost- und Westdeutschland unterscheiden. Vor diesem Hintergrund stellt sich die Frage, wie sich diese Befunde im europäischen Vergleich darstellen, insbesondere ob Deutschland in dieser Hinsicht eine Sonderrolle spielt. Dies ist nach den Angaben in Tabelle 3 nicht der Fall. Insgesamt fallen die Ergebnisse in Deutschland, West- und Osteuropa sehr ähnlich aus. So sind auch in den Staaten Westeuropas und in den postkommunistischen Demokratien die individuelle Zufriedenheit und das persönliche Wohlbefinden die wichtigsten personellen Determinanten sozialen Vertrauens (vgl. auch Whiteley 1999 auf Basis der *World Values Surveys*). Lediglich in Westeuropa weisen Bildung und – auch aufgrund der vergleichsweise großen Varianz – protestantische Orientierungen noch einen substantiellen Einfluss auf das soziale Vertrauen auf, wobei die Richtung der Zusammenhänge den Erwartungen entspricht. Diese Effekte reduzieren sich aber deutlich, wenn man mittels Dummy-Variablen für länderspezifische Wirkungen kontrolliert, was ansonsten nicht der Fall ist (tabellarisch nicht ausgewiesen). In den osteuropäischen Ländern ist von vorneherein keine weitere Variable eines persönlichkeitsorientierten Ansatzes von Bedeutung.

Mit Blick auf die strukturorientierten Erklärungsvarianten ist wiederum die weitgehende Irrelevanz der Einbettung in soziale Netzwerke für das soziale Vertrauen in West- und Osteuropa auffallend. Zwar sind einige Effekte signifikant, der standardisierte Wert der Indikatoren liegt allerdings durchweg unter dem Betrag von .10. Dies gilt auch für die wahrgenommene Zugehörigkeit zu benachteiligten Bevölkerungsgruppen und Minderheiten sowie die perzipierte Sicherheit im sozialen Umfeld in Osteuropa. Wie in Deutschland hängt in den Staaten Westeuropas und in den postkommunistischen Demokratien das soziale Vertrauen in erster Linie von der Zufriedenheit mit der Demokratie und der wirtschaftlichen Lage ab.

*Tabelle 3:* Bestimmungsfaktoren des generalisierten sozialen Vertrauens in West- und Ostdeutschland und im europäischen Vergleich (multivariate Regression)

| | unstandardisiert | | | | standardisiert | | | |
|---|---|---|---|---|---|---|---|---|
| | E-W | D-W | D-O | E-O | E-W | D-W | D-O | E-O |
| **Modell 1: Persönlichkeitsorientierte Ansätze** | | | | | | | | |
| Ress.: Einkommen (a) | .06*** | .03 | .02 | .02 | .08 | .04 | .02 | .02 |
| Ress.: Bildung | .20*** | .12* | .11* | .12*** | **.15** | .07 | .06 | .09 |
| Wohlbefinden | .32*** | .25*** | .25*** | .25*** | **.28** | **.26** | **.29** | **.27** |
| Moral: Soziale Werte | .03*** | .01 | .13*** | .02 | .02 | .01 | **.11** | .02 |
| Rel.: Protestantisch | .14*** | .03* | .01 | .05** | **.17** | .06 | .02 | .04 |
| Negative Erfahrungen | -.13*** | -.16* | -.21** | -.08* | -.04 | -.05 | -.08 | -.03 |
| R²/adj. R² | .17/.17 | .10/.09 | .13/.12 | .09/.09 | | | | |
| N (ungewichtet) | 27.200 | 1.688 | 1.077 | 6.074 | | | | |
| **Modell 2: Strukturorientierte Ansätze** | | | | | | | | |
| Org: Sport | .06*** | -.01 | .11 | .03 | .03 | -.01 | .05 | .01 |
| Org: Sozialkulturell | .18*** | .14*** | .07 | .16*** | .09 | .09 | .04 | .06 |
| Org.: Politik | .11*** | .04 | .09 | .02 | .03 | .01 | .02 | .00 |
| Org.: Wirtschaft | .22*** | .03 | -.01 | .02 | .08 | .01 | -.01 | .01 |
| Soziale Kontakte | .11*** | .11*** | .08* | .05*** | .08 | .09 | .07 | .05 |
| Familie u. Beruf | .02 | .00 | .01 | .00 | .01 | .00 | .00 | .00 |
| Zufr.: Demokratie | .10*** | .11*** | .15*** | .15*** | **.11** | **.15** | **.19** | **.18** |
| Zufr.: Wirtschaftslage | .22*** | .13*** | .11*** | .18*** | **.26** | **.15** | **.12** | **.20** |
| Diskriminierte Gruppe | -.27*** | -.75*** | -.71* | -.56*** | -.03 | -.09 | -.07 | -.06 |
| Ethnische Minderheit | -.34*** | -.36 | .13 | -.26 | -.03 | -.04 | .01 | -.02 |
| Öffentliche Sicherheit | .27*** | .23*** | .27*** | .20*** | **.11** | **.10** | **.13** | .07 |
| R²/adj. R² | .20/.20 | .12/.11 | .12/.11 | .15/.15 | | | | |
| N (ungewichtet) | 23.477 | 1.681 | 1.062 | 4.444 | | | | |

Signifikanzniveaus: *p<0.05; **p<0.01; ***p<0.001. Standardisierte Werte, die den Betrag von .09 übertreffen, sind hervorgehoben. (a) Aufgrund der hohen Anzahl an fehlenden Werten beruhen die angegebenen Einkommenseffekte auf einer gesonderten Regression mit allen nachfolgenden Erklärungsvariablen. Die Effekte dieser Variablen (sowie der Determinationskoeffizient) sind ohne Berücksichtigung der Einkommensvariablen geschätzt worden. Hinweise zur Messung der unabhängigen Variablen (die zugrunde liegenden ESS-Fragen und die Ausprägungen der Variablen sind in Klammern genannt, Einzelheiten unter http://ess.nsd.uib.no): *Ressourcen: Einkommen* = (monatliches) ‚Haushaltsnettoeinkommen' (F30) (1 = weniger als 150 Euro ... 12 = 10.000 Euro und mehr). *Ressourcen: Bildung* = ISCED-97-Level (F6-F6c) (0 = keine abgeschlossene Ausbildung ... 6 = abgeschlossene tertiäre Ausbildung der zweiten Stufe). *Wohlbefinden* = additiver Index aus ‚allgemeiner Lebenszufriedenheit' (B29) und ‚allgemeinem Wohlbefinden' (C1) (0 = äußerst unzufrieden/unglücklich ... 10 = äußerst zufrieden/glücklich). *Moral: Soziale Werte* = additiver Index auf Grundlage der Items ‚ein guter Bürger unterstützt Menschen, denen es schlechter geht als einem selbst' (E22) und ‚ein guter Bürger befolgt immer die Gesetze und Verordnungen' (E24) (0 = äußerst unwichtig ... 10 = äußerst wichtig). *Religiöse* Überzeugungen: *Protestantische* Orientierung (C9, C10, C13) (0 = überhaupt nicht ... 10 = sehr rel.) *Negative Erfahrungen* = additiver Index aus ‚Haushaltsmitglied Opfer eines Einbruchs oder Überfalls in den letzten fünf Jahren' (C5), ‚Scheidung im bisherigen Leben' (F58, F63), ‚Arbeitslosigkeit mehr als 12 Monate ununterbrochen im bisherigen Leben' (F25, F26) (0 ... 3). *Organisatorische* Involvierung in *Sportvereinen, sozialkulturellen* Organisationen, *politischen* Parteien und Gruppen, *wirtschaftlichen* Interessengruppen (E1a bis E12a) (0 = kein Mitglied, 1 = inaktives Mitglied, 2 = aktives Mitglied, 3 = Mitglied und Ehrenamt, keine Angaben für Schweiz und Tschechische Republik; zu dieser Einteilung vgl. die Hinweise bei Gabriel et al. 2002: 42ff.). *Soziale Kontakte* in informellen Beziehungen = ‚Häufigkeit (privater) Treffen mit Freunden, Verwandten, Arbeitskollegen' (C2) (1 = nie ... 7 = täglich). Soziale Einbindung in *Familie und Beruf* = additiver Index aus ‚verheiratet oder in einer partnerschaftlichen Beziehung lebend' (F58, F59, F60, F61) und ‚Berufstätigkeit' (F8b) (0 ... 2). *Zufriedenheit* mit dem Funktionieren der *Demokratie* (B32) (0 = äußerst unzufrieden ... 10 äußerst zufrieden). *Zufriedenheit* mit der gegenwärtigen *wirtschaftlichen Lage* (B30)

(0 = äußerst unzufrieden ... 10 äußerst zufrieden). Zugehörigkeit zu einer *diskriminierten Gruppe* (C16) (0 = nein, 1 = ja). Zugehörigkeit zu einer *ethnischen Minderheit* (C24) (0 = nein, 1 = ja). *Öffentliche Sicherheit* im Nahbereich = ‚Sicherheitsgefühl bei Dunkelheit in der Wohngegend' (C6) (1 = sehr unsicher ... 4 = sehr sicher).

*Resümee und ein integriertes Erklärungsmodell*

In der Summe ist festzuhalten, dass sich die Annahmen, die im Rahmen der einzelnen Erklärungsansätze interpersonalen Vertrauens vertreten werden, in allen Gesellschaften nur teilweise bestätigen und daher die Erklärungskraft der Regressionsmodelle durchweg beschränkt ist. Im einzelnen zeigt der Vergleich des Determinationskoffizienten, dass sich in West- und Osteuropa sowie in den alten Bundesländern das generalisierte soziale Vertrauen besser mit den Variablen strukturorientierter Ansätze als mit personellen Faktoren erklären lässt. Dieser Sachverhalt ist in erster Linie auf die vergleichsweise große Bedeutung der Wahrnehmung günstiger politischer und ökonomischer Rahmenbedingungen zurückzuführen. Die geringfügig höhere Varianzerklärung des Regressionsmodells auf Basis persönlichkeitsorientierter Ansätze in den neuen Bundesländern geht vor allem auf den Einfluss der individuellen Moralvorstellungen zurück, denen hier eine nennenswerte Bedeutung zukommt. Insgesamt lässt sich die Vermutung aber nicht belegen, dass in den postkommunistischen Transformationsgesellschaften das Vertrauensverhältnis der Menschen zu ihrer sozialen Umwelt sehr viel stärker von personellen Faktoren geprägt wird als in westlichen Gesellschaften. Wenn hier überhaupt ein Zusammenhang feststellbar ist, zeigt er sich eher in umgekehrter Richtung.

In der Gesamtschau unterscheiden sich die Ergebnisse für die einzelnen Länder bzw. Ländergruppen nur graduell, aber nicht prinzipiell. Dies zeigt auch eine simultane Analyse aller relevanten Einflussfaktoren, in der zugleich die demographischen und medienspezifischen Kontrollvariablen enthalten sind. Für eine bessere Einschätzung ihrer Gesamtwirkung wurden hierbei die Indikatoren der Zufriedenheit mit der Demokratie und der wirtschaftlichen Lage aufgrund ihrer großen Interkorrelation zusammengefasst ($r > .50$). Nach den in Tabelle 4 enthaltenen Ergebnissen bestätigen sich die bisherigen Befunde. Darüber hinaus zeigt sich, dass die Kontrollvariablen (Geschlecht, Alter und Fernsehkonsum) kaum etwas zur Erklärung sozialen Vertrauens beitragen. Dieser Sachverhalt gilt gleichermaßen in allen Gesellschaften und ist vor allem im Hinblick auf die vielfach thematisierte negative Wirkung des Fernsehens auf das soziale Vertrauen bemerkenswert (vgl. auch Delhey und Newton 2002; Gabriel et al. 2002: 119ff.; Norris 2000: 242ff.). Damit lässt sich zugleich feststellen, dass die Integration der bedeutsamen Prädiktoren in ein Erklärungsmodell durchweg zu einer höheren Varianzerklärung führt als der getrennte Test persönlichkeits- und strukturorientierter Ansätze (vgl. die entsprechenden Angaben in den Tabellen 3 und 4).

Auf Grundlage der vorliegenden Ergebnisse können die zentralen Befunde der empirischen Analysen zu den Determinanten generalisierten sozialen Vertrauens wie folgt zusammengefasst werden:

Die im Sozialkapitalansatz dominierende Vorstellung eines direkten und engen Zusammenhangs zwischen der Mitgliedschaft und Aktivität in Freiwilligenorganisationen und dem Vertrauen in die soziale Umwelt lässt sich nicht bestätigen. Im Gegensatz zu den insbesondere von Putnam (1993 und 2000) vertretenen Annahmen ist keiner der im Modell

*Tabelle 4:* Ein integriertes Erklärungsmodell generalisierten sozialen Vertrauens (multivariate Regression)

| | unstandardisiert | | | | standardisiert | | | |
|---|---|---|---|---|---|---|---|---|
| | E-W | D-W | D-O | E-O | E-W | D-W | D-O | E-O |
| Ress.: Bildung | .16*** | .09* | .05 | .11*** | **.12** | .06 | .03 | .08 |
| Wohlbefinden | .21*** | .19*** | .19*** | .15*** | **.19** | **.21** | **.21** | **.16** |
| Moral: Soziale Werte | .01 | .02 | .13*** | .02 | .00 | .01 | **.11** | .02 |
| Rel.: Protestantisch | .10*** | .02 | .01 | .02 | **.13** | .03 | .01 | .02 |
| Zufr.: Dem. + Wirtschaft | .22*** | .21*** | .19*** | .26*** | **.23** | **.22** | **.19** | **.26** |
| Öffentliche Sicherheit | .29*** | .26*** | .25*** | .20*** | **.12** | **.12** | **.12** | .07 |
| Geschlecht | .18*** | .24** | .01 | .11* | .05 | .07 | .00 | .03 |
| Alter | .01*** | .00 | .01 | .00 | .06 | .01 | .05 | .02 |
| TV-Konsum | -.02*** | -.01 | -.06* | .04 | -.02 | -.02 | -.06 | .04 |
| R²/adj. R² | .23/.23 | .15/.14 | .17/.16 | .16/.16 | | | | |
| N (ungewichtet) | 25.775 | 1.654 | 1.060 | 5.649 | | | | |

Signifikanzniveaus: *p<0.05; **p<0.01; ***p<0.001. Aufgenommen sind die Variablen, die in den vorhergehenden Analysen mindestens einen standardisierten Wert von .10 aufweisen. Standardisierte Werte, die in dieser Analyse den Betrag von .09 übertreffen, sind entsprechend hervorgehoben. Hinweise zur Messung der unabhängigen Variablen (die zugrunde liegenden ESS-Fragen und die Ausprägungen der Variablen sind in Klammern genannt): *Geschlecht* (F2) (1 = männlich, 2 = weiblich). *Alter* (F3) (in Jahren). *TV-Konsum* = Fernsehen an einem gewöhnlichen Werktag (A1) (0 = gar nicht ... 7 = mehr als 3 Stunden). *Zufriedenheit* mit dem Funktionieren der *Demokratie* und der gegenwärtigen *wirtschaftlichen Lage* = additiver Index. Für weitere Angaben vgl. die Hinweise in Tabelle 3.

enthaltenen Indikatoren sozialen Engagements für das soziale Vertrauen relevant. Dabei spielt es keine Rolle, welche Gesellschaften und welche Art von Freiwilligenorganisationen betrachtet werden. Die Zusammenhänge zwischen den Indikatoren des sozialen Engagements und des sozialen Vertrauens sind nicht immer signifikant und durchweg quantitativ schwach ausgeprägt. An diesem Bild ändert eine Einzelanalyse der Organisationsvariablen, die Analyse der Gesamtintensität der Beteiligung und auch der freundschaftlichen Beziehungen in den Organisationen nichts. Im Rahmen des integrierten Erklärungsmodells sind sowohl die Effekte der einzelnen Beteiligungsindikatoren als auch die Effekte von Indizes, die die Zahl ehrenamtlicher Aktivitäten und die Dichte freundschaftlicher Kontakte in den Organisationen erfassen, nur von untergeordneter Bedeutung. Diese Befunde sind vor dem Hintergrund der bisher in der empirischen Forschung erzielten Ergebnisse nicht überraschend. Analysen auf Basis verschiedener Datensätze konnten auf Individualebene ebenfalls keine überzeugenden Nachweise für einen direkten Zusammenhang zwischen der Mitgliedschaft und dem Engagement in Freiwilligenorganisationen sowie dem Vertrauen in die soziale Umwelt erbringen (vgl. Delhey und Newton 2002; Freitag 2003; Gabriel et al. 2002: 85ff.; Gabriel und Kunz 2002; Kunz, Roßteutscher und Westle 2003; Stolle 1998 und 2001; Whiteley 1999).

Darüber hinaus führt auch die Einbindung in weitere Netzwerke nicht automatisch zu einem starken sozialen Vertrauen. Die erwarteten positiven Zusammenhänge zwischen dem sozialen Vertrauen und der Zahl privater Treffen mit Freunden, Verwandten oder Arbeitskollegen bzw. dem Index, der das Leben in einer Partnerschaft und die Integration in den Arbeitsmarkt berücksichtigt, sind zwar häufig signifikant, substantiell aber nur von geringer Bedeutung. Dies gilt gleichermaßen im deutschen und europäischen Vergleich, so dass auch die Annahme einer größeren Bedeutung der Zugehörigkeit zu informellen Netzwerken für das soziale Vertrauen in den ehemals kommunistischen Ländern nicht zutrifft. Die vorliegenden Befunde müssen allerdings nicht implizieren, dass überhaupt kein Zusammenhang zwischen Vereinsaktivitäten, sozialen Kontakten und generalisiertem Vertrauen besteht. Weiterführende Analysen weisen vielmehr auf indirekte Wirkungen hin. Insbesondere scheint soziale Aktivität mit einer größeren Zufriedenheit mit dem eigenen Leben und auch der ökonomischen Lage verknüpft zu sein. Der letztgenannte Fall dürfte u.a. darauf zurückzuführen sein, dass sich das soziale Engagement in der Regel mit zunehmendem sozialem Status verstärkt.

Von untergeordneter oder vernachlässigbarer Bedeutung für die Ausprägung des generalisierten sozialen Vertrauens sind in der Gesamtbetrachtung darüber hinaus belastende Lebensereignisse, die wahrgenommene Zugehörigkeit zu benachteiligten Bevölkerungsgruppen und Minderheiten, die Orientierung an bestimmten Moralvorstellungen und religiösen Überzeugungen sowie die Verfügbarkeit persönlicher Ressourcen. Die drei letztgenannten Faktoren sind zwar in Einzelfällen und unter bestimmten Bedingungen von Bedeutung, vor allem die geringe Erklärungskraft der Status- und Ressourcenvariablen Bildung und Einkommen ist aber in Anbetracht ihrer in der Literatur herausgehobenen Stellung als zentrale Produktionsfaktoren sozialen Vertrauens und vorliegender Befunde überraschend. Allerdings stellt dieses Resultat keinen Einzelfall dar. Auch die Ergebnisse der neueren und international vergleichenden Untersuchungen von Delhey und Newton (2002) oder Stolle (2001) weisen darauf hin, dass es sich um ein generelles Muster handelt, das nur in einzelnen Ländern etwas durchbrochen wird. Es scheint so, dass soziales Vertrauen nicht in dem Maße durch die ungleichmäßige Verteilung von Humankapital und ökonomischem Kapital beeinflusst wird, wie dies üblicherweise angenommen wird. Insofern ist die individuelle Verfügbarkeit sozialen Kapitals auch nicht von vorneherein als konstitutiver Bestandteil einer generellen Ressourcenungleichheit in den Gesellschaften zu interpretieren.

Betrachtet man die Wirkung der erklärungskräftigen Variablen über alle Untersuchungsgruppen und -länder, lässt sich feststellen, dass vor allem zwei Kategorien von Bestimmungsfaktoren zur Erklärung sozialen Vertrauens beitragen, deren Relevanz insbesondere von Inglehart (1990 und 1999) und Uslaner (1999 und 2000) herausgestellt worden ist: die individuelle Lebenszufriedenheit und das persönliche Wohlbefinden sowie die Zufriedenheit mit der Demokratie und der wirtschaftlichen Lage im eigenen Land. Dabei ist es schwierig, die Wirkung der beiden letztgenannten Faktoren voneinander zu isolieren, da beide Variablen (wie die beiden erstgenannten Faktoren) einen großen Anteil gemeinsamer Varianz aufweisen. Ihre Vertrauenseffekte weisen aber darauf hin, dass die vielfach diskutierten Zusammenhänge auf der Makroebene der Gesellschaften ihre Entsprechung in den subjektiven Perzeptionen der Bevölkerung haben. Damit deuten diese Befunde an, dass soziales Vertrauen politisch und gesellschaftlich erzeugt und aufrecht erhalten werden kann. Dies ist insbesondere in Zeiten wirtschaftlicher Schwierigkeiten von Bedeutung, die vor allem Ostdeutschland und die osteuropäischen Länder zu bewältigen haben. Weitergehende Analysen zeigen darüber hinaus, dass die Zufriedenheit mit der Demokratie und der wirtschaftlichen Lage eng mit dem politischen Vertrauen verknüpft ist.[7] Vor diesem Hintergrund erklärt sich der in manchen Untersuchungen bedeutsame Zusammenhang zwischen dem politischen und dem sozialen Vertrauen (vgl. z.B. Freitag 2003; Gabriel und Kunz 2002), der sich auch auf Grundlage der Daten des *European Social Survey* bestätigt,

---

[7] Die bivariate Korrelation zwischen dem Zufriedenheitsindex und dem politischen Vertrauen liegt bei .60. Messung des politischen Vertrauens: Additiver Index aus Vertrauen in Parlament, Justiz, Polizei und Politiker (0 = vertraue überhaupt nicht ... 10 = vertraue voll und ganz).

wenn man statt der Zufriedenheitsvariablen einen Index politischen Vertrauens in den Analysen verwendet. Tendenziell erklärungskräftig ist im Durchschnitt der Länder ebenfalls der Aspekt der öffentlichen Sicherheit (vgl. Tabelle 4). Als wichtige Produktionsfaktoren sozialen Vertrauens treten damit in allen Gesellschaften sowohl Indikatoren persönlichkeits- als auch strukturorientierter Ansätze auf.

Diese Ergebnisse bestätigen sich auch dann, wenn man länderspezifische Variationen in Rechnung stellt. Dabei führt die Einführung entsprechender Dummy-Variablen nur in Westeuropa, nicht aber in Osteuropa zu einer zusätzlichen Varianzerklärung (+8 Prozentpunkte). Dieser Befund lässt sich u.a. auf das im Vergleich zu den osteuropäischen Gesellschaften sehr unterschiedliche Vertrauensniveau in den westeuropäischen Ländern zurückführen: Nach den Ergebnissen empirischer Analysen steht fast die gesamte zusätzliche Varianzerklärung mit dem mittleren Vertrauensniveau in einem Land als kontextueller Bestimmungsfaktor in Verbindung. Dieser Zusammenhang weist darauf hin, dass sich die vorherrschende Vertrauensatmosphäre in einem sozialen System wesentlich auf die individuelle Platzierung sozialen Vertrauens auswirken kann. Auf der einen Seite beeinflusst damit der einzelne Akteur durch seine grundsätzliche Vertrauensbereitschaft die Qualität der allgemeinen Vertrauensatmosphäre; auf der anderen Seite führt eine funktionierende, auf Gegenseitigkeit basierende Vertrauenskultur wiederum dazu, dass auf der individuellen Ebene sehr viel eher Vertrauen vergeben wird als in Situationen, in denen diese Voraussetzungen fehlen.

## 5  Schlussbemerkung

Generalisiertes soziales Vertrauen spielt nach vielfacher Einschätzung eine zentrale Rolle für den Zusammenhalt und die Entwicklung von Gesellschaften. Vor diesem Hintergrund beschäftigte sich die vorliegende Untersuchung mit der Ausprägung und den Bestimmungsfaktoren sozialen Vertrauens in Deutschland und im europäischen Vergleich. Ausgangspunkt waren konzeptionelle Überlegungen zum Verständnis generalisierten sozialen Vertrauens, nach denen es sich um ein vielschichtiges theoretisches Konstrukt handelt. In der empirischen Forschung wird unter generalisiertem Vertrauen eine allgemeine, kulturell geprägte Einstellung im Sinne einer generalisierten Erwartung über die Verlässlichkeit, Wahrhaftigkeit, Fairness und Solidarität der Menschen im Allgemeinen verstanden. Die Mehrzahl der Analysen der empirischen Vertrauensforschung in den Politik- und Sozialwissenschaften stützt sich aufgrund der beschränkten Datenlage allerdings nur auf einen Indikator zur Abbildung des Konstrukts, wobei in der Regel nur eine sehr reduzierte Skala zum Einsatz kommt. Die Validität und Reliabilität der gängigen Vertrauensmessungen wird daher vor allem im Rahmen komparativer Länderstudien kritisiert (vgl. Gabriel et al. 2002: 56f.; Glaeser et al. 2000; Paldam 2000). Demgegenüber enthält der *European Social Survey* mehrere Indikatoren, die der Komplexität des Konstrukts und den Schwierigkeiten seiner Messung eher Rechnung tragen.

Auf dieser Grundlage zeigt die Untersuchung des zwischenmenschlichen Vertrauens in Deutschland, dass das Verhältnis der Bürger zu ihrer sozialen Umwelt in den alten und neuen Bundesländern insgesamt sehr ähnlich ausgeprägt ist. In dieser Hinsicht tritt die Bevölkerung in Deutschland als einheitliche soziale und politische Gemeinschaft auf. Lediglich bei Betrachtung des Standardindikators sozialen Vertrauens tritt ein West-Ost-

Gefälle zu Tage, das neben dem Nord-Süd-Gefälle auch die Verteilung generalisierten sozialen Vertrauens in Europa kennzeichnet. Unabhängig von der jeweiligen Messung ist festzustellen, dass das Niveau generalisierten sozialen Vertrauens in Deutschland zwischen den Vertrauensbeständen in West- und Osteuropa liegt. In den osteuropäischen Ländern sind damit die Folgen der sozialistischen Herrschaft noch klar zu erkennen.

Trotz der großen Niveauunterschiede sozialen Vertrauens im europäischen Vergleich, weisen die Wirkungsmechanismen, die diesen Ausprägungen auf der Mikroebene der individuellen Akteure zugrunde liegen, weitgehende Gemeinsamkeiten auf. Im Großen und Ganzen fallen die individuellen Determinanten des generalisierten sozialen Vertrauens der Bevölkerung in West- und Ostdeutschland sehr ähnlich aus und die im innerdeutschen Vergleich gewonnenen Ergebnisse bestätigen sich auch für West- und Osteuropa. Zu den wichtigsten Quellen des sozialen Vertrauens gehören die individuelle Lebenszufriedenheit und das persönliche Wohlbefinden sowie die Zufriedenheit mit der Demokratie und der wirtschaftlichen Lage im eigenen Land. Andere Faktoren sind demgegenüber weitgehend bedeutungslos, dies trifft insbesondere auch für das oftmals als zentrale Quelle des Vertrauens herausgestellte Engagement in Freiwilligenorganisationen zu, dem lediglich wenige indirekte Effekte zugeschrieben werden können. Dies sieht auf der Aggregatebene der Gesellschaften anders aus. Wie aus ausführlichen Analysen hervorgeht, sind für die Unterschiede zwischen den Ländern auf der Makroebene insbesondere die sozio-ökonomische Entwicklung eines Landes, ein ausgebauter Wohlfahrtsstaat, ein geringer Grad sozio-ökonomischer Fragmentierung, demokratische Traditionen und konsensdemokratische Strukturen sowie die Einbindung der Bürger in das Netzwerk der Zivilgesellschaft von Bedeutung (vgl. Gabriel et al. 2002: 30ff., 218ff.). Dieser Befund weist auf die Bedeutung komplexer Wechselwirkungen zwischen Makro- und Mikroebene für die Produktion sozialen Vertrauens hin, wie sie auch in dem zuletzt skizzierten Zusammenhang zwischen individuellem Vertrauen und dem gesellschaftlichen Vertrauensniveau zum Ausdruck kommen. Mit diesem, für die empirische Vertrauensforschung wichtigen Thema sollten sich weitere Untersuchungen ausführlicher beschäftigen.

## Literatur

Alesina, Alberto/La Ferrara, Eliana (2000): The Determinants of Trust. Working Paper 7621 National Bureau of Economic Research. Cambridge. (http://www.nber.org/papers/w7621).
Almond, Gabriel A./Verba, Sidney (1963): The Civic Culture. Boston: Little, Brown, and Company.
Anheier, Helmut/Kendall, Jeremy (2002): Interpersonal Trust and Voluntary Associations: Examining Three Approaches. In: British Journal of Sociology 53, S. 343-362.
Banfield, Edward (1958): The Moral Basis of a Backward Society. Chicago: Free Press.
Bornschier, Volker (2001a): Generalisiertes Vertrauen und die frühe Verbreitung der Internetnutzung im Gesellschaftsvergleich. In: Kölner Zeitschrift für Soziologie und Sozialpsychologie 53, S. 233-257.
Bornschier, Volker (2001b): Gesellschaftlicher Zusammenhalt und Befähigung zu Sozialkapitalbildung – Determinanten des generalisierten Vertrauens im explorativen Vergleich demokratischer Marktgesellschaften. In: Swiss Journal of Sociology 27, S. 441-473.
Brehm, John/Rahn, Wendy (1997): Individual-Level Evidence fort the Causes and Consequences of Social Capital. In: American Journal of Political Science 41, S. 999-1023.
Claibourn, Michele P./Martin, Paul S. (2000): Trusting and Joining? An Empirical Test of the Reciprocal Nature of Social Capital. In: Political Behavior 22, 267-291.

Cook, Karen S. (Hrsg.) (2001): Trust in Society. New York: Russell Sage Foundation.
Cook, Karen S./Hardin, Russell (2001): Norms of Cooperativeness and Networks of Trust. In: Hechter, Michael/Opp, Karl-Dieter (Hrsg.): Social Norms. New York: Russell Sage Foundation, S. 327-347.
Delhey, Jan/Newton, Kenneth (2002): Who Trusts? The Origins of Social Trust in Seven Nations. WZB-Research Unit „Social Structure and Social Reporting", FS III 02-402. Berlin: WZB.
Endress, Martin (2002): Vertrauen. Bielefeld: transcript Verlag.
Flanagan, Scott (1978): The Genesis of Variant Political Culturism. In: Pye, Lucian W./Verba, Sidney (Hrsg.): The Citizens and Politics. Stanford: University Press, S. 129-165.
Freitag, Markus (2003): Beyond Tocqueville: The Origins of Social Capital in Switzerland. In: European Sociological Review 19, S. 217-232.
Fukuyama, Francis (1995a): Trust: The Social Virtues and the Creation of Prosperity. New York: Free Press.
Fukuyama, Francis (1995b): Konfuzius und die Marktwirtschaft. München: Kindler.
Fukuyama, Francis (1999): The Great Disruption. New York: Free Press.
Gabriel, Oscar W./Kunz, Volker (2002): Die Bedeutung des Sozialkapital-Ansatzes für die Erklärung politischen Vertrauens. In: Schmalz-Bruns, Rainer/Zintl, Reinhard (Hrsg.): Politisches Vertrauen. Baden-Baden: Nomos, S. 255-274.
Gabriel, Oscar W./Kunz, Volker/Roßteutscher, Sigrid/van Deth, Jan W (2002): Sozialkapital und Demokratie. Zivilgesellschaftliche Ressourcen im Vergleich. Wien: Signum.
Glaeser, Edward L./Laibson, David/Scheinkman, Jose A./Soutter, Christine L. (2000): Measuring Trust. In: Quarterly Journal of Economics 115, S. 811-846.
Granovetter, Mark (1973): The Strenght of Weak Ties. In: American Journal of Sociology 78, S. 1360-1380.
Hardin, Russell (2001): Die Alltagsepistemologie von Vertrauen. In: Hartmann, Martin/Offe, Claus (Hrsg.): Vertrauen. Frankfurt a.M.: Campus, S. 295-332.
Hartmann, Martin/Offe, Claus (2001) (Hrsg.): Vertrauen. Die Grundlage des sozialen Zusammenhalts. Frankfurt a.M.: Campus.
Inglehart, Ronald (1990): Culture Shift in Advanced Industrial Society. Princeton: Princeton University Press.
Inglehart, Ronald (1997): Modernization and Postmodernization. Princeton: Princeton University Press.
Inglehart, Ronald (1999): Trust, Well-being and Democracy. In: Warren, Mark E. (Hrsg.): Democracy and Trust, Cambridge: Cambridge University Press, S. 88-120.
Knack, Stephen/Keefer, Philip (1997): Does Social Capital Have an Economic Payoff? A Cross-Country Investigation. In: Quarterly Journal of Economics, S. 1251-1288.
Koller, Michael (1997): Psychologie interpersonalen Vertrauens. In: Schweer, Martin (Hrsg.): Interpersonales Vertrauen. Theorien und empirische Befunde. Wiesbaden: Westdeutscher Verlag, S. 13-26.
Kunz, Volker (2000): Kulturelle Variablen, organisatorische Netzwerke und demokratische Staatsstrukturen als Determinanten der wirtschaftlichen Entwicklung im internationalen Vergleich. In: Kölner Zeitschrift für Soziologie und Sozialpsychologie 52, S. 195-225.
Kunz, Volker (2002): Vergleichende Sozialkapitalforschung. In: Lauth, Hans-Joachim (Hrsg.): Vergleichende Regierungslehre. Opladen: Westdeutscher Verlag, S. 393-418.
Kunz, Volker (2004a): Rational Choice. Frankfurt a.M.: Campus.
Kunz, Volker (2004b): Ökonomische und kulturelle Konzepte sozialen Vertrauens in den Politik- und Sozialwissenschaften. Manuskript, Mainz.
Kunz, Volker/Gabriel, Oscar W. (2004): Social Capital and Political Participation. In: Associations 8, S. 77-99.
Kunz, Volker/Roßteutscher, Sigrid/Westle, Bettina (2003): Sozialkapital in Deutschland und im internationalen Vergleich. In: PolitikON, www.politikon.org.
Lahno, Bernd (2002): Der Begriff des Vertrauens. Paderborn: mentis.

Luhmann, Niklas (1989): Vertrauen. Ein Mechanismus der Reduktion sozialer Komplexität, 3. Auflage. Stuttgart: Enke.
Merkel, Wolfgang (1999): Systemtransformation. Opladen: Leske + Budrich.
Misztal, Barbara (1996): Trust in Modern Societies. Cambridge: Cambridge University Press.
Newton, Kenneth (1999a): Social Capital and Democracy in Modern Europe. In: van Deth, Jan W./Maraffi, Marco/Newton, Kenneth/Whiteley, Paul F. (Hrsg.): Social Capital and European Democracy. London: Routledge, S. 3-24.
Newton, Kenneth (1999b): Social and Political Trust in Established Democracies. In: Norris, Pippa (Hrsg.): Critical Citizens. Oxford: Oxford University Press, S. 169-187.
Newton, Kenneth (2001): Trust, Social Capital, Civil Society, and Democracy. In: International Political Science Review 22, S. 201-214.
Norris, Pippa (2000): The Impact of Television on Civic Malaise. In: Pharr, Susan J./Norris, Pippa (Hrsg.): Disaffected Democracies. Princeton: Princeton University Press, S. 231-251.
Nuissl, Henning (2002): Bausteine des Vertrauens – eine Begriffsanalyse. In: Berliner Journal für Soziologie, S. 85-108.
Offe, Claus (2001): Wie können wir unseren Mitbürgern vertrauen? In: Hartmann, Martin/Offe, Claus (Hrsg.): Vertrauen. Frankfurt a.M.: Campus, S. 241-294.
Paldam, Martin (2000): Social Capital: One or Many? Definition and Measurement. In: Journal of Economic Surveys 14, S. 628-653.
Patterson, Orlando (1999): Liberty Against the Democratic State: On the Historical and Contemporary Sources of American Distrust. In: Warren, Mark E. (Hrsg.): Democracy and Trust. Cambridge: Cambridge University Press, S. 151-207.
Preisendörfer, Peter (1995): Vertrauen als soziologische Kategorie. In: Zeitschrift für Soziologie 24, S. 263-272.
Putnam, Robert D. (1993): Making Democracy Work. Princeton: Princeton University Press.
Putnam, Robert D. (2000): Bowling Alone. New York: Simon and Schuster.
Putnam, Robert D./Goss, Kristin A. (2001): Einleitung. In: Putnam, Robert D. (Hrsg.): Gesellschaft und Gemeinsinn. Gütersloh: Verlag Bertelsmann Stiftung, S. 15-43.
Ripperger, Tanja (1998): Ökonomik des Vertrauens. Tübingen: Mohr Siebeck.
Rose, Richard (1994): Postcommunism and the Problem of Trust. In: Journal of Democracy 5, S. 18-30.
Rose, Richard (2001): When Government Fails: Social Capital in Antimodern Russia. In: Edwards, Bob/Foley, Michael W. (Hrsg.): Beyond Tocqueville. Hanover: Tufts University Press, S. 56-69.
Scharpf, Fritz W. (2000): Interaktionsformen. Akteurzentrierter Institutionalismus in der Politikforschung. Opladen: Leske + Budrich.
Scheuch, Erwin K./Scheuch, Ute (1992): Wie deutsch sind die Deutschen? Bergisch Gladbach: Lübbe.
Simmel, Georg ([1908] (1968)): Soziologie, 5. Auflage. Berlin: Duncker + Humblot.
Skidmore, David (2001): Civil Society, Social Capital and Economic Development. In: Global Society 15, S. 53-72.
Stolle, Dietlind (1998): Bowling Together, Bowling Alone: The Development of Generalised Trust in Voluntary Associations. In: Political Psychology 19, S. 497-526.
Stolle, Dietlind (2001): Getting to Trust. In: Dekker, Paul/Uslaner, Eric M. (Hrsg.): Social Capital and Participation in Everyday Life. London: Routledge, S. 120-133.
Sztompka, Piotr (1995): Vertrauen: Die fehlende Ressource in der postkommunistischen Gesellschaft. In: Nedelmann, Birgitta (Hrsg.): Politische Institutionen im Wandel. Opladen: Westdeutscher Verlag, S. 254-276.
Tocqueville de, Alexis ([1835] (1987)): Über die Demokratie in Amerika. Zürich: Manesse.
Uslaner, Eric M. (1999): Democracy and Social Capital. In: Warren, Mark E. (Hrsg.): Democracy and Trust. Cambridge: Cambridge University Press, S. 121-150.

Uslaner, Eric M. (1999a): Morality Plays. In: van Deth, Jan W./Maraffi, Marco/Newton, Kenneth/Whiteley, Paul F. (Hrsg.): Social Capital and European Democracy. London: Routledge, S. 213-239.
Uslaner, Eric M. (2000): Producing and Consuming Trust. In: Political Science Quarterly 115, S. 569-590.
Uslaner, Eric M. (2002): The Moral Foundations of Trust. Cambridge: Cambridge University Press.
Warren, Mark E. (2001): Democracy and Association. Princeton: Princeton University Press.
Weber, Max ([1904/05] (1993)): Die protestantische Ethik und der „Geist" des Kapitalismus. Bodenheim: Äthenäum.
Weingast, Barry R. (1998): Constructing Trust. In: Soltan, Karol/Uslaner, Eric M./Haufler, Virginia (Hrsg.): Institutions and Social Order. Ann Arbor: University of Michigan Press, S. 163-200.
Whiteley, Paul F. (1999): The Origins of Social Capital. In: van Deth, Jan W./Maraffi, Marco/Newton, Kenneth/Whiteley, Paul F. (Hrsg.): Social Capital and European Democracy. London: Routledge, S. 25-44.
Whiteley, Paul F. (2000): Economic Growth and Social Capital. In: Political Studies 48, S. 443-466.

# Politisches Vertrauen und Unterstützung

*Sonja Zmerli*

## 1 Die Funktion politischen Vertrauens in Demokratien

Zur elementaren Grundvoraussetzung für den Aufbau und Erhalt demokratischer Regierungssysteme zählt eine breite Unterstützung seitens der Staatsbürger. Nur äußerst repressive Regimes sind auf Dauer in der Lage, mittels staatlicher Gewalt ihr Überleben zu sichern. Allerdings zeigt gerade die jüngere Geschichte, dass auch diesem bewussten Verzicht auf politische Unterstützung deutliche Grenzen gesetzt sind.

Politische Unterstützung wiederum kann auf vielfältige Weise zum Ausdruck gebracht werden. Sie reicht von verschiedenen Formen politischer Teilhabe bis hin zu individuellen politischen Orientierungen, wie z.B. politischem Vertrauen. Dabei wird überwiegend angenommen, dass in Demokratien ein Mindestmaß an politischem Vertrauen seitens der Bürger unerlässlich ist, um politischen Akteuren notwendige Handlungsfreiheiten einzuräumen (siehe Warren 1999).

Obwohl politischem Vertrauen anerkanntermaßen eine bedeutende Rolle bei der Umsetzung politischer Prozesse zugestanden wird, sind zu dieser Forschungsthematik bislang noch keine umfassenden und empirisch überprüfbaren Theorien erarbeitet worden (siehe Rohrschneider und Schmitt-Beck 2003; Gabriel et al. 2002).

Dagegen lassen sich verschiedene demokratietheoretische Ansätze anführen, die politischem Vertrauen eine unterschiedliche Gewichtung zuweisen. Vertreter der Theorien demokratischer Elitenherrschaft setzen eine möglichst breite Basis politischen Vertrauens voraus, da erst unter diesen Bedingungen politischen Eliten effizientes Regieren ermöglicht wird. Dagegen betonen liberale Ansätze die Gefahren für Demokratien, die durch Machtmissbrauch ihrer gewählten Vertreter entstehen können. Als ein wirkungsvolles Instrument zum Abwenden dieser Gefahren wird öffentliches politisches *Misstrauen* betrachtet, das politische Akteure unter Druck setzen und dazu veranlassen soll, ihr politisches Handeln offen zu legen und zu rechtfertigen. Schließlich nehmen Vertreter des dritten Ansatzes eine Mittlerposition zwischen diesen beiden entgegengesetzten Bewertungen politischen Vertrauens ein. Im Kern beruhen deren Annahmen auf der Vorstellung, dass die politische Kultur einer demokratischen Gesellschaft durch ein Mischungsverhältnis zwischen politischem Vertrauen und Misstrauen geprägt sein sollte. Hierbei können sich sowohl Zeiten des politischen Vertrauens mit denen des Misstrauens abwechseln als auch politische Akteure und Institutionen einen unterschiedlichen Unterstützungsgrad aufweisen oder auch einzelne Bevölkerungsgruppen über ein divergierendes Niveau politischen Vertrauens verfügen (siehe Gabriel et al. 2002: 255). Dass jedoch demokratische Regierungssysteme durch längere oder auch sehr tiefgreifende Phasen des politischen Misstrauens in ihren Grundfesten erschüttert werden können, ist bereits durch Easton nachhaltig unterstrichen worden (1965).

Im Zuge gesellschaftlicher Wandlungsprozesse, wirtschaftlicher Instabilität sowie politischer Krisen und Antagonismen sahen bereits in den 1970er Jahren zahlreiche Politiker und Wissenschaftler das Ende demokratischer Regierungssysteme heraufziehen (siehe Huntington 2000). Diese Besorgnis gipfelte Mitte der 1970er Jahre in einem Bericht an die ‚Trilateral Commission', ‚The Crisis of Democracy', der weltweite Beachtung fand (Crozier, Huntington und Watanuki 1975) und sowohl Ursachen der demokratischen Krise in den USA, Europa und Japan als auch Entwicklungsperspektiven aufzeigte. Der starke Rückgang politischen Vertrauens wurde zu diesem Zeitpunkt als einer der wesentlichen Begleitumstände dieser demokratischen Krisen diagnostiziert.

Auch 25 Jahre nach Erscheinen dieses Berichts ist ein Rückgang politischen Vertrauens zu beobachten, so dass diese Thematik wenig an Aktualität verloren hat. Dies ist umso erstaunlicher, als sich seitdem eine Vielzahl wirtschaftlicher und politischer Koordinaten grundlegend verschoben hat und, wie es scheint, eine Krise der Demokratien zunächst abgewendet werden konnte (Pharr und Putnam 2000).

Der nächste Abschnitt wird sich daher zunächst mit den theoretischen Aspekten politischen Vertrauens befassen. Dabei steht insbesondere der Kontext sowie die Differenzierung politischen Vertrauens im Vordergrund.

## 1.1 Definitionen politischen Vertrauens

Politisches Vertrauen, als Ausdruck politischer Unterstützung, kann als ein konstitutives Element in einer Reihe aufeinander bezogener politischer Orientierungen konzeptionalisiert werden. So schlagen Rohrschneider und Schmitt-Beck beispielsweise vor, institutionelles Vertrauen, als eine Form politischen Vertrauens, auf einem Kontinuum zwischen konstitutionellen Idealen einerseits und der Bewertung der Regierungsperformanz andererseits zu verorten (2003: 37). Institutionenvertrauen ist demzufolge sowohl in Präferenzen und Bewertungen demokratischer Verfassungen als auch in die Zufriedenheit mit der demokratischen Performanz und der Bewertung der Regierungsarbeit eingebettet. Nach Levi und Stoker (2000: 484f.) hingegen stützt sich politisches Vertrauen auf eine positive Bewertung derjenigen Merkmale, die politischen Institutionen Vertrauenswürdigkeit verleihen. Hierzu zählen Glaubwürdigkeit, Fairness, Kompetenz, Transparenz des politischen Handelns sowie Aufgeschlossenheit gegenüber konkurrierenden Meinungen. Politisches in Form von institutionellem Vertrauen beruht aber auch auf der persönlichen Überzeugung, dass Institutionen weder willkürlich noch diskriminierend agieren, sondern vielmehr allen Bürgern eine gleiche, faire und gerechte Behandlung zukommen lassen (Zmerli, Newton und Montéro i.E.). An der grundlegenden Bedeutung institutionellen Vertrauens lassen auch Newton und Norris keinen Zweifel, wenn sie feststellen, dass „confidence in institutions ...(is) the central indicator of the underlying feeling of the general public about its polity" (2000: 53).

Die unterschiedlichen Definitionen politischen Vertrauens bedingen aber gleichzeitig eine differenzierende Betrachtung dieses Untersuchungsgegenstandes. Gabriel et al. identifizieren zwei bzw. drei Dimensionen politischen Vertrauens, die als separate Analyseeinheiten genutzt werden könnten (Gabriel und Kunz 2002; Gabriel et al. 2002). Die Trennlinien verlaufen hierbei zwischen Vertrauen zu parteienstaatlichen Institutionen, wie Regierungen, Parteien, Parlamenten und Politikern und Vertrauen zu regulativen oder auch Output-Institutionen, wie Bundesverfassungsgericht, Polizei, Gerichte sowie Behörden. Sofern entsprechende Angaben in Bevölkerungsumfragen verfügbar sind, sollte auch Vertrauen zu kommunalen Institutionen, wie Ämtern, Stadtverwaltung, Bürgermeister, Gemeinderat und

Kommunalpolitikern, in empirische Analysen einbezogen werden. Van Deth (2000) wiederum identifiziert noch eine weitere Dimension politischen Vertrauens, nämlich die des Vertrauens zu externen politischen Akteuren. Dieses kann sich einerseits auf internationale oder supranationale politische Institutionen beziehen, andererseits aber auch auf Institutionen und Akteure, deren politisches Handeln insbesondere auf den Schutz nationaler oder territorialer Integrität gerichtet ist. Als Beispiele wären hierbei die Europäische Union, die Vereinten Nationen, aber auch nationale Armeen zu nennen.

Schließlich schlägt Göhler eine stufenweise Betrachtung politischen Vertrauens vor, welche die „evolutionär fortgeschrittene Form der politischen Ordnung" (2002: 235) reflektieren soll. Die erste Stufe politischen Vertrauens repräsentiert das persönliche Vertrauen zu Politikern als gewählte Repräsentanten. Auf der zweiten Stufe erfolgt der Schritt vom personalen zum funktionalen Vertrauen. Hierbei steht Vertrauen zu Institutionen im Vordergrund, die aber durch politische Akteure repräsentiert werden. Schließlich bildet sich die dritte Stufe politischen Vertrauens im symbolischen Handeln politischer Akteure als „beanspruchte(r) Ausdruck geltender gemeinsamer Werte" (Göhler 2002: 234) ab.

Auf der Grundlage dieser theoretischen Ausführungen zu Definition und Verortung politischen Vertrauens werden im nächsten Schritt die im *European Social Survey* enthaltenen Fragen zu politischem Vertrauen einer genauen Betrachtung unterzogen.

*1.2 Politisches Vertrauen im European Social Survey*

Die erste Welle des in mehr als zwanzig europäischen Ländern eingesetzten *European Social Survey* (ESS) beinhaltet sechs Fragen zu politischem Vertrauen. Die entsprechenden Fragen lauten:

> „Bitte sagen Sie mir zu jeder öffentlichen Einrichtung oder Personengruppe, die ich Ihnen nenne, wie sehr Sie persönlich jeder einzelnen davon vertrauen. Verwenden Sie dazu diese Skala von 0 bis 10. 0 bedeutet, dass Sie dieser Einrichtung oder Personengruppe überhaupt nicht vertrauen und 10 bedeutet, dass Sie ihr voll und ganz vertrauen. Wie ist das mit...
> dem Bundestag?
> der Justiz?
> der Polizei?
> den Politikern?
> dem Europäischen Parlament?
> den Vereinten Nationen?"

Diese Fragen politischen Vertrauens beziehen sich überwiegend auf den in Abschnitt 1.1 skizzierten Bereich des Institutionenvertrauens bzw. funktionalen Vertrauens. Die ebenfalls erhobene Frage nach dem Vertrauen in Politiker erfasst hingegen den Bereich des personalen politischen Vertrauens. Neben diesen beiden unterschiedenen Ebenen politischen Vertrauens lässt sich das berücksichtigte Institutionenvertrauen weiter ausdifferenzieren. Nach Gabriel et al. (2002) können die Fragen nach dem Vertrauen in das nationale und Europäische Parlament eindeutig dem Bereich der parteienstaatlichen Institutionen zugeordnet werden, während Vertrauen in das nationale Rechtssystem sowie die Polizei den Bereich der regulativen Institutionen abdeckt. Vertrauen zu den Vereinten Nationen nimmt dagegen eine Zwischenposition ein. Als Vertretung der internationalen Staatengemeinschaft bzw.

ihrer Regierungen erscheint eine Zuordnung dieser Vertrauenskategorie zum Bereich parteienstaatlicher Institutionen zunächst nachvollziehbar. Aufgrund der Vielzahl beobachtender, administrativer, aber auch militärisch intervenierender Missionen, die durch UN-Mandate in Krisengebieten der Erde legitimiert und als solche klar erkennbar sind, erscheint es aber auch als gerechtfertigt, Vertrauen in die Vereinten Nationen dem Bereich der regulativen Institutionen zuzuordnen. Als internationaler Akteur ergibt sich für die UN aber noch eine dritte Unterscheidungsmöglichkeit, nämlich die des externen Akteurs, dessen Handlungsrahmen außerhalb des nationalen Kontextes angesiedelt ist. Sofern dieses Merkmal der externen politischen Institution herangezogen würde, könnten sowohl das Vertrauen zum Europäischen Parlament als auch zu den Vereinten Nationen eine Subkategorie politischen Institutionenvertrauens abbilden.

Zusammenfassend lässt sich demnach festhalten, dass sich die im ESS enthaltenen Ausprägungen politischen Vertrauens zunächst den Bereichen des Institutionenvertrauens und dem personalen politischen Vertrauen zuordnen lassen. In einem weiteren Schritt erscheint eine dreifache Differenzierung des Institutionenvertrauens sinnvoll. Hierbei lassen sich die Ordnungskategorien der parteienstaatlichen, der regulativen sowie der externen Institutionen nutzen. Welche Dimensionen politischen Vertrauens sich tatsächlich in Europa nachzeichnen lassen, sollen die empirischen Befunde des folgenden Abschnitts klären.

### 1.2.1 Zur Dimensionalität politischen Vertrauens in Europa

Zur Untersuchung der Dimensionalität politischen Vertrauens in Europa wird im folgenden das Verfahren der Hauptkomponentenanalyse genutzt. Zwei unterschiedliche methodische Herangehensweisen lassen sich hierbei anwenden, deren Ergebnisse im folgenden kurz dargestellt werden. Der rein explorative Ansatz verfolgt dabei die Absicht, die Dimensionalität politischen Vertrauens zu erfassen, ohne einer a priori vorgenommenen theoretischen Festlegung zu folgen.

Entgegen den in 1.2 formulierten Erwartungen lässt sich bei dieser Vorgehensweise nur eine *einzige* Dimension politischen Vertrauens für alle untersuchten Länder mit Ausnahme Österreichs ermitteln.[1] Sofern die Hauptkomponentenanalyse auf die Ermittlung eines einzigen Faktors beschränkt bleibt, kann aber auch für die österreichischen Daten eine eindimensionale Konzeptualisierung von politischem Vertrauen vertreten werden. Die erzielten Faktorenladungen aller sechs Items politischen Vertrauens bewegen sich in allen europäischen Ländern in überaus akzeptablen Wertebereichen (von .55 bis .86). Ferner unterstützen sowohl die prozentualen Anteile erklärter Varianzen (von 51% bis 65%) als auch die ermittelten KMO-Gütekriterien (von .77 bis .87) eine eindimensionale Betrachtung politischen Vertrauens.

Sofern jedoch die Hauptkomponentenanalyse aufgrund der in 1.2 erläuterten theoretischen Überlegungen auf zwei Dimensionen bzw. Faktoren festgelegt wird, treten bemerkenswerte Unterschiede zwischen den Ländern West- und Osteuropas hervor.[2] Für alle europäischen Länder gilt jedoch zunächst, dass die Dimensionen nicht entlang der theoretischen Unterscheidung zwischen personalem politischen Vertrauen und Institutionen-

---

[1] Die Ergebnisse dieser Hauptkomponentenanalyse werden hier aus Platzgründen nicht dargestellt.
[2] Die Ergebnisse dieser Analysen werden hier nicht in Tabellenform aufgeführt und basieren auf Varimax- bzw. obliquen Rotationsverfahren.

vertrauen verlaufen, sondern vielmehr die Ausdifferenzierung des Institutionenvertrauens unterstreichen. Analog zu den empirischen Erkenntnissen von Gabriel et al. (2002: 183ff.) weisen die westeuropäischen Bevölkerungen mit wenigen Ausnahmen eine politische Vertrauensstruktur auf, die zwischen parteienstaatlichen Institutionen und politischen Akteuren einerseits und regulativen Instanzen andererseits differenziert. Die osteuropäischen Länder hingegen lassen eine nationale und eine internationale bzw. externe Komponente erkennen. Während osteuropäische Bevölkerungen in ihrer Vertrauensbereitschaft nicht zwischen politischen Akteuren sowie parteienstaatlichen und regulativen Institutionen unterscheiden, stellen das Europäische Parlament sowie die Vereinten Nationen für sie hiervon klar abgegrenzte Vertrauensobjekte dar. Dieser empirische Befund stützt die Annahme, dass regulative Institutionen in postsozialistischen Gesellschaften nach wie vor als politisierte Instanzen wahrgenommen und bewertet werden. Vertrauen zu den Vereinten Nationen und zum Europäischen Parlament speist sich hingegen aus einer anderen Quelle, die unabhängig vom politischen Erbe des Sozialismus zu sein scheint. Die ostdeutschen empirischen Befunde lassen sich jedoch nicht in dieses klare Bild postsozialistischer Gesellschaften einfügen, sondern decken sich mit der in Westdeutschland sowie den westeuropäischen Ländern identifizierten Dimensionalisierung politischen Vertrauens. Daraus lässt sich schließen, dass sich in Ostdeutschland die regulativen Institutionen aufgrund ihrer westdeutschen bzw. demokratischen Prägung schneller vom Makel der politischen Instrumentalisierung befreien konnten, was sich nun in einer entsprechenden Struktur politischen Vertrauens widerspiegelt.

Zusammenfassend ist festzustellen, dass europaweit keine Dimensionalisierung politischen Vertrauens ermittelt werden kann, die den theoretischen Annahmen genügen würde. Weder scheinen personales Vertrauen zu politischen Akteuren und Institutionenvertrauen zwei unterschiedliche Dimensionen politischen Vertrauens zu markieren, noch lässt sich eine allgemeingültige Differenzierung zwischen Vertrauen zu parteienstaatlichen und regulativen Institutionen vornehmen. Dagegen verweisen die Ergebnisse der explorativen Hauptkomponentenanalyse darauf, dass sich europaweit eine *eindimensionale* Konzeptualisierung politischen Vertrauens für die folgenden Untersuchungen durchaus vertreten lässt. Dadurch wird zudem bei der Interpretation der in Abschnitt 3 präsentierten Erklärungsmodelle politischen Vertrauens ein vereinfachter Länder- bzw. Regionenvergleich ermöglicht.

## 2 Das Niveau politischen Vertrauens in Europa

In den folgenden Analysen wird der Frage nachgegangen, ob und in welchem Umfang politisches Vertrauen in bezug auf die sechs verschiedenen Vertrauensobjekte variiert, und ob hierbei vergleichbare länderübergreifende Strukturen aufgedeckt werden können.

Ausgangspunkt der vergleichenden Analysen wird die deutsche Bevölkerungsumfrage des ESS sein, wobei hier insbesondere ein Ost-West Vergleich im Zentrum des Interesses stehen wird. Anschließend werden die Befunde der weiteren europäischen Länder diskutiert und zusammen mit den ost-westdeutschen Ergebnissen einer Gesamtbewertung unterzogen.

Mit der deutschen Wiedervereinigung im Oktober 1990 trafen nach mehr als vierzig Jahren zwei Gesellschaften aufeinander, deren politisches Erbe unterschiedlicher kaum hätte ausfallen können. Die Teilung Deutschlands, die mit der Beendigung des Zweiten Weltkrieges faktisch eingeleitet wurde, ebnete auch den Weg für eine gegenläufige Entwicklung politischer Erfahrungen, politischer Orientierungen sowie politischer Teilhabemöglichkeiten unter der ost- und westdeutschen Bevölkerung. Während die demokratische Staatsform der Bundesrepublik den Aufbau und die Funktionsweise ihrer politischen Institutionen prägte und ihren Bürgern ein breites und selbstbestimmtes politisches Betätigungsfeld bot, verhinderte die repressive sozialistische Staatsform der DDR die Entfaltung derjenigen politischen Orientierungen, die für die Legitimierung der geltenden politischen Ordnung notwendig gewesen wäre. Der Zusammenbruch des sozialistischen Regimes setzte diesem Prozess schließlich ein Ende.

Seitdem wurde in zahlreichen empirischen Studien der Frage nachgegangen, ob es den beiden deutschen Teilgesellschaften seit der Wiedervereinigung tatsächlich gelungen ist, ihre aus der Trennung resultierenden strukturellen und kulturellen Unterschiede zu überwinden (Priller und Winkler 2002; Gensicke 2000; Zapf 2000; Kaase 1999). Analyse und Vergleich der politischen Kultur in Ost- und Westdeutschland bilden hierbei einen wesentlichen Bestandteil sozialwissenschaftlicher Forschung (siehe Kapitel 1).

Empirische Befunde belegen jedoch durchweg, dass diese gesellschaftliche Annäherung bis dato noch nicht vollständig vollzogen wurde. Ganz offenkundig können in den neuen Ländern Spuren des sozialistischen Erbes nachgezeichnet werden. Inwiefern diese Erkenntnisse auch von den Daten des ESS gestützt werden, sollen die folgenden Analysen klären. Zunächst wird jedoch ein Überblick über die Entwicklung politischen Vertrauens in Deutschland im Zeitverlauf gegeben. Diese Resultate stützen sich auf Daten des ALLBUS[3] der Jahre 1984, 1994, 2000 und 2002. Ein unmittelbarer Vergleich dieser empirischen Befunde mit den Ergebnissen des ESS ist allerdings nicht möglich, da sowohl die Art der Fragestellung als auch die Wertebereiche der Antworten in beiden Umfrageformaten nicht identisch sind. Im Anschluss daran erfolgt ein Überblick über das aktuelle Niveau und die Differenziertheit der verschiedenen Elemente politischen Vertrauens im vereinten Deutschland auf der Grundlage des ESS.

## 2.1 Politisches Vertrauen in Deutschland

### 2.1.1 Politisches Vertrauen im Zeitverlauf

Mit Hilfe der Untersuchung politischen Vertrauens im Zeitverlauf lassen sich Entwicklungstrends aufzeigen, die neben Erkenntnisse über Veränderungen der Niveaus auch Rückschlüsse über etwaige Annäherungs- bzw. Entfremdungsprozesse der beiden deutschen Teilgesellschaften zulassen. Wie den Abbildungen 1 und 2 zu entnehmen ist, deckt ein Ost-West-Vergleich tatsächlich interessante Trends auf. Sofern man zunächst für die Bewertung der westdeutschen Resultate die Umfrage des Jahres 1984 als Ausgangsbasis zugrunde legt, ist festzustellen, dass bis zum Jahr 2002 sowohl Vertrauen in den deutschen Bundestag als auch in die Justiz gewisse Einbußen hinnehmen mussten. Der Vertrauenswert für die Polizei bleibt hingegen konstant. Auch Vertrauen in das Europäische Parlament, das allerdings nur in den Jahren 1994 und 2000 gemessen wurde, bleibt nahezu unverändert, erzielt allerdings die niedrigsten Werte. Den zweitniedrigsten Wert weist Ver-

---

[3] Die in diesem Beitrag genutzten Daten entstammen der kumulierten *Allgemeinen Bevölkerungsumfrage der Sozialwissenschaften* (ALLBUS) aus den Jahren 1980-2000 sowie 2002. Für nähere Informationen zum ALLBUS siehe auch: http://www.gesis.org/Dauerbeobachtung/Allbus/.

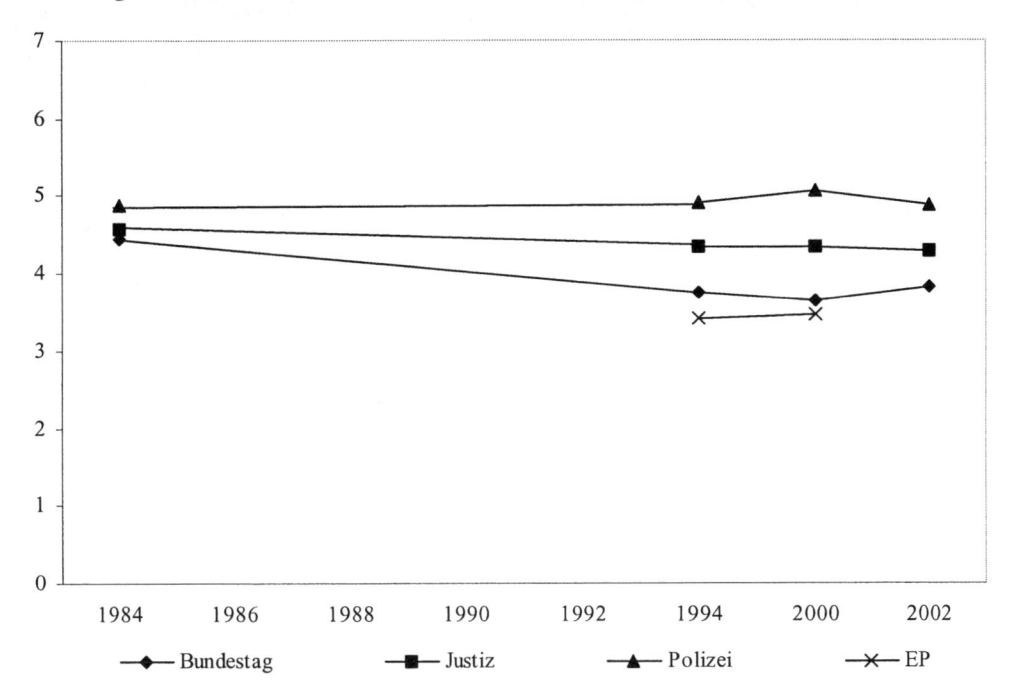

*Abbildung 1:* Politisches Vertrauen in Westdeutschland (Allbus; Mittelwerte)

trauen in den Bundestag auf und wird mit deutlichem Abstand von Justizvertrauen gefolgt. Die Polizei verfügt jedoch ohne Ausnahme über den größten Vertrauensbonus. Bei einer Werteskala von 0 bis 7 weisen diese Ergebnisse in der Tendenz auf eine Klima politischen Vertrauens hin. Zudem stärken diese Befunde auch die Annahme, dass zumindest seit dem Jahr 1994 eine Ausdifferenzierung politischen Vertrauens stattgefunden hat. Denn für das Jahr 1984 ist eine vergleichbare Differenzierung zwischen den einzelnen Aspekten politischen Vertrauens in parteienstaatliche Institutionen einerseits und regulative Institutionen andererseits noch nicht gegeben.

Die ostdeutschen Befunde weisen dagegen in eine entgegengesetzte Richtung. Denn bis auf Vertrauen in das Europäische Parlament zeigen alle weiteren erhobenen Items deutlich ansteigende Tendenzen. Den größten Anstieg seit 1994 erfährt hierbei Vertrauen in die Polizei. Dennoch erweisen sich ostdeutsche Bürger durchweg als weniger vertrauensvoll gegenüber ihren staatlichen Institutionen als Westdeutsche. Trotz dieses bestehenden Unterschieds herrscht auch in den neuen Ländern im Jahr 2002 ein überwiegend vertrauensvolles Klima. Ebenso scheint sich auch im Osten eine differenzierende Wahrnehmung von parteienstaatlichen und regulativen Institutionen zu vollziehen.

Sofern man, der direkten Vergleichbarkeit willen, auch in den alten Ländern den Entwicklungstrend seit 1994 zugrunde legt, sind lediglich für Vertrauen in die Justiz sowie die Polizei marginale Einbußen festzustellen. Vertrauen in den deutschen Bundestag erfährt sogar einen leichten Anstieg. Daraus lässt sich schließen, dass im Westen Deutschlands die stärksten und nachhaltigsten Verluste politischen Vertrauens zwischen 1984 und 1994 erfolgt sein müssen.

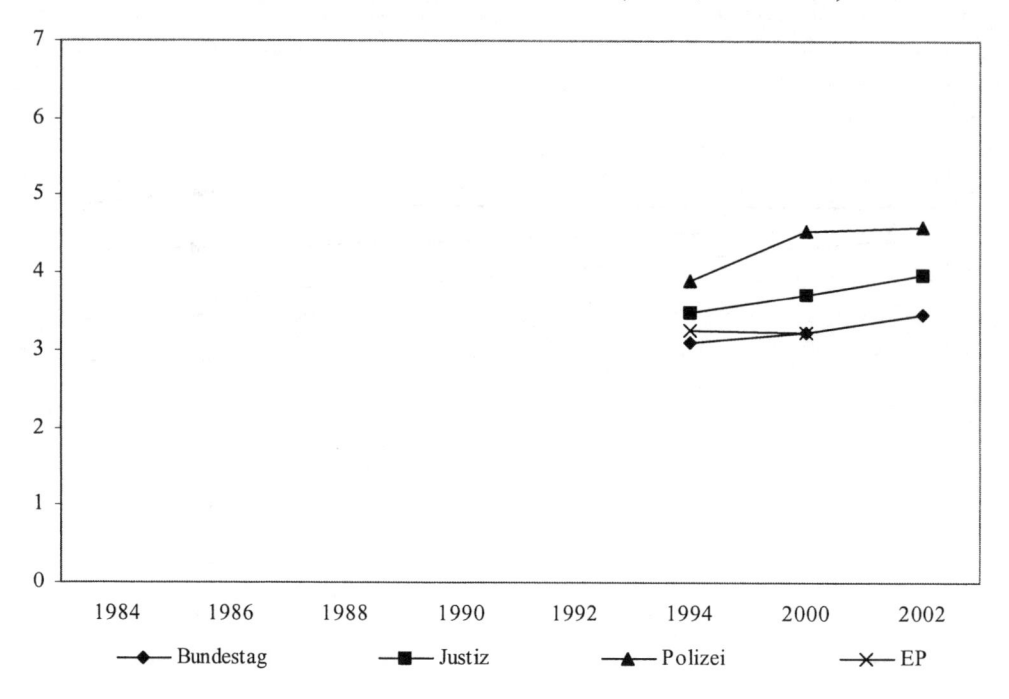

*Abbildung 2:* Politisches Vertrauen in Ostdeutschland (Allbus; Mittelwerte)

◆ Bundestag  ■ Justiz  ▲ Polizei  ✕ EP

### 2.1.2 Politisches Vertrauen auf der Grundlage des ESS

Über den gegenwärtigen Stand politischen Vertrauens in Deutschland geben auch die Daten des ESS näheren Aufschluss. Sofern man der Untersuchung zunächst den Durchschnittswert eines Gesamtindex politischen Vertrauens[4] zugrunde legt, ergibt sich mit einem Wert von 5,02 ein sehr ausgewogenes Bild (Abbildung 3). Erst ein Blick auf die einzelnen Werte der gemessenen Bezugsobjekte politischen Vertrauens verdeutlicht eine gewisse Variationsbreite auf der 11-Punkte Skala. Diese bewegen sich zwischen 3,5 und 6,7 und erlauben eine gewisse Zuordnung und Abgrenzung zwischen den zuvor theoretisch identifizierten Dimensionen politischen Vertrauens. So lässt sich beispielsweise festhalten, dass Vertrauen in Politiker, also personales politisches Vertrauen, die mit Abstand schwächste Ausprägung erfährt. Die Vertrauenswerte in den deutschen Bundestag, das Europäische Parlament sowie die Vereinten Nationen, die in Westeuropa gemäß der in Abschnitt 1.2.1 dargestellten Analysen überwiegend dem Bereich der parteienstaatlichen Institutionen zugeordnet werden können, weichen relativ geringfügig voneinander ab und nehmen eine mittlere Werteposition ein. Das größte Vertrauen in Deutschland genießen das nationale Rechtssystem sowie die Polizei, beides Institutionen, die nach Gabriel et al. der regulativen Dimension politi-

---

[4] Dieser Index politischen Vertrauens basiert auf der Addition der sechs Vertrauensitems, deren Summe wiederum für jeden Befragten durch die Anzahl der gültigen Angaben zu den Items dividiert wurde. Die Werte reichen von 0 (niedrigster Wert) zu 10 (höchster Wert).

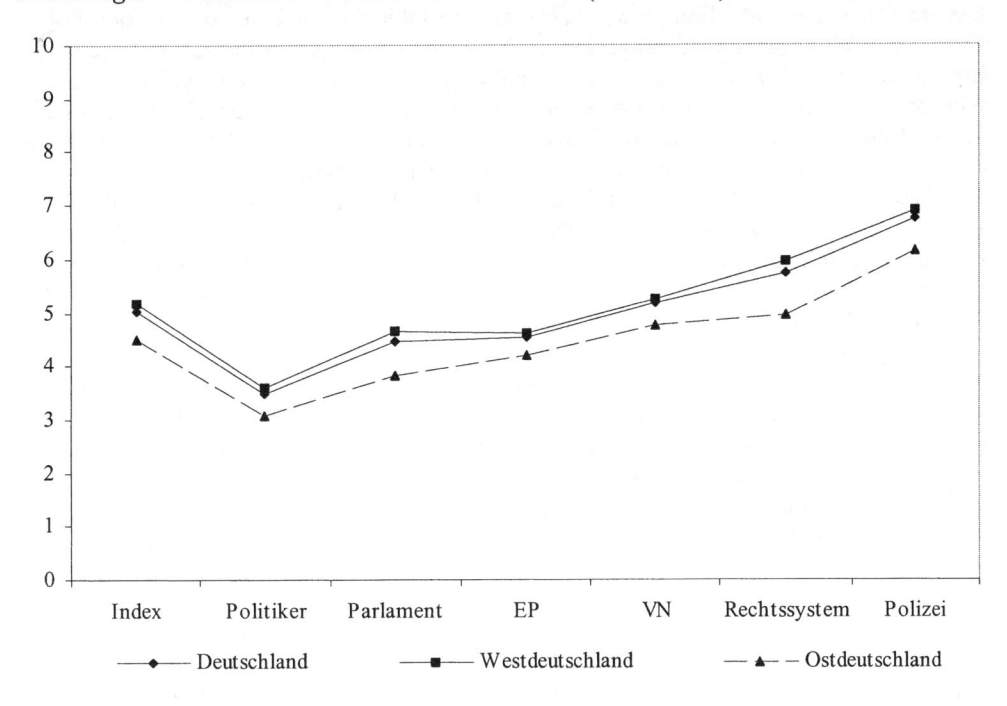

*Abbildung 3:* Politisches Vertrauen in Deutschland (Mittelwerte)

schen Vertrauens zugeordnet werden können (2002: 192). Diese Ergebnisse legen die Vermutung nahe, dass Bürger demokratischer Gesellschaftsformen ihren politischen Institutionen kein blindes Vertrauen entgegenbringen, sondern ihnen tatsächlich auch mit einem gewissen Maß an Misstrauen begegnen. Einen Vertrauensbonus genießen hierbei allerdings diejenigen Institutionen, die gesamtgesellschaftlich als unparteiisch eingestuft werden. Der Bereich des personalen politischen Vertrauens zeigt dagegen deutlich auf, dass das Verhältnis der Bürger zu ihren politischen Repräsentanten nahezu krisenhafte Züge besitzt. Die oftmals zitierte Politikverdrossenheit erscheint vielmehr als ein Ausdruck des Misstrauens gegenüber politischen Akteuren.

Wie die westdeutschen Mittelwertergebnisse aufzeigen, lässt sich auch hier eine Dreifachzuordnung der Vertrauensitems vornehmen (siehe Abbildung 3). Personales politisches Vertrauen nimmt ein weiteres Mal den letzten Platz in der Vertrauensrangfolge ein. Es folgen die Vertrauenswerte der parteienstaatlichen Institutionen. Die ersten Ränge belegen jedoch die Vertrauenswerte der regulativen Institutionen. Das gemessene Niveau der politischen Vertrauensobjekte lässt allerdings leichte Abweichungen zu den gesamtdeutschen Mittelwerten erkennen. Für jedes Item gilt, dass in Westdeutschland ein höheres Ausmaß politischen Vertrauens vorliegt als im gesamtdeutschen Vergleich. Dieser Befund spiegelt sich auch im höheren westdeutschen Wert des politischen Vertrauensindex wider.

Auch ein Blick auf die ostdeutschen Mittelwerte politischen Vertrauens bestätigt zunächst die Struktur, die sich bereits auf gesamtdeutscher Ebene sowie in den alten Bundesländern abzeichnete (siehe Abbildung 3). Während regulative Institutionen das höchste Vertrauen genießen, werden politische Akteure von ostdeutschen Bürgern mit einem ausgeprägten Misstrauen bedacht. Trotz dieser vordergründigen Parallelen ist unverkennbar, dass im Osten die Trennlinien zwischen den unterschiedlichen Dimensionen politischen Vertrauens viel geringer ausgeprägt sind als im Westen. Dies gilt insbesondere für die Differenzierung zwischen parteienstaatlichen und regulativen Institutionen. Während der Bereich der parteienstaatlichen Institutionen mit den Vereinten Nationen einen Höchstwert von 4,77 erreicht, liegt der Durchschnittswert des Vertrauens in das Rechtssystem als ein Vertreter der regulativen Institutionen mit 4,94 nur knapp darüber.

Führt man ferner Mittelwertvergleiche politischen Vertrauens durch, lässt sich festhalten, dass sich sämtliche ostdeutschen durchschnittlichen Vertrauenswerte signifikant von denjenigen westdeutscher Bürger unterscheiden und in jedem Fall weit schwächer ausgeprägt sind. Der deutlich und signifikant geringere ostdeutsche Mittelwert des politischen Vertrauensindex unterstreicht dieses Ergebnis.

Drei grundsätzliche Erkenntnisse lassen sich aus diesem deutsch/deutschen Vergleich gewinnen. Erstens wird die auf beiden Hauptkomponentenanalysen basierende Annahme gestützt, dass sich die ostdeutschen Strukturen politischen Vertrauens nur geringfügig von denjenigen der alten Länder unterscheiden. Erkennbare Unterschiede sind dennoch vorhanden, denn zweitens wurde ersichtlich, dass politisches Vertrauen in Ostdeutschland weit schwächer ausgeprägt ist als im Westen. Diese Vertrauensdiskrepanz betrifft insbesondere die parteienstaatliche Institution des deutschen Bundestages sowie die regulativen Institutionen des Rechtssystems sowie der Polizei. Während sich die ostdeutschen Durchschnittswerte des Vertrauens in die regulativen Institutionen noch in einem mittleren Wertebereich bewegen, begegnen ostdeutsche Bürger dem deutschen Bundestag mit erkennbarem Misstrauen. Allerdings legt die Untersuchung des Zeitverlaufs die Vermutung nahe, dass hier ein Aufwärtstrend vorliegen könnte. Inwiefern dieser niedrige Vertrauenswert noch durch die Erfahrungen der ehemaligen Bürger der DDR mit ihrem höchsten Vertretungsorgan, der Volkskammer, beeinflusst wird oder bereits auf aktuelle Bewertungen des deutschen Bundestages und enttäuschte Hoffnungen zurückzuführen ist, kann mit Hilfe der vorliegenden Daten nicht näher geklärt werden. Schließlich ist festzuhalten, dass individuelle politische Orientierungen nur einen allmählichen Wandlungsprozess vollziehen, selbst wenn, wie in den neuen Ländern geschehen, eine übergangslos etablierte demokratische Staatsform mit ihren in Westdeutschland bewährten politischen Akteuren und Institutionen die besten Chancen für eine zügige Anpassung bieten. Bereits die *Civic Culture* Studie (Almond und Verba 1963) belegte für die späten 1950er Jahre vergleichbare defizitäre politische Dispositionen seitens der Bürger der damals noch jungen Bundesrepublik. Zweifellos spiegeln sich die vergleichsweise geringen Erfahrungen mit demokratischen Institutionen und Prozessen auch in den durch Misstrauen geprägten politischen Orientierungen der Bundesbürger der neuen Länder wider. Sie legen die Vermutung nahe, dass das politische Erbe totalitärer Regimes nachhaltig fortdauert und mittel- bis langfristigen Sozialisationsprozessen bedarf, um allmählich demokratischen Orientierungen zu weichen. Im äußersten Fall wäre ein Wandel politischer Einstellungen nur mit Hilfe eines Generationenwechsels möglich. Die Veränderungen politischer Orientierungen in ehemals totalitären Gesellschaften könnte in jungen Demokratien auch dadurch erschwert werden, dass ehemalige politische Eliten nach wie vor einflussreiche politische Funktionen wahrnehmen. Sofern diese Annahme zuträfe, sollten sich die ebenfalls posttotalitären Gesellschaften Polens, Ungarns, Tschechiens und mit Einschränkungen Sloweniens von den ostdeutschen Befunden erkennbar unterscheiden, da deren demokratische Institutionen im Unterschied zu Ostdeutschland auf einer eigenständigen Entstehung basieren und frühere politische und Funktionseliten nicht vollständig aus dem öffentlichen Leben getreten sind. Erste Anhaltspunkte dafür lieferten bereits die Ergebnisse der konfirmatorischen Hauptkomponentenanalyse. Untersuchungsgegenstand des folgenden Abschnitts wird daher die Verortung politischen Vertrauens Westdeutschlands in Westeuropa sowie Ostdeutschlands in Osteuropa sein.

*2.2 Politisches Vertrauen in West- und Osteuropa*

2.2.1 Westeuropäische Befunde

Betrachtet man zunächst die einzelnen Items politischen Vertrauens im Ländervergleich, wird ersichtlich, dass Vertrauen in die Polizei als regulative Institution in 14 von 15 westeuropäischen Ländern den höchsten Durchschnittswert erzielt (siehe Abbildung 4 bis 6). Lediglich Portugal bildet hierbei eine Ausnahme. Ein ähnlich homogenes Bild kann mit nur wenigen Ausnahmen für den geringsten Mittelwert politischen Vertrauens im westeuropäischen Vergleich erzielt werden. Dieser wird mehrheitlich vom personalen politischen Vertrauen, nämlich vom Vertrauen in Politiker eingenommen. In fünf Ländern hingegen rangiert Vertrauen in das Europäische Parlament an letzter Stelle. Für die übrigen erhobenen Items politischen Vertrauens können keine ausgeprägten Besonderheiten festgestellt werden. Ohne unmittelbar ersichtliche Systematik wechseln sich im Ländervergleich die verbleibenden drei Items politischen Vertrauens in ihren Rangfolgen ab.

Insgesamt betrachtet, kann für die Länder Westeuropas festgehalten werden, dass der politische Vertrauensindex einen Wert aufweist, der leicht über dem Messskalendurchschnitt liegt (siehe Abbildung 7).

Trotz dieser zahlreichen Gemeinsamkeiten ergeben Varianzanalysen, dass die 15 untersuchten und in den folgenden Abschnitten als westeuropäische Bevölkerung zusammengefassten Gesellschaften eine beachtliche Bandbreite an politischem Vertrauen aufweisen.[5] Dabei ist aber auch zu beobachten, dass die Heterogenität in Abhängigkeit zu den jeweiligen Objekten politischen Vertrauens zu stehen scheint. Die geringsten Abweichungen sind im westeuropäischen Vergleich demnach in Bezug auf das Vertrauen in Politiker festzustellen. Vertrauen in das Rechtssystem sowie in die Vereinten Nationen sind dagegen durch stärker divergierende Vertrauensbekundungen gekennzeichnet.[6] Auch die Varianzanalyse des politischen Vertrauensindex spiegelt in ihren Ergebnissen diese heterogenen Dispositionen westeuropäischer Gesellschaften wider.

---

[5] Die Ergebnisse der entsprechenden Varianzanalysen sowie der Scheffé-Tests werden hier aus Platzgründen nicht präsentiert.
[6] Die durchschnittlichen Standardabweichungen betragen 2,29 für Vertrauen in Politiker sowie 2,50 bzw. 2,46 für Vertrauen in das Rechtssystem sowie in die Vereinten Nationen. Die durchschnittlichen Standardabweichungen der übrigen Items politischen Vertrauens bewegen sich zwischen diesen Mittelwerten.

*Abbildung 4:* Vertrauen in nationales Parlament und Politiker (Mittelwerte)

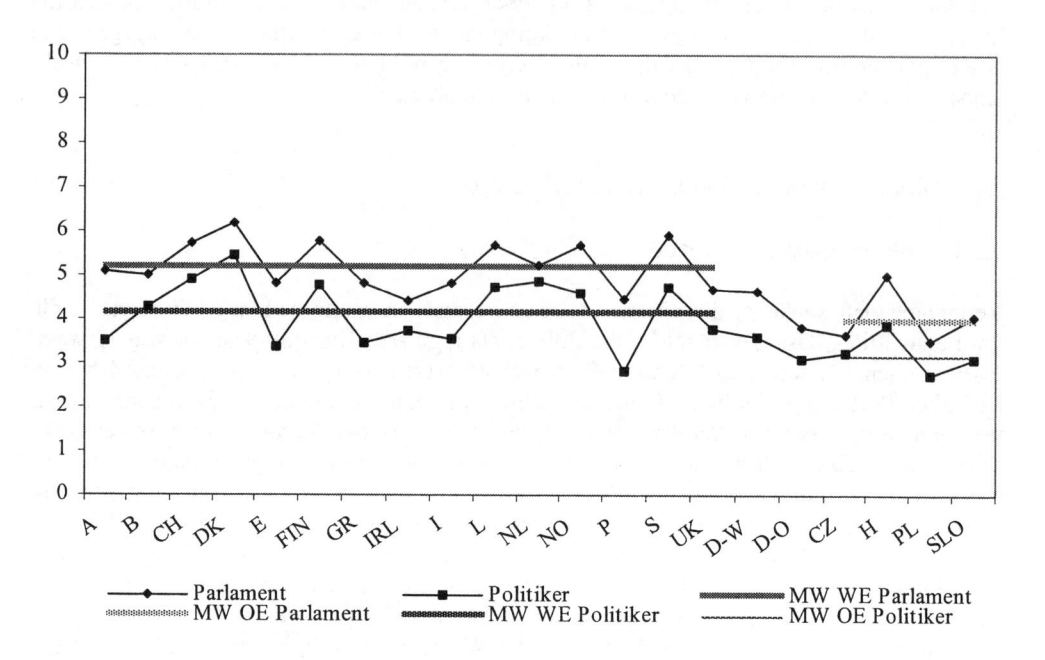

———— Parlament ———■— Politiker ▬▬▬ MW WE Parlament
▬▬▬ MW OE Parlament ▬▬▬ MW WE Politiker ------ MW OE Politiker

*Abbildung 5:* Vertrauen in Rechtssystem und Polizei (Mittelwerte)

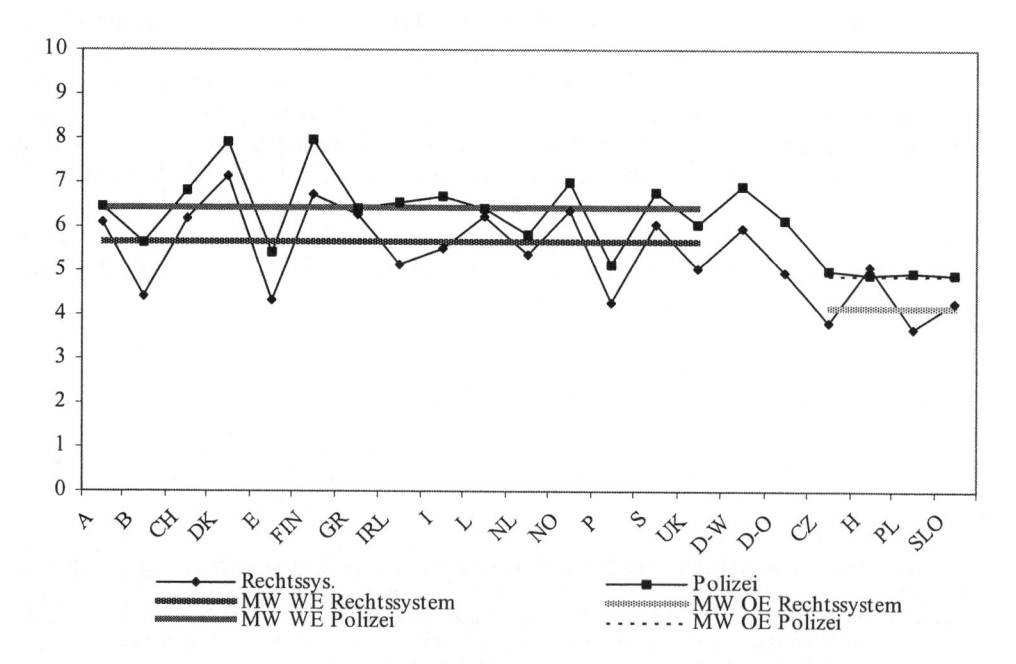

———— Rechtssys. ———■— Polizei
▬▬▬ MW WE Rechtssystem ▬▬▬ MW OE Rechtssystem
▬▬▬ MW WE Polizei ------ MW OE Polizei

Politisches Vertrauen und Unterstützung

*Abbildung 6:* Vertrauen in EP und Vereinte Nationen (Mittelwerte)

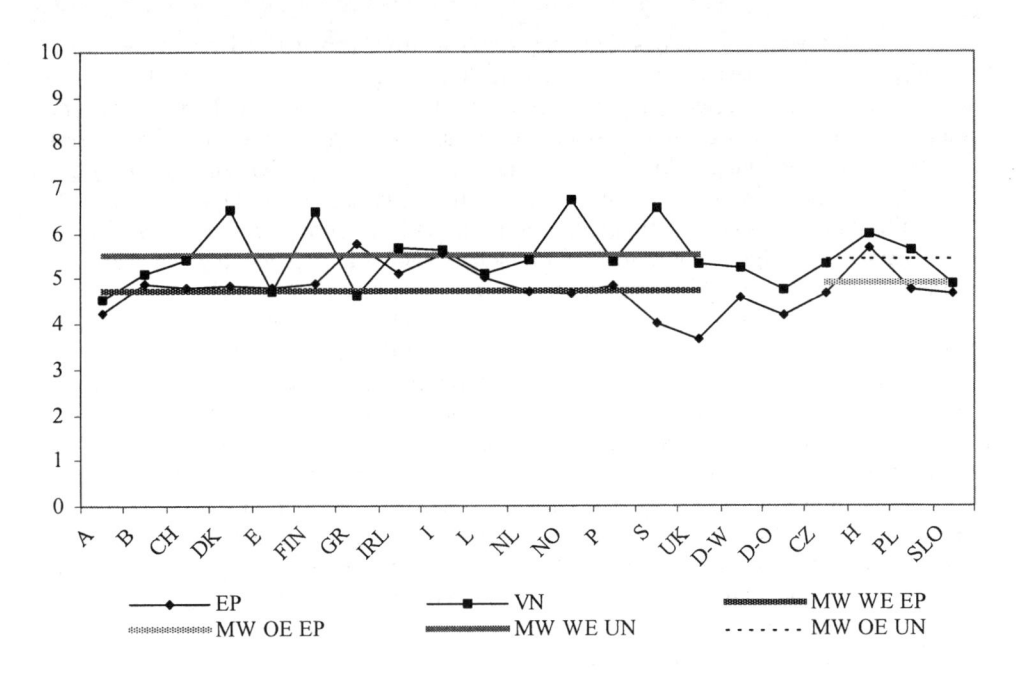

——◆—— EP  ——■—— VN  ▓▓▓ MW WE EP
▓▓▓ MW OE EP  ▓▓▓ MW WE UN  ------ MW OE UN

*Abbildung 7:* Politischer Vertrauensindex (Mittelwerte)

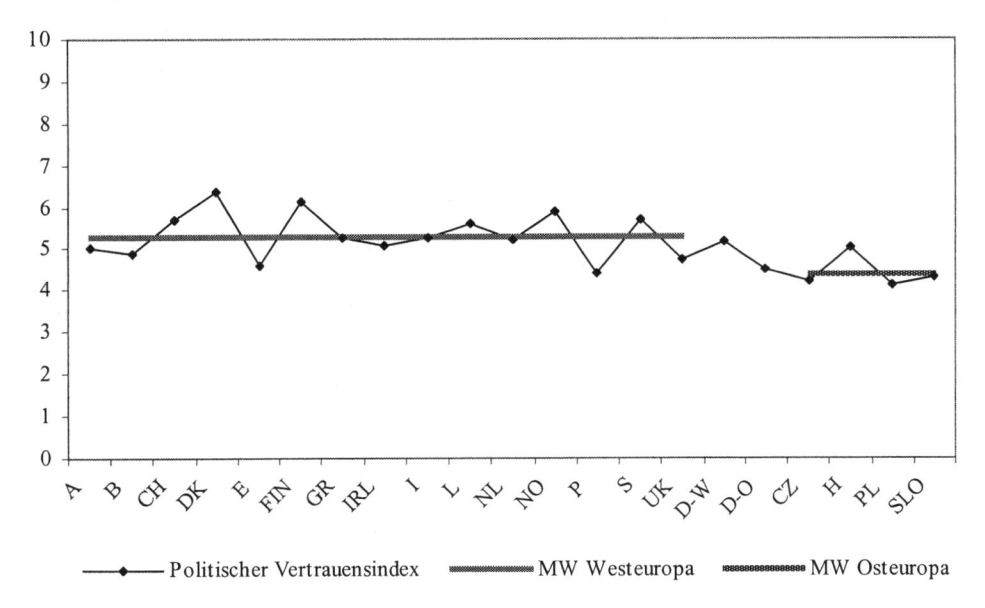

——◆—— Politischer Vertrauensindex  ▓▓▓ MW Westeuropa  ▓▓▓ MW Osteuropa

## 2.2.2 Osteuropäische Befunde

Wie zu erwarten war, weicht das Bild der vier osteuropäischen Länder von demjenigen Westeuropas in zumindest einem wesentlichen Punkt deutlich ab: An die Stelle des Vertrauens in die Polizei, welches in den allermeisten westeuropäischen Ländern an erster Stelle rangiert, tritt in den Ländern Osteuropas ausnahmslos das Vertrauen in die Vereinten Nationen (siehe Abbildung 4 bis 6). Außer in Ungarn folgt das Vertrauen in die Polizei jedoch sogleich auf dem zweiten Rang. Gemeinsam ist den Bevölkerungen Ost- und Westeuropas allerdings, dass beide Gruppierungen Politikern das geringste Vertrauen entgegenbringen. Ein ausgeprägtes Misstrauensklima scheint außerdem gegenüber den nationalen Parlamenten zu herrschen. Allerdings bildet Ungarn auch hier eine Ausnahme. Vertrauen in das Europäische Parlament nimmt wiederum mit Ausnahme Ungarns den dritten Rang ein und wird von Vertrauen in das jeweilige Rechtssystem auf Rang vier gefolgt.

Varianzanalysen legen nahe, dass zumindest drei der vier osteuropäischen Gesellschaften weitgehend homogene Ausprägungen besitzen.[7] Eine Erklärung für diese Homogenität könnte in der geringeren osteuropäischen Länderfallzahl begründet sein, welche auf einer breiteren osteuropäischen Datenbasis möglicherweise nicht mehr nachweisbar wäre. Ungarn hingegen nimmt im Osteuropavergleich mit nur einer Ausnahme *immer* eine Sonderstellung ein. Dessen Vertrauenswerte lassen sich viel eher den westeuropäischen Befunden zuordnen. Lediglich beim Vertrauen in die Polizei zeigt die ungarische Bevölkerung eine deutliche Parallele zu den übrigen osteuropäischen Mittelwerten.

Betrachtet man im europäischen Vergleich neben den Rangfolgen und den Varianzen politischen Vertrauens auch dessen Niveau, so vermittelt der Durchschnittswert des politischen Vertrauensindex eine erkennbare Diskrepanz zwischen den west- und osteuropäischen Werten (siehe Abbildung 7). Nach wie vor sind die hier untersuchten postsozialistischen Gesellschaften durch eine eher misstrauische Haltung gegenüber ihren politischen Institutionen und Akteuren geprägt. Sofern man jedoch das west- und osteuropäische Niveau der einzelnen Vertrauensindikatoren miteinander vergleicht, wird ersichtlich, dass das Vertrauen der osteuropäischen Bevölkerungen in das Europäische Parlament sogar stärker ausgeprägt ist als im westlichen Teil des europäischen Kontinents. Als mögliche Erklärung könnte hierbei die Hoffnung der Befragten auf wirtschaftlichen Aufschwung und politische Stabilität zum Tragen kommen, die mit einem Eintritt in die Europäische Union oftmals verbunden ist. Eine weitere Erklärung könnte allerdings auch in der mangelnden unmittelbaren Erfahrung der Osteuropäer mit den Institutionen der Europäischen Union begründet liegen, die sie bis dahin auch vor Enttäuschungen bewahren konnte. Die größte west-/osteuropäische Diskrepanz ist allerdings im Vertrauen zur Polizei zu beobachten.

## 2.2.3 Deutschland im europäischen Spannungsfeld

Aus den Analysen des Abschnitts 2.1 ging bereits hervor, dass sich die Vertrauenskultur der beiden deutschen Teilgesellschaften signifikant voneinander unterscheidet. Als wichtigstes Ergebnis kann zusammengefasst werden, dass die ostdeutsche Gesellschaft selbst nach zwölf Jahren gelebter demokratischer Erfahrungen weit mehr Ähnlichkeiten mit den

---

[7] Die Ergebnisse der entsprechenden Varianzanalysen sowie der Scheffé-Tests werden hier aus Platzgründen nicht präsentiert.

osteuropäischen Ländern als mit den westeuropäischen Bevölkerungen aufweist. Tatsächlich unterscheiden sich die ostdeutschen Vertrauensmittelwerte in Bezug auf Politiker sowie auf das nationale Parlament nicht signifikant von denjenigen der osteuropäischen Bevölkerungen.[8] Auch der Mittelwertvergleich des gebildeten Index politischen Vertrauens ermittelt keine signifikanten Abweichungen zwischen Ostdeutschland und Osteuropa. Diese Gemeinsamkeiten werden darüber hinaus durch den Befund unterstrichen, dass die übrigen Mittelwerte der ostdeutschen Gesellschaft auch von denjenigen der westdeutschen sowie der westeuropäischen Bevölkerungen signifikant verschieden sind. Die vorliegenden empirischen Ergebnisse widerlegen somit die Annahme, dass sich das politische Vertrauen der ostdeutschen Gesellschaft aufgrund der unmittelbaren Übernahme bewährter demokratischer Institutionen gegenüber den übrigen postsozialistischen Ländern deutlich stärker entwickeln konnte.

Westdeutschland weist hingegen lediglich im Bereich des Vertrauens zum Europäischen Parlament eine Parallele zur zusammengefassten Kategorie der Gesellschaften Westeuropas auf. Mit den osteuropäischen Bevölkerungen verbindet es sogar das Vertrauen in die Vereinten Nationen.

Zusammenfassend lässt sich festhalten, dass die ostdeutsche Bevölkerung nach wie vor zahlreiche Merkmale einer postsozialistischen Gesellschaft aufweist. Obwohl zwölf Jahre demokratischer Erfahrungen bereits einen beachtlichen Zeitraum darstellen, spiegelt sich diese Zeitspanne politischer Sozialisation nur bedingt in der ostdeutschen politischen Vertrauenskultur wider. Grundlegende Veränderungen wären demnach insbesondere im Zusammenhang mit dem Heranwachsen jüngerer Generationen zu erwarten.

Die westdeutsche Gesellschaft weicht in manchen Fällen erkennbar von den westeuropäischen Mittelwerten ab. Beachtet man jedoch die ausgeprägte heterogene westeuropäische Kultur politischen Vertrauens und unternimmt man den Versuch, Westdeutschland in die Vertrauensbandbreite der *einzelnen* westeuropäischen Länder einzuordnen, so ist dies ohne weiteres möglich. Die scheinbare Sonderstellung Westdeutschlands im westeuropäischen Kontext wäre somit ein Artefakt der gebildeten Analyseeinheit ‚Westeuropa'.

## 3   Zur Erklärung politischen Vertrauens

Vor dem Hintergrund der in Abschnitt 2 dargestellten Heterogenität politischen Vertrauens in Ost- und Westeuropa ist es umso wichtiger, der Frage nachzugehen, inwieweit auch die Mechanismen der politischen Vertrauensbildung über die europäischen Gesellschaften hinweg variieren. Zu diesem Zweck werden nachfolgend drei Erklärungsmodelle angewandt, die in leicht abgewandelten Formen bereits in vergangenen Studien zur Erklärung politischen Vertrauens genutzt wurden (Rohrschneider und Schmitt-Beck 2003; Gabriel und Kunz 2002; Newton und Norris 2000) und die *mittelbar* sowohl den Einfluss der Mikro-, der Meso- sowie der Makroebene auf die Bildung politischen Vertrauens aufdecken sollen.

Das zunächst vorgestellte Erklärungsmodell der individuellen politischen Orientierungen und Kompetenzen ist eindeutig auf der Mikroebene angesiedelt, und gibt über die Größe des Effekts individueller Dispositionen auf die Stärkung politischen Vertrauens Aufschluss. Das Sozialkapitalmodell beleuchtet hingegen mögliche Einflüsse, deren Bezugs-

---

[8] Diese Befunde beruhen auf Varianzanalysen, die hier aus Platzgründen nicht aufgeführt werden.

punkte, wie z.B. freiwillige Vereinigungen oder soziale Netzwerke, auf der Mesoebene zu verorten sind. Das Systemperformanzmodell schließlich beschreibt die Effekte der Makroebene und untersucht insbesondere die Rolle der Wirtschaft, der Regierung sowie der Demokratie im eigenen Land für die Stärkung politischen Vertrauens.

*3.1 Individuelle politische Orientierungen und Kompetenzen*

Das Erklärungsmodell individueller politischer Orientierungen und Kompetenzen zeigt die Effekte einer Vielzahl persönlicher Merkmale, Orientierungen und Einschätzungen auf politisches Vertrauen auf, die sich überwiegend den drei Bereichen politischen Engagements, nämlich dem kognitiven und dem affektiven Bereich sowie politischer Teilhabe, zuordnen lassen. Dem kognitiven Bereich können die Bestimmungsfaktoren des politischen Interesses und der subjektiven Bedeutsamkeit von Politik zugeordnet werden, die den Grad der Aufmerksamkeit beschreiben, welcher politischen Vorgängen entgegengebracht wird. Dies gilt auch für die Ausprägungen individueller politischer Kompetenzen, die sich in den subjektiven Einschätzungen der Kompliziertheit von Politik, der Möglichkeit politischer Beteiligung in einer Gruppe sowie der empfundenen Schwierigkeit, sich eine politische Meinung zu bilden, ausdrücken. In den kognitiven Bereich fallen auch die Bewertungen der Responsivität des politischen Systems, hier auch externe politische Effektivität genannt, die ebenfalls in das Erklärungsmodell aufgenommen werden. Diese umfassen die persönliche Einschätzung, dass Politiker sich für die Meinungen der Bürger, wie die des Befragten, interessieren sowie die persönliche Bewertung, dass Politiker sich nur für die Stimmen der Wähler, nicht aber für deren Meinungen interessieren. Aufgrund der nachweisbaren starken linearen Beziehung zwischen diesen beiden Messinstrumenten externer politischer Effektivität wurden diese in einem Index zusammengefasst und entsprechend in das Erklärungsmodell aufgenommen.[9]

Die Determinanten der Links-Rechts-Skala sowie der Kirchgangshäufigkeit sind dem Bereich der individuellen Einstellungen und Orientierungen zuzuordnen, geben Aufschluss über die Bedeutung konservativer Werte für den Befragten und decken somit den affektiven Bereich politischen Engagements ab.

Eine Zwischenstellung nimmt dagegen die Determinante der Wahl der amtierenden Partei oder Parteien ein, da sie gleichzeitig das politische Beteiligungspotential sowie die affektive Einstellung gegenüber den Regierenden zum Ausdruck bringt. Politische Teilhabe wird dagegen eindeutig durch die Bestimmungsfaktoren der politischen Beteiligung sowie der politischen Diskussionshäufigkeit repräsentiert.

Schließlich erscheint der Faktor Lebenszufriedenheit zwar auf den ersten Blick nicht unmittelbar politischen Orientierungen zugeordnet werden zu können; als individuelle Disposition, deren Einfluss auf politisches Vertrauen in früheren Untersuchungen nachgewiesen werden konnte, erscheint dessen Berücksichtigung in diesem Modell der Mikro-Ebene dennoch gerechtfertigt (Zmerli, Newton und Montéro (i.E.)).

Neben diesen oben aufgeführten Determinanten der individuellen politischen Orientierungen und Kompetenzen werden die sozioökonomischen Merkmale Geschlecht, Alter,

---

[9] Dieser Index externer politischer Effektivität basiert auf der Addition dieser beiden gemessenen Items, deren Summe wiederum für jeden Befragten durch die Anzahl der gültigen Angaben zu den Items dividiert wurde. Die Werte reichen von 1 (niedrigster Wert) zu 5 (höchster Wert).

Bildung und Berufsprestige in dieses und in die nachfolgenden Erklärungsmodelle aufgenommen. Dieses Vorgehen dient der Kontrolle der empirischen Befunde, die durch ein Fehlen dieser relevanten Einflussfaktoren an Aussagekraft einbüßen könnten.

Als abhängige Variable fungiert der Index politischen Vertrauens. Aufgrund des starken linearen Zusammenhangs zwischen Vertrauen in Politiker und dem Index externer politischer Effektivität wurde auf diesen Aspekt politischen Vertrauens bei der Bildung der abhängigen Variable verzichtet.

In einem ersten Analyseschritt werden zunächst die west- und ostdeutschen Ergebnisse zueinander in Beziehung gesetzt. Anschließend erfolgt deren Zuordnung in das Gesamtbild der west- und osteuropäischen Befunde.

Wie ein Blick auf den Anteil der erklärten Varianz zeigt, entfaltet dieses lineare Regressionsmodell in beiden deutschen Teilgesellschaften eine beachtliche Erklärungskraft (Tabelle 1). Ihre korrigierten $R^2$-Koeffizienten weichen dabei nur unwesentlich voneinander ab. Daneben zeigt dieses Erklärungsmodell weitere höchst relevante deutsch/deutsche Gemeinsamkeiten auf.

So lässt sich die externe politische Effektivität als die effektstärkste Determinante sowohl in den alten als auch in den neuen Ländern identifizieren. Beide unstandardisierten Koeffizienten weisen in Ost und West nahezu identische Einflussstärken auf, und in beiden Modellen ist politische Effektivität die jeweils aussagekräftigste Determinante.

Auch der Bestimmungsfaktor der Lebenszufriedenheit übt in beiden Landesteilen einen höchst signifikanten und erklärungsstarken Einfluss auf die Bildung politischen Vertrauens aus. Erkennbar ist aber auch, dass in Ostdeutschland der Stellenwert der Lebenszufriedenheit für politisches Vertrauen höher einzuschätzen ist als im Westen der Republik. Der standardisierte Koeffizient der Determinante Geschlecht ist in beiden deutschen Modellen ebenfalls vergleichbar stark ausgeprägt. Die unstandardisierten Koeffizienten weisen allerdings darauf hin, dass dieser Faktor in Ostdeutschland effektstärker ist als im Westen. Für den Bereich individueller politischer Kompetenzen lassen sich dagegen Ost/West-Divergenzen feststellen. So übt die Einschätzung der Kompliziertheit von Politik nur in Westdeutschland einen signifikanten Einfluss auf politisches Vertrauen aus. Die Schwierigkeit der politischen Meinungsbildung ist dagegen in beiden Landesteilen effektstark, wobei der Einfluss für den Osten etwas schwächer ausfällt. Für die alten Länder sind hier allerdings zwei gegenläufige Beziehungsstrukturen zu erkennen. Während die Einschätzung, dass Politik *nicht* zu kompliziert sei, einen signifikanten und positiven Einfluss auf politisches Vertrauen erkennen lässt, ist dieser positive Effekt ebenfalls für die persönliche Bewertung, dass es schwierig sei, sich eine politische Meinung zu bilden, zu beobachten. Die Wahl der amtierenden Partei oder Parteien trägt nur in den alten Ländern zu einer statistisch relevanten Stärkung politischen Vertrauens bei. Ebenso verhält es sich mit dem Indikator der Kirchgangshäufigkeit, der außer in den alten Ländern keinen signifikanten Einfluss erzielt.

Interessanterweise erweisen sich alle übrigen Bestimmungsfaktoren in diesem ost-westdeutschen Vergleich als statistisch insignifikant.

Die westeuropäischen Ergebnisse zeigen in wichtigen Aspekten Parallelen zu den westdeutschen Befunden auf. Dies wird insbesondere durch einen nahezu identischen Anteil erklärter Varianz sowie eine vergleichbare Aussagekraft der erklärungsstärksten Determinanten der externen politischen Effektivität sowie der Lebenszufriedenheit belegt. Auch für die Bestimmungsfaktoren Geschlecht und Kirchgangshäufigkeit lassen sich für Westeuropa signifikante, allerdings etwas schwächere Koeffizienten ermitteln als im westdeutschen Modell. Trotz dieser Gemeinsamkeiten sind auch deutliche Unterschiede nachweisbar. Während in Westdeutschland sowohl die Wahl der amtierenden Partei oder Parteien, die wahrgenommene Kompliziertheit von Politik sowie die Schwierigkeit der politischen Meinungsbildung erklärende Funktionen einnehmen, kann dies auf der Grundlage der westeuropäischen Daten nicht in diesem Umfang belegt werden. Umgekehrt gilt, dass politisches Interesse, Bedeutsamkeit von Politik sowie politische Beteiligung zwar im westeuropäischen Modell erklärungsstark sind, dieser Befund durch die westdeutschen Daten jedoch nicht bestätigt wird. Interessanterweise steht politisches Interesse in Westeuropa wie

*Tabelle 1:* Individuelle politische Orientierungen und Kompetenzen als Determinante politischen Vertrauens (OLS)

| Bestimmungsfaktoren | unstandardisiert | | | | standardisiert | | | |
|---|---|---|---|---|---|---|---|---|
| | E-W | D-W | D-O | E-O | E-W | D-W | D-O | E-O |
| Geschlecht | -.10*** | -.19* | -.24* | -.07 | -.03*** | -.06* | -.07* | -.02 |
| Alter | -.01** | .00 | .00 | .00 | -.03** | -.04 | -.01 | .02 |
| Bildung | .01*** | .03 | .00 | .01 | .03*** | .06 | -.01 | .02 |
| Berufsprestige | -.01* | .00 | .00 | .00 | -.02* | -.06 | .03 | .00 |
| Politisches Interesse | .12*** | .06 | -.10 | -.05 | .06*** | .03 | -.05 | -.02 |
| Bedeutsamkeit von Politik | .07*** | .04 | .02 | .07*** | .10*** | .06 | .03 | .09*** |
| Links-Rechts-Skala | .05*** | .02 | -.05 | -.04*** | .06*** | .03 | -.06 | -.05*** |
| Kirchgangshäufigkeit | .05*** | .12*** | .08 | -.02 | .05*** | .10*** | .06 | -.02 |
| Lebenszufriedenheit | .16*** | .10*** | .14*** | .16*** | .17*** | .13*** | .19*** | .20*** |
| Wahl der amtierenden Parteien | .05* | .29** | .12 | .17** | .01* | .09** | .04 | .05** |
| Politische Beteiligung | -.07* | -.17 | -.21 | -.14** | -.02* | -.05 | -.06 | -.04** |
| Politische Diskussionshäufigkeit | -.03** | .01 | -.07 | -.04** | -.03** | .01 | -.08 | -.04** |
| Politik zu kompliziert | .01 | .14** | .06 | .08** | .00 | .08** | .04 | .04** |
| Könnte in Gruppe polit. aktiv werden | .04*** | -.03 | .07 | .01 | .04*** | -.02 | .06 | .00 |
| Schwierigkeit polit. Meinungsbildung | -.02 | -.22*** | -.16* | .02 | -.01 | -.12*** | -.08* | .01 |
| Externe politische Effektivität | .72*** | .74*** | .76*** | .76*** | .40*** | .39*** | .39*** | .34*** |
| Korrigiertes $R^2$ in % | 24,8 | 24,3 | 23,9 | 22,0 | | | | |
| N (ungew.) | 15.293 | 1.127 | 701 | 4.913 | | | | |

Als abhängige Variable wird hier der zuvor gebildete politische Vertrauensindex genutzt, wobei Vertrauen in Politiker aufgrund der hohen Korrelation mit externer politischer Effektivität entnommen wurde. Kodierung: Geschlecht: 0 = Mann 1 = Frau; Alter: Geburtsjahr; Bildung = abgeschlossene Bildung in Jahren; Berufsprestige: ISCO Codes; Politisches Interesse: 1 = sehr interessiert bis 4 = überhaupt kein Interesse; Politik zu kompliziert: 1 = oft bis 5 = nie; Mögliche politische Teilhabe in Gruppe: 1 = sicherlich nicht bis 5 = sicherlich ja; Schwierigkeit der politischen Meinungsbildung: 1 = sehr schwierig bis 5 = sehr einfach; Externe politische Effektivität: siehe Fußnote 13; Wahl der amtierenden Partei/Parteien: 0 = nein, 1 = ja; Links-Rechts-Skala: 0 = links bis 10 = rechts; Lebenszufriedenheit: 0 = sehr unzufrieden bis 10 = sehr zufrieden; Persönliche Bedeutsamkeit von Politik: 0 = äußerst unwichtig bis 10 = äußerst wichtig; Häufigkeit politischer Diskussionen: 1 = nie bis 7 = täglich; Kirchgangshäufigkeit: 1 = nie bis 7 = täglich; Politische Beteiligung setzt sich aus den allen Fragen zu politischer Beteiligung der letzten 12 Monate aus dem ESS zusammen: 0 = nicht beteiligt 1 = beteiligt.
Signifikanzniveaus: * $p<0.05$; ** $p<0.01$; *** $p<0.001$.

in Westdeutschland in einem *negativen* Zusammenhang zu politischem Vertrauen.[10]

Auch für die osteuropäischen Ergebnisse gilt, dass sie sich in den wichtigsten Bereichen mit den ostdeutschen Befunden decken. Dies wird durch einen vergleichbaren Anteil erklärter Varianzen sowie den nahezu gleichwertigen Koeffizienten der externen politischen Effektivität sowie der Lebenszufriedenheit belegt. Allerdings sind auch einige Abweichungen erkennbar. So üben in Ostdeutschland das Merkmal Geschlecht sowie die Schwierigkeit der politischen Meinungsbildung einen signifikanten Einfluss auf die Bildung politischen Vertrauens aus, während das osteuropäische Modell diesen Effekt nicht aufweisen kann. Dagegen treten in letzterem die Bedeutsamkeit von Politik, die Links-Rechts-Skala, die Wahl der amtierenden Partei oder Parteien, politische Beteiligung, politische Diskussionshäufigkeit sowie die wahrgenommene Kompliziertheit von Politik als signifikante Bestimmungsfaktoren hervor.

Bei der Bewertung des Erklärungsmodells individueller politischer Orientierungen und Kompetenzen sind mehrere Schlussfolgerungen zu ziehen. Zunächst ist auf den europaweit akzeptablen Umfang erklärter Varianzen hinzuweisen, der die Angemessenheit sowie Allgemeingültigkeit dieses Modells unterstreicht. Letztere kommt ebenfalls in den effektstärksten Determinanten zum Ausdruck, die in allen gebildeten Untersuchungseinheiten identisch sind. Dieses homogene Bild wird allerdings von einer Reihe abweichender Koeffizienten getrübt. Daneben ist auffallend, dass die Bereiche politischer Kompetenzen und Orientierungen eine uneinheitliche Erklärungskraft ausüben und einen vergleichbar geringen Erklärungsbeitrag leisten. In einem nächsten Schritt wäre es vor diesem Hintergrund ratsam, nur ausgewählte Prädiktoren dieses Erklärungsmodells individueller politischer Orientierungen und Kompetenzen zu nutzen. Die Frage, ob das westdeutsche Modell überwiegend Parallelen mit Westeuropa aufweist und die ostdeutschen Befunde eher den osteuropäischen Ergebnissen entsprechen, kann mit Hilfe des Erklärungsmodells individueller politischer Orientierungen und Kompetenzen nicht eindeutig beantwortet werden. Lediglich einige wenige Bestimmungsfaktoren, wie Kirchgangshäufigkeit für den Westen sowie die Links-Rechts-Skala für den Osten, lassen nach wie vor existierende Trennlinien erkennen. Aber auch eine Sonderrolle Deutschlands lässt sich vor dem Hintergrund der ermittelten Befunde nicht gänzlich ausschließen. Denn es zeigt sich, dass die Bedeutsamkeit von Politik zwar im Westen wie auch im Osten Europas erklärungsstark ist, in den beiden deutschen Teilgesellschaften jedoch ohne signifikanten Einfluss bleibt. Umgekehrt besitzt die individuelle Schwierigkeit der politischen Meinungsbildung in Ost- wie in Westdeutschland eine beträchtliche Erklärungskraft, die aber im übrigen Europa in dieser Form nicht nachweisbar ist.

*3.2 Sozialkapital*

Die berücksichtigten Bestimmungsfaktoren des Sozialkapitalmodells lassen sich mit Ausnahme der sozioökonomischen Kontrollvariablen den strukturellen und kulturellen Elementen sozialen Kapitals, nämlich sozialen Netzwerken, Vertrauen und Normen zuordnen (siehe Putnam 1993). Mitgliedschaft in freiwilligen Vereinigungen sowie Häufigkeiten der Treffen mit Freunden, Verwandten oder privat mit Arbeitskollegen gelten als strukturelle Bestandteile sozialen Kapitals. Zu dessen kulturellen Bestandteilen werden hingegen Nor-

---

[10] Der scheinbar positive Zusammenhang ist der Kodierung dieser Variable geschuldet.

men der Solidarität und der Reziprozität hinzugezählt, die u.a. mit Fragen nach der persönlichen Bedeutung, anderen Menschen zu helfen, denen es schlechter geht als einem selbst, anderen Menschen zu helfen und sich um deren Wohlergehen zu kümmern sowie der Relevanz von Aktivität in Vereinen, gemessen werden können. Die Häufigkeit der tatsächlich geleisteten Hilfe wird als weiterer Bestimmungsfaktor in das Erklärungsmodell aufgenommen. Hierbei soll insbesondere überprüft werden, inwiefern Effektrichtung sowie Effektstärke von Normen der Solidarität und tatsächlich geleisteter Solidarität, also Handlungsorientierung und tatsächlicher Beteiligung, zur Übereinstimmung kommen. Schließlich wird auch soziales Vertrauen als kulturelle Komponente sozialen Kapitals und Bestimmungsfaktor in das Modell aufgenommen.

Ein innerdeutscher Vergleich der erklärten Varianz des linearen Regressionsmodells belegt, dass beide korrigierten $R^2$-Koeffizienten zwar kein hohes Niveau erreichen, die Erklärungskraft des ostdeutschen Modells allerdings noch etwas geringer ausfällt als diejenige des westdeutschen Modells (Tabelle 2). Bereits der Bereich sozioökonomischer Bestimmungsfaktoren legt erste ost-/westdeutsche Wirkungsunterschiede offen. Es zeigt sich, dass sowohl höheres Lebensalter als auch höheres Berufsprestige westdeutscher Bürger

*Tabelle 2:* Sozialkapital als Determinante politischen Vertrauens (OLS)

| Bestimmungsfaktoren | unstandardisiert | | | | standardisiert | | | |
|---|---|---|---|---|---|---|---|---|
| | E-W | D-W | D-O | E-O | E-W | D-W | D-O | E-O |
| Geschlecht | -.06* | -.05 | -.19 | -.02 | -.02* | -.02 | -.05 | -.01 |
| Alter | .00 | -.01** | .00 | -.01*** | .01 | -.08** | -.04 | -.06*** |
| Bildung | .02*** | .02 | .01 | .04*** | .05*** | .03 | .01 | .07*** |
| Berufsprestige | -.01*** | -.01** | .00 | .00 | -.04*** | -.09** | -.04 | -.02 |
| Vereinsmitgliedschaft | .16*** | -.08 | -.05 | .03 | .04*** | -.02 | -.01 | .01 |
| Treffen mit Freunden, etc. | .00 | .06 | -.01 | .03 | .00 | .05 | -.01 | .02 |
| Soziales Vertrauen | .24*** | .19*** | .17*** | .24*** | .31*** | .26*** | .24*** | .29*** |
| Bedeutsamkeit, anderen Menschen zu helfen | .08*** | .02 | .06* | .02 | .08*** | .02 | .07* | .02 |
| Bedeutsamkeit in Verein aktiv sein | .04*** | .04* | .07** | .04*** | .05*** | .06* | .11** | .06*** |
| Bedeutsamkeit anderen zu helfen | -.02 | .06 | -.06 | .04 | -.01 | .04 | -.03 | .02 |
| Tatsächlich geleistete Hilfe | -.04*** | -.04 | .01 | -.02 | -.04*** | -.05 | .01 | -.02 |
| Korrigiertes $R^2$ in % | 13,5 | 10,1 | 8,3 | 10,9 | | | | |
| N (ungew.) | 19.328 | 1.449 | 949 | 6.597 | | | | |

Als abhängige Variable wird hier der politische Vertrauensindex genutzt, vgl. Tabelle 1.
Kodierung: Sozioökonomische Variablen siehe Tabelle 1; Soziales Vertrauen: 0 = kein Vertrauen bis 10 = sehr vertrauensvoll; Häufigkeit der tatsächlich geleisteten Hilfe: 1 = täglich bis 7 = nie; Mitgliedschaft in freiwilligen Vereinigungen setzt sich aus allen Fragen zu Mitgliedschaft im ESS zusammen: 0 = keine Mitgliedschaft 1 = Mitgliedschaft; Häufigkeit der Treffen (soziales Netzwerk) mit Freunden, Verwandten oder privat mit Arbeitskollegen: 1 = nie bis 7 = täglich; Soziale Normen: Was macht einen guten Bürger aus? Was meinen Sie: Wie wichtig ist es, (1) Menschen zu unterstützen, denen es schlechter geht als einem selbst? (2) in Vereinen, Verbänden oder Organisationen aktiv zu sein? 0 = äußerst unwichtig bis 10 = äußerst wichtig; Im folgenden werden Menschen kurz beschrieben. Bitte lesen Sie jede Beschreibung und kreuzen Sie das Kästchen an, das beschreibt, wie sehr diese Person wie Sie oder nicht wie Sie ist: Es ist sehr wichtig für sie/ihn, anderen Menschen in ihrer/seiner Umgebung zu helfen. Sie/er möchte sich um deren Wohlergehen kümmern: 1 = überhaupt nicht wie ich bis 6 = genau wie ich.
Signifikanzniveaus: * $p<0.05$; ** $p<0.01$; *** $p<0.001$.

einen signifikanten und positiven Einfluss auf politisches Vertrauen ausüben, während diese Effekte für Ostdeutschland nicht nachweisbar sind.

Der Bereich der strukturellen Bestandteile sozialen Kapitals erlangt weder im Westen noch im Osten der Republik signifikante Erklärungskraft.

Der kulturelle Aspekt sozialen Kapitals, der sich auf soziales Vertrauen bezieht, weist deutliche ost-/westdeutsche Gemeinsamkeiten auf. Sowohl in den neuen wie in den alten Ländern übt dieser Bestimmungsfaktor einen höchst signifikanten und positiven Effekt auf politisches Vertrauen aus, dessen Koeffizienten außerdem die jeweils höchsten Werte in den Erklärungsmodellen erzielen.

Weitere ost-/westdeutsche Gemeinsamkeiten lassen sich auch für den Bereich der im Modell berücksichtigten Normen ermitteln. Die subjektiv empfundene Bedeutsamkeit von Vereinsaktivitäten übt in beiden Landesteilen einen signifikanten positiven Einfluss auf die Bildung politischen Vertrauens aus. In den neuen Ländern wird politisches Vertrauen außerdem durch eine höhere Bedeutungszuweisung, anderen Menschen zu helfen, denen es schlechter geht als einem selbst, signifikant verstärkt. Die Umsetzung dieser sozialen Normen in tatsächlich geleistete Hilfe führt dagegen weder in den neuen noch in den alten Bundesländern zu einer statistisch relevanten Verbesserung des Erklärungsmodells. Im nächsten Analyseschritt soll nun nachgezeichnet werden, inwiefern sich die ermittelten ost-/westdeutschen Unterschiede und Gemeinsamkeiten auch in Ost- bzw. Westeuropa ermitteln lassen.

Auch das zweite Erklärungsmodell zeigt in wesentlichen Bereichen deutliche Übereinstimmungen zwischen den westeuropäischen und westdeutschen Ergebnissen. Wiederum bewegen sich die Anteile erklärter Varianzen auf vergleichbarem Niveau und ist die erklärungsstärkste Determinante, soziales Vertrauen, in beiden Untersuchungseinheiten identisch. Dennoch sind verschiedene bedeutsame Abweichungen erkennbar. Während beispielsweise in Westdeutschland ein höheres Lebensalter einen signifikanten Effekt auf politisches Vertrauen ausübt, gilt dies in Westeuropa für höhere Bildung. Zudem kann für Westeuropa ein positiv signifikanter Effekt von Vereinsmitgliedschaft, der strukturellen Komponente sozialen Kapitals, ermittelt werden. Dies gilt auch für die Bedeutsamkeit, anderen Menschen zu helfen. Schließlich liefert der westeuropäische Befund zum Einfluss der Häufigkeit tatsächlich geleisteter Hilfe ein erstaunliches Bild. Entgegen den Erwartungen zeigt sich auf westeuropäischer Ebene, dass politisches Vertrauen in einer signifikant *negativen* Beziehung zur Umsetzung sozialer Normen steht. Eine mögliche Ursache könnte darin begründet liegen, dass der Staat bei individuellen sozialen Problemlagen oftmals nur ungenügende Hilfestellung leistet, die in der Folge von Angehörigen oder Nahestehenden erbracht werden muss. Eine Frustration seitens der Helfenden könnte aufgrund dieser Diskrepanz zwischen notwendigem persönlichen Bedarf und nicht ausreichend vorhandenen staatlichen Dienstleistungsangeboten zweifellos entstehen.

Auch das osteuropäische Modell stimmt in den wichtigsten Punkten mit dem ostdeutschen überein. Sowohl die Höhe des Anteils erklärter Varianz als auch die erklärungsstärksten Determinanten, soziales Vertrauen sowie die Bedeutsamkeit von Vereinsaktivitäten, zeigen klare Parallelen. Geringfügige Abweichungen lassen sich allein für den sozioökonomischen Bereich ermitteln, da Alter und Bildung in Osteuropa im Gegensatz zum ostdeutschen Ergebnis signifikante Effekte ausüben.

Insgesamt betrachtet, kann aber das Erklärungsmodell des Sozialkapitals einen nicht annähernd so großen Erklärungsbeitrag zu politischem Vertrauen leisten wie das Modell individueller politischer Orientierungen und Kompetenzen. Dennoch wäre damit zu rechnen, dass der äußerst relevante Einfluss sozialen Vertrauens auf politisches Vertrauen auch in einem kombinierten Erklärungsmodell erhalten bliebe und somit zu einem weiteren Erkenntnisgewinn beitragen würde. Ein weiteres Mal lässt sich zudem die Frage nicht eindeutig beantworten, ob Westdeutschland in der Tendenz westeuropäischen sowie Ostdeutschland osteuropäischen Gegebenheiten entsprechen. Lediglich die Determinante Berufsprestige verweist auf eine ausgeprägte Parallele zwischen dem Westen Deutschlands und Europas. Dagegen verweist die Determinante Alter erstaunlicherweise auch auf Gemeinsamkeiten zwischen Westdeutschland und Osteuropa sowie die Bedeutsamkeit, anderen Menschen zu helfen, auf Parallelen zwischen Ostdeutschland und Westeuropa. Eine Sonderrolle nimmt Deutschland wiederum in Bezug auf den Faktoren Bildung ein, der hier zwar ohne signifikanten Einfluss bleibt, in beiden Teilen Europas jedoch statistisch relevante Erklärungskraft besitzt.

*3.3 Systemperformanz*

Der Systemperformanz wird gemeinhin ein erheblicher Einfluss auf die Bildung politischen Vertrauens zugesprochen (Newton und Norris 2000; Gabriel und Kunz 2002). Im Blickpunkt des Interesses steht dabei oftmals die Bedeutung der wirtschaftlichen Lage eines Landes für die politischen Orientierungen der Bürger. Bereits das Clinton-Präsidentschaftswahlkampfteam des Jahres 1992 entwickelte mit dem Slogan: „It's the economy, stupid!", ein politisches Schlagwort, das bis heute Gültigkeit in der politischen Kommunikation besitzt. Zur Messung der Systemperformanz werden im nachfolgenden Erklärungsmodell neben der Zufriedenheit mit der wirtschaftlichen Lage im eigenen Land auch die Zufriedenheit mit der nationalen Regierung sowie der Demokratie des eigenen Landes einbezogen.

Ein Blick auf die erklärten Varianzen des Regressionsmodells scheint tatsächlich zu belegen, dass Systemperformanz als Determinante politischen Vertrauens den beiden vorangegangenen Modellen überlegen ist (Tabelle 3). Wie aber eine nähere Betrachtung der ost- und westdeutschen Resultate sofort aufdeckt, liegt die größte Erklärungskraft nicht in der Bewertung der wirtschaftlichen Lage des Landes begründet, sondern vielmehr in der Zufriedenheit mit der Regierung sowie mit der Demokratie des eigenen Landes, wobei letztere in beiden deutschen Teilgesellschaften die mit Abstand größte Erklärungskraft entfaltet.[11] Innerdeutsche Unterschiede lassen sich dagegen in der leicht abweichenden Koeffizienzstärke der Zufriedenheit mit der nationalen Regierung feststellen sowie insbesondere in der Signifikanz des Effekts der Zufriedenheit mit der wirtschaftlichen Situation. Erstaunlicherweise steht politisches Vertrauen in den neuen Ländern weit weniger mit der Zufriedenheit mit der wirtschaftlichen Entwicklung im eigenen Land im Zusammenhang als in den alten Bundesländern.

Die Effekte der sozioökonomischen Variablen unterscheiden sich außer beim Merkmal Geschlecht nur äußerst geringfügig voneinander. Auch der ost- wie westdeutsche Umfang erklärter Varianzen unterstreicht die weitgehende Homogenität der empirischen Befunde. Es kann demnach festgehalten werden, dass das Systemperformanzmodell nicht nur die

---

[11] Dieses Ergebnis stützt zudem die Befunde von Lawrence (1997), welcher der wirtschaftlichen Performanz eine untergeordnete Rolle bei der Erklärung politischen Vertrauens beimisst.

*Tabelle 3:* Systemperformanz als Determinante politischen Vertrauens (OLS)

| Bestimmungs-faktoren | unstandardisiert | | | | standardisiert | | | |
|---|---|---|---|---|---|---|---|---|
| | E-W | D-W | D-O | E-O | E-W | D-W | D-O | E-O |
| Geschlecht | .06** | .03 | -.09 | -.04 | .02** | .01 | -.03 | -.01 |
| Alter | .01* | -.01* | .00 | .00 | .01* | -.05* | -.03 | .00 |
| Bildung | .02*** | .03* | .01 | .03*** | .04*** | .06* | .01 | .05*** |
| Berufsprestige | -.01*** | -.01** | .00 | -.01*** | -.04*** | -.08** | -.04 | -.04*** |
| *Zufriedenheit mit:* | | | | | | | | |
| Wirtschaft | .08*** | .08*** | .05 | .08*** | .10*** | .10*** | .05 | .09*** |
| Regierung | .17*** | .15*** | .19*** | .18*** | .22*** | .19*** | .23*** | .22*** |
| Demokratie | .27*** | .27*** | .30*** | .30*** | .34*** | .38*** | .39*** | .37*** |
| Korrigiertes $R^2$ in % | 33,8 | 31,1 | 33,5 | 34,2 | | | | |
| N (ungew.) | 23.554 | 1.501 | 958 | 7.743 | | | | |

Als abhängige Variable wird hier der politische Vertrauensindex genutzt.
Kodierung: Sozioökonomische Variablen siehe Tabelle 1; Und wie zufrieden sind Sie - alles in allem - mit der gegenwärtigen Wirtschaftslage in Deutschland? Wenn Sie nun einmal an die Leistungen der Bundesregierung in Berlin denken. Wie zufrieden sind Sie mit der Art und Weise, wie sie ihre Arbeit erledigt? Und wie zufrieden sind Sie - alles in allem - mit der Art und Weise, wie die Demokratie in Deutschland funktioniert? Alle drei Zufriedenheitsvariablen sind wie folgt kodiert: 0 = äußerst unzufrieden bis 10 = äußerst zufrieden.
Signifikanzniveaus: * p<0.05; ** p<0.01; *** p<.001.

vergleichbar größte Erklärungskraft entfaltet, sondern darüber hinaus eine gesellschaftsunabhängige Allgemeingültigkeit zu besitzen scheint. Ein Vergleich mit den Ergebnissen der Länder Ost- und Westeuropas unterstützt diese Annahme ohne Ausnahme. Dennoch ist bei der Beantwortung der Frage nach der Zugehörigkeit Westdeutschlands zu Westeuropa sowie Ostdeutschlands zu Osteuropa eine interessante Feststellung zu treffen. Während sich die Effekte der Determinanten in beiden Teilen Europas sowie in Westdeutschland nur kaum voneinander unterscheiden, nimmt Ostdeutschland insbesondere bei Bildung und Berufsprestige sowie der Zufriedenheit mit der Wirtschaft eine Sonderrolle ein.

## 3.4 Synthese

Eine Integration dieser drei Erklärungsmodelle soll im Anschluss klare Aussagen über die tatsächliche statistische Relevanz und Effektstärke der einzelnen als besonders erklärungsstark identifizierten Determinanten ermöglichen.

Das integrierte Gesamtmodell beinhaltet die erklärungsstärksten Bestimmungsfaktoren der drei einzelnen bereits dargestellten Analysemodelle. Neben den soziökonomischen Faktoren umfasst es aus dem Bereich individueller politischer Orientierungen und Kompetenzen die Aspekte Kirchgangshäufigkeit, Lebenszufriedenheit sowie externe politische Effektivität. Daneben berücksichtigt es soziales Vertrauen aus dem Bereich sozialen Kapitals sowie alle drei Determinanten der Systemperformanz.

Im integrierten Gesamtmodell bewahren erstaunlicherweise nahezu alle aufgenommenen Bestimmungsfaktoren ihre zuvor bereits ermittelten unabhängigen Effekte auf die Bildung und Stärkung politischen Vertrauens (Tabelle 4).

Der innerdeutsche Vergleich des Gesamtmodells mit den Ergebnissen des Erklärungsmodells individueller politischer Orientierungen und Kompetenzen verdeutlicht, dass dessen wesentliche Erkenntnisse durch das integrierte Modell weitestgehend bestätigt wer-

*Tabelle 4:* Gesamtmodell als Determinante politischen Vertrauens (OLS)

| Bestimmungsfaktoren | unstandardisiert | | | | standardisiert | | | |
|---|---|---|---|---|---|---|---|---|
| | E-W | D-W | D-O | E-O | E-W | D-W | D-O | E-O |
| *Ind. politische Orientierungen* | | | | | | | | |
| Kirchgangshäufigkeit | .09*** | .07* | .07 | .03** | .07*** | .05* | .04 | .02** |
| Lebenszufriedenheit | .02*** | .07*** | .04 | .05*** | .03*** | .10*** | .05 | .07*** |
| Externe politische Effektivität | .40*** | .46*** | .50*** | .49*** | .21*** | .23*** | .24*** | .21*** |
| *Sozialkapital* | | | | | | | | |
| Soziales Vertrauen | .10*** | .07*** | .07*** | .10*** | .14*** | .11*** | .10*** | .12*** |
| *Systemperformanz* | | | | | | | | |
| Zufriedenheit mit: | | | | | | | | |
| Wirtschaft | .04*** | .04 | .03 | .03** | .05*** | .05 | .03 | .04** |
| Regierung | .14*** | .11*** | .14*** | .15*** | .18*** | .14*** | .16*** | .18*** |
| Demokratie | .23*** | .22*** | .22*** | .25*** | .29*** | .30*** | .30*** | .30*** |
| Korrigiertes $R^2$ in % | 40,4 | 38,7 | 39,9 | 40,3 | | | | |
| N (ungew.) | 23.322 | 1.486 | 955 | 7.636 | | | | |

Als abhängige Variable wird hier der politische Vertrauensindex genutzt.
Variablenkodierung vgl. Tabellen 1, 2 und 3. Es werden ausschließlich die signifikanten Koeffizienten aufgeführt.
Signifikanzniveaus: *p<0.05; **p<0.01; ***p<0.001.

den. Die zuvor erklärungsstärkste Determinante der externen politischen Effektivität übt in diesem Teilbereich des Gesamtmodells nach wie vor den stärksten Einfluss auf politisches Vertrauen aus. Dagegen verliert die zuvor relativ erklärungsstarke Determinante der Lebenszufriedenheit in Ostdeutschland an Signifikanz und büßt auch im Westen der Republik deutlich an Erklärungskraft ein. Vergleichbares gilt in den alten Ländern auch für den Bestimmungsfaktor der Kirchgangshäufigkeit.

Der Einfluss sozialen Vertrauens kann aufrecht erhalten werden und ist in beiden Landesteilen mit einem vergleichbaren positiven Koeffizienten vertreten. Allerdings büßt auch dieser Prädiktor erkennbar an Erklärungskraft ein.

Die Analyse der Determinanten der Systemperformanz liefert weitere Erkenntnisse. Wie zu beobachten ist, übt die Zufriedenheit mit der wirtschaftlichen Lage im eigenen Land nun nicht mehr nur in den neuen, sondern auch in den alten Ländern *keinen* signifikanten Effekt auf politisches Vertrauen aus. Dagegen bewahren die Zufriedenheit mit der nationalen Regierung sowie mit der Demokratie im eigenen Land in Ost wie in West ihre statistische Relevanz. Letztere ist, wie bereits im eigenständigen Systemperformanzmodell, die bedeutendste Determinante im Gesamterklärungsmodell der beiden deutschen Teilgesellschaften. Auch der Zufriedenheit mit der nationalen Regierung kann insgesamt eine bedeutende Rolle zugesprochen werden.

Im westeuropäischen Vergleich ist erkennbar, dass sämtliche Determinanten ihre statistische Signifikanz in den drei Teilmodellen beibehalten, obwohl sie vielfach erkennbar an Erklärungskraft einbüßen.

Der osteuropäische Vergleich bestätigt diese Befunde mit der Ausnahme, dass für die zuvor insignifikante Variable der Kirchgangshäufigkeit nun ein signifikanter und positiver Effekt ermittelt werden kann. Allerdings ist deren Koeffizient sehr schwach ausgeprägt.

Schließlich ist festzuhalten dass die west- und osteuropäischen erklärten Varianzen einen nahezu identischen Wert annehmen.

Im gesamten Ländervergleich sind als wichtigste Gemeinsamkeiten unbestritten die vergleichbaren Effektstärken der Determinanten der externen politischen Effektivität, des sozialen Vertrauens, der Zufriedenheit mit der nationalen Regierung sowie der Demokratie zu nennen. Auch die äußerst hohen Anteile erklärter Varianzen, die im Gruppenvergleich nur marginal differieren, unterstreichen die Generalisierbarkeit dieses integrierten Erklärungsmodells. Augrund dieser zahlreichen Gemeinsamkeiten kann nun klar festgestellt werden, dass zwischen den west- und osteuropäischen Gesellschaften, inklusive der beiden deutschen Bevölkerungen, keine tiefgreifenden Unterschiede bei der Erklärung politischen Vertrauens existieren. Lediglich in Bezug auf die Determinante der Zufriedenheit mit der Wirtschaft scheint Deutschland eine Sonderrolle einzunehmen. Allerdings lassen die entsprechenden niedrigen Koeffizienten West- und Osteuropas vermuten, dass deren Signifikanz aus den hohen Fallzahlen resultieren könnte.

Die Kombination aller drei Erklärungsansätze zeigt sehr deutlich, dass wichtige Bestandteile jedes einzelnen Modells im Kern ihre Bedeutung und eigenständige Erklärungskraft bewahren. Dies gilt sogar für das erklärungsschwächste Modell des Sozialkapitals, das seine Relevanz durch den Effekt sozialen Vertrauens unterstreicht.

Zusammenfassend lässt sich festhalten, dass sich politisches Vertrauen *gleichzeitig* aus Elementen der Mikro-, Meso- und Makroebene zu speisen scheint. Die europaweit eindrucksvollen Werte der erklärten Varianzen bestärken diese Eindruck. Daraus folgt, dass bei Individualdatenanalysen trotz der ermittelten unterschiedlichen Erklärungskraft der drei Modelle nach Möglichkeit auf keinen dieser Untersuchungsansätze verzichtet werden sollte.

## 4  Die Rolle Deutschlands in Europa

Das übergeordnete Leitmotiv dieses Sammelbandes befasst sich mit der Frage, inwiefern die deutsche Gesellschaft im europäischen Kontext eine Sonderrolle einnimmt. Sicherlich konnte mit Hilfe der hier vorgestellten empirischen Ergebnisse über politisches Vertrauen ein weiterführender Einblick in diese Thematik gewonnen werden.

Deutlich konnte aufgezeigt werden, dass die Sonderrolle Deutschlands im europäischen Gefüge insbesondere dann erkennbar ist, wenn sich die Analysen auf die beiden deutschen Teilgesellschaften richten. Erst mit diesem differenzierenden Vorgehen ist es möglich, die Divergenzen zu erfassen, die bis heute die politische Kultur in Ost- und Westdeutschland kennzeichnen und insofern als europäische Besonderheit gelten können.

Sofern diese Gegebenheiten der unterschiedlichen Niveaus politischen Vertrauens allerdings anerkannt werden, scheint die Bewertung nach wie vor Gültigkeit zu besitzen, Westdeutschland als westeuropäisches sowie Ostdeutschland als osteuropäisches Land zu betrachten.

Im europäischen Vergleich können darüber hinaus weder die Erwartungen demokratischer Elitentheorien noch die Prämissen liberaler Ansätze bestätigt werden. Vielmehr erscheint politisches Vertrauen als vielschichtiges Konzept, welches sich aus verschiedenen Elementen zusammensetzt, die zum einen großes Vertrauen unter den Bevölkerungen genießen und zum anderen großes Misstrauen erregen.

So groß die innerdeutschen und darüber hinaus die europäischen Gegensätze politischer Vertrauensausprägungen auch sein mögen, verdeutlichen die drei Erklärungsmodelle doch, dass die zugrundeliegenden Wirkungsmechanismen europaweit große Gemeinsamkeiten aufweisen. Trotz aller Niveauunterschiede basiert politisches Vertrauen, sei es in etablierten Demokratien oder in postsozialistischen Gesellschaften, in großen Teilen auf externer politischer Effektivität, sozialem Vertrauen sowie Zufriedenheit mit der Regierung und der Demokratie des eigenen Landes.

Das sozialistische Erbe osteuropäischer Gesellschaften erscheint daher nicht zwingend als nur schwer überwindbares Hindernis auf dem Weg zu einer politischen Vertrauenskultur demokratischer Staatsbürger. Vielmehr zeigt sich, dass eine ausgeprägte Beziehung zwischen der wahrgenommenen Performanz des demokratischen Systems und der individuellen Bereitschaft, politisches Vertrauen zu schenken, besteht.

Entgegen den Erwartungen konnte schließlich aufgezeigt werden, dass die wahrgenommene Situation der wirtschaftlichen Lage im eigenen Land deutlich geringeren Einfluss auf die individuelle Bereitschaft zu politischem Vertrauen ausübt als bislang angenommen. Dieses Ergebnis erstaunt umso mehr, als gerade die osteuropäischen Gesellschaften, und nicht zuletzt Ostdeutschland, ausgeprägte wirtschaftliche Schwierigkeiten im europäischen Angleichungsprozess zu überwinden haben. Sollte man bis dato der wirtschaftlichen Situation eines Landes tatsächlich einen zu großen Stellenwert im Hinblick auf die Entwicklung politischer Orientierungen wie des politischen Vertrauens eingeräumt haben? Wenn ja, so müsste die Prämisse analog zum amerikanischen Präsidentschaftswahlkampf des Jahres 1992 nun lauten: „It's the democratic performance, stupid!"

**Literatur**

Almond, Gabriel A./Verba, Sidney (1963): The Civic Culture: Political Attitudes and Democracy in Five Nations. Princeton: Princeton University Press.
Crozier, Michel/Huntington, Samuel P./Watanuki, Joji (1975): The Crisis of Democracy: Report on the Governability of Democracies to the Trilateral Commission. New York: New York University Press.
Easton, David (1965): A Systems Analysis of Political Life. Chicago: University of Chicago.
Gabriel, Oscar W./Kunz, Volker (2002): Die Bedeutung des Sozialkapital-Ansatzes für die Erklärung politischen Vertrauens. In: Schmalz-Bruns, Rainer/Zintl, Reinhard (Hrsg.): Politisches Vertrauen. Soziale Grundlagen reflexiver Kooperation. Baden-Baden: Nomos, S. 255- 274.
Gabriel, Oscar W./Kunz, Volker/Roßteutscher, Sigrid/van Deth, Jan W. (2002): Sozialkapital und Demokratie: Zivilgesellschaftliche Ressourcen im Vergleich. Wien: WUV-Universitäts-Verlag.
Gensicke, Thomas (2000): Freiwilliges Engagement in den neuen und alten Ländern. In: Bundesministerium für Familie, Senioren, Frauen und Jugend (Hrsg.): Freiwilliges Engagement in Deutschland. Ergebnisse der Repräsentativerhebung zu Ehrenamt, Freiwilligenarbeit und bürgerschaftlichem Engagement. Zugangswege zum freiwilligen Engagement und Engagementpotenzial in den neuen und alten Bundesländern. Schriftenreihe 194.2. Stuttgart: Kohlhammer, S. 22-113.
Göhler, Gerhard (2002): Stufen des politischen Vertrauens. In: Schmalz-Bruns, Rainer/Zintl, Reinhard (Hrsg.): Politisches Vertrauen. Soziale Grundlagen reflexiver Kooperation. Baden-Baden: Nomos, S. 221-238.
Huntington, Samuel P. (2000): Foreword. In: Pharr, Susan/Putnam, Robert D. (Hrsg.): Disaffected Democracies. What's Troubling the Trilateral Countries? Princeton: Princeton University Press, S. xxiii-xxvi.

Kaase, Max (1999): Innere Einheit. In: Weidenfeld, Werner/Korte, Karl-Rudolf (Hrsg.): Handbuch zur Deutschen Einheit 1949 - 1989 - 1999. Bonn: Bundeszentrale für politische Bildung, S. 554-564.
Lawrence, Robert Z. (1997): Is it really the Economy, stupid? In: Ney Jr., Joseph/Zelikow, Philip D./King, David C. (Hrsg.): Why people don't trust government. Cambridge: Harvard University Press, S. 111-132.
Levi, Margaret/Stoker, Laura (2000): Political Trust and Trustworthiness. In: Annual Review of Political Science 3, S. 475-508.
Newton, Kenneth (1999): Social and Political Trust in Established Democracies. In: Norris, Pippa (Hrsg.): Critical citizens: Global Support for Democratic Government. Oxford: Oxford University Press, S. 169-187.
Newton, Kenneth/Norris, Pippa (2000): Confidence in Public Institutions: Faith, Culture, or Performance? In: Pharr, Susan/Putnam, Robert D. (Hrsg.): Disaffected democracies: What's Troubling the Trilateral Countries? Princeton: Princeton University Press, S. 52-73.
Norris, Pippa (1999): Institutional Explanations for Political Support. In: Norris, Pippa (Hrsg.): Critical Citizens. Global Support for Democratic Government. Oxford: Oxford University Press, S. 217-235.
Pharr, Susan J./Putnam, Robert D. (Hrsg.) (2000): Disaffected Democracies. What's Troubling the Trilateral Countries? Princeton: Princeton University Press.
Priller, Eckhard/Winkler, Gunnar (2002): Struktur und Entwicklung des bürgerschaftlichen Engagements in Ostdeutschland. In: Enquete-Kommission „Zukunft des Bürgerschaftlichen Engagement" Deutscher Bundestag (Hrsg.): Partizipation und Engagement in Ostdeutschland. Opladen: Leske + Budrich, S. 17-144.
Putnam, Robert D. (1993): Making Democracy Work. Civic Traditions in Modern Italy. Princeton: Princeton University Press.
Rohrschneider, Robert/Schmitt-Beck, Rüdiger (2003): Trust in democratic institutions in Germany. Theory and Evidence Ten Years after Unification. In: Gellner, Winand/Roberston, John D. (Hrsg.): The Berlin Republic: German Unification and a Decade of Change. London: Frank Cass, S. 35-58.
van Deth, Jan W. (2000): Interesting but Irrelevant. Social Capital and the Saliency of Politics in Western Europe. In: European Journal of Political Research 37, S. 115-147.
Warren, Mark E. (1999): Democracy and Trust. Cambridge: Cambridge University Press.
Zapf, Wolfgang (2000): Wie kann man die deutsche Vereinigung bilanzieren? In: Niedermayer, Oskar/Westle, Bettina (Hrsg.): Demokratie und Partizipation. Wiesbaden: Westdeutscher Verlag, S. 160-174.
Zmerli, Sonja/Newton, Kenneth/Montéro, José R. (i.E.): Trust in People, Confidence in Political Institutions, and Satisfaction with Democracy. In: van Deth, Jan W./ Montéro, José R./Westholm, Anders (Hrsg.): Citizenship and Involvement among the Populations of European Democracies.

# Staatsaufgaben: gewünschte Entscheidungsebene für acht Politikbereiche

*Bernhard Weßels*

## 1   Staatsaufgaben

Was zu den Staatsaufgaben zu zählen ist, ist eine Frage, die wohl diskutiert wird, seit es eine Unterscheidung zwischen Herrschenden und Beherrschten gibt, die aber mit den Anfängen des Staatswachstums besondere Aufmerksamkeit erfahren hat (Smith 1776: 300ff.). Die Frage berührt das grundsätzliche Verhältnis von Bürger und Politik, von Markt und Staat. Sie wird diskutiert vor dem Hintergrund von Effektivitätsüberlegungen, aber vor allem in demokratietheoretischen Überlegungen über den guten Staat.

Welche Aufgaben der Staat übernehmen soll und wie weit seine Pflichten reichen sollen, sind nicht nur traditionell aus politisch-philosophischer und wirtschaftswissenschaftlicher Perspektive immer wieder diskutierte Fragen, sondern sie sind auch im Hinblick auf die Einstellungen der Bürger intensiv untersucht. Vorwiegend unter der Perspektive nach der Extensität und der Intensität, also dem Ausmaß und dem Umfang staatlicher Aufgabenbereiche und Aufgabenerfüllung liegen empirische Studien für Deutschland und im europäischen Vergleich vor (vgl. vor allem Roller 1992, 1995, 1999 und 2002).

Mit der Internationalisierung des Regierens tritt eine neue Frage in den Vordergrund, die zwar auch in der Diskussion über föderalistische nationale Staatenordnungen eine zentrale Rolle spielt, aber eine andere Dimension und Aktualität erfährt: die Frage, auf welcher institutionellen Ebene die Entscheidungsautorität für verschiedene Politikfelder liegen soll. Die internationale Staatengemeinschaft globalisiert sich. Nationalstaaten bleiben zentral, aber supranationale Akteure gewinnen an Bedeutung und übernehmen Aufgaben, die vormals in der ausschließlichen Kompetenz des Nationalstaates lagen. Im Jahre 2000 hat die Zahl der internationalen intergouvernmentalen Institutionen fast die Tausendermarke erreicht. 922 derartige Organisationen existieren und arbeiten auf verschiedenen Politikfeldern unter den Bedingungen internationalen Rechts und in der vertragsrechtlichen Kooperation zwischen Nationalstaaten (Weiss 2002: 798). Nirgendwo sonst wie am Prozess der europäischen Einigung kann die Dringlichkeit und Konfliktträchtigkeit der Frage nach der Zuständigkeitsebene für Politikbereiche studiert werden, derzeit z.B. an der Diskussion um Kompetenzkataloge in der Europäischen Union (Fischer und Giering 2001).

Im Gegensatz zu den Bevölkerungseinstellungen zu der Frage, wofür und in welchem Ausmaß der (National-) Staat zuständig sein sollte, sind die Einstellungen zu der Frage, welche politische Ebene für welche Politikbereiche zuständig sein sollte, relativ wenig untersucht. Zwar existieren Einstellungsanalysen zu supranationalen Organisationen wie NATO und UNO, die insbesondere zu Zeiten des kalten Krieges besondere Aufmerksamkeit genossen (vgl. Alger 1970; Everts 1995). Aber nur im Zusammenhang mit der Forschung über den europäischen Integrationsprozess existieren Umfragedaten und Einstellungsstudien zum Themenbereich Zuständigkeitsebene.

Aus diesem Grund wird im Folgenden an die Ergebnisse der Forschung über Einstellungen zur europäischen Integration angeknüpft. In einem ersten Schritt werden die Ergebnisse dieser Forschungslinie und die daraus resultierenden Hypothesen kurz zusammengefasst. Zweitens soll im Anschluss an diese Forschungslinie geklärt werden, welche Unterschiede in der Zuständigkeitszuschreibung zwischen Politikfeldern existieren und warum. In einem ersten Schritt werden der Problemcharakter und die zugeschriebene Kompetenzebene für acht Politikfelder im europäischen Vergleich deskriptiv untersucht (3. Abschnitt). In einem zweiten Schritt wird ein individualtheoretisches, im Anschluss an die Ergebnisse und Hypothesen der EU-Forschung begründetes Erklärungsmodell geprüft (4. Abschnitt). Schließlich wird unter der gleichen Perspektive ein Vergleich von ost- und westdeutschen Bürgern vorgenommen (5. Abschnitt).

## 2  Staatsaufgaben als Ebenenproblem: Forschungsergebnisse und Hypothesen

Die Frage, auf welcher Ebene für welche Politikbereiche die Entscheidungskompetenz liegen sollte, ist nicht nur akademischer Natur, so sehr auch die Vorstellung der Allmacht und Allzuständigkeit des Nationalstaates noch verbreitet ist. Im Bereich des internationalen Rechts und insbesondere in der Europäischen Union sind Entscheidungskompetenzen längst auf die supranationale Ebene verlagert werden. Nach Analysen von Schmitter (1996) und Hooghe und Marks (2001) kann die EU inzwischen in etwa der Hälfte aller Politikfelder Kompetenz für sich beanspruchen.

Damit stellen sich funktionale Probleme der Arbeitsteilung und Arbeitsverschränkung zwischen politischen Ebenen, vor allem aber Probleme demokratischer Legitimation. Insbesondere vor dem Hintergrund der Legitimitätsproblematik hat die Forschung über europäische Integration sich in verschiedener Weise dem Ebenenproblem zugewandt. Analysen, die explizit die Zuweisung von Entscheidungskompetenzen an verschiedene politische Ebenen für einzelne Policies untersuchen, sind dennoch nicht besonders zahlreich. Es liegen einige Analysen sowohl zu Bevölkerungseinstellungen (Sinnott 1995; Winter und Swyngedouw 1999) als auch zu den Einstellungen politischer Eliten vor (Weßels und Kielhorn 1999; Weßels 2003). Demgegenüber reichhaltiger ist die Forschung zur allgemeinen politischen Unterstützung des europäischen Einigungsprozesses. Auch in dieser Forschung wird partiell auf das Problem der Entscheidungsebene für bestimmte Politikbereiche Bezug genommen, Politiken selbst aber allenfalls am Rande untersucht. Allerdings hat Gabel nachgewiesen, dass ein sehr starker Zusammenhang zwischen Kompetenzzuschreibung für bestimmte Policies an die europäische Ebene und generellen Unterstützungsindikatoren der europäischen Integration existiert (Gabel 1998a: 341).

Mangels anderer zur Verfügung stehender Studien werden daher im folgenden im Anschluss an die zahlreichen und weitgehend übereinstimmenden Forschungsergebnisse zu den Determinanten politischer Unterstützung der europäischen Integration sowie an die wenigen, für konkrete Policies vorliegende Ergebnisse Hypothesen zu den Determinanten der Präferenzen für politische Entscheidungsebenen herausgearbeitet.

Die Gründe für die Zuweisung von Entscheidungskompetenzen an eine bestimmte politische Ebene können verschiedener Art sein. Zwei allgemeine Begründungszusammenhänge finden sich in der Forschungsliteratur: funktionale Begründungen und interessenbezogene Begründungen. Unter den funktionalen Begründungen ist eine zentrale Dimension der Charakter des Politikproblems und damit die Frage nach dem funktional vernünftigen Entscheidungszentrum. So bezeichnet Sinnott (1995) einige Politikprobleme als *endogen international*, weil sie grenzüberschreitend sind. Das typische Beispiel ist Umweltverschmutzung. Im Unterschied dazu bezeichnet Sinnott solche Probleme, für die internationale Institutionen für sich die Kompetenz beanspruchen, als *exogen international*. *Zugeschrieben international* sind nach Sinnott Politikfelder, für die in der Öffentlichkeit die Präferenz existiert, dass sie auf internationaler Ebene behandelt werden sollen.

Zwischen Zuschreibung und Problemcharakter existiert ein enger, aber nicht zwingender Zusammenhang. Welche Zuschreibung erfolgt, ist, wie Forschungsergebnisse zeigen, sowohl vom Problemcharakter (endogen international) als auch von der Performanz von Institutionen in exogen internationalisierten Politikfeldern abhängig (Winter und Swyngedouw 1999; Weßels und Kielhorn 1999). Allgemein lässt sich aber als generelle Erwartung formulieren, dass der Problemcharakter eine entscheidende Rolle bei der Zuweisung von Politikkompetenzen an politische Ebenen spielt.

Neben dem Problemcharakter spielen eine Reihe anderer individueller und struktureller Faktoren eine Rolle für die Kompetenzzuschreibung an politische Ebenen. Diese Faktoren haben sich insbesondere in den Studien zur generellen politischen Unterstützung der europäischen Integration, und, soweit untersucht, auch bezogen auf Zuständigkeitszuschreibungen konkreter Politiken als einflussreich erwiesen. Im Folgenden werden die Ergebnisse zur Unterstützung für die EU analog auf die Zuschreibung von Politikkompetenzen angewendet, was sich, wie angemerkt, mit dem hohen Zusammenhang zwischen beiden Aspekten rechtfertigen lässt (Gabel 1998a).

Eine zentrale Dimension für Kompetenzzuschreibungen ist die Performanz von Institutionen – sowohl in der Dimension der Leistungserbringung wie der Demokratiefrage. Es geht also wie beim Problemcharakter auch in diesem Falle um die Frage nach dem funktional richtigen Ort der Leistungserbringung in einem Politikfeld. Performanz hat sich in zweierlei Perspektive als relevant erwiesen. Eine negative Performanz nationaler politischer Institutionen fördert im EU-Kontext augenscheinlich die Präferenz dafür, Politikkompetenzen von der nationalstaatlichen auf die europäische Ebene zu verlagern (Martinotti und Stefanizzi 1995; Franklin, Marsh und McLaren 1994; Rohrschneider 2002), ebenso wie eine positive Performanz von EU-Institutionen dazu führt, dass ihnen auch die Kompetenz zugewiesen wird (Schmitt und Scheuer 1996; Niedermayer und Sinnott 1995). Es kann also davon ausgegangen werden, dass eine negative Performanz nationalstaatlicher Institutionen und/oder eine positive Performanz supranationaler Institutionen dazu beiträgt, Kompetenzen der supranationalen Ebene zuzuschreiben.

Unter den interessenbestimmten Erklärungsfaktoren für Kompetenzzuschreibungen spielen ideologische und individuelle sozioökonomische Ressourcenausstattung eine wichtige Rolle. Dass ideologische Orientierungen für die Kompetenzzuschreibung eine Rolle spielen, ergibt sich naturgemäß daraus, dass politische Ideologien im engeren Sinne Vorstellungen über die Rolle des guten Staates und das Verhältnis von Wirtschaft, Gesellschaft und Staat sind. Wird als ideologische Dimension die Links-Rechts-Orientierung zugrunde gelegt, lässt sich in früheren Forschungsarbeiten relativ deutlich ein negativer Zusammenhang zwischen Supranationalisierung von staatlicher Kompetenz und linker Ideologie feststellen (Inglehart, Rabier und Reif 1987; Weßels 1995a und b; Gabel 1998b). Das wird unter anderem darauf zurückgeführt, dass die Internationalisierung von Politik im Wesentlichen als eine Politik der Liberalisierung von Märkten und damit als eine prokapitalistische Politik identifiziert wird. Neuere Forschungsergebnisse verweisen hingegen auf den entgegengesetzten Zusammenhang (Weßels 1999: 225f.; Hooghe und Marks 1999). Das Argument ist ein einfaches: Nachdem der europäische Integrationsprozess die Liberalisierung von Märkten soweit vorangetrieben hat, dass keine staatlichen Instanzen das Marktgeschehen mehr kontrollieren können, entspricht es linker politischer Überzeugungen, Staatlichkeit so auszuweiten, dass sie der territorialen Ausweitung der Märkte wieder entspricht. Damit kann davon ausgegangen werden, dass linke politische Orientierungen stärker als rechte mit der Präferenz auf Supranationalisierung von Kompetenzen verbunden sind.

Auch individuelle Ressourcenmerkmale wie Bildung oder Berufsposition haben sich in der Forschung über politische Unterstützung des europäischen Integrationsprozesses als erklärungskräftig erwiesen. Für Bildung, aber insbesondere bezogen auf berufsstrukturelle Merkmale wurde gezeigt, dass eine bessere Ressourcenausstattung mit einer höheren Unterstützung für die Internationalisierung des Regierens einhergeht (Gabel und Palmer 1995; Gabel 1998c). Dieser Zusammenhang wird darauf zurückgeführt, dass die individuelle Stellung auf dem Arbeitsmarkt zwischen gering und höher qualifizierten stark unterschiedlich ist. Während geringer qualifizierte die internationale Konkurrenz auf dem Arbeitsmarkt fürchten müssen, sind die Chancen höher qualifizierter nicht tangiert bzw. sogar noch erweitert.

Neben den funktionalen und interessenbezogenen Begründungen spielen weitere individuelle Ressourcenmerkmale eine Rolle für die Frage, wie stark Supranationalisierung befürwortet wird. Immer wieder bestätigt, zeigen die Forschungsergebnisse, dass die Kapazität, politische Sachverhalten zu verarbeiten und damit der Zugang zu abstrakten und alltagsfernen Problemen stark positiv mit supranationalen Kompetenzpräferenzen zusammenhängt. Unter verschiedenen Termini wie kognitive Mobilisierung (Inglehart 1970), Awareness und Accessibility (Weßels 1995a) oder schlicht dem politischen Interesse (Niedermayer und Sinnott 1995) sind jeweils ähnlich Ergebnisse erzielt worden. Sie alle verweisen auf einen positiven Zusammenhang zwischen politischer Aufmerksamkeit und Präferenzen für die Internationalisierung des Regierens.

Bezogen auf die interessenbezogenen Faktoren kann also davon ausgegangen werden, dass eine linke politische Grundüberzeugung, eine bessere Bildung und Berufsstellung und eine überdurchschnittliche politische Aufmerksamkeit mit einer überdurchschnittlichen Präferenz für die Verlagerung von Politikkompetenzen auf die supranationale Entscheidungsebene einhergehen.

## 3 Problemcharakter und Entscheidungsebene

Wie durch Sinnott (1995) konzeptualisiert und auch rational nachvollziehbar, ist einer der entscheidenden Gründe für die Zuschreibung von Kompetenzen an die supranationale Ebene der internationale Charakter eines Politikproblems. Zum einen kann also davon ausgegangen werden, dass die Kompetenz für endogen internationale Politikprobleme von den Bürgern eher der überstaatlichen Ebene zugeschrieben werden. Weßels und Kielhorn (1999) haben dazu eine Klassifikation von Problemen vorgelegt, die die Dimensionen *problem scope* und *problem load* unterscheidet. *Problem scope* bezieht sich dabei auf die Frage des grenzüberschreitenden Charakters von Problemen, *problem load* auf die Frage, ob mehrere oder alle Nationen einer gleichen, aber nicht internationalisierten Problemlage ausgesetzt sind. Die Ergebnisse zeigen für politische Eliten, dass diese Typologie sehr gut geeignet ist, Präferenzen für Kompetenzzuschreibungen vorherzusagen. Die Dimension *problem scope* ist dabei eindeutig die stärkere Determinante, so dass *problem load* hier außer acht gelassen wird. Für die Analyse von Bevölkerungseinstellungen scheint darüber hinaus ein weiterer Aspekt entscheidend zu sein: nämlich die Frage, ob Probleme verteilungsrelevant sind oder als solche wahrgenommen werden (vgl. Thomassen und Schmitt 1999). Dafür sprechen auch die starken Zusammenhänge zwischen auf individuelle Interessen zu beziehende Indikatoren und der Unterstützung der europäischen Integration.

Daher werden hier die acht im *European Social Survey* erfassten Politikbereiche nach dem *problem scope* und der Verteilungsrelevanz klassifiziert. Es handelt sich um die Politikfelder Agrarpolitik, Entwicklungshilfe, Migrationspolitik, organisierte Kriminalität, Sozialpolitik und Umweltschutz. Die genauen Frageformulierungen können Tabelle 2 entnommen werden. Die Politikfelder wurden wie folgt klassifiziert:

*Tabelle 1:* Klassifikation von Politikbereichen nach Problemcharakter

| Verteilungsrelevanz: | Cross border scope: | |
|---|---|---|
| | Niedrig | Hoch |
| Niedrig | | Umweltschutz Entwicklungshilfe Organ. Kriminalität Verteidigung |
| Hoch | Landwirtschaft Sozialpolitik Zinspolitik | Migration |

Die Klassifikation ist nicht arbiträr, aber auch nicht extern validiert. Sie basiert auf der Beobachtung, wie Politikprobleme öffentlich diskutiert werden. Die meisten Einordnungen werden auf weiten Konsens stoßen: Umweltschutz, Entwicklungshilfe, aber auch Verteidigung, letztere insbesondere im NATO-Zusammenhang, können allgemein als endogen internationale Politikfelder angesehen werden. Einer Erläuterung bedürfen die Einordnungen der Politikfelder organisierte Kriminalität, Migrations-, Zins- und Agrarpolitik. Kriminalität ist traditionell ein nationales Law and Order-Issue. Es wird aber zunehmend als internationales Problem angesehen (Mafia, Terrorismus). Migrationspolitik ist effektiv nur international zu handhaben. In nationalen Bevölkerungen wird es aber unter anderem als Verteilungsproblem von Arbeitsplätzen angesehen. Zinspolitik wird auch in der europäischen Union, obwohl gerade an die supranationale Ebene abgegeben, als eine Politik mit Implikationen für die nationale Wohlfahrt angesehen. Der nationale Druck einiger Länder auf die Europäische Zentralbank verdeutlicht das. Landwirtschaft ist zwar faktisch in der Europäischen Union ein internationalisiertes Politikfeld, aber nur dadurch, dass die Kompetenzen für Quoten- und Subventionspolitik bei der EU liegen. Es ist aber nicht endogen international. Landwirtschaftspolitik hat zudem starke Verteilungswirkungen. Dementsprechend wird es hier zu den nicht internationalen, verteilungswirksamen Politikfeldern gezählt.

Während die Hypothese für die Dimension *problem scope* schon formuliert wurde (mit der Internationalität eines Problems wächst die Präferenz für die Supranationalisierung des entsprechenden Politikfeldes), ist die These hinsichtlich der Verteilungsdimension noch nachzuliefern: Es wird davon ausgegangen, dass in der Bevölkerung eine allgemeine Resistenz gegen die Verlagerung von Kompetenzen auf die supranationale Ebene bei verteilungsrelevanten Problemen besteht. Demnach müsste für drei der Politikbereiche die Präferenz vorherrschen, sie auf der nationalen Ebene oder darunter zu bearbeiten und für vier weitere Politikbereiche die Präferenz, sie auf der suprastaatlichen Ebene zu behandeln. Migrationspolitik ist doppelt bestimmt als internationales und verteilungswirksames Politikfeld. Die Präferenzen dürften entsprechend uneindeutig sein.

Empirisch zeigt sich, dass bei sechs Politikfeldern, jeweils drei internationalen, aber nicht verteilungsrelevanten, und drei verteilungsrelevanten, nicht internationalen Politikfeldern, die Hypothese zutrifft. In der Rangfolge des Grades der gewünschten Supranationalisierung sind Entwicklungshilfe, organisiertes Verbrechen und Umweltschutz unstrittig solche Probleme, die, werden die Bürger von zwanzig ausgewählten Ländern Europas gemeinsam betrachtet, supranational behandelt werden sollten. Für Zinsen, Landwirtschaft und soziale Sicherheit sind die Präferenzen für eine Supranationalisierung am niedrigsten. Migrationspolitik rangiert erwartungsgemäß, Verteidigung entgegen der Erwartung an der 50%-Marke zwischen supranationaler oder national- oder subnationaler staatlicher Ebene (siehe Abbildung 1).

Werden die Politikbereiche differenziert nach allen vier Ebenen der möglichen Kompetenzzuschreibung und für Westeuropa, Osteuropa sowie West- und Ostdeutschland getrennt betrachtet, fällt zunächst auf, dass die subnationale Ebene als Akteur kaum Entscheidungskompetenz haben sollte. Lediglich bezogen auf Umweltschutz in Osteuropa, Landwirtschaft

*Abbildung 1:* Entscheidungskompetenz auf europäischer oder internationaler Ebene für acht Politikbereiche (in Prozenten)

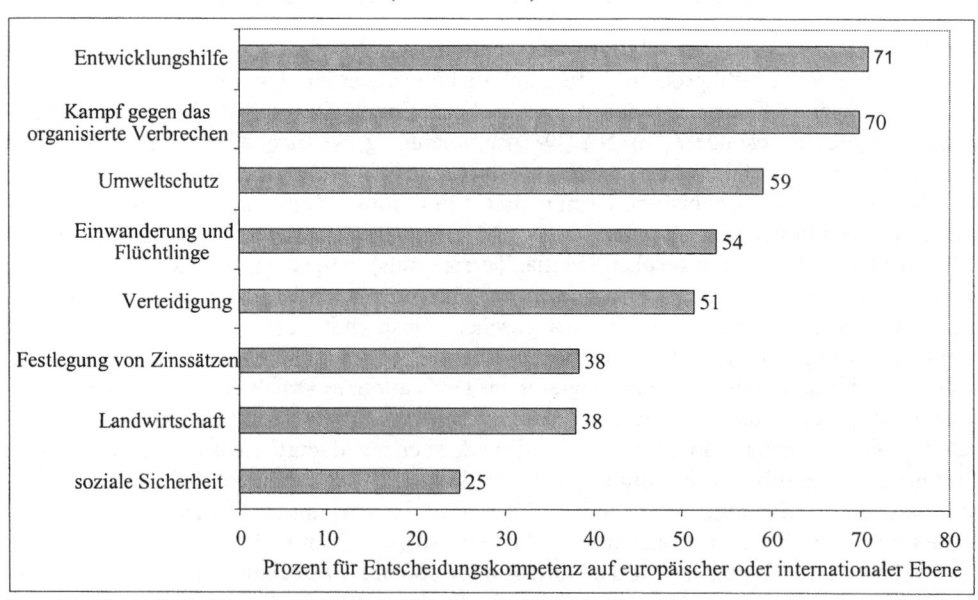

| Politikbereich | Prozent |
|---|---|
| Entwicklungshilfe | 71 |
| Kampf gegen das organisierte Verbrechen | 70 |
| Umweltschutz | 59 |
| Einwanderung und Flüchtlinge | 54 |
| Verteidigung | 51 |
| Festlegung von Zinssätzen | 38 |
| Landwirtschaft | 38 |
| soziale Sicherheit | 25 |

Prozent für Entscheidungskompetenz auf europäischer oder internationaler Ebene

Gesamtdurchschnitt für 20 ausgewählte Länder (Länder gleichgewichtet).

generell und bei sozialer Sicherheit finden sich nennenswerte Anteile. Der zentrale *Trade-Off* besteht mithin zwischen nationaler und supranationaler Ebene.

Weiterhin ist auffällig, dass in fast allen Bereichen die Bürger Deutschlands die höchsten Anteile mit einer Präferenz für Supranationalisierung von Entscheidungskompetenz aufweisen, die Bürger Osteuropas insgesamt die geringsten. Bis auf die Politikfelder Umweltschutz und Zinsen sind die Unterschiede zwar nicht zu vernachlässigen, aber auch nicht besonders groß (siehe Tabelle 2, Duncan-Index E-W : E-O).

Die Frage, ob diese grob vergleichende Analyse auf der Ebene aller Länder bzw. Ländergruppen nationale Unterschiede verdeckt und demnach die Klassifikation nach supranationalen und nationalen Politikfeldern irreführend ist, soll durch einen detaillierten Vergleich geprüft werden. Die Ergebnisse sind der Tabelle 3 zu entnehmen. Dabei ergibt sich, dass bei den Politikfeldern Umwelt, Kriminalität und Entwicklungshilfe jeweils in 80, 95 und 100% der Länder die Mehrheit der Bevölkerung für eine Kompetenzzuschreibung an die supranationale Ebene ist. Demgegenüber finden sich Mehrheiten für die Supranationalisierung von Landwirtschaft nur bei einem Viertel der Länder, 30% bei Zinsen und 0% bei Sozialpolitik. Mit anderen Worten: die Bevölkerungen in 75% der Länder sprechen sich für eine nationale oder subnationale Kompetenz bei Landwirtschaft, 70% bei Zinsen und 100% bei Sozialpolitik aus. Die von der Erwartung abweichenden Länderwerte sind in der Tabelle fett ausgewiesen (Tabelle 3).

Werden die Länder in der Rangfolge der mittleren Anzahl supranationalisierter Politikfelder betrachtet, ergibt sich kein systematischer Zusammenhang zu einer Ost-West-Differenzierung oder einer Differenzierung in Alt-, Neu-, oder Nichtmitglieder der EU. Auch andere Makrovariablen wie Außenhandel, Sozialprodukt u.a. bieten keine systematischen Anhaltspunkte für die Erklärung von Länderunterschieden. Die Aggregatkorrelationen zwischen der mittleren Anzahl der europäisch oder international zu entscheidenden Politikfelder und dem Außenhandel (Export-Import) beträgt .26, die Korrelation mit Pro-Kopf-Einkommen GDP/PPP .28. Das sind für zwanzig Fälle keine überzeugenden Zusammenhänge und sie sind statistisch nicht signifikant (p = .30 bzw. .23).

Interessant an der supranationalen Kompetenzzuschreibung und aus der Forschung über europäische Integration nicht zu ersehen, ist der *Trade-Off* zwischen europäischer und internationaler Ebene. In den drei als supranational angesehenen Politikfeldern Entwicklungshilfe, organisiertes Verbrechen und Umweltschutz geht er zugunsten der internationalen Ebene aus, in den nationalen Politikfeldern zugunsten der europäischen. Interessant ist dieser Befund aus einer demokratietheoretischen Perspektive deshalb, weil man bei allen Diskussionen um ein demokratisches Defizit der Europäischen Union doch davon ausgehen kann, dass die demokratisch-prozeduralen Regeln und die Mechanismen demokratischer Legitimation sehr viel stärker ausgebaut sind, als auf der internationalen Ebene. Dennoch präferiert in diesen Feldern ein größerer Anteil die Kompetenz auf der internationalen Ebene. Dieses Muster ist über fast alle Länder gleich.

*Tabelle 2:* Gewünschte Entscheidungsebene für acht Politikfelder nach Regionen (in Prozenten)

Entscheidungen über politische Aufgaben können auf unterschiedlichen Ebenen getroffen werden. Benutzen Sie bitte diese Liste und sagen Sie mir, auf welcher Ebene Ihrer Meinung nach über die folgenden politischen Aufgaben *in erster Linie* entschieden werden sollte.

| Politikfeld | Region | auf internationaler Ebene | auf europäischer Ebene | auf nationaler Ebene | auf regionaler oder kommunaler Ebene | Duncan-Index E-W: E-O | Duncan-Index D-W: D-O | Duncan-Index D-W: E-W; D-O: E-O |
|---|---|---|---|---|---|---|---|---|
| Umweltschutz | E-W | 48 | 16 | 23 | 13 | 16 | | |
| | D-W | 60 | 21 | 12 | 8 | | 6 | 17 |
| | D-O | 60 | 15 | 15 | 10 | | | 28 |
| | E-O | 32 | 18 | 28 | 22 | | | |
| Kampf gegen das organisierte Verbrechen | E-W | 55 | 18 | 21 | 6 | 7 | | |
| | D-W | 72 | 18 | 8 | 2 | | 3 | 17 |
| | D-O | 75 | 15 | 8 | 2 | | | 27 |
| | E-O | 49 | 19 | 26 | 7 | | | |
| Landwirtschaft | E-W | 13 | 28 | 44 | 15 | 9 | | |
| | D-W | 12 | 40 | 32 | 15 | | 6 | 13 |
| | D-O | 10 | 37 | 35 | 18 | | | 18 |
| | E-O | 8 | 25 | 53 | 14 | | | |
| Verteidigung | E-W | 25 | 27 | 46 | 3 | 7 | | |
| | D-W | 33 | 42 | 24 | 1 | | 6 | 24 |
| | D-O | 34 | 37 | 29 | 1 | | | 12 |
| | E-O | 31 | 28 | 39 | 3 | | | |
| Soziale Sicherheit | E-W | 12 | 16 | 60 | 13 | 9 | | |
| | D-W | 11 | 25 | 59 | 5 | | 7 | 10 |
| | D-O | 11 | 19 | 65 | 6 | | | 12 |
| | E-O | 7 | 12 | 64 | 18 | | | |
| Entwicklungshilfe | E-W | 53 | 20 | 25 | 2 | 9 | | |
| | D-W | 61 | 22 | 16 | 2 | | 6 | 10 |
| | D-O | 66 | 18 | 15 | 1 | | | 8 |
| | E-O | 58 | 24 | 17 | 1 | | | |
| Einwanderung und Flüchtlinge | E-W | 31 | 26 | 39 | 5 | 4 | | |
| | D-W | 23 | 35 | 38 | 4 | | 8 | 10 |
| | D-O | 25 | 27 | 43 | 5 | | | 10 |
| | E-O | 35 | 26 | 37 | 3 | | | |
| Festlegung von Zinssätzen | E-W | 16 | 30 | 50 | 5 | 17 | | |
| | D-W | 12 | 50 | 34 | 4 | | 7 | 21 |
| | D-O | 14 | 44 | 39 | 3 | | | 29 |
| | E-O | 10 | 19 | 66 | 5 | | | |

Länder gleichgewichtet auf jeweils 2000 Befragte.
Duncan-Index: absolute Prozentpunktdifferenzen zwischen den Vergleichsverteilungen geteilt durch 2.

*Tabelle 3:* Präferenz für supranationale Entscheidungsbefugnis (europäisch, international) für acht Politikbereiche nach Ländern
(in Prozent; von der Erwartung abweichende Länderwert fett ausgewiesen)

| | Umwelt | Verbrechen | Landwirtschaft | Verteidigung | Soziale Sicherheit | Entwicklungshilfe | Einwanderung | Zinsen |
|---|---|---|---|---|---|---|---|---|
| Belgien | 72 | 85 | **62** | 77 | 40 | 84 | 74 | **64** |
| Dänemark | 64 | 75 | 52 | 64 | 14 | 53 | 47 | 49 |
| Finnland | 57 | 78 | 27 | 33 | 15 | 61 | 32 | 48 |
| Griechenland | 66 | 65 | 31 | 32 | 30 | 83 | 63 | 47 |
| Irland | **40** | **36** | 33 | 32 | 13 | 62 | 45 | 38 |
| Italien | **31** | 57 | 36 | 63 | 24 | 84 | 63 | **72** |
| Luxemburg | 74 | 85 | **60** | 78 | 40 | 81 | 65 | 43 |
| Niederlande | 79 | 86 | **63** | 76 | 31 | 79 | 72 | **65** |
| Norwegen | 73 | 77 | 28 | 52 | 14 | 62 | 39 | 33 |
| Österreich | 68 | 85 | 36 | 40 | 39 | 83 | 59 | **55** |
| Portugal | 59 | 68 | 29 | 39 | 26 | 79 | 72 | 40 |
| Schweden | 70 | 78 | 35 | 40 | 30 | 53 | 39 | 37 |
| Schweiz | 83 | 91 | 48 | 51 | 32 | 83 | 66 | 26 |
| Spanien | 67 | 77 | 40 | 53 | 44 | 80 | 67 | **52** |
| Vereinigtes Königreich | 59 | 51 | 34 | 50 | 18 | 72 | 49 | 21 |
| Polen | **36** | 57 | 26 | 45 | 11 | 83 | 73 | 25 |
| Slowenien | 56 | 68 | 45 | 57 | 34 | 77 | 61 | 45 |
| Tschechische Rep. | 58 | 85 | 37 | 73 | 16 | 85 | 62 | 21 |
| Ungarn | **49** | 59 | 25 | 60 | 16 | 80 | 47 | 25 |
| Deutschland | 80 | 90 | **52** | 75 | 35 | 83 | 57 | **62** |
| Anzahl der Länder > 50% in % | 80 | 95 | 25 | *65* | 0 | 100 | *65* | 30 |
| - Osteuropa | 50 | 100 | 0 | *75* | 0 | 100 | *75* | 0 |
| - Westeuropa | 87 | 93 | 27 | *60* | 0 | 100 | *60* | 33 |
| - Westeuropa inkl. D | 88 | 94 | 31 | *63* | 0 | 100 | *63* | 38 |

## 4 Individuelle Determinanten der Präferenzen für politische Entscheidungsebenen

Eingangs wurden die Forschungsergebnisse zu Präferenzen über Kompetenzverteilungen im EU-Kontext bzw. in Ergänzung die Ergebnisse zur politischen Unterstützung der europäischen Integration berichtet und allgemeine Hypothesen zu den Determinanten der Einstellungen zur Kompetenzverteilung formuliert, die sich auf performanzorientierte, interesenorientierte sowie individuelle Aspekte der Kapazität zur Verarbeitung politischer Sachverhalte beziehen. Diese allgemeinen Hypothesen sollen hier spezifiziert und geprüft werden.

In der Forschung zur Unterstützung der europäischen Integration inklusive der Verlagerung politischer Kompetenzen auf die europäische Ebene ist festgestellt worden, dass eine negative Performanz des Nationalstaates bei Bürgern den Wunsch weckt, die Kompetenzen auf eine besser funktionierende Ebene zu verlagern. Die Einschätzung der politischen Performanz des Nationalstaates kann auf verschiedenem Wege gemessen werden. Hier werden die auch in der EU-Forschung herangezogenen Indikatoren der Zufriedenheit mit dem Funktionieren der Demokratie im eigenen Lande[1] als allgemeine, generalisierte Peformanzeinschätzung sowie die Zufriedenheit mit der Leistung der Regierung und das Vertrauen in das Parlament[2] herangezogen. Die Erwartung ist, dass die Kompetenz umso eher der supranationalen Ebene (europäisch oder international) zugesprochen wird, je größer die Unzufriedenheit mit der Leistungsfähigkeit des nationalstaatlichen politischen Systems ist. Auch eine positive Bewertung supranationaler Institutionen führt zu einer Präferenz für die politische Entscheidungskompetenz auf der supranationalen Ebene. Als Indikatoren wurden hier das Vertrauen in das Europäische Parlament und in die UNO herangezogen.[3]

Eine weitere Hypothese ist, dass bestimmte ideologische Orientierungen mit bestimmten Präferenzen für Kompetenzebenen einhergehen. Über den Wandel der Bedeutung und Richtung dieses Einflusses wurde oben berichtet. Ideologische Orientierung wird hier mithilfe der Links-Rechts-Selbsteinstufung gemessen.[4] Die Erwartung ist, dass linke Orientierungen mit einer stärkeren Präferenz für supranationale Politikkompetenz einhergehen.

Ein weiteres Determinantenbündel ist die sozio-ökonomische Ressourcenausstattung eines Individuums. Die bisher belegten Zusammenhänge verweisen zum einen darauf, dass ein höheres individuelles politisches Urteilsvermögen mit einer stärkeren Präferenz der Internationalisierung von Politik einhergeht, zum anderen darauf, dass auf dem Arbeitsmarkt ressourcenstarke Personen (hohe Qualifikation, anspruchsvolle Tätigkeit) in einer Globalisierung des Wettbewerbs auch um Arbeitsplätze weniger eine Bedrohung als eine Chance sehen und damit supranationale Politikkompetenzen eher begrüßen. Individuelle politische Kompetenz ist kompliziert zu messen. Das politische Interesse hat sich aber als ein guter Indikator für das individuelle politische Urteilsvermögen erwiesen und wird hier ersatzweise herangezogen.[5] Bildung ist sowohl ein Indikator für berufliche Chancen als auch individuelle kognitive Kompetenz. Hier wird die Anzahl der Schuljahre einschließlich Berufs- und Hochschule herangezogen.[6] Die Berufsposition ist ein guter Indikator für die individuelle Ressourcenstärke. Hier wird der sogenannte ISEI-Index (Socio-Economic-Index of Occupational Status) herangezogen, der den sozio-ökonomischen Status einer

---

[1] „Und wie zufrieden sind Sie – alles in allem – mit der Art und Weise, wie die Demokratie in <Land> funktioniert?" Skala von 0, ‚äußerst unzufrieden', bis 10, ‚äußerst zufrieden'.
[2] „Wenn Sie nun einmal an die Leistungen der <nationalen Regierung> denken. Wie zufrieden sind Sie mit der Art und Weise, wie sie ihre Arbeit erledigt?" Skala von 0, ‚äußerst unzufrieden', bis 10, ‚äußerst zufrieden'.
[3] „Sagen Sie mir zu jeder öffentlichen Einrichtung oder Personengruppe, die ich Ihnen nenne, wie sehr Sie *persönlich* jeder einzelnen davon vertrauen. Verwenden Sie dazu diese Skala von 0 bis 10. 0 bedeutet, dass Sie dieser Einrichtung oder Personengruppe überhaupt nicht vertrauen, und 10 bedeutet, dass Sie ihr voll und ganz vertrauen."
[4] „In der Politik spricht man manchmal von ‚links' und ‚rechts'. Wo auf der Skala würden Sie sich selbst einstufen, wenn 0 für links steht und 10 für rechts?"
[5] „Wie sehr interessieren Sie sich für Politik? Sind Sie ... (1) Sehr /(2) ziemlich /(3) wenig /(4) überhaupt nicht interessiert?"
[6] „Wie viele Jahre haben sie *insgesamt* eine Schule besucht, inklusive den etwaigen Besuch einer Berufsschule oder Hochschule?"

Beschäftigungsposition misst. Die Erwartungen gehen bezogen auf alle drei Faktoren in die selbe Richtung: ein stärkeres politisches Interesse, eine höhere Bildung und ein höherer Berufsstatus sind mit einer höheren Befürwortung politischer Entscheidungskompetenz auf der supranationalen Ebene verbunden.

Diese Hypothesen werden für jede der politischen Ebenen, denen Kompetenz zugeordnet werden kann, mithilfe eines Regressionsmodells getestet. Die abhängigen Variablen messen, wie viele der acht Politikfelder auf der regionalen, nationalen, europäischen oder der internationalen Ebene entschieden werden sollten.

Tabelle 4 zeigt die Ergebnisse einer über alle zwanzig Länder gepoolten Analyse. Die Unzfriedenheit mit der Regierungsleistung und dem Funktionieren der Demokratie sowie geringes Vertrauen in das nationale Parlament sollten mit einer klaren Befürwortung supranationaler Politikkompetenzen einhergehen. Nur im Kontrastvergleich nationale und internationale Kompetenzebene lässt sich ein derartiger Zusammenhang andeutungsweise feststellen. Demgegenüber ist ein hohes Vertrauen in das Europäische Parlament mit einer überdurchschnittlichen Befürwortung europäischer Politikkompetenzen und ein hohes Vertrauen in die UNO mit einer überdurchschnittlichen Befürwortung internationaler Politikkompetenzen verbunden.

Auch wenn die Effekte schwach sind, sind sie gleichwohl statistisch signifikant. Der erwartete Zusammenhang zwischen ideologischer Orientierung und Kompetenzpräferenzen ist ebenfalls nur im Kontrast nationaler und internationaler Ebene festzustellen: rechte Grundüberzeugungen gehen mit einer überdurschnittlichen Anzahl auf nationaler Ebene zu entscheidender Policies einher, linke Grundüberzeugungen mit einer überdurchschnittlichen Anzahl international zu entscheidenden Politikfeldern. Mit den Hypothesen am stärksten in Übereinstimmung stehende Befunde sind die zu den sozio-ökonomischen Ressourcenausstattungen von Individuen: ein höheres politisches Interesse ebenso wie eine bessere Bildung und ein höherer Berufsstatus gehen mit einer stärkeren Befürwortung der supranationalen Kompetenzebene einher.

Alle Determinanten weisen – auch wenn bis auf die nationalen Performanzindikatoren die Struktur der Ergebnisse den Erwartungen entspricht – nur eine sehr geringe Effektstärke auf. Die Regressionsmodelle erklären nur einen marginalen Varianzanteil. Auch eine andere Spezifikation der Modelle, z.B. nur bezogen auf die nach den Befunden aus Abschnitt 3 als supranational zu bezeichnenden Politikfeldern (Entwicklungshilfe, organisiertes Verbrechen und Umweltschutz) oder nur bezogen auf die nach diesen Befunden als national zu bezeichnenden Politikfeldern (Zinsen, Landwirtschaft und soziale Sicherheit), erbringen keine besseren Ergebnisse.

Insgesamt liegt damit nur eine Schlussfolgerung nahe: Eine Theorie oder ein Modell der Unterstützung der Internationalisierung des Regierens, basierend auf individuellen Performanzbeurteilungen und Ideologie als Grundlage funktionaler Überlegungen zum guten Staat und guten Regieren, und interessenbezogenen Faktoren, die sich aus individuellen Ressourcenausstattungen ergeben, läßt sich anhand der vorliegenden Befunde nicht formulieren.

*Tabelle 4:* Regression von Präferenzen für Kompetenzebene auf Performanz, Institutionenvertrauen und individuelle soziale Ressourcen in zwanzig Ländern Europas

| | Anzahl von Politikbereichen zu entscheiden auf: | | | |
|---|---|---|---|---|
| | regionaler Ebene | nationaler Ebene | europäischer Ebene | internationaler Ebene |
| Regierungszufriedenheit | .01* | -.00 | .02** | -.03*** |
| Demokratiezufriedenheit | -.02*** | .02* | .01 | .01 |
| Vertrauen in Parlament | -.02*** | .05*** | .00 | -.03*** |
| Vertrauen in EP | .00 | -.11*** | .09*** | .02** |
| Vertrauen in UN | -.01 | .01 | -.03*** | .03*** |
| Links-Rechts-Selbsteinstufung | .01 | .03*** | .01 | -.04*** |
| Politisches Interesse | .05*** | -.00 | -.08*** | -.01 |
| Schulbesuch, Jahre | -.01** | -.03*** | .02*** | .04*** |
| ISEI | -.00*** | -.00 | .00** | .00* |
| Konstante | .99*** | 4.13*** | .93*** | 1.62*** |
| adj. R² (inkl. Länderdummies) | .06 | .12 | .08 | .07 |
| *Effekte der Länderdummies:* | | | | |
| Belgien | -.18*** | -1.98*** | .96*** | 1.09*** |
| Dänemark | -.22*** | -.53*** | .45*** | .10 |
| Griechenland | -.28*** | -.49*** | .30*** | .31*** |
| Irland | .02 | .39*** | -.02 | -.60*** |
| Italien | .29*** | -.97*** | .63*** | .00 |
| Luxemburg | -.41*** | -1.37*** | .56*** | 1.02*** |
| Niederlande | -.31*** | -1.57*** | .78*** | 1.05*** |
| Norwegen | -.22*** | -.07 | -.25*** | .52*** |
| Österreich | .03 | -1.21*** | .45*** | .60*** |
| Portugal | -.45*** | -.46*** | .60*** | .28*** |
| Schweden | -.16*** | -.32*** | .18** | .16* |
| Schweiz | -.39*** | -1.00*** | -.06 | 1.36*** |
| Spanien | -.13** | -1.46*** | .28*** | .99*** |
| Vereinigtes Königreich | .11** | -.14* | -.45*** | .48*** |
| Polen | .09* | -.32*** | -.01 | .16* |
| Slowenien | .14*** | -1.00*** | .55*** | .24** |
| Tschechische Republik | -.29*** | -.75*** | .28*** | .50*** |
| Ungarn | -.26*** | .02 | .07 | -.02 |
| Deutschland | -.35*** | -1.43*** | .98*** | .75*** |

Signifikanzniveaus: *p<0.05; **<0.01; ***p<0.001.

## 5 Ost- und Westdeutschland im Vergleich

Die Präferenzen dafür, die Entscheidungskompetenz in den acht Politikfeldern auf europäischer oder internationaler Ebene anzusiedeln, liegen in Deutschland mit Ausnahme der Einwanderungspolitik deutlich über dem westeuropäischen und noch viel stärker über dem osteuropäischen Durchschnitt (siehe Tabelle 2). Deutsche Bürger stehen damit im europäischen Vergleich der Internationalisierung des Regierens offener gegenüber als der Durchschnitt der Bürger anderer Länder. Die deutliche Differenz zwischen West- und Osteuropa legt allerdings eine Frage nahe: gibt es in Deutschland Unterschiede zwischen West und Ost? Studien zu den Einstellungen der Deutschen nach der Vereinigung haben immer wieder auf einen relativ persistenten Unterschied in den Einstellungen zum Staat verweisen können (siehe Roller 1994 und 1999). Da auch die Vorstellungen darüber, auf welcher Ebene politikfeldspezifische Kompetenzen angesiedelt sein sollen, Vorstellungen über den Staat sind, liegt es nahe, Unterschiede zu erwarten. Die Erwartung, in welche Richtung diese Unterschiede gehen, lässt sich aus dem internationalen Vergleich ableiten: Bürger in Ostdeutschland sollten demnach die Internationalisierung des Regierens weniger präferieren als die Bürger Westdeutschlands.

Das ist jedoch bezogen auf die drei von den Bürgern Europas allgemein als supranational eingeschätzten Politikfeldern (Umweltschutz, organisiertes Verbrechen, Entwicklungshilfe) kaum der Fall. Lediglich bei den vier als verteilungsrelevant anzusehenden Politikfeldern (Landwirtschaft, soziale Sicherung, Migration und Zinspolitik) sind die Unterschiede zwischen Ost und West deutlicher und verweisen auf eine höhere Präferenz der Ostdeutschen, diese Politiken in den Händen des Nationalstaates zu belassen. Aber auch bezogen auf diese Felder sind die Unterschiede nicht so groß wie zwischen den beiden Teilen Deutschlands und dem west- oder osteuropäischen Durchschnitt (siehe Tabelle 2). Ostdeutschland steht damit nicht zwischen West- und Osteuropa. Vielmehr sind die Unterschiede zwischen Westdeutschland und Westeuropa eher kleiner als zwischen Ostdeutschland und Osteuropa (siehe Tabelle 2, Duncan-Index).

Auch hinsichtlich der Determinanten dieser Einstellungen lassen sich zwischen Ost und West keine bedeutungsvollen Unterschiede finden. Wird das für alle Länder angewendete Modell (voriger Abschnitt) für Ost- und Westdeutschland getestet, bewähren sich auch hier die Hypothesen eines Individualmodells politischer Unterstützung der Internationalisierung des Regierens nicht (Tabelle 5).

Die Zusammenhänge sind sehr schwach und gehen nur andeutungsweise in die erwartete Richtung, so dass sowohl gilt, dass sich hieraus keine wesentlichen Unterschiede zwischen Ost- und Westdeutschland ableiten lassen, noch sich überhaupt sinnvoll von einem Erklärungsmodell sprechen lässt.

## 6 Fazit

Die Verteilung der Entscheidungskompetenzen unterschiedlicher Politikfeldern auf unterschiedliche politische Ebenen scheint für die Bürger in zwanzig Ländern Europas eine relative Selbstverständlichkeit zu sein. Augenscheinlich werden bestimmte Politikfelder (hier Zinspolitik, Landwirtschaft sowie soziale Sicherheit) mehr oder minder konsensual der nationalen – im Falle Landwirtschaft auch der regionalen – Ebene zugeschlagen, andere (hier Entwicklungshilfe, organisiertes Verbrechen und Umweltschutz) konsensual der supranationalen Ebene. Zwar existieren recht deutliche Unterschiede zwischen den Bürgern unterschiedlicher Nationen, wie stark sie eine Internationalisierung des Regierens befürworten und in Westeuropa ist dies stärker der Fall als in Osteuropa. Die Aufteilung in diese zwei Klassen von Politikfeldern – nationale und supranationale – findet sich aber unter den Bürgern aller Länder fast durchgängig. Lediglich in 15 von insgesamt 160 Fällen

*Tabelle 5:* Regression von Präferenzen für Kompetenzebene auf Performanz, Institutionenvertrauen und individuelle soziale Ressourcen in West- und Ostdeutschland

| | | Anzahl von Politikbereichen zu entscheiden auf: | | | |
|---|---|---|---|---|---|
| | Region | regionaler Ebene (B) | nationaler Ebene (B) | europäischer Ebene (B) | Internationaler Ebene (B) |
| Regierungszufriedenheit | D-W | .02 | -.06* | .03 | .01 |
| | D-O | .00 | -.02 | .05 | -.05 |
| Demokratiezufriedenheit | D-W | -.03* | .02 | .04 | -.04 |
| | D-O | -.03* | -.05 | .03 | .06 |
| Vertrauen in Parlament | D-W | -.02 | .05 | .02 | -.04 |
| | D-O | -.02 | .07* | .01 | -.05 |
| Vertrauen in EP | D-W | .01 | -.01 | .02 | -.05 |
| | D-O | .01 | -.09** | .05 | .05 |
| Vertrauen in UN | D-W | -.01 | -.01 | -.00 | .02 |
| | D-O | .00 | .00 | .00 | -.01 |
| Links-Rechts-Selbsteinstufung | D-W | .03* | .11*** | -.07* | -.06* |
| | D-O | .03* | .06 | .02 | -.12*** |
| Politisches Interesse | D-W | .02 | .25*** | -.30*** | .04 |
| | D-O | .05 | .01 | -.09 | .04 |
| Schulbesuch, Jahre | D-W | -.02* | -.01 | -.01 | .04* |
| | D-O | -.02* | -.07** | .06* | .04 |
| ISEI | D-W | -.00 | -.00 | .01 | .00 |
| | D-O | .00 | .00 | -.01* | .00 |
| Konstante | D-W | .63*** | 1.32*** | 2.87*** | 2.98*** |
| | D-O | .48* | 3.34*** | 1.49*** | 2.58*** |
| adj. $R^2$ | D-W | .03 | .04 | .04 | .01 |
| | D-O | .02 | .03 | .02 | .02 |

Signifikanzniveaus: *p<0.05; **<0.01; ***p<0.001.

(8 Politikfelder x 20 Länder) weichen die Ergebnisse von diesem Muster ab. Zwei Politikfelder – Migrationspolitik und Verteidigung – lassen sich nicht in eine der beiden Klassen einordnen.

Neu ist der Befund, dass bei den drei als supranational anzusehenden Politikfeldern der internationalen Ebene im Durchschnitt der Vorzug vor der europäischen Ebene gegeben wird. Ob es sich dabei um eine neue Entwicklung handelt, lässt sich nicht klären, da Studien zur Verteilung der Staatsaufgaben bisher als höchste supranationale Ebene nur die europäische in den Blick genommen haben. Demokratietheoretisch verblüffend ist dieser Befund deshalb, weil die Bürger eigentlich davon ausgehen müssten, dass sie auf europäischer Ebene über ein politisches System mit – wenn auch noch nicht voll entwickelten – demokratischen Institutionen der parlamentarischen Demokratie verfügen (Wahlen, Europäisches Parlament). Politische Entscheidungen sind damit, wie rudimentär auch immer, an den demokratischen Prozess zurückgekoppelt. Für die internationale Ebene lässt sich derartiges nicht sagen – selbst für die UNO gibt es keine Wahlen und dementsprechend keine vom Volk gewählten Vertreter. Dennoch sehen die Bürger in der Mehrzahl für die Politikfelder Umweltschutz, organisiertes Verbrechen und Entwicklungshilfe die internationale Ebene als die am besten geeignete Entscheidungsebene an.

Eine mögliche Erklärung dafür könnte in dem Umstand liegen, dass Bürger die Frage nach der Kompetenzzuweisung nach rein funktionalen Kriterien beurteilen. Ist das Problem global, muss auch die Entscheidungs- und Politikebene eine globale sein. Die Beurteilung von Politiken nach ihrem *problem scope* scheint der wichtigste Maßstab für die Bürger zu sein. Solche Politikfelder, die auch im nationalen Rahmen bearbeitet werden können, zumal wenn sie Verteilungswirkungen haben, werden wie selbstverständlich der nationalen oder subnationalen Ebene zugeschrieben.

Für die Erklärung der Zuordnung von Politikfeldern zu politischen Ebenen nach dem Maßstab der Problemreichweite und damit der funktional besten Ebene der politischen Entscheidung spricht auch, dass andere Erklärungsfaktoren, die sich bisher in der Analyse der Unterstützung der Internationalisierung des Regierens und der europäischen Integration als fruchtbar erwiesen haben, durchgängig ausgesprochen schwache Erklärungskraft besitzen. Weder Indikatoren, die die Performanz nationaler und supranationaler politischer Institutionen messen, noch Indikatoren politischer Kompetenz und sozio-ökonomischer Ressourcenausstattung weisen starke Einflüsse auf. Ein Individualmodell oder gar eine Theorie der Kompetenzpräferenzen der Bürger analog den Modellen und Theorien politischer Unterstützung lässt sich mit den hier vorliegenden Befunden nicht einmal im Ansatz begründen. Damit aber wird es umso plausibler, dass die Bürger mehr oder minder unterschiedslos Kompetenzzuordnungen nach dem Kriterium treffen, welche regionale Reichweite die mit einem Politikfeld verbundenen Probleme haben.

Die Bürger Deutschlands befürworten im Durchschnitt eine Internationalisierung des Regierens in allen Politikfeldern stärker als der Durchschnitt der Bürger in den anderen Ländern Europas. Sie weisen in dieser Beziehung eine hohe Ähnlichkeit zu den Bürgern der drei Nachbarländer Belgien, Luxemburg und den Niederlanden auf. Der Unterschied zwischen Ost- und Westeuropa im Ausmaß der Unterstützung der Internationalisierung des Regierens spiegelt sich nicht in den Unterschieden zwischen Ost- und Westdeutschland wieder. In Ostdeutschland ist der Anteil derjenigen, die in den drei supranationalen Politikfeldern Umweltschutz, organisiertes Verbrechen und Entwicklungshilfe die Kompetenz auf supranationaler Ebene sehen wollen, ebenso hoch wie im Westen. Lediglich in den drei nationalen Politikfeldern Landwirtschaft, Migration und Zinsen sind die Präferenzen dafür, diese Felder auf der nationalen Ebene zu bearbeiten, etwas höher als im Westen.

Ob und wenn welche politischen Konsequenzen aus den überraschend deutlichen Präferenzen der Bürger, globale Probleme auch auf globaler Ebene politisch bearbeitet sehen zu wollen, zu ziehen sind, lässt sich kaum abschätzen. Was jedoch unter funktionaler Betrachtungsweise durchaus rational erscheint, ist unter demokratietheoretischer Perspektive höchst problematisch. Nicht einmal auf europäischer Ebene ist es bisher gelungen, das sogenannte demokratische Defizit aufzulösen. Auf internationaler Ebene ist ein demokratisches System nicht einmal im Entstehen. Die Abgabe von Kompetenzen an eine demokratisch nicht kontrollierte internationale Ebene birgt damit das Risiko, dass Politik jenseits der Bürgerinteressen betrieben wird. Dieses Problem wird aber augenscheinlich von den Bürgern nicht gesehen oder unter funktionalen Überlegungen zurückgestellt. Das mag auch damit zu tun haben, dass es der EU bisher nicht hinreichend gelungen ist, zu dokumentieren, dass die von ihr allgemeinverbindlich vorgelegten Entscheidungen demokratische Entscheidungen sind.

## Literatur

Alger, Chadwick F. (1970): Research on Research: A Decade of Quantitative and Field Research on International Organistations. In: International Organization 24, S. 414-450.
Everts, Philip (1995): NATO, the European Community, and the United Nations. In: Niedermayer, Oskar/Sinnott, Richard (Hrsg.): Public Opinion and Internationalized Governance. Oxford: Oxford University Press, S. 402-428.
Fischer, Thomas/Giering, Claus (2001): Ein zukunftsfähiges Europa. CAP, Bertelsmann Forschungsgruppe Politik. Gütersloh/München.
Franklin, Mark/Marsh, Michael/McLaren, Lauren (1994): The European Question: Opposition to Unification in the Wake of Maastricht. In: Journal of Common Market Studies 32, S. 455-472.
Gabel, Matthew (1998a): Public Support for European Integration: An Empirical Test of Five Theories. In: Journal of Politics 6, S. 333-354.
Gabel, Matthew (1998b): Economic Integration and Mass Politics: Market Liberalization and Public Attitudes in the European Union. In: American Journal of Political Science 42, S. 936-953.
Gabel, Matthew (1998c): Interests and Integration: Market Liberalization, Public Opinion, and European Integration. Ann Arbor: University of Michigan Press.
Gabel, Matthew/Palmer, Harvey (1995): Understanding Variation in Public Support for European Integration. In: European Journal of Political Research 27, S. 3-19.
Hooghe, Liesbet/Marks, Gary (1999): Making of a Polity: The Struggle over European Integration. In: Kitschelt, Herbert/Lange, Peter/Marks, Gary/Stephens, John (Hrsg.): Continuity and Change in Contemporary Capitalism. Cambridge: Cambridge University Press, S. 70-100.
Hooghe, Liesbet/Marks, Gary (2001): Multi-Level Governance and European Integration. Lanham: Rowman & Littlefield.
Inglehart, Ronald (1970): Cognitive Mobilization and European Identity. In: Comparative Politics 3, S. 45-70.
Inglehart, Ronald/Rabier, Jacques/Reif, Karlheinz (1987): The Evolution of Public Attitudes toward European Integration. In: Journal of European Integration 1, S. 135-155.
Martinotti, Guido/Stefanizzi, Sonja (1995): Europeans and the Nation State. In: Niedermayer, Oskar/Sinnott, Richard (Hrsg.): Public Opinion and Internationalized Governance. Oxford: Oxford University Press, S. 163-190.
Niedermayer, Oskar/Sinnott, Richard (1995): Democratic Legitimacy and the European Parliament. In: Niedermayer, Oskar/Sinnott, Richard (Hrsg.): Public Opinion and Internationalized Governance. Oxford: Oxford University Press, S. 277-308.
Rohrschneider, Robert (2002): The Democratic Deficit and Mass Support for an EU-Wide Government. In: American Political Science Review 46, S. 463-475.
Roller, Edeltraud (1992): Einstellungen der Bürger zum Wohlfahrtsstaat der Bundesrepublik Deutschland. Wiesbaden: Westdeutscher Verlag.
Roller, Edeltraud (1994): Ideological Basis of the Market Economy: Attitudes toward the Distribution Principles and the Role of Government in Western and Eastern Germany. In: European Sociological Review 1, S. 105-117.
Roller, Edeltraud (1995): Political Agendas and Beliefs about the Scope of Government. In: Ole, Borre/Scarbrough, Elinor (Hrsg.): The Scope of Government. Oxford: Oxford University Press, S. 55-86.
Roller, Edeltraud (1999): Shrinking the Welfare State. Citizens' Attitudes Towards Cuts in Social Spending in Germany in the 1990s. In: German Politics 8, S. 21-39.
Roller, Edeltraud (2002): Erosion des sozialstaatlichen Konsenses und die Entstehung einer neuen Konfliktlinie? In: Aus Politik und Zeitgeschichte, Beilage zur Wochenzeitung Das Parlament B29-30/2002, S. 13-19.

Schmitt, Hermann/Scheuer, Angelika (1996): Region – Nation – Europa: Drei Ebenen politischer Steuerung in der Wahrnehmung der Bürger. In: König, Thomas/Rieger, Elmar/Schmitt, Hermann (Hrsg.): Das europäische Mehrebenensystem. Frankfurt: Campus, S. 160-179.

Schmitter, Philippe (1996): Imagining the Present Euro-Polity with the Help of Past Theories. In: Marks, Gary/Scharpf, Fritz W./Schmitter, Philippe C./Streeck, Wolfgang (Hrsg.): Governance in the European Union. London: Sage, S. 1-14.

Sinnott, Richard (1995): Policy, Subsidiarity, and Legitimacy. In: Niedermayer, Oskar/Sinnott, Richard (Hrsg.): Public Opinion and Internationalized Governance. Oxford: Oxford University Press, S. 246-276.

Smith, Adam (1776): An Inquiry Into the Nature and Causes of Wealth of Nations. Chicago: Ausgabe der Encyclopædia Brittanica Press.

Thomassen, Jacques/Schmitt, Hermann (1999): Issue Congruence. In: Schmitt, Hermann/Thomassen, Jacques (Hrsg.): Political Representation and Legitimacy in the European Union. Oxford: Oxford University Press, S. 186-208.

Weiss, Brown Edith (2002): Invoking State Responsibility in the Twenty-First Century. In: The American Journal of International Law 96, S. 798-816.

Weßels, Bernhard (1995a): The Development of Support: Diffusion or Demographic Replacement? In: Niedermayer, Oskar/Sinnott, Richard (Hrsg.): Public Opinion and Internationalized Governance. Oxford: Oxford University Press, S. 105-136.

Weßels, Bernhard (1995b): Support for Integration: Élite or Mass-driven? In: Niedermayer, Oskar/Sinnott, Richard (Hrsg.): Public Opinion and Internationalized Governance. Oxford: Oxford University Press, S. 137-162.

Weßels, Bernhard (1999): Decision-making and Institutional Chance. In: Katz, Richard/Weßels, Bernhard (Hrsg.): The European Parliament, the National Parliaments, and European Integration. Oxford: Oxford University Press, S. 213-228.

Weßels, Bernhard (2003): Parlamentarier in Europa und Europäische Integration: Einstellungen zur zukünftigen politischen Ordnung und zum institutionellen Wandel der EU. In: Brettschneider, Frank/van Deth, Jan/Roller, Edeltraud (Hrsg.): Europäische Integration in der öffentlichen Meinung. Opladen: Leske + Budrich, S. 363-394.

Weßels, Bernhard/Kielhorn, Achim (1999): Which Competencies for Which Political Level? In: Katz, Richard/Weßels, Bernhard (Hrsg.): The European Parliament, the National Parliaments, and European Integration. Oxford: Oxford University Press, S. 174-196.

Winter, Lieven de/Swyngedouw, Marc (1999): The Scope of EU Government. In: Schmitt, Hermann/Thomassen, Jacques (Hrsg.): Political Representation and Legitimacy in the European Union. Oxford: Oxford University Press, S. 47-73.

# Politisches Interesse

*Jan W. van Deth*[1]

## 1 Engagement und Demokratie

Das Interesse der Bürger an der Politik gilt als eine notwendige Voraussetzung funktionsfähiger Demokratien. Diese Vorstellung wurde bereits von Perikles betont und ist durch seine berühmte Totenrede für den im Kampf gegen Sparta und seine Bündnispartner (431/30 v. Chr.) gefallenen Athenes überliefert. Folgt man Perikles, dann liegt der einzigartige Charakter der Demokratie in der speziellen Rolle der Bürger. Jeder Bürger, der sich ausschließlich auf seinen eigenen Haushalt oder seine Geschäfte konzentriert ist „... nicht ein stiller Bürger, sondern ein schlechter" (Thukydides 1991: 142). Zur Begründung derartiger Aussagen werden auch in Theorien jüngeren Datums (vgl. Barber 1984 und 1995) zumeist instrumentelle Argumente angeführt: Demokratische Entscheidungen können nur dann demokratisch sein, wenn die Bürger ihre Präferenzen zeigen. Außerdem kann man nur dann politische Präferenzen haben, wenn man auch über ein Mindestmaß an politischer Information verfügt, also der Politik Aufmerksamkeit zukommen lässt. Schließlich werden politisch engagierte Bürger etwas von Politik verstehen und deswegen ihre Gesamtforderungen an das politische System nicht übertreiben (Berelson, Lazarsfeld und McPhee 1954; Milbrath 1972). Auch deswegen ist politisches Engagement sehr wichtig für das Funktionieren von demokratischen politischen Systemen.

Trotz der allgemein akzeptierten Notwendigkeit politischen Interesses, kann man in jeder Kneipe und in jedem Eisenbahnabteil erster Klasse eher Ablehnung und Desinteresse gegenüber der Politik hören. Diese Distanz zur Politik wurde mehrmals empirisch eindeutig belegt (Bennett 1986; Inglehart 1990; Topf 1995; van Deth 1990, 1991 und 1996; van Deth und Elff 2004) und die Bürger vieler Länder verlieren offensichtlich mehr und mehr die Zuversicht in die Politik (siehe Nye, Zelokow und King 1997; Norris 1999). Die Bürger lehnen das politische Geschäft, die Politiker und die Parteien immer stärker ab und entfernen sich zunehmend von der Politik (Abramson 1983; Abramson und Finifter 1981; Bennett 1986; Citrin 1974; Lipset und Schneider 1983; Miller 1974). Die populären Interpretationen dieser empirischen Belege bringt Weisberg auf den Punkt, auf den es ankommt:

> „As government has aimed high in a rhetorical sense, it has increasingly missed low, failing to fulfill universally accepted functions: public safety; education; infrastructure; and the delivery of routine services." (Weisberg 1996: 73)

Demzufolge sind Bürger von derzeitigen Demokratien eher von Enttäuschung, Ablehnung, Desinteresse und Frustration als von Engagement, Aufmerksamkeit und Involvierung gekennzeichnet.

---

[1] Für die Hilfe bei der Aufarbeitung der Daten und Abbildungen bin ich Tamara Schupp zu Dank verpflichtet. Außerdem danke ich Holger Endrös und Simone Abendschön für die Hilfe bei der redaktionellen Abfassung dieses Beitrages.

Obwohl die Ablehnung der Politik ein dominantes Thema in jeder modischen Betrachtung zur politischen Entwicklung ist, muss ein Mangel an politischem Interesse nicht unbedingt negativ oder als schädlich für die Demokratie interpretiert werden. Erstens ist deutlich, dass im Vergleich zu älteren Darstellungen, die die Bürger als eher inaktiv und kaum an Politik interessiert beschrieben (Berelson, Lazarsfeld und McPhee 1954; Campbell et al. 1960), es in den letzten Jahrzehnten in repräsentativen Demokratien eine Steigerung des Interessenniveaus gegeben hat (Kaase und Marsh 1979; Dalton 1988 und 1996; van Deth 1990; van Deth und Elff 2004). Zur Erklärung dieses Phänomens wird hauptsächlich auf die Auswirkung der heutzutage wesentlich höheren Ausbildung der Bevölkerung hingewiesen (Glenn und Grimes 1968; Jennings und Markus 1988; Milbrath und Goel 1977; Verba und Nie 1972). Zweitens haben wachsender Wohlstand und höhere Ausbildung dazu beigetragen, dass die Politik nicht mehr als notwendiger Teil sozialer Konflikte gesehen wird und man sich deswegen verstärkt andere Beschäftigungen zuwenden kann. Drittens kann man ein Mangel an politischem Interesse in modernen Gesellschaften auch dem Erfolg traditioneller Politik anrechnen – und nicht den Niederlagen, der Inkompetenz, der Unfähigkeit, der Entfremdung und der Frustration durch die Politik. Anders als Weisberg meint, hat die Politik das Leben vielen Bürger erheblich leichter gemacht. Gerade *weil* die Politik so erfolgreich war, können sich die Bürger den erfreulicheren Dingen des Lebens widmen (Glassman 1998; van Deth 2001). Im Hinblick auf diese Entwicklungen kann man Fiorina nur zustimmen, dass „... contrary to the suggestions of pundits and philosophers, there is nothing wrong with those who do not participate, there is something unusual about those who do" (1999: 415f.).

Trotz der allgemein anerkannten Notwendigkeit des politischen Engagements der Bürger für das Funktionieren demokratischer Entscheidungsprozesse ist das Niveau des politischen Interesses in den meisten Ländern durchaus niedrig. Auch die Steigerung der persönlichen Ressourcen wie Bildung oder die Leistungen des politischen Systems haben diese Situation offensichtlich nicht entscheidend beeinflusst. Eine Unterscheidung verschiedener Aspekte politischen Interesses (subjektives Interesse, Gesprächshäufigkeit, Wichtigkeit, Salienz) kann vielleicht die eher paradoxe und verwirrende Beobachtung klären, dass moderne Demokratien offensichtlich funktionieren können, ohne dass die Bürger sich stark engagieren. Nach einer kurzen Erläuterung des Hintergrunds der verschiedenen Aspekte des Begriffes politisches Interesse im nächsten Abschnitt folgt eine Darstellung dieses Engagements in verschiedenen Ländern auf der Basis des *European Social Survey*. Anschließend werden die Entwicklungen in Ost- und in West-Deutschland betrachtet. Zum Abschluss soll dann kurz auf die allgemein beliebte Ansicht eingegangen werden, dass ein Mangel an politischem Interesse eine Gefahr für die Demokratie darstelle.

## 2 Aspekte politischen Interesses

Der Begriff politisches Interesse und seine Aspekte werden in der Politikwissenschaft auf verschiedene Weisen konzeptualisiert.[2] Zum Beispiel Sigel und Hoskin definieren „political

---

[2] So wird das Bedeutungsfeld des Begriffes politisches Interesse unterschiedlich gefasst und das gleiche Bedeutungsfeld mit unterschiedlichen Begriffen belegt (wie z.B. „political interest", „interest in politics", „psychological involvement", oder „political awareness"). Überblicke der unterschiedlichen Definitionen geben u.a.: Meyersohn (1974: 91), Bennett (1986: 31ff.), Gabriel (1986: 179ff.) sowie van Deth (1990: 277ff.).

involvement" als „... durable, year-to-year concern about things political" (1981: 41). Auch bei anderen Autoren meint ‚involvement' meistens den Grad der Aufmerksamkeit, den ein Individuum politischen Ereignissen zumisst. Aufmerksamkeit gegenüber politischen Phänomenen wird dann als ‚politisches Interesse' bezeichnet. Unter politischem Interesse versteht man im Allgemeinen „(the) degree to which politics arouses a citizen's curiosity" (van Deth 1990: 278). Diese Definition politischen Interesses als Neugier entspricht dem ersten Teil des von Zaller verwendeten Begriffs „political awareness" als „... the extent to which an individual pays attention to politics" (1992: 21). Außerdem zeigt es große Ähnlichkeit mit der oben erwähnten Umschreibung von Sigel und Hoskin von „political involvement" als „concern about things political".

In empirischen Studien wird schon lange Zeit ein einfaches Instrument zur Selbsteinschätzung des Niveaus politischen Interesses benutzt. Die mit dieser Frage angesprochene Form von Interesse nennt man *subjektives politisches Interesse*. Das im ESS eingesetzte Instrument lautet:

„Wie sehr interessieren Sie sich für Politik? Sind Sie ...: sehr interessiert, ziemlich interessiert, wenig interessiert, oder überhaupt nicht interessiert?"

Vergleichbare, aber sicherlich nicht identische Fragestellungen wurden während der vergangenen Jahrzehnte in Deutschland und in vielen anderen Ländern genutzt.

Ein zweiter Indikator der Aufmerksamkeit für politische Angelegenheiten betrifft Gespräche über Politik mit Familienmitgliedern oder mit Freunden und Bekannten am Arbeitsplatz oder in Vereinen, Verbänden und Organisationen. Die *Häufigkeit politischer Diskussionen* bildet einen klaren Ausdruck politischen Interesses (siehe van Deth und Elff 2000: 5) und wird im ESS mit einer einfachen Frage festgestellt:

„Wie oft diskutieren Sie über Politik und aktuelle politische Ereignisse? Täglich, mehrmals in der Woche, einmal in der Woche, mehrmals im Monat, einmal im Monat, seltener oder nie?"

Selbst wenn politische Phänomene Neugierde hervorrufen oder die Bürger regelmäßig über Politik sprechen, ist damit noch nichts über die persönliche Bedeutung oder Relevanz von Politik in ihrem Leben ausgesagt. Normalerweise sind die Bürger viel eher geneigt, sich wichtigeren, bedeutsameren, ansprechenderen und weniger bedrohlichen oder weniger fordernden Lebensbereichen zuzuwenden als der Politik. Die persönliche Bedeutung von Politik ist mit folgender Frage im ESS erfasst worden:

„Auf diesen Karten stehen verschiedene Lebensbereiche. Wie wichtig sind diese Bereiche in ihrem Leben? (Skala mit 11 Feldern von ‚äußerst unwichtig' (0) bis ‚äußerst wichtig' (10)):
- Familie
- Freunde
- Freizeit
- Politik
- Arbeit
- Religion
- Vereine, Verbände und Organisationen."

Diese Frage bietet zunächst die Möglichkeit, die Bedeutung von ‚Politik' anhand der angegebenen Bewertung des vierten Items der Liste direkt festzustellen. Somit haben wir einen dritten, eindeutigen Indikator des politischen Engagements: Die *persönliche Bedeutung von Politik* für den oder die Befragte.

Mit dem Indikator für die persönliche Bedeutung der Politik wird eine Bewertung ohne Berücksichtigung der Bedeutung anderer Lebensbereiche zum Ausdruck gebracht. Gleiche Werte auf dieser Skala können allerdings sehr unterschiedliche Bedeutungen haben, wenn die anderen Bereiche berücksichtigt werden.[3] Notwendig ist ein Indikator der *relativen Bewertung von Politik (oder Salienz)*; ein Indikator also, der die Position von Politik im Vergleich zu den anderen Lebensbereichen zum Ausdruck bringt. Dazu wird folgendes Verfahren angewandt (siehe van Deth 2000 und 2001). Jede der sieben Lebensbereiche ist von den Befragten auf einer 11-Punkt-Skala eingeordnet worden, die von ‚äußerst unwichtig' (0) bis ‚äußerst wichtig' (10) reicht. Wenn ‚Politik' von allen Items die *höchste* Bewertung erhält, dann ist die Salienz von Politik auf dem höchstmöglichen Niveau; ist ‚Politik' das Item, das von allen die *niedrigste* Bewertung erhält, dann ist die relative Bedeutung von Politik auf dem niedrigsten Niveau.[4] Auf diese Weise spiegelt ein Wert auf der ‚Salienz-Skala' die relative Position von Politik wider, da sie auf einer Rangfolge der Bedeutung aller Lebensbereiche basiert.

Die vier Instrumente zur Messung politischen Interesses der Bürger – subjektives Interesse, Diskussionshäufigkeit, Bedeutung von Politik und politische Salienz – bieten die Möglichkeit, verschiedene Aspekte des Begriffes politisches Engagement zu analysieren. Die vier Aspekte sind dabei zunächst analytisch und konzeptionell voneinander zu trennen, obwohl empirische Verknüpfungen nahe liegen: Wo politische Fragen dringende und schwer wiegende private Probleme betreffen, wird politische Neugier eher stimuliert, als dort, wo Politik kaum private Relevanz hat. Umgekehrt kann ein hohes Niveau politischen Interesses bestimmte Fragen schneller in den Brennpunkt der Diskussion bringen als dort, wo wenig Neugier bezüglich politischer Sachverhalte existiert. Allerdings beinhalten Ausdrücke eines hohen politischen Interesses nicht notwendigerweise politische Salienz; eine Person kann sehr wohl Interesse an der Politik zeigen, dafür jedoch völlig unpolitische Gründe haben (Klingemann 1979: 264; van Deth 2000). Was nun erforderlich ist, ist ein Blick auf die empirischen Ergebnisse für die vier Indikatoren politisches Interesse und ihre Beziehungen zu bestimmten Ressourcen und politischen Einstellungen in Deutschland und Europa.

---

[3] Vergleicht man z.B. zwei Befragte, die beide ‚Politik' den Wert 4 gegeben haben, der erste Befragte jedoch alle anderen Items mit einem Wert von 1 bis 3 bewertet hat, während der zweite Befragte alle anderen Items den Wert 7 oder 9 gab. Für die oder den zweiten Befragten ist Politik offensichtlich viel weniger relevant als für die oder den ersten Befragten.

[4] Da ‚ties' häufig vorkommen, beruht die Anordnung zum Teil auf dem Mittelwert der Anzahl der Items, die die gleiche Wertung wie ‚Politik' erhalten haben. Ein Beispiel soll dieses Verfahren erläutern. Ein Befragter der ‚Familie' und ‚Arbeit' die Werte 9 bzw. 7 gibt und ‚Politik' mit 3 und alle anderen Items mit 2 bewertet, erhält den Wert 3 auf der ‚Salienz-Skala', da ihm nur zwei Bereiche wichtiger sind als ‚Politik'. Wenn er auch ‚Familie' den Wert 3 gegeben hätte, bekommt er für ‚Politik' den Wert 3,5 (der Mittelwert von Position 3 und 4, die ‚Politik' und ‚Familie' gemeinsam belegen).

## 3  Politisches Interesse in Deutschland

Das Niveau politischen Interesses ist in Deutschland insbesondere mit der einfachen Frage nach dem subjektiven politischen Interesse vermittelt worden. Bereits Anfang der 1950er Jahre hat das ‚Institut für Demoskopie Allensbach' dieses Instrument zum ersten Mal eingesetzt und seit 1960 wird das Niveau subjektiven Interesses fast jährlich festgestellt. Die Zeitreihe für diesen Indikator umfasst somit etwa ein halbes Jahrhundert. Eine ähnliche Messung des politischen Engagements ist ab 1980 auch in den so genannten Allbus-Studien vorgenommen worden. Die für gut zwei Jahrzehnte zur Verfügung stehenden Allbus-Daten werden jedes zweite Jahr erhoben; basieren allerdings auf einer Frage mit mehr Antwortkategorien als von Allensbach genutzt werden.[5]

Abbildung 1 zeigt die Entwicklung des subjektiven politischen Interesses in Westdeutschland seit den frühen 1950er Jahren und in Ostdeutschland seit der Vereinigung 1990. Der von mehreren Autoren festgestellte trendmäßige Anstieg des politischen Interesses in westlichen Demokratien (vgl. Dalton 1988 und 1996; van Deth 1990 und 1996; van

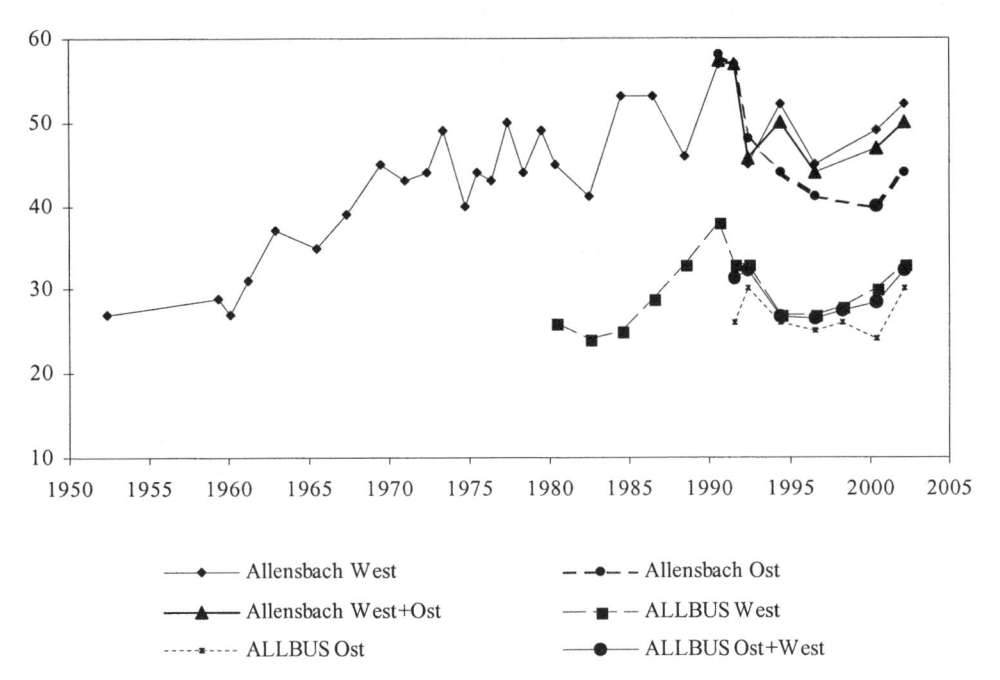

*Abbildung 1:*   Subjektives politisches Interesse (in Prozent); 1952-2002

Quelle: Noelle-Neumann und Köcher (1997 und 2002) und Allbus kompakt. Gezeigt werden die Prozentwerte zu den Indikatoren subjektives politisches Interesse mit den Kategorien ‚interessiere mich für Politik' (Allensbach) und interessiere mich ‚sehr' und ‚ziemlich' für Politik (Allbus). Wenn mehrere Studien in einem Jahr zur Verfügung stehen, wird der Mittelwert gezeigt.

---

[5] Allensbach bietet drei Antwortkategorien an (‚interessiere mich', ‚interessiere mich nicht besonders' und ‚interessiere mich gar nicht'). In den Allbus-Studien werden fünf Kategorien angeboten (von ‚sehr interessiert' bis ‚überhaupt nicht interessiert').

Deth und Elff 2004) ist auch in der Bundesrepublik Deutschland deutlich wahrnehmbar. Bis 1960 erklärte noch etwa ein Drittel aller Deutschen, dass sie sich ‚gar nicht' für Politik interessiert; vier Jahrzehnte später ist diese Zahl bis auf 8-10% zurückgegangen (Allensbach) oder sogar bis 7-8% (Allbus). Abbildung 1 sind die Anteile der Befragten zu entnehmen, welche sich deutlich für Politik interessieren. Zunächst ist klar, dass auch diese Zeitreihen eindeutig auf einen trendmäßigen Anstieg des politischen Engagements hinweisen. Allerdings scheint dieser Trend mit der Vereinigung Deutschlands unterbrochen zu sein: Sowohl im Osten als auch im Westen zeichnet sich seit Anfang der 1990er Jahren ein Rückgang des Anteils der politisch sehr interessierten Bürger ab. Diese Entwicklung ist in beiden Teilen Deutschlands von, erstens, bemerkenswerten Ähnlichkeiten und, zweitens, von kontinuierlichen Differenzen gekennzeichnet. Auch mehr als zwölf Jahre nach der Vereinigung liegen die Anteile der politisch interessierten Bürger in Westdeutschland höher als in Ostdeutschland. Während dieser Anteil im Westen etwa 50% oder etwa 30% beträgt (Allensbach bzw. Allbus) sind die entsprechenden Zahlen im Osten im Durchschnitt etwa fünf bzw. drei Prozentpunkte niedriger. Damit ist das Niveau subjektiven politischen Interesses in Deutschland wieder zu dem Niveau zurückgekehrt, das bereits Anfang der 1970er Jahre in Westdeutschland erreicht war. Trotz der Tatsache, dass die Mehrheit der Deutschen sich nicht sehr stark für Politik interessiert, sind die Ergebnisse in Abbildung 1 kaum als eine Bestätigung modischer Aussagen über einen Mangel an politischem Interesse zu benutzen. Auch nach dem Rückgang des Interessenniveaus Anfang der 1990er Jahre geben viele Deutsche an, sich für Politik zu interessieren. Die Ergebnisse jüngeren Datums weisen außerdem darauf hin, dass ein großer Teil des Rückgangs der 1990er Jahre mittlerweile wieder kompensiert worden ist.

Auch die deutschen Befragten des ESS zeigten sich für Politik interessiert. Allerdings deuten die Ergebnisse dieser Studie darauf hin, dass die Unterschiede des Niveaus subjektiven politischen Interesses zwischen den alten und den neuen Bundesländern fast verschwunden sind: Im Westen interessieren sich 21% bzw. 44% der Befragten ‚sehr' bzw. ‚ziemlich' für Politik; im Osten sind es 21% bzw. 41%. Diese Antworten bedeuten, dass etwa zwei Drittel der deutschen Bürger sich deutlich für Politik interessieren! Auch diese Ergebnisse weisen kaum auf einen Mangel politischen Engagements hin.

Die Schlussfolgerung wird im Allgemeinen von den Ergebnissen der anderen drei Indikatoren politischen Interesses unterstützt, obwohl hier einige bemerkenswerte Unterschiede zwischen den beiden Teilen Deutschlands ans Licht kommen. Trotz den fast gleichen Niveaus politischen Interesses, werden politische Gespräche in Ostdeutschland offensichtlich häufiger geführt als in Westdeutschland. Etwa 22% der Befragten sprechen ‚jeden Tag' über Politik und 32% tut das ‚mehrmals pro Woche'. In Westdeutschland liegen diese Anteile bei 17% bzw. 29%. Die Wichtigkeit der Politik wird im Osten und im Westen fast gleich eingestuft. Zwar liegen die Mittelwerte der Skala (0 bis 10) in Westdeutschland geringfügig höher als in Ostdeutschland (5,16 bzw. 5,01), aber im Osten wählen insgesamt fast 21% der Befragten einer der drei höchsten Bewertungskategorien (8, 9, 10), während dieser Anteil im Westen bei 19% liegt. Schließlich finden wir auch für die Salienz der Politik geringe Unterschiede zwischen den beiden Teilen Deutschlands. Im Vergleich zu den anderen Lebensbereichen ist Politik nicht sonderlich wichtig: Auf der relativen Wichtigkeitsskala (1-7) erreicht Politik im Durchschnitt Rang 5,20 im Westen und 5,05 im Osten. Auch für diesen Indikator ist das politische Interesse in Ostdeutschland höher als in Westdeutschland. Genauer formuliert: Der relative Stellenwert von Politik ist im Westen noch niedriger als im Osten. Während in Westdeutschland etwa 41% der Befragten Politik den letzten oder den vorletzten Platz unter den sieben Lebensbereichen zuweisen, liegt diese Zahl in Ostdeutschland bei 31%. Insgesamt deuten die Ergebnisse darauf hin, dass – obwohl das Niveau des subjektiven politischen Interesses in Westdeutschland etwas höher als in Ostdeutschland ist – Politik im Osten für die Bürger offensichtlich relevanter als im Westen ist. Die Ostdeutschen diskutieren etwas häufiger über Politik und erkennen außerdem Politik etwas mehr Bedeutung zu als ihre Landsleute im Westen (siehe auch van Deth 2001).

Die Ergebnisse des ESS bieten uns die Möglichkeit, das Niveau politischen Engagements in Deutschland mit anderen europäischen Ländern zu vergleichen. Interessieren sich die Deutschen stärker für Politik als die Bürger anderer Länder? Und sind die Unterschiede zwischen Ost- und Westdeutschland auch zwischen anderen ost- und westeuropäischen Ländern wahrnehmbar oder handelt es sich hier um eine spezifisch deutsche Konstellation, die mit dem einzigartigen Prozess der Wiedervereinigung zusammenhängt?

In Abbildung 2 sind die Ergebnisse für die vier Aspekte politischen Interesses in verschiedenen europäischen Ländern dargestellt. Auch aus einem eher flüchtigen Blick auf diese Grafik geht sofort hervor, dass das Niveau politischen Interesses in beiden Teilen Deutschlands auffällig hoch ist. Mit nur wenigen Ausnahmen erreichen die Indikatoren für

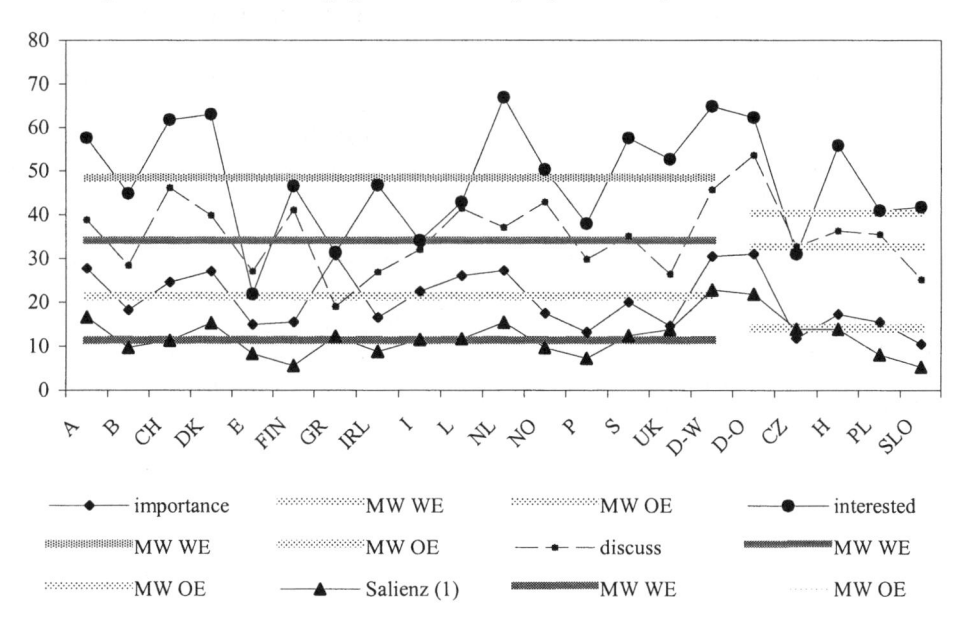

*Abbildung 2:* Politisches Engagement in Europa (in Prozent)

Gezeigt werden die Prozentwerte zu den Variablen („importance of politics') mit den Kategorien 7-10 von 11; („discuss about politics') mit den Kategorien 1-2 von 7, („Interesse an Politik') mit den Kategorien 1-2 von 4 und Salienz mit der Kategorie 1-4 von 7. (MW = Mittelwert).

Deutschland die höchsten Werte in ganz Europa. Wie bereits erwähnt, zeigen sich 21% der Deutschen ‚sehr interessiert' für Politik und das ist fast doppelt soviel als das durchschnittlich in Europa der Fall ist (11%). Nirgendwo beteiligen sich mehr Menschen an politischen Gesprächen als in Deutschland und sowohl die Wichtigkeit als auch die Salienz der Politik sind hier eindeutig höher als in anderen europäischen Ländern. Durchaus ähnlich hohes Niveau politischen Interesses finden wir in der Schweiz, Dänemark, den Niederlanden und Schweden. Relativ niedrig ist das Niveau offensichtlich in den südeuropäischen Ländern (Spanien, Portugal, Italien und Griechenland), in Belgien sowie in Osteuropa (Tschechische Republik, Slowenien und Polen).

Abbildung 2 sind auch die durchschnittlichen Niveaus der vier Indikatoren politischen Interesses in West- und Osteuropa zu entnehmen. In Westeuropa ist das Niveau des subjektiven politischen Interesses etwas höher als in Osteuropa und das Gleiche trifft für die Wichtigkeit der Politik zu. Dagegen sprechen die Osteuropäer häufiger über Politik als die Bürger im Westen und die Salienz der Politik im Osten und Westen ist fast gleich niedrig. Diese Unterschiede entsprechen den Ergebnissen für die beiden Teile Deutschlands für drei der vier Indikatoren politischen Interesses: Subjektives Interesse, sprechen über Politik und Salienz der Politik. Dem steht gegenüber, dass die Wichtigkeit der Politik in Ostdeutschland erheblich höher ist als in osteuropäischen Ländern. Außerdem geht aus genauerer Betrachtung von Abbildung 2 hervor, dass die osteuropäischen Länder sich kaum von den südeuropäischen Ländern unterscheiden: Die Mittelwerte für die vier Aspekte politischen Interesses sind deswegen nicht eindeutig von einem Unterschied zwischen Ost- und Westeuropa charakterisiert.

Wichtiger als die relativen Unterschiede der Mittelwerte in West- und Osteuropa sind die Unterschiede zwischen dem Niveau politischen Interesses in Deutschland einerseits und den anderen europäischen Ländern andererseits. Die Ergebnisse für die vier Indikatoren deuten in Westdeutschland eindeutig darauf hin, dass Westdeutschland in West- und in Osteuropa eine Sonderposition mit bemerkenswert hohen Niveaus für jeden Aspekt politischen Interesses einnimmt. Aber auch für Ostdeutschland ist das Niveau politischen Engagements sehr hoch, sowohl im Vergleich zu den westeuropäischen Ländern als auch im Vergleich zu den osteuropäischen Ländern. In den letztgenannten Staaten ist das Niveau politischen Interesses durchaus niedriger als im Westen, aber überraschenderweise auch viel niedriger als in Ostdeutschland. Nur in Ungarn liegt das Niveau subjektiven politischen Interesses nicht unter 50% der Befragten. Die These, dass die Unterschiede zwischen Ost- und Westdeutschland die Unterschiede zwischen Ost- und Westeuropa widerspiegeln, ist somit für das Niveau des politischen Interesses der Bevölkerung eindeutig widerlegt. Die beiden Teile Deutschlands sind von einem auffällig hohen Niveau dieses Interesses gekennzeichnet und unterscheiden sich damit von allen anderen Ländern in Ost- und Westeuropa.[6]

---

[6] Diese Sonderposition Deutschlands wird noch deutlicher sichtbar, wenn wir für die vier Indikatoren eine einfache additive Skala konstruieren: Fast doppelt so viele Deutschen erreichen den höchst möglichen Wert auf diese Skala als das in anderen Länder der Fall ist.

## 4 Determinanten politischen Interesses

Politisches Interesse hängt von vielen Faktoren ab. Da Politik meistens komplizierte Probleme und abstrakte Begriffe betrifft, ist ein gewisses Ausmaß kognitiver Kompetenzen erforderlich. Aber auch die Performanz des politischen Systems oder die vorhandenen gesellschaftlichen Spannungen können das Niveau politischen Engagements beeinflussen (siehe van Deth und Elff 2000 für einen Überblick). Die Einflüsse verschiedener Determinanten auf die Indikatoren politischen Interesses werden hier für vier Gruppen möglicher Faktoren näher betrachtet.

Zunächst beeinflussen so genannte *soziodemographische Faktoren* das Niveau politischen Interesses. Fast von Anfang an hat die empirische Politikforschung die Relevanz individueller Ressourcenausstattung – Schulbildung, Einkommen, gesellschaftliche Position – für das Niveau politischen Interesses gezeigt (siehe Milbrath und Goel 1977; Verba, Schlozman und Brady 1995; van Deth 1990; van Deth und Elff 2000). Daher sind es meist höhergebildete männliche Bürger der höheren Einkommensgruppen und Schichten, die sich überdurchschnittlich für Politik interessieren. Dieses Ergebnis ist in den letzten Jahrzehnten insbesondere für das Niveau subjektiven politischen Interesses und für die Häufigkeit politischer Gespräche regelmäßig bestätigt worden.

Anders als in den Erklärungen des Niveaus subjektiven Interesses und der Gesprächshäufigkeit, ist es für die Erklärung der Wichtigkeit und der Salienz der Politik nicht sofort klar, welche Einflüsse soziodemographische Faktoren haben können. Die verschiedenen Faktoren beeinflussen die Bedeutung von Politik für den einzelnen Bürger offenbar auf unterschiedlicher Weise (siehe Neuman 1986: 115ff.). So wird Bildung sicherlich eher sowohl kognitive Aspekte von politischem Interesse fördern und somit das Niveau von subjektivem Interesse als auch die persönliche Bedeutung von Politik positiv beeinflussen. Das Einkommensniveau der Befragten zeigt schon größere Differenzierungsmöglichkeiten, da ein hohes Einkommen es auch erlaubt, Politik niedriger einzustufen als andere Lebensbereiche: Wer über ausreichende finanzielle Ressourcen verfügt, ist möglicherweise bei der Lösung seiner Probleme nicht auf die Politik angewiesen. Diese Unklarheit bezüglich des genannten Einflusses verschiedener Faktoren führt dazu, dass, erstens, die insgesamt erklärte Varianz wahrscheinlich niedriger ausfällt und, zweitens, eine deutliche Abnahme des allgemein positiven Zusammenhangs zwischen Einkommen und der Salienz von Politik zu erwarten ist. Für die Überprüfung dieser Erwartungen bezüglich des Einflusses soziodemographischer Faktoren werden die Variablen Geschlecht, Alter, Bildung und Einkommen der Befragten benutzt.[7]

Eine zweite Gruppe von Determinanten politischen Interesses bilden die *sozialen Kontakte* der Befragten. Der üblichen Tocquevilleanische Interpretationen folgend, tragen insbesondere Aktivitäten in Vereinen und Verbänden dazu bei, dass die Bürger ihre Fähigkeiten ('civic skills') weiter entwickeln und demokratische Einstellungen verstärkt werden (siehe Putnam 2000 oder Gabriel et al. 2002). Aber auch außerhalb institutioneller Vereine und Verbände sind soziale Kontakte wichtig für die Mobilisierung und Rekrutierung der Bürger. Wie Verba und seine Mitarbeiter feststellten, ist ein Mangel an politischen Aktivi-

---

[7] Für Bildung wird die Frage nach dem höchsten allgemeinbildenden Schulabschluss benutzt (sechs Stufen) und für Einkommen die Frage nach dem gesamten Netto-Haushaltseinkommen (12 Stufen). Neben dem Alter des Befragten in Jahren wird auch das Quadrat davon eingesetzt, um mögliche nicht-lineare Zusammenhänge zu berücksichtigen.

täten häufig eine Folge der Tatsache: „nobody asked" (Verba, Schlozman und Brady 1995: 390). Allerdings können soziale Kontakte insbesondere auf das Niveau des subjektiven Interesses und auf die Häufigkeit politischer Gespräche hemmend wirken. In ihrer Studie einiger amerikanischer Vereine, kommt Eliasoph (1998) zu der Schlussfolgerung, dass politische Themen meistens vermieden werden und deswegen soziale Kontakte nicht zu mehr politischem Engagement führen. Auch hier könnte die Unklarheit bezüglich des genauen Einflusses der relevanten Faktoren zu geringen Anteilen erklärter Varianz führen. Für die sozialen Kontakte werden hier zwei Indikatoren verwendet: Eine Skala für die Mitgliedschaften in Vereinen und Verbänden[8] sowie eine einfache Frage nach Treffen mit Freunden, Verwandten oder nach privaten Treffen mit Arbeitskollegen.[9]

Ein dritter Block möglicher Determinanten politischen Interesses bilden Faktoren, welche die *Zufriedenheit* der Befragten zum Ausdruck bringen. Dabei kann Zufriedenheit einerseits als eine positive Beurteilung der Performanz des politischen und wirtschaftlichen Systems betrachtet werden, welche zur Unterstützung bzw. Engagement führen. Andererseits kann insbesondere Zufriedenheit dazu beitragen, dass die Politik als wenig wichtig und als nicht sehr salient betrachtet wird. Zufriedenheit hat deswegen einen positiven Einfluss auf das Niveau des subjektiven politischen Interesses und einen eher negativen Einfluss auf die Wichtigkeit der Politik aber insbesondere auf die Salienz von Politik. In unseren Analysen berücksichtigen wir die Zufriedenheit (1) mit der Art und Weise, wie die Demokratie in Deutschland funktioniert, (2) mit der gegenwärtigen Wirtschaftslage in Deutschland und (3) mit dem gegenwärtigen Leben der Befragten.[10]

Schließlich umfasst eine vierte Gruppe möglicher Determinanten politischen Interesses einige Fragen nach dem *Vertrauen der Befragten in politische Akteure und Institutionen*. Es ist kaum zu erwarten, dass Befragte mit wenig oder keinem Vertrauen in politische Akteure und Institutionen sich genau dafür interessiert zeigen. Politisches Vertrauen erscheint insbesondere für das Niveau subjektiven Interesses sowie für die Häufigkeit politischer Gespräche relevant zu sein. Die Wichtigkeit und die Salienz der Politik sind wahrscheinlich weniger von dem Vertrauen der Bürger beeinflusst. Für die Überprüfung dieser Erwartungen wurde das persönliche Vertrauen in den Bundestag, die Polizei, die Politiker und die Justiz in die Analysen miteinbezogen.[11]

Zur Beurteilung des Einflusses der verschiedenen Determinanten werden die vier Blöcke in Regressionsanalysen eingesetzt. Für jeden der vier Aspekte des politischen Interesses werden lineare Regressionen durchgeführt, wobei der Anteil der erklärten Varianz für die einzelnen Blöcke berechnet wird, damit der relative Einfluss der verschiedenen Faktoren sichtbar wird. Die Ergebnisse dieser Berechnungen sind in Tabelle 1 für die west- und osteuropäischen Länder bzw. für West- und Ostdeutschland zusammengefasst.[12]

---

[8] Die Liste umfasst 12 verschiedene Vereins- und Verbändetypen, die für eine einfache additive Skala genutzt worden sind (siehe das Kapitel über Soziale Beteiligung in diesem Band sowie van Deth und Kreuter (1998: 154) für die Beschränkungen dieser Messung).
[9] Die Frage betrifft die Häufigkeit derartiger Treffen und läuft von ‚nie' bis ‚täglich' (sieben Stufen).
[10] Für diese drei Fragen wird eine Antwortskala von ‚äußerst unzufrieden' (0) bis ‚äußerst zufrieden' (10) benutzt.
[11] Für diese Frage wird eine Antwortskala von ‚vertraue überhaupt nicht' (0) bis ‚vertraue voll und ganz' (10) benutzt.
[12] Außerdem wurden alle Berechnungen für alle Länder getrennt mit logistischen Regressionsmodellen durchgeführt. Dazu sind die vier abhängigen Variablen dichotomisiert in ‚interessiert' und ‚nicht interessiert' gemäß den in Abbildung 2 benutzten Kodierungen.

Auf dem ersten Teil der Tabelle sind die Ergebnisse für die Regressionsanalysen zur Erklärung des Niveaus subjektiven politischen Interesses in den verschiedenen Ländern zu sehen. Aus der Tabelle ist sofort klar, dass fünf Faktoren in fast allen Ländern für die Frage relevant sind, ob der Bürger oder die Bürgerin sich für Politik interessiert: Alter, Bildung, Vereinsmitgliedschaft, Wirtschafts-Zufriedenheit und Vertrauen in Politiker. Dabei bestätigen die Ergebnisse die Erwartungen, dass insbesondere etwas ältere, hochgebildete Männer, die in Vereinen und Verbänden aktiv sind und Politikern Vertrauen schenken, sich für Politik interessieren. Deutlich ist auch, dass die beiden anderen Aspekte der Zufriedenheit der Bürger und die sozialen Kontakte keine Beiträge zu den Erklärungen leisten. Für die übrigen Faktoren sind die Ergebnisse nicht konsistent und wir finden für verschiedene Länder abweichende Ergebnisse. Mit einem Anteil an der erklärten Varianz von 15% (Osteuropa) bis 21% (Westeuropa) sind die Modelle durchaus akzeptabel. Dabei ist klar, dass die drei soziodemographischen Faktoren für den weitaus größten Teil der Erklärung verantwortlich sind.

Die Determinanten des Niveaus subjektiven politischen Interesses sind in Ost- und Westeuropa kaum voneinander zu unterscheiden und das Gleiche trifft für die beiden Teile Deutschlands zu. Allerdings zeichnen sich für Ost- und Westdeutschland zwei Differenzen zu dem allgemeinen Modell mit den erwähnten Faktoren ab. Anders als in vielen anderen Ländern hat das Geschlecht der Befragten keinen Einfluss auf das Niveau des subjektiven politischen Interesses. Vielleicht noch deutlicher ist die deutsche Sonderposition für die Konsequenzen des Vertrauens ins Parlament und in die Polizei: Die Koeffizienten erreichen in beiden Teilen Deutschlands kaum die untere Grenze des Signifikanzniveaus während insbesondere Vertrauen ins Parlament sowohl in West- als auch in Ostdeutschland mit mehr politischem Interesse zusammenhängt.

Die Determinanten der Häufigkeit politischer Gespräche sind dem zweiten Teil von Tabelle 1 zu entnehmen. Auch für diesen Aspekt des politischen Interesses sind es offensichtlich die soziodemographischen Faktoren, die den wichtigsten Beitrag für die Erklärung leisten. Es sind hier das Geschlecht, das Bildungsniveau und die (nicht-linearen) Effekte des Alters und des Haushaltseinkommens, die in allen Ländern relevant sind. Neben diesen soziodemographischen Faktoren beeinflussen auch hier die Aktivitäten in Vereinen und Verbänden eindeutig die Gesprächshäufigkeit über politische Themen. Weder Zufriedenheit noch Vertrauen spielt für diesen Aspekt politischen Engagements in Europa eine wichtige Rolle. Sehr bemerkenswert sind die Ergebnisse für Wirtschaftszufriedenheit in Deutschland: Wer in West- oder Ostdeutschland eher mit der wirtschaftlichen Lage zufrieden ist, diskutiert weniger über Politik als zufriedene Mitbürger. Dieser Zusammenhang ist weder in West- noch in Osteuropa statistisch nachweisbar. Die erklärte Varianz der Modelle ist allerdings sehr bescheiden (2 bis 7%), wobei für die beiden Teile Deutschlands erheblich bessere Anpassungen als für die anderen Länder gefunden werden. Die Ergebnisse weisen also eher auf spezifisch deutsche Umstände und Faktoren hin, als dass es deutliche Unterschiede zwischen Ost- und Westeuropa gibt, welche wir auch in Deutschland wahrnehmen können.

Der dritte Indikator des politischen Interesses betrifft die persönliche Wichtigkeit der Politik. Aus dem dritten Abschnitt von Tabelle 1 geht hervor, dass diese Wichtigkeit insbesondere mit dem Vertrauen in Politiker zusammenhängt. Die soziodemographischen Faktoren liefern für die verschiedenen Länder ein sehr inkonsistentes Bild und die erklärte Varianz variiert deswegen auch hier stark (fast 0% in Europa bis 6% in Westdeutschland). Bei

*Abbildung 1:* Determinanten politischen Interesses (lineare Regression; standardisierte und unstandardisierte Koeffizienten)

| Bestimmungs-faktoren | Subjekt. politisches Interesse ||||||| Politische Diskussionen |||||||
|---|---|---|---|---|---|---|---|---|---|---|---|---|---|
| | unstandardisiert ||| standardisiert ||| | unstandardisiert ||| standardisiert |||
| | E-W | D-W | D-O | E-W | D-W | D-O | E-O | E-W | D-W | D-O | E-O | E-W | D-W | D-O | E-O |
| Geschlecht | .27*** | .11 | .12 | .11*** | .05* | .05 | .10*** | .40*** | .41*** | .36*** | .62*** | .03*** | .06* | .06 | .04*** |
| Alter | -.01*** | -.01*** | -.01*** | -.14*** | -.12*** | -.18*** | -.14*** | -.00 | -.00 | -.01 | .00 | -.01 | -.01 | -.03 | -.00 |
| Bildung | -.19*** | -.22*** | -.12*** | -.23*** | -.22*** | -.11*** | -.23*** | -.34*** | -.23*** | -.23*** | -.45*** | -.07*** | -.07*** | -.07*** | -.10*** |
| Alter² | .00*** | .00 | .00*** | .04*** | .03 | .13*** | .10*** | .00*** | .00*** | .00*** | .00*** | .04*** | .14*** | .10*** | .04*** |
| Einkommen | -.03*** | -.04*** | -.06*** | -.06*** | -.07*** | -.10*** | -.02 | -.15** | -.12** | -.15** | .17*** | -.04*** | -.07*** | -.08** | .04** |
| adj R² | .15 | .12 | .12 | | | | .11 | .02 | .05 | .05 | .02 | | | | |
| Vereinsmitglied-schaft | -.11*** | -.07*** | -.07* | -.15*** | -.10*** | .08** | -.05* | -.28** | -.12* | -.23** | -.37*** | -.06*** | -.06*** | -.10*** | -.05*** |
| Soziale Kontakte | -.01** | -.03 | -.03 | -.02** | -.03 | -.05 | .01 | -.13* | -.14* | -.08 | -.09 | -.03*** | -.06* | -.04 | -.02 |
| adj R² | .17 | .14 | .13 | | | | .11 | .03 | .06 | .06 | .02 | | | | |
| Zufriedenheit mit: | | | | | | | | | | | | | | | |
| Demokratie | .01* | -.01 | -.01 | .01* | -.03 | -.01 | -.03 | -.01 | -.01 | .01 | -.01 | -.00 | -.01 | .01 | -.00 |
| Wirtschaft | .02*** | .04*** | .07*** | .04*** | .09*** | .12*** | .09*** | .03 | .13** | .18*** | .09 | .01 | .08** | .12*** | .03 |
| Leben | -.01 | -.02 | -.04* | -.01 | -.03 | -.08* | .04 | -.03 | -.07 | -.08 | -.03 | -.01 | -.04 | -.06 | -.01 |
| adj R² | .17 | .14 | .14 | | | | .12 | .03 | .07 | .06 | .02 | | | | |
| Vertrauen in: | | | | | | | | | | | | | | | |
| Parlament | -.03*** | -.02 | -.05* | -.06*** | -.05 | -.10* | -.08*** | -.06* | .06 | -.02 | -.19*** | -.02* | .04 | .01 | -.06*** |
| Polizei | .03*** | -.01 | .01 | .05*** | -.01 | .02 | .02 | .03 | -.02 | .07 | -.02 | .01 | -.01 | .04 | -.01 |
| Politiker | -.11*** | -.08*** | -.09*** | -.19*** | -.16*** | -.17*** | -.16*** | -.13*** | -.15*** | -.15** | .04 | -.04*** | -.09*** | -.10* | .01 |
| System | .01** | .03 | .02 | .02** | .05 | .04 | .02 | .04 | -.03 | .08 | .05 | .01 | -.02 | .06 | .01 |
| adj R² | .21 | .16 | .18 | | | | .15 | .03 | .07 | .07 | .02 | | | | |
| N | 27548 | 1715 | 1091 | | | | 5880 | 27548 | 1715 | 1091 | 5880 | | | | |
| Konstante | 3.805 | 3.731 | 3.633 | | | | 3.315 | 7.716 | 5.542 | 4.447 | 5.306 | | | | |

Signifikanzniveaus: * p<0.05; ** p<0.01; *** p<0.001.

## Politisches Interesse

| Bestimmungs-faktoren | Wichtigkeit der Politik | | | | | | Salienz der Politik | | | | | |
|---|---|---|---|---|---|---|---|---|---|---|---|---|
| | unstandardisiert | | | standardisiert | | | unstandardisiert | | | standardisiert | | |
| | E-W | D-W | D-O | E-W | D-W | D-O | E-O | E-W | D-W | D-O | E-W | D-W | D-O | E-O |

| | E-W | D-W | D-O | E-W | D-W | D-O | E-O | E-W | D-W | D-O | E-W | D-W | D-O | E-O |
|---|---|---|---|---|---|---|---|---|---|---|---|---|---|---|
| Geschlecht | -.08 | -.06 | -.23 | -.01 | -.02 | -.06 | -.03 | .39*** | .30** | .28* | .11*** | .07** | .07* | .11*** |
| Alter | .02*** | .01 | .01* | .03*** | .04 | .07* | .02 | -.01*** | -.01** | -.02*** | -.11*** | -.08** | -.21*** | -.11*** |
| Bildung | .01 | .25*** | .11 | .00 | .14*** | .05 | .04* | -.11*** | -.25*** | -.18*** | -.09*** | -.12*** | -.09*** | -.04** |
| Alter² | .00*** | .00 | .00 | .02*** | .01 | -.06 | .00 | -.00*** | -.00 | .00 | -.10*** | -.09*** | -.04 | -.01 |
| Einkommen | -.06* | .08** | .05 | -.01* | .07* | .05 | -.00 | -.02** | -.05 | -.04 | -.02** | -.05 | -.04 | .01 |
| adj R² | .00 | .06 | .03 | | | | | .04 | .03 | .05 | | | | |
| Vereinsmitglied-schaft | -.00 | .12*** | .13** | .00 | .10*** | .08** | -.02 | -.01 | .11** | .17*** | -.01 | .08** | .11*** | .08*** |
| Soziale Kontakte | -.09** | .07* | .06 | -.02** | .05* | .04 | .00 | .03*** | -.01 | -.05 | .03*** | -.01 | -.04 | .07*** |
| adj R² | .00 | .08 | .04 | | | | | .04 | .03 | .06 | | | | .04 |
| Zufriedenheit mit: | | | | | | | | | | | | | | |
| Demokratie | .04 | .06** | -.00 | .01 | .07** | -.00 | .02 | .01 | -.01 | .02 | .01 | -.01 | .03 | -.01 |
| Wirtschaft | -.06* | -.09*** | -.08* | -.02* | -.10*** | -.08* | -.02 | .01 | .05 | .06 | .01 | .05 | .06 | .03 |
| Leben | -.03 | -.03 | .03 | -.01 | -.03 | .03 | -.01 | .03*** | .08** | .06* | .03*** | .08** | .07* | .06*** |
| adj R² | .00 | .09 | .06 | | | | | .04 | .04 | .06 | | | | .05 |
| Vertrauen in: | | | | | | | | | | | | | | |
| Parlament | -.04 | .02 | .11** | -.01 | .02 | .12** | .01 | -.01 | -.04 | -.06 | -.01 | -.04 | -.07 | -.04*** |
| Polizei | -.06* | .05 | -.04 | -.02* | .05 | -.04 | -.01 | .05*** | .03 | .02 | .06*** | .03 | .02 | .06*** |
| Politiker | .32*** | .26*** | .25*** | .09*** | .27*** | .26*** | .07*** | -.10*** | -.11*** | -.10* | -.12*** | -.11*** | -.11** | -.11*** |
| System | .01 | -.05* | -.05 | .00 | -.06* | -.06 | -.00 | -.001 | .04 | .07* | -.00 | .04 | .04 | .00 |
| adj R² | .01 | .15 | .12 | | | | | .06 | .05 | .08 | | | | .07 |
| N | 27548 | 1715 | 1091 | | | | 5880 | 27548 | 1715 | 1091 | | | | 5880 |
| Konstante | 4,26 | 1.514 | 2.813 | | | | 2.975 | 5.818 | 5.541 | 5.734 | | | | 5.199 |

diesem Aspekt politischen Interesses zeigt sich deutlich ein Unterschied zwischen West- und Ostdeutschland und West- und Osteuropa. Die Wichtigkeit der Politik ist nur in Westdeutschland stark vom Bildungsniveau und dem Haushaltseinkommen abhängig. Bemerkenswert ist außerdem, dass auch für diese Indikatoren des politischen Interesses die Wirtschaftszufriedenheit der Deutschen eine signifikante Rolle spielt. Für beide Teile Deutschlands erreichten die erklärten Varianzanteile viel höhere Werte als in West- und in Osteuropa. Die aggregierten Ergebnisse der europäischen Daten sind offensichtlich zu heterogen, um ein einigermaßen passendes Modell zu finden.

Schließlich enthält der letzte Teil von Tabelle 1 die Ergebnisse für die Determinanten der Salienz der Politik. Geschlecht, Alter und Bildung sind in vielen Ländern relevant und das Gleiche trifft für die Lebenszufriedenheit und das Vertrauen in Politiker zu. Die üblichen Faktoren liefern – wie erwartet – ein eher diffuses Bild mit Unterschieden in den erklärten Varianzanteilen. Bemerkenswert ist, dass für die Salienz der Politik in West- und Osteuropa sowohl die sozialen Kontakte als auch das Vertrauen in die Polizei relevant sind, diese Faktoren in Deutschland jedoch die minimalen Signifikanzgrenzen nicht erreichen. Außerdem ist Vereinsmitgliedschaft in Deutschland und Osteuropa, nicht aber in Westeuropa wichtig. In Ostdeutschland hängen drei der vier Vertrauensindikatoren mit der Salienz der Politik zusammen.

Diese Analysen der Determinanten der verschiedenen Aspekte des politischen Interesses im europäischen Vergleich bestätigen die Schlussfolgerungen, welche wir bereits auf der Basis des Niveaus des Interesses in Deutschland präsentierten. Für nur wenige Faktoren sind die Ergebnisse für die ost- und westeuropäischen Länder nicht ähnlich. Auch beim Vergleich von Ost- und Westdeutschland überwiegt das Bild von Ähnlichkeiten. Dagegen unterscheiden sich die beiden Teile Deutschlands klar von allen anderen Ländern: Die Unzufriedenheit mit der wirtschaftlichen Lage bremst das Niveau politischen Interesses, die Häufigkeit von Gesprächen über Politik sowie die Beurteilung der Wichtigkeit der Politik. Außerdem ist die Lebenszufriedenheit für das Niveau politischer Salienz relevant. Es handelt sich in all diesen Fällen um *Ergänzungen* der Modelle, welche für alle Länder gültig sind; die Determinanten in Deutschland bilden kaum eine Alternative zu den vorhandenen Erklärungen. Für die Erklärung dieser deutschen Sonderposition ist somit offensichtlich insbesondere die schwierige wirtschaftliche Lage Deutschlands verantwortlich (siehe Kapitel 1) und viel weniger die spezifische Merkmale der deutschen Bevölkerung.

## 5  Politisches Interesse und Demokratie in Deutschland

Die Analysen in diesem Kapitel haben gezeigt, dass das Niveau des politischen Interesses von Bürgern verschiedener europäischen Länder weit auseinander läuft. Diese Unterschiede kamen bei jedem der vier genutzten Indikatoren für politisches Interesse zum Ausdruck und die Ergebnisse unterstreichen das bemerkenswert hohe Niveau des politischen Interesses sowohl in West- als auch in Ostdeutschland. Mögliche Differenzen zwischen West- und Ostdeutschland spiegln offensichtlich nicht die Unterschiede zwischen West- und Osteuropa wider. Das politische Interesse ist in Deutschland insgesamt sehr hoch und damit unterscheiden Ost- und Westdeutschland sich von fast alle Ländern in Ost- und Westeuropa.

Die Unterschiede im politischen Interesse zwischen Ost- und Westeuropa bzw. Ost- und Westdeutschland hängen nur teilweise mit den individuellen Merkmalen der Bürger zusammen. Im Großen und Ganzen ist politisches Interesse in den verschiedenen Ländern von den gleichen Faktoren abhängig (Geschlecht, Alter, Bildung, Vereinsaktivitäten und Vertrauen in Politiker); andere Faktoren spielen dabei kaum eine Rolle (wie soziale Kontakte und Zufriedenheit). Insbesondere für das Niveau des subjektiven Interesses bieten diese Merkmale eine durchaus akzeptable Erklärung. Für die anderen Aspekte politischen Interesses sind diese Erklärungen – wie erwartet – weitaus weniger überzeugend. Im Hinblick auf die Ähnlichkeiten in den Erklärungsmodellen auf der Mikroebene sind die Unterschiede auf der Makroebene zumindest teilweise auch auf die verschiedenen politischen und gesellschaftlichen Kontexte zurückzuführen. Wie aus ausführlichen Analysen der Einflüsse dieser Kontakte in verschiedenen europäischen Ländern hervorgeht, ist insbesondere die sozioökonomische Entwicklung eines Landes für das Niveau des politischen Engagements von Bedeutung (van Deth und Elff 2000 und 2004). Die Berücksichtigung der gesellschaftlichen Situation in verschiedenen Ländern auf der Makroebene bietet sicherlich plausible Erklärungen für das – verglichen mit süd- bzw. osteuropäischen Ländern – hohe Niveau politischen Interesses in nordwesteuropäischen Ländern. Allerdings ist damit noch immer nicht klar, wie das hohe Niveau politischen Interesses in Deutschland innerhalb der Gruppe der nordwesteuropäischen Demokratien zu erklären ist. Am Ende dieses Beitrages werden deshalb zur Beantwortung dieser Fragen zwei Argumentationsstränge kurz vorgestellt.

Zunächst wird deutlich, dass auch mehr als ein halbes Jahrhundert nach der Gründung der Bundesrepublik, die politische Kultur in diesem Land noch immer von außergewöhnlichen Entwicklungen geprägt ist. Die unerwartete Vereinigung zweier völlig verschiedener Landesteile hat die deutsche Ausnahmeposition verstärkt. Bis Ende der 1950er Jahre waren die politischen Orientierungen in Westdeutschland noch eindeutig von der nationalsozialistischen Katastrophe beeinflusst; im Vergleich zu amerikanischen und britischen Bürgern waren die Deutschen von einer „passive subject orientation" charakterisiert (Almond und Verba 1963: 429 und 496). Emotionale politische Bindungen waren Mangelware und der Demokratie wurden kaum Überlebenschancen zugeschrieben, falls die wirtschaftlichen Leistungen zurückfallen würden. Der Umbruch war allerdings bereits zwei Jahrzehnte später geschafft (siehe Conradt 1980: 264 oder Kielmansegg 2000: 347ff.) und seitdem erfährt das westdeutsche demokratische System von der Bevölkerung breitere Unterstützung als jenes in anderen Ländern. Offensichtlich waren die außergewöhnlichen Anstrengungen, die unternommen wurden, um die westdeutschen Bürger für die Demokratie zu begeistern, sehr erfolgreich. Die Erfahrungen der Ostdeutschen mit dem repressiven SED-Regime können an sich kaum als ein positiver Faktor für die Entwicklung politischen Interesses betrachtet werden. Allerdings ist dieser Einfluss offensichtlich mehr als kompensiert worden durch die Erfahrungen mit dem Umbruch und die revolutionäre Periode kurz vor und nach der Vereinigung. Das hohe Niveau des politischen Interesses in Gesamtdeutschland ist somit teilweise auch als eine starke Reaktion auf die undemokratischen Vergangenheiten in beiden Teilen Deutschlands zu verstehen.

Einen zweiten – keineswegs rivalisierenden – Erklärungsansatz für die deutsche Sonderposition bieten die spezifischen Ergänzungen zu dem allgemeinen Regressionsmodell, welche in Abschnitt 4 dieses Kapitels präsentiert worden sind. Im Hinblick auf die Situation in Deutschland hat sich herausgestellt, dass insbesondere die Unzufriedenheit mit der derzeitigen Wirtschaftslage zu einer Erhöhung des Niveaus des subjektiven politischen Interesses, der Häufigkeit von politischen Diskussionen sowie der Wichtigkeit der Politik führt. Da die wirtschaftliche Stagnation in Deutschland in den letzten Jahren einfach zu belegen ist und die Wachstumszahlen geringer sind als in vielen anderen Ländern (siehe Kapitel 1), sind die Sorgen der Deutschen bezüglich ihrer Wirtschaft durchaus berechtigt. Nur in Polen und Portugal sind noch weniger Befragte zufrieden mit der Wirtschaftslage in ihrem Land als in Deutschland.[13] Allerdings ist die Richtung dieses Zusammenhangs bemerkenswert: Je zufriedener die deutschen Bürger mit den wirtschaftlichen Entwicklungen in ihrem Land sind, desto weniger interessieren sie sich für Politik und desto seltener sprechen sie mit Freunden oder Bekannten über politische Themen!

Die unter anderem von Weisberg (1996) angesprochene Diskrepanz zwischen hochtrabender Regierungsrhetorik einerseits und den tatsächlichen Leistungen des Systems andererseits, führt in Deutschland offensichtlich nicht zu Desinteresse. Im Gegenteil: Die Sorge bezüglich der wirtschaftlichen Lage äußert sich in einem relativ hohen Niveau subjektiven politischen Interesses und einer höheren Gesprächsfrequenz über Politik. Diese Kombination von Unzufriedenheit und Interesse – oder von Zufriedenheit und Apathie – ist vielleicht der beste Indikator für die Qualität der Demokratie in Deutschland am Anfang des dritten Millenniums. Zur gleichen Zeit widerlegt dieses Ergebnis auf beeindruckende Weise modische Thesen über die negativen Konsequenzen der mangelhaften Performanz demokratischer Systeme. Allerdings ist hier Vorsicht geboten. Trotz der bisherigen Kombination von Unzufriedenheit und Interesse ist völlig unklar, ob – und wie lange – diese Koexistenz weiter bestehen kann, ohne dass das politische Engagement der Bürger in Frustration und Ablehnung umschlägt. Es ist leicht vorstellbar, dass dauerhafte, tiefe Unzufriedenheit mit der wirtschaftlichen Lage in Deutschland zu einer radikalen Distanzierung von der Politik führt, genau *weil* die Bürger diese Situation in Kauf genommen und sich trotzdem engagiert haben.

Die deutsche Demokratie hat sicherlich viele Probleme, aber ein mangelndes politisches Interesse der Bürger gehört bis heute nicht dazu. Diesen ‚Vorschuss' der Bürger nicht zu enttäuschen ist vielleicht die wichtigste Herausforderung, mit der sich Deutschland in den kommenden Jahren konfrontiert sieht.

## Literatur

Abramson, Paul R. (1983): Political Attitudes in America. Formation and Change. San Francisco: Freeman.

Abramson, Paul R./Finifter, Ada W. (1981): On the Meaning of Political Trust. New Evidence from Items Introduced in 1978. In: American Journal of Political Science 25, S. 297-307.

Almond, Gabriel A./Verba, Sidney (1963): The Civic Culture. Political Attitudes and Democracy in Five Nations. Princeton: Princeton University Press.

Barber, Benjamin (1984): Strong Democracy. Berkeley: University of California Press.

Barber, Benjamin (1995): Jihad vs. McWorld. New York: Times Books.

Bennett, Stephen E. (1986): Apathy in America 1960 – 1984. Causes and Consequences of Citizen Political Indifference. Dobbs Ferry: Transnational Publishers.

Berelson, Bernard R./Lazarsfeld, Paul F./McPhee, William N. (1954): Voting. A Study of Opinion Formation in a Presidential Campaign. Chicago: University of Chicago Press.

---

[13] In Deutschland wählen insgesamt etwas weniger als 11% die Antwortkategorien ‚etwas zufrieden' oder ‚äußerst zufrieden'. Die entsprechenden Zahlen in Polen und Portugal liegen bei gut 7%. Zum Vergleich: In Dänemark sind es fast 80%!

Campbell, Angus/Converse, Philip E./Miller, Warren E./Stokes, Donald E. (1960): The American Voter. New York: Wiley & Sons.
Citrin, Jack (1974): Comment. The Political Relevance of Trust in Government. In: American Political Science Review 68, S. 973-988.
Conradt, David P. (1980): Changing German Political Culture. In: Almond, Gabriel A./Verba, Sidney (Hrsg.): The Civic Culture Revisited. Boston: Little, Brown & Co., S. 212-272.
Dalton, Russell J. (1988): Citizen Politics in Western Democracies. Public Opinion and Political Parties in the United States, Great Britain, West Germany and France. Chatham: Chatham House Publishers.
Dalton, Russell J. (1996): Citizen Politics in Western Democracies. Public Opinion and Political Parties in the United States, Great Britain, West Germany and France. Chatham: Chatham House Publishers, 2nd Edition.
Eliasoph, Nina (1998): Avoiding Politics. How Americans Produce Apathy in Everyday Life. Cambridge: Cambridge University Press.
Fiorina, Morris P. (1999): Extreme Voice. A Dark Side of Civic Engagement. In: Skocpol, Theda/ Fiorina, Morris P. (Hrsg.): Civic Engagement in American Democracy. Washington: Brookings Institution Press, S. 395-425.
Gabriel, Oscar W. (1986): Politische Kultur, Postmaterialismus und Materialismus in der Bundesrepublik Deutschland. Opladen: Westdeutscher Verlag.
Gabriel, Oscar W./Kunz, Volker/Roßteutscher, Sigrid/van Deth, Jan W. (2002): Sozialkapital und Demokratie. Zivilgesellschaftliche Ressourcen im Vergleich. Wien: WUV-Universitäts-Verlag.
Glassman, James (1998): Life, Not Politics, Matters in America. In: International Harald Tribune, January 7.
Glenn, Norval D./Grimes, Michael (1968): Aging, Voting and Political Interest. In: American Sociological Review 33, S. 563-575.
Inglehart, Ronald (1990): Culture Shift in Advanced Industrial Society. Princeton: Princeton University Press.
Jennings, M. Kent/Markus, Gregory B. (1988): Political Involvement in the Later Years. A Longitudinal Survey. In: American Journal of Political Science 32, S. 302-316.
Kaase, Max/Marsh, Alan (1979): Political Action Repertory: Changes Over Time. In: Barnes, Samuel H./Kaase, Max/Allerbeck, Klaus R./Farah, Barbara G./Heunks, Felix/Inglehart, Ronald/Jennings, M. Kent/Klingemann, Hans D./Marsh, Alan/Rosenmayr, Leopold: Political Action. Mass Participation in Five Western Democracies. Beverly Hills: Sage, S. 137-166.
Kielmansegg, Peter Graf (2000): Nach der Katastrophe. Eine Geschichte des geteilten Deutschlands. Berlin: Siedler.
Klingemann, Hans Dieter (1979): The Background of Ideological Conceptualization. In: Barnes, Samuel H./Kaase, Max/Allerbeck, Klaus R./Farah, Barbara G./Heunks, Felix/Inglehart, Ronald/Jennings, M. Kent/Klingemann, Hans D./Marsh, Alan/Rosenmayr, Leopold: Political Action. Mass Participation in Five Western Democracies. Beverly Hills: Sage, S. 255-278.
Lipset, Seymour M./Schneider, William J. (1983): The Confidence Gap. Business, Labor and Government in the Public Mind. New York: The Free Press.
Meyersohn, Rolf (1974): What is Apathy? In: Centerpoint 1, S. 90-92.
Milbrath, Lester W. (1972): Political Participation. How and Why Do People Get Involved in Politics? Chicago: Rand McNally.
Milbrath, Lester W./Goel, Madan Lal (1977): Political Participation. How and Why Do People Get Involved in Politics? Chicago: Rand McNally.
Miller, Arthur H. (1974): Political Issues and Trust in Government. In: American Political Science Review 64, S. 951-972.
Neuman, W. Russell (1986): The Paradox of Mass Politics. Knowledge and Opinion in the American Electorate. Cambridge: Harvard University Press.
Noelle-Neumann, Elisabeth/Köcher, Renate (Hrsg.) (1997): Allensbacher Jahrbuch der Demoskopie 1993-1997. Band 10. München: Saur.

Noelle-Neumann, Elisabeth/Köcher, Renate (Hrsg.) (2002): Allensbacher Jahrbuch der Demoskopie 1998-2002. Band 11. München: Saur.
Norris, Pippa (Hrsg.) (1999): Critical Citizens. Cambridge: Cambridge University Press.
Nye, Joseph S./Zelokow, Philip D./King, David C. (Hrsg.) (1997): Why People Don't Trust Government. Cambridge: Harvard University Press.
Putnam, Robert D. (2000): Bowling Alone. The Collapse and Revival of American Community. New York: Simon & Schuster.
Sigel, Roberta S./Hoskin, Marilyn B. (1981): The Political Involvement of Adolescents. New Brunswick: Rutgers University Press.
Thukydides (1991): Geschichte des Peloponnesischen Krieges. München: Deutscher Taschenbuch Verlag.
Topf, Richard (1995): Beyond Electoral Participation. In: Klingemann, Hans-Dieter/Fuchs, Dieter (Hrsg.): Citizens and the State. Oxford: Oxford University Press, S. 52-91.
van Deth, Jan W. (1990): Interest in Politics. In: Jennings, M. Kent/van Deth, Jan W. et al: Continuities in Political Action. A Longitudinal Study of Political Orientations in Three Western Democracies. Berlin: Walter de Gruyter, S. 275-312.
van Deth, Jan W. (1991): Politicization and Political Interest. In Reif, Karlheinz/Inglehart, Ronald (Hrsg.): Eurobarometer. The Dynamics of European Public Opinion. London: Macmillan, S. 201-213.
van Deth, Jan W. (1996): Politisches Interesse und Apathie in Europa. In: König, Thomas/Rieger, Elmar/Schmitt, Hermann (Hrsg.): Das europäische Mehrebenensystem. Frankfurt: Campus, S. 383-402.
van Deth, Jan W. (2000): Interesting but Irrelevant. Social Capital and the Saliency of Politics in Western Europe. In: European Journal of Political Research 37, S. 115-147.
van Deth, Jan W. (2001): Das Leben, nicht die Politik ist wichtig. In: Niedermayer, Oskar/Westle, Bettina (Hrsg.): Demokratie und Partizipation. Wiesbaden: Westdeutscher Verlag, S. 115-135.
van Deth, Jan W./Elff, Martin (2000): Political Involvement and Apathy in Europe 1973-1998. Mannheim: Mannheimer Zentrum für Europäische Sozialforschung (MZES Working Paper Nr. 33).
van Deth, Jan W./Elff, Martin (2004): Politicisation, Economic Development, and Political Interest in Europe. In: European Journal of Political Research 43, S. 477-508.
van Deth, Jan W./Kreuter, Frauke (1998): Membership of Voluntary Associations. In: van Deth, Jan W. (Hrsg.): Comparative Politics. The Problem of Equivalence. London: Routledge, S. 135-155.
Verba, Sidney/Nie, Norman (1972): Participation in America. Political Democracy and Social Equality. New York: Harper & Row.
Verba, Sidney/Schlozman, Kay Lehman/Brady, Henry E. (1995): Voice and Equality. Civic Voluntarism in American Politics. Cambridge: Harvard University Press.
Weisberg, Jacob (1996): In Defense of Government. The Fall and Rise of Public Trust. New York: Scribner.
Zaller, John R. (1992): The Nature and Origins of Mass Opinion. Cambridge: Cambridge University Press.

# III. Soziales und politisches Engagement

# Soziale Partizipation

*Jan W. van Deth*[1]

## 1 Bürger und Gesellschaft

Soziale Partizipation ist der Klebstoff oder das Bindeglied, das die Gesellschaft zusammenhält. In Familien und Freundeskreisen, in Betrieben, in Vereinen und Verbänden entstehen auf der Basis regelmäßiger Kontakte allmählich Gefühle von Verbundenheit, Solidarität und Vertrauen, welche die Zusammenarbeit erleichtern und die Realisierung gemeinsamer Interessen ermöglichen. Außerdem verringern solche Netzwerke die Distanzen zwischen den Bürgern sowie zwischen den Bürgern und abstrakten Institutionen. Isolierung, Atomisierung und Entfremdung wird somit entgegengearbeitet. Zahlreiche soziale Kontakte binden die einzelnen Bürgerinnen und Bürger in die Gesellschaft ein und bieten jedem die Möglichkeit, sich zu entfalten und seine Interessen zu vertreten. Auf diese Weise wird der ‚Kampf von allen gegen alle' durch eine ‚Zivilgesellschaft' (oder auch ‚Bürgergesellschaft' oder sogar ‚zivile Bürgergesellschaft') von engagierten, aber selbständigen Bürgerinnen und Bürgern ersetzt.

Vereine und Verbände spielen eine wichtige Rolle in der Zivilgesellschaft. Insbesondere im Rahmen von Theorien gesellschaftlicher Modernisierung und sozialer Integration gelten sie als notwendige Verknüpfung zwischen primären Gruppen wie Familien einerseits und staatlichen Institutionen und Behörden andererseits. Die Relevanz dieser Organisationen ist mittlerweile auf funktionalistische, idealistische, kommunitaristische, progressive, konservative, strukturalistische und ideologische Weise begründet worden (siehe van Deth 1998). In Aufsätzen jüngeren Datums spielt die Wiederentdeckung der Gedanken Alexis de Tocquevilles ([1840] 1962) eine besondere Rolle (Putnam 1993 und 2000). Im Rahmen der Debatte über ‚soziales Kapital' werden die Konsequenzen der Beteiligung in Vereinen und Verbänden durchweg als sehr positiv bewertet, sicherlich auch für das Funktionieren der Demokratie: „Good government [...] is a by-product of singing groups and soccer clubs" (Putnam 1993: 176). In diesem Sinne ist soziale Partizipation zweifellos als eine „Schule der Demokratie" zu betrachten und Vereine und Verbände erfüllen eine zentrale Rolle in demokratischen Gesellschaften:

> „Nur durch die gegenseitige Wirkung der Menschen aufeinander erneuern sich die Gefühle und die Gedanken, weitet sich das Herz und entfaltet sich der Geist des Menschen. Wie ich gezeigt habe, besteht diese Wechselwirkung in demokratischen Ländern so gut wie gar nicht. Man muss sie also dort künstlich hervorrufen. Und das können allein die Vereinigungen tun." (Tocqueville [1840] 1962: 125f.)

---

[1] Für die Hilfe bei der Aufarbeitung der Daten und Abbildungen bin ich Anja Neundorf und Tamara Schupp zu Dank verpflichtet. Außerdem danke ich Julia Schäfer für die Hilfe bei der redaktionellen Abfassung dieses Beitrages.

In Deutschland rückte Max Weber bereits in seiner Rede auf den ersten Soziologentagen 1910 mit seinem Plädoyer für eine „Soziologie des Vereinswesens" die Bedeutung von Vereinen und Verbänden in den Vordergrund. Nachdem er dieses Gebiet „... vom Kegelclub angefangen bis zur politischen Partei und zur religiösen oder künstlerischen oder literarischen Sekte" charakterisiert hat, unterstreicht er die Relevanz dieses Bereichs wie folgt:

> „... die Blüte des Gesangvereinswesens in Deutschland übt m.E. beträchtliche Wirkungen auch auf Gebieten aus, wo man es nicht gleich vermutet, z. B. auf politischem Gebiet. Ein Mensch, der täglich gewohnt ist, gewaltige Empfindungen aus seiner Brust durch seinen Kehlkopf herausströmen zu lassen, ohne irgendeine Beziehung zu seinem Handeln [...], das wird ein Mensch, der, kurz gesagt, sehr leicht ein ‚guter Staatsbürger' wird, im passiven Sinn des Wortes. Es ist kein Wunder, daß die Monarchen eine so große Vorliebe für derartige Veranstaltungen haben. ‚Wo man singt, da laß dich ruhig nieder.'" (Weber [1910] 1911: 57)

In diesem Beitrag steht die Partizipation von Bürgerinnen und Bürgern in vielen verschiedenen Vereinen und Verbänden im Vordergrund. Dabei handelt es sich um freiwillige Aktivitäten der Menschen in der „zivilgesellschaftlichen Infrastruktur" (Heinze und Olk 2001: 17). Nach einer kurzen Erläuterung der Relevanz und der Konzeptualisierung des Begriffes sozialer Partizipation in Vereinen und Verbänden folgt eine Darstellung dieser Beteiligung in verschiedenen europäischen Ländern auf der Basis des *European Social Survey*. Die Ähnlichkeiten und Differenzen in diesem Bereich in West- und Ostdeutschland bzw. West- und Osteuropa werden anschließend genauer betrachtet.

## 2   Formen sozialer Partizipation

Vereine und Verbände bilden ein klassisches Thema der Sozialwissenschaften und Partizipation in derartigen Organisationen wurde in den letzten zwei Jahrhunderten aus vielen Perspektiven betrachtet und bewertet.[2] Dabei stehen meistens die gesellschaftlichen und politischen Funktionen von Vereinen und Verbänden im Vordergrund und nicht die spezifischen Organisationsaktivitäten als solche. Diese Funktionen scheinen auf unterschiedlichsten Einflüssen zu beruhen: freiwillige Organisationen bieten die Gelegenheit, sich in verschiedenartigen Kontexten zu bewegen; Vereinsaktivität fördert das Knüpfen von Freundschaften und Diskussionsnetzwerken und bietet fast ohne zusätzliche Anstrengungen Zugang zu Personen und Ressourcen. Im Rahmen der Vereinsaktivitäten werden allmählich bestimmte Normen und Werte entwickelt, welche für die Gesellschaft und die Demokratie sehr wichtig sind. Das gleiche trifft für Fähigkeiten wie Zusammenarbeit, Kompromissbereitschaft und Koalitionsbildung zu. Zudem wirken gesellschaftliche „cross-pressures" (Lazarsfeld, Berelson und Gaudet 1948) der Polarisierung von extremen Positionen entgegen und auch auf diese Weise können Aktivitäten in Vereinen und Verbänden soziale Desintegration verhindern. Allerdings fördern Kontakte in Vereinen und Verbänden nicht immer die Emanzipation oder Selbstentfaltung des Individuums, sondern können auch Kon-

---

[2] Siehe für einen Überblick der unterschiedlichen Ansätze und ihren Hintergrund: Zimmer (1996) oder Warren (2001). Eine frühe historische Betrachtung bietet Nipperdey (1998: 267ff.). In diesem Kapitel werden die Begriffe ‚Organisation' und ‚Vereine und Verbände' als Synonym für die lange Liste möglicher Organisationsformen verwendet: Gruppen, Projekte, soziale Bewegungen, Initiativen, Interessengruppen, Berufsverbände, Clubs, Sekten usw..

formität und die Unterdrückung sozial unerwünschten Verhaltens erzwingen. Versucht man, diese unterschiedlichen Interpretationen auf einen Nenner zu bringen, wird offensichtlich, dass das Knüpfen menschlicher Beziehungen in Vereinen und Verbänden weitreichende Konsequenzen für Demokratie und Gesellschaft hat.[3]

Im Hinblick auf die zentrale Bedeutung des Begriffes soziale Partizipation ist es erstaunlich, dass es hierzu nur sehr wenige systematische Betrachtungen, aber eine Vielfalt unterschiedlicher Konzeptualisierungen gibt. Diese Vielfalt entspricht zunächst zweifellos dem bunten und breiten Spektrum gesellschaftlicher Organisationen, das vom lokalen Skatverein bis zum ADAC und ZUMA reicht. Zweitens ist klar, dass die Konzeptualisierung des Begriffes soziale Partizipation eng mit der nicht weniger problematischen Konzeptualisierung des Begriffes Zivilgesellschaft (oder Bürgergesellschaft oder ziviler Bürgergesellschaft) verbunden ist. Es handelt sich beim letztgenannten Begriff um einen Bereich, der weder die Privatsphäre des Einzelnen, noch den kommerziellen Bereich des Marktes oder den Zwangsbereich des Staates umfasst (Sales 1991; Heinze und Olk 2001; Gosewinkel et al. 2003). Charakteristisch für soziales Handeln in einer Zivilgesellschaft ist außerdem Öffentlichkeit, d. h. dass die Aktivitäten für andere Bürger wahrnehmbar sind und im Prinzip allen interessierten Bürgerinnen und Bürgern offen stehen.

Wir werden hier die mittlerweile sehr umfangreiche Debatte über Partizipation und Zivilgesellschaft nicht weiter vertiefen. Klar ist, dass Aktivitäten in Vereinen und Verbänden die wichtigsten Kriterien für zivilgesellschaftliche Aktivitäten – jenseits von Familie, Markt und Staat sowie öffentlich zugänglich – erfüllen. Schließlich handelt es sich bei sozialer Partizipation um individuelle Beteiligungsakte, die einen freiwilligen Charakter haben. Folglich kann der Begriff soziale Partizipation als alle Tätigkeiten umfassend, die Bürger freiwillig mit dem Ziel unternehmen, Entscheidungen innerhalb Organisationen zu beeinflussen, definiert werden.[4] Beispiele sind die Mitgliedschaft im erwähnten Skatverein oder in Interessengruppen wie dem ADAC. Aber zur sozialen Partizipation gehören auch ehrenamtliche Tätigkeiten im regionalen Jugendverband oder die finanziellen Unterstützungskampagnen gegen Umweltverschmutzung. Im Bereich sozialer Partizipation zeichnen sich in den letzten Jahren deutliche Veränderungen ab, da konventionelle Vereine und Verbände ihren Platz mit „cheque book organizations" wie Greenpeace teilen müssen (Jordan and Maloney 1997). Außerdem wird von einem „Strukturwandel des Engagements" gesprochen, wobei das ‚alte' Engagement an überkommene Sozialmilieus gebunden ist und durch traditionelle Werte legitimiert wird, während ‚neue' Formen eher von persönlicher Betroffenheit und Selbstverwirklichungsmotiven geprägt sind (Heinze und Strünck 2001: 236). Die Erfassung sozialer Partizipation soll deswegen breit gefasst werden und mehrere Beteiligungsformen in sehr verschiedenen Vereinen und Verbänden umfassen.

Empirische Ergebnisse bezüglich der Zahl und Variationen vorhandener Vereine und Verbände in verschiedenen Ländern zeigen große Differenzen zwischen den Studien. Schätzungen belaufen sich meistens auf mehrere Hunderttausend oder Millionen Organisa-

---

[3] Diese Relevanz von Vereinen und Verbänden als institutionalisiertes Rahmenwerk für menschliches Handeln lässt sich auch mit einer Rational Choice Argumentation begründen: durch institutionalisierte Netzwerke werden Gefühle von Verbundenheit und Vertrauen (Reziprozität) gefördert, welche die Transaktionskosten für alle Beteiligten senken. Somit wird Zusammenarbeit erleichtert und das Kollektivgut-Problem gelöst. Derartige Senkungen der Transaktionskosten sind allerdings insbesondere in institutionalisierten Netzwerken – Vereine und Verbände – zu erwarten (siehe Ripperger 1998 oder Esser 2000).
[4] Diese Definition lehnt sich eindeutig an die Begriffsbildung des Konzeptes politische Partizipation an (Kaase 1995: 521, siehe auch van Deth 2001: 203 oder Gabriel et al. 2002: 39).

tionen in jedem Land und mindestens mehrere Hundert Vereine und Verbände in relativ kleinen Kommunen (siehe Siisiäinen 1992; Best 1993; Newton 1976; van Deth und Leijenaar 1994; Salamon et al. 1999; Priller und Zimmer 2001; Roßteutscher und van Deth 2002). Die Ergebnisse dieser Studien sind stark von der verwendeten Definition des Begriffes ‚Organisation' und dem geografischen Gebiet für die Erhebung der Daten abhängig. Für Informationen bezüglich der Rolle und Funktionen verschiedener Organisationen werden deswegen häufig Bürgerbefragungen durchgeführt. In Studien diesen Typs werden die Teilnehmer gebeten, Fragen über Vereine und Verbände, mit denen man sich verbunden fühlt oder in denen man aktiv ist, (Mitglied, Spenden, ehrenamtliche Tätigkeiten usw.) zu beantworten. Außerdem gibt es Studien, welche den Umfang und die Wichtigkeit dieses Engagements sowie die formelle Verantwortlichkeit ins Auge fassen (siehe Scott 1957; Babchuk und Booth 1969; Hyman und Wright 1971; Curtis, Grabb und Baer 1992). Für Untersuchungen der Motive und Ziele von Beteiligten werden meistens Mitglieder oder Freiwillige befragt (Gaskin und Smith 1995; Gabriel und Kunz 2002). International vergleichende Analysen von sozialer Partizipation basieren auf relativ einfachen Fragen, welche u.a. in einigen Wellen des *Eurobarometer* und des *World Value Survey* aufgenommen sind. Diese Analysen führen eindeutig zu der Schlussfolgerung, dass das Niveau sozialer Partizipation sehr große Differenzen zwischen den verschiedenen Ländern aufweist (Curtis, Grabb und Baer 1992; van Deth 1996 und 1998; Gabriel et al. 2002).

Für die Erfassung sozialer Beteiligung wird im *European Social Survey* eine ähnliche Frage wie in anderen international vergleichenden Studien benutzt. Dazu wird für eine Reihe von Vereinen und Verbänden folgende Frage gestellt:

„Ich nenne Ihnen nun einige Vereine, Verbände und andere Organisationen. Bitte benutzen Sie die Liste und sagen Sie mir für jede einzelne Organisation, ob eines oder mehrere von den Dingen auf der Liste auf Sie in den letzten 12 Monaten zutreffen:
Mitglied
Teilgenommen
Geld gespendet
Ehrenamtliche Tätigkeit
Antwort verweigert
weiß nicht
nichts trifft zu."

Die für diese Frage genutzte Liste der Organisationen und Vereine ist Tabelle 1 zu entnehmen. Erfasst werden 12 verschiedene Kategorien von Organisationen von Sportvereinen bis hin zu Interessengruppen und Serviceclubs oder der Alternative, andere Vereine oder Verbände zu erwähnen. Der Begriff soziale Partizipation umfasst zunächst Mitgliedschaft als der wohl einfachsten Form der Beteiligung innerhalb dieser Organisationen. Außerdem sind drei weitere Formen sozialer Beteiligung aufgenommen, die auf ein größeres Engagement hinweisen: an Aktivitäten teilgenommen, Geld gespendet und ehrenamtliche Aufgaben übernommen.

*Tabelle 1:* Soziale Partizipation in West- und Ostdeutschland (in Prozenten; gewichtet; N-west = 1737; N-ost = 1095)

| | Formen der Aktivitäten | | | | | | | |
|---|---|---|---|---|---|---|---|---|
| | Mitglied | | Teilgenommen | | Geld gespendet | | Ehrenamtlich | |
| | W-D | O-D | W-D | O-D | W-D | O-D | W-D | O-D |
| Sportverein oder ein Verein für Aktivitäten im Freien | 36 | 22 | 23 | 14 | 7 | 5 | 13 | 7 |
| Organisation für kulturelle oder Freizeitaktivitäten | 18 | 12 | 16 | 10 | 7 | 4 | 9 | 5 |
| Gewerkschaft | 15 | 14 | 3 | 4 | 1 | 1 | 1 | 1 |
| Wirtschafts-, Berufs- oder Bauernverband | 10 | 5 | 4 | 2 | 1 | 0 | 2 | 1 |
| Verbraucherschutzorganisation oder Automobilklub | 29 | 26 | 1 | 1 | 1 | 0 | 0 | 0 |
| Organisation für humanitäre Hilfe, Menschenrechte, Minderheiten oder Immigranten | 7 | 4 | 3 | 2 | 18 | 12 | 3 | 1 |
| Umweltschutz- oder Friedensorganisation, oder Tierschutzverein | 7 | 3 | 4 | 3 | 11 | 6 | 2 | 1 |
| Religiöse oder kirchliche Organisation | 21 | 12 | 11 | 4 | 11 | 7 | 7 | 2 |
| Politische Partei | 4 | 2 | 4 | 2 | 2 | 1 | 2 | 2 |
| Organisation zur Förderung von Wissenschaft oder Bildung oder Lehrer- oder Elternorganisation | 7 | 4 | 5 | 3 | 4 | 1 | 3 | 2 |
| Hobby- und Freizeitverein, Jugendklub, Seniorenverein, Frauenorganisation oder Serviceclub (z.B. Lions Club) | 14 | 13 | 11 | 9 | 2 | 2 | 5 | 4 |
| Anderer Verein, Verband oder Organisation | 7 | 7 | 4 | 3 | 2 | 2 | 2 | 2 |
| Soziale Beteiligung insgesamt | 48 | 34 | 49 | 43 | 19 | 18 | 13 | 7 |

## 3 Soziale Beteiligung in Deutschland

Soziale Partizipation ist in Deutschland weit verbreitet. Bereits Max Weber stellte fest:

„Der heutige Mensch ist ja unzweifelhaft neben vielem anderem ein Vereinsmensch in einem fürchterlichen, nie geahnten Maße. [...] Deutschland steht in dieser Hinsicht auf einem sehr hohen Standard." (Weber [1910] 1911: 53)

Für die Bundesrepublik bieten zunächst die *Allbus-Studien* 1988 und 1998 empirische Informationen über dieses Engagement. Daraus geht hervor, dass etwas mehr als die Hälfte der westdeutschen Bevölkerung Mitglied in zumindest einer Organisation ist und dass die Mitgliederzahlen keine großen Verschiebungen oder Rückgänge zeigen. Außerdem ist die soziale Partizipation in Ostdeutschland 1998 insgesamt etwas niedriger als im Westen (39%

bzw. 55%; van Deth 2001: 211). Gensicke schätzt den Anteil der westdeutschen Bürger, die sich 1997 „bürgerschaftlich engagierten" auf 39%. Auch er stellt mit 35% Beteiligung in Ostdeutschland eine klare Differenz zwischen den beiden Landesteilen fest (Gensicke 2001: 292). Deutlich höhere Mitgliederzahlen und ein weniger eindeutiges Bild geht aus den Analysen der Daten des *World Value Survey* hervor. Die Ergebnisse dieser Studien weisen auf einen starken Anstieg der Mitgliederzahlen in Westdeutschland von 45% in 1981 bis zu 64% und sogar 86% in 1991 bzw. 1997 hin. Für diese beiden letzten Jahre sind die entsprechenden Zahlen in Ostdeutschland 83% und 72% (Gabriel et al. 2002: 44). Eine vergleichende Analyse der Frage nach Mitgliedschaften in Vereinen und Verbänden in der *Political Action Studie*, dem *Eurobarometer* sowie dem *World Values Survey* schätzt die durchschnittliche Mitgliederzahl in Westdeutschland in der Periode 1974 – 1993 auf 52% (van Deth 1996) und bietet somit eine Bestätigung der *Allbus*-Ergebnisse. Allerdings sind die sehr unterschiedlichen Befunde der verschiedenen Studien sicherlich eine Folge der deutlich unterschiedlichen Frageformulierungen und der mehr oder weniger ausführlichen Listen von Vereinen und Verbänden, welche den Befragten vorgelegt worden sind.

Tabelle 1 sind die Ergebnisse der Frage nach sozialer Partizipation im ESS zu entnehmen. Wie in der letzten Reihe dieser Tabelle zu sehen ist, sind etwa 48% der westdeutschen Befragten Mitglied in zumindest einer Organisation, wobei diese Zahl in Ostdeutschland mit 34% erheblich niedriger ist.[5] Dieser Unterschied lässt sich für die Mitgliedschaft in jeder der 12 Vereinskategorien deutlich nachweisen: verhältnismäßig geringe Unterschiede finden sich dabei für Gewerkschaften, Verbraucherschutzorganisationen, Hobby- und Freizeitvereine und für sonstige Vereine und Verbände. Während im Westen Sportvereine die meisten Mitglieder anziehen (36%), stehen im Osten die Verbraucherschutzorganisationen und Automobilclubs an erster Stelle (26%). Obwohl eher konventionelle Organisationen wie Gewerkschaften und kirchliche Vereine über substantielle Mitgliederzahlen verfügen, spielen politische Parteien in der Zivilgesellschaft eine sehr bescheidene Rolle. In Westdeutschland geben 4% der Befragten an, Mitglied in einer Partei zu sein und in Ostdeutschland sind es lediglich 2%. Diese Ergebnisse des ESS bestätigen das Bild eines sehr differenzierten Vereinslebens in Deutschland, das auch in anderen Studien gefunden worden ist.

Obwohl Mitgliedschaft für die meisten Vereine und Verbände die wichtigste Form der Verbundenheit zwischen Bürger und Organisation darstellt, sind auch weitere Varianten der sozialen Partizipation relevant. Wie zu erwarten, sind Verbraucherschutzorganisationen und Automobilclubs reine Mitgliederorganisationen: fast keiner der Befragten nimmt an Aktivitäten dieser Organisationen teil oder hat Geld gespendet und niemand erledigt ehrenamtliche Aufgaben in diesem Bereich. Einen ähnlichen Schwerpunkt auf Mitgliedschaft finden wir auch für die Gewerkschaften und die Berufsverbände. Es handelt sich hier offensichtlich um hoch professionalisierte Organisationen, die ihren ‚Kunden' Vorteile bieten oder ihre Interessen vertreten. Einen aktiven Teil der Zivilgesellschaft bilden sie in jedem Fall nicht. Vereine mit relativ vielen Teilnehmern an ihren Aktivitäten finden wir insbesondere im Sport-, Freizeit- und Hobbybereich, wobei die Zahl der aktiv Beteiligten für viele Organisationen nur leicht hinter den Mitgliederzahlen zurückbleibt. Insgesamt nehmen sogar mehr Bürgerinnen und Bürger an den Aktivitäten von mindestens einer Organisation teil als

---

[5] Damit das Niveau der sozialen Beteiligung nicht überschätzt wird, sind alle Angaben, die nicht eindeutig als Beteiligung zu bewerten sind (Antwort verweigert, weiß nicht, nichts trifft zu, keine Angabe) als ‚keine Beteiligung' kodiert worden. Auf Grund dieser konservativen Konstruktion hat keiner der Indikatoren fehlende Werte und die erwähnten Prozentanteile beziehen sich auf die gesamten Stichproben.

es insgesamt Mitglieder gibt. Während diese Zahlen sich im Westen nur unwesentlich unterscheiden (49% bzw. 48%), ist die aktive Beteiligung im Osten viel weiter verbreitet als die einfache Mitgliedschaft (43% bzw. 34%). Es sind offensichtlich nicht die Vereinsaktivitäten als solche, welche den Unterschied zwischen den beiden Teilen Deutschlands bilden. Die formelle (und konventionelle) Verbundenheit, der in der Mitgliedschaft zum Ausdruck kommt, wird im Osten und Westen unterschiedlich bewertet. Diese etwas weniger starke formelle Anbindung der ostdeutschen Bevölkerung an die Vereine und Verbände zeigt sich auch in einem im Vergleich zu den Westdeutschen (13%) viel niedrigeren Niveau ehrenamtlicher Tätigkeiten (7%). Dagegen unterscheidet sich die Spendenbereitschaft in beiden Teilen Deutschlands insgesamt kaum (19% bzw. 18%). Schließlich erweisen sich insbesondere Organisationen für humanitäre Hilfe, Menschenrechte, Umweltschutz usw. als typische Vereine für Geldspenden. Für diese Organisationen liegen sowohl die Mitgliederzahlen, als auch die Zahlen der Beteiligten und Ehrenamtlichen erheblich unter den Anteilen der Befragten, die Geld gespendet haben.

Soziale Partizipation ist in Westdeutschland eindeutig weiter verbreitet als in Ostdeutschland. Bei keinem einzigen der 42 West-Ost-Vergleiche in Tabelle 1 ist die Prozentzahl im Osten höher als im Westen. Allerdings zeigt die Struktur der sozialen Partizipation in beiden Teilen Deutschlands viele Ähnlichkeiten. Sport-, Freizeit- und Hobbyvereine bieten die meisten Möglichkeiten für aktive Teilnahme und ehrenamtliche Tätigkeiten. Dagegen sind Verbraucherschutzorganisationen, Gewerkschaften und Berufsverbände überwiegend Mitgliederorganisationen, die auf der Basis von umfangreichen Budgets professionelle Interessenvertreter und Kundenberater beschäftigen können. Wenig Gelegenheit für aktive Beteiligung und ehrenamtliche Tätigkeiten bieten auch die Organisationen für humanitäre Hilfe, Menschenrechte oder Umweltschutz, die ihre Kontakte mit den Bürgerinnen und Bürgern hauptsächlich auf Geldspenden beschränken.

Diese Ähnlichkeiten der Struktur der sozialen Partizipation in West- und Ostdeutschland ergibt sich auch, wenn wir die Ergebnisse für aktive und nicht-aktive Bürgerinnen und Bürger zusammenfassen und untersuchen, ob soziale Partizipation auch eine Erweiterung der sozialen Kontakte bedeutet. Der linke Teil von Tabelle 2 präsentiert zunächst die Anteile der Befragten, die zumindest an einer der drei genannten Aktivitäten – Teilnahme, Geldspende, Ehrenamt – beteiligt waren. Mitgliedschaft wird dabei als eine passive Bindung zwischen Verein und Bürger betrachtet. Auch in dieser Aufstellung der Ergebnisse ist klar, dass es große Unterschiede zwischen den verschiedenen Vereinen und Verbänden gibt, wobei Verbraucherschutzorganisationen, Gewerkschaften und Berufsverbände durch geringe Aktivistenanteile gekennzeichnet sind. Auch die politischen Parteien gehören zu dieser Kategorie. Aktivisten finden wir insbesondere in Sportvereinen, aber auch in Freizeitorganisationen und Organisationen für humanitäre Hilfe oder Menschenrechte. In allen 12 Kategorien in diesem Teil von Tabelle 2 ist der Anteil der Aktivisten im Westen höher als im Osten; insgesamt sind 44% der Westdeutschen in einem oder mehreren Vereinen und Verbänden aktiv, während diese Zahl im Osten etwa 38% beträgt. Auch hier finden wir allerdings deutliche Ähnlichkeiten im Charakter der sozialen Beteiligung in beiden Teilen Deutschlands. Wenn wir das Verhältnis von Mitgliedern zu Aktivisten für jede Vereinskategorie berechnen (Tabelle 2), verschwinden manche Differenzen zwischen West- und Ostdeutschland. Insbesondere in Verbraucherschutzorganisationen ist aktive Beteiligung extrem niedrig (7% bzw. 4%). Aber auch in Gewerkschaften und Berufsverbänden bilden die Aktivisten gegenüber den Mitgliedern eine klare Minderheit. Die sozialen Bewegungen

*Tabelle 2:* Soziale Beteiligung und persönliche soziale Kontakte in West- und Ostdeutschland (in Prozenten; gewichtet; N-west = 1737; N-ost = 1095)

| | Umfang der Aktivitäten | | | | Freunde unter | | | |
|---|---|---|---|---|---|---|---|---|
| | Aktivisten[1] | | Aktivratio[2] | | Mitgliedern[3] | | Aktivisten[4] | |
| | W-D | O-D | W-D | O-D | W-D | O-D | W-D | O-D |
| Sportverein oder ein Verein für Aktivitäten im Freien | 27 | 17 | 76 | 77 | 91 | 94 | 88 | 85 |
| Organisation für kulturelle oder Freizeitaktivitäten | 20 | 12 | 105 | 100 | 85 | 93 | 83 | 78 |
| Gewerkschaft | 4 | 4 | 27 | 28 | 49 | 48 | 70 | 68 |
| Wirtschafts-, Berufs- oder Bauernverband | 5 | 2 | 50 | 33 | 54 | 48 | 75 | 50 |
| Verbraucherschutzorganisation oder einem Automobilklub | 2 | 1 | 7 | 4 | 10 | 15 | 31 | 36 |
| Organisation für humanitäre Hilfe, Menschenrechte, Minderheiten oder Immigranten | 20 | 13 | 286 | 325 | 45 | 34 | 26 | 19 |
| Umweltschutz- oder Friedensorganisation, oder Tierschutzverein | 13 | 9 | 186 | 300 | 47 | 39 | 32 | 20 |
| Religiöse oder kirchliche Organisation | 17 | 8 | 77 | 67 | 71 | 71 | 75 | 67 |
| Politische Partei | 5 | 3 | 125 | 150 | 93 | 73 | 80 | 67 |
| Organisation zur Förderung von Wissenschaft oder Bildung oder einer Lehrer- oder Elternorganisation | 7 | 4 | 100 | 100 | 72 | 70 | 64 | 72 |
| Hobby- und Freizeitverein, Jugendklub, Seniorenverein, Frauenorganisation oder Serviceclub (z.B. Lions Club) | 12 | 10 | 86 | 77 | 96 | 91 | 89 | 89 |
| Anderer Verein, Verband oder Organisation | 6 | 4 | 86 | 57 | 78 | 82 | 64 | 72 |
| Soziale Beteiligung insgesamt | 44 | 38 | 82 | 69 | 55 | 44 | 48 | 44 |

[1] Aktivisten = Anteil aller Befragten die zumindest an eine der drei genannten Aktivitäten (Teilnahme, Spende, Ehrenamt) beteiligt sind (siehe Tabelle 1).
[2] Aktivratio = Ratio der Mitglieder und Aktivisten.
[3] Anteil der Mitglieder die persönliche Freunde in dieser Organisation haben.
[4] Anteil der Aktivisten die persönliche Freunde in dieser Organisation haben.

zeigen genau das Gegenteil: in Organisationen für humanitäre Hilfe, Menschenrechte oder Umweltschutz stehen im Osten jedem Mitglied etwa drei Aktivisten gegenüber. Obwohl diese Zahlen im Westen etwas niedriger sind, werden diese Organisationen auch hier eindeutig von Aktivisten dominiert. In allen anderen Vereinen und Verbänden ähneln sich die Mitglieder- und Aktivistenzahlen oder wir finden etwas mehr Mitglieder als Aktivisten. Bemerkenswert ist, dass sowohl im Osten als auch im Westen die Aktivratios der politischen Parteien deutlich von den Ergebnissen für Interessengruppen und Verbraucherschutzorganisationen abweichen. Auf der Basis der Aktivratios sind politische Parteien eher als soziale Bewegungen und nicht als konventionelle Organisationen zu charakterisieren.

Inwieweit ist soziale Partizipation auch mit sozialen Kontakten verbunden? Um diese Frage zu beantworten, enthält der rechte Teil von Tabelle 2 die Anteile der Mitglieder und

Aktivisten, die persönliche Freunde in Vereinen oder Verbänden haben. Mehr als 90% der Mitglieder in Sportvereinen oder Hobby- und Freizeitvereine haben persönliche Freunde in diesen Organisationen. Auch in kulturellen Organisationen geht Mitgliedschaft offensichtlich sehr häufig mit persönlichen Freundschaften einher. Eine ganz andere Form sozialer Beteiligung bilden dagegen die Verbraucherschutzorganisationen, in denen lediglich 10% bis 15% der Mitglieder Freunde haben. Auch in Gewerkschaften und in sozialen Bewegungen ist der Anteil persönlicher Freundschaften relativ niedrig. Insgesamt ist soziale Partizipation im Westen viel häufiger mit persönlichen Freundschaften unter Mitgliedern verbunden (55%) als im Osten (44%). Große Differenzen sehen wir insbesondere bei politischen Parteien und sozialen Bewegungen, wo im Westen die Mitglieder erheblich mehr Freundschaften pflegen als im Osten. Für politische Parteien beträgt diese Differenz sogar 20 Prozentpunkte.

Die Unterschiede zwischen den beiden Teilen Deutschlands sind auch deutlich, wenn wir die Anteile persönlicher Freundschaften zwischen Mitgliedern und Aktivisten vergleichen. In manchen Vereinskategorien gibt es unter Mitgliedern mehr persönliche Freundschaften als unter Aktivisten. Aktivisten unternehmen gemeinsam etwas und dabei entwickeln sich langsam persönliche Freundschaften – oder vielleicht führen diese Aktivitäten eher zu Ärger und Konflikten und es ist einfacher als Mitglied freundschaftliche Beziehungen mit Leuten zu unterhalten, mit denen man nicht sehr viel zu tun hat. Diese Argumentation trifft allerdings nicht zu für drei Typen von Organisationen: sowohl im Westen als im Osten unterhalten Aktivisten in Gewerkschaften, Berufsverbänden und Verbraucherschutzorganisationen viel mehr Freundschaften als unter den Mitgliedern dieser Organisation üblich ist. Dieser Befund unterstreicht nochmals, dass es sich hier um besondere Organisationen handelt, welche von klaren Differenzen zwischen den Mitgliedern und den Aktivisten charakterisiert sind. Obwohl das Niveau sozialer Beteiligung in beiden Teilen Deutschlands unterschiedlich ist, zeigen die verschiedenen Organisationen sehr deutliche Ähnlichkeiten: Gewerkschaften, Berufsverbände und Verbraucherschutzorganisationen bilden zusammen eine deutlich von den anderen Organisationen zu unterscheidende Kategorie von Mitgliederorganisationen mit relativ wenig, aber sehr gut verbundenen Aktivisten.

Schließlich können die Unterschiede zwischen beiden Teilen Deutschlands noch auf andere Weise belegt werden. Im ESS wurde für verschiedene Bereiche – Familie, Freunde, Freizeit, Politik, Arbeit, Religion und Vereine und Verbände – gefragt, wie wichtig diese für das Leben der Befragten sind. Dabei konnte die Wichtigkeit für jeden Bereich auf einer Skala von ‚äußerst unwichtig' (0) bis ‚äußerst wichtig' (10) eingestuft werden. Mehr als 70% der Befragten wählten einen Wert von fünf oder niedriger. Insgesamt kommen Vereine und Verbände in Deutschland vor Religion auf den vorletzten Platz mit einem Mittelwert von 4,1.[6] Trotz der weiten Verbreitung sozialer Partizipation in Westdeutschland, stehen in diesem Landesteil Vereine und Verbände am Ende der Liste. Allerdings liegt der Mittelwert für Westdeutschland (4,2) deutlich über dem für Ostdeutschland (3,8). Die geringere soziale Partizipation im Osten spiegelt sich also in der geringeren durchschnittlichen Wichtigkeit von Vereinen und Verbänden für die Bürgerinnen und Bürger in den neuen Bundesländer wieder. Im Westen ist soziale Partizipation weiter verbreitet und wird dementsprechend auch als wichtiger eingestuft. Einstellungen und Verhalten bilden hier ein konsistentes Bild.

---

[6] Die Mittelwerte basieren auf insgesamt 2916 Fälle. Die gewichteten Fallzahlen für West- und Ostdeutschland sind 1735 bzw. 1094.

Ob die in diesem Abschnitt präsentierten Unterschiede zwischen den alten und neuen Bundesländern eher der sogenannte ‚Defizithypothese' (nach dem Zusammenbruch mancher DDR-Organisationen ist der Rückstand noch nicht aufgeholt) entsprechen oder eher die ‚Differenzhypothese' (die Implantation westdeutscher Organisationsstrukturen konnte sich wegen mangelnder Ressourcen im Osten nicht auf der gleiche Art und Weise entfalten) bestätigen, ist mit den vorhandenen Daten nicht endgültig zu entscheiden. Klar ist, dass auch mehr als ein Jahrzehnt nach der Vereinigung deutliche Unterschiede bezüglich der sozialen Partizipation zwischen den beiden Teile Deutschlands existieren.

## 4   Soziale Partizipation in Europa

Studien in verschiedenen Ländern zeigen ausnahmslos große Differenzen bezüglich der sozialen Partizipation der Bevölkerung, wobei sich in nordwesteuropäischen Ländern erheblich mehr Bürgerinnen und Bürger engagieren als in Südeuropa. Diese Differenzen sind nur sehr geringfügig mit sozio-demographischen Unterschieden zwischen den Ländern (siehe van Deth 1996; Curtis, Grabb und Baer 1992; Gabriel et al. 2002) verbunden. In einer ausführlichen Studie Anfang der 1990er Jahre überprüften Curtis, Grabb und Baer die Partizipationsniveaus in 15 Ländern und präsentierten verschiedene Erklärungen für die großen Unterschiede. Aber leider bietet keine der Interpretationen „... a complete explanation for the pattern of national rankings in association membership reported" (Curtis, Grabb und Baer 1992: 150). Ähnliche Schlussfolgerungen kann man auf Basis von Analysen von Zeitreihendaten ziehen, wobei außerdem klar ist, dass die großen Unterschiede zwischen den Ländern, trotz erheblicher Fluktuationen, über längere Zeit konsistent sind (Gabriel et al. 2002: 50). Diese konsistenten Unterschiede belegen, dass soziale Beteiligung in den protestantischen Ländern Nordwesteuropas weit verbreitet ist. Dagegen sind die katholischen Länder Südeuropas durch relativ wenig Engagement der Bevölkerung in Vereinen und Verbänden gekennzeichnet. Ost- und Westdeutschland gehören eher zu nordwesteuropäischen Ländern, während das Vereinigte Königreich, Österreich und die Vereinigten Staaten eine Mittelgruppe bilden (Gabriel et al. 2002: 50ff.). Andere Studien unterstützen zwar den Unterschied zwischen dem protestantischen Norden und dem katholischen Süden Europas eindeutig, platzieren Westdeutschland aber eher in der Mittelgruppe mit einem umfangreichen aber nicht extrem weitverbreiteten sozialen Engagement der Bevölkerung (van Deth 1996).

Die unterschiedlichen Niveaus sozialer Beteiligung in Europa sind Abbildung 1 zu entnehmen. Diese Abbildung zeigt die Prozentzahlen der Bürgerinnen und Bürger in jedem Land, die sich an den vier Formen sozialer Partizipation (Mitgliedschaft, Aktivitäten, Spenden, ehrenamtliche Tätigkeit) beteiligen.[7] Zunächst ist bemerkenswert, dass in allen Ländern außer Irland, nicht die einfache und passive Mitgliedschaft die am weitesten verbreitete Form sozialer Partizipation ist, sondern die Beteiligung an irgendwelchen Aktivitäten von Vereinen und Verbänden an erster Stelle steht. In Westeuropa beteiligen sich durchschnittlich etwa 45% der Bürgerinnen und Bürger an derartigen Aktivitäten, während diese Zahl in Osteuropa mehr als 10 Prozentpunkte niedriger liegt. Sowohl West- als auch Ostdeutschland erreichen Werte, die nur wenig von dem westeuropäischen Mittelwert entfernt

---

[7] Wegen abweichender Vorgänge bei der Anwendung der Frage nach sozialer Partizipation in der Schweiz und der Tschechischen Republik sind für diese beiden Länder keine vergleichbaren Ergebnisse vorhanden.

*Abbildung 1:* Soziale Beteiligung in Europa (Mitgliedschaften, Teilnahme an Aktivitäten, Geld spenden und ehrenamtliche Tätigkeiten; in Prozenten)

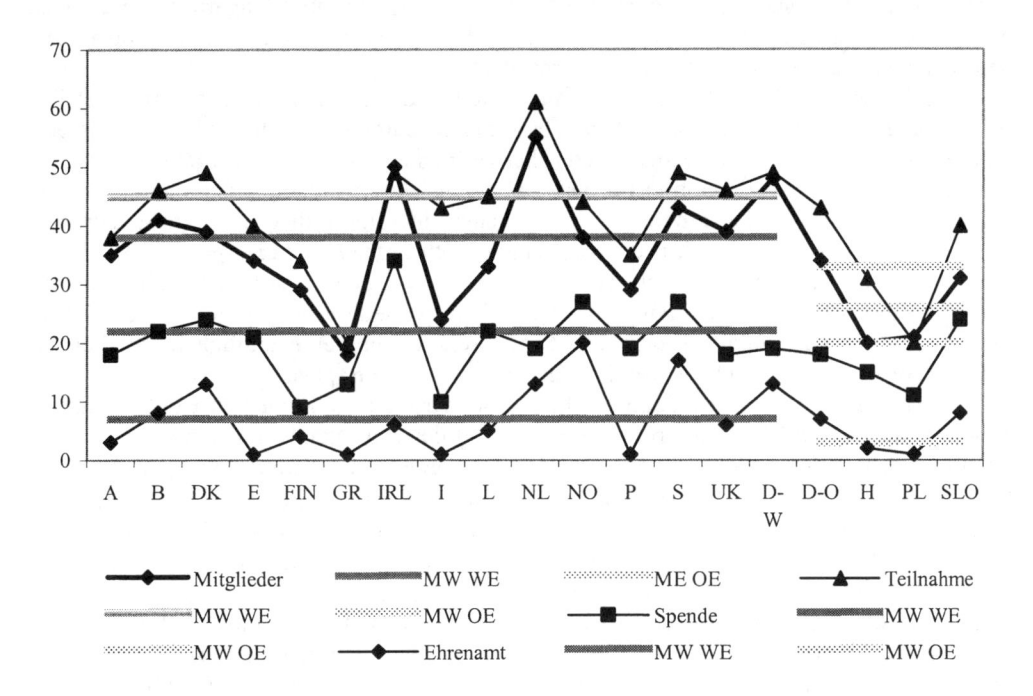

Für die Schweiz und die Tschechische Republik sind keine Daten vorhanden. MW= Mittelwert.

sind (49% bzw. 43%). Auch die drei anderen Formen sozialer Partizipation sind in Westeuropa weiter verbreitet als in Osteuropa. Dabei finden wir die geringsten Unterschiede für Spenden an Vereine und Verbände: im Westen sind es etwas mehr als 20% und im Osten fast genau 20%. In beiden Teilen Deutschlands spenden weniger Leute Geld als in West- bzw. Osteuropa. Dagegen sind Mitgliedschaften und ehrenamtliche Tätigkeiten sowohl in West- als auch in Ostdeutschland weiter verbreitet als durchschnittlich in den beiden Teilen Europas.

Die landesspezifischen Differenzen für das Niveau sozialer Beteiligung entsprechen im Großen und Ganzen den Erwartungen. Relativ weit verbreitet ist soziale Partizipation in nordwesteuropäischen Ländern: Belgien, Dänemark, Irland, den Niederlanden, Norwegen, Schweden und Westdeutschland. Eine klare Abweichung der bisher bekannten Ergebnisse bildet Finnland, wo das Niveau sozialer Beteiligung für jede der vier Formen, weit hinter den entsprechenden Durchschnittswerten Westeuropas zurückbleibt. Erwartungsgemäß ist soziale Beteiligung in Südeuropa relativ niedrig. Die Ergebnisse zeigen, dass sich insbesondere die griechische Bevölkerung kaum auf diese Weise engagiert. Auch für Spanien, Italien und Portugal liegen die Mittelwerte weit von den westeuropäischen Werten entfernt und in allen vier südeuropäischen Ländern ist insbesondere das Ehrenamt eine Sache für eine winzige Minorität der Bürgerinnen und Bürger. Auch in zwei der drei osteuropäischen Länder ist das Niveau sozialer Beteiligung relativ niedrig, wobei die Ergebnisse für Polen fast den sehr niedrigen Ergebnisse für Griechenland entsprechen und in Ungarn nur die Beteiligung an Vereinsaktivitäten von diesem Bild abweicht. Weder Slowenien noch Ostdeutschland nähern sich den sehr niedrigen Werten für Polen und Ungarn an. Wäre das Niveau der einfachen Mitgliedschaft in Ostdeutschland nicht so niedrig, könnte man Ostdeutschland ohne weiteres zu Westeuropa rechnen.

Die Ergebnisse des ESS zeigen für die Mittelwerte der vier Formen sozialer Beteiligung erhebliche Unterschiede zwischen West- und Osteuropa. Von dieser Perspektive betrachtet, gehören beide Teile Deutschlands eher zu Westeuropa. Aber der wichtigste Unterschied bei sozialer Partizipation in Europa wird offensichtlich entlang einer anderen Achse gebildet. Während soziale Partizipation insbesondere in katholischen Ländern Südeuropas und in Polen relativ wenig praktiziert wird, sind die Bürgerinnen und Bürger in den protestantischen oder gemischten Ländern Nordwesteuropas viel eher dazu bereit, sich in Vereinen und Verbänden zu engagieren. Trotz klarer Unterschiede zwischen den beiden Teilen Deutschlands bezüglich des Niveaus der Mitgliedschaften und ehrenamtlichen Tätigkeiten, gehören sowohl West- als Ostdeutschland diesem nordwesteuropäischen Typ an.

Im Hinblick auf die Verteilung der Länder gemäß ihrer traditionellen Konfessionszugehörigkeiten ist häufig auf die positive Bedeutung des Protestantismus und der Säkularisierung für die soziale Partizipation hingewiesen worden – oder umgekehrt, auf die eher hemmenden Konsequenzen des Katholizismus.[8] Dabei handelt es sich in manchen Ländern offensichtlich um die Prägung der Kultur als (noch immer) eher protestantisch oder katholisch und nicht um die soziale Integration einzelner Bürgerinnen und Bürger, welche in der Kirchenbindung, also der Regelmäßigkeit des Kirchgangs, zum Ausdruck kommt. Die Ergebnisse des ESS für Ostdeutschland und Polen unterstützen einen derartigen Erklärungsansatz. Allerdings handelt es sich auch hier um nicht viel mehr als um einen Ansatz und es trifft noch immer die oben zitierte Schlussfolgerung von Curtis, Grabb und Baer (1992) zu, dass es für die eindeutigen Länderunterschiede bezüglich sozialer Partizipation keine allgemein gültige Erklärung gibt. Für eine Erklärung der west- und ostdeutschen Differenzen erscheint eine Einordnung in protestantisch-katholische Unterschiede allerdings vielversprechender zu sein als eine Berücksichtigung der Unterschiede zwischen West- und Osteuropa.

Zur Überprüfung dieser Interpretation wechseln wir von der in Abbildung 1 dargestellte Aggregatebene der europäischen Länder zur Mikroebene der individuellen Bürger in den verschiedenen Ländern. Hat Religion tatsächlich einen Einfluss auf die soziale Partizipation der Bürgerinnen und Bürger? Zur Beantwortung dieser Frage sind in Tabelle 3 die Ergebnisse der Regressionsanalysen für Mitglieder und Aktivisten in beiden Teilen Deutschlands sowie in West- und Osteuropa zusammengefasst. Zunächst werden die wichtigsten soziodemographischen Merkmale der Befragten in die Modelle eingeführt. Auf Grund der noch immer unterschiedlichen gesellschaftlichen Positionen und konventionellen Normen und Werte werden sich Männer eher sozial engagieren als Frauen. Zweitens ist soziale Beteiligung insbesondere für die mobilsten Teile der Bevölkerung wichtig, d. h. es sind weder die Jüngeren noch die Älteren, die sehr aktiv sind. Um diesen nicht-linearen Einfluss zu berücksichtigen, enthalten die Regressionsmodelle neben dem Alter der Befragten auch das Quadrat des Alters. Drittens wird das Bildungsniveau aufgenommen: die höher Gebildeten

---

[8] Siehe für den Einfluss von Religion auf soziale Partizipation u.a. die empirischen Befunde von Putnam (1993: 107f., 175) oder Gabriel et al. (2002: 115). Einen ausführlichen Überblick der verschiedenen Interpretationen und Ergebnisse in diesem Bereich bieten Hart und Dekker (i. E.).

werden die kognitiven Bedingungen sozialer Partizipation im Allgemeinen leichter erfüllen als Personen mit niedrigen Schulabschlüssen. Schließlich ist das Einkommen der Befragten relevant für den Zugang zu den verschiedenen Vereinen und Verbänden – wer über ein höheres Einkommen verfügt, wird eher Mitgliedsbeiträge und Geldspenden aufbringen können als andere Leute.

Neben den sozio-demographischen Merkmalen, welche die unterschiedlichen Kompetenzen und Ressourcen der Befragten zum Ausdruck bringen, sind mehrere Indikatoren der Religionsangehörigkeit und Religiosität aufgenommen worden. Die Religiosität wird mittels einer einfachen und direkten Frage erfasst, wie religiös die Befragte sich selbst einschätzt. Außerdem ist die religiöse Praxis mittels einer Frage nach der Gebetshäufigkeit aufgenommen. Für die Einbindung in eine mehr oder weniger institutionalisierte Religion ist zunächst die Kirchgangshäufigkeit berücksichtigt worden. Selbstverständlich ist auch die Zugehörigkeit zu einer bestimmten Religions- oder Kirchengemeinschaft in die Modelle integriert worden. Da es sich bei diesem letzten Indikator um eine nominale Variable handelt, wurde eine Dummy-Variablen sowohl für die allgemeine Zugehörigkeit zu irgendeiner Religion als auch für die Zugehörigkeit zur katholischen bzw. evangelisch-protestantischen Kirche gebildet. Schließlich werden zwei Indikatoren hinzugefügt, welche die persönliche Bedeutung von sozialer Partizipation berücksichtigen („wie wichtig sind Vereine und Verbände" und „wie wichtig ist es für Sie, in Vereinen oder Verbänden aktiv zu sein"). Auf diese Weise kann die Bedeutung von religiösen Faktoren getrennt von der allgemeinen Bedeutung von Vereinen und Verbänden für die Befragten betrachtet werden.

In Tabelle 3 sind die Ergebnisse der Regressionsanalyse für West- und Ostdeutschland bzw. West- und Osteuropa dargestellt. Insgesamt ist die Erklärungskraft der Modelle akzeptabel aber nicht sehr beeindruckend (erklärte Varianz von 7% in Westeuropa bis 17% in Ostdeutschland). Für die Beurteilung des Einflusses der verschiedenen Indikatoren für die Religiosität und Religion auf die soziale Beteiligung bieten die Ergebnisse trotzdem wertvolle Informationen, da für diese Frage insbesondere ein Vergleich der Regressionskoeffizienten durchgeführt werden kann. Zunächst ist klar, dass von den sozio-demographischen Faktoren insbesondere das Alter der Befragten wichtig ist: in allen Ländern ist der Effekt sowohl des Alters als auch des Quadrats des Alters höchst signifikant. Wahrscheinlich wegen der deutlich geringeren Fallzahlen sind die anderen Koeffizienten weder in West- noch in Ostdeutschland signifikant. Die Ergebnisse für die sozio-demographischen Faktoren bestätigen die Erwartungen: Männer haben eine größere Chance als Frauen, sozial zu partizipieren und diese Chance steigt auch mit der Bildung und dem Einkommen. Außerdem ist soziale Partizipation eher etwas für jüngere, aber nicht für sehr junge Bürgerinnen und Bürger. Die einzige Abweichung dieses Bildes ist der Einfluss von Bildung auf soziale Beteiligungen in Osteuropa, wo der Effekt schwach negativ und nicht signifikant ist.

Die Ergebnisse für die Einflüsse von Religiosität und Religion zeigen einen eindeutig Unterschied zwischen West- und Osteuropa. Mit Ausnahme des Einflusses des Katholizismus auf Aktivisten in Ostdeutschland, erreicht keiner der 24 Koeffizienten für Religiosität und Religion in Ostdeutschland und in Osteuropa ein akzeptables Signifikanzniveau. Dagegen sind 15 der 24 Koeffizienten in Westdeutschland und in Westeuropa signifikant. Außerdem ist klar, dass es sich hier weder um Religiosität noch um Verbundenheit mit der institutionalisierten Kirche handelt, da die Koeffizienten für die Indikatoren allgemeine Religiosität, Gebetshäufigkeit und Kirchengangshäufigkeit sehr niedrig und manchmal

*Tabelle 3:* Determinanten sozialer Partizipation (lineare Regression; standardisierte und unstandardisierte Koeffizienten; gewichtet)

| Bestimmungsfaktoren | Mitglieder | | | | | | | |
|---|---|---|---|---|---|---|---|---|
| | unstandardisiert | | | | Standardisiert | | | |
| | E-W | D-W | D-O | E-O | E-W | D-W | D-O | E-O |
| Geschlecht[a] | -.10*** | -.03 | -.06 | -.16*** | -.10 | -.03 | -.06 | -.18 |
| Alter (im Jahr 2002) | -.01*** | -.01*** | -.01*** | -.01*** | -.16 | -.19 | -.20 | -.18 |
| Alter² | -.01*** | -.01*** | -.01*** | -.01*** | -.16 | -.19 | -.20 | -.18 |
| Bildung (in Jahren) | .00*** | .01 | .00 | -.00 | .03 | .03 | .05 | -.01 |
| Einkommen[b] | .02*** | .00 | .02 | .03*** | .07 | .00 | .01 | .11 |
| Religiösität[c] | -.01* | -.02* | .00 | -.00 | -.03 | -.09 | .02 | -.03 |
| Häufigkeit der Kirchenbesuche[d] | .00 | -.02 | .02 | .01 | .01 | -.04 | .05 | .03 |
| Gebetshäufigkeit[d] | .01* | .02* | -.01 | .01 | .03 | .08 | -.02 | .03 |
| Religionszugehörigkeit[e] | -.14*** | -.07 | -.15 | -.03 | -.14 | -.06 | -.14 | -.03 |
| Katholisch[e] | .13*** | .11 | .22 | -.01 | .12 | .10 | .10 | -.02 |
| Protestantisch[e] | .14*** | .17* | .17 | -.07 | .12 | .16 | .15 | -.04 |
| Wie wichtig sind Vereine?[f] | .01*** | .05*** | .05*** | .019*** | .07 | .25 | .27 | .3 |
| Wichtigkeit in Verein aktiv zu sein?[f] | .01*** | .01 | .02* | -.00 | .03 | .05 | .12 | -.2 |
| Konstante | .47 | .21 | -.12 | .27 | | | | |
| adj R² | .07 | .13 | .17 | .13 | | | | |
| N | 17370 | 1255 | 701 | 1905 | | | | |

Signifikanzniveaus: *p<0.05; **p<0.01; ***p<0.001.
[a] Dichotomisierte Variable (1 = Mann; 2 = Frau).
[b] in 12 Kategorien gemessen (Missings wurde der Mittelwert zugewiesen).
[c] Skala 0-10 (0 = gar nicht; 10 = sehr religiös).
[d] Skala 1-7 (1 = jeden Tag; 7 = niemals).
[e] Dummyvariable (1 = trifft zu; 0 = trifft nicht zu).
[f] Skala 0-10 (0 = extrem unwichtig; 10 = extrem wichtig).

nicht signifikant sind. Allerdings bestätigen die Ergebnisse zunächst die Erwartungen, dass Religiosität und Religion eher hemmend auf soziale Partizipation wirken. Diese Schlussfolgerung geht noch deutlicher aus den Ergebnissen für Religionszugehörigkeit hervor: wer sich selbst zu einer Religion rechnet, hat eine deutlich niedriger Chance, sich in Vereinen und Verbänden zu engagieren, als Menschen ohne Religionszugehörigkeit. Es handelt sich dabei erstaunlicher Weise nicht um die beiden großen christlichen Religionen, da die Regressionskoeffizienten für Katholizismus und Protestantismus in Westeuropa und in beiden Teilen Deutschlands positiv sind. Offensichtlich geht Zugehörigkeit zu der katholischen oder protestantischen Kirche sehr wohl mit einem relativ hohen Niveau sozialer Beteiligungen einher, obwohl es im Allgemeinen eher die nicht-religiösen Teile der Bevölkerung sind, die in Vereinen und Verbänden Mitglieder sind oder sich aktiv beteiligen. Dass es sich um mehr als eine Einstellung handelt, geht deutlich aus den Einflüssen der persönlichen Bedeutung von Vereinen und Verbänden hervor. Denn auch wenn diese Faktoren berücksichtigt werden, haben Religionszugehörigkeit und Katholizismus/Protestantismus unterschiedliche Effekte.

Die Analyse sozialer Partizipation auf der Ebene der verschiedenen Ländern (Abbildung 1) suggeriert klare Unterschiede insbesondere zwischen katholischen und nichtkatholischen Ländern. Diese Interpretation wird von den Analysen auf der Individualebene (Tabelle 3) nicht bestätigt. Katholiken haben – wie Protestanten – eine höhere Chance, so-

|  | Aktivisten | | | | | | | |
|---|---|---|---|---|---|---|---|---|
| | unstandardisiert | | | | standardisiert | | | |
| E-W | D-W | D-O | E-O | E-W | D-W | D-O | E-O |
|---|---|---|---|---|---|---|---|
| -.11*** | -.09* | -.07 | -.17*** | -.11 | -.10 | -.07 | -.18 |
| -.01*** | -.01*** | -.01*** | -.01*** | -.16 | -.21 | -.28 | -.24 |
| -.01*** | -.01*** | -.01*** | -.01*** | -.16 | -.21 | -.28 | -.24 |
| .00 | .00 | -.01 | -.01 | .00 | .01 | -.05 | -.04 |
| .02*** | .02 | .01 | .02* | .07 | .06 | .04 | .06 |
| -.01* | -.02* | -.01 | -.01 | -.04 | -.08 | -.04 | -.06 |
| .01* | -.03 | .02 | .01 | .03 | -.07 | .05 | .04 |
| .01** | .02 | .01 | .01 | .04 | .08 | .04 | .04 |
| -.11*** | -.04 | -.21 | -.07 | -.11 | -.04 | -.21 | -.07 |
| .10*** | .11 | .43* | .04 | .09 | .10 | .19 | .04 |
| .13*** | .10 | .28 | .11 | .12 | .10 | .25 | .05 |
| .01*** | .03*** | .04*** | .01* | .04 | .16 | .21 | .06 |
| .01* | .01 | .00 | .01 | .03 | .04 | .02 | .04 |
| .33 | .36 | .17 | .70 | | | | |
| .07 | .10 | .15 | .14 | | | | |
| 12762 | 1037 | 483 | 1664 | | | | |

zial zu partizipieren als andere! Für die Aufklärung dieser Differenzen zwischen Aggregat- und Individualebene wären weiterführende Mehrebenanalysen erforderlich, welche die unterschiedliche Bedeutung der Religion in verschiedenen europäischen Ländern berücksichtigen (vgl. Gabriel et al. 2002: 115). Derartige Analysen würden den Rahmen dieses Kapitels sprengen. Sie sind außerdem für die Erklärung möglicher Unterschiede zwischen West- und Ostdeutschland nicht erforderlich, da die Koeffizienten für die Einflüsse von Religiosität und Religion in beiden Teilen Deutschlands das gleiche Bild zeigen.

## 5 Konsequenzen sozialer Partizipation

Wie bereits in der Einführung erwähnt, erwarten manche Forscher positive Konsequenzen sozialer Partizipation. Dabei wird meistens eine auf Tocqueville zurückgehende Argumentation verwendet: soziale Beteiligung führt zu dauerhaften Kontakten zwischen Bürgern und auf der Basis dieser Beziehungen entwickeln sich sowohl pro-soziale Einstellungen wie Vertrauen als auch die Fähigkeit, mit anderen zusammen zu arbeiten (,civic skills'). Diejenigen, die sich in Vereinen und Verbänden engagieren, sind deswegen auch die besseren Staatsbürgerinnen und Staatsbürger. Putnam bringt diese Argumentation auf den Punkt mit seiner Feststellung: „Good government [...] is a by-product of singing groups and soccer clubs" (1993: 176). Und obwohl Max Weber die Erziehung von eher passiven Staatsbürgern in Vereinen und Verbänden erwartet, betont auch er die wichtigen Konsequenzen sozialer Partizipation für die politischen Einstellungen der Beteiligten.

Aus Max Webers Betrachtungen geht bereits hervor, dass es nicht nur positive Konsequenzen von sozialer Partizipation gibt. In den letzten Jahren haben mehrere Autoren auf eine mögliche „dunkle Seite" der Zivilgesellschaft und die Verbreitung von Sozialkapital hingewiesen (Putnam 2000; Fiorina 1999). Die wohl am weitesten verbreitete Interpretation dieser möglichen schädlichen und hässlichen Aspekte verfolgt eine klare Argumentation in der Tradition Tocquevilles: eben, *weil* soziale Partizipation Kontakte und Vertrauen verstärkt, kann sich jede Organisation diesen Mechanismus zu Nutze machen, ungeachtet ihres möglicherweise nicht demokratischen oder sogar kriminellen Charakters (Beem 1999: 180ff.; Fiorina 1999: 396). Mittels sozialer Partizipation können sich also sehr verschiedene Werte und Normen verbreiten. Ungeachtet dessen, ob diese Werte und Normen als positiv oder negativ zu beurteilen sind, wird von vielen Autoren erwartet, dass es klare Unterschiede zwischen Mitgliedern und Aktivisten in Vereinen und Verbänden einerseits, und der Bevölkerung insgesamt andererseits gibt. Eine erste Frage betrifft deswegen den Umfang und das Ausmaß dieser möglichen Differenzen oder, anders formuliert, die möglichen besonderen Merkmale der Einstellungen von Mitgliedern und sozial Aktiven.

Ein weiterer Grund für eine genauere Betrachtung der Mitglieder und Aktivisten ist die mögliche Reproduktion sozialer Ungleichheit. Sollte soziale Partizipation insbesondere von bestimmten Gruppen genutzt werden, hat dies eine ebenfalls ungleiche Interessenvertretung zur Folge. Vor allem Fiorina (1999) hat darauf hingewiesen, dass die öffentliche Debatte in den Vereinigten Staaten in hohem Maße von bestimmten Organisationen dominiert wird, denen es gelingt, politische Entscheidungsprozesse zu beeinflussen. Folglich wird eine erfolgreiche Mobilisierung bestimmter Gruppen oder Interessen in Vereinen und Verbänden existierende gesellschaftliche Ungleichheiten eher reflektieren als reduzieren. Sogar in solchen Fällen, in denen von entstehenden Organisationen sozial benachteiligter Teile der Gesellschaft beachtliche Signal- und Warnfunktionen ausgehen, geben die Ergebnisse tatsächlicher Aushandlungsprozesse wahrscheinlich das Interesse von routinierteren oder etablierteren Gruppen wieder. Anstatt die Chancen für demokratische Entscheidungen zu erweitern, tendiert der Erfolg der Mobilisierung bestimmter Gruppen in Vereinen und Verbänden dazu, bestehende Ungleichheiten zu reproduzieren und zu verstärken. Auch hier stehen den eher negativen oder skeptischen Interpretationen, positivere Ansätze, die die Chancen für gesellschaftlich benachteiligte Gruppen, mittels Vereinen und Verbänden ihre Position zu verbessern oder zumindest Aufmerksamkeit auf ihre Probleme zu lenken, betonen, gegenüber (Warren 1999: 21ff.).

Mobilisieren Vereine und Verbände tatsächlich bestimmte Teile der Bevölkerung und werden auf diese Weise spezifische politische Einstellungen gefördert? In Tabelle 4 sind mehrere Merkmale von Mitgliedern, Aktivisten und der Gesamtbevölkerungen in West- und Ostdeutschland bzw. West- und Osteuropa zusammengefasst. Zunächst ist klar, dass Mitglieder und Aktivisten durch bestimmte sozio-demographische Merkmale gekennzeichnet sind. Dass soziale Partizipation überwiegend eine Männersache ist, zeigt die erste Reihe der Tabelle: während die Männer in der Gesamtbevölkerung überall in der Minderheit sind, bilden sie sowohl unter den Mitgliedern als auch unter den Aktivisten eine klare Mehrheit. In Osteuropa sind sogar 73% der Mitglieder Männer! Die anderen drei Merkmale unterstreichen diese Differenzen. Mitglieder und Aktivisten sind im Durchschnitt jünger und höher gebildet als die Gesamtbevölkerung und sie verfügen über ein höheres Einkommen. Im Ost-West-Vergleich ist insbesondere die Ausnahmeposition der osteuropäischen Länder deutlich, wo die soziale Partizipation sich noch klarer von der Gesamtbevölkerung unterscheidet als in Deutschland oder Westeuropa. Ostdeutschland ist allerdings auch hier Westdeutschland und Westeuropa ähnlicher als Osteuropa.

*Tabelle 4:* Merkmale von Mitgliedern und Aktivisten (in Prozent und Mittelwerten)

| | Mitglieder | | | | Aktivisten | | | | Gesamtbevölkerung | | | |
|---|---|---|---|---|---|---|---|---|---|---|---|---|
| | E-W | D-W | D-O | E-O | E-W | D-W | D-O | E-O | E-W | D-W | D-O | E-O |
| Geschlecht (Anteil der Männer in %) | 59 | 56 | 58 | 73 | 57 | 56 | 58 | 70 | 48 | 49 | 48 | 49 |
| Alter (MW Jahre) | 40,9 | 43,0 | 41,9 | 35,9 | 40,7 | 42,7 | 40,5 | 35,0 | 45,2 | 46,7 | 46,6 | 45,6 |
| Bildung (MW Jahre) | 13,1 | 13,4 | 13,4 | 12,8 | 13,1 | 13,5 | 13,3 | 12,6 | 11,7 | 12,8 | 12,9 | 11,7 |
| Einkommen in 12 Kategorien (MW) | 7,4 | 7,5 | 6,8 | 4,7 | 7,4 | 7,6 | 6,7 | 4,5 | 6,7 | 7,1 | 6,3 | 3,7 |
| Zufriedenheit[a] mit (MW) | | | | | | | | | | | | |
| Leben | 7,8 | 7,4 | 6,7 | 7,1 | 7,7 | 7,4 | 6,6 | 6,9 | 7,4 | 7,2 | 6,3 | 6,1 |
| Demokratie | 6,1 | 5,7 | 4,2 | 5,0 | 6,0 | 5,9 | 4,3 | 4,9 | 5,8 | 5,6 | 3,9 | 4,5 |
| Wirtschaft | 5,6 | 3,2 | 2,6 | 4,3 | 5,6 | 3,2 | 2,7 | 4,2 | 5,1 | 3,1 | 2,5 | 3,7 |
| Links- Rechts-Einstellung (MW)[b] | 5,2 | 4,9 | 4,2 | 4,9 | 5,1 | 4,9 | 4,2 | 5,0 | 5,1 | 4,8 | 4,3 | 5,1 |
| Hohes pol. Interesse (%) | 13 | 24 | 24 | 10 | 13 | 24 | 22 | 9 | 10 | 22 | 21 | 6 |
| Wahlbeteiligung (%) | 78 | 83 | 78 | 67 | 78 | 84 | 77 | 69 | 75 | 81 | 78 | 70 |
| Vertrauen[c] in (MW) | | | | | | | | | | | | |
| Parlament | 5,5 | 4,7 | 4,2 | 4,4 | 5,5 | 4,8 | 4,2 | 4,5 | 5,2 | 4,6 | 3,8 | 4,0 |
| Polizei | 6,6 | 7,1 | 6,4 | 5,0 | 6,6 | 7,1 | 6,7 | 5,1 | 6,5 | 6,9 | 6,1 | 4,9 |
| Politiker | 4,5 | 3,7 | 3,5 | 3,3 | 4,5 | 3,9 | 3,6 | 3,5 | 4,2 | 3,6 | 3,1 | 3,2 |
| System | 6,0 | 6,2 | 5,3 | 4,6 | 5,9 | 6,2 | 5,4 | 4,7 | 5,7 | 5,9 | 4,9 | 4,2 |
| N (gew.) | 7060 | 623 | 237 | 523 | 5678 | 463 | 186 | 513 | 28000 | 1737 | 1095 | 6000 |

[a] Gemessen auf einer Skala von 1-11 (1 = extrem unzufrieden, 11 = extrem zufrieden).
[b] Gemessen auf einer Skala von 0-10 (0 = links, 10 = rechts).
[c] Gemessen auf einer Skala von 1-11 (1 = überhaupt kein Vertrauen, 11 = absolutes Vertrauen).

Den drei weiteren Blöcken in Tabelle 4 sind die Ergebnisse für einige gesellschaftliche und politische Einstellungen zu entnehmen. Fast ohne Ausnahme zeigen diese Zahlen, dass Mitglieder und Aktivisten zufriedener sind als die Gesamtbevölkerung und sich außerdem mehr für Politik interessieren und häufiger zur Wahlurne gehen. Für die allgemeinen politischen Einstellungen in Form der Links-Rechts-Einstufung sind kaum Differenzen zur Gesamtbevölkerung feststellbar; ein Ergebnis, welches von anderen Studien bestätigt wird (van Deth 2004: 295f.). Dagegen ist das politische Vertrauen unter Mitgliedern und Aktivisten für jedes der vier Objekte immer höher als bei der Gesamtbevölkerung. Die Ergebnisse bestätigen die Erwartungen eher positiver Zusammenhänge zwischen sozialer Partizipation und politischen Einstellungen. Wer in Vereinen und Verbänden mitmacht, ist an

Politik mehr interessiert, geht häufiger zur Wahlurne und hat mehr Vertrauen in politische Institutionen als dies in der Gesamtbevölkerung der Fall ist.

Die außergewöhnliche Situation in Ostdeutschland ist in Tabelle 4 einfach nachzuweisen. Zunächst ist klar, dass ostdeutsche Aktivisten sich weniger an Wahlen beteiligen als dies ihre Landsleute insgesamt tun. Die eindeutig linken Orientierungen der ostdeutschen Mitglieder und Aktivisten unterscheiden sich dagegen kaum von den linken Orientierungen der Gesamtbevölkerung. Demgegenüber steht allerdings, dass die Unterschiede der Zufriedenheit zwischen Mitgliedern und Aktivisten einerseits und der Gesamtbevölkerung anderseits in West- und Ostdeutschland ein ähnliches Bild zeigen. Die Zufriedenheit mit den wirtschaftlichen Entwicklungen ist in beiden Teilen Deutschlands sehr niedrig (Mittelwerte von 3,1 und 2,5 für West- bzw. Ostdeutschland) und deutlich niedriger als in Europa (5,1 bzw. 3,7 in West- und Osteuropa). Auch mit dem Funktionieren der Demokratie ist man in Deutschland relativ unzufrieden. Diese niedrigen Zufriedenheitswerte sind in Deutschland jedoch ein Merkmal der Gesamtbevölkerung; sowohl im Osten als auch im Westen sind die Mitglieder und Aktivisten zufriedener als die Einwohner der beiden Landesteile. Wer in Vereinen und Verbänden mitmacht, ist offensichtlich zufriedener mit der Wirtschaft, mit der Demokratie und mit dem Leben im Allgemeinen als dies in der Gesamtbevölkerung der Fall ist. Auch hier finden wir klare Hinweise auf einen positiven Zusammenhang von sozialer Partizipation und gesellschaftlichen und politischen Einstellungen.

Mitglieder und Aktivisten bilden eine erkennbare Gruppe der Gesellschaft bezüglich Geschlecht, Alter, Bildung und Einkommen. Außerdem sind sie zufriedener, haben mehr politisches Vertrauen und engagieren sich mehr für Politik. Insbesondere im Hinblick auf die sozio-demographischen Unterschiede und auf das politische Engagement gehören sowohl West- als Ostdeutschland eher zu Westeuropa als zu Osteuropa. Dabei muss aber sofort auf die außergewöhnliche Situation in Ostdeutschland hingewiesen werden. Mitglieder und Aktivisten in Vereinen und Verbänden in Ostdeutschland sind mit der wirtschaftlichen Situation erheblich unzufriedener als ihre ‚Kollegen' in Westdeutschland. Diese Unzufriedenheit könnte sich schnell in der ostdeutschen Gesellschaft verbreiten und mobilisiert werden, wenn es einen geeigneten Anlass gibt. Im Westen bieten Vereine und Verbände kaum eine Möglichkeit für Mitglieder und Aktivisten, sich von der Gesamtbevölkerung zu unterscheiden.

## 6   Fazit

Soziale Partizipation ist sowohl in West- als auch in Ostdeutschland weitverbreitet. Viele Bürgerinnen und Bürger sind Mitglied in sehr verschiedenen Vereinen und Verbänden und manche beteiligen sich an den Aktivitäten dieser Organisationen, spenden Geld oder sind ehrenamtlich tätig. Im europäischen Vergleich gehört Deutschland zu der Spitzengruppe nordwesteuropäischer Länder mit einem hohen Niveau sozialer Partizipation. Auch Ostdeutschland gehört dieser Gruppe an und unterscheidet sich eindeutig von anderen osteuropäischen Ländern, in denen viel geringere Anteile der Bevölkerung auf irgendeine Weise mit Vereinen und Verbänden verbunden sind.

Soziale Partizipation ist in Westdeutschland weiter verbreitet als in Ostdeutschland. Für alle analysierten Vereine und Verbände und für alle Formen sozialer Beteiligung liegen die Anteile aktiver Bürgerinnen und Bürger im Westen über denen im Osten. Trotz dieser

Unterschiede sind zunächst die Ähnlichkeiten bezüglich sozialer Partizipation bemerkenswert. In beiden Teilen Deutschlands sind Verbraucherschutzorganisationen, Gewerkschaften und Berufsverbände typische Mitgliederorganisationen mit relativ wenig anderen Kontakten zwischen Organisation und Bürger. Dagegen sind Organisationen im Bereich der humanitären Hilfe, Menschenrechte oder Umweltschutz viel mehr auf Geldspenden angewiesen als andere Vereine und Verbände. Außerdem rekrutieren diese sozialen Bewegungen erheblich mehr Aktivisten als Mitglieder. Schließlich zeigen auch die Einflüsse von Religiosität und Religion auf soziale Partizipation in beiden Teilen Deutschlands deutliche Ähnlichkeiten. Außerdem haben wir gesehen, dass die Aktivisten in Ostdeutschland auch eine Ausnahme bilden, wenn die Wahlbeteiligung ins Auge gefasst werden. Anders als in Westdeutschland oder in West- und Osteuropa gehen ostdeutsche Aktivisten kaum häufiger zur Wahlurne als die Gesamtbevölkerung in den neuen Bundesländern.

Die Ergebnisse dieser Analysen weisen darauf hin, dass soziale Partizipation in West- und Ostdeutschland sich nicht nur im Umfang oder Ausmaß, sondern auch strukturell voneinander unterscheiden. Diese Unterschiede betreffen insbesondere sowohl die Verhältnisse zwischen Mitgliedern und Aktivisten als auch die besonderen Merkmale der ostdeutschen Aktivisten. Deswegen erscheint die Differenzhypothese die Situation angemessener zu beschreiben als die Defizithypothese. Das Niveau sozialer Beteiligung ist im Osten nicht einfach wegen des mit dem Verschwinden von vielen DDR-Organisationen verbundenen Rückstands niedriger als im Westen. Viel eher hat soziale Partizipation im Osten eine etwas andere Bedeutung und Qualität als im Westen.

## Literatur

Babchuk, Nicholas/Booth, Alan (1969): Voluntary Association Membership. In: American Sociological Review 34, S. 31-45.
Beem, Christopher (1999): The Necessity of Politics. Reclaiming American Public Life. Chicago: University of Chicago Press.
Best, Heinrich (1993): Vereine in Deutschland. Bonn: Informationszentrum Sozialwissenschaften.
Curtis, James E./Grabb, Edward G./Baer, Douglas E. (1992): Voluntary Association Membership in Fifteen Countries: A Comparative Analysis. In: American Sociological Review 57, S. 139-152.
Esser, Hartmut (2000): Soziologie: Spezielle Grundlagen. Bd. 4: Opportunitäten und Restriktionen. Frankfurt a.M.: Campus.
Fiorina, Morris P. (1999): Extreme Voice: A Dark Side of Civic Engagement. In: Skocpol, Theda/Fiorina, Morris P. (Hrsg.): Civic Engagement in American Democracy. Washington: Brookings Institution Press, S. 395-425.
Gabriel, Oscar W./Kunz, Volker (2002): Engagement in Freiwilligenorganisationen. Produktivkapital einer modernen Gesellschaft. Opladen: Westdeutscher Verlag.
Gabriel, Oscar/Kunz, Volker/Roßteutscher, Sigrid/van Deth, Jan W. (2002): Sozialkapital und Demokratie. Zivilgesellschaftliche Ressourcen im Vergleich. Wien: WUV Universitätsverlag.
Gaskin, Katharine/Smith, Justin Davis (1995): A New Civic Europe? A Study of the Extent and Role of Volunteering. London: Volunteer Centre UK.
Gensicke, Thomas (2001): Das bürgerschaftliche Engagement der Deutschen – Image, Intensität und Bereiche. In: Heinze, Rolf G./Olk, Thomas (Hrsg.): Bürgerengagement in Deutschland. Bestandsaufnahmen und Perspektiven. Opladen: Leske + Budrich, S. 283-304.
Gosewinkel, Dieter/Rucht, Dieter/van den Daele, Wolfgang/Kocka, Jürgen (2003): Einführung: Zivilgesellschaft – national und transnational. In: Gosewinkel, Dieter/Rucht, Dieter/van den Daele,

Wolfgang/Kocka, Jürgen (Hrsg.): Zivilgesellschaft – national und transnational. Berlin: Sigma, S. 11-26.

Hart, Joep de/Dekker, Paul (in Druck): Churches as Voluntary Associations: Their Contribution to Democracy as a Public Voice and Source of Social and Political Involvement. In: Roßteutscher, Sigrid (Hrsg.): Democracy and the Role of Associations. London: Routledge.

Heinze, Rolf G./Olk, Thomas (2001): Bürgerengagement in Deutschland – Zum Stand der wissenschaftlichen und politischen Diskussion. In: Heinze, Rolf G./Olk, Thomas (Hrsg.): Bürgerengagement in Deutschland. Bestandsaufnahmen und Perspektiven. Opladen: Leske + Budrich, S. 11-26.

Heinze, Rolf G./Strünck, Christoph (2001): Freiwilliges soziales Engagement – Potentiale und Fördermöglichkeiten. In: Heinze, Rolf G./Olk, Thomas (Hrsg.): Bürgerengagement in Deutschland. Bestandsaufnahmen und Perspektiven. Opladen: Leske + Budrich, S. 233-253.

Hyman, Herbert H./Wright, C.R. (1971): Trends in Voluntary Association Memberships of American Adults: Replication Based on Secondary Analysis of National Sample Surveys. In: American Sociological Review 35, S. 191-206.

Jordan, Grant/Maloney, William (1997): The Protest Business. Manchester: Manchester University Press.

Kaase, Max (1995): Partizipation. In: Nohlen, Dieter (Hrsg.): Wörterbuch Staat und Politik. Bonn: Bundeszentrale für politische Bildung, S. 521-527.

Lazarsfeld, Paul F./Berelson, Bernard/Gaudet, Hazel (1948): The People's Choice. New York: Columbia University Press.

Newton, Kenneth (1976): Second City Politics. Oxford: Oxford University Press.

Nipperdey, Thomas (1998): Deutsche Geschichte 1800-1866: Bürgerwelt und starker Staat. München: Beck.

Priller, Eckhard/Zimmer, Annette (2001): Der Dritte Sektor: Wachstum und Wandel. Gütersloh: Verlag Bertelsmann Stiftung.

Putnam, Robert D. (1993): Making Democracy Work. Princeton: Princeton University Press.

Putnam, Robert D. (2000): Bowling Alone: The Collapse and Revival of American Community: New York: Simon und Schuster.

Ripperger, Tanja (1998): Ökonomik des Vertrauens. Analyse eines Organisationsprinzips. Tübingen: Mohr Siebeck.

Roßteutscher, Sigrid/van Deth, Jan W. (2002): Associations between Associations. The Structure of the Voluntary Association Sector. Mannheim: Mannheimer Zentrum für Europäische Sozialforschung (MZES Working Paper Nr. 56).

Salamon, Lester M./Anheier, Helmut K./List, Regina/Toepler, Stefan/Sokolowski, S. Wojciech and Associates (1999): Global Civil Society. Dimensions of the Nonprofit Sector. Baltimore: The Johns Hopkins Center for Civil Society Studies.

Sales, Arnaud (1991): The Private, the Public, and Civil Society: Social Realms and Power Structures. In: International Political Science Review 12, S. 295-312.

Scott, John C. (1957): Membership and Participation in Voluntary Associations. In: American Sociological Review 22, S. 315-326.

Siisiäinen, Martti (1992): Social Movements, Voluntary Associations and Cycles of Protest in Finland 1905-1991. In: Scandinavian Political Studies 1, S. 21-40.

Tocqueville, Alexis de ([1840] 1962): Über die Demokratie in Amerika. Bd. 2.

van Deth, Jan W. (1996): Social and Political Involvement: An Overview and Reassessment of Empirical Findings. Arbeitspapier, präsentiert beim ECPR Joint Sessions Workshop „Social Involvement, Voluntary Associations, and Democratic Politics" vom 29.3.-3.4.1996 in Oslo.

van Deth, Jan W. (1998): Equivalence in Comparative Political Research. In: van Deth, Jan W. (Hrsg.): Comparative Politics. The Problem of Equivalence. London: Routledge, S. 1-19.

van Deth, Jan W. (2001): Soziale und politische Beteiligung: Alternativen, Ergänzungen oder Zwillinge? In: Koch, Achim/Wasmer, Martina/Schmidt, Peter (Hrsg.): Politische Partizipation in der Bundesrepublik Deutschland. Opladen: Leske + Budrich, S. 195-219.

van Deth, Jan W. (2004): Soziales Engagement und die Vertretung von Interessen. In: Henning, Christian H.C.A./Melbeck, Christian (Hrsg.): Interdisziplinäre Sozialforschung. Theorie und empirische Anwendungen. Frankfurt: Campus, S. 285-301.
van Deth, Jan/Leijenaar, Monique (1994): Maatschappelijke participatie in een middelgrote stad. Den Haag: SCP/VUGA.
Warren, Mark E. (1999): Civil Society and Good Governance. Manuskript veröffentlicht als Teil des ‚U.S. Civil Society Projects'. Washington: Georgetown University.
Warren, Mark E. (2001): Democracy and Association. Princeton: Princeton University Press.
Weber, Max ([1910] 1911): Geschäftsbericht und Diskussionsreden auf dem ersten Deutschen Soziologentag in Frankfurt 1910. In: Schriften der Deutschen Gesellschaft für Soziologie, Verhandlungen des Ersten Deutschen Soziologentages vom 19. – 22.10.1910 in Frankfurt am Main. Tübingen: Mohr Siebeck, S. 39-62.
Zimmer, Annette (1996): Vereine – Basiselement der Demokratie. Opladen: Leske + Budrich.

# Politische Partizipation

*Oscar W. Gabriel*

## 1 Partizipation und Demokratie im Vereinigten Deutschland: Das Zusammenspiel von Traditionen und Institutionen

Politische Partizipation, darin sind sich alle Demokratietheoretiker einig, gehört zu den unverzichtbaren Merkmalen jeder Demokratie. In seinem Buch „Polyarchy" hatte Robert A. Dahl (1971) Fortschritte im Demokratisierungsprozess eines Landes an der Entwicklung auf den Dimensionen „Partizipation oder Inklusivität" und „Wettbewerb oder Liberalisierung" festgemacht. Zugleich vertrat er die These, für die Stabilität einer Demokratie sei es wichtig, dass sich zunächst ein lebendiger politischer Wettbewerb der Eliten um die Besetzung der politischen Führungspositionen und die Gestaltung der Politik entwickle, bevor alle Mitglieder der politischen Gemeinschaft am politischen Willensbildungs- und Entscheidungsprozess mitwirken könnten.

Auf Grund der politischen Entwicklung Deutschlands im 19. und 20. Jahrhundert ist die Untersuchung der Strukturen und Bedingungen politischer Partizipation in Deutschland nach der Wiedervereinigung von besonderem Interesse. Die alte Bundesrepublik galt vor der Vereinigung als eine stabile, funktionsfähige Demokratie, deren Nachkriegsentwicklung weitgehend dem von Dahl charakterisierten Muster eines Demokratisierungsprozesses entsprach. In den 1950er Jahren entwickelte sich ein offenes, pluralistisches System politischer Willensbildung, bis zur Mitte der 1970er waren die im Vergleich mit anderen westlichen Demokratien konstatierten partizipativen Defizite überwunden. Die Bundesbürger beschränkten sich nicht mehr auf eine Zuschauerrolle in der Politik, sondern eine mehr oder weniger starke Minderheit nahm aktiv am politischen Leben teil und bediente sich dabei traditioneller Formen, aber auch der im Gefolge der Studentenrevolte popularisierten Formen des legalen Protests.

Anders stellte sich die Situation in der ehemaligen DDR dar, in der die Demokratisierung des politischen Systems 40 Jahre später erfolgte als im westlichen Teil Deutschlands. Politische Partizipation wurde von den DDR-Bürgern zwar auch erwartet, aber sie war kein Teil eines pluralistischen Interessenvermittlungssystems, sondern ein Element des demokratischen Zentralismus. Anders als im Westen erfüllte sie nicht die Funktionen der Interessenartikulation und Einflussnahme auf die Entscheidungen der politischen Führung. Ihre Aufgabe bestand vielmehr darin, die Loyalität der Bevölkerung zur politischen Führung zu demonstrieren. In der demokratischen Revolution des Jahres 1989, die den Sturz des SED-Regimes zur Folge hatte, kam der Anspruch auf die Gestaltung des politischen Lebens geradezu eruptionsartig zum Ausdruck. Anders als in der alten Bundesrepublik wurden funktionierende Wettbewerbsstrukturen erst nach der erzwungenen Öffnung des Systems für die Mitwirkung der Bevölkerung geschaffen.

Evolution und Revolution, das sind die Bezeichnungen, die sich für die Beschreibung der Entwicklung des Partizipationssystems in den beiden Teilen Deutschlands aufdrängen und die auch generell für die Entwicklung politischer Partizipation in West- und Osteuropa typisch zu sein scheinen. Wenn diese Annahme korrekt ist, dann müsste in den Jahren des demokratischen Umbruchs in Mittel- und Osteuropa eine zumindest graduell andere Struktur des Partizipationssystems existiert haben als in Westeuropa. Formen des politischen Protestes müssten im Osten deutlich populärer gewesen sein als parteibezogene Aktivitäten oder die Mitarbeit in Freiwilligenorganisationen. Die für diese Zwecke erforderliche organisatorische Infrastruktur war am Beginn der 1990er Jahre noch nicht vorhanden und musste sich erst allmählich entwickeln. Protestaktionen dagegen waren im Verlaufe des demokratischen Umbruchs entstanden und wurden in einigen mittel- und osteuropäischen Ländern breit genutzt.

Wenn man die Struktur politischer Beteiligung in West- und Ostdeutschland gut zehn Jahre nach dem Regimewechsel im Osten analysiert, dann muss man die unterschiedliche Ausgangslage in beiden Landesteilen in Rechnung stellen. Man muss aber auch berücksichtigen, dass – anders als dies in anderen mittel- und osteuropäischen Staaten der Fall war – die Struktur des westdeutschen Interessenvermittlungssystems sehr rasch und bruchlos in den Osten exportiert wurde (Niedermayer 1996). Bereits seit mehr als zehn Jahren ist das politische Leben in Ostdeutschland im Prinzip durch die gleichen institutionellen Arrangements geprägt wie im Westen. Nach den Annahmen des Neoinstitutionalismus, der zunehmend von der empirischen Einstellungs- und Verhaltensforschung aufgenommen wird (Verba, Nie und Kim 1978; Rohrschneider 1999; Sniderman 2000), beeinflusst die Erfahrung mit politischen Institutionen das politische Verhalten der Menschen.

Unsere Analyse der politischen Partizipation in Ost- und Westdeutschland geht von der Frage aus, welche Rolle politische Traditionen einerseits und politische Institutionen andererseits für die politische Partizipation spielen. Wären Traditionen bedeutsamer als Institutionen, dann müssten die Beteiligungsstrukturen in Ostdeutschland denen in anderen postkommunistischen Staaten ähnlicher sein als denen in Westdeutschland. Könnten dagegen Prozesse des institutionellen Lernens kurzfristig die politischen Traditionen überlagern oder zurückdrängen, dann müssten wir relativ starke Übereinstimmungen im politischen Verhalten der West- und Ostdeutschen feststellen können.

## 2  Partizipation in Ost- und Westdeutschland: Eine Bestandsaufnahme im europäischen Vergleich

Wie intensiv und in welcher Form beteiligen sich die West- und die Ostdeutschen an der Politik und in welchen Bereichen lassen sich besonders große Unterschiede und Gemeinsamkeiten zwischen ihnen feststellen? Als Basis für die Beurteilung dieses Sachverhaltes enthält der *European Social Survey* eine ganze Reihe von Teilnahmeformen, die wir zunächst im Hinblick auf ihre Nutzung durch die Bevölkerung der alten und der neuen Bundesländer miteinander vergleichen wollen. Dabei bleiben alle Formen sozialer Partizipation unberücksichtigt (vgl. dazu den Beitrag von van Deth in diesem Band).

Die in Tabelle 1 enthaltenen Daten bestätigen in allen Punkten die bisher vorliegenden Ergebnisse der empirischen Partizipationsforschung. Abgesehen von der Stimmabgabe bei Wahlen nutzt nur eine Minderheit der Ost- und Westdeutschen die verfügbaren Möglichkeiten zur Einflussnahme an der Politik. An Wahlen beteiligten sich nach eigenen Angaben 80% der Westdeutschen und 78% der Ostdeutschen. Da die Daten nur in einem kurzen zeitlichen Abstand zur Bundestagswahl erhoben wurden, kommen sie den Angaben der

*Tabelle 1:* Verbreitung politischer Aktivitäten in Deutschland und Europa (in Prozenten)

|  | E-W | D-W | D-O | E-O |
|---|---|---|---|---|
| Wahlbeteiligung | 75 | 80 | 78 | 70 |
| Kontakt zu Politikern | 17 | 13 | 14 | 15 |
| Mitarbeit in Partei | 5 | 4 | 4 | 3 |
| Mitarbeit in Organisation | 17 | 19 | 20 | 6 |
| Plakette tragen | 9 | 6 | 4 | 3 |
| Petition unterzeichnen | 27 | 30 | 34 | 10 |
| Legale Demonstration | 8 | 10 | 14 | 3 |
| Boykott | 17 | 29 | 19 | 6 |
| Illegale Demonstration | 1 | 1 | 1 | 1 |
| Referendum | ne | 16 | 23 | Ne |
| Parteimitgliedschaft | 6 | 4 | 2 | 3 |
| N | 28764 | 1737 | 1095 | 6674 |

offiziellen Wahlstatistik recht nahe. Die Wahlbeteiligung in den alten Ländern liegt über dem westeuropäischen Durchschnitt, die in Ostdeutschland über dem in anderen neueren Demokratien ermittelten Wert. Deutlich höhere Werte als in Westdeutschland wurden in Dänemark und Italien gemessen, am niedrigsten liegt die Wahlbeteiligung in Luxemburg und in der Schweiz.

Andere Formen politischer Partizipation sind im Osten wie im Westen Deutschlands seltener. Etwa jeder dritte Befragte in Westdeutschland gab an, sich an einer Unterschriftenaktion (Petition) beteiligt oder aus politischen oder ethischen Gründen bestimmte Waren boykottiert zu haben. Im Osten war die Mitwirkung an Unterschriftenaktionen etwas weiter verbreitet, die Beteiligung an Boykotten dagegen seltener als im Westen. Fast 20% der Ost- und Westdeutschen hatten in politischen Organisationen mitgearbeitet, mehr als 10% hatten Politiker kontaktiert oder sich an legalen Protestaktionen beteiligt. In den übrigen Fällen (Mitarbeit in Parteien, Parteimitgliedschaft, Tragen von Plaketten, Teilnahme an illegalen Demonstrationen) lag die Teilnahmequote unter 10%. Wegen unterschiedlicher Erhebungsformate sind diese Anteile nicht direkt mit denen früherer Studien vergleichbar. In der Struktur bringen sie jedoch keine grundlegend neuen Erkenntnisse. Die Wahlbeteiligung spielt im Hinblick auf ihre Verbreitung die wichtigste Rolle im Partizipationssystem Ost- und Westdeutschlands, legale Protestaktionen haben sich als Formen politischer Einflussnahme gut etabliert und sind heute weiter verbreitet als traditionelle wahl- und parteibezogene Aktivitäten, illegale Formen des Protestes werden als Mittel politischer Einflussnahme praktisch nicht genutzt. Mit wenigen Ausnahmen gelten diese Aussagen für Ost- wie für Westdeutschland.

Auf der Verhaltensebene bestehen zwischen den Ost- und Westdeutschen mehr Gemeinsamkeiten als Unterschiede. Dies zeigt sich insbesondere bei einem Vergleich des politischen Verhaltens der Deutschen mit ihren östlichen und westlichen Nachbarn. Über alle Verhaltensformen hinweg gemittelt, unterscheidet sich die politische Partizipation der Ost- und Westdeutschen nur um 2,4 Prozentpunkte voneinander. Die westdeutschen Befragten weisen auch keine wesentlich andere Partizipationsfrequenz auf als die anderen Westeuropäer (gemittelte Prozentpunktdifferenz: 3,4). Dagegen weicht das Partizipationsniveau der Bürger der neuen Bundesländer um 7,4 Punkte von dem der übrigen postkommunistischen Staaten ab, wobei die Ostdeutschen fast sämtliche Formen politischer Einflussnahme stärker nutzen als ihre osteuropäischen Nachbar (Einzelheiten in Tabelle 1).

Längerfristig fortwirkende Prägungen der Menschen durch die Sozialisation in demokratischen bzw. totalitären Regimen sind zwar nicht zu bestreiten. Insgesamt engagieren sich die Menschen in den postkommunistischen Ländern politisch weniger als die Bürger der Länder, in denen spätestens 1950 demokratische politische Systeme installiert wurden. Drei Länder spielen eine Sonderrolle innerhalb dieser beiden Gruppen: Ostdeutschland unter den postkommunistischen Staaten sowie Portugal und Griechenland innerhalb Westeuropas. Bereits zehn Jahre nach der Vereinigung hat sich das politische Verhalten der ostdeutschen Bevölkerung weitgehend jenem der westdeutschen angeglichen (vgl. auch Niedermayer 2001). Griechenland und vor allem Portugal vollzogen – gemeinsam mit Spanien – den Übergang zu stabilen Demokratien etwa dreißig Jahre später als die anderen westeuropäischen Länder. Die in Ost- und Südeuropa lange wirksamen autoritären Traditionen haben bis heute nicht ihren Einfluss auf das politische Verhalten der Bevölkerung verloren. In Ostdeutschland war diese Tradition offenkundig weniger langlebig.

## 3   Die Struktur der Partizipationssysteme in Ost- und Westdeutschland

Lassen sich diese Einzelaktivitäten theoretisch und empirisch zu einigen Systemen politischer Partizipation zusammenfassen? Seit der Studie von Verba und Nie (1972: 117) hat sich in der empirischen Forschung die Vorstellung durchgesetzt, dass das Partizipationssystem eines Landes mehrere Teilsysteme umfasst, die den Menschen, die sich politisch betätigen und Einfluss ausüben möchten, qualitativ unterschiedliche Möglichkeiten zur Mitwirkung an der Politik bereitstellen. Manche Formen, wie die Stimmabgabe bei Wahlen, vermitteln der politischen Führung kaum Informationen über spezifische Policypositionen der Bürger, sie signalisieren aber mitunter die Billigung oder Missbilligung der Regierungspolitik insgesamt. Andere Aktivitäten, wie die Mitwirkung an Demonstrationen, erlauben es den Teilnehmern, ihre Präferenzen zu artikulieren, durch sie ist aber keine direkte Einflussnahme auf Entscheidungen möglich. Andere Formen, zum Beispiel die aktive Mitarbeit in einer Partei, wiederum eröffnen die Chance zur dauerhaften Mitwirkung an der Gestaltung der Politik, zumindest auf der lokalen Ebene.

Mehrere in verschiedenen Ländern zu unterschiedlichen Zeitpunkten durchgeführte Partizipationsstudien bestätigten die Grundannahmen von Verba und Nie (vgl. Barnes et al. 1979; Parry, Moyser und Day 1992; Verba, Nie und Kim 1978; Verba, Schlozman und Brady 1995). Trotz einiger Unterschiede im Detail kommen alle vorliegenden Studien in einigen Punkten zu einheitlichen Ergebnissen: Moderne Gesellschaften unterscheiden sich nicht nur im *Ausmaß*, sondern auch in der *Struktur* politischer Partizipation voneinander. In den meisten Ländern verläuft eine relativ klare Trennlinie zwischen konventionellen, partei- und wahlbezogenen Aktivitäten und Protestaktionen, mit denen die Menschen Einfluss auf die Entscheidung über einzelne politische Sachfragen intendieren.

Eine Differenzierung des Verhaltensrepertoires der Bevölkerung in qualitativ unterschiedliche Beteiligungssysteme zeigt sich auch in unserer Untersuchung. Wie eine erste Faktorenanalyse ergab, passen sich nicht alle in Tabelle 1 aufgelisteten Aktivitäten in die empirisch ermittelte Struktur des Beteiligungssystems der europäischen Demokratien ein. Sie wurden deshalb in den folgenden Analysen nicht mehr berücksichtigt. Außerdem war die Teilnahme an politisch motivierten Boykotten in Ost- und Westdeutschland so unterschiedlich mit den anderen Partizipationsformen verbunden, dass sie ebenfalls aus der weiteren Analyse ausgeschlossen wurden (tabellarisch nicht ausgewiesen). Die mit den verbleibenden Items durchgeführten Faktorenanalysen ergaben eine große Übereinstimmung in der Struktur politischer Beteiligung in Ost- und Westdeutschland (Tabelle 2).

In Übereinstimmung mit den vorliegenden Untersuchungen besteht eines der Partizipationssysteme aus themenbezogenen Aktivitäten. Es umfasst in Westdeutschland das Unterschreiben von Petitionen, die Beteiligung an Referenden, und die Teilnahme an legalen Protestdemonstrationen. Ein weiteres Partizipationssystem schließt die Mitwirkung an legalen und illegalen Protestaktionen ein, und das dritte Partizipationssystem parteibezogene Aktivitäten (Politikerkontakte, Mitarbeit in einer Partei bzw. anderen Organisation). Die parteibezogene Partizipation ist in Ostdeutschland so strukturiert wie im Westen, bei den beiden anderen Partizipationssystemen treten geringfügige Unterschiede auf. Die legalen Protestaktionen sind nur mit den illegalen Aktivitäten des gleichen Typs verbunden, die themenbezogenen Aktivitäten umfassen ausschließlich die Petitionen und Referenden.

Auf der Grundlage der Faktorenanalysen können für alle nachfolgenden Untersuchungen vier Partizipationssysteme untersucht werden. Obwohl die Beteiligung an Wahlen nach den Ergebnissen der Faktorenanalyse keine Gemeinsamkeiten mit den anderen Beteiligungsformen aufweist, muss sie wegen ihrer Stellung als meist genutzte und am besten institutionalisierte Form politischer Beteiligung in jeder Analyse politischer Partizipation behandelt werden. Neben der Stimmabgabe bei Wahlen bedient sich die Bevölkerung dreier weiterer Formen der politischen Einflussnahme: etwa ein Viertel der Ost- und Westdeutschen versucht, durch Mitarbeit in Parteien und anderen Organisationen oder Politikerkontakte Einfluss auf die Politik zu nehmen. 37% der Westdeutschen und 43% der Ostdeutschen haben sich nach ihren Angaben im Verlaufe des Jahres vor der Befragung an einer issuebezogenen Aktivität beteiligt, und 14% (Ost) bzw. 10% (West) an einer legalen oder illegalen Protestdemonstration. Die Bereitschaft zum parteifernen Engagement fällt damit in den neuen Ländern deutlich höher aus als in den alten. Im Vergleich mit den Bürgern der osteuropäischen Staaten sind die Menschen in den neuen Bundesländern aktiver, die Westdeutschen liegen bei den parteibezogenen Aktivitäten im westeuropäischen Mittelfeld, bei den Themen- und Protestaktivitäten rangieren sie unter den westeuropäischen Staaten im oberen Drittel.

*Tabelle 2:* Struktur politischer Beteiligung in Ost- und Westdeutschland

|  | D-W | | | | D-O | | | |
|---|---|---|---|---|---|---|---|---|
|  | F1 | F2 | F3 | Komm | F1 | F2 | F3 | Komm |
| Politikerkontakte | .63 | | | .38 | .76 | | | .53 |
| Mitarbeit in Organisation | .49 | | | .22 | .50 | | | .26 |
| Mitarbeit in Partei | .44 | | | .25 | .41 | | | .21 |
| Petition | | .90 | | .76 | | -.85 | | .72 |
| Referendum | | .44 | | .22 | | -.57 | | .33 |
| Legale Demonstration | | | .26 | .24 | .19 | | .28 | .40 |
| Illeg. Demonstration | | | .56 | .31 | | | .58 | .01 |
| Eigenwert | 2.01 | 1.19 | 1.01 | | 2.11 | 1,22 | 1.03 | |

## 4 Welche Faktoren beeinflussen die politische Beteiligung der Bevölkerung in Ost- und Westdeutschland?

*4.1 Erklärungsmodelle*

Wie seit den ersten Arbeiten auf dem Gebiet der empirischen Partizipationsforschung bekannt ist, gehen die beschriebenen Unterschiede in der Art und im Ausmaß politischer Partizipation mit der Zugehörigkeit zu bestimmten gesellschaftlichen Gruppen und dem Vorhandensein bzw. der Stärke bestimmter politischer Einstellungen einher. Unter den apathischen Bevölkerungsschichten finden sich überdurchschnittlich viele Frauen, junge und alte Menschen, Personen mit einem niedrigen formalen Bildungsniveau, sozial Isolierte und Befragte mit einem geringen Interesse an der Politik und einem schwach entwickelten politischen Selbstbewusstsein (vgl. u.a. Milbrath und Goel 1977; Verba, Nie und Kim 1978; van Deth 2001). Versuche, diese empirischen Gegebenheiten theoretisch zu begründen stützten sich auf unterschiedliche, aber miteinander vereinbare Theorien. In einer vor knapp zehn Jahren publizierten, theoretisch überzeugenden Arbeit führten Verba, Schlozman und Brady (1995) zur Beantwortung der Frage, aus welchen Gründen einige Menschen sich in der Politik für eine passive Rolle entscheiden, andere aber aktiv werden, drei Variablenkomplexe ein, deren Relevanz für die politische Beteiligung der Deutschen und der übrigen Europäer wir nachfolgend prüfen: Ressourcen, Motive und mobilisierende Netzwerke bzw. die Mobilisierungsanstrengungen politischer Eliten.

### 4.1.1 Ressourcen

Ausgangspunkt der von der Verba-Gruppe angestellten Überlegungen war das in der Studie *Participation in America* entwickelte *sozioökonomische Standardmodell* politischer Partizipation (Verba und Nie 1972; Verba, Nie und Kim 1978). Nach ihren Annahmen beteiligen sich gut mit materiellen und intellektuellen Ressourcen ausgestattete Bürger aktiver an der Politik als Personen mit einer schwachen Ressourcenausstattung. Hierfür sind zwei Gründe maßgeblich: Erstens können ressourcenstarke Gruppen leichter politischen Druck ausüben als ressourcenschwache, da sie über die für eine erfolgreiche Interaktion mit der politischen Führung erforderliche Eigenschaften wie Wissen, Prestige und den Zugang zu politischen Kommunikationsnetzwerken verfügen. Zweitens führt Ressourcenstärke zum Erwerb bestimmter politischer Einstellungen, die ihrerseits wieder die politische Beteiligung fördern (Verba und Nie 1972: 125ff.). Als Indikatoren sozioökonomischer Ressourcen betrachteten sie Bildung (intellektuelle Ressourcen) und Einkommen (materielle Ressourcen) und fassten diese in einem Konstrukt zusammen, das sie als sozioökonomisches Ressourcenniveau (SERL: socio economic resource level) bezeichneten.

Vor dem Hintergrund der bis dahin vorliegenden Ergebnisse der empirischen Forschung (vgl. z.B. Nie, Powell und Prewitt 1969a und Nie, Powell und Prewitt 1969b) war die empirische Bestätigung dieser Annahmen nicht als sonderlich spektakulär zu bewerten. Überraschend – und für unsere Untersuchung besonders relevant – war allerdings der Sachverhalt, dass der Zusammenhang zwischen der sozioökonomischen Ressourcenausstattung von Individuen und der politischen Partizipation in Ländern mit völlig unterschiedlichen gesellschaftlichen und politischen Strukturen auftrat: In den hierarchisch strukturierten

Gesellschaften Japans und Indiens, im damals noch kommunistisch regierten Jugoslawien, in alten (USA, Niederlande) und neuen Demokratien (Österreich), in Ländern der Dritten Welt (Nigeria, Indien) und hoch entwickelten Gesellschaften (USA, Niederlande). Dieses Ergebnis gibt in unserem Kontext Anlass zu der Frage, ob die egalisierende Politik der kommunistischen Regime Ost- und Mitteleuropas langfristige Spuren im politischen Verhalten der Menschen hinterlassen hat. Wenn dies zuträfe, dann müsste der Zusammenhang zwischen der sozioökonomischen Ressourcenausstattung und der politischen Partizipation in Ostdeutschland und anderen postkommunistischen Staaten deutlich schwächer ausfallen als in Westdeutschland und den anderen westeuropäischen Demokratien. Dieser Zusammenhang müsste sich vor allem bei den aufwändigen Partizipationsformen zeigen, weniger dagegen bei der Wahlbeteiligung (zur Weiterentwicklung des Ressourcenkonzepts vgl. Verba, Schlozman und Brady 1995: 304ff.). Wir werden den Ressourcenbegriff in den empirischen Analysen auf die soziodemografischen Variablen Bildung, Einkommen, Berufsprestige (jeweils Quartile), Alter und Geschlecht beziehen. Hinzu kommt die Nutzung der durch Massenmedien verbreiteten politischen Informationen.

Bei einer Anwendung des Ressourcenansatzes auf die Erklärung politischer Partizipation tritt ein überraschendes Ergebnis zu Tage. Die Ressourcenausstattung leistet den größten Beitrag zur Erklärung der Wahlbeteiligung, obgleich es sich hierbei um eine wenig aufwändige Aktivität handelt, die in Deutschland zudem durch zahlreiche partizipationsfördernde Regelungen erleichtert wird. Wie aus Tabelle 3 hervorgeht, beeinflusst die Ressourcenausstattung die Wahlbeteiligung in Westdeutschland noch etwas stärker als in Ostdeutschland, in Westeuropa ist sie für die Wahlbeteiligung sogar erheblich wichtiger als in Osteuropa. Als wichtigste Ressourcenvariable erweist sich im Westen wie im Osten das Bildungsniveau, während die Beschaffung politischer Informationen aus den Massenmedien als einzige im Ressourcenmodell enthaltene Variable keine Rolle für die Wahlbeteiligung spielt. Alle anderen Variablen weisen die erwarteten, wenn auch überwiegend schwachen Effekte auf: Männer sind aktiver als Frauen und mit dem beruflichen Ansehen bzw. dem im Beruf erzielten Einkommen (Berufsqualifikation) sowie dem Alter steigt die Wahlbeteiligung (tabellarisch nicht ausgewiesen).

Partei- und themenbezogene Aktivitäten werden im Westen durch das Ressourcenmodell gleich gut erklärt, allerdings fällt die durch das Modell gebundene Varianz dieser Verhaltensformen sehr niedrig aus. Als die wichtigsten Determinanten des parteibezogenen Engagements erweisen sich in den neuen Ländern das Bildungsniveau und die Tätigkeit in qualifizierten Berufen, in den alten Ländern nur letztere. Für die Teilnahme an issuebezogenen Aktivitäten ist im Osten vor allem der formale Bildungsabschluss, im Westen das Berufsprestige maßgeblich.

Abgesehen von der Wahlbeteiligung sind alle Partizipationsformen nur sehr schwach mit der Ressourcenausstattung von Individuen verbunden, keine im Ressourcenmodell enthaltene Größe steht in Ost- und Westdeutschland sowie in Ost- und Westeuropa mit allen vier Partizipationsformen in Verbindung. Bemerkenswert ist schließlich die völlige Irrelevanz der Aufnahme der von Massenmedien vermittelten politischen Informationen für die politische Partizipation. Insgesamt sind die Ressourceneffekte in den postkommunistischen Staaten etwas schwächer als in Westeuropa. Dies kann als Hinweis für die egalisierenden Folgenden einer fünfzigjährigen kommunistischen Herrschaft auf das politische Verhalten der Menschen gewertet werden. Der Effekt ist allerdings nicht mobilisierend, sondern partizipationshemmend.

*Tabelle 3:* Die Erklärungskraft des Ressourcenmodells für Ost- und Westdeutschland im europäischen Vergleich (erklärte Varianz; korrigiert)

|  | E-W | D-W | D-O | E-O |
|---|---|---|---|---|
| Wahlbeteiligung | .11*** (25125) | .11*** (1200) | .08*** (829) | .05*** (6611) |
| Parteiaktivitäten | .05*** (25125) | .04*** (1200) | .05*** (829) | .05*** (6611) |
| Issueaktivitäten | .05*** (25125) | .04*** (1200) | .02** (829) | .04*** (6611) |
| Protestaktivitäten | .02*** (25125) | .01*** (1200) | .01* (829) | .01*** (6611) |

$R^2$ korrigiert, in Klammern: Fallzahlen.
Signifikanzniveaus: *p<0.0; **p<0.01; ***p <0.001.

### 4.1.2 Motive

Partizipationsrelevante Motive entstehen im Sozialisationsprozess. Sie kommen entweder durch die explizite Vermittlung von Wertorientierungen und Einstellungen in der Primärsozialisation, durch unmittelbare Erfahrungen mit der Politik oder durch den Erwerb bestimmter Dispositionen in nichtpolitischen Kontexten zustande. Sozialisationsfaktoren gehören zu den Standarderklärungsvariablen der Partizipationsforschung, die in der Forschungspraxis allerdings auf sehr unterschiedliche Weise gemessen werden. Weit verbreitet ist ihre Erhebung über die Proxy-Variablen Alter, Geschlecht und Bildung (vgl. z.B. Marsh und Kaase 1979).

Allerdings gab es immer wieder Versuche, die aus Sozialisationseinflüssen hervorgehenden Partizipationsmotive direkt zu erfassen. Eine Schlüsselfunktion für die politische Partizipation übernehmen in vielen Studien die politischen Einstellungen, die Zaller (1992) als „political awareness" bezeichnete. Hierzu gehören das politische Interesse, die Einschätzung der Bedeutsamkeit der Politik, das politische Kompetenzbewusstsein und das Wissen über politische Sachverhalte oder Zusammenhänge (vgl. auch Verba und Nie 1972: 133ff.; Verba, Schlozman und Brady 1995: 350ff.) Weitere Bestimmungsfaktoren politischer Partizipation wurden in der Werteforschung thematisiert. Nach Sniderman (1975: 254ff.) neigen Personen, die sich den Werten und Normen der Demokratie in besonderem Maße verpflichtet fühlen, stärker zum politischen Engagement als indifferente oder demokratiekritische Bürger. Inglehart und andere formulierten die Annahme, auf Grund des hohen Stellenwertes, den sie den Zielen der Selbstverwirklichung und des politischen Engagements einräumten, seien die Träger postmaterialistischer Wertorientierungen politisch aktiver als Materialisten und Personen mit gemischten Wertpräferenzen (Inglehart 1979).

Alle bisher genannten Variablen leisteten bestenfalls einen mäßigen Beitrag zur Erklärung politischer Partizipation. Die Ursache dieser unbefriedigenden Situation sahen Ajzen und Fishbein (Ajzen und Fishbein 1980; Ajzen 1988) im fehlenden Verhaltensbezug der Prädiktorvariablen und schlugen deshalb vor, alle Standardvariablen der empirischen Partizipationsforschung als exogene Größen zu behandeln, die zwar einen Einfluss auf partizipationsrelevante Einstellungen, aber nicht direkt auf die politische Partizipation einwirken. In ihrer Theorie des geplanten Verhaltens griffen sie auf lediglich vier Variablen zurück, die ihrer Meinung nach für eine Erklärung zahlreicher Formen sozialen und politischen Verhaltens notwendig, aber auch hinreichend seien. Dabei handelte es sich um die Einstellungen zum Belohnungseffekt des Verhaltens, die wahrgenommenen Verhaltenserwartungen der Umwelt (subjektive Normen) und um die aus diesen beiden Faktoren resultierende Verhaltensabsicht. Damit sich diese in reales Verhalten umsetze, bedürfe es einer weiteren Größe, der wahrgenommenen Kontrolle der Handlungssituation. Die in der Theorie des geplanten Verhaltens enthaltenen Annahmen können in diesem Beitrag nur in unvollkommener Form getestet werden (vgl. hierzu z.B. Lüdemann 2001). Verhaltensabsichten wurden im ESS ebenso wenig erfragt wie der Belohnungswert politischer Partizipation. Das Konzept der ‚internal efficacy' stellt eine Annäherung an die subjektiven Kontrollerwartungen dar, zudem sind Daten über die Einschätzung partizipationsbezogener Normen vorhanden.

Im Test des Sozialisationsmodells wurden die folgenden Variablen berücksichtigt: Das politische Interesse, die Variable der Bedeutsamkeit der Politik, das politische Kompetenzbewusstsein, die Stärke der Parteiidentifikation, die Unterstützung partizipativer Normen, das Vertrauen in die Responsivität der Politik und das generalisierte Vertrauen zu den politischen Institutionen. Im Vergleich mit den sozioökonomischen Ressourcen tragen diese politischen Einstellungen mehr zur Erklärung der meisten Partizipationsformen bei. Die einzige Ausnahme bildet die Wahlbeteiligung. In den alten Bundesländern besitzen Motive und Ressourcen per Saldo die gleiche Bedeutung für die Wahlbeteiligung, im Osten sind die Motive erheblich wichtiger als die Ressourcen. In abgeschwächter Form gilt dies auch für den Vergleich zwischen West- und Osteuropa. Elektorale Aktivitäten lassen sich im Osten wie im Westen Deutschlands und Europas besser durch individuelle Motive erklären als nichtelektorale Formen politischer Partizipation. In den alten Bundesländern besteht allerdings ein deutlicher Unterschied zwischen issuebezogenen Aktivitäten und der Teilnahme an Protestaktionen, von denen erstere stärker mit Motivationsfaktoren zusammenhängen als letztere, allerdings bleibt die Erklärungskraft des Modells in beiden Fällen unbefriedigend. Dies gilt auch für die Brauchbarkeit des Sozialisationsmodells zur Erklärung nichtelektoraler Aktivitäten in West- und Osteuropa. Politischer Protest lässt sich in keiner der untersuchten Teilpopulationen überzeugend durch einen Rückgriff auf partizipationsrelevante Einstellungen erklären (vgl. Tabelle 4).

Bei einem Blick auf einzelne Determinanten politischer Partizipation scheidet ein Komplex von Variablen für die Erklärung aller untersuchten Formen politischer Aktivität aus. Kein einziger der in unser Analysemodell einbezogenen Indikatoren politischer Unzufriedenheit ist für die politische Partizipation der Ost- und Westdeutschen relevant. Unzufriedenheit führt insbesondere nicht zur Abwendung von den traditionellen wahl- und parteibezogenen Aktivitäten und zum Rückgriff auf spektakuläre, publikumsträchtige Aktionsformen. Die wenigen empirisch ermittelten Beziehungen zwischen Zufriedenheits- und Verhaltensindikatoren weisen kein systematisches Muster auf, sind schwach ausgeprägt und widersprechen vor allem der Annahme, politische Unzufriedenheit führe zu einem Wandel des politischen Verhaltensstils (z.B. Inglehart 1979 und 1983). Nichts von alledem lässt sich überzeugend belegen (tabellarisch nicht ausgewiesen).

Damit wenden wir uns denjenigen Einstellungen zu, die eine Rolle für die Entscheidung von Individuen spielen, aktiv zu werden oder passiv zu bleiben. Generell sind diese Faktoren für die Beteiligung an elektoralen Aktivitäten wichtiger als für den Protest oder die issuebezogenen Partizipationsformen. Hinter diesen stehen keine klar strukturierten Einstellungskonfigurationen. Für themenbezogene Aktivitäten ist in den alten Ländern die Anerkennung von Partizipationsnormen besonders wichtig, in den neuen das politische Interesse. Protestaktivitäten stehen in den neuen Ländern, aber nicht in den alten, in einem positiven Zusammenhang mit der Stärke der Parteiidentifikation und dem Gefühl politischer Kompetenz.

*Tabelle 4:* Die Erklärungskraft des Sozialisationsmodells für Ost- und Westdeutschland im europäischen Vergleich (erklärte Varianz; korrigiert)

|  | E-W | D-W | D-O | E-O |
|---|---|---|---|---|
| Wahlbeteiligung | .08*** (24544) | .11*** (1599) | .16*** (1004) | .12*** (6201) |
| Parteiaktivitäten | .11*** (24544) | .13*** (1599) | .09*** (1004) | .08*** (6201) |
| Issueaktivitäten | .06*** (24544) | .08*** (1599) | .04*** (1004) | .04*** (6201) |
| Protestaktivitäten | .03*** (24544) | .04*** (1599) | .03*** (1004) | .02*** (6201) |

$R^2$ korrigiert, in Klammern: Fallzahlen.
Signifikanzniveaus: *p<0.05; **p<0.01; ***p <0.001.

Viel klarer präsentiert sich die Motivationsbasis elektoraler Aktivitäten, hinter denen im Osten wie im Westen Deutschlands durchgängig zwei Faktoren stehen: Die Anerkennung der Partizipation als Staatsbürgerpflicht und das politische Interesse. In den neuen Bundesländern kommt als dritter Faktor die Stärke der Parteiidentifikation hinzu. In den alten Ländern ist sie für Wahlbeteiligung nur von geringer – wenn auch statistisch signifikanter – Bedeutung. Für die Teilnahme an parteibezogenen Aktivitäten ist im Osten wie im Westen zudem das Gefühl politischer Kompetenz wichtig. Zwei Faktorenbündel fördern somit die Beteiligung an elektoralen Aktivitäten: Partizipationsnormen und das Ausmaß der psychischen Involvierung in die Politik. Insbesondere das bei den parteiorientierten Aktivitäten ermittelte Bedingungsgefüge stützt das Wert-Erwartungsmodell von Opp (1992) bzw. die von Ajzen/Fishbein entwickelte Theorie des geplanten Verhaltens.

### 4.1.3 Netzwerke

Die Bedeutung sozialer Netzwerke für die Mobilisierung der Menschen zur politischen Teilnahme wurde bereits in empirischen Studien aus den 1950er und 1960er Jahren hervorgehoben (z.B. Maccoby 1958; Lipset 1959; Nie, Powell und Prewitt 1969). Ein verstärktes Interesse fanden sie allerdings in der neueren Debatte über die politische Bedeutung des Sozialkapitals (Putnam 1993 und 2000). Putnam führte den Rückgang des politischen Engagements in den Vereinigten Staaten auf das Verschwinden der „Civic Generation" zurück, die das für eine gut funktionierende Gesellschaft und einen gut funktionierenden Staat notwendige Sozialkapital produziert habe. Unter der Bezeichnung Sozialkapital fasste Putnam ein Konglomerat von Orientierungen und Verhaltensweisen zusammen, nämlich die Einbindung von Individuen in soziale Netzwerke, das interpersonale Vertrauen und die Unterstützung prosozialer Werte und Normen (Putnam 1993: 86ff.; Kunz und Gabriel 2000).

Netzwerke können auf zweierlei Weise für die politische Partizipation relevant werden. Auf der einen Seite stehen Netzwerke im unmittelbaren persönlichen Umfeld, die zur sozialen Integration von Menschen beitragen, Zugang zu Kommunikationskanälen eröffnen oder den Erwerb sozialer Kompetenzen fördern. So verweisen Verba, Schlozman und Brady (1995: 334ff.) auf die Bedeutung berufsbezogener Fertigkeiten für die politische Partizipation von Individuen, Almond und Verbas (1965: 266ff.). Annahmen über den Erwerb politischer Kompetenz im Rahmen der familiären und schulischen Sozialisation machen ebenfalls auf die partizipationsfördernden Effekte primärer Netzwerke aufmerksam.

Größere Aufmerksamkeit fanden in der Partizipationsforschung solche Netzwerkstrukturen, in denen man mit Personen zusammenkommt und zusammenarbeitet, die zunächst

*Tabelle 5:* Die Erklärungskraft des Netzwerkmodells für Ost- und Westdeutschland im europäischen Vergleich (erklärte Varianz; korrigiert)

|  | E-W | D-W | D-O | E-O |
|---|---|---|---|---|
| Wahlbeteiligung | .10*** (29030) | .13*** (1713) | .14*** (1087) | .10*** (7613) |
| Parteiaktivitäten | .17*** (29030) | .21*** (1713) | .20*** (1087) | .07*** (7613) |
| Issueaktivitäten | .10*** (29030) | .12*** (1713) | .06*** (1087) | .05*** (7613) |
| Protestaktivitäten | .05*** (29030) | .06*** (1713) | .04*** (1087) | .02*** (7613) |

$R^2$ korrigiert, in Klammern: Fallzahlen.
Signifikanzniveaus: *p<0.05; **p<0.01; ***p <0.001.

nicht zum unmittelbaren Lebensumfeld von Individuen gehören, nämlich Freiwilligenorganisationen. Die Einbindung von Individuen in diese Netzwerke trägt mittelbar und unmittelbar dazu bei, politische Partizipation zu stimulieren: Sie schafft interpersonales Vertrauen, vermittelt die Fähigkeit, mit anderen bei der Lösung gemeinsamer Probleme zusammenzuarbeiten und dabei positive Erfahrungen zu sammeln, die sich auch im politischen Leben nutzen lassen. Schließlich wirken Freiwilligenorganisationen als Mobilisierungsagenturen, in denen man politisch aktive Menschen trifft, die bisher politisch inaktive Personen zur politischen Beteiligung ermuntern. Diese Effekte des Engagements in Freiwilligenorganisationen dürften um so stärker sein, je intensiver man in das Leben der Organisationen involviert ist und je mehr Freunde und Bekannte man in ihnen hat. Zudem dürfte es für die Beziehung zwischen sozialer und politischer Partizipation einen Unterschied machen, ob man sich in politiknahen (Gewerkschaften, Menschenrechtsorganisationen) oder politikfernen Organisationen (Gesang- oder Hobbyverein) betätigt.

Das soziale Engagement wurde im ESS sehr detailliert erhoben. Dies gibt die Möglichkeit, die Bedeutung verschiedener Formen sozialer Beteiligung für die politische Partizipation zu prüfen. Wir berücksichtigen dabei sowohl die Intensität der Beteiligung als auch den Typ von Organisationen, in denen Individuen aktiv sind und untersuchen zudem, welche Rolle die Dichte freundschaftlicher Kontakte in den Organisationen für die politische Partizipation spielt. Die Einbindung in primäre Netzwerke wird durch einen Index erfasst, der das Leben in einer Partnerschaft und die Integration in den Arbeitsmarkt berücksichtigt. Das Modell mobilisierender Netzwerke erweist sich als besonders wichtig für die politische Partizipation von Individuen. Ähnlich wie das Motivationsmodell erklärt es elektorale Aktivitäten besser als nichtelektorale, in den alten Bundesländern trägt es zur Erklärung issueorientierter Partizipation ebenso viel bei wie zur Erklärung der Wahlbeteiligung. Erneut lässt sich die Beteiligung an Protestaktionen schlechter erklären als es für die anderen Verhaltensformen gilt (Tabelle 6). Das Netzwerkmodell erklärt in Westeuropa alle Formen politischer Partizipation etwas schlechter als in Westdeutschland, auch für Ostdeutschland erweist es sich als leistungsfähiger als für die anderen postkommunistischen Gesellschaften.

Nur vereinzelt und wenig systematisch wirkt sich die Zugehörigkeit zu bestimmten Arten von Organisationen (Wirtschaft und Arbeit, Freizeit und Erholung, Politik, kirchlicher Bereich und kulturelle Organisationen) auf die politische Partizipation der West- und Ostdeutschen aus. Mangels klarer Muster müssen die betreffenden Zusammenhänge nicht im Detail kommentiert werden, und die Art der Organisationen, denen die Befragten angehören, kann im Folgenden unberücksichtigt bleiben. Von den verschiedenen Möglichkeiten, am Leben der Organisationen teilzunehmen, sind vor allem zwei Aspekte für die politische Partizipation wichtig: die aktive Mitarbeit in der Organisation und das Vorhandensein von

Freunden in ihr. Die bloße Mitgliedschaft oder Scheckbuchaktivitäten für die Organisationen mobilisieren erwartungsgemäß nicht zum politischen Engagement. Politische Aktivitäten stellen sich nur dann ein, wenn Personen durch aktive Mitarbeit oder Freundschaftsbeziehungen in die Organisationen involviert sind. Überraschend ist es allerdings, dass die Intensität der organisatorischen Involvierung (Nichtmitglied, passives Mitglied, spendendes Mitglied, aktives Mitglied) nichts zur Erklärung politischer Partizipation beiträgt, wenn man andere netzwerkbezogene Größen kontrolliert. Als einen dritten Komplex von Variablen haben wir die Bedeutung der Einbindung in andere Netzwerke (Familie und Beruf, Religionsgemeinschaft, Gemeinde) und das interpersonale Vertrauen geprüft. Wie die Arten von Freiwilligenorganisationen stehen auch diese Größen nicht in einer konsistenten Beziehung zur politischen Partizipation. Als einzige Variable fördert die Häufigkeit der Beteiligung an politischen Diskussionen sämtliche Formen des politischen Engagements. Ansonsten variieren die Effekte von Partizipationsform zu Partizipationsform und werden, soweit sie in diesem Kontext relevant sind, im nächsten Abschnitt beschrieben.

*4.2 Das integrierte Modell zur Erklärung politischer Partizipation*

Auch wenn die drei hier überprüften Ansätze einen gewissen Beitrag zur Erklärung politischer Partizipation leisten, können die Resultate der bisher durchgeführten empirischen Analysen nicht zufrieden stellen. Von wenigen Ausnahmen abgesehen, fallen die erklärten Varianzanteile sehr niedrig aus, die Determinanten politischer Partizipation bilden kein klares Muster und schließlich fehlt es an einer integrierten Betrachtung der Brauchbarkeit aller drei Erklärungsansätze. Ein derartiger Untersuchungsschritt ist nicht allein wegen der begrenzten Erklärungskapazität der bisher isoliert betrachteten Modelle notwendig, sondern auch deshalb, weil Ressourcen, Motive und mobilisierende Netzwerke sich als Determinanten politischer Partizipation komplementär zueinander verhalten.

Welche Anforderungen sollten an ein integriertes Modell gestellt werden? Zunächst ist das Ökonomiepostulat zu berücksichtigen. Aus diesem Grunde werden wir aus den folgenden Analysen alle die Größen ausschließen, die sich bisher als unbrauchbar oder erklärungsschwach erwiesen hatten. Von den Variablen des Ressourcenmodells betrifft dies die Mediennutzung, die Geschlechtszugehörigkeit und das Alter. Da das Lebensalter eine gewisse Bedeutung für die Erklärung nichtelektoraler Aktivitäten hatte und in der Literatur oft auf seine Rolle als eine der wichtigsten Determinanten neuer Partizipationsformen hingewiesen wird, belassen wir diese Variable in den Modellen zur Analyse der issuebezogenen Formen politischer Partizipation und des politischen Protests. Aus dem Komplex der partizipationsrelevanten Orientierungen bleiben die Zufriedenheits- und Salienzindikatoren unberücksichtigt. Eingang in unser Modell finden die Partizipationsnormen, die Stärke der Parteiidentifikation, das politische Interesse und das Gefühl politischer Kompetenz. Bei der Analyse nichtelektoraler Aktivitäten ist es aus theoretischen Gründen sinnvoll, zusätzlich das Gefühl politischer Responsivität in das Schätzmodell aufzunehmen. Von den Indikatoren mobilisierender Netzwerke berücksichtigen wir die aktive Involvierung in Freiwilligenorganisationen, die Angaben über Freunde in den Organisationen und die Häufigkeit politischer Diskussionen.

Die Integration der drei Erklärungsmodelle bringt nahezu ohne Ausnahme bessere Ergebnisse als ein Test der isolierten Modelle, lediglich das Netzwerkmodell erreicht in einigen Fällen nahezu die gleiche Erklärungskraft wie das Gesamtmodell. Ungefähr zwanzig Prozent der Varianz der elektoralen Aktivitäten lassen sich durch Ressourcen-, Motivations- und Mobilisierungsfaktoren erklären. Wie bereits in allen bisherigen Analysen liegt der Anteil gebundener Varianzanteil bei den nichtelektoralen Aktivitäten deutlich niedriger. Dies gilt insbesondere für den politischen Protest, in Ostdeutschland wird aber auch die issueorientierte Partizipation nicht zufrieden stellend erklärt.

### 4.2.1 Elektorale Aktivitäten

Zu den elektoralen Aktivitäten gehören in Anlehnung an Verba und Nie (1972) die Wahlbeteiligung und die Partizipation durch Parteien und andere politische Organisationen. Abgesehen von den Parteiaktivitäten lassen sich diese Aktivitäten in den meisten hier untersuchten Kontexten mit Hilfe des integrierten Ressourcen-Motivations-Netzwerk-Modells relativ gut erklären, besonders in Deutschland. Bei der Wahlbeteiligung liegen die Anteile gebundener Varianz in Ost- und Westdeutschland bei 21 bzw. 19%, in West- und Osteuropa ist das Erklärungsmodell deutlich schlechter. Für die parteibezogenen Aktivitäten liefert das Modell nur in Osteuropa eine unbefriedigende Erklärung, in Deutschland und Westeuropa bindet es wieder ca. 20% der Varianz. Auch bei den Hintergrundfaktoren elektoraler Partizipation zeigen sich große Gemeinsamkeiten zwischen West- und Ostdeutschland, per Saldo jedenfalls größere als zwischen Westdeutschland und Westeuropa, Ostdeutschland und Osteuropa.

Wie eine genauere Betrachtung der Ergebnisse in Tabelle 6 zeigt, sind für die Entscheidung, sich bestimmter Formen der politischen Einflussnahme zu bedienen, unterschiedliche Faktoren maßgeblich. Die Bestimmungsfaktoren der Wahlbeteiligung stellen sich in Deutschland und seinen europäischen Nachbarländern noch ziemlich einheitlich dar. Wenn man bedenkt, dass die Stimmabgabe bei Wahlen eine wenig aufwändige, durch entsprechende Verhaltensnormen gut abgestützte Form politischer Partizipation ist, überrascht der große Einfluss des Ressourcenfaktors Bildung. In den anderen europäischen Ländern fällt die Beziehung zwischen der Bildung und der Wahlbeteiligung deutlich schwächer aus. Drei weitere Variablen fördern in allen vier untersuchten Populationen die Wahlbeteiligung: die Partizipationsnormen, das politische Interesse und die Stärke der Parteiidentifikation. Jeder dieser drei Faktoren entfaltet in West- und Ostdeutschland sowie in West- und Osteuropa eine annähernd gleich starke Wirkung auf die Entscheidung der Bürger, ihre Stimme bei Wahlen abzugeben. Allerdings variiert die relative Bedeutung der vier Bestimmungsfaktoren der Wahlbeteiligung: In Deutschland erweist sich das Bildungsniveau als der mit Abstand bedeutsamste Erklärungsfaktor, in den anderen west- und osteuropäischen Staaten spielt die Intensität der Parteiidentifikation diese Rolle, allerdings nur in abgeschwächter Form. Ähnliche Hintergrundfaktoren wurden auch in anderen empirischen Studien ermittelt (vgl. z.B. Gabriel und Völkl 2004a, m.w.L).

Bei den parteibezogenen Formen politischer Partizipation zeigt sich ein weniger einheitliches Bild das sich von jenem bei der Untersuchung der Wahlbeteiligung noch in einem weiteren Punkt unterscheidet. Die Bestimmungsfaktoren der parteienvermittelten Partizipation in Westdeutschland ähneln der Bedingungskonstellation in anderen westeuropäi-

*Tabelle 6:* Determinanten elektoraler Aktivitäten in Deutschland und Europa

| | Wahlbeteiligung | | | | | | | |
|---|---|---|---|---|---|---|---|---|
| | unstandardisiert | | | | standardisiert | | | |
| | E-W | D-W | D-O | E-O | E-W | D-W | D-O | E-O |
| Schulabschluss | .03*** | .20*** | .18*** | .09*** | .06 | .31 | .24 | .14 |
| Partizipationsnorm | .03*** | .03*** | .04*** | .03*** | .13 | .16 | .18 | .14 |
| Politisches Interesse | .05*** | .06*** | .08*** | .07*** | .11 | .12 | .17 | .13 |
| Politische Kompetenz | .00 | -.04** | -.03 | -.01 | .00 | -.08 | -.06 | -.01 |
| Stärke der Parteiidentifikation | .04*** | .02*** | .02** | .05*** | .16 | .09 | .08 | .18 |
| Zahl der aktiven Mitgliedschaften | .00 | -.01 | -.02 | .01 | .01 | -.04 | -.05 | .02 |
| Freunde in Organisationen | .01*** | .00 | .01 | .00 | .04 | -.02 | .03 | -.01 |
| Diskussionshäufigkeit | .00*** | .01 | .01 | .01*** | -.03 | .04 | .06 | .06 |
| Konstante | .48*** | .20*** | .14* | .31*** | | | | |
| R²korr | .09*** | .19*** | .21*** | .14*** | | | | |
| N | 27263 | 1682 | 1063 | 6984 | | | | |

| | Parteiaktivitäten | | | | | | | |
|---|---|---|---|---|---|---|---|---|
| | unstandardisiert | | | | standardisiert | | | |
| | E-W | D-W | D-O | E-O | E-W | D-W | D-O | E-O |
| Schulabschluss | .03*** | .03 | .06** | .06*** | .05 | .04 | .08 | .11 |
| Partizipationsnorm | .01 | .01* | .02* | .00 | .02 | .05 | .08 | .01 |
| Politisches Interesse | .03*** | .02 | .01 | .02** | .07 | .03 | .03 | .04 |
| Politische Kompetenz | .05*** | .06*** | .03 | .06*** | .11 | .12 | .05 | .14 |
| Stärke der Parteiidentifikation | .02*** | .02** | .02* | .02*** | .05 | .07 | .07 | .09 |
| Zahl der aktiven Mitgliedschaften | .04*** | .04*** | .06*** | .02** | .10 | .11 | .14 | .04 |
| Freunde in Organisationen | .05*** | .07*** | .08*** | .03*** | .21 | .28 | .24 | .08 |
| Diskussionshäufigkeit | .02*** | .00 | .01 | .01*** | .08 | .02 | .05 | .05 |
| Konstante | .05*** | -.02 | -.05 | .03 | | | | |
| R²korr | .19*** | .22*** | .20*** | .10*** | | | | |
| N | 27451 | 1685 | 1065 | 7030 | | | | |

Signifikanzniveaus: *p<0.05; **p<0.01; ***p <0.001.

schen Staaten etwas stärker als denen in Ostdeutschland. Allerdings basiert das über Parteien und andere politische Organisationen vermittelte Engagement in Osteuropa wiederum auf graduell anderen Hintergrundfaktoren als in Ostdeutschland. In diesem Bereich scheinen regionale politische Traditionen etwas wichtiger für das politische Verhalten zu sein als institutionelle Arrangements.

Eine Gemeinsamkeit zwischen allen vier untersuchten Populationen ergibt sich allerdings insoweit, als der Einbindung in soziale Netzwerke bei der Erklärung parteibezogener Aktivitäten ein wesentlich höherer Stellenwert zukommt als es bei der Wahlbeteiligung der Fall war. Die Einbindung in innerorganisatorische Freundschaftsnetzwerke ist überall außer in Westeuropa der wichtigste Bestimmungsfaktor parteibezogener Partizipation. Abgesehen von Osteuropa beeinflusst auch die Zahl der Organisationsmitgliedschaften die Teilnahme an parteibezogenen Aktivitäten positiv. In Westdeutschland sowie in West- und Osteuropa kommt als ein weiterer Erklärungsfaktor das Gefühl politischer Kompetenz hinzu. In Ostdeutschland spielen das Bildungsniveau und die Unterstützung partizipativer Normen eine Rolle bei der Entscheidung zu einem parteibezogenen Engagement, in Osteuropa übernehmen zusätzlich zu den bereits genannten Variablen das Bildungsniveau und die Stärke der Parteiidentifikation die Rolle von Prädiktoren eines über Parteien vermittelten Engagements. Einige weitere Faktoren stehen in einer statistisch signifikanten, wenn auch schwachen, Beziehung zur Partizipation in und durch Parteien. Dies verdeutlicht die Abhängigkeit parteibezogener Aktivitäten von den individuellen Ressourcen, Motiven und der Einbindung in mobilisierende Netzwerke.

### 4.2.2 Nichtelektorale Aktivitäten

Nichtelektorale Formen politischer Partizipation stellen an die potentiellen Aktivisten andere Anforderungen als elektorale Formen, und der Rückgriff auf diese Aktivitäten basiert auf besonderen Anreizstrukturen. Anders als bei den parteienvermittelten Aktivitäten setzt eine Nutzung dieser Einflussmöglichkeiten keine dauerhafte oder vorübergehende Bindung an eine Organisation voraus, die Handlungsformen sind strukturell kaum reglementiert, im Regelfall gibt es einen konkreten Anlass für ein Engagement. Falls die Charakteristika der Partizipationssysteme einen Einfluss auf Nutzungsbarrieren, -anreize und Motive ausüben, ist zu vermuten, dass die Bestimmungsfaktoren der issuebezogenen Partizipationsformen und des politischen Protests sich von denen der elektoralen Aktivitäten unterscheiden (vgl. schon Marsh und Kaase 1979).

Ein erster Hinweis auf die divergierenden Eigenschaften elektoraler und nichtelektoraler Partizipationsformen ergibt sich bereits aus dem Vergleich der Erklärungskraft der Modelle. War es bei den elektoralen Aktivitäten möglich gewesen, durch das Ressourcen-Motiv-Netzwerkmodell bis zu 20% der Varianz der politischen Beteiligung zu erklären, so liegen die Werte für die issueorientierten Aktivitäten lediglich zwischen sechs und zwölf und für die Protestaktionen zwischen zwei und sechs Prozent. Durch strukturelle und motivationale Faktoren lässt sich die Beteiligung an diesen Aktionsformen kaum erklären. Ein großer Teil der Varianz bleibt unerklärt, was nicht zuletzt damit zu tun haben dürfte, dass themenbezogene Partizipation und politischer Protest an das Auftreten partizipationsrelevanter Anlässe gebunden sind.

Bei einem Vergleich der Erklärungskraft der Modelle in den vier untersuchten Einheiten zeigen sich ebenfalls teilweise andere Strukturen als bei den elektoralen Aktivitäten. Bei der Erklärung der issuebezogenen Partizipationsformen wird erstmals eine Trennlinie zwischen den westeuropäischen Demokratien einschließlich der alten Bundesrepublik und den postkommunistischen Staaten einschließlich der ehemaligen DDR sichtbar. In der ersten Ländergruppe trägt das Analysemodell doppelt so viel zur Erklärung der themenbezogenen Partizipation wie in der zweiten. Beim Versuch, den politischen Protest zu erklären, stoßen wir hingegen wieder auf das bereits bekannte Bild. Osteuropa unterscheidet sich von den anderen drei Einheiten. Die Teilnahme an Protestaktionen lässt sich mit Hilfe unseres Mo-

*Tabelle 7:* Determinanten nichtelektoraler Aktivitäten in Deutschland und Europa

| | Themenbezogene Partizipation | | | | | | | |
|---|---|---|---|---|---|---|---|---|
| | unstandardisiert | | | | standardisiert | | | |
| | E-W | D-W | D-O | E-O | E-W | D-W | D-O | E-O |
| Schulabschluss | .04*** | .04* | .04 | .05*** | .07 | .05 | .04 | .10 |
| Alter | -.03*** | -.04*** | -.02 | -.02*** | -.11 | -.15 | -.06 | -.08 |
| Partizipationsnorm | .00* | .03*** | -.01 | .00 | -.02 | .10 | -.04 | -.01 |
| Politisches Interesse | .03*** | .03 | .07** | .03*** | .06 | .06 | .11 | .06 |
| Politische Kompetenz | .02*** | .01 | .02 | .01* | .04 | .02 | .03 | .03 |
| Stärke der Parteiidentifikation | .02*** | .03*** | .03** | .01*** | .05 | .09 | .09 | .06 |
| Responsivität | .02*** | .00 | .00 | .00 | .04 | .01 | .00 | -.01 |
| Zahl der aktiven Mitgliedschaften | .03*** | .03* | .03 | .01 | .07 | .07 | .06 | .01 |
| Freunde in Organisationen | .03*** | .02** | .02* | .02*** | .11 | .08 | .08 | .07 |
| Diskussionshäufigkeit | .02*** | .03*** | .02 | .01*** | .11 | .09 | .06 | .06 |
| Konstante | .20*** | .21*** | .16 | .01 | | | | |
| $R^2$ korr. | .11*** | .12*** | .06*** | .06*** | | | | |
| N | 26854 | 1661 | 1050 | 6827 | | | | |

| | Protest | | | | | | | |
|---|---|---|---|---|---|---|---|---|
| | unstandardisiert | | | | standardisiert | | | |
| | E-W | D-W | D-O | E-O | E-W | D-W | D-O | E-O |
| Schulabschluss | .00 | -.01 | .02 | .01 | -.01 | -.02 | .03 | .02 |
| Alter | -.02*** | -.03*** | -.03*** | -.01*** | -.13 | -.16 | -.15 | -.06 |
| Partizipationsnorm | .01*** | .01 | .00 | .00 | .03 | .05 | -.01 | -.01 |
| Politisches Interesse | .02*** | .02* | .01 | .01*** | .05 | .06 | .02 | .05 |
| Politische Kompetenz | .01*** | .00 | .03 | .01* | .05 | .01 | .06 | .04 |
| Stärke der Parteiidentifikation | .01*** | .01 | .03*** | .01** | .04 | .03 | .13 | .04 |
| Responsivität | -.01*** | -.01 | .00 | .00 | -.04 | -.03 | -.01 | .01 |
| Zahl der aktiven Mitgl. | .01*** | .03*** | .03* | .01** | .05 | .11 | .08 | .04 |
| Freunde in Organisationen | .01*** | .01 | .01 | .01* | .06 | .03 | .02 | .04 |
| Diskussionshäufigkeit | .01*** | .01* | .01* | .00* | .06 | .07 | .08 | .03 |
| Konstante | .09*** | .11** | .13* | .01 | | | | |
| $R^2$ korr. | .05*** | .06*** | .06*** | .02*** | | | | |
| N | 26854 | 1661 | 1050 | 6827 | | | | |

Signifikanzniveaus: *$p<0.05$; **$p<0.01$; ***$p<0.001$.

dells nirgendwo zufrieden stellend erklärend, in Osteuropa tragen Ressourcen, Motive und Netzwerke praktisch nichts zur Erklärung des politischen Protests bei.

Hinter der Beteiligung an issueorientierten Aktivitäten stehen in Westdeutschland und Westeuropa ungefähr die gleichen Faktoren: formale und informelle Netzwerke (Zahl der

Organisationsmitgliedschaften, Freunde in Organisationen, Diskussionshäufigkeit) sind in Westdeutschland und Westeuropa ungefähr gleich wichtig für die Entscheidung zur issueorientierten Partizipation. Hinzu kommen das Lebensalter, die Stärke der Parteiidentifikation und – nur in Westdeutschland – die Unterstützung von Partizipationsnormen. Außer dem Lebensalter – Junge partizipieren stärker als Alte – wirken sich alle diese Faktoren schwächer auf die Beteiligung an themenorientierten Aktionen aus als auf die elektorale Partizipation. In Westdeutschland ist das Lebensalter der relativ wichtigste Bestimmungsfaktor der issueorientierten Partizipation, in Westeuropa spielen das Alter, die innerorganisatorischen Freundschaften und die Diskussionshäufigkeit eine gleich wichtige Rolle hierfür. In den westeuropäischen Demokratien scheint das Engagement für die Regelung einzelner Sachfragen in ein relativ einheitliches motivationales und strukturelles Umfeld eingebettet zu sein.

Für die postkommunistischen Staaten Mittel- und Osteuropas trifft diese Feststellung nicht zu. In Ostdeutschland wirken mit dem politischen Interesse und der Stärke der Parteiidentifikation zwei Faktoren als Antriebskräfte politischer Partizipation, die in den anderen osteuropäischen Staaten zwar in einer statistisch signifikanten, aber doch nur sehr schwachen Beziehung zur themenorientierten Partizipation stehen. Statt dessen sind hier das Bildungsniveau und das Lebensalter wichtig. Einen ähnlich starken Effekt auf das issueorientierte Engagement entfaltet in Ostdeutschland und Osteuropa nur das Vorhandensein freundschaftlicher Kontakte innerhalb von Freiwilligenorganisationen. Die Einbindung in soziale Netzwerke ist demnach auch für die Teilnahme an issuebezogenen Aktivitäten wichtig. Hinzu kommt – wie auch in anderen Analysen unkonventionellen Verhaltens festgestellt wurde – die Attraktivität dieser Aktionsformen für junge Menschen (Marsh und Kaase 1979).

Wie bereits erwähnt wurde, sind die in unser Analysemodell einbezogenen Ressourcen-, Motiv- und Netzwerkvariablen für das Protestverhalten der Deutschen und der anderen Europäer ziemlich irrelevant. Konsistente und relativ starke Effekte gehen – außer in Osteuropa – vom Lebensalter der Befragten aus (vgl. auch Marsh und Kaase 1979). Die Variablen ‚Zahl der aktiven Organisationsmitgliedschaften' und ‚Diskussionshäufigkeit' tragen ebenfalls in allen Populationen mehr oder weniger stark zur Erklärung politischen Protests bei. Von allen anderen Variablen spielt nur die Stärke der Parteiidentifikation in Ostdeutschland eine gewisse Rolle als Determinante von Protestaktivitäten.

Verschiedene Formen politischer Partizipation, dies lässt sich als ein erstes Fazit festhalten, werden von der Bevölkerung nicht allein unterschiedlich breit genutzt. Sie beruhen auch auf unterschiedlichen Hintergrundfaktoren, die sich im europäischen Vergleich ziemlich einheitlich darstellen: Ressourcen und partizipationsrelevante Motive fördern die Wahlbeteiligung, die Einbindung in mobilisierende Netzwerke und Motive ist für partei- und themenbezogene Aktivitäten besonders relevant, politischer Protest schließlich stellt sich als ein typisches Verhaltensmuster der jüngeren Bevölkerungsgruppen dar. Die von Verba und Nie (1972) vor mehr als dreißig Jahren getroffene Feststellung, in den USA existierten unterschiedliche Partizipationssysteme, die von verschiedenen Personengruppen aus unterschiedlichen Gründen und zu unterschiedlichen Zwecken genutzt würden, trifft auch auf das postkommunistische Europa zu.

## 5 Schluss

Fünfzehn Jahre nach der friedlichen Revolution in der damaligen DDR ist es möglich und sinnvoll, die Frage zu stellen, ob die Strukturen politischer Beteiligung in den beiden Teilen Deutschlands sich aneinander angeglichen haben oder ob die Hinterlassenschaft einer fast ein halbes Jahrhundert dauernden nationalen Teilung bis heute ihre Spuren hinterlassen hat. Diese Frage lässt sich nur dann sinnvoll beantworten, wenn man Unterschiede zwischen den untersuchten Einheiten feststellt und über Vergleichsmaßstäbe für die Beurteilung ihres Ausmaßes verfügt. Ein in der empirischen Forschung in diesem Kontext häufig benutztes Verfahren ist der Vergleich zeitlicher Entwicklungen. Was die politische Partizipation der Ost- und Westdeutschen angeht, waren die Unterschiede bereits zum Zeitpunkt der Vereinigung nicht besonders groß, und sie haben sich seit 1990 auch nicht vergrößert (Gabriel und Völkl 2004b).

Wir haben in diesem Beitrag einen anderen Vergleichsmaßstab gewählt, der sich unmittelbar auf die divergierende politische Entwicklung der alten Bundesrepublik und der ehemaligen DDR in den Jahren 1945 bis 1990 bezieht: den Vergleich West- und Ostdeutschlands mit West- und Osteuropa. Für ein derartiges Vorgehen sprechen die folgenden Überlegungen: In diesem Zeitraum existierten in beiden Teilstaaten politische Regime, die auf gegensätzlichen politischen Philosophien basierten und sich durch ebenso gegensätzliche Formen der Herrschaftsorganisation auszeichneten. Die DDR war Teil des kommunistisch beherrschten Ostblocks, in der alten Bundesrepublik entwickelte sich nach 1945, zunächst unter der fürsorglichen Kontrolle der Alliierten, eine pluralistisch-liberale Demokratie. Obwohl die Staatsdoktrin der Bundesrepublik und der DDR dem Willen des Volkes die Rolle als Legitimitätsquelle staatlicher Herrschaft zuwies, war die Staatsbürgerrolle in beiden Teilen Deutschlands normativ und faktisch sehr unterschiedlich ausgestaltet. Dies hatte unmittelbare Folgen für die Möglichkeiten und Grenzen der Beteiligung der Bevölkerung an politischen Entscheidungsprozessen. In der ehemaligen DDR war politische Herrschaft nach dem Prinzip des demokratischen Zentralismus verfasst, in dem eine monistisch strukturierte Partei die Politik nach dem top-down-Prinzip gestaltete. Die politische Partizipation der Bevölkerung hatte weitgehend akklamatorische Funktionen, politische Einfluss- und Gestaltungsmöglichkeiten bestanden nur innerhalb eines von der SED relativ eng bemessenen Spielraums.

Auch wenn die politische Partizipation in der Bundesrepublik Teil eines demokratisch-pluralistisch verfassten Interessenvermittlungs- und Entscheidungssystems ist, bedeutet dies nicht, dass die Politik nach dem bottom-up-Prinzip funktioniert. In allen repräsentativen Demokratien sind die Herrschaftsfunktionen auf besondere Staatsorgane verteilt. Diese unterliegen zwar einer demokratischen Kontrolle und Kritik, einige Herrschaftsträger werden darüber hinaus mittelbar oder unmittelbar durch das Volk bestellt. Jedoch legen politische Institutionen und politische Eliten auch in einer repräsentativen Demokratie den Rahmen fest, innerhalb dessen sich demokratische Partizipation vollzieht. Diese ist nur ausnahmsweise mit direkten Entscheidungsrechten verknüpft, zumeist dient sie der Einflussnahme auf Entscheidungen der politischen Eliten.

Nach den Annahmen des Neoinstitutionalismus müssten diese divergierenden institutionellen und kulturellen Ausgangsbedingungen in den beiden Teilen Deutschlands das Verhalten der politischen Akteure, der Eliten wie der Bevölkerung, bestimmen (Immergut 1998). Da institutionelle und kulturelle Prägungen langfristig wirksam sind, dürften sie knapp 15 Jahre nach dem Zusammenbruch des Kommunismus noch nicht verschwunden sein. Die Bevölkerung der ost- und mitteleuropäischen Gesellschaften (einschließlich der ehemaligen DDR) müssten sich in ihren Verhaltensweisen von jener der westeuropäischen Gesellschaften (einschließlich der Bundesrepublik) unterscheiden. Auf der anderen Seite leben Ost- und Westdeutsche seit dem Regimewechsel mit einer gemeinsamen Verfassung, deren wachsende Akzeptanz im Osten zu einem Bruch mit den in der Vergangenheit erworbenen Verhaltensmustern führen könnte. Für diese Annahme spricht auf den Umstand, dass die Kommunikationsgemeinschaft zwischen Ost- und Westdeutschen in der Zeit der nationalen Teilung niemals gänzlich abgerissen war (Scheuch und Scheuch 1992: 251ff.).

Mit den Mitteln der empirischen Umfrageforschung lässt sich nicht verlässlich klären, welche der beiden Interpretationen der Beziehung zwischen politischen Institutionen und politischem Verhalten der politischen Wirklichkeit besser entspricht. Dies ist schon gar nicht möglich, wenn man sich bei der Klärung dieser Frage nur auf eine Umfrage stützen kann, deren Ergebnisse neben strukturellen Faktoren stets auch die Besonderheiten der politischen Bedingungen reflektieren, unter denen die Datenerhebung erfolgte. Dennoch vermitteln die Ergebnisse des *European Social Survey* einige Erkenntnisse bei der Standortbestimmung der Position des vereinigten Deutschland im Partizipationsraum Europas.

Wie die Ergebnisse der empirischen Analyse zeigen, hat sich in West- und Osteuropa und damit auch in West- und Ostdeutschland ein ähnlich strukturiertes Partizipationssystem herausgebildet. Es umfasst neben der Stimmabgabe bei Wahlen die – im Westen traditionellen – parteibezogenen Aktivitäten, die Versuche, einzelne politische Entscheidungen zu beeinflussen (themenorientierte Partizipation) und den politischen Protest. Insofern stimmen die politischen Strukturen in beiden Teilen Deutschlands und Europas überein. Die Zugangsmöglichkeiten zum politischen Prozess werden aber im Osten und Westen des Kontinents sehr unterschiedlich genutzt. An sämtlichen politischen Aktivitäten, die der Einflussnahme auf politische Entscheidungen dienen, beteiligen sich die Westeuropäer wesentlich intensiver als die Osteuropäer. Allerdings sind auch im Westen nur Minderheiten aktiv, sofern es um mehr als um die Stimmabgabe bei Wahlen geht. Demokratisch-partizipative Formen des politischen Verhaltens sind in Osteuropa noch nicht im gleichen Umfange institutionalisiert wie in den älteren Demokratien Westeuropas. Diese Aussage verliert auch dann nicht ihre Gültigkeit, wenn man die beträchtlichen Unterschiede zwischen den ost- und westeuropäischen Ländern berücksichtigt. Selbst die Länder Osteuropas, deren Bevölkerung sich durch eine überdurchschnittlich hohe Aktivität auszeichnen, liegen unter dem Niveau der am wenigsten aktiven Populationen Westeuropas.

Im Hinblick auf die politische Partizipation der Bevölkerung stellt sich Deutschland als einheitliche politische Gemeinschaft dar. Unter den Ländern Westeuropas gehört Westdeutschland zur Spitzengruppe, es unterscheidet sich aber in dieser Hinsicht kaum von Ostdeutschland. Die Differenzen zwischen den beiden Landesteilen fallen im europäischen Vergleich kaum ins Gewicht und sind eher gradueller als prinzipieller Art. Die westdeutsche Bevölkerung setzt etwas stärker auf elektorale Aktivitäten, die ostdeutsche auf nichtelektorale. Was das Muster und die Intensität der politischen Teilnahme angeht, gehören die Bürger der neuen Bundesländer zu Westeuropa.

Man kann nur darüber spekulieren, welche Faktoren für die bereits am Beginn der 1990er Jahre überraschend große Übereinstimmung im politischen Verhalten der ost- und westdeutschen Bevölkerung maßgeblich sind. Hatte die erfolgreiche demokratische Revolution in der DDR innerhalb eines sehr kurzen Zeitraumes die sozialistischen Untertanen zu aktiven demokratischen Bürgern umgewandelt? Gegen diese Annahme spricht zum Beispiel die niedrige Partizipationsrate in Polen, einem Land, in dem sich mit der Formierung der Solidarnocz bereits zehn Jahre früher als in der DDR Elemente einer Zivilgesellschaft herauszubilden begannen. Wurden das Grundgesetz und die mit ihm verbundenen neuen politischen Strukturen so schnell akzeptiert, dass sich bereits kurz nach dem Institutionentransfer das politische Verhalten der ostdeutschen Bevölkerung den neuen Gegebenheiten anpasste? Auch diese Annahme ist nicht unbedingt plausibel, denn sie lässt offen, aus welchen Gründen in anderen osteuropäischen Staaten vergleichbare Entwicklungen ausblieben oder zumindest langsamer vonstatten gehen. Wirkten die gemeinsamen politischen Traditionen Deutschlands aus der Zeit vor der Teilung des Landes im kommunistisch beherrschten Teil Deutschlands fort? Wenn dies zuträfe, wäre das hohe Partizipationsniveau in der Zeit unmittelbar nach der Vereinigung gerade nicht zu erklären, denn im Hinblick auf die aktive Beteiligung der Bürger an der Politik attestierten Beobachter Deutschland bis in die 1970er Jahre einen Rückstand gegenüber anderen modernen Gesellschaften (Almond und Verba 1963).

Wenn man alle diese Überlegungen als unplausibel verwirft, bleiben nur zwei Interpretationsmöglichkeiten. Nach der ersten war das Antwortverhalten der Ostdeutschen in den unmittelbar nach dem Regimewechsel durchgeführten Umfragen durch soziale Erwünschtheitseffekte bzw. vorübergehende Ausstrahlungseffekte der demokratischen Revolution verzerrt. Bereits kurz danach könnte die politische Beteiligung wieder gesunken und in der Folgezeit mit der Gewöhnung an die neuen institutionellen Arrangements angestiegen sein. Für die Annahme situationsspezifischer Effekte spricht die extrem hohe Wahlbeteiligung bei der ersten demokratischen Wahl in der DDR, der Volkskammerwahl im März 1990, die bei den folgenden Wahlen nie wieder erreicht wurde. Es besteht aber auch die Möglichkeit, dass die Grenze zwischen der Bundesrepublik und der DDR nicht so dicht war wie angenommen wurde und dass der Fortbestand einer ‚virtuellen Kommunikationsgemeinschaft' im geteilten Deutschland einem Teil der DDR-Bürger die Integration ins politische Leben des vereinigten Deutschland erleichterte. Der Institutionentransfer traf auf günstige Voraussetzungen, und dies führte zu einer überraschend schnellen Angleichung der politischen Verhaltensmuster der Ostdeutschen an die der Westdeutschen. Institutionelle Effekte scheinen langfristige Traditionen zumindest in einigen Bereichen zurückgedrängt zu haben.

## Literatur

Ajzen, Izek (1988): Attitudes, Personality and Behavior. Chicago: Dorsey.
Ajzen, Izek/Fishbein, Martin (1980): Understanding Attitudes and Predicting Social Behavior. Englewood Cliffs: Prentice-Hall.
Almond, Gabriel A./Verba, Sidney (1963): The Civic Culture. Political Attitudes and Democracy in Five Nations. Boston: Little, Brown and Company.
Barnes, Samuel H./Kaase, Max/Allerbeck, Klaus R./Farah, Barbara G./Heunks, Felix/Inglehart, Ronald/Jennings, M. Kent/Klingemann, Hans D./Marsh, Alan/Rosenmayr, Leopold (1979): Political Action. Mass Participation in Five Western Democracies. Beverly Hills: Sage.
Dahl, Robert A. (1971): Polyarchy. Participation and Opposition. New Haven: Yale University Press.
Gabriel, Oscar W./Völkl, Kerstin (2004a): Auf der Suche nach dem Nichtwähler neuen Typs. Eine Analyse aus Anlass der Bundestagswahl 2002. In: Brettschneider, Frank/van Deth, Jan

W./Roller, Edeltraud (Hrsg.): Die Bundestagswahl 2002. Analysen des Wahlergebnisses und des Wahlkampfes. Wiesbaden: VS Verlag für Sozialwissenschaften, S. 221-248.

Gabriel, Oscar W./Völkl, Kerstin (2004b): Politische und soziale Partizipation. In: Gabriel, Oscar W./Holtmann, Everhard (Hrsg.): Handbuch Politisches System der Bundesrepublik Deutschland. 3. Aufl.. München: Oldenbourg (i.E.).

Immergut, Ellen (1998): The Theoretical Core of New Institutionalism. In: Politics and Society 26, S. 5-34.

Inglehart, Ronald (1979): Political Action. The Impact of Values, Cognitive Level, and Social Background. In: Barnes, Samuel H./Kaase, Max/Allerbeck, Klaus R./Farah, Barbara G./Heunks, Felix/Inglehart, Ronald/Jennings, M. Kent/Klingemann, Hans D./Marsh, Alan/Rosenmayr, Leopold: Political Action. Mass Participation in Five Democracies. Beverly Hills: Sage, S. 343-380.

Inglehart, Ronald (1983): Changing Paradigms in Comparative Political Behavior. In: Finifter, Ada W. (Hrsg.): Political Science. Portrait of a Discipline. Washington: The American Political Science Association, S. 429-469.

Kunz, Volker/Gabriel, Oscar W. (2000): Soziale Integration und politische Partizipation. Das Konzept des Sozialkapitals – Ein brauchbarer Ansatz zur Erklärung politischer Partizipation? In: Druwe, Ulrich/Kühnel, Steffen/Kunz, Volker (Hrsg.): Kontext, Akteur und strategische Interaktion. Untersuchungen zur Organisation politischen Handelns in modernen Gesellschaften. Opladen: Leske + Budrich, S. 47-74.

Lipset, Seymour M. (1959): Political Man. The Social Bases of Politics. Baltimore: The John Hopkins University Press, Neuaufl. 1981.

Lüdemann, Christian (2001): Politische Partizipation. Anreize und Ressourcen. Ein Test verschiedener Handlungsmodelle und Anschlusstheorien am ALLBUS 1998. In: Koch, Achim/Wasmer, Martina/Schmidt, Peter (Hrsg.): Politische Partizipation in der Bundesrepublik Deutschland. Empirische Befunde und theoretische Erklärungen. Opladen: Leske + Budrich, S. 43-71.

Maccoby, Herbert (1958): The Differential Political Activity of Participants in an Voluntary Association. In: American Sociological Review 23, S. 524-532.

Marsh, Alan/Kaase, Max (1979): Background of Political Action. In: Barnes, Samuel H./Kaase, Max/Allerbeck, Klaus R./Farah, Barbara G./Heunks, Felix/Inglehart, Ronald/Jennings, M. Kent/Klingemann, Hans D./Marsh, Alan/Rosenmayr, Leopold: Political Action. Mass Participation in Five Western Democracies. Beverly Hills: Sage, S. 97-136.

Milbrath, Lester W./Goel, M. Lal (1977): Political Participation. How and Why Do People Get Involved in Politics? 2. Aufl. Chicago: Rand Mc Nally.

Nie, Norman H./Powell, G. Bingham/Prewitt, Kenneth (1969a): Social Structure and Political Participation. Developmental Relationships, Part I. In: American Political Science Review 63, S. 361-376.

Nie, Norman H./Powell, G. Bingham/Prewitt, Kenneth (1969b): Social Structure and Political Participation. Developmental Relationships, Part II. In: American Political Science Review 63, S. 808-832.

Niedermayer, Oskar (1996): Das intermediäre System. In: Kaase, Max/Eisen, Andreas/Gabriel, Oscar W./Niedermayer, Oskar/Wollmann, Helmut: Politisches System. Opladen: Leske + Budrich,, S. 155-230.

Niedermayer, Oskar (2001): Bürger und Politik. Politische Orientierungen und Verhaltensweisen der Deutschen. Eine Einführung. Wiesbaden: Westdeutscher Verlag.

Opp, Karl Dieter (1992): Legaler und illegaler Protest im interkulturellen Vergleich. In: Kölner Zeitschrift für Soziologie und Sozialpsychologie 44, S. 436-460.

Parry, Gerraint/Moyser, George/Day, Neil (1992): Political Participation and Democracy in Britain. Cambridge: Cambridge University Press.

Putnam, Robert D. (1993): Making Democracy Work. Civic Traditions in Modern Italy. Princeton: Princeton University Press.

Putnam, Robert D. (2000): Bowling Alone. The Collapse and Revival of American Community. New York: Simon and Schuster.

Rohrschneider, Robert (1999): Learning Democracy: Democratic and Economic Values in Unified Germany. Oxford: Oxford University Press.
Scheuch, Erwin K./Scheuch, Ute (1991): Wie deutsch sind die Deutschen? Eine Nation wandelt ihr Gesicht. Bergisch Gladbach: Lübbe.
Sniderman, Paul M. (1975): Personality and Democratic Politics. Berkeley: University of California Press.
Sniderman, Paul M. (2000): Taking Sides: A Fixed Choice Theory of Political Reasoning. In: Lupia, Arthur/McCubbins, Matthew D./Popkin, Samuel L. (Hrsg.): Elements of Reason. Cambridge: Cambridge University Press, S. 67-84.
van Deth, Jan W. (2001): Soziale und politische Beteiligung. Alternativen, Ergänzungen oder Zwillinge. In: Koch, Achim/Wasmer, Martina/Schmidt, Peter (Hrsg.): Politische Partizipation in der Bundesrepublik Deutschland. Empirische Befunde und theoretische Erklärungen. Opladen: Leske + Budrich, S. 195-219.
Verba, Sidney/Nie, Norman H. (1972): Participation in America, Political Democracy and Social Equality. New York: Harper & Row.
Verba, Sidney/Nie, Norman H./Kim, Jae-on (1978): Participation and Political Equality. A Seven-Nation Comparison. Cambridge: Cambridge University Press.
Verba, Sidney/Schlozman, Kay Lehman/Brady, Henry E. (1995): Voice and Equality. Civic Voluntarism in American Politics. Cambridge: Harvard University Press.
Zaller, John (1992): The Nature and Origins of Mass Opinion. Cambridge: Cambridge University Press.

# Mediennutzung und interpersonale politische Kommunikation

*Katja Neller*

## 1 Einleitung

Medien sind die wichtigste Quelle der Information über Politik: „For whatever they do learn about politics, most people must rely heavily upon the cheapest and most accessible sources: newspapers, radio, and television (...)" (Page, Shapiro und Dempsey 1987: 24). Darüber hinaus treffen Medien über ihre Gate-Keeper-, Agenda-Setting- und Priming-Funktionen eine Vorauswahl darüber, was wir überhaupt erfahren können, beeinflussen, was Gegenstand unserer politischen Diskussionen ist und wie wichtig uns verschiedene Themen ‚auf der Tagesordnung' erscheinen, und wirken maßgeblich an unserem Bild von Politik mit (vgl. z.B. Schmitt-Beck 1998; Mughan und Gunther 2000; Neller 2002).

Neben der *massenmedialen* spielt die *interpersonale* politische Kommunikation, d.h. die Gespräche, die Bürger miteinander über Politik führen, eine zentrale Rolle für die Verbindung zwischen der individuellen und der politischen Umwelt (vgl. Brettschneider 2002). Schmitt-Beck (2000: 67) beschreibt die Funktion der Massenmedien für die Politik, die auch zahlreiche andere Publikationen (vgl. exemplarisch Klingemann und Voltmer 1989) hervorgehoben haben, so:

> „Die Massenkommunikation leistet den Brückenschlag zwischen der Mikro-Ebene des einzelnen Bürgers und der Makro-Ebene des gesellschaftlichen Entscheidungsprozesses, der Institutionen, innerhalb derer er sich vollzieht, und der Akteure, die an ihm beteiligt sind."

Im Gegensatz dazu charakterisiert Schmitt-Beck (2000: 67) die interpersonale Kommunikation als „der unmittelbaren Lebenswelt verhaftet", da sich die Gesprächspartner für politische Diskussion in der direkten Umwelt der Individuen finden. Durch die Kommunikation über Politik erfolgt eine Vertiefung und Strukturierung der aus den Medien aufgenommenen politischen Inhalte (vgl. Brettschneider 1997a). Für Personen, die keinerlei politische Medieninhalte nutzen, stellen Gespräche über Politik nahezu die einzige Art und Weise dar, auf die sie Informationen zu diesem Aspekt bekommen, da persönliche Erfahrungen mit Politik und Politikern im Allgemeinen äußerst selten sind. Die Verbindung zum politischen Prozess wird bei der interpersonalen politischen Kommunikation jedoch nur *indirekt* hergestellt (vgl. Schmitt-Beck 2000: 69ff.).

Ein gewisses, von verschiedenen Autoren allerdings unterschiedlich definiertes Maß an politischer Informiertheit der Bürger, die maßgeblich auf der Nutzung politischer Berichterstattung und politischen Gesprächen basiert, kann als Grundvoraussetzung einer stabilen Demokratie gelten (vgl. z.B. Delli Carpini und Keeter 1996; zusammenfassend Neller 2002). Andere Autoren diskutieren die Nutzung politischer Medieninhalte als Dimension politischer Involvierung (z.B. Converse 1966; Zukin 1977; Gabriel und Vetter 1999). In Gesellschaften, die nach Jahren unter einem autoritären Regime von politischer

Apathie geprägt sind, können die Massenmedien dazu beitragen, die politische Involvierung der Bürger zu fördern, und so einen Beitrag zur Generierung von Unterstützung für das neue politische System leisten (vgl. Kaase 2000). Im Rahmen der Überlegungen der normativen und empirischen Demokratietheorie werden Mediennutzung und interpersonale politische Kommunikation als zentrale Merkmale des demokratischen ‚Idealbürgers' definiert. So zeichnen sich beispielsweise der ‚Staatsbürger' in der *Civic Culture* von Almond und Verba (1963) oder der ‚Superbürger', wie er z.B. von Dalton (1996) beschrieben wurde, durch aktive Mediennutzung und Kommunikation über Politik aus. Mediennutzung und interpersonale Kommunikation stellen außerdem wichtige Vorstufen der politischen Beteiligung dar (‚Zuschauer-', bzw. Übergang von ‚Zuschauer-' zu ‚Gladiatorenaktivitäten', vgl. Milbrath 1965) und spielen in der politikwissenschaftlichen Einstellungsforschung eine Rolle als Erklärungsfaktoren von Einstellungsänderungen (vgl. z.B. Page, Shapiro und Dempsey 1987). Nur Bürger, die überhaupt über den Weg der medialen oder der interpersonalen Kommunikation von politischen Informationen erreicht werden, können jedoch auch von diesen Informationen beeinflusst werden. Daher beschäftigt sich die empirische politische Kommunikationsforschung nicht nur mit den Wirkungen, sondern auch mit der Nutzung unterschiedlicher politischer Kommunikationsformen.

Erste Studien aus den 1940er und 1950er Jahren kamen zu dem Ergebnis, dass die von den Massenmedien vermittelten Informationen nur einen vergleichsweise kleinen Bevölkerungsteil, die sogenannten ‚Meinungsführer', direkt erreichten und dass die Mehrheit ihr politisches Urteil auf die von diesen Meinungsführern vermittelten Informationen stütze (vgl. Lazarsfeld, Berelson und Gaudet 1944). Vor dem Hintergrund gesellschaftlicher Modernisierungsprozesse, zunehmender Mobilität, Individualisierung und sich auflösender Sozialmilieus hat sich die Rolle der Primärgruppenkommunikation und damit auch der Diskussion mit anderen Bürgern über Politik jedoch grundlegend gewandelt. Deutlich mehr Bürger nutzen heute die Medien zur *direkten* Gewinnung politischer Informationen (vgl. z.B. Klingemann und Voltmer 1989; Schaub 1998; Kepplinger und Maurer 2000; Mughan und Gunther 2000; zum Thema der Diskussion über Politik vgl. auch van Deth in diesem Band).

Untersuchungen, die sich sowohl mit politischer Mediennutzung als auch interpersonaler politischer Kommunikation befassen, und dabei zudem eine vergleichende Perspektive einnehmen, sind sehr selten - auch wenn die politische Kommunikationsforschung mittlerweile auf eine umfangreiche Tradition zurückblicken kann und die Nutzung politischer Medieninhalte als abhängige und unabhängige Variable in vielen Kontexten nicht mehr aus der politikwissenschaftlichen Forschung wegzudenken ist (vgl. Schmitt-Beck 1998 und 2000; Newton 2002). Die meisten bisher vorliegenden Analysen zur Mediennutzung im internationalen Vergleich bewegen sich entweder auf der Makroebene und analysieren lediglich die Ausstattung von Haushalten mit Fernsehern, Radio usw. oder konzentrieren sich nur auf die allgemeine Mediennutzung, ohne politische oder andere Inhalte auszudifferenzieren. Einige der wenigen Ausnahmen stellt die Untersuchung von Schmitt-Beck (1998 und 2000) dar, der auf der Basis der Daten aus dem *Comparative National Elections Projekt* (CNEP) Anfang der 1990er Jahre vier Länder vergleichend analysiert (Deutschland, das Vereinigte Königreich, Spanien, USA) und dabei in Europa zum Teil erheblich divergierende Nutzungsmuster der politischen Informationen in verschiedenen Medien ermittelt. Während sich z.B. die Ostdeutschen als eifrigste Nutzer der Tageszeitung erweisen, spielt dieses in Spanien kaum keine Rolle. In den westlichen Demokratien werden fast alle Bürger von politischen Inhalten im Fernsehen erreicht, wobei ger von politischen Inhalten im Fernsehen erreicht, wobei wiederum Spanien eine Ausnahme bildet. Auch im Hinblick auf die interpersonale Kommunikation zeigten sich in der Untersuchung von Schmitt-Beck (2000) deutliche Länderunterschiede: am häufigsten über Politik sprechen die Ostdeutschen, am seltensten die Spanier.

Die Nutzung politischer Medieninhalte findet im Rahmen national sehr unterschiedlicher Mediensysteme statt, die von den jeweiligen historischen, politischen, kulturellen und wirtschaftlichen Strukturen bestimmt werden. Obwohl dies einerseits zu unterschiedlichen Medienangeboten führt, ergeben sich durch Entwicklungen wie die Verbreitung des Satellitenempfangs, des Internet und vor dem Hintergrund der Globalisierung und der allgemeinen Konzentration der Medienlandschaft andererseits auch neue Parallelen und Verbindungen zwischen den Medienangeboten verschiedenster Länder (vgl. Hasebrink und Herzog 2002).

Vor diesem Hintergrund beschäftigt sich dieser Beitrag mit den folgenden Fragen: Wie häufig werden politische Informationen in verschiedenen Medien (Fernsehen, Radio, Zeitung) genutzt? Wie ist der Anteil der *politischen* in Relation zur *gesamten* Mediennutzung der Europäer? Wie häufig diskutieren die Bürger in Europa über Politik und welche Zusammenhänge von Mediennutzung und interpersonaler politischer Kommunikation ergeben sich im Ländervergleich? Gibt es verschiedene Mediennutzungstypen? Inwiefern sind unterschiedliche Mediennutzungstypen und Typen der interpersonalen Kommunikation durch bestimmte sozio-demographische und sozio-ökonomische Merkmale sowie unterschiedliche politische Orientierungen gekennzeichnet? Ausgangspunkt der folgenden Untersuchung der Gemeinsamkeiten und Unterschiede im Mediennutzungsverhalten und der interpersonalen politischen Kommunikation sind West- und Ostdeutschland. Die Ergebnisse für die alten und neuen Bundesländer werden im Vergleich mit den west- und osteuropäischer Staaten betrachtet. Im Hinblick auf die Leitidee dieses Bandes stellt sich die Frage, ob sich in Europa eine Trennlinie zwischen West- und Osteuropa (den ‚alten' und ‚neuen' Demokratien) findet, wobei die Orientierungen in Westdeutschland eher den Einstellungsverteilungen in den westeuropäischen Ländern entsprechen und die Orientierungen in Ostdeutschland eher den osteuropäischen Mustern.

Im Folgenden werden zunächst die im *European Social Survey* 2002/2003 zur Erhebung der Mediennutzung und der interpersonalen politischen Kommunikationen zur Verfügung stehenden Indikatoren sowie relevante Kontextfaktoren vorgestellt. Im Anschluss daran werden deskriptive Analysen der Nutzung der politischen Berichterstattung in unterschiedlichen Medien und der Häufigkeit von Gesprächen über Politik in Ost- und Westdeutschland sowie im europäischen Vergleich präsentiert. Dann wird der Zusammenhang von politischer Mediennutzung und interpersonaler politischer Kommunikation untersucht. Zum Schluss werden die ermittelten Mediennutzungstypen sowie die Typen interpersonaler politischer Kommunikation im Hinblick auf sozio-demographische und sozio-ökonomische Merkmale sowie politische Orientierungen charakterisiert.

## 2  Mediennutzung und interpersonale Kommunikation im *European Social Survey*

Nur wenige international vergleichende Erhebungen enthalten sowohl Fragen zur Nutzung der Medien im Allgemeinen, zur Nutzung politischer Medieninhalte im Speziellen und zur interpersonalen Kommunikation. Wenn dies überhaupt der Fall ist, ist die Zahl der Fragen meist begrenzt, was differenzierte Analysen erschwert. Auch die im ESS enthaltenen Variablen stellen keine besonders differenzierten Instrumente dar, ermöglichen aber dennoch Einblicke in die Nutzung verschiedener politischen Informationsquellen durch die Bürger Ost- und Westdeutschlands bzw. Ost- und Westeuropas, deren Zusammenhang und Korrelate. Zur Erhebung der allgemeinen und der politischen Mediennutzung wurden folgende Frageformate verwendet: „Wieviel Zeit verbringen Sie an einem gewöhnlichen Werktag insgesamt damit, Fernzusehen/Radio zu hören/Zeitung zu lesen?"; „Und wieviel von dieser Zeit verbringen Sie damit, Artikel über Politik und aktuelle politische Ereignisse zu lesen?". Als Antwortvorgaben stand jeweils eine Skala mit acht Ausprägungen zur Verfügung: 0: ‚Gar keine Zeit'; 1: ‚weniger als eine 1/2 Stunde'; 2: ‚1/2 bis zu 1 Stunde'; 3: ‚mehr als 1, bis zu 1 1/2 Stunden'; 4: ‚mehr als 1 1/2, bis zu 2 Stunden'; 5: ‚mehr als 2, bis zu 2 1/2 Stunden'; 6: ‚mehr als 2 1/2, bis zu 3 Stunden'; 7: ‚mehr als 3 Stunden'. Die Kombination der Items im ESS ermöglicht es im Gegensatz zu den meisten anderen Studien, die politische in Relation zur allgemeinen Mediennutzung zu untersuchen.

Die interpersonale politische Kommunikation wird im ESS mit der Frage „Und wie oft diskutieren Sie über Politik und aktuelle politische Ereignisse?" abgedeckt. Die Antwortvorgaben für dieses Item lauten: 1: ‚Täglich'; 2: ‚mehrmals in der Woche'; 3: ‚einmal in der Woche'; 4: ‚mehrmals im Monat'; 5: ‚einmal im Monat'; 6: ‚seltener'; 7: ‚nie'. Der zweite Standardindikator der interpersonalen politischen Kommunikation, die Frage nach der Häufigkeit der Versuche, andere von der eigenen politischen Meinung zu überzeugen, wurde nicht in das Frageprogramm des ESS aufgenommen. Daher kann im Folgenden der Aspekt der von Lazarsfeld, Berelson und Gaudet (1944) identifizierten Meinungsführer leider nicht untersucht werden.

## 3 Kontextfaktoren: Politisches System, Mediensystem und technische Voraussetzungen

Mit der Auflösung des Ost-West-Gegensatzes und den einsetzenden Transformationsprozessen in den osteuropäischen Staaten waren neben politischen und wirtschaftlichen Veränderungen auch Veränderungen im Bereich der Massenmedien verbunden. Rede-, Meinungs- und Pressefreiheit als zentrale Errungenschaften des demokratischen Wandels bilden die Grundlage für die Veränderung der Mediensysteme der exkommunistischen Länder, die maßgeblich durch das totalitäre politische Regime determiniert waren. Es kam zu einer Abwendung von den Grundprinzipien der marxistisch-leninistischen Pressetheorie. Die Mediensysteme öffneten sich und die von den ehemals herrschenden Staatsparteien kontrollierten Zeitungen, Radio- und TV-Sender wurden zum großen Teil privatisiert. Eine Vorreiterrolle nahmen dabei Ungarn, Polen und die Tschechische Republik ein, die teilweise schon vor dem offiziellen Eintreten der politischen ‚Wende' ihre Mediensysteme liberalisierten. Im Vergleich dazu hinkte die Entwicklung in der DDR hinterher. Bis zuletzt versuchten hier die politischen Machthaber, die Berichterstattung vollständig zu kontrollieren, auch wenn dies durch die Möglichkeit des Westfernsehens konterkariert wurde. Ab 1990 kam es in den neuen Bundesländern jedoch zu einem rasanten Aufholprozess. Im Gegensatz zu den übrigen Ländern Osteuropas konnte sich über die westdeutschen Medienstrukturen vermittelt sehr viel schneller ein neues, demokratisches Mediensystem entwickeln (vgl. Wilke 1991). Darüber hinaus nahm das Mediensystem in Ostdeutschland schon vor der Wende eine Sonderstellung unter den kommunistischen Staaten ein. Zwar versuchte die DDR-Führung in sozialistischer Tradition, die Medieninhalte zu kontrollieren, sie konnte dies aber nur mit begrenztem Erfolg umsetzen, da mit Ausnahme der Region um Dresden in der gesamten DDR das westdeutsche Fernsehen empfangen werden konnte. Die Berichte der westdeutschen Fernsehsender über die steigende Zahl von DDR-Bürgern, die im Sommer 1989 über Ungarn in den Westen flüchteten, trugen letztlich auch dazu bei, den Prozess des Sturzes des realsozialistischen Regimes zu beschleunigen (vgl. z.B. Brettschneider 1997a; Kaase 2000).

Generell wird angenommen, dass die Bürger in kommunistischen Ländern den Mangel an zuverlässigen medialen Informationen über eine größere Aktivität im Bereich der interpersonalen politischen Kommunikation zumindest teilweise kompensierten. Dazu kommt, dass der Prozess der Systemtransformation zu einem allgemeinen Politisierungsschub der Gesellschaft führt, der ein erhöhtes Informations- und Gesprächsbedürfnis mit sich bringt (vgl. Schmitt-Beck 2000). Dies erklärt die für die Ostdeutschen in der Nachwendezeit zu verzeichnende große Bedeutung von politischen Diskussionen, die bis Ende der 1990er wieder rückläufig war, sowie die nach wie vor vorhandenen Spitzenpositionen der neuen Bundesländer in Bezug auf die Mediennutzung (vgl. Brettschneider 1997a und 2002; Schmitt-Beck 2000). Für die osteuropäischen Demokratien bzw. Ostdeutschland kann zudem vermutet werden, dass die Nutzung politischer Medieninhalte und die interpersonale politische Kommunikation eine wichtigere Rolle als in den etablierten westlichen Demokratien spielen, da in diesen Ländern der Politik, z.B. auf Grund des geringeren gesellschaftlichen Wohlstandes, der mit einer konflikthafteren Sicht von Politik verbunden ist, diesem Aspekt eine größere Bedeutung als anderen Lebensbereichen zugeschrieben wird (vgl. van Deth 2000a und 2000b). Für die folgenden Analysen stellt sich also neben einer Überprüfung der in verschiedenen Studien ermittelten Sonderrolle Ostdeutschlands im Hinblick auf den Vergleich von West- und Osteuropa die Frage, ob in den exkommunistischen Regimen Diskussionen über Politik und die Nutzung politischer Medieninhalte weiterhin eine besondere Rolle spielen oder ob sie sich eher den westeuropäischen Mustern angeglichen haben.

Insgesamt werden sowohl die Mediensysteme der osteuropäischen Transformationsgesellschaften als auch die der etablierten westeuropäischen Demokratien als „liberal-pluralistisch" charakterisiert (vgl. z.B. Kleinsteuber 1994). Allerdings dürfen die Effekte nationaler und internationaler Medienkonzentrationsprozesse (die nach einer Phase der Pluralisierung auch in den ‚neuen' Demokratien schnell zum Tragen kamen) oder nationale politische Besonderheiten wie der ‚Berlusconi-Effekt' in Italien, die die demokratisch wünschenswerte Pluralität der Medienlandschaft in einzelnen Ländern zum Teil stark einschränken, nicht unberücksichtigt bleiben. In zahlreichen osteuropäischen Ländern versuchen außerdem die Akteure der neuen politischen Elite, die Medien in Anknüpfung an ‚alte politische Traditionen' für ihre Zwecke zu instrumentalisieren (vgl. Tzankoff 2001; Thomaß 2001). Auch diese Faktoren könnten eine Rolle für die Einordnung der ermittelten Ergebnisse spielen.

Neben politischen Traditionen bzw. situativen politischen Rahmenbedingungen spielen auch technische Faktoren bzw. der ökonomische Entwicklungsstand eines Landes eine wichtige Rolle für die Art der genutzten Medien und den Umfang der Mediennutzung (vgl. Hasebrink und Herzog 2002). Mit Ausnahme des ältesten Massenmediums Zeitung setzt die Nutzung von Medien voraus, dass entsprechende Geräte wie Fernseher, Radio oder

Computer mit Modemanschluss in den Haushalten vorhanden bzw. technische Voraussetzungen wie leistungsfähige Telefonnetze gegeben sind. Zumindest im Bereich Hörfunk und auch in Bezug auf das Fernsehen kann für alle hier untersuchten Länder von einer nahezu erreichten Vollversorgung ausgegangen werden. Große Unterschiede gibt es aber bei der Anzahl der zu empfangenden Programme. Während in Ländern wie Deutschland, Österreich, den Niederlanden und Luxemburg mindestens 70% der Bevölkerung ca. 40 Programme empfangen können, sind es in den meisten übrigen Ländern (darunter auch im Vereinigten Königreich und Spanien) deutlich weniger als 10 Programme. Auch die Zahl der verfügbaren Tageszeitungen und Hörfunksender ist sehr unterschiedlich (Daten für 2000; vgl. Hasebrink und Herzog 2002). Ob sich diese Unterschiede in den Mediennutzungsmustern der jeweiligen Länder widerspiegeln, wird sich in den folgenden Analysen zeigen.

## 4 Mediennutzung und interpersonale politische Kommunikation: Deutschland in Europa

### *4.1 Mediennutzung*

Verschiedenen Medien wird ein unterschiedliches Maß an Informationsgehalt und Glaubwürdigkeit zugeschrieben. Generell wird den Printmedien der höchste Informationsgehalt zugeschrieben, während beim Aspekt der Glaubwürdigkeit die visuellen Medien am besten abschneiden. Darüber hinaus sind zumindest für die westlichen Demokratien in zahlreichen Untersuchungen unterschiedliche Nutzungsfrequenzen für verschiedene Medien belegt worden, wobei sich das Fernsehen als dominantes Medium etabliert hat. Der Hörfunk hat sich seit der Einführung und Verbreitung des Fernsehens zu einem Begleit- und Hintergrundmedium gewandelt, das so gut wie alle Bevölkerungsgruppen erreicht. Sowohl die Seh- als auch die Hördauer haben bis 2001 stets weiter zugenommen. Daneben behauptet sich die Tageszeitung als klassisches Medium, das seinen Lesern insbesondere lokale Informationen liefert. Tendenziell ist das Zeitungslesen jedoch rückläufig (vgl. z.B. Hasebrink 1995; Berg und Ridder 2002). Vor diesem Hintergrund scheint es sinnvoll, im Folgenden die Nutzung von Fernsehen, Hörfunk und Presse zunächst getrennt voneinander zu untersuchen.

Untersuchungen, die auf Daten für Mitte der 1990er Jahre basieren, kamen zu dem Ergebnis, dass zwar in den neuen Bundesländern der Zeitaufwand für die tägliche Mediennutzung höher als in den alten Bundesländern liegt, insgesamt jedoch seit Anfang der 1990er Jahre eine Annäherung der Nutzungsmuster politischer Medieninhalte zu verzeichnen ist. Dies wird zum einen mit dem erhöhten Informationsbedürfnis der Ostdeutschen und ihrer Politisierung im Zuge der Wende erklärt, das im Laufe der Jahre rückläufig war, zum anderen nutzen die Ostdeutschen aufgrund mangelnder Alternativen der Freizeitgestaltung bzw. eines im Zuge der Massenarbeitslosigkeit anderen Zeitbudgets als viele Westdeutsche häufiger die Angebote der Medien, wobei dies vor allem für die Unterhaltungsprogramme gilt (vgl. Brettschneider 1997b). Schaub (1998) ermittelte mit Daten für 1996, dass die Ostdeutschen Mitte der 1990er den Nachrichten in Fernsehen, Radio und Zeitung eine wichtigere Rolle als politische Informationsquelle und als Quelle der Meinungsbildung zuschreiben als die Westdeutschen.

Mediennutzung und interpersonale politische Kommunikation 345

Welches Bild ergibt sich bei einer Betrachtung der Entwicklung der Nutzung politischer Medieninhalte über den Zeitraum 1970 bis 2001? Abbildung 1 zeigt die Ergebnisse der in den *Eurobarometern* zur Verfügung stehenden Indikatoren, die allerdings lediglich die Nutzung von Nachrichten in den Medien Fernsehen, Zeitung und Radio abdecken. Zwischen 1970 und 1983 ist in den alten Bundesländern eine deutliche Zunahme der Nachrichtennutzung in allen Medien erkennbar, in den Folgejahren kam es nur noch zu geringfügigen Veränderungen. Wie bereits oben beschrieben, zeigt sich auch in den Eurobarometerdaten ab 1991 eine stärkere Nutzung der politischen Medieninhalte durch die Ostdeutschen, die bis Mitte der 1990er abflachte. In Westdeutschland ist für 1991 ebenfalls ein Politisierungseffekt sichtbar, der aber im Gegensatz zu Ostdeutschland schon 1992 nicht mehr nachweisbar ist. 1997 zeigen sich noch einmal größere Unterschiede zwischen den Bürgern der alten und neuen Bundesländer, die jedoch im Jahr 2001 nahezu verschwunden sind. Ost- und Westdeutsche nutzen also mittlerweile die Nachrichten in verschiedenen Medien in nahezu identischem Umfang. Insgesamt erweist sich das Medium Fernsehen als über die Jahre eindeutig am intensivsten genutzte mediale politische Informationsquelle. Sowohl in West- als auch in Ostdeutschland - dort allerdings etwas stärker - leicht rückläufig ist die Nutzung der politischen Nachrichten in Tageszeitungen. Nachrichten im Radio werden von den Ostdeutschen tendenziell häufiger gehört als von den Westdeutschen.

*Abbildung 1:* Nutzung politischer Medieninhalte (Nachrichten) in West- und Ostdeutschland, 1970-2001 (Mittelwerte)

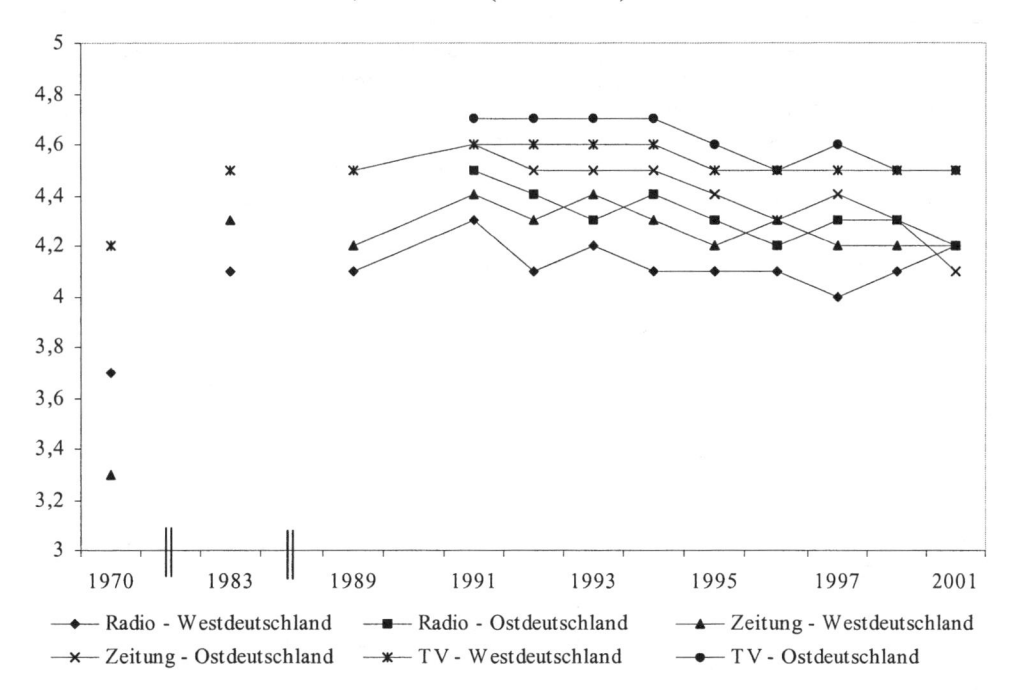

Quelle: *Eurobarometer*. „Wie oft sehen Sie die Nachrichten im Fernsehen/lesen Sie die Nachrichten in einer Tageszeitung/hören Sie die Nachrichten im Radio?" Antwortvorgaben wie folgt recodiert: 5: ‚täglich'; 4: ‚mehrmals in der Woche'; 3: ‚ein- oder zweimal in der Woche'; 2: ‚seltener'; 1: ‚nie'.

Frühere international vergleichende Untersuchungen der Nutzung der allgemeinen bzw. politischen medialen Berichterstattung kamen zu dem Ergebnis, dass die Deutschen in Europa in die Spitzengruppe der Mediennutzer gehören. Betrachtet man die Medien im Einzelnen ergibt sich, dass dem Fernsehen nicht nur in West- und Ostdeutschland, sondern - mit wenigen Ausnahmen - in ganz Europa die meiste Zeit gewidmet wird. Die eifrigsten Zuschauer finden sich in den ost- und südeuropäischen Ländern, die meisten nordeuropäischen Länder gehören zur Gruppe der vergleichsweise unterdurchschnittlichen Fernsehnutzer. An der Spitze stehen dagegen Italien und Ostdeutschland, gefolgt von dem Vereinigten Königreich und Westdeutschland, am wenigsten genutzt wird das Medium Fernsehen in Frankreich, das im internationalen Vergleich auch für die Nutzung von Tagespresse und Radio das Schlusslicht bildet (Daten für 2000, Hasebrink und Herzog 2002 sowie eigene Analysen der Eurobarometerdaten). Generell kommt der Tageszeitung in den nord-, mittel- und osteuropäischen Ländern eine größere Bedeutung als in den südeuropäischen Ländern zu (Daten für 2001, vgl. Hasebrink und Herzog 2002). Ausnahmen sind Frankreich und Belgien; dort wird die Tagespresse nur unterdurchschnittlich häufig genutzt. Die relativ geringe Bedeutung der Printmedien in den mediterranen Ländern wird zum einen durch die verspäteten sozio-ökonomischen Modernisierungsprozesse, die zu einer historisch schwachen Position der Presse in diesen Ländern beigetragen hat, erklärt, sowie durch die in diesen Ländern häufig ineffizienten Vertriebssysteme, die die interessierten Bürger dazu zwingen, ihre Zeitungen täglich in einer entsprechenden Verkaufsstelle zu erwerben (Schmitt-Beck 1998: 226). Vergleichende Analysen zur Hörfunknutzung zeigen, dass es auch hier deutliche Länderunterschiede gibt. West- und Ostdeutschland rangieren mit Ländern wie Dänemark und Norwegen wiederum in der Spitzengruppe, während sich die geringsten Nutzungsintensitäten für den Hörfunk in Frankreich finden.

Abbildung 2 zeigt die Nutzung von politischen Inhalten in Fernsehen, Presse und Hörfunk in Europa, wobei zusätzlich die jeweiligen west- und osteuropäischen Mittelwerte in die Grafik eingefügt wurden. Ein direkter Vergleich mit den Eurobarometerresultaten ist nicht möglich, da beim ESS nach dem täglichen Zeitaufwand für das Sehen, Lesen oder Hören von Berichten über Politik und aktuelle politische Ereignisse gefragt wird, in den *Eurobarometern* (wie in vielen anderen Studien) dagegen nach der allgemeinen Häufigkeit der Nutzung von Nachrichten. Die Indikatoren der *Eurobarometer* decken die verbreitete habituelle Nutzung von politischen Informationen in Form von Nachrichtensendungen bzw. ‚Mitnahmeeffekte' im Rahmen der allgemeinen Mediennutzung ab, während die Indikatoren des ESS zusätzlich die gezielte Nutzung politischer Inhalte erfassen. Der Vergleich der Ergebnisse muss sich daher auf die Struktur, nicht auf einzelne absolute Werte konzentrieren.

Das Bild, das sich aus den Eurobarometeranalysen für West- und Ostdeutschland für die Nutzung politischer Medieninhalte ergibt, wird mit den Indikatoren des ESS tendenziell bestätigt. Sowohl für die Nutzung politischer Fernsehberichterstattung als auch von politischen Zeitungsinhalten investieren die West- und Ostdeutschen ein minimal unterschiedliches Zeitbudget von durchschnittlich bis zu einer Stunde täglich, wobei lediglich die politischen Inhalte des Hörfunks in den neuen Bundesländern signifikant stärker als in den alten Bundesländern genutzt werden. Ein eindeutiger Politisierungseffekt der Ostdeutschen kann somit für 2002 nicht mehr belegt werden. Im Gegensatz zu den oben dargestellten Ergebnissen, nach denen Deutschland zu den Ländern mit der häufigsten Nutzung politischer Medieninhalte gehört, rangieren sowohl West- als auch Ostdeutschland bei Verwendung

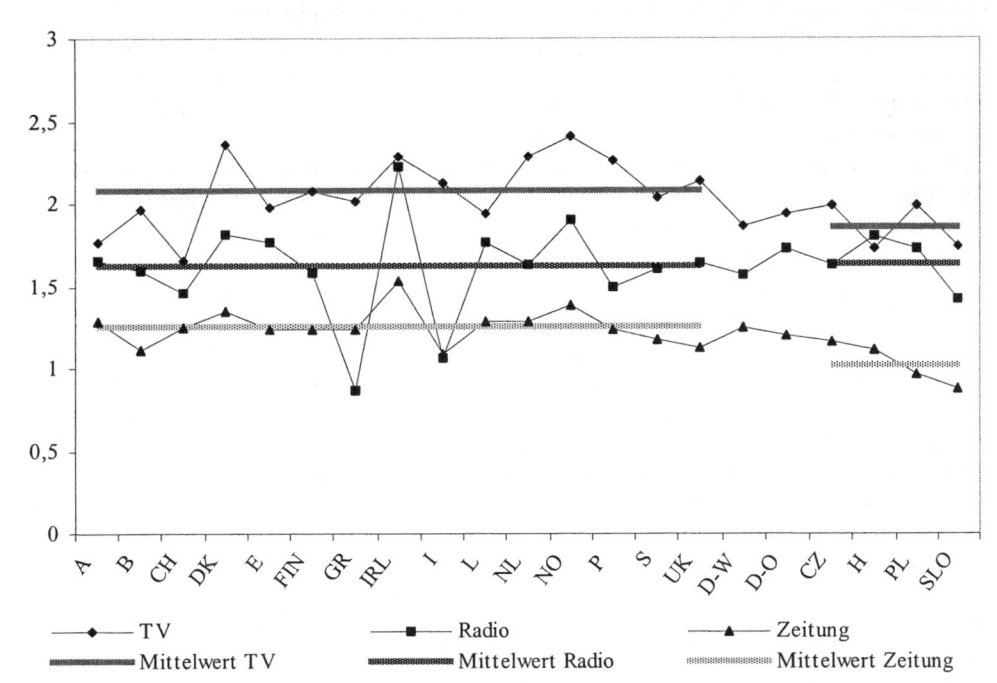

Mediennutzung und interpersonale politische Kommunikation 347

*Abbildung 2:* Nutzung politischer Medieninhalte in Europa, 2002/2003 (Mittelwerte)

Mittelwerte einer Skala von 0 bis 7. 0: ‚Gar keine Zeit'; 1: ‚weniger als eine 1/2 Stunde'; 2: ‚1/2 bis zu 1 Stunde'; 3: ‚mehr als 1, bis zu 1 1/2 Stunden'; 4: ‚mehr als 1 1/2, bis zu 2 Stunden'; 5: ‚mehr als 2, bis zu 2 1/2 Stunden'; 6: ‚mehr als 2 1/2, bis zu 3 Stunden'; 7: ‚mehr als 3 Stunden'.

der ESS-Indikatoren nicht in der Gruppe derjenigen Länder mit den höchsten Nutzungsintensitäten, sondern nur im Mittelfeld. Die Deutschen konsumieren also im europäischen Vergleich mit am häufigsten politische Medieninformationen, sie investieren aber insgesamt in diese Aktivitäten weniger Zeit als die Bürger anderer Länder. In Bezug auf das Zeitbudget für politische Informationen im Fernsehen bilden mit durchschnittlichen Nutzungsdauern von über einer Stunde Dänemark, Norwegen, die Niederlande, Portugal und Irland die Spitzengruppe; im Hinblick auf den Hörfunk mit bis zu einer Stunde täglicher Nutzung Irland, Dänemark, Norwegen und Ungarn. Für das Lesen politischer Zeitungsinhalte gibt es insgesamt die geringsten Abweichungen von den west- bzw. osteuropäischen Mittelwerten. Als Spitzenreiter erweisen sich hier mit Lesezeiten von durchschnittlich mehr als einer halben Stunde täglich wiederum Irland, Dänemark und Norwegen. Insgesamt stellt das Fernsehen die Quelle politischer Information dar, die täglich am längsten in Anspruch genommen wird. Eine Ausnahme bilden Irland und Ungarn, hier liegt das Fernsehen gleichauf mit der Nutzungsdauer des politischen Angebotes des Radios. Im Gegensatz zu den Eurobarometerdaten erweist sich der Hörfunk im Vergleich mit der Zeitung als die länger frequentierte Quelle für politische Berichte. Die Zeitung wird also insgesamt zwar häufiger für die politische Information benutzt als das Radio, in das Hören politischer Informationen im Rundfunk wird aber vergleichsweise mehr Zeit investiert.

Insgesamt ergibt sich im Hinblick auf die Nutzung politischer Fernseh- und Zeitungsberichte, jedoch nicht für den Hörfunk, eine west-ost-europäische Spaltungslinie, wobei in den osteuropäischen Ländern politische Informationen weniger häufig als in den westeuropäischen konsumiert werden. Insbesondere wird in den exkommunistischen Ländern die Tageszeitung für die Beschaffung politischer Informationen weniger intensiv genutzt als Fernsehen oder Hörfunk. Dieser Unterschied findet sich zwar auch in den etablierten Demokratien, er fällt jedoch geringer aus. Auch der Kontextfaktor der zur Verfügung stehenden Auswahl an medialen Angeboten spielt eine Rolle. In Ländern, in denen die Mehrheit der Bürger eine höhere Anzahl an TV-Kanälen empfangen kann, wird das Fernsehen tendenziell sowohl intensiver für unpolitische als auch für politische Zwecke genutzt. Eindeutige Politisierungseffekte durch die jeweiligen Transformationsprozesse sind dagegen sowohl in Ostdeutschland als auch den hier untersuchten Ländern Osteuropas nicht (mehr) nachweisbar und auch die Vermutung einer vor dem Hintergrund einer größeren Konflikthaftigkeit von Politik generell umfangreicheren Nutzung politischer Medieninhalte in den neuen Demokratien trifft nicht zu. Vor allem im Hinblick auf die Spitzenpositionen der skandinavischen und einiger nord- und mitteleuropäischer Länder bestätigen sich jedoch altbekannte Strukturen. Das Argument einer im Kontext als konflikthaft empfundenen politischen Lage vorhandenen Anreizstruktur für die Information über Politik könnte auch eine Erklärung für die überdurchschnittlich zeitintensive Nutzung politischer Medieninhalte in Irland sein.

Vergleicht man Westdeutschland mit den übrigen westeuropäischen Ländern, ergibt sich für das Fernsehen, dass dessen politische Berichte in den alten Bundesländern mit unterdurchschnittlichem Zeitaufwand als politische Informationsquelle genutzt werden, ebenso das Radio. Die Zeitungsnutzung bewegt sich im Bereich des westeuropäischen Durchschnitts. Sowohl West- als auch Ostdeutschland liegen in Bezug auf den politischen TV-Konsum näher am osteuropäischen Durchschnittswert. Bei der Nutzung politischer Berichte im Radio liegt Ostdeutschland nicht nur etwas über den Werten für Westdeutschland, sondern auch geringfügig über den west- und osteuropäischen Mittelwerten. Bei der Lektüre politische Zeitungsinhalte sind die Ostdeutschen eher der Gruppe der westeuropäischen als den osteuropäischen Demokratien zuzurechnen.

Als nächstes soll der Frage nachgegangen werden, welchen Anteil die politischen Informationen am gesamten Zeitbudget, das die Bürger Europas in die Nutzung von Medien investieren, ausmachen. Welche Länder erweisen sich in Bezug auf das Medienverhalten ihrer Bürger als eher unpolitisch, welche als eher politikorientiert - und welche Medien werden eher zur Information über Politik, welche eher zu unpolitischen Zwecken wie Unterhaltung und Information über politikferne Themen genutzt? Abbildung 3 stellt das Verhältnis von allgemeiner und politischer Mediennutzung in den Teilnehmerländern des ESS dar. Hierfür wurde der Quotient aus der allgemeinen Nutzungsdauer und der Nutzung politischer Berichte im jeweiligen Medium berechnet. Die Werte können demnach zwischen 0 und 1 liegen, wobei 0 bedeutet, dass überhaupt keine Zeit mit der Nutzung politischer Medieninhalte verbracht wird und 1 bedeutet, dass in der gesamten Zeit, die in die Mediennutzung investiert wird, nur politische Inhalte gesehen, gelesen oder gehört werden. Die Werte zwischen 0 und 1 können als prozentuale Anteile der politischen an der gesamten täglichen Mediennutzungsdauer interpretiert werden.

Zeitung und Fernsehen werden von den Bürgern der alten Bundesländer etwas stärker für politische Informationen genutzt als von den Ostdeutschen, insgesamt sind die West-

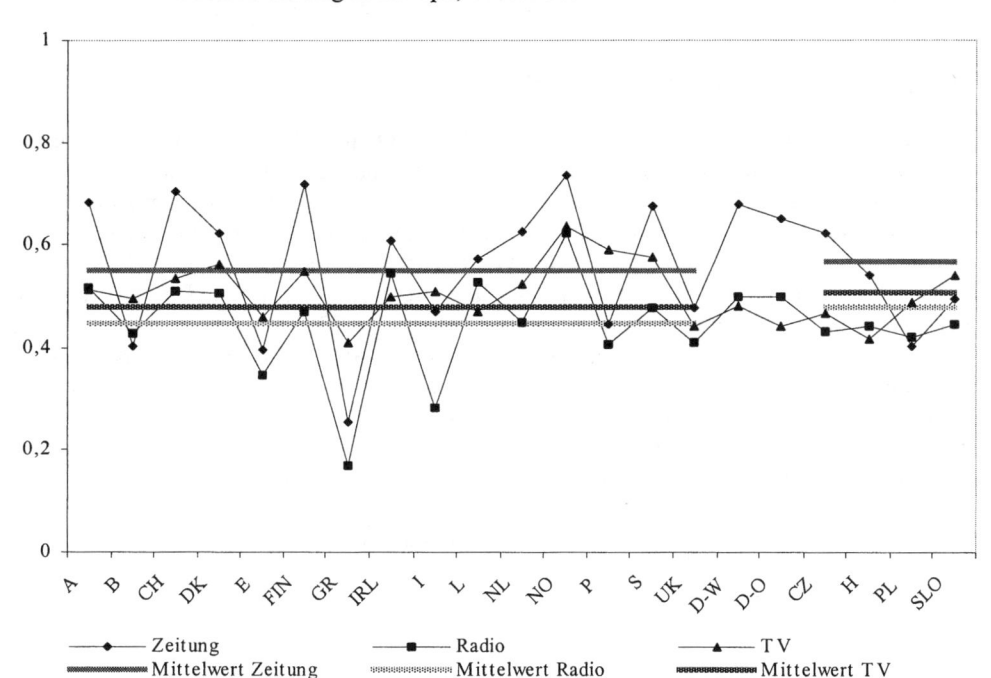

*Abbildung 3:* Anteil der Nutzung politischer Medieninhalte an der gesamten Mediennutzung in Europa, 2002/2003

Quotient aus der täglichen allgemeinen Nutzungsdauer und der täglichen Nutzungsdauer politischer Berichte für die jeweiligen Medien.

deutschen in ihrem Medienverhalten etwas politikorientierter. Bei der Betrachtung der absoluten Nutzungsdauer für politische Medieninhalte liegen die Deutschen also ‚nur' im Mittelfeld, sie investieren in Relation zur gesamten Mediennutzung aber vergleichsweise viel Zeit in politische Berichte. Insgesamt betrachtet verliert das Fernsehen aus dieser Analyseperspektive seine dominierende Stellung, denn in den meisten Ländern wird bei diesem Medium mehr Zeit in unpolitische als politische Inhalte investiert. Ein ganz ähnliches Resultat ergibt sich für den Rundfunk. Dagegen wird die Zeitung - mit Ausnahme der südeuropäischen Länder sowie Belgien, Polen und Slowenien - eindeutig am stärksten politikorientiert genutzt. Zwischen West- und Osteuropa ist keine klare Spaltungslinie erkennbar, dagegen kommt innerhalb Westeuropas den südeuropäischen Ländern eine Sonderrolle zu. In Griechenland, Italien und Spanien fallen die Anteile der politischen an der gesamten Mediennutzung weit unterdurchschnittlich aus. Im europäischen Vergleich am unpolitischsten ist das Mediennutzungsverhalten der Griechen. Sie verwenden im Durchschnitt zwar 40% der Zeit vor dem Fernseher, aber nur um die 20% des Zeitbudgets für Zeitung und Radio für die Beschäftigung mit politischen Informationen. Als insgesamt eher unpolitisch können wiederum die südeuropäischen Ländern, aber auch Belgien und Polen charakterisiert werden. Hier macht in allen untersuchten Medien der Konsum unpolitischer Medieninhalte mehr als die Hälfte des Zeitaufwands für die gesamte Mediennutzung aus. In ihrem

Mediennutzungsverhalten am stärksten politikorientiert sind neben den Deutschen die Österreicher, die Schweizer, die Niederländer, die Finnen und die Skandinavier.

### 4.2 Interpersonale politische Kommunikation

Nach der Betrachtung der Nutzung politischer Medieninhalte soll nun der Aspekt der interpersonalen politischen Kommunikation in den Blick genommen werden. Seit den 1970er Jahren beteiligen sich die Deutschen relativ oft an Gesprächen über Politik. Im Kontext der Wiedervereinigung ist darüber hinaus ein ‚Politisierungsschub' in Ostdeutschland zu verzeichnen, der zu einem im Vergleich mit Westdeutschland deutlich höheren Niveau der interpersonalen politischen Kommunikation führte. Auch für Westdeutschland ist ein situativer Effekt der Wiedervereinigung erkennbar. Mitte der 1990er Jahre kam es zu einer weitgehenden Angleichung der Frequenz der interpersonalen politischen Kommunikation in den alten und den neuen Bundesländern (Abbildung 4; vgl. auch Brettschneider 1997a, 1997b und 2002). Wie die Eurobarometerdaten in Abbildung 4 belegen, sind 2001 kaum noch Unterschiede zwischen West- und Ostdeutschland erkennbar. Sowohl in den alten als auch den neuen Bundesländern wird insgesamt von einer breiten Mehrheit häufig oder

*Abbildung 4:* Interpersonale politische Kommunikation in West- und Ostdeutschland, 1975-2001 (Prozentwerte)

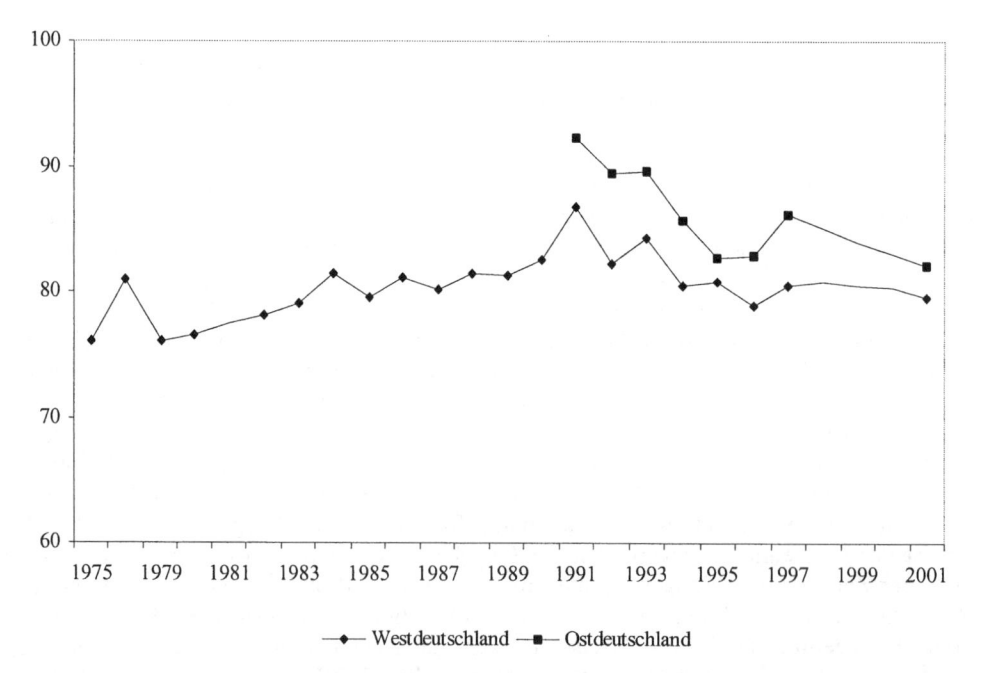

Quelle: *Eurobarometer*. „Wenn Sie mit Freunden zusammen sind, würden Sie sagen, dass Sie dann häufig, manchmal oder nie über politische Angelegenheiten diskutieren?" Angaben: Prozentanteile ‚häufig/manchmal'.

gelegentlich über Politik diskutiert.

Im internationalen Vergleich erweisen sich für die frühen 1990er Jahre die Ostdeutschen, gefolgt von den Westdeutschen als diskussionsfreudigste Bürger, während die Spanier am seltensten über Politik sprechen (vgl. Schmitt-Beck 2000). Eigene Analysen mit Eurobarometerdaten bestätigen dieses Bild auch für 2001: Ost- und Westdeutschland bilden gemeinsam mit den Niederlanden und den skandinavischen Ländern die Spitzengruppe, Spanien und Portugal sind die Schlusslichter im internationalen Vergleich der politischen Diskussionshäufigkeit. Finden sich diese Strukturen auch in den ESS-Daten für 2002/2003? Auch für den Aspekt der interpersonalen Kommunikation ist der Vergleich von ESS- und Eurobarometerdaten nicht ganz unproblematisch, da im ESS keine dreistufige, sondern eine siebenstufige Antwortskala verwendet wurde. Durch das Zusammenfassen der Skalenwerte können jedoch vergleichbare Werte generiert werden (Abbildung 5).

Die Analyse der ESS-Daten zeigt, dass Deutschland wie in den Jahren zuvor zu den Ländern gehört, in denen am häufigsten über Politik diskutiert wird. Zwischen den alten und den neuen Bundesländern finden sich dabei kaum Unterschiede. Übertroffen wird die Diskussionsfreudigkeit der Deutschen lediglich von der der Schweizer. Eine Spaltungslinie zwischen West- und Osteuropa ist nicht erkennbar, die durchschnittliche Häufigkeit der politischen Diskussionen in den etablierten und den neuen Demokratien unterscheidet sich kaum. Deutlich wird vielmehr erneut ein Nord-Süd-‚Cleavage' innerhalb der westeuro-

*Abbildung 5:* Interpersonale politische Kommunikation in Europa, 2002/2003
(Prozentwerte und Mittelwerte)

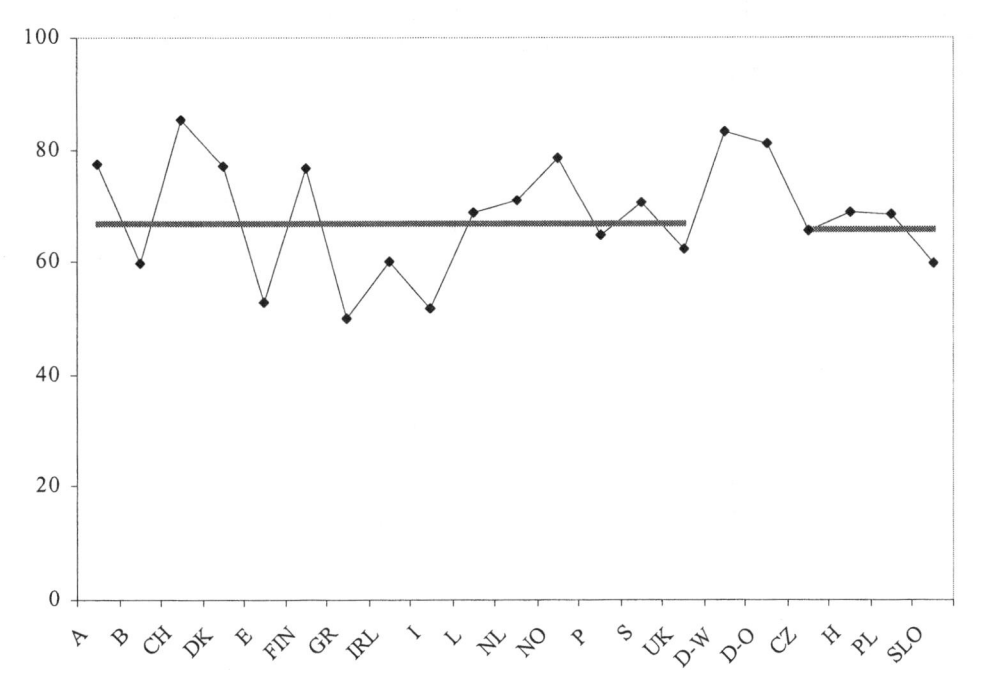

Häufigkeit der Diskussion über Politik und aktuelle politische Ereignisse; Skalenwerte 1 (täglich) bis 5 (einmal im Monat).

päischen Länder. Am seltensten wird in Spanien, Italien und Griechenland über Politik diskutiert. Dies entspricht dem Muster des vergleichsweise unpolitischen Mediennutzungsverhaltens der südeuropäischen Demokratien.

## 5 Der Zusammenhang zwischen massenmedialer und interpersonaler politischer Kommunikation

Von einigen Forschern wird angenommen, dass die Bürger entweder vorwiegend den Weg der interpersonalen Kommunikation oder den der Massenkommunikation nutzen, um zu politischen Informationen zu gelangen. Die Auswahl zwischen den Alternativen wird ihrer Ansicht nach u.a. davon bestimmt, welche als die am leichtesten zugängliche Quelle erscheint (vgl. Mondak 1995; Chaffee 1986; Schmitt-Beck 2000). Andere gehen davon aus, dass es einen positiven Zusammenhang zwischen diesen beiden Quellen politischer Information gibt (Berelson, Lazarsfeld und McPhee 1954; Chaffee 1986; Schmitt-Beck 2000). Die bisher vorliegenden empirischen Befunde stützen eher die zweite These, wobei Unterschiede im Hinblick auf verschiedene Medien und auch im Ländervergleich abweichende Muster feststellbar sind. So konnte in früheren Studien für Westdeutschland ein deutlich stärkerer Zusammenhang von Printmediennutzung und der Häufigkeit politischer Diskussionen als zwischen der Nutzung von Fernsehnachrichten und interpersonaler Kommunikation nachgewiesen werden; in Ostdeutschland ergaben sich jedoch keine vergleichbaren Korrelationen (vgl. Schmitt-Beck 2000: 208ff.). Auf der Basis dieser Ergebnisse wird der Zusammenhang zwischen der Nutzung von massenmedialer und interpersonaler Kommunikation im Folgenden getrennt nach Mediengattungen untersucht. Abbildung 6 zeigt die jeweiligen Korrelationskoeffizienten in den west- und osteuropäischen Teilnehmerländern des ESS.

Die These des komplementären Verhältnisses der beiden Wege der politischen Informationsgewinnung bzw. -vertiefung bestätigt sich. In allen Ländern gibt es für alle Medien einen, wenn auch teilweise sehr schwachen, positiven Zusammenhang der Häufigkeit der Gespräche über Politik und des Umfangs der Nutzung politischer Medieninhalte, d.h. die Bürger setzen nicht nur auf einen der ‚Pfade' der politischen Kommunikation. Im Gegensatz zu den 1980er und 1990er Jahren haben sich bei den Westdeutschen allerdings mittlerweile die Unterschiede im Hinblick auf verschiedene Medien stark relativiert, während in Ostdeutschland ein deutlich stärkerer Zusammenhang der Nutzung politischer Inhalte der Printmedien und des Fernsehens mit interpersonaler Kommunikation als von Hörfunk und politischer Diskussionshäufigkeit nachgewiesen werden kann. Nur in wenigen Gesellschaften, die sich ohne regionale oder sonstige aus den Kontextfaktoren ableitbare Muster in ganz Europa finden (Griechenland, Irland, Tschechische Republik und Ungarn) liegen die Korrelationskoeffizienten für die Nutzung der politischen Berichterstattung verschiedener Medien und die Häufigkeit von Gesprächen über Politik ähnlich dicht beieinander wie in Westdeutschland. Im Hinblick auf die Korrelation von politischer Fernsehnutzung und interpersonaler politischer Kommunikation liegen sowohl West- als auch Ostdeutschland näher bei den exkommunistischen Ländern, in Bezug auf die Zeitungsnutzung näher bei den westeuropäischen Ländern. Eine eindeutige Zuordnung der westdeutschen Strukturen als typisch ‚westeuropäisch' bzw. der ostdeutschen Muster als eher ‚osteuropäisch' ist also nicht möglich.

*Abbildung 6:* Zusammenhang zwischen massenmedialer und interpersonaler politischer Kommunikation (Pearson's r)

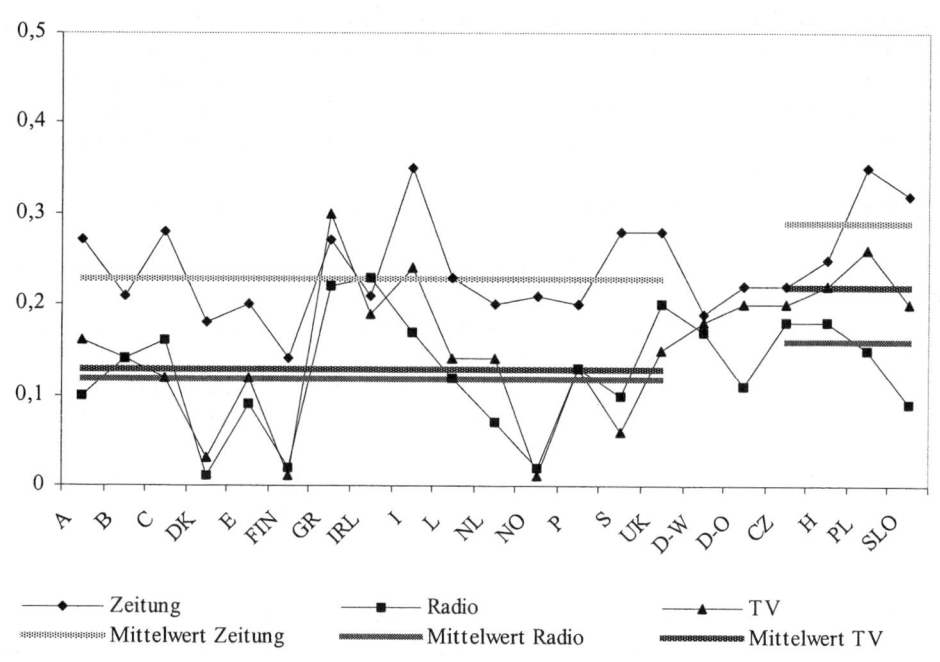

Alle Koeffizienten mindestens auf dem Niveau von 0.05, mehrheitlich auf dem Niveau von 0.01 signifikant.

Generell bestätigt sich das in früheren Studien ermittelte Resultat, dass die Nutzung von Zeitungsberichten über Politik den stärksten Zusammenhang mit der Häufigkeit von politischen Gesprächen hat. Auffällig ist, dass die Dauer der politischen Zeitungs- und Hörfunk-, insbesondere aber der Fernsehnutzung in den neuen Demokratien höher mit der interpersonalen politischen Kommunikation korreliert als in den alten Demokratien, während es lediglich in den westeuropäischen Ländern mit Dänemark, Finnland und Norwegen Länder gibt, in denen quasi nur die Zeitungsnutzung einen nennenswerten Zusammenhang mit der Frequenz der Diskussionshäufigkeit aufweist. Insofern sind tendenziell unterschiedliche Muster für West- und Osteuropa nachweisbar; es muss allerdings berücksichtigt werden, dass die Varianz innerhalb dieser Ländergruppen so beträchtlich ist, dass nicht von einer eindeutigen Spaltungslinie gesprochen werden kann.

## 6 Mediennutzungstypen

Nachdem in den vorigen Kapiteln die Nutzung verschiedener Medien im Einzelnen betrachtet wurde, sollen nun aus der Kombination der Variablen verschiedene Mediennutzungstypen gebildet werden. Für die Muster der politischen Mediennutzung wurde bereits von Lazarsfeld/Berelson/Gaudet (1944) die „the more, the more"-Regel formuliert. Verschiedene Medien werden demnach nicht supplementär, sondern komplementär genutzt, d.h. wer häufig politische Informationen im Fernsehen nutzt, liest auch öfter etwas über Politik in der Tageszeitung und hört sich häufiger Rundfunksendungen über politische Ereignisse an. Schmitt-Beck (2000: 182ff.) kommt in seinem Vergleich von West- und Ostdeutschland, dem Vereinigten Königreich, Spanien und den USA zu dem Ergebnis, dass mit Ausnahme von Spanien in allen untersuchten Gesellschaften nur sehr wenige Personen überhaupt nicht von politischer Medienberichterstattung erreicht werden. Spanien stellt auch im Hinblick darauf einen Sonderfall dar, dass dort fast jeder dritte Befragte nur ein Medium für die politische Information nutzt, während in den übrigen untersuchten Fällen jeweils mehr als 90% zwei oder mehr Medien nutzen.

Brettschneider (1997a: 270ff.) ermittelte auf der Basis von Clusteranalysen und Daten für 1990 (CNEP) und 1995 (KSPW-Studie) vier Typen von Mediennutzern: 1. die Medienabstinenzler, die so gut wie nie die Zeitung und sehr selten das Fernsehen für politische Informationen nutzen, 2. die Fernsehfixierten, die ebenfalls fast nie Zeitung lesen, aber dafür fast täglich die Nachrichten im Fernsehen sehen, 3. die Zeitungsbevorzuger, die so gut wie täglich den politischen Nachrichtenteil lesen, aber kaum politische Informationen im Fernsehen konsumieren und 4. die Allesnutzer, die sich sowohl aus Zeitung als auch aus dem Fernsehen über Politik informieren. Dieser letztgenannte Typ kommt sowohl in Ost- als auch in Westdeutschland 1990 und 1995 am häufigsten vor. Mit den ESS-Daten können die von Brettschneider (1997a) ermittelten Cluster mit ähnlicher Struktur im wesentlichen repliziert werden, jedoch mit einigen Änderungen und Ergänzungen. Insgesamt ergeben sich die folgenden Mediennutzungstypen:

1. Die Kategorie der *Medienabstinenzler*, diese wird jedoch enger gefasst: hierunter werden nur Personen gruppiert, die keinerlei Kontakt mit politischen Informationen in den Medien haben.
2. Die *Fernsehfixierten*, die mehr als 1,5 Stunden täglich die politische Fernsehberichterstattung verfolgen, jedoch kaum Zeit in andere Medien investieren.
3. Die neue Kategorie der *Radiobevorzuger*, die mehr als zwei Stunden täglich die Politikberichterstattung des Hörfunk konsumieren, aber nur in geringem Umfang andere Medien nutzen.
4. Die Kategorie der *Zeitungsbevorzuger*, die mehr als 1,5 Stunden am Tag den politischen Teil von Tageszeitungen lesen, die politischen Informationen in anderen Medien jedoch nur wenig in Anspruch nehmen.
5. Die *Alleswenignutzer*, die sich zwar aus Fernsehen, Radio und Zeitung über Politik informieren, aber nur in bescheidenem Umfang von durchschnittlich jeweils bis zu einer halben Stunde täglich.
6. Die *Allesvielnutzer*, die täglich in beträchtlichem Umfang (jeweils mindestens mehr als eine halbe Stunde) politische Informationen aus Fernsehen, Radio und Zeitung nutzen.

Auf der Basis der oben verwendeten Indizes zur Abbildung des Anteils der politischen an der gesamten Mediennutzung werden für die folgenden Analysen zwei weitere Typen gebildet:

7. Die *Politikorientierten* sind dadurch gekennzeichnet, dass sie mindestens zwei Drittel der Zeit, die sie in die Nutzung von Medien investieren, mit dem Sehen, Hören oder Lesen politischer Berichterstattung verbringen.
8. Die *Unpolitischen* zeichnen sich dadurch aus, dass sie mindestens zwei Drittel der Zeit, die Sie mit Fernsehen, Radio hören oder Zeitung lesen verbringen, unpolitische Inhalte konsumieren.

Für die weiteren Analysen muss beachtet werden, dass die Unpolitischen nur teilweise identisch mit der in anderen Studien verwendeten Gruppe der Unterhaltungsorientierten sind. Sie nutzen nicht zwangsweise nur oder schwerpunktmäßig unterhaltende Programme wie Filme oder Serien, sondern generell unpolitische Inhalte, die aber dennoch eher informativ als unterhaltend sein können (wie z.B. Gesundheitsmagazine). Eine nähere Differenzierung ist mit dem im ESS verwendeten Frageformat leider nicht möglich.

Wie sehen nun die Verteilungsmuster dieser Typen in West- und Ostdeutschland bzw. in West- und Osteuropa aus? Tabelle 1 gibt einen Überblick. Die kleinste Gruppe stellen sowohl in Ost- und Westdeutschland als auch in West- und Osteuropa die Zeitungsbevorzuger dar. Nur sehr wenige informieren sich schwerpunktmäßig aus der Zeitung über das politische Geschehen, ohne in nennenswertem Umfang andere Medien in Anspruch zu nehmen. Auch Personen, die sich aus keinem Medium politische Informationen beschaffen und damit völlig abstinent gegenüber allen politischen Medieninhalten sind, gibt es in West- und Osteuropa mit einem Anteil von jeweils 4% an der Gesamtbevölkerung nur wenige. West- und Ostdeutschland liegen sogar noch unter diesem Wert. In Deutschland und Europa gibt es also kaum jemanden, der nicht zumindest in einem Medium für eine kurze Dauer am Tag mit Politik in Berührung kommt. Dies entspricht auch den Resultaten von Brettschneider (1997a) für West- und Ostdeutschland 1995.

Insgesamt gibt es nicht nur wenige Medienabstinente, sondern auch nur eine kleine Gruppe von Allesvielnutzern. In Ostdeutschland ergeben sich hier jedoch deutlich höhere Werte als in Westdeutschland und in West- und Osteuropa. Möglicherweise ist dies auf das bereits erwähnte größere Zeitbudget vieler Ostdeutscher im Kontext des hohen Arbeitslosenanteils zurückzuführen, obwohl auf der Grundlage bisheriger Studien eher zu vermuten war, dass sich unter den Ostdeutschen lediglich in Bezug auf das Unterhaltungsangebot ein hoher Anteil von Allesvielnutzern findet. Ostdeutschland erweist sich auch im Hinblick auf den Anteil der Radiobevorzuger und der Fernsehfixierten als Sonderfall. Beide Gruppen

*Tabelle 1:* Mediennutzungstypen (Prozentanteile)

|  | E-W | D-W | D-O | E-O |
|---|---|---|---|---|
| Medienabstinenzler | 4 (1155) | 2 (28) | 3 (14) | 4 (281) |
| Fernsehfixierte | 12 (3715) | 13 (195) | 31 (134) | 9 (668) |
| Radiobevorzuger | 5 (1401) | 5 (72) | 15 (66) | 6 (430) |
| Zeitungsbevorzuger | 2 (653) | 2 (25) | 2 (8) | 1 (103) |
| Alleswenignutzer | 41 (12008) | 65 (979) | 53 (225) | 49 (3835) |
| Allesvielnutzer | 5 (1338) | 4 (61) | 8 (34) | 3 (245) |
| Politikorientierte | 33 (10166) | 37 (636) | 30 (331) | 28 (2172) |
| Unpolitische | 40 (11922) | 48 (834) | 51 (559) | 45 (3491) |

Basis: Variablen zur politischen Mediennutzung (für Politikorientierte und Unpolitische auch allgemeine Mediennutzung) und entsprechende Indizes, siehe Abbildung 1ff. In Klammern: ungewichtete Fallzahlen. Restkategorien: Mischtypen.

haben in den neuen Bundesländern sehr viel höhere Anteile als in Westdeutschland und in den west- und osteuropäischen Ländern. In Bezug auf die Fernsehfixierten haben sich damit 2002 die von Brettschneider (1997a) ermittelten Strukturen für West- und Ostdeutschland umgekehrt: sowohl 1990 als auch 1995 waren der Anteil der Fernsehfixierten in den alten Bundesländern noch deutlich höher. Möglicherweise deutet dies darauf hin, dass sich die von Brettschneider (1997a) vermutete Entpolitisierung der Ostdeutschen tatsächlich fortgesetzt hat. Hierfür spricht auch der im Vergleich mit Westdeutschland und West- und Osteuropa höchste Anteil an unpolitischen Mediennutzern (51%) und der deutlich höhere Anteil der Westdeutschen in der Gruppe der Politikorientierten (37 gegenüber 30%).

Die größte Gruppe bilden die Alleswenignutzer, die insbesondere in Westdeutschland eine wichtige Rolle spielen. Mit 65% Mediennutzern, die sowohl in Fernsehen, Radio und auch Zeitung, wenn auch in geringem Umfang, täglich politische Informationen aufnehmen, liegen die alten Bundesländer weit über dem Durchschnittswert für Westeuropa, aber auch in Ostdeutschland sind überdurchschnittlich viele Alleswenignutzer zu finden. Der Vergleich der Mediennutzungstypen in West- und Osteuropa deutet insgesamt auf deutlich mehr Gemeinsamkeiten als Unterschiede. Differenzen ergeben sich für die Fernsehfixierten und Politikorientierten, die etwas häufiger in den etablierten Demokratien zu finden sind, während die Alleswenignutzer und Unpolitische in größerer Zahl in den exkommunistischen Nationen vorkommen. Während Deutschland mit der bereits beschriebenen Ausnahme der Alleswenignutzer und der Politikorientierten recht gut ins westeuropäische Muster passt, hebt sich Ostdeutschland in den meisten Aspekten nicht nur von Westdeutschland, sondern auch von West- und Osteuropa ab und stellt somit im Hinblick auf die Verteilung der Mediennutzungstypen insgesamt einen Sonderfall dar.

Aufgrund der kleinen Fallzahlen werden die Medienabstinenzler und die Zeitungsbevorzuger nicht weiter analysiert. Alle übrigen Typen werden im Folgenden im Hinblick auf verschiedene sozio-demographische und sozio-ökonomische Merkmale sowie politische Orientierungen näher beleuchtet.

## 7 Mediennutzungstypen und interpersonale politische Kommunikation: Soziodemographische und sozio-ökonomische Merkmale und politische Orientierungen

Die Häufigkeit der Nutzung unterschiedlicher Medien, die Frequenz der Gespräche über Politik und damit auch die Zugehörigkeit zu unterschiedlichen Mediennutzungstypen sowie Typen interpersonaler Kommunikation hängen maßgeblich mit sozio-demographischen und sozio-ökonomischen Merkmalen zusammen. Für den Faktor Alter liegen insbesondere für die Gruppe der Jugendlichen zahlreiche Untersuchungen vor, die auch im europäischen Vergleich belegen, dass die auf audio-visuelle Medien Fixierten deutlich jünger sind, während Printmedien von Jugendlichen kaum genutzt werden. Manche Autoren sprechen sogar von einem „generational divide" der Mediennutzung (Schorr 2003: 19). In Bezug auf das Geschlecht zeigen verschiedene Studien wie die Langzeituntersuchung (1964-2000) von Berg und Ridder (2002), dass politische Medieninhalte generell stärker von Männern genutzt werden. Die Nutzung ‚anspruchsvollerer' Medien, insbesondere Zeitungen, hängt eng mit höherem sozialem Status, Einkommen und Bildungsniveau zusammen, während die Bevorzugung von TV-Angeboten mit einer niedrigeren sozio-ökonomischen Ressourcenausstattung korreliert. Arbeitslose sind u.a. aufgrund ihres höheren Zeitbudgets für den Medienkonsum in der Gruppe der vorwiegend auf Unterhaltung fixierten Fernsehnutzer überproportional häufig zu finden (vgl. z.B. Bonfadelli 1994; Frey-Vor, Gerhard und Mende 2002).

Politisches Interesse ist unter anderem ein Indikator dafür, inwiefern jemand bereit und motiviert ist, sich politische Informationen zu beschaffen und sich mit ihnen auseinander zusetzen (vgl. z.B. Zaller 1990; Brettschneider 1997a; vgl. auch van Deth in diesem Band). Unter denjenigen, die politische Medieninhalte besonders intensiv nutzen, sind daher die politisch Interessierten im Vergleich zur übrigen Bevölkerung deutlich überrepräsentiert. Dies gilt vor allem im Hinblick auf die Nutzung von Printmedien (vgl. z.B. Berg und Ridder 2002), während unter denjenigen, die vor allem TV-Angebote konsumieren, vergleichsweise viele weniger an Politik Interessierte zu finden sind (Kepplinger und Maurer 2000; Brettschneider 2002). Auch für die interpersonale Kommunikation spielt das politische Interesse eine Rolle. Dieses Ergebnis findet sich in verschiedenen europäischen Ländern (vgl. Schmitt-Beck 2000 mit weiterer Literatur). Wichtig erscheint für die Analyse der Charakteristika der aktiven Diskutanten bzw. der „Passiven" (Brettschneider 1997a: 275) auch die Berücksichtigung von Gelegenheitsstrukturen, von denen nach den Analysen von Schmitt-Beck (2000) insbesondere das Zusammenleben mit einem (Ehe-)Partner oder als Single und die Erwerbstätigkeit eine Rolle spielen. Durch Partner und Kollegen bieten sich tendenziell mehr Möglichkeiten für politische Diskussionen.

Auch für die beiden Komponenten der politischen Effektivität (vgl. Vetter 1997) kann ein Zusammenhang mit der Intensität der Mediennutzung und der Häufigkeit politischer Diskussionen vermutet werden. Die Richtung des Zusammenhangs ist allerdings bisher keineswegs empirisch geklärt. Studien zur sogenannten „Videomalaise" (vgl. z.B. Robinson 1976) argumentieren in der Regel, dass die negativistische Art der Darstellung von Politik in den Medien zu sinkender externer Effektivität (external efficacy), d.h. zu einem Rückgang der Überzeugung, dass Politiker bzw. das politische System die Meinungen und Wünsche der Bürger berücksichtigen, führe. In Bezug auf die subjektive politische Kompetenz (internal efficacy), also das Gefühl, politische Vorgänge verstehen und beeinflussen zu können, wird häufig formuliert, dass dieses mit steigender Nutzung politischer Medieninhalte und häufigerer interpersonaler politischer Kommunikation zunehme, da die verstärkte Informationsaufnahme zu einem besseren Verständnis für politische Zusammenhänge beiträgt. Es kann jedoch auch umgekehrt angenommen werden, dass ein hohes Kompetenzgefühl die Nutzung politischer Medieninhalte und Gespräche über Politik stimuliert (vgl. Brettschneider 1997a; Brettschneider und Vetter 1998). Personen, die Politik für unverständlich und kompliziert halten und glauben, nichts verändern zu können, könnten dagegen dazu tendieren, politische Informationen und Gespräche zu umgehen und sich auf eher unterhaltende Medieninhalte konzentrieren. Eine ähnliche Überlegung findet sich auch bei Holtz-Bacha (1994) im Rahmen ihrer Analysen der „Videomalaise". Für die externe Effektivität können ebenfalls verschiedene Hypothesen formuliert werden. Zum einen kann vermutet werden, dass eine Schwerpunktsetzung auf die Fernsehnutzung zu einem vergleichsweise geringeren Responsivitätsgefühl führt (‚klassische' Videomalaise im Sinne Robinsons, z.B. 1976), zum anderen kann auf der Grundlage der Ergebnisse von Holtz-Bacha (1994) vermutet werden, dass eine informations- bzw. politikorientierte Mediennutzung mit einem *höheren* Responsivitätsgefühl einhergeht.

Da die Richtung des kausalen Zusammenhangs der Nutzung politischer Medieninhalte und der interpersonalen politischen Kommunikation mit vielen der hier diskutierte Variablen bisher ungeklärt ist (vgl. auch Brettschneider 1997a) und auch mit den Daten des ESS nicht eindeutig bestimmt werden kann, konzentrieren sich die folgenden Ausführungen auf die Beschreibung von sozio-demographischen und sozio-ökonomischen Charakteristika sowie politischer Orientierungen der unterschiedlichen Mediennutzungstypen. Darüber hinaus wird untersucht, inwiefern die einzelnen Mediennutzungstypen zu den aktiven politischen Diskutanten oder zur Gruppe der passiven Nichtdiskutierer gehören. Vor dem Hintergrund des Forschungsstandes lassen sich folgende Hypothesen in Bezug auf die verschiedenen Typen politischer Mediennutzung bzw. interpersonaler politischer Kommunikation formulieren: Die *Fernsehfixierten* sind im Verhältnis zur Gesamtbevölkerung vermutlich eher männlich, jünger, niedriger gebildet, im Vergleich mit den anderen Mediennutzungstypen am häufigsten arbeitslos und haben ein unterdurchschnittliches Einkommen. Folgt man der klassischen Videomalaisehypothese wie sie von Robinson (1976) formuliert wurde, weisen sie vor allem im Hinblick auf die externe politische Effektivität niedrigere Werte als die Gesamtbevölkerung und die übrigen Mediennutzungstypen auf. Für die *Radiobevorzuger* kann - mit Ausnahme des Responsivitätsgefühls - ein tendenziell ähnliches Muster vermutet werden.

Die *Alleswenignutzer* liegen im Hinblick auf die untersuchten Faktoren im Vergleich zu den übrigen Mediennutzungs- und Kommunikationstypen wahrscheinlich am dichtesten an den Verteilungen in der Gesamtbevölkerung. Die *Allesvielnutzer* dagegen sind vermutlich im Vergleich zur Gesamtbevölkerung und zu den übrigen Mediennutzungstypen deutlich überproportional männlich. Sie könnten einerseits eher älter und höher gebildet sein sowie ein überdurchschnittliches Einkommen haben. Dies würde z.B. dem Bild des gut situierten Rentners entsprechen, der deutlich mehr Zeit als die übrigen Bürger in den Konsum politischer Medieninhalte investieren kann. Andererseits könnten bei diesem Mediennutzungstyp auch tendenziell überproportional viele Arbeitslose mit daher niedrigerem Einkommen zu finden sein. Die politische Involvierung der Allesvielnutzer sowie der Anteil derjenigen, die sich politisch kompetent fühlen und der politischen Diskutanten sollte deutlich über den Werten für die Gesamtbevölkerung und etwas über denen für die übrigen Mediennutzungs- bzw. Kommunikationstypen liegen. Folgt man den Überlegungen von Holtz-Bacha (1994) müssten hier und in der Gruppe der Politikorientierten die im Vergleich zu den anderen Nutzungstypen höchsten Werte für das Responsivitätsgefühl zu finden sein.

Neben dieser Ausprägung der externen politischen Effektivität ist für die Politikorientierten zu erwarten, dass sie im Vergleich zur Gesamtbevölkerung eher männlich und eher mittleren Alters oder älter sind. Darüber hinaus haben sie vermutlich einen höheren sozialen Status und ein höheres Niveau politischer Involvierung. Auch die subjektive politische Kompetenz in dieser Gruppe ist überproportional hoch. Die Unpolitischen haben mutmaßlich eine im Vergleich mit den Politischen und der Gesamtbevölkerung schlechtere sozio-ökonomische Ressourcenausstattung. Darüber hinaus ist anzunehmen, dass sie auch bei den politischen Orientierungen niedrigere Werte aufweisen, und dass und es gibt in dieser Gruppe deutlich weniger aktive politische Diskutanten als in der Gesamtbevölkerung und bei den Politikorientierten gibt. Die politische Kompetenz und das Responsivitätsgefühl ist bei den Unpolitischen im Vergleich mit den anderen Mediennutzungstypen wahrscheinlich am niedrigsten ausgeprägt. Die aktiven Diskutanten ähneln in ihren strukturellen Merkmalen den Politikorientierten. Darüber ist zu erwarten, dass sie überdurchschnittlich häufig berufstätig sind oder mit einem Partner bzw. einer Partnerin zusammenleben. Die *Passiven* sind dagegen vermutlich überproportional häufig arbeitslos bzw. nicht berufstätig, leben häufiger als die übrige Bevölkerung alleine und sind in Bezug auf die übrigen Merkmale am besten mit den Unpolitischen vergleichbar.

Tabelle 2 verdeutlicht, dass es klare Profile der Fernsehfixierten, der Radiobevorzuger, der Alleswenignutzer und der Allesvielnutzer im Vergleich zur Gesamtbevölkerung bzw. im Vergleich der Medientypen untereinander gibt. Diejenigen, die alle untersuchten Medien für die politische Informationsgewinnung nutzen und dafür viel Zeit investieren, die Allesvielnutzer, sind in Westdeutschland im Vergleich mit der Gesamtbevölkerung bzw. -stichprobe[1] überporportional männlich, häufiger im Rentenalter und haben einen höheren Bildungsgrad. Im Gegensatz zur westdeutschen Bevölkerung insgesamt gibt es keine Arbeitslosen und die Allesvielnutzer haben ein eher überdurchschnittliches Einkommen. Ihr Grad an politischer Involvierung und subjektiver politischer Kompetenz sowie ihre politische Diskussionsfreudigkeit liegt nicht nur weit über den jeweiligen Werten in der Gesamtbevölkerung, sondern auch über den Werten der anderen Mediennutzungstypen. Die Mehrheit der Allesvielnutzer weist zwar ein niedriges Responsivitätsgefühl auf, allerdings ist gleichzeitig der Anteil von Allesvielnutzern mit einem hohen Responsivitätsgefühl wesentlich höher als in der Gesamtbevölkerung und etwas höher als bei den übrigen Mediennutzungstypen.

In Ostdeutschland sehen die Allesvielnutzer in den meisten Punkten ähnlich aus, allerdings entspricht im Gegensatz zu den alten Bundesländern die Verteilung des Faktors Geschlecht der Gesamtstichprobe, die mittlere Altersgruppe ist deutlich überrepräsentiert, im Gegensatz zu den westdeutschen Allesvielnutzern ist das mittlere Bildungslevel deutlich überproportional vertreten, mehr als jeder sechste ist arbeitslos - doppelt so viele wie in der Stichprobe für Ostdeutschland, ihr politisches Kompetenzgefühl ist nicht ganz so ausgeprägt wie das der Westdeutschen und ihr Responsivitätsgefühl ist niedriger. Aus vergleichender Perspektive betrachtet, stellen die Allesvielnutzer sowohl in West- als auch in Ostdeutschland Sonderfälle in Europa dar. Der Bildungsgrad und das Haushaltseinkommen dieser Gruppe sind in Deutschland höher, das politische Interesse stärker, die subjektive politische Kompetenz ist ausgeprägter, die externe Effektivität niedriger und der Anteil der aktiven politischen Diskutanten größer als in der Gruppe der west- oder osteuropäischen Länder. Darüber hinaus findet sich nur in Ostdeutschland ein so hoher Arbeitslosen- und nur in Westdeutschland ein so hoher Seniorenanteil in dieser Gruppe. Die Profile der Allesvielnutzer im west-ost-europäischen Vergleich sind sich dagegen strukturell sehr ähnlich. Eine Spaltungslinie zwischen den etablierten und den neuen Demokratien existiert also in Bezug auf diesen Mediennutzungstyp nicht.

Die Gruppe der politischen Mediennutzer, die zwar sowohl Fernsehen, Radio und Zeitung für die politische Information nutzt, aber dies nur in sehr begrenztem Umfang, die Alleswenignutzer, ist in West- und Ostdeutschland durch sehr ähnliche Merkmale charakterisiert. Das Geschlecht spielt kaum eine Rolle, die Alleswenignutzer sind tendenziell überproportional häufig mittleren Alters oder jünger, haben häufiger eine mittlere Bildung, sind in Ostdeutschland weniger oft arbeitslos als die Allesvielnutzer und die Gesamtbevölkerung, haben ein eher überdurchschnittliches Einkommen, ein höheres politisches Interesse

---

[1] Aus Platzgründen muss auf die tabellarische Darstellung der Verteilungen der untersuchten Merkmale in den jeweiligen Stichprobengruppen (Westdeutschland, Ostdeutschland, Westeuropa, Osteuropa) verzichtet werden.

*Tabelle 2:* Charakteristika der Mediennutzungstypen: Fernsehfixierte, Radiobevorzuger, Alleswenignutzer und Allesvielnutzer im Vergleich (Prozentanteile)

|  | E-W | | | | D-W | | | | D-O | | | | E-O | | | |
| --- | --- | --- | --- | --- | --- | --- | --- | --- | --- | --- | --- | --- | --- | --- | --- | --- |
|  | F | R | Aw | Av | F | R | Aw | Av | F | R | Aw | Av | F | R | Aw | Av |
| Männer | 54 | 53 | 50 | 62 | 52 | 50 | 51 | 67 | 59 | 56 | 48 | 47 | 60 | 44 | 48 | 59 |
| Frauen | 46 | 47 | 50 | 38 | 48 | 50 | 49 | 33 | 41 | 44 | 52 | 53 | 40 | 56 | 52 | 41 |
| Alter bis | | | | | | | | | | | | | | | | |
| 29 | 12 | 11 | 27 | 9 | 6 | 10 | 18 | 7 | 5 | 12 | 19 | 11 | 16 | 16 | 27 | 14 |
| 30-64 | 65 | 72 | 62 | 57 | 61 | 67 | 69 | 36 | 59 | 74 | 64 | 57 | 57 | 66 | 61 | 54 |
| 65+ | 23 | 17 | 10 | 34 | 33 | 23 | 13 | 57 | 36 | 14 | 16 | 31 | 27 | 17 | 12 | 32 |
| Bildung | | | | | | | | | | | | | | | | |
| niedrig | 39 | 38 | 35 | 37 | 14 | 9 | 14 | 11 | 8 | 9 | 10 | 3 | 31 | 34 | 34 | 26 |
| mittel | 35 | 38 | 36 | 29 | 58 | 56 | 58 | 51 | 54 | 70 | 67 | 77 | 43 | 41 | 38 | 39 |
| hoch | 26 | 24 | 29 | 34 | 28 | 34 | 28 | 38 | 38 | 21 | 23 | 21 | 26 | 25 | 28 | 35 |
| arbeitslos | 5 | 3 | 4 | 3 | 4 | 4 | 4 | 0 | 10 | 27 | 12 | 15 | 8 | 5 | 6 | 5 |
| HH-Eink. | | | | | | | | | | | | | | | | |
| unterd. | 49 | 46 | 43 | 51 | 45 | 44 | 42 | 44 | 44 | 54 | 42 | 48 | 60 | 73 | 56 | 64 |
| überd. | 51 | 54 | 57 | 49 | 55 | 57 | 58 | 56 | 56 | 45 | 58 | 52 | 40 | 27 | 44 | 36 |
| Pol. Int. | | | | | | | | | | | | | | | | |
| niedrig | 36 | 35 | 51 | 24 | 14 | 14 | 37 | 7 | 8 | 27 | 41 | 12 | 37 | 44 | 62 | 25 |
| hoch | 64 | 65 | 49 | 76 | 86 | 86 | 63 | 93 | 92 | 73 | 59 | 88 | 63 | 56 | 38 | 75 |
| Politik | | | | | | | | | | | | | | | | |
| unwicht. | 36 | 36 | 47 | 27 | 22 | 14 | 36 | 7 | 15 | 30 | 41 | 9 | 46 | 49 | 61 | 33 |
| wichtig | 64 | 64 | 53 | 73 | 78 | 86 | 64 | 93 | 85 | 70 | 59 | 91 | 54 | 51 | 39 | 67 |
| Int. pol. Eff. | | | | | | | | | | | | | | | | |
| niedrig | 35 | 34 | 40 | 27 | 23 | 9 | 23 | 7 | 23 | 27 | 28 | 24 | 37 | 40 | 44 | 24 |
| hoch | 65 | 66 | 60 | 73 | 77 | 91 | 77 | 93 | 77 | 73 | 72 | 76 | 63 | 60 | 56 | 76 |
| Ext. pol. Eff. | | | | | | | | | | | | | | | | |
| niedrig | 57 | 55 | 56 | 55 | 72 | 68 | 71 | 64 | 70 | 82 | 79 | 76 | 74 | 74 | 79 | 61 |
| hoch | 43 | 45 | 44 | 45 | 28 | 31 | 29 | 36 | 30 | 18 | 21 | 24 | 26 | 26 | 21 | 39 |
| Pol. Dis. | 76 | 78 | 73 | 82 | 86 | 89 | 85 | 92 | 93 | 86 | 87 | 94 | 82 | 76 | 67 | 87 |
| Passive | 24 | 22 | 27 | 18 | 12 | 11 | 15 | 8 | 7 | 14 | 13 | 6 | 18 | 24 | 33 | 13 |

F: Fernsehfixierte, R: Radiobevorzuger, Aw: Alleswenignutzer, Av: Allesvielnutzer.
Bildung hoch: Isced-97-Level 0-2, mittel: 3, hoch: 4-6. HH-Eink: Haushaltsnettoeinkommen. Politisches Interesse hoch: sehr/ziemlich interessiert, niedrig: wenig/überhaupt nicht interessiert. Wichtigkeit von Politik als Lebensbereich gering: Ausprägungen 0 bis 4 der Skala von 0 (äußerst unwichtig) bis 10 (äußerst wichtig), Wichtigkeit (relativ) hoch: 5 bis 10. Ext. politische Effektivität: Index aus „Glauben Sie, dass sich Politiker im Allgemeinen darum kümmern, was Leute wie Sie denken?" und „Würden Sie sagen, dass Politiker nur an Wählerstimmen interessiert sind, aber nicht an den Meinungen der Menschen?". Int. pol. Effektivität (subj. pol. Kompetenz): Index aus „Wie oft erscheint Ihnen Politik so kompliziert, dass Sie gar nicht richtig verstehen, worum es eigentlich geht?", „Glauben Sie, dass Sie in einer Gruppe, die sich mit politischen Themen beschäftigt, eine aktive Rolle übernehmen könnten?" und „Wie schwer oder leicht fällt es Ihnen, sich über politische Themen eine Meinung zu bilden?". Fünferskala. Indexwerte unter 2,5: niedrig, über 2,5: hoch. Pol. Dis.: Personen, die einmal im Monat oder häufiger über Politik diskutieren. Passive: Personen, die seltener oder nie über Politik diskutieren.

und Kompetenzgefühl als der Bevölkerungsdurchschnitt, das jedoch wesentlich niedriger als das der Allesvielnutzer ist, und ein noch niedrigeres Responsivitätsgefühl als diese Gruppe. Ein ähnlich niedriges Maß an externer politischer Effektivität weisen auch die osteuropäischen Alleswenignutzer auf, von denen darüber hinaus jeweils über 60% ein geringes politisches Interesse haben und Politik nicht wichtig finden. Hierin heben sie sich von den westeuropäischen Vertretern dieser Gruppe ab. Ansonsten kann kein eindeutiges west-ost-europäisches Cleavage ermittelt werden. Wie vermutet, liegen die Alleswenignutzer insgesamt am dichtesten an den Merkmalsverteilungen in den jeweiligen Gesamtstichproben. Da die deutschen Alleswenignutzer vergleichsweise älter, gebildeter und vor allem stärker politisch involviert sind, ergibt sich auch hier, wie bei den Allesvielnutzern, eine Sonderrolle Deutschlands in Europa.

Auch die Charateristika der Fernsehfixierten heben sich in Deutschland von den Mustern in West- und Osteuropa ab. In West- und Ostdeutschland sind diejenigen, die täglich sehr viel Zeit in den Konsum der politischen Fernsehberichterstattung und kaum Zeit in die politischen Inhalte anderer Medien investieren, überproportional oft männlich, haben einen im Vergleich mit der übrigen Bevölkerung etwas höheren Bildungsgrad, ein eher überdurchschnittliches Einkommen und sehr hohe Werte in Bezug auf politisches Interesse, Wichtigkeit von Politik, subjektive politische Kompetenz und den Anteil von aktiven politischen Diskutanten, die in Ostdeutschland jeweils noch etwas höher bzw. im Falle der externen Effektivität etwas niedriger ausfallen. Die west- und osteuropäischen Fernsehbevorzuger sind tendenziell jünger, weniger gebildet und sehr viel weniger politisch involviert. Eine westeuropäische Besonderheit ist das vergleichsweise höhere Responsivitätsgefühl und ein Anteil von politischen Diskutanten, der niedriger als in den übrigen Gruppen ausfällt. Osteuropa hat den höchsten Anteil von Einkommensschwächeren und mit Ostdeutschland die größten, im Vergleich zur Gesamtstichprobe deutlich überproportionalen Arbeitslosenanteile unter den Fernsehfixierten. Die Diagnose der Videomalaise lässt sich mit den ESS-Daten nicht bestätigen: die Fernsehfixierten weisen keine deutlich niedrigeren Responsivitätswerte auf als die übrigen Mediennutzungstypen.

Die These von den vergleichsweise höchsten Arbeitslosenanteilen unter den Fernsehfixierten lässt sich mit den ESS-Daten nur für West- und Osteuropa, aber nicht für Ostdeutschland bestätigen, denn die meisten Arbeitslosen finden sich überraschenderweise in der Gruppe der Radiobevorzuger in den neuen Bundesländern. Darüber hinaus zeichnen sich die ostdeutschen Radiobevorzuger durch ein mehrheitlich und überproportional häufiges mittleres Bildungsniveau, ein eher unterdurchschnittliches Einkommen, ein sehr viel niedrigeres Kompetenzgefühl, eine deutlich geringere politische Involvierung und ein noch weitaus geringeres Responsivitätsgefühl als die Westdeutschen aus. Dieses Muster findet sich auch in Osteuropa. Die Bürger der alten Bundesländer ähneln dagegen den Westeuropäern nur im Hinblick auf die Faktoren Geschlecht und Altersstruktur, ansonsten nehmen sie unter den europäischen Radiobevorzugern eine Spitzenstellung in Bezug auf die deutlich höhere Bildung sowie vor allem die überaus hohen Anteile von Personen mit starker politischer Involvierung und hoher interner Effektivität ein. Insgesamt bestätigt sich mit wenigen Abweichungen die in den Hypothesen formulierte Erwartung der strukturellen Ähnlichkeit von Ferseh- und Radiobevorzugern.

Im Gesamtvergleich über die Mediennutzungstypen erweisen sich die Allesvielnutzer sowohl in West- und Ostdeutschland als auch in West- und Osteuropa als diejenige Gruppe, die dem demokratietheoretischen Idealbürger im Sinne des z.B. von Dalton (1996) beschriebenen ‚Superbürgers' am nächsten kommt. Sie nutzen nicht nur in weit überdurchschnittlichem Maße in allen Medien politische Inhalte, sondern weisen auch im Hinblick auf ihre politische Involvierung, ihre Kompetenz, ihr Responsivitätsgefühl und die politische Diskussionsfreudigkeit Spitzenwerte auf. Ihren Gegenpol bildet die insgesamt größte Gruppe der Alleswenignutzer, die zwar in allen Medien mit politischen Inhalten in Berührung kommt, aber dennoch die schlechtesten Werte aller Mediennutzungstypen für die genannten Variablen aufweist. Nachdem die auf der Basis der politischen Mediennutzung gebildeten Typen und ihre Charakteristika geschildert wurden, sollen nun die auf der Grundlage des Anteils der politischen an der allgemeinen Mediennutzung konstruierten Typen der Politikorientierten und Unpolitischen und ihre Merkmale in den Blick genommen werden.

Die in Tabelle 3 präsentierten Resultate stützen die von Holtz-Bacha (1994) und anderen im Rahmen der Forschungen zur „Videomalaise" formulierten Überlegungen: Wer vor allem unpolitische Medieninhalte konsumiert, ist - sowohl in Relation zu den Politikorientierten als auch zur Gesamtbevölkerung weniger an Politik interessiert und findet Politik unwichtiger. Das Kompetenzgefühl für politische Sachverhalte ist in dieser Gruppe am niedrigsten und das Bild von der Politik und ihren Akteuren am negativsten. Darüber hin-

*Tabelle 3:* Charakteristika der Mediennutzungstypen: Politikorientierte und Unpolitische (Prozentanteile)

|  | E-W | | D-W | | D-O | | E-O | |
| --- | --- | --- | --- | --- | --- | --- | --- | --- |
|  | Pol.o. | Unpol. | Pol.o. | Unpol. | Pol.o. | Unpol. | Pol.o. | Unpol. |
| Männer | 55 | 48 | 54 | 48 | 52 | 47 | 56 | 49 |
| Frauen | 45 | 52 | 46 | 52 | 48 | 53 | 44 | 51 |
| Alter bis | | | | | | | | |
| 29 | 15 | 23 | 13 | 17 | 11 | 19 | 17 | 22 |
| 30-64 | 69 | 60 | 71 | 63 | 68 | 61 | 66 | 60 |
| 65+ | 16 | 17 | 16 | 20 | 20 | 20 | 17 | 18 |
| Bildung | | | | | | | | |
| niedrig | 30 | 42 | 10 | 16 | 7 | 11 | 27 | 40 |
| mittel | 35 | 34 | 49 | 61 | 56 | 68 | 38 | 38 |
| hoch | 35 | 24 | 41 | 23 | 37 | 21 | 35 | 22 |
| Arbeitslos | 3 | 4 | 3 | 5 | 8 | 15 | 5 | 7 |
| HH-Eink. | | | | | | | | |
| unterd. | 40 | 54 | 32 | 52 | 38 | 47 | 54 | 66 |
| überd. | 60 | 47 | 68 | 48 | 62 | 53 | 46 | 34 |
| Pol. Interesse | | | | | | | | |
| Niedrig | 34 | 52 | 18 | 37 | 22 | 35 | 42 | 59 |
| hoch | 66 | 48 | 82 | 63 | 78 | 65 | 58 | 41 |
| Politik | | | | | | | | |
| unwichtig | 37 | 47 | 22 | 37 | 26 | 36 | 49 | 58 |
| wichtig | 63 | 53 | 78 | 63 | 73 | 65 | 51 | 42 |
| Int. pol. Eff. | | | | | | | | |
| niedrig | 30 | 43 | 16 | 26 | 21 | 29 | 34 | 46 |
| hoch | 70 | 57 | 84 | 74 | 79 | 71 | 66 | 54 |
| Ext. pol. Eff. | | | | | | | | |
| niedrig | 52 | 61 | 66 | 73 | 77 | 77 | 74 | 79 |
| hoch | 48 | 39 | 34 | 27 | 23 | 23 | 26 | 21 |
| Pol. Diskutanten | 82 | 70 | 90 | 84 | 92 | 84 | 80 | 70 |
| Passive | 18 | 30 | 10 | 16 | 8 | 16 | 20 | 30 |

Variablenbeschreibungen siehe Tabelle 2. Pol.o. (Politikorientierte): zwei Drittel oder mehr des Zeitaufwands für Mediennutzung für politische Inhalte. Unpol. (Unpolitische): zwei Drittel oder mehr des Zeitaufwands für Mediennutzung für unpolitische Inhalte.

aus spricht fast jeder Dritte der Unpolitischen in West- und Osteuropa nie mit anderen über politische Themen. Die aus den Ursprungsüberlegungen Robinsons (1976) abgeleitete These, dass ein intensiverer Kontakt mit der als negativ angenommenen politischen Medienberichterstattung zu einem negativeren Bild von Politik führt, lässt sich mit den ESS-Daten nicht belegen. Im Gegenteil: Die politikorientierten Mediennutzer haben ein höheres Responsivitätsgefühl als die Unpolitischen, die viel seltener mit politischen Inhalten in Berührung kommen. Weitere Charakteristika der Bevorzuger unpolitischer Medieninhalte sind ihr im Vergleich zu den Politikorientierten und zur Gesamtstichprobe jüngeres Alter, ein geringeres Bildungsniveau, ein unterdurchschnittliches Einkommen und höhere Arbeitslosenanteile (vor allem in Ostdeutschland). Damit bestätigen sich die in den Hypothesen formulierten Erwartungen. Zudem sind die Unpolitischen im Gegensatz zu den Politikorientierten eher weiblich als männlich. Auffallend ist, dass West- und Ostdeutschland teilweise aus diesem west- und osteuropäischen Muster herausfallen und eine Sonderstellung einnehmen. In Deutschland sind sogar die Unpolitischen noch mehrheitlich an Politik interessiert und halten Politik für einen wichtigen Lebensbereich. Außerdem glauben sie sehr viel häufiger als die west- oder osteuropäischen Unpolitischen, politische Zusammenhänge verstehen zu können und haben - gemeinsam mit den Osteuropäern - ein sehr schwach ausgeprägtes Gefühl politischer Responsivität. Darüber hinaus finden sich in West- und Ostdeutschland in der Gruppe der Unpolitischen weitaus weniger Passive, die nie über Politik diskutieren, als in West- und Osteuropa. Auch die Politikorientierten sind in Deutschland schärfer konturiert und weisen jeweils höhere Ausprägungen der für diesen Typ relevanten Charakteristika auf als die west- und osteuropäischen Vergleichsgruppen.

Abschließend werden nun die Charakteristika der aktiven Diskutanten, die mindestens einmal im Monat mit anderen über Politik sprechen, und der Passiven, die so gut wie nie politische Diskussionen führen, dargestellt (Tabelle 4). Insgesamt bestätigen sich die aus anderen Studien bekannten Muster und damit auch die formulierten Hypothesen. Die Diskutanten sind im Gegensatz zu den Passiven eher männlich als weiblich, wobei die Geschlechterunterschiede allerdings recht gering sind, sie sind vorwiegend mittleren Alters, während der Anteil der Jüngeren unter den Passiven, insbesondere in Ostdeutschland und Osteuropa deutlich höher ist, sie haben ein höheres Bildungsniveau als die Passiven und der Bevölkerungsdurchschnitt und sind seltener arbeitslos, 50% oder mehr - und damit in Relation zum jeweiligen Gesamtstichprobenwert überproportional viele - sind in einen beruflichen Kontext eingebunden, der eine zusätzliche Möglichkeit für politische Gespräche eröffnet und mit Ausnahme von Osteuropa haben die Diskutanten ein mehrheitlich überdurchschnittliches Einkommen. Darüber hinaus hängt die Häufigkeit der interpersonalen politischen Kommunikation, wie in den Hypothesen formuliert, auch mit der Gelegenheitsstruktur zusammen, die sich aus dem Familienstand bzw. der Form des Zusammenlebens ergibt. Sowohl in West- und Ostdeutschland als auch in West- und Osteuropa leben die Diskutanten in Relation zur Gesamtbevölkerung und zu den Passiven häufiger mit einem Partner oder einer Partnerin zusammen.

In Bezug auf die politischen Orientierungen gibt es ebenfalls klare und europaweit feststellbare Differenzen zwischen Diskutanten und Passiven, die den theoretischen Erwartungen entsprechen. Während Personen, die häufig über Politik diskutieren, eine mehrheitlich hohe politische Involvierung und ein sehr ausgeprägtes politisches Kompetenzgefühl aufweisen, ist es bei den Passiven genau umgekehrt. Ähnlich sind sich beide Gruppen, wie auch schon für die oben beschriebenen Typen der Mediennutzung festgestellt wurde, nur im

*Tabelle 4:* Interpersonale Kommunikation: Charakteristika von politischen Diskutanten und Passiven (Prozentanteile)

|  | E-W | | D-W | | D-O | | E-O | |
| --- | --- | --- | --- | --- | --- | --- | --- | --- |
|  | Disk. | Passiv | Disk. | Passiv | Disk. | Passiv | Disk. | Passiv |
| Männer | 52 | 40 | 51 | 43 | 50 | 41 | 54 | 40 |
| Frauen | 48 | 60 | 49 | 57 | 50 | 59 | 46 | 60 |
| Alter bis | | | | | | | | |
| 29 | 22 | 24 | 17 | 20 | 18 | 27 | 21 | 30 |
| 30-64 | 65 | 53 | 67 | 54 | 64 | 48 | 64 | 48 |
| 65+ | 13 | 23 | 16 | 26 | 18 | 24 | 15 | 22 |
| Bildung | | | | | | | | |
| niedrig | 34 | 63 | 13 | 35 | 9 | 24 | 34 | 55 |
| mittel | 35 | 25 | 57 | 52 | 62 | 68 | 38 | 32 |
| hoch | 31 | 12 | 30 | 13 | 28 | 8 | 28 | 13 |
| arbeitslos | 4 | 6 | 5 | 10 | 12 | 18 | 6 | 9 |
| erwerbstätig | 55 | 44 | 57 | 41 | 50 | 33 | 54 | 35 |
| HH-Eink. | | | | | | | | |
| unterd. | 45 | 70 | 43 | 67 | 42 | 67 | 61 | 76 |
| überd. | 55 | 30 | 57 | 33 | 58 | 33 | 39 | 24 |
| verheiratet/ lebt mit Partner | 68 | 60 | 68 | 58 | 67 | 47 | 67 | 53 |
| Pol. Interesse | | | | | | | | |
| niedrig | 38 | 82 | 27 | 73 | 27 | 81 | 46 | 86 |
| hoch | 62 | 18 | 73 | 27 | 73 | 19 | 54 | 14 |
| Politik | | | | | | | | |
| unwichtig | 37 | 68 | 28 | 64 | 30 | 72 | 48 | 81 |
| wichtig | 63 | 32 | 72 | 36 | 70 | 28 | 52 | 19 |
| Int. pol. Eff. | | | | | | | | |
| niedrig | 31 | 67 | 18 | 55 | 23 | 59 | 36 | 68 |
| hoch | 69 | 33 | 82 | 45 | 77 | 42 | 64 | 32 |
| Ext. pol. Eff. | | | | | | | | |
| niedrig | 56 | 74 | 69 | 85 | 78 | 89 | 76 | 85 |
| hoch | 44 | 26 | 31 | 15 | 22 | 11 | 24 | 15 |

Politische Diskutanten: Personen, die einmal im Monat oder öfter über Politik und aktuelle politische Ereignisse diskutieren (siehe auch Abbildung 5). Passive: Personen, die seltener als einmal im Monat oder nie über Politik und aktuelle politische Ereignisse diskutieren. Erwerbstätig: Jede Art von Erwerbstätigkeit, auch Teilzeit oder stundenweise. Übrige Variablenbeschreibungen siehe Tabelle 2.

Hinblick auf das Responsivitätsgefühl, das sowohl bei den Diskutanten als auch den Passiven eher niedrig ist. Allerdings ist das Bild von Politik, das diejenigen haben, die nie oder fast nie politische Gespräche führen, noch weitaus negativer. Insgesamt ist kein west-osteuropäisches Cleavage feststellbar, denn es gibt deutlich mehr Gemeinsamkeiten als Unterschiede. Allerdings sind sich - wie schon bei den politikorientierten und unpolitischen Mediennutzern - die West- und Ostdeutschen in Bezug auf die politischen Korrelate der interpersonalen Kommunikation ähnlicher als ihrer west- bzw. osteuropäischen Vergleichsgruppe. Deutschland nimmt insofern eine Sonderposition ein, als sowohl Diskutanten als auch Passive vergleichsweise höhere Werte für politische Involvierung und politische Kompetenz aufweisen als ihre Gegenstücke in den etablierten und neuen Demokratien. In Bezug auf die externe Effektivität fallen die in Westdeutschland, vor allem aber in Ostdeutschland und Osteuropa wesentlich niedrigeren Werte als in Westeuropa auf. Auch dies entspricht dem Muster, das bereits für den Vergleich der Politikorientierten und Unpolitischen ermittelt wurde.

## 8 Schluss

Die Deutschen konsumieren im europäischen Vergleich zwar mit am häufigsten politische Medieninformationen, liegen im Hinblick auf das in diese Aktivitäten investierte Zeitbudget aber nur im europäischen Mittelfeld. In Bezug auf den Zeitaufwand für den Konsum politischer Informationen im Fernsehen, das das täglich am längsten genutzte Medium zur politischen Information darstellt, bilden die Nordeuropäer gemeinsam mit Portugal die Spitzengruppe. Auch die Spitzenreiter beim Lesen von politischen Artikeln in Tageszeitungen und beim Hören politischer Berichte im Radio finden sich in Nordeuropa und Skandinavien, wobei das Radio auch in Ungarn eine herausgehobene Rolle spielt. Insgesamt stellt das Fernsehen die Quelle politischer Information dar, die am umfangreichsten in Anspruch genommen wird. Generell ergibt sich im Hinblick auf die Nutzung politischer Fernseh- und Zeitungsberichte, jedoch nicht für den Hörfunk, eine west-ost-europäische Spaltungslinie, wobei in den osteuropäischen Nationen politische Informationen weniger häufig als in den westeuropäischen konsumiert werden. Insbesondere die Tageszeitung ist in den neuen Demokratien weniger wichtig für die politische Informationsbeschaffung als in den westeuropäischen Gesellschaften.

Bei der Analyse des Anteils der politischen an der gesamten Mediennutzungsdauer verliert das Fernsehen seine dominierende Stellung: in den meisten Ländern wird bei diesem Medium mehr Zeit in unpolitische als politische Inhalte investiert. Ein ganz ähnliches Resultat ergibt sich für den Rundfunk. Dagegen wird die Zeitung - mit Ausnahme der südeuropäischen Länder sowie Belgien, Polen und Slowenien - eindeutig am stärksten politikorientiert genutzt. Eine west-ost-europäische Spaltungslinie ist dabei nicht erkennbar, dagegen fallen in den südeuropäischen Ländern Griechenland, Italien und Spanien die Anteile der politischen an der gesamten Mediennutzung weit unterdurchschnittlich aus. West- und Ostdeutschland erweisen sich in Bezug auf das Medienverhalten ihrer Bürger als eher politikorientiert. Bei der Betrachtung der absoluten Nutzungsdauern für politische Medieninhalte liegen die Deutschen zwar ‚nur' im Mittelfeld, sie investieren in Relation zur gesamten Mediennutzung aber vergleichsweise viel Zeit in politische Berichte. Ein ähnliches Muster findet sich auch für die Häufigkeit der Gespräche über Politik. Das Verhältnis der beiden Wege der politischen Informationsgewinnung und -vertiefung erweist sich in allen untersuchten Ländern als komplementär, nicht als konflikthaft. Wer häufiger politische Berichte in den Medien konsumiert, redet auch häufiger über Politik. Generell bestätigt sich auch das in früheren Studien ermittelte Resultat, dass der Umfang der Lektüre von Zeitungsberichten über Politik den stärksten Zusammenhang mit der Frequenz politischer Gespräche hat.

Im Gesamtvergleich über die Mediennutzungstypen stellen sich sowohl in West- und Ostdeutschland als auch in West- und Osteuropa die Allesvielnutzer als diejenige Gruppe heraus, die wohl am ehesten dem demokratietheoretischen Idealbürger im Sinne des z.B.

von Dalton (1996) definierten Superbürgers nahe kommt. Allesvielnutzer konsumieren nicht nur in weit überdurchschnittlichem Maße in allen Medien politische Inhalte, sondern weisen auch im Hinblick auf ihre politische Involvierung, ihre Kompetenz, ihr Responsivitätsgefühl und die politische Diskussionsfreudigkeit die europaweit höchsten Werte auf. Ihren Gegenpol bildet die insgesamt größte Gruppe der Alleswenignutzer, die zwar in allen Medien mit politischen Inhalten in Berührung kommt, dies aber eher in einem habituellen Sinne, denn hier finden sich die schlechtesten Werte aller Mediennutzungstypen für die genannten Variablen. Die kleinste Gruppe bilden sowohl in Ost- und Westdeutschland als auch in West- und Osteuropa die Zeitungsbevorzuger. In der Gesamtschau der hier ermittelten und aus anderen Studien bekannten Resultate zeichnet sich vermutlich das Aussterben des klassischen Mediennutzungstypus des traditionell hoch gebildeten und politisch stark involvierten Zeitungslesers ab, der sich kaum für andere Medien interessiert. Der Vergleich der Mediennutzungstypen in West- und Osteuropa deutet insgesamt auf mehr Gemeinsamkeiten als Unterschiede. Differenzen ergeben sich für die Fernsehfixierten und Politikorientierten, die etwas häufiger in den etablierten Demokratien zu finden sind, während die Alleswenignutzer und Unpolitischen in größerer Zahl in den exkommunistischen Nationen vorkommen. Während Westdeutschland insgesamt recht gut in die westeuropäischen Strukturen der Verteilung der Mediennutzungstypen eingeordnet werden kann, hebt sich Ostdeutschland in den meisten Aspekten nicht nur von Westdeutschland, sondern auch von West- und Osteuropa ab. Im Hinblick auf die Charakteristika der Mediennutzungstypen und der aktiven politischen Diskutanten bzw. die Passiven, die sehr selten oder nie über Politik diskutieren, nimmt Deutschland insgesamt eine Sonderposition ein. Sowohl Politikorientierte, Unpolitische, Diskutanten als auch Passive haben höhere Werte in Bezug auf ihre politische Involvierung und politische Kompetenz als die jeweiligen Gruppen in den etablierten und neuen Demokratien. Bei der Einschätzung der politischen Responsivität fallen die in Westdeutschland, vor allem aber in Ostdeutschland wesentlich niedrigeren Werte als in Westeuropa auf.

Der Vergleich der postkommunistischen Gesellschaften mit den etablierten Demokratien ist für den Bereich der Mediennutzung im Hinblick darauf besonders interessant, dass mit dem Systemwechsel verstaatlichte durch freie Mediensysteme abgelöst wurden und sich damit die Glaubwürdigkeit und der Stellenwert der Massenmedien entscheidend verändert haben. Systemtransformationsprozesse führen außerdem zu einem erhöhten Orientierungs- und Informationsbedarf der Bevölkerung über gesellschaftliche und politische Prozesse. Ob sich vor diesem Hintergrund auch noch einige Jahre nach den jeweiligen Systemwechseln in den untersuchten osteuropäischen Ländern bzw. Ostdeutschland andere Mediennutzungsmuster als in den westeuropäischen Gesellschaften finden lassen, war eine der Fragen dieses Beitrages. Eindeutige Politisierungseffekte durch die jeweiligen Transformationsprozesse sind weder in Ostdeutschland noch in Osteuropa nachweisbar und auch eine vor dem Hintergrund einer größeren Konflikthaftigkeit von Politik generell umfangreichere Nutzung politischer Medieninhalte kann in den neuen Demokratien nicht belegt werden. Genauso wenig deuten die präsentierten Resultate auf eine generelle Entpolitisierung der Bevölkerung in Westeuropa hin, die z.B. durch die veränderte Angebotsstrukturen im Hinblick auf die in den letzten Jahrzehnten erfolgte Ausweitung des Unterhaltungsangebotes der Medien begünstigt werden könnte. Allerdings gibt es Hinweise auf eine fortschreitende Entpolitisierung der Ostdeutschen, die sich bereits in den Untersuchungen von Brettschneider (1997a und 2002) abgezeichnet hatte. Dafür spricht der in den neuen Bundesländern im Vergleich mit Westdeutschland sowie West- und Osteuropa höchste Anteil von unpolitischen Mediennutzern und das sehr schwach ausgeprägte Gefühl von Responsivität in dieser Gruppe. Gegen diese These spricht, dass sowohl in Ost- als auch Westdeutschland sogar die Unpolitischen noch mehrheitlich an Politik interessiert sind und Politik für einen wichtigen Lebensbereich halten. Außerdem glauben sie sehr viel häufiger als die west- oder osteuropäischen Unpolitischen, politische Zusammenhänge verstehen zu können. Darüber hinaus finden sich in West- und Ostdeutschland in der Gruppe der Unpolitischen weitaus weniger Passive, die nie über Politik diskutieren, als in West- und Osteuropa.

Leider konnte mit Hilfe der Daten keine Differenzierung der genutzten Medien nach den Aspekten ‚Qualitäts-' und ‚Boulevard-' bzw. ‚öffentlich-rechtliche' und ‚private' Medien vorgenommen werden (vgl. z.B. das Design der Studie von Schmitt-Beck 2000). Im Hinblick darauf, dass die Bürger vor allem die Qualitäts- bzw. - soweit vorhanden - die öffentlich-rechtlichen Medien als zentrale Lieferanten für politische Informationen betrachten (vgl. z.B. Niedermayer 2001: 138), würde ein solcher Untersuchungsansatz weitere spannende Einblicke in die europäische Medien- und Kommunikationslandschaft ermöglichen. Die Ergebnisse der Massenkommunikationsforschung hinsichtlich der Verbreitung, Reichweite und Nutzung lokaler Medien belegen außerdem die Bedeutung der Differenzierung zwischen überregionaler und Lokalpresse. Lokalzeitungen erscheinen insgesamt in einer sehr viel höheren Auflage und Verbreitung als alle anderen Tageszeitungen (vgl. z.B. Fuchs und Schenk 1984; Neller 1999). Vor diesem Hintergrund wäre für zukünftige international vergleichende Studien nicht nur eine Differenzierung nach Qualitäts- und Boulevard- sowie nach öffentlich-rechtlichen und privaten Medien, sondern auch die Aufnahme der Nutzung lokaler Medien, insbesondere der Lokalzeitung, wünschenswert. Darüber hinaus wäre es sinnvoll, die bei den Diskussionen über Politik beteiligten Gesprächspartner zu erfassen, da sich hier sowohl im Hinblick auf den Ländervergleich als auch auf die Effekte der interpersonalen Kommunikation sehr unterschiedliche Resultate ergeben können (vgl. Schmitt-Beck 2000).

## Literatur

Almond, Gabriel A./Verba, Sidney (1963): The Civic Culture. Political Attitudes and Democracy in Five Nations. Newbury Park: Sage.
Berelson, Bernard R./Lazarsfeld, Paul F./McPhee, William N. (1954): Voting. A Study of Opinion Formation in a Presidential Campaign. Chicago: University of Chicago Press.
Berg, Klaus/Ridder, Christa-Maria (2002): Massenkommunikation VI. Eine Langzeitstudie zur Mediennutzung und Medienbewertung 1964-2000. Baden-Baden: Nomos.
Bonfadelli, Heinz (1994): Die Wissenskluft-Perspektive. Massenmedien und gesellschaftliche Information. Konstanz: Ölschläger.
Brettschneider, Frank (1997a): Mediennutzung und interpersonale Kommunikation in Deutschland. In: Gabriel, Oscar W. (Hrsg.): Politische Orientierungen und Verhaltensweisen im vereinigten Deutschland. Opladen: Leske + Budrich, S. 265-289.
Brettschneider, Frank (1997b): Massenmedien und interpersonale Kommunikation. In: Gabriel, Oscar W./Holtmann, Everhard (Hrsg.): Handbuch Politisches System der Bundesrepublik Deutschland. München: Oldenbourg, S. 557-595.
Brettschneider, Frank (2002): Interpersonale Kommunikation. In: Greiffenhagen, Martin/Greiffenhagen, Sylvia (Hrsg.): Handwörterbuch zur politischen Kultur der Bundesrepublik Deutschland. 2. neu bearb. Aufl. Wiesbaden: Westdeutscher Verlag, S. 218-221.

Brettschneider, Frank/Vetter, Angelika (1998): Mediennutzung, politisches Selbstbewußtsein und politische Entfremdung. In: Rundfunk und Fernsehen 46, S. 463-479.
Chaffee, Steven H. (1986). Mass Media and Interpersonal Channels. In Gumpert, Gary/Cathcart, Robert (Hrsg.): Intermedia. 3. Aufl.. New York: Oxford University Press, S. 62-80.
Converse, Philip E. (1966): Information Flow and the Stability of Partisan Attitudes. In: Campbell, Angus/Converse, Philip E./Miller, Warren E./Stokes, Donald: Elections and the Political Order. New York: Wiley, S. 136-157.
Dalton, Russell J. (1996): Citizen Politics. Public Opinion and Political Parties in Advanced Industrial Democracies. 2.überarb.Aufl. Chatham/New Jersey: Chatham House.
Delli Carpini, Michael X./Keeter, Scott (1996): What Americans Know About Politics and Why It Matters. New Haven: Yale University Press.
Frey-Vor, Gerlinde/Gerhard, Heinz/Mende, Annette (2002): Daten der Mediennutzung in Ost- und Westdeutschland. Ergebnisse von 1992 bis 2001 im Vergleich. In: Media Perspektiven 2, S. 54-69.
Fuchs, Wolfgang/Schenk, Michael (1984): Der Rezipient im lokalen Kommunikationsraum. In: Media Perspektiven 3, S. 211-218.
Gabriel, Oscar W./Vetter, Angelika (1999): Politische Involvierung und politische Unterstützung im vereinigten Deutschland - Eine Zwischenbilanz. In: Plasser, Fritz/Gabriel, Oscar W./Falter, Jürgen W./Ulram, Peter A. (Hrsg.): Wahlen und politische Einstellungen in Deutschland und Österreich. Frankfurt a.M.: Peter Lang, S. 191-239.
Hasebrink, Uwe (1995): Ergebnisse der Mediennutzungsforschung. In: Jarren, Otfried (Hrsg.): Medien und Journalismus 2. Eine Einführung. Opladen: Westdeutscher Verlag, S. 16-51.
Hasebrink, Uwe/Herzog, Anja (2002): Mediennutzung im internationalen Vergleich. In: Hans-Bredow-Institut (Hrsg.): Internationales Handbuch Medien. Baden-Baden: Nomos, S. 108-129.
Holtz-Bacha, Christina (1994): Massenmedien und Politikvermittlung - Ist die Videomalaise ein adäquates Konzept?. In: Jäckel, Michael/Winterhoff-Spurk, Peter (Hrsg.): Politik und Medien. Analysen zur Entwicklung der politischen Kommunikation. Berlin: Vistas, S. 181-191.
Kaase, Max (2000): Germany: A Society and a Media System in Transition. In: Gunther, Richard/Mughan, Anthony (Hrsg.): Democracy and the Media. A Comparative Perspective. Cambridge: Cambridge University Press, S. 375-401.
Kepplinger, Hans Mathias in Zusammenarbeit mit Marcus Maurer (2000): Der Zwei-Stufen-Fluß der Massenkommunikation: Anmerkungen zu einer nie bewiesenen und längst überholten These der Wahlforschung. In: Klein, Markus/Jagodzinski, Wolfgang/Mochmann, Ekkehard/Ohr, Dieter (Hrsg.): 50 Jahre empirische Wahlforschung in Deutschland. Entwicklung, Befunde, Perspektiven, Daten. Wiesbaden: Westdeutscher Verlag, S. 444-464.
Kleinsteuber, Hans-J. (1994): Nationale und internationale Mediensysteme. In: Merten, Klaus/Schmidt, Siegfried J./Weischenberg, Siegfried (Hrsg.). Die Wirklichkeit der Medien. Eine Einführung in die Kommunikationswissenschaft. Opladen: Leske + Budrich, S. 544-569.
Klingemann, Hans-Dieter/Voltmer, Katrin (1989): Massenmedien als Brücke zur Welt der Politik. Nachrichtennutzung und politische Beteiligungsbereitschaft. In: Kaase, Max/Schulz, Winfried (Hrsg.): Massenkommunikation. Theorien, Methoden, Befunde. Kölner Zeitschrift für Soziologie und Sozialpsychologie, Sonderheft 30. Opladen: Westdeutscher Verlag, S. 221-238.
Lazarsfeld, Paul F./Berelson, Bernard/Gaudet, Hazel (1944): The People's Choice. How the Voter Makes up his Mind in a Presidential Campaign. New York: Columbia University Press.
Milbrath, Lester W. (1965): Political Participation. How and Why Do People Get Involved in Politics? Chicago: Rand Mc Nally.
Mondak, Jeffery J. (1995): Nothing to Read. Newspapers and Elections in a Social Experiment. Ann Arbor: University of Michigan Press.
Mughan, Anthony/Gunther, Richard (2000): The Media in Democratic and Nondemocratic Regimes: A Multilevel Perspective. In: Gunther, Richard/Mughan, Anthony (Hrsg.): Democracy and the Media. A Comparative Perspective. Cambridge: Cambridge University Press, S. 1-27.

Neller, Katja (1999): Lokale Kommunikation: Politikberichterstattung in Tageszeitungen. Wiesbaden: Deutscher Universitätsverlag.
Neller, Katja (2002): Politische Informiertheit. In: Greiffenhagen, Martin/Greiffenhagen, Sylvia (Hrsg.): Handwörterbuch zur politischen Kultur der Bundesrepublik Deutschland. 2. neu bearb. Aufl. Wiesbaden: Westdeutscher Verlag, S. 363-369.
Newton, Kenneth (2002): Chapter 4: Media and Communications Questions. In: ESS Documents: Core Questionnaire Development, S. 100-154 (unveröff.).
Niedermayer, Oskar (2001): Bürger und Politik. Politische Orientierungen und Verhaltensweisen der Deutschen. Eine Einführung. Wiesbaden: Westdeutscher Verlag.
Page, Benjamin I./Shapiro, Robert Y./Dempsey, Glenn R. (1987): What moves public opinion? In: American Political Science Review 81, S. 23-43.
Robinson, Michael J. (1976): Public Affairs Television and the Growth of Political Malaise: The Case of „The Selling of the Pentagon". In: American Political Science Review 70, S. 409-432.
Schaub, Günther (1998): Politische Meinungsbildung in Deutschland: Wandel und Kontinuität der öffentlichen Meinung in Ost und West. Bonn: Dietz.
Schmitt-Beck, Rüdiger (1998): Of Reader, Viewers, and Cat-Dogs. In: van Deth, Jan W. (Hrsg.): Comparative Politics. The Problem of Equivalence. London: Routledge, S. 222-246.
Schmitt-Beck, Rüdiger (2000): Politische Kommunikation und Wählerverhalten. Ein internationaler Vergleich. Wiesbaden: Westdeutscher Verlag.
Schorr, Angela (2003): Communication Research and Media Science in Europe: Research and Academic Training at a Turning Point. In: Schorr, Angela/Campbell, William/Schenk, Michael (Hrsg.): Communication Research and Media Science in Europe: Perspectives for Research and Academic Training in Europe's Changing Media Reality. Berlin: Mouton de Gruyter, S. 3-55.
Thomaß, Barbara (2001): Kommunikationswissenschaftliche Überlegungen zur Rolle der Medien in Transformationsgesellschaften. In: Thomaß, Barbara/Tzankoff, Michaela (Hrsg.): Medien und Transformation in Osteuropa. Wiesbaden: Westdeutscher Verlag, S. 39-64.
Tzankoff, Michaela (2001): Die deutsche Transformationsforschung nach 1989 - Ein Überblick. In: Thomaß, Barbara/Tzankoff, Michaela (Hrsg.): Medien und Transformation in Osteuropa. Wiesbaden: Westdeutscher Verlag, S. 9-37.
van Deth, Jan W. (2000a): Das Leben, nicht die Politik ist wichtig. In. Niedermayer, Oskar/Westle, Bettina (Hrsg.): Demokratie und Partizipation. Festschrift für Max Kaase. Wiesbaden: Westdeutscher Verlag. S. 115-135.
van Deth, Jan W. (2000b): Interesting but Irrelevant: Social Capital and the Saliency of Politics in Western Europe. In: European Journal of Political Research 37, S. 115-147.
Vetter, Angelika (1997): Political Efficacy - Reliabilität und Validität. Wiesbaden: Deutscher Universitätsverlag.
Wilke, Jürgen (1991): Internationale und nationale Perspektiven der Veränderung des Mediensystems im vereinten Deutschland. In: Mahle, Walter A. (Hrsg.): Medien im vereinten Deutschland. Nationale und internationale Perspektiven. München: Ölschläger, S. 167-176.
Zaller, John R. (1990): Political Awareness, Elite Opinion Leadership, and the Mass Survey Response. In: Social Cognition 1, S. 125-153.
Zukin, Cliff (1977): A Reconsideration of the Effects of Information on Partisan Stability. In: Public Opinion Quarterly 41, S. 244-254.

**Anhang:** **European Social Survey 2002-2003**

# Anhang: Der European Social Survey (ESS) 2002-2003

*Katja Neller*

## 1 Ziele des ESS

Das generelle Ziel des *European Social Survey* (ESS) ist die Entwicklung, inhaltliche Konzeptualisierung und Durchführung einer in Bezug auf die verwendeten Erhebungsinstrumente in der aktuellen Forschung verankerten und methodisch nach den höchsten Qualitätsstandards organisierten Studie zum Einstellungs- und Wertewandel in verschiedenen Ländern. Im Mittelpunkt stehen repräsentative Bevölkerungsbefragungen, die idealerweise im Zweijahresrhythmus wiederholt werden sollen. Das Design der Studie wurde von einem internationalen Methodology Committee entwickelt. Dabei wurden insbesondere die Methodik der Stichprobenziehung sowie die Ausschöpfungsziele umfassend diskutiert. In Anbetracht der in den letzten Jahren deutlich rückläufigen Ausschöpfungsquoten bei nationalen Bevölkerungsumfragen und den daraus unter Umständen resultierenden Problemen für die Repräsentativität der Ergebnisse soll der ESS die Funktion einer ‚Benchmark'-Studie erfüllen. So soll es unter anderem möglich werden, die Qualität der Ergebnisse anderer Studien zu beurteilen, die nicht die hohen Standards des ESS erreichen. In der ersten Welle konnten die hohen methodischen Anforderungen in den beteiligten Ländern weitgehend realisiert werden.

Die Langfristforschungsperspektive des Projektes besteht darin, die Interaktion zwischen den sich wandelnden politischen und ökonomischen Institutionen und den Einstellungen, Überzeugungen und Verhaltensmustern der Bevölkerungen der jeweiligen Länder zu beschreiben und zu erklären. Um eine optimale Vergleichbarkeit der Erhebungsresultate zu erreichen, wurden alle Teilschritte des Projektes, von der Stichprobenziehung über die Übersetzung des englischen Ausgangsfragebogens in die Sprachen der Teilnehmerländer bis zur konkreten Durchführung der Erhebungen im Feld, soweit möglich standardisiert, von einer zentralen Steuerungsinstanz (dem Central Coordinating Team, s.u.) gegengeprüft und – einschließlich der auftretenden Abweichungen – umfassend dokumentiert.

An der ersten Welle des ESS, deren Befragungen im Zeitraum September 2002 bis Dezember 2003 stattfanden, nahmen 22 Nationen teil. Neben Deutschland waren dies Belgien, Dänemark, Finnland, Frankreich, Griechenland, das Vereinigte Königreich, Irland, Israel, Italien, Luxemburg, Niederlande, Norwegen, Österreich, Polen, Portugal, Schweden, Schweiz, Slowenien, Spanien, die Tschechische Republik und Ungarn. Die erhobenen Daten sind für alle Interessierten über eine Projekthomepage frei zugänglich.

## 2 Projektidee und Organisation

Die Idee zum *European Social Survey*-Projekt entstand in der European Science Foundation (ESF). Dank der finanziellen und inhaltlichen Unterstützung der Europäischen Kommission, der ESF und nationaler forschungsfördernder Institutionen entwickelte sich das Projekt rasch weiter. Das Projekt soll in den nächsten Jahren fortgesetzt werden. Die Finanzierung wird durch das 5. Rahmenprogramm der Europäischen Kommission, die ESF und nationale Institutionen zur Forschungsförderung, im Falle von Deutschland die Deutsche Forschungsgemeinschaft (DFG), gesichert.

Wesentliche Institutionen innerhalb des ESS sind u.a. das international besetzte Central Coordinating Team (CCT) unter Leitung von Roger Jowell (City University, London), das allgemeine Koordinations- und Organisationsaufgaben wahrnimmt, und die sog. National Coordinators, die für die Durchführung der Studien in den einzelnen Ländern zuständig sind. Die erhobenen Daten wurden vom norwegischen Datenarchiv ‚Norwegian Social Science Data Services' (NSD) aufbereitet. Zahlreiche Informationen rund um das Projekt sind unter http://www.europeansocialsurvey.org gesammelt. Für den Datendownload und die Dokumentation der Studie steht die Webadresse http://ess.nsd.uib.no zur Verfügung. Informationen und Materialien zur deutschen Teilstudie des ESS finden sich unter www.europeansocialsurvey.de.

*Abbildung 1:* Organisationsstruktur des ESS

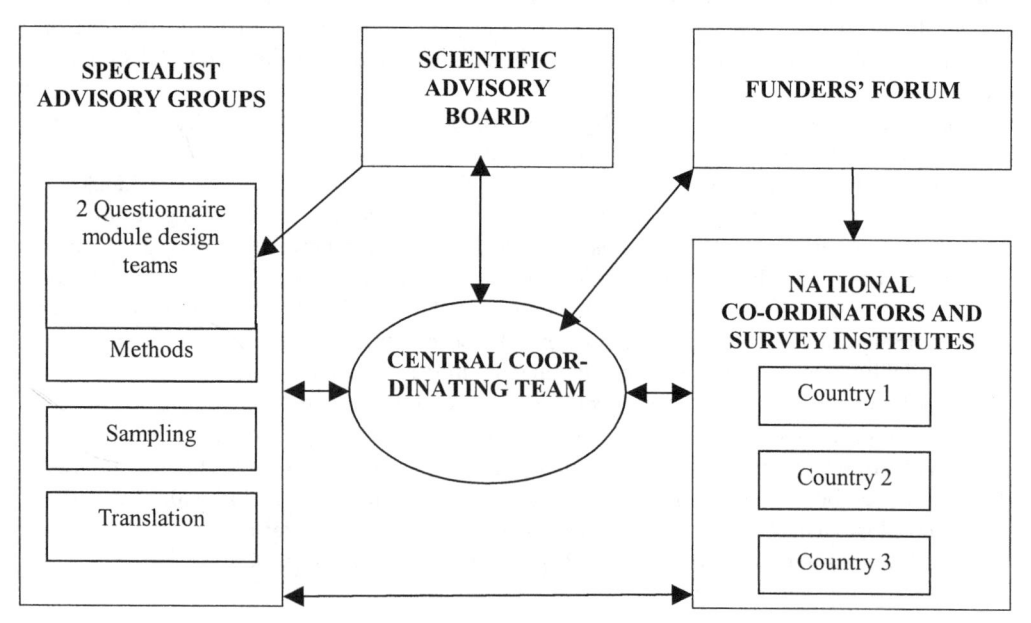

Quelle: *European Social Survey*, Round 1, 2002-2003: Technical Report, Chapter I: Introduction (www.europeansocialsurvey.org).

## 3 Erhebungsverfahren, Feldzeit und Ausschöpfungsquote

Die Befragungen wurden in allen Teilnehmerländern als Face-to-Face-Interviews mit standardisiertem Frageprogramm als CAPI oder PAPI unter Verwendung eines Listenheftes durchgeführt.

Ergänzt wurde der ESS-Fragebogen durch einen Zusatzfragebogen, der neben den Items der Schwartz-Werteskala auch Fragen für spätere Methodenexperimente bzw. Reliabilitätstests umfasste. Bei der Umsetzung dieses Zusatzfragebogens konnten sich die Koordinatoren in den Teilnehmerländern zwischen verschiedenen Erhebungsverfahren entscheiden. Als Alternativen standen die Durchführung als schriftliche oder als mündliche Befragung sowie die Verwendung von zwei längeren oder sechs kürzeren Splitversionen zur Auswahl.

Als Feldzeitraum für die Erhebungen wurde September bis Dezember 2002 festgelegt, wobei die Feldzeiten mindestens einen und maximal vier Monate umfassen sollten. Innerhalb dieses Zeitraums sollte eine Ausschöpfungsquote von mindestens 70% erreicht oder zumindest angestrebt werden. In Ländern mit zwei Millionen oder mehr Einwohnern sollten mindesten 2000 Interviews, in Ländern mit geringeren Einwohnerzahlen sollten mindestens 1000 Interviews realisiert werden. Zur Erreichung dieser hoch gesteckten Ziele wurden vom

*Tabelle 1:* Überblick über Feldzeiten, Fallzahlen und Ausschöpfungsquoten

| Land | Feldzeit | Realisisierte Interviews | Ausschöpfungsquote in % |
| --- | --- | --- | --- |
| Belgien | 01.10.2002-30.04.2003 | 1899 | 59,2 |
| Dänemark | 28.10.2002-19.06.2003 | 1506 | 67,6 |
| Deutschland | 20.11.2002-16.05.2003 | 2995 | 59,6 |
| Finnland | 09.09.2002-10.12.2002 | 2000 | 73.2 |
| Frankreich | 15.09.2003-15.12.2003 | 1503 | 43,1 |
| Griechenland | 29.01.2003-15.03.2003 | 2566 | 80,0 |
| Großbritannien | 24.09.2002-04.02.2003 | 2052 | 55,5 |
| Irland | 11.12.2002-12.04.2003 | 2046 | 64,5 |
| Israel | 15.10.2002-15.01.2003 | 2499 | 71,0 |
| Italien | 13.01.2003-30.06.2003 | 1207 | 43,7 |
| Luxemburg | 14.04.2003-14.08.2003 | 1552 | 43,9 |
| Niederlande | 01.09.2002-24.02.2003 | 2364 | 67,9 |
| Norwegen | 16.09.2002-17.01.2003 | 2036 | 65,0 |
| Österreich | 02.02.2003-30.09.2003 | 2257 | 60,4 |
| Polen | 30.09.2002-19.12.2002 | 2110 | 73,2 |
| Portugal | 26.09.2002-20.01.2003 | 1511 | 68,8 |
| Schweden | 23.09.2002-20.12.2002 | 1999 | 69,5 |
| Schweiz | 09.09.2002-08.02.2003 | 2040 | 33,5 |
| Slowenien | 17.10.2002-30.11.2002 | 1519 | 70,5 |
| Spanien | 19.11.2002-20.02.2003 | 1729 | 53,2 |
| Tschechische Republik | 24.11.2002-09.03.2003 | 1360 | 43,3 |
| Ungarn | 29.10.2002-26.11.2002 | 1685 | 69,9 |

Quelle: http://ess.nsd.uib.no. Realisierte Interviews einschließlich später als ungültig ausgeschlossener Fälle.

CCT z.B. der Einsatz von Incentives und spezielle Interviewerschulungen für den ESS empfohlen. Aufgrund verschiedener Probleme in den Teilnehmerländern (z.B. Verschiebung des Feldstarts aufgrund von nationalen Wahlen, noch nicht gesicherte Finanzierung, Feldzeitverlängerungen, hohe Anteile an nicht erreichbaren Zielpersonen oder Verweigerern) kam es jedoch zu Abweichungen in Bezug auf die Feldzeiten, Fallzahlen und Ausschöpfungsquoten der Teilnehmerländer. Tabelle 1 gibt eine Übersicht dazu.

## 4   Themen

Im Rahmen des ESS wird ein einheitlicher Fragebogen zu verschiedenen Aspekten des politischen und gesellschaftlichen Zusammenlebens verwendet, der durch länderspezifische Fragen ergänzt wird. Der Fragebogen der ersten Welle bestand aus insgesamt vier Modulen, von denen zwei den festen Kern des ESS ausmachen. Zwei Module waren als variable, d.h. von Welle zu Welle wechselnde, Komponenten konzipiert. Während der Kernfragebogen die Beobachtung von Stabilität und Wandel für eine Reihe von sozio-ökonomischen, soziopolitischen, sozialpsychologischen und sozio-demographischen Variablen ermöglicht, dienen die variablen Module dazu, spezielle Forschungsfragen oder aktuelle politische Themen in die Befragungen einzubinden. Die Auswahl der variablen Module des ESS erfolgt über ein vom CCT ausgeschriebenes Wettbewerbsverfahren, bei dem sich international besetzte Wissenschaftlergruppen mit Themenvorschlägen und Fragebogenentwürfen bewerben können.

Die beiden Kernmodule bestehen zum größten Teil aus bereits erprobten, theoretisch relevanten Fragen nach verschiedenen individuellen Orientierungen und Verhaltensweisen (z.B. Mediennutzung, soziales Vertrauen, politisches Interesse, politische Kompetenz, politisches Vertrauen, Wahlbeteiligung und andere Formen politischer Partizipation, Parteibindung, soziopolitische Orientierungen, subjektives Wohlbefinden, soziale Exklusion, Religion, subjektiv empfundene Diskriminierung, nationale und ethnische Identität).

Die variablen Module der ersten Welle waren ‚Citizenship, Involvement, Democracy' und ‚Immigration'. Das Wechselmodul Citizenship, Involvement, Democracy wurde von Ken Newton, José Ramon Montero, Anders Westholm, Hanspeter Kriesi und Sigrid Roßteutscher entwickelt. Es umfasst Instrumente zur Erhebung von Mitgliedschaft und Involvierungsgrad in verschiedenen Freiwilligenorganisationen, familiärer und freundschaftlicher Bindungen, zum Profil eines „guten Bürgers" und zum Arbeitsumfeld der Befragten. Das Wechselmodul ‚Immigration', das von Ian Preston, Thomas Bauer, David Card, Christian Dustmann und James Nazroo konzipiert wurde, beinhaltet Fragen zu Einwanderungs- und Asylthemen, u.a. Einstellungen zu, Wahrnehmungen von und Vorurteile gegenüber Zuwanderern sowie entsprechende Politikpräferenzen. Der als Selbstausfüller administrierte Zusatzfragebogen umfasst neben den Fragen der Schwartz-Werteskala Testfragen für Methodenexperimente (Reliabilitätstests).

## 5 Soziodemographie, Kodierungsstandards, abgeleitete Indizes, Gewichtung

Generell ist die Erhebung soziodemographischer Variablen im Rahmen des ESS sehr differenziert. Enthalten sind unter anderem Angaben zur Haushaltszusammensetzung, Wohngegend, Bildung und Beruf des/der Befragten sowie seines/ihres Partners, seiner/ihrer Eltern, Gewerkschaftsmitgliedschaft, Haushaltseinkommen, Familienstand. Für den internationalen Vergleich des Bildungsniveaus stehen neben den national unterschiedlichen Items Variablen mit den ISCED-Levels, sowohl für den/die Befragte(n) selbst, ggf. Partner(in), Vater und Mutter zur Verfügung. Daneben wurde eine Berufskodierung gemäß der internationalen Standardklassifikation der Berufe ISCO-88 sowie eine Klassifikation von wirtschaftlichen Tätigkeiten nach Wirtschaftszweigen nach dem Standard NACE REV. 1 vorgenommen.

Für die Gewichtung der Daten stehen im internationalen Datensatz zwei Variablen zur Verfügung. Das sog. Designgewicht (DWEIGHT) korrigiert die Daten im Hinblick auf kleine Unterschiede bei den Auswahlwahrscheinlichkeiten für die Stichprobenziehung, das Population Size-Gewicht (PWEIGHT) passt die Daten bei der Analyse mehrerer Länder im Hinblick auf ihre proportionale Bevölkerungsgröße an. PWEIGHT wurde allerdings im Hinblick auf alle im Datensatz enthaltenen Länder konzipiert und funktioniert daher im Prinzip nur bei Gesamtanalysen problemlos.

## 6 Gewichtung im Rahmen der Analysen für den Sammelband „Deutschland in Europa"

Im vorliegenden Sammelband wurden von allen Autorinnen und Autoren einheitlich folgenden Gewichtungsvariablen verwendet: Für Einzelanalysen von Gesamtdeutschland und Einzelanalysen der übrigen Länder: DWEIGHT, für separate Einzelanalysen von Ost- und Westdeutschland: OWWEIGHT; für (kumulierte) Analysen der Ländergruppe West- bzw. Osteuropa für alle Befragten: EQCOUW; wenn die Analysen nur für die jeweiligen Staatsbürger durchgeführt wurden: SBEQCOUW. Die Gewichte DWEIGHT und OWWEIGHT gleichen die durch das jeweilige Stichprobendesign in den einzelnen Länder entstandenen ‚Verzerrungen' aus. DWEIGHT bezieht sich auf die ESS-Teilnehmerländer inklusive Gesamtdeutschland und korrigiert z.B. im Falle von Gesamtdeutschland in Bezug auf die Verteilungen nach Bundesländern und Gemeindegrößenklassen (BIK) sowie in Bezug auf den disproportionalen Stichprobenansatz (Oversampling für Ostdeutschland) für Ost- und Westdeutschland. Ein Ausgleich für den disproportionalen Stichprobenansatz ist für die nach Ost- und Westdeutschland getrennten Analysen nicht notwendig, daher korrigiert der eigens für die Analysen für den vorliegenden Sammelband generierte Faktor OWWEIGHT lediglich im Hinblick auf Bundesland und BIK. Die beiden ebenfalls speziell für die für den Sammelband zentralen Analysen der Ländergruppen West- und Osteuropa erstellten Gewichte EQCOUW und SBEQCOUW umfassen neben dem Faktor DWEIGHT, der in den Gewichten enthalten ist, eine Normierung der Länderfallzahlen auf jeweils N = 2000. Je nach Fragestellung wurde die Variante für alle Befragten (EQCOUW) oder nur für die jeweiligen Staatsbürger (SBEQCOUW) verwendet.

## 7 Die deutsche Teilstudie des ESS

### 7.1 Organisation und Durchführung der Studie

Der Titel der deutschen Teilstudie des ESS lautet „Gesellschaft und Demokratie in Europa". Das für die Durchführung des Projektes in Deutschland gegründete „National Coordinating Team" (NCT) besteht aus Jan W. van Deth (National Coordinator, Universität Mannheim), Oscar W. Gabriel (Universität Stuttgart), Heiner Meulemann (Universität Köln), Edeltraud Roller (Johannes-Gutenberg-Universität Mainz) und Katja Neller (Geschäftsführerin, Universität Stuttgart). Der Feldeinsatz für die erste Welle des ESS erfolgte gestaffelt. Die erste Staffel mit einem Umfang von einem Drittel der Sample-Points ging – vornehmlich in Ostdeutschland – ab dem 23.11.2002 ins Feld. Die Hauptstaffel der Sample-Points ging Mitte Januar 2003 ins Feld. Feldende war der 16. Mai 2003. Die Datenerhebung wurde von Infas (Bonn) durchgeführt. Im Datensatz der deutschen Teilstudie sind insgesamt 2919 gültige Fälle enthalten. 1821 Interviews wurden in Westdeutschland geführt, 1098 in Ostdeutschland. Der Zusatzfragebogen wurde von insgesamt 2833 Befragten bearbeitet (Ausschöpfung: 97% der CAPI-Fälle).

Der größte Teil der Interviewer wurde in insgesamt fünf Workshops bei Infas, an denen auch Vertreter des nationalen Koordinationsteams teilnahmen, für den ESS geschult. Zwei Schulungen fanden im November 2002 lokal vor Ort in Ostdeutschland statt. Vierzehn eingesetzte Interviewer wurden im Verlauf des Feldprozesses telefonisch geschult. Insgesamt waren 182 Interviewer im Einsatz. Aus feldstrategischen Gründen war es teilweise nötig, Interviewer aus bestimmten Regionen mehrfach einzusetzen. Auch waren Interviewer, die aufgrund ihrer Qualitäten für die Nachbearbeitungsphase besonders geeignet waren, zum Teil in mehreren Gemeinden aktiv. Die durchschnittliche Anzahl von Interviews pro Interviewer lag bei 15,6. Die Interviewdauer variierte zwischen 40 und 271 Minuten und betrug durchschnittlich 76 Minuten.

Als Incentive wurde ein mit dem Logo des *European Social Survey* versehener Taschenrechner, der jeweils am Ende eines vollständig realisierten Interviews übergeben wurde, eingesetzt. Als zusätzlicher Anreiz wurden am Ende der Feldphase unter den Teilnehmern 5 Städtereisen in europäische Hauptstädte verlost. Auf das Incentive und die Verlosung wurden die Zielpersonen schon im Anschreiben hingewiesen.

### 7.2 Grundgesamtheit und Stichprobenziehung

Die Grundgesamtheit für die deutsche Teilstudie des ESS stellen – gemäß der Vorgaben für die Stichprobenziehung in den Teilnehmerländern – alle in Privathaushalten in der Bundesrepublik Deutschland lebenden Personen ab 15 Jahren (ohne Altersobergrenze) dar, ungeachtet ihrer Nationalität, Staatsbürgerschaft, Sprache oder Rechtsstellung. Die Stichprobe wurde als zweistufige, disproportional geschichtete Zufallsauswahl in Westdeutschland (inkl. Westberlin) und Ostdeutschland (inkl. Ostberlin) gezogen, wobei es ein Oversampling für Ostdeutschland gab. In der ersten Auswahlstufe wurden Gemeinden in West- und Ostdeutschland ausgewählt. Für die Auswahl der Sample-Points wurden die Gemeinden nach der Kombination von Kreisen und zehn BIK-Gemeindegrößenklassen (Stand: Gemeindeverzeichnis 2001) geschichtet. Innerhalb dieser Schichtungszellen erfolgte die Auswahl entsprechend des Bedeutungsgewichtes der Gemeinden, das sich aus der Zahl der 15-jährigen und älteren Bevölkerung je Gemeinde ergibt. In der zweiten Auswahlstufe wurden Personenadressen aus den Einwohnermeldekarteien zufällig gezogen.

*7.3 Deutschlandspezifische Fragen*

Neben dem ESS-Standardfragebogen enthalt die deutsche Teilstudie ein Modul mit deutschlandspezifischen Fragen. Dies sind u.a. Items zur Erhebung des Wohnortes vor 1990; zur Bewertung verschiedener Lebensbereiche in Ost- bzw. Westdeutschland vor der Wiedervereinigung; Fragen zur Einstellung zur ehemaligen DDR, zur Idee des Sozialismus und zur Leistungsbereitschaft der Bürger in neuen Bundesländern; zur Verbundenheit mit der eigenen Stadt bzw. Gemeinde/Region/Bundesland/ehemaligen DDR bzw. BRD/mit Deutschland als Ganzem; politisches Vertrauen (Bundesregierung, öffentliche Verwaltung, Parteien) sowie Fragen zum Thema gesellschaftliche Gerechtigkeit.

## 8   Dokumentation und Zusatzinformationen

*8.1 Fragebögen, Codebücher und sonstige Studienmaterialien*

Sämtliche Fragebögen in den jeweiligen Landessprachen stehen zum Download auf der Projekthomepage (s.u.) bereit. Die Fragebögen für alle beteiligten Länder sowie sämtliche übrigen Studienmaterialien können auf der zentralen Projekthomepage heruntergeladen werden: http://ess.nsd.uib.no/2003_questionaires.jsp. Die Materialien zur deutschen Teilstudie sind darüber hinaus auch auf der deutschen Projekthomepage unter http://www.europeansocialsurvey.de verfügbar. Einen Kurzüberblick über die verfügbaren Länder und ihre Feldzeiten sowie Abweichungen vom vorgegebenen Fragebogen findet sich unter: http://ess.nsd.uib.no/2003_Fworksummary.jsp. Eine ausführliche Dokumentation der Studie beinhaltet die Seite http://ess.nsd.uib.no/2003_documentation.jsp. Darüber hinaus wird auf der Projekthomepage des NSD die Möglichkeit eines Online-Codebooks angeboten. Für ausgewählte Länder und/oder Variablen können Grundauszählungen durchgeführt werden: http://ess.nsd.uib.no. Außerdem stehen für methodische Analysen für die Teilnehmerländer des ESS codierte Informationen aus den Interviewerkontaktprotokollen inkl. eines Quartiersfragebogens zur Verfügung, die ebenfalls auf der Projekthomepage des NSD heruntergeladen werden können.

*8.2 Makro- und Kontextdaten*

Für alle Teilnehmerländer wurde eine Sammlung von ausgewählten Aggregatdaten erstellt. Diese umfassen neben diversen Bevölkerungsstatistiken (z.B. Verteilung auf regionale Einheiten, Geschlecht, Alter, Bildung) z.B. Angaben zum Bruttosozialprodukt, zur Preisentwicklung oder zur durchschnittlichen Lebenserwartung. Diese Informationen sind über die

Projekthomepage zugänglich. Download unter: http://ess.nsd.uib.no/2003_other.jsp. Für die deutsche Teilstudie besteht darüber hinaus die Möglichkeit, über eine Variable mit Bundestagswahlkreisziffern die Individualdaten mit Aggregatdaten zu verknüpfen.

Ein weiteres Teilprojekt des ESS ist es, in den Teilnehmerländern Ereignisdatensammlungen anzufertigen, die diejenigen Geschehnisse während der Feldzeit (sowie einen Monat vor Beginn der Feldzeit) dokumentieren sollen, denen ein potentieller Einfluss auf die erhobenen Daten zugeschrieben werden kann. Für die deutsche Teilstudie des ESS wurde von August 2002 bis Mai 2003 eine solche Ereignisdatensammlung erstellt. Hierfür wurden die Titelseiten der „Frankfurter Allgemeinen Zeitung" und die Hauptnachrichtensendungen von ARD und ZDF herangezogen. Dabei wurden aufgrund bestimmter Kriterien ausgewählte Ereignisse erfasst sowie deren Dauer bzw. das Ausmaß ihrer Medienpräsenz festgehalten. Auswahlkriterien waren:

- Bedeutende nationale (bzw. internationale) Ereignisse, die deutschlandweit UND über Deutschland hinaus über einen längeren Zeitraum Beachtung in den Medien bzw. der Öffentlichkeit finden (z.B. Konflikt zwischen Israel und Palästina, Selbstmordattentäter in Erfurt; Terroraktionen der ETA u.ä.).
- Bedeutende nationale Ereignisse, die einige Zeit (an mind. 3 aufeinanderfolgenden Tagen) die Titelseiten/Schlagzeilen beherrschen und zu einer breiten öffentlichen Diskussion und/oder zu einer Zunahme der Medienberichterstattung über diese Themen führen (z.B. Streiks, Diskussion über Arbeitsmarktpolitik usw.).
- Wahlen, wichtigste Themen des Wahlkampfs, Veränderungen der politischen Landschaft, z.B. im Bereich der Parteien (z.B. Schill-Partei usw.).

Die Ereignisdatensammlungen können unter http://www.scp.nl/users/stoop/ess_events/events_overview.htm eingesehen werden.

## 9  Ausblick: Die zweite Welle des ESS 2004

Der ESS ist als Zeitreihe angelegt; die Erhebungen sollen in Zweijahresabständen stattfinden. Für die zweite Welle des ESS ist als Befragungszeitraum die zweite Jahreshälfte 2004 vorgesehen. Die Datenaufbereitung beginnt Anfang 2005; die erste Version des internationalen Datensatzes wird vermutlich ab September 2005 verfügbar sein. Wie bei der ersten Welle werden die Daten über die oben genannte Homepage für alle Interessierten frei zugänglich sein. Inhaltliche Schwerpunkte des ESS 2004 sind die Themen Gesundheit, Wirtschaftsmoral sowie Familie, Arbeit und Wohlbefinden. Teilnehmerländer der zweiten Welle sind Belgien, Dänemark, Deutschland, Estland, Finnland, Frankreich, Großbritannien, Island, Luxemburg, Niederlande, Norwegen, Österreich, Polen, Portugal, Rumänien, Schweden, Schweiz, Slowakei, Slowenien, Spanien, Tschechische Republik, Ukraine und Ungarn. Weitere mögliche Länder, deren Teilnahme derzeit noch nicht sicher ist, sind Bulgarien, Griechenland, Irland, Israel, Italien, Kroatien, Malta, Türkei und Zypern.

Mit der Realisierung weiterer Erhebungen wird eine einzigartige Datenbasis für Analysen der Entwicklung der sozialen Struktur sowie der sozialen und politischen Orientierungen des modernen Europa vorliegen. Der ESS stellt insofern einen enormen Fortschritt auf dem Weg zur Institutionalisierung eine langfristig orientierten, vergleichenden Sozialforschung in Europa dar. Die modulare Struktur des Projekts; die einen wissenschaftlichen und institutionellen Rahmen bereit stellt, in den variierende Fragenmodule eingebaut werden können, gibt der wissenschaftlichen Community in Europa die Möglichkeit, ohne Zusatzkosten für die jeweiligen Antragsteller kleinere Forschungsvorhaben durchzuführen. Dabei und durch die Gesamtstruktur des ESS wird die internationale Forschungskooperation stimuliert und die Entwicklung eines europäischen Forschernetzwerkes befördert.

# Autoren

**Tilo Beckers** (M.A. in Soziologie) ist seit März 2001 wissenschaftlicher Mitarbeiter am Institut für Angewandte Sozialforschung der Universität zu Köln und arbeitet derzeit in den Bereichen politische Soziologie und Wertewandel. In seiner Dissertation untersucht er auf der Basis internationaler Surveydaten (WVS, ISSP u.a.) exemplarisch für Prozesse moralischer und rechtlicher Universalisierung den Einstellungswandel und die Rechtsentwicklung zur Homosexualität und zu Homosexuellen in einem europäischen Vergleich 1981-2004.
E-mail: beckers@wiso.uni-koeln.de

**Oscar W. Gabriel**, Dr. rer. pol., Professor am Institut für Sozialwissenschaften der Universität Stuttgart, Inhaber des Lehrstuhls für politische Systeme und politische Soziologie. Forschungsschwerpunkte: Vergleichende Analyse moderner Demokratien, Politische Soziologie Deutschlands, insbesondere politische Einstellungen, politische Kultur, politische Partizipation, Wahl- und Parteienforschung, Lokale Politikforschung. Jüngste Veröffentlichungen: Parteien, Parteieliten und Mitglieder in einer Großstadt (Hrsg. mit Melanie Walter-Rogg, 2004), Handbuch politisches System der Bundesrepublik Deutschland (Hrsg. mit Everhard Holtmann, 3. Aufl. 2004).
Email: oscar.w.gabriel@po.pol.uni-stuttgart.de

**Volker Kunz**, Dr. rer. pol., Professor für Politikwissenschaft an der Universität Mainz. Forschungsinteressen: Theorien und Modelle der Sozialwissenschaften, Regional- und Kommunalforschung, Politische Soziologie Deutschlands im internationalen Vergleich, empirische Sozial- und Wirtschaftsforschung. Veröffentlichungen u.a.: Theorie rationalen Handelns, Opladen: Leske u. Budrich 1997; Parteien und kommunale Haushaltspolitik im Städtevergleich, Opladen: Leske u. Budrich 2000; Sozialkapital und Demokratie, Wien: Signum 2002 (mit O.W. Gabriel, S. Roßteutscher, J. W. van Deth); Rational Choice, Frankfurt, New York: Campus 2004.
Email: kunz@politik.uni-mainz.de

**Heiner Meulemann**, Professor für Soziologie and der Universität zu Köln, zuvor Professor in Duisburg, Frankfurt/Main, Eichstätt und Düsseldorf sowie 1985/6 ‚Member' des Institute for Advanced Study in Princeton. Arbeitsgebiete: Allgemeine Soziologie, empirische Sozialforschung, Bildungssoziologie, Lebenslaufforschung. Neuere Buchpublikationen: Werte und Wertewandel, 1996; Soziologie von Anfang an. Eine Einführung, 2001; Ankunft im Erwachsenenleben, 2001; Wertwandel in Deutschland von 1949-2000, 2002.
Email: meulemann@wiso.uni-koeln.de

**Katja Neller**, M.A. ist Wissenschaftliche Mitarbeiterin am Institut für Sozialwissenschaften, Abteilung für Politische Systeme und Politische Soziologie, der Universität Stuttgart. Geschäftsführerin der deutschen Teilstudien des European Social Survey 2002/2003 und 2004/2005. Forschungsschwerpunkte: Politische Orientierungen und politische Partizipation. Jüngste Veröffentlichung: Der European Social Survey (ESS). Neue Analysemög-

lichkeiten für die international vergleichende empirische Sozialforschung, in: Politische Vierteljahresschrift 45, 2004, S. 259-261.
Email: katja.neller@po.pol.uni-stuttgart.de

**Ulrich Rosar** ist seit 1995 am Institut für Angewandte Sozialforschung der Universität zu Köln tätig, zunächst als wissenschaftlicher Mitarbeiter und seit 2001 als wissenschaftlicher Assistent. Zu seinen Forschungsschwerpunkten zählen: Ethnozentrismus, politische Soziologie, europäische Integration und Methoden der empirischen Sozialforschung.
Email: allerosars@compuserve.de

**Sigrid Roßteutscher**, PhD, ist Wissenschaftliche Assistentin an der Fakultät für Sozialwissenschaften der Universität Mannheim. Sie studierte Politikwissenschaft und Geschichte an der Universität Mannheim, und promovierte 1997 am Europäischen Hochschulinstitut (EHI) in Florenz. Ihre Forschungsschwerpunkte sind politische und soziale Partizipation, Wertorientierungen, Konzepte assoziativer Demokratie, sowie die Rolle sozialer Organisationen für die Zukunft von Demokratie und Wohlfahrtsstaat.
Email: rossteut@rumms.uni-mannheim.de

**Jan W. van Deth** ist Professor für Politische Wissenschaft und International Vergleichende Sozialforschung an der Universität Mannheim. Seine Hauptforschungsgebiete umfassen Politische Kultur, Sozialen Wandel und komparative Forschungsmethoden. Er ist u.a. korrespondierendes Mitglied der Königlichen Niederländischen Akademie der Künste und Wissenschaften, Herausgeber der Buchserie Routledge/ECPR Studies in European Political Science des European Consortium for Political Research und Sprecher des deutschen Koordinationsteams für die European Social Survey.
Email: jvdeth@rumms.uni-mannheim.de

**Bernhard Wessels** ist wissenschaftlicher Angestellter am Wissenschaftszentrum Berlin für Sozialforschung GmbH (WZB), Abteilung „Demokratie: Strukturen, Leistungsprofil und Herausforderungen" und Privatdozent an der Freien Universität Berlin, Fachbereich Politik- und Sozialwissenschaften. Arbeitsgebiete: Wahlverhalten, Interessenvermittlung und politische Repräsentation im internationalen Vergleich. Jüngere Buchpublikationen: Gewerkschaften in Politik und Gesellschaft der Bundesrepublik Deutschland, Wiesbaden: Westdeutscher Verlag 2003 (hrsg. m. Wolfgang Schroeder); Bürger und Demokratie in Ost und West Wiesbaden: Westdeutscher Verlag 2002 (hrsg. m. Dieter Fuchs und Edeltraud Roller); Verbände und Demokratie in Deutschland, Opladen: Leske+Budrich 2001 (hrsg. m. Annette Zimmer); Policy Representation in Western Democracies, Oxford: Oxford University Press 1999 (mit Warren E. Miller et al.); The European Parliament, the National Parliaments, and European Integration, Oxford: Oxford University Press (hrsg. m. Richard S. Katz).
Email: wessels@wz-berlin.de

**Sonja Zmerli** ist nach mehrjähriger Tätigkeit als wissenschaftliche Mitarbeiterin am MZES, derzeit als Stipendiatin in die Graduiertenförderung der Friedrich-Ebert-Stiftung aufgenommen. Ihre Forschungsschwerpunkte umfassen Sozialkapital und seine politischen Konsequenzen sowie politisches Engagement in vergleichender Perspektive. Neueste Ver-

öffentlichung: "Applying the concepts of bonding and bridging social capital to empirical research" (European Political Science, 2.3, 2003, S. 68-75).
Email: Sonja.Zmerli@mzes.uni-mannheim.de

# Neu im Programm Politikwissenschaft

Wolfgang Schroeder,
Bernhard Weßels (Hrsg.)
**Die Gewerkschaften in Politik und Gesellschaft der Bundesrepublik Deutschland**
Ein Handbuch
2003. 725 S. Br. EUR 42,90
ISBN 3-531-13587-2

In diesem Handbuch wird von führenden Gewerkschaftsforschern ein vollständiger Überblick zu den Gewerkschaften geboten: Zu Geschichte und Funktion, zu Organisation und Mitgliedschaft, zu den Politikfeldern und ihrer Gesamtrolle in der Gesellschaft usw. Auch die Neubildung der Gewerkschaftslandschaft, das Handeln im internationalen Umfeld und die Herausforderung durch die Europäische Union kommen in diesem Buch zur Sprache.

Hans-Joachim Lauth (Hrsg.)
**Vergleichende Regierungslehre**
Eine Einführung
2002. 468 S. Br. EUR 24,90
ISBN 3-531-13533-3

Der Band „Vergleichende Regierungslehre" gibt einen umfassenden Überblick über die methodischen und theoretischen Grundlagen der Subdisziplin und erläutert die zentralen Begriffe und Konzepte. In 16 Beiträgen werden hierbei nicht nur die klassischen Ansätze behandelt, sondern gleichfalls neuere innovative Konzeptionen vorgestellt, die den aktuellen Forschungsstand repräsentieren. Darüber hinaus informiert der Band über gegenwärtige Diskussionen, Probleme und Kontroversen und skizziert Perspektiven der politikwissenschaftlichen Komparatistik.

Sebastian Heilmann
**Das politische System der Volksrepublik China**
2., akt. Aufl. 2004. 316 S.
Br. EUR 21,90
ISBN 3-531-33572-3

In diesem Buch finden sich kompakt und übersichtlich präsentierte Informationen, systematische Analysen und abgewogene Beurteilungen zur jüngsten Entwicklung in China. Innenpolitische Kräfteverschiebungen werden im Zusammenhang mit tief greifenden wirtschaftlichen, gesellschaftlichen und außenpolitischen Veränderungen dargelegt. Die Hauptkapitel behandeln Fragen der politischen Führung, der politischen Institutionen, des Verhältnisses von Staat und Wirtschaft sowie von Staat und Gesellschaft.

Erhältlich im Buchhandel oder beim Verlag.
Änderungen vorbehalten. Stand: Juli 2004.

**www.vs-verlag.de**

**VS VERLAG FÜR SOZIALWISSENSCHAFTEN**

Abraham-Lincoln-Straße 46
65189 Wiesbaden
Tel. 0611.7878-722
Fax 0611.7878-400

# Neu im Programm Politikwissenschaft

Andreas Kost,
Hans-Georg Wehling (Hrsg.)
**Kommunalpolitik in den deutschen Ländern**
Eine Einführung
2003. 356 S. Br. EUR 29,90
ISBN 3-531-13651-8
Dieser Band behandelt systematisch die Kommunalpolitik und -verfassung in allen deutschen Bundesländern. Neben den Einzeldarstellungen zu den Ländern werden auch allgemeine Aspekte wie kommunale Finanzen in Deutschland, Formen direkter Demokratie und die Kommunalpolitik im politischen System der Bundesrepublik Deutschland behandelt. Damit ist der Band ein unentbehrliches Hilfsmittel für Studium, Beruf und politische Bildung.

Franz Walter
**Abschied von der Toskana**
Die SPD in der Ära Schröder
2004. 186 S. Br. EUR 19,90
ISBN 3-531-14268-2
Seit 1998 regiert die SPD. Aber einen kraftvollen oder gar stolzen Eindruck machen die Sozialdemokraten nicht. Die Partei wirkt vielmehr verwirrt, oft ratlos, auch ermattet und erschöpft. Sie verliert massenhaft Wähler und Mitglieder. Vor allem die früheren Kernschichten wenden sich ab. Auch haben die überlieferten Leitbilder keine orientierende Funktion mehr. Führungsnachwuchs ist rar geworden. Was erleben wir also derzeit? Die ganz triviale Depression einer Partei in der Regierung? Oder vielleicht doch die erste Implosion einer Volkspartei in Deutschland? Das ist das Thema dieses Essaybandes.

Antonia Gohr,
Martin Seeleib-Kaiser (Hrsg.)
**Sozial- und Wirtschaftspolitik unter Rot-Grün**
2003. 361 S. Br. EUR 34,90
ISBN 3-531-14064-7
Dieser Sammelband legt eine empirische Bestandsaufnahme der Wirtschafts- und Sozialpolitik nach fünfjähriger rot-grüner Regierungszeit vor. Gefragt wird nach Kontinuität und Wandel in Programmatik und umgesetzten Maßnahmen in der Sozial- und Wirtschaftspolitik von Rot-Grün im Vergleich zur Regierung Kohl.

Erhältlich im Buchhandel oder beim Verlag.
Änderungen vorbehalten. Stand: Juli 2004.

**www.vs-verlag.de**

**VS VERLAG FÜR SOZIALWISSENSCHAFTEN**

Abraham-Lincoln-Straße 46
65189 Wiesbaden
Tel. 0611.7878-722
Fax 0611.7878-400